U0553291

中国农村发展研究报告No.10

REPORT ON CHINA'S RURAL DEVELOPMENT STUDIES No.10

主编／魏后凯

副主编／闫　坤　苑　鹏

社会科学文献出版社
SOCIAL SCIENCES ACADEMIC PRESS (CHINA)

《中国农村发展研究报告 No. 10》
编辑委员会

序　言

（一）

农村占中国国土空间的绝大部分，它不但承担着保障国家粮食安全和农产品供应的重要功能，而且是保障生态安全和城乡居民生活、休闲的重要空间。农民是农村的主人，至今仍占中国人口的半数以上。2016 年，虽然中国常住人口城镇化率已达到 57.35%，但仍有 6.9 亿人口常住在农村；如果按户籍人口计算，农村户籍人口则高达 8.1 亿人，占全国总人口的 58.8%。即使到 2030 年，中国城镇化率为 68%左右，仍将有 4.54 亿农村人口。在当前农村全面转型的新阶段，要促进农村的全面发展和繁荣，必须以满足农民的需要和提高农民福祉为出发点和根本目标，并在通过城镇化大规模减少农民的基础上，加快发展现代高效农业，全面振兴农村产业，改善农村生态环境，促进农业增效、农民增收和农村增绿。

中国社会科学院农村发展研究所成立于 1978 年 8 月，是专门从事农村发展研究的国家级学术机构，其主要任务是：综合运用经济学、管理学、社会学等理论方法，探索中国农村经济和社会发展规律，为党和国家农村发展政策制定提供咨询意见和建议，努力建设成为集学术研究、决策咨询、人才培养、编辑出版于一体，国内领先、国际有影响力的国家“三农”研究中心、人才培养基地和新型高端智库。本书是《中国农村发展研究报告》第 10 卷，共收录中国社会科学院农村发展研究所研究人员在 2013 ~2015 年发表的 31 篇学术论文。按照主题和内容的关联性，我们把这些论文分为 5 个部分，包括城镇化与农村发展、粮食安全与农业发展、农村改革与农民组织、农民福祉与社会进步、生态安全与可持续发展。希望这些文章能够反映我所学者在农村改革与发展研究领域的整体状况。

（二）

城镇化与农村发展部分共选入 6 篇相关论文。十八届三中全会明确提出要“赋予农民更多财产权利”。张晓山在《关于赋予农民更多财产权利的几点思考》中认为，农民拥有的最大的财产是他们以农村集体经济组织成员身份所共同拥有的农村土地；赋予农民更多财产权利，需要进一步协调中央政府与地方政府之间、政府与农民之间的利益关系，改革与完善农村集体经济体制，尽快修订相应的法律法规和出台相关的政策措施。

当前，中国农村发展已经进入新阶段。李周的论文深入考察了中国农业农村发展的成就和面临的挑战，认为中国农业进入常规增长阶段后，依靠良种、农机、灌溉、测土配方施肥、地膜覆盖和农产品生产向优势产区集中等因素推动，农业全要素生产率对农业发展的贡献率越来越高，同时农民收入快速增长，农民福利逐渐改善。但是，中国农村发展也面临农业竞争力下降、耕作强度降低、规模经营和农民合作难以推进等一系列挑战。

新型城镇化是破解中国“三农”难题的关键。魏后凯的论文深刻揭示了中国城镇化进程中特大城市规模迅速膨胀、中小城市和小城镇相对萎缩的两极化倾向，并从传统发展理念、资源配置偏向、市场极化效应、农民迁移意愿和政府调控失效等综合视角考察了其形成机理，探讨了重构城镇化规模格局的科学基础和战略选择。他主张实行差别化的人口规模调控政策，推动形成以城市群为主体形态，大中小城市和小城镇合理分工、协调发展、等级有序的城镇化规模格局。

闫坤、刘陈杰对中国“新常态”时期合理经济增速的测算也考虑了城镇化因素。论文从人口红利、资本存量和全要素增长率等方面入手，采用新古典增长方程，对中国经济在“新常态”时期的合理增速目标进行了测算。作者认为，综合考虑政治层面的要求、新型城镇化进程和面临的各种约束，中国在新常态时期的合理经济增速将从 2014 年的 7.5% 左右，降至 2016 ~ 2020 年的 6.5% 左右，且逐年下降。

关于城乡关系的研究还涉及一个基础性和操作性的问题。党国英的论文《论城乡界定及其政策含义》，讨论了城乡概念模糊所引起的诸多政策操作难题。他认为，城乡人口流动均衡的形成在理论上是可以成立的，依据这种均衡分析可以勾画出未来中国城乡人口分布的基本态势。对城乡界定的研究有助于深化对城乡关系的认识，也有助于为调整城乡关系政策提出具有可操作性的建议。

金融教育是普惠金融建设必不可少的重要一环。孙同全和潘忠的论文总结了国内外金融教育发展现状以及先进的经验和理念，认为普惠金融教育非常重要，其重点对象是“两低一高”人群、农民、农民工以及金融经营者与监管者。普惠金融的理念和要求是要使社会各阶层和各群体都能公平地享受相应的金融服务。

（三）

粮食安全与农业发展部分共选入6篇相关论文。张元红、刘长全和国鲁来的论文从国际公认的粮食安全概念出发，构建了包括供给、分配、消费、利用效率、保障结果、稳定性、可持续性和调控力8个方面的指标体系，对中国粮食安全保障的现状、趋势、问题进行了分析。作者认为，中国粮食安全保障有多重优势，自给率、人均热量和蛋白供给等多项指标超过世界平均水平，粮食安全保障水平较高且近年不断提升。

李国祥的论文根据中国人口数量、城镇化率、城乡居民食物消费量变化等因素，估计2020年中国居民粮食消费总量大约为6亿吨，其中口粮和饲料粮消费量大约分别为2亿吨和4亿吨，按照粮食总产量与居民粮食消费量保障系数1.2的要求估算，需要国内形成大约7亿吨的粮食生产能力。

翁鸣的论文讨论了中国粮食市场“挤压效应”的产生机理，以及中美小麦、玉米生产成本和国际粮食海运费用的变化。论文认为，“挤压效应”主要源自国内外粮食生产成本变化，其中主要是人工成本及土地使用成本，国际粮食海运费用下降则促使进口粮食到岸完税价格进一步降低。

张瑞娟、孙顶强、武拉平和Colin Carter的论文利用河北省2004～2009年农村固定观察点农户数据，分析了不同粮食品种（玉米和小麦）农户存粮行为及其主要影响因素的差异。结果表明，家庭人口数量是小麦储存量的主要影响因素，而牲畜饲养数量是玉米储存量的主要影响因素。

张军的论文聚焦农业技术进步对农业竞争力提高的意义。他认为，以分子生物技术、物联网和电商平台为代表的农业发展的第三次浪潮，是继前工业化社会传统农耕技术，工业化时期以机械和化学为主的劳动节约型、土地节约型技术之后，农业发展出现的又一次技术浪潮。利用这次技术变革浪潮顺势推进中国农业进步，具有关键性意义。

杜志雄的论文《农业生产性服务业发展的瓶颈约束：豫省例证与政策选择》，提供了关于提升农业全产业链竞争力的一个案例分析。作者认为，近年来，河南省农业生产性服务业有了较大发展，已由产中服务逐步向产前和产后服务延伸，其对农业发展的引领、支撑作用不断增强，但至今仍面临体制和制度环境、政策、金融、人才等方面的瓶颈约束。

徐鲜梅的论文《生猪价格涨跌“诱惑”下的农户选择和风险——调研发现与深层思考》，在实地调研的基础上考察和分析了养猪农户的竞争能力问题、现实需求、市场选择与风险价值。她认为，养猪农户的“市场选择”与其习惯性、职业性、经营方式、猪业属性和市场特性等密切相关。

（四）

农村改革与农民组织部分选入土地制度、合作社、村委会选举等方面的5篇论文。刘长全的论文对所有权、承包权、经营权三权分置框架下的承包地处置权能改革进行了深入探讨。他认为，承包权与经营权具有独立的价值与价值基础，承包权与经营权可以具有各自独立的权利人，经营权人具有完全处置权能，承包权与经营权处置权能相互独立。

农地的自由流转是实现农地规模化经营、提高农地配置效率的前提。郜亮亮、黄季焜和冀县卿的论文采用2000年和2008年6省1200户的追踪面板数据，实证检验了村级流转管制对农地流转的影响。结果表明，村级流转管制显著抑制了农地流转的发生，受管制农户的转入农地概率要比自由流转的农户低7%。

杨一介的论文提出了一个重要命题，即我们需要什么样的农村集体经济组织。他重新解释了农村双层经营体制的宪法基础，认为重建农村集体经济组织的难点在于建立具有科学法理基础的成员权制度，实现成员资格的开放性，根据市场交易规则和现代经济组织的基本法律规则，实现农村集体经济组织形态的多元化。

潘劲的论文发现合作社与村两委的关系在不同类型的合作社中有不同的特点。在村干部领办的合作社中，由于村干部在合作社中的多样化角色认定，合作社与村两委的关系呈现多样化的特点；在非村干部领办的合作社中，依合作社所发挥的功能以及村两委的执政能力，合作社与村两委的关系可以表现出不同的类型，各种关系类型演绎出不同的行为逻辑。

白描和苑鹏的论文采用山东、陕西、河南3省6县农户调查数据，对农民参加村委会选举的行为做了实证分析。作者发现，从统计角度来看，现阶段中国农村居民对村委会选举的关注和参与程度普遍较高；农民在选举中拥有的自主权越大，其实际参加选举的概率就越大；参与态度对参与行为亦产生显著影响。

（五）

农民福祉与社会进步部分共选入7篇相关论文。吴国宝、檀学文的论文在多维福祉框架下分析了作为居民福祉的客观维度的时间利用的决定。研究结果显示，个人生活时间的选择具有经济理性，家庭收入的提高会使人们享用更多的个人生活时间；个人生活时间也深受社会身份、家庭结构等因素的影响；村庄文化娱乐设施和组织的存在使人们有更多的个人生活时间。因为这种关联性，作者认为，个人生活时间可以成为时间利用维度一个适用的表征福祉的指标。

廖永松的论文从幸福经济学的视角，利用2012年三省农民生活满意度和幸福感的调查数据，发现中国农民确实具有“小富即安”的生活观念。他认为，影响农民幸福感的最重要的因素有生活变化程度、在村里或亲朋好友参照群体中的生活水平及以家为本的文化观念；农民在生活不断改善过程中所保有的“小富即安”的满足感和感恩心，恰好是中国社会最需要的价值观念和高贵品德。

崔红志的论文对农村老年人主观幸福感影响因素做了研究。论文发现，除了健康条件和婚姻状况等个人基本特征，经济条件、社会保障、与过往生活条件的比较和对未来生活的预期、有无儿子等因素，对农村老年人主观幸福感有重要影响。显然，这些影响主观幸福的因素，只有在人际比较中才更能显示其价值。

李静、王月金的论文《健康与农民主观福祉的关系分析》，利用调查数据分析了农民健康满意度、身体健康、心理健康等对其主观福祉的影响。研究发现，农民健康状况与其主观福祉高度相关，健康满意度越高的农民，其主观福祉水平也越高。相比身体健康状况，心理健康对农民主观福祉影响更大。

社会联系是构成农民个人主观幸福感的重要部分。苑鹏、白描的论文采用农户问卷数据实证分析了社会联系对农民主观福利的影响及其作用机制。结果表明，农民的社会联系主要依赖地缘、血缘、亲缘等“黏合性”社会资本，而与自愿参与的社团组织的“桥梁性”社会资本无显著性关系。农民社会联系资源的广度越大，其个人幸福感越强；而是否加入社团组织，与个人幸福感无关。

谭清香和张斌的论文利用 2013 年辽宁、宁夏、江苏、江西和贵州五省（区）农户调查数据，深入分析了农村居民住房条件、住房满意度情况及其影响因素。研究发现，农村居民住房满意度明显受到住房质量的影响，同时改善农村整体生活环境也是提高农村居民住房满意度的重要因素。

卢宪英的论文通过对山东省 3 市 10 村的调查，从社会比较理论的视角考察了农村攀比现象。她认为，当前农村攀比现象非常严重，攀比的内容主要集中在经济和社会地位方面，攀比的对象主要是熟人、本村人以及具有相同特征的人。农村大众阶层和弱势阶层更喜欢向上攀比，而精英阶层则更多的是向下攀比。过度攀比、盲目攀比、虚假攀比等行为给农村社会带来了很多负面的影响。

总体上看，关于农民福祉与社会进步的这组论文，比较大地拓展了农村发展研究的广度和深度，对提升中国农村发展研究水平十分有益。

（六）

生态安全与可持续发展部分共选取了 7 篇相关论文。檀学文、杜志雄的论文分析了位于北京郊区的 41 个中小型生态农场的主要特征，结果发现这些农场在社会和生态维度具有较强的可持续性，但在经营层面存在较大风险，尤其是财务风险比较大。这个发现具有很强的现实针对性。如果一种农业业态的财务表现比较差，主要靠政府支持维持，恐怕难以说它具有可持续性。

孙若梅、杨东升的论文采用228个样本村三个时点上的面板数据，从耕地数量可持续、耕地利用可持续和粮食生产可持续三个方面，考察了耕地可持续利用的影响因素。研究发现，2000～2010年，尽管样本村中存在一些耕地面积减少的村庄，但总面积和粮食产量则呈现显著增加特征。作者认为，耕地面积减少主要发生在城区周边的村庄，而具有平原、农区、贫困和滩涂面积大等特征的村庄则对粮食生产有正向促进作用。

自然资源资产负债表是十八届三中全会提出的新的资源管理手段，目前还处于探索阶段。操建华、孙若梅的论文讨论了中国生态环境建设的一个基础性问题。论文从资产、负债和所有者权益三个角度提出了自然资源资产负债表的构架、具体的构成科目以及每个科目的核算方法，并从会计核算、监测制度、数据管理、统计制度和评价考核五个方面对相关的制度创新问题进行了探讨。

包晓斌的论文则讨论了西部地区农业用水与节水效率问题。他对西部地区170个地市的农业节水效率进行了评价，结果表明西部地区农业节水技术效率递增的地市数量在150个以上且呈上升的态势，其农业节水全要素生产效率递增的地市数量所占比重保持在85%以上，实施农业节水措施体系获得显著成效。

于法稳和李萍的论文《美丽乡村建设中存在的问题及建议》，基于美丽乡村建设情况的调研，论述了美丽乡村建设中存在的总体问题，并剖析了生产、生活、生态三方面存在的不同问题，据此提出了美丽乡村建设的政策性建议。

王昌海的论文分析了陕西朱鹮自然保护区内外社区农户特征及国家政策对生态保护态度的影响。研究发现，农户的受教育年限、家庭人口数、外出务工人数占比、人均水田面积以及是否有经济补偿在不同水平上对保护态度有着显著影响。与保护区内农户相比，是否有经济补偿对保护区外农户保护态度的影响更为显著。作者认为，建立健全野生动物肇事补偿机制对缓解保护与发展的矛盾至关重要。

马翠萍、史丹和王金凤的论文对中国、美国、欧盟农业温室气体排放进行了探讨。研究发现，欧盟、美国农业温室气体排放以 N_2O 为主，中国农业温室气体排放则主要来自动物肠道及粪便管理、水稻种植的 CH_4 排放。从未来农业温室气体排放看，欧盟将进一步减排，美国将会继续增加，而中国将会更快地增加。

（七）

本书是中国社会科学院农村发展研究所每 2～3 年组织编辑的系列研究报告。报告所选论文的观点反映了各位作者的独立思考和认真探索，并不代表中国社会科学院农村发展研究所的观点。本书所选论文的征集、筛选和编排工作由闫坤、苑鹏负责，党国英、谭秋成、李国祥、崔红志、潘劲、于法稳、檀学文、张海鹏、孙同全、刘长全、郜亮亮等参与了部分论文的审读，党国英、吴国宝、崔红志、檀学文、包晓斌、刘建进等参与了篇目编排的讨论，秦彩凤负责一些具体工作，任常青、陈劲松、彭华、张斌等也承担了部分工作，在此一并表示衷心的感谢！最后，希望本书的出版能够有助于推动中国农村发展研究的学术进步。

魏后凯

2017 年 6 月 6 日

目　录

城镇化与农村发展

关于赋予农民更多财产权利的几点思考 …………………………… 张晓山 / 001
中国农村发展的成就与挑战 ………………………………………… 李　周 / 014
中国城镇化进程中两极化倾向与规模格局重构 …………………… 魏后凯 / 033
我国“新常态”时期合理经济增速测算 ……………… 闫　坤　刘陈杰 / 057
论城乡界定及其政策含义 …………………………………………… 党国英 / 073
普惠金融建设中的金融教育 ………………………………… 孙同全　潘　忠 / 087

粮食安全与农业发展

中国粮食安全状况评价与战略思考 ………… 张元红　刘长全　国鲁来 / 093
2020 年中国粮食生产能力及其国家粮食安全保障程度分析
…………………………………………………………………… 李国祥 / 116
中国粮食市场“挤压效应”现象成因分析 ……………………… 翁　鸣 / 130
农户存粮行为及影响因素
——基于不同粮食品种的微观数据分析
……………………………………… 张瑞娟　孙顶强　武拉平　Colin Carter / 147

农业发展的第三次浪潮 …………………………………………………… 张　军 / 163
农业生产性服务业发展的瓶颈约束：豫省例证与政策选择
…………………………………………………………………………… 杜志雄 / 174
生猪价格涨跌“诱惑”下的农户选择和风险
——调研发现与深层思考 ………………………………………………… 徐鲜梅 / 187

农村改革与农民组织

完善承包地处置权能的条件、改革思路与路径 …………………… 刘长全 / 203
村级流转管制对农地流转的影响及其变迁
…………………………………………………… 郜亮亮　黄季焜　冀县卿 / 215
我们需要什么样的农村集体经济组织？ …………………………… 杨一介 / 234
合作社与村两委的关系探究 ………………………………………… 潘　劲 / 248
农民参加村委会选举的行为研究
——基于3省6县农户调查数据的实证分析 ……… 白　描　苑　鹏 / 271

农民福祉与社会进步

用多少时间为自己而活？
——作为福祉的农民个人生活时间影响因素分析
…………………………………………………………… 吴国宝　檀学文 / 284
“小富即安”的农民：一个幸福经济学的视角 ……………………… 廖永松 / 302
农村老年人主观幸福感影响因素分析
——基于全国8省（区）农户问卷调查数据 …………………… 崔红志 / 323
健康与农民主观福祉的关系分析
——基于全国5省（区）1000个农户的调查………… 李　静　王月金 / 338
社会联系对农户生活幸福状况影响的实证分析
——基于山东、河南、陕西3省6县487户农户问卷调研
…………………………………………………………… 苑　鹏　白　描 / 352

农村居民住房满意度及其影响因素分析
——基于全国5省1000个农户的调查 …………………… 谭清香 张 斌 / 366
社会比较理论视角下的农村攀比现象考察
——以山东省3市10村为例 ………………………………………… 卢宪英 / 387

生态安全与可持续发展

食品短链、生态农场与农业可持续发展 ………………… 檀学文 杜志雄 / 401
耕地可持续利用的影响因素研究
——基于村级面板数据的实证检验 …………………… 孙若梅 杨东升 / 417
自然资源资产负债表的编制框架研究 …………………… 操建华 孙若梅 / 430
西部地区农业用水与节水效率研究 ………………………………… 包晓斌 / 441
美丽乡村建设中存在的问题及政策建议 ………………… 于法稳 李 萍 / 455
农户生态保护态度：新发现与政策启示 ………………………… 王昌海 / 467
中国、美国、欧盟农业温室气体排放研究
…………………………………………………… 马翠萍 史 丹 王金凤 / 489

城镇化与农村发展

关于赋予农民更多财产权利的几点思考*

张晓山

摘　要：十八届三中全会决定提出："赋予农民更多财产权利。"农民拥有的最大的财产是他们以农村集体经济组织成员身份所共同拥有的农村土地。决定有关建立城乡统一的建设用地市场及建立兼顾国家、集体、个人的土地增值收益分配机制的提法具有重大的政策含义，抓住了当前我国土地制度的核心矛盾，但是具体落实则需要全面综合的政策措施来配套。赋予农民更多财产权利，就要进一步协调中央政府与地方政府之间、政府与农民之间的利益关系；改革与完善农村集体经济体制；尽快修订相应的法律法规，出台相关的政策措施。

关键词：农民　财产权利　产权改革　土地制度　农村集体经济

* 本文为中国社会科学院学部委员资助项目的阶段成果。

十八届三中全会决定提出："赋予农民更多财产权利。"农民拥有的最大的财产是他们以农村集体经济组织成员身份所共同拥有的农村土地，包括农用地、农村集体建设用地、未利用地等。决定提出："建立城乡统一的建设用地市场。在符合规划和用途管制前提下，允许农村集体经营性建设用地出让、租赁、入股，实行与国有土地同等入市、同权同价。……建立兼顾国家、集体、个人的土地增值收益分配机制，合理提高个人收益。完善土地租赁、转让、抵押二级市场。"决定的提法具有重大的政策含义，抓住了当前我国土地制度的核心矛盾，但是具体落实则需要全面综合的政策措施来配套。

一 赋予农民更多财产权利，就要进一步协调中央政府与地方政府之间、政府与农民之间的利益关系

5 年前，十七届三中全会决定提出："逐步建立城乡统一的建设用地市场。"此后，中央领导同志在讲话中也强调：我们不能再靠牺牲农民土地财产权利降低工业化城镇化成本，有必要，也有条件大幅度提高农民在土地增值收益中的分配比例①。但 5 年来，这方面的政策措施进展缓慢，原因可能在于这个问题涉及全局性、深层次的矛盾和问题，只有全面深化改革，才有可能推进。大幅度提高农民在土地增值收益中的分配比例，也就意味着大幅度减少地方政府在土地增值收益中的份额，这就必然涉及中央政府与地方政府之间财力与事权的划分、土地财政和土地金融等关键性问题。

（一）土地财政成为地方政府的重要财源，土地出让金收入成为地方政府举债的重要依托

2004 年后，国有土地"招拍挂"政策出台，土地出让的市场化进程加速，此后土地出让收入便不断创下新高，在国民收入分配格局扭曲的情况下，土地财政与土地金融逐渐成为地方政府谋发展的重要财源。2011 年，国有土地使

① 《温家宝：农业农村形势好最根本原因是政策对头》，新华网，2011 年 12 月 27 日，http://www.sina.com.cn。

用权出让收入为 33166.24 亿元，为地方财政收入总量 92333.82 亿元的 35.9%。2012 年国有土地使用权出让收入 28517 亿元，比上年减少 4656 亿元，下降 14.0%，但仍占地方财政收入总量的 26.8%。2013 年，土地财政强势反弹，根据财政部发布的数据，上半年国有土地使用权出让收入为 16722 亿元，比上年同期增长 46.3%。前三季度全国国有土地使用权出让收入为 26836 亿元，同比增加 8900 亿元，增长 49.6%。

审计署 2011 年第 35 号公告指出，“2010 年底，地方政府负有偿还责任的债务余额中，承诺用土地出让收入作为偿债来源的债务余额为 25473.51 亿元”，占省市县三级政府负有偿还责任债务 67109.51 亿元的 37.96%，共涉及 12 个省级、307 个市级和 1131 个县级政府[①]。审计署 2013 年 12 月 30 日公告指出：“地方政府性债务对土地出让收入的依赖程度较高。截至 2012 年底，11 个省级、316 个市级、1396 个县级政府承诺以土地出让收入偿还的债务余额 34865.24 亿元，占省市县三级政府负有偿还责任债务余额 93642.66 亿元的 37.23%”。[②]

（二）土地财政和土地金融难以持续

根据财政部的数据，征地和拆迁补偿支出与补助被征地农民支出两项之和占国有土地使用权出让金支出总额的比例从 2007 年的 27.9% 上升到 2012 年的 53.8%。财政部受国务院委托，2012 年 3 月 5 日在第十一届全国人民代表大会第五次会议上所提交的《关于 2011 年中央和地方预算执行情况与 2012 年中央和地方预算草案的报告》中指出，2011 年地方政府性基金本级收入 38233.7 亿元。其中，国有土地使用权出让收入 33166.24 亿元，国有土地使用权出让收入安排的支出为 32931.99 亿元，包括征地拆迁补偿等成本性支出 23629.97 亿元，占支出的 71.8%，余下 9302.02 亿元。据财政部的相关数据，2012 年，土地出让收入安排的支出为 28418 亿元，其中征地拆迁补偿等成本性开支占地方土地出让支出总额的比重上升到 79.6%[③]。

---

① 审计署：全国地方政府性债务审计结果（2011 年第 35 号）。

② 审计署：全国政府性债务审计结果（2013 年 12 月 30 日公告）。

③ 成本性开支应该还包括土地出让业务支出、支付破产或改制企业职工安置费等项支出。

2013 年6 月审计署发布《36 个地方政府本级政府性债务审计结果》，报告提出："部分地方以土地出让收入为偿债来源的债务余额增长，但土地出让收入增幅下降，偿债压力加大。"该报告指出："2012 年底，4 个省本级、17 个省会城市本级承诺以土地出让收入为偿债来源的债务余额 7746.97 亿元，占这些地区政府负有偿还责任债务余额的 54.64%，比 2010 年增长 1183.97 亿元，占比提高 3.61 个百分点；而上述地区 2012 年土地出让收入比 2010 年减少 135.08 亿元，降低 2.83%，扣除成本性支出和按国家规定提取的各项收入后的可支配土地出让收入减少 179.56 亿元，降低 8.82%。这些地区 2012 年以土地出让收入为偿债来源的债务需偿还本息 2315.73 亿元，为当年可支配土地出让收入的 1.25 倍。"

土地补偿支出所占比例越来越高，甚至收不抵支。同时，在征收农民土地补偿问题上按照"人民内部矛盾用人民币解决"的原则并不能从根本上解决问题，反而给群众提供了一种误导性的预期，陷入"大闹大解决，小闹小解决，不闹不解决"的怪圈，导致社会矛盾越加激烈，土地财政和土地金融已经不可持续。

（三）从被动增加补偿到主动实现合作双赢

据报道，2013 年 12 月 20 日下午，深圳历史上第一块原农村集体用地成功上市。该地归宝安区福永街道凤凰社区所有，占地面积为 1.45 万平方米，由深圳市方格精密器件有限公司以底价 1.16 亿元竞得，土地收益的 70% 归政府，30% 归村集体凤凰社区股份有限公司所有。对于村集体土地出让收益，政府提供了两种分配方式，一种是政府和村集体各分 50%，另一种则是政府分 70%，村集体分 30%，另外，村里再持有 20% 的物业面积。而凤凰社区选择的是第二种。凤凰社区主任文永昌表示，第一种方式是一锤子买卖，第二种方式则为社区长远发展提供了来源。项目建成后，该项目总建筑面积的 20% 由竞得人无偿移交凤凰股份合作公司。这 20% 的建筑面积即 13980 平方米产业配套物业中，食堂 2000 平方米、宿舍 11980 平方米，建筑成本按食堂每平方米 2500 元、宿舍每平方米 2600 元计算，该部分产业配套物业合计建造成本达 3614.8 万元①。

① 陈小瑛：《深圳农村集体土地入市第一拍落槌：村主任直呼满意》，《华夏时报》2013 年 12 月 21 日。

如果按照深圳宝安的这种方案，地方政府与农村集体在土地收益上基本上还是对半分成，参照 2012 年征地和拆迁补偿支出与补助被征地农民支出两项之和占国有土地使用权出让金支出总额 53.8% 的比例，地方政府的净收益并没有减少，但地方政府避免了大量交易成本和摩擦成本，社区集体获得了可持续发展的资产收益，这可以说是一种渐进、平缓的改革方式，是一种双赢的格局。

中央对保障农民获得土地增值收益，曾多次通过文件和讲话加以明确。如 2010 年《国务院关于严格规范城乡建设用地增减挂钩试点切实做好农村土地整治工作的通知》（国发〔2010〕47 号）就提出："必须按照明晰产权、维护权益的原则，合理分配土地调整使用中的增值收益。要明确受益主体，规范收益用途，确保所获土地增值收益及时全部返还农村，用于支持农业农村发展和改善农民生产生活条件，防止农村和农民利益受到侵害。"建立城乡统一的建设用地市场，如果真的要大幅度提高农民在土地增值收益中的分配比例，也就意味着大幅度降低地方政府在土地增值收益中的分配比例。这就必须调整中央与地方政府之间的利益关系，真正落实十八届三中全会决定中关于深化财税体制改革的各项政策举措，建立现代财政制度，建立事权和支出责任相适应的制度，发挥中央和地方两个积极性。

（四）政府应通过税收的形式调节收入分配，改变土地增值收益的提取方式，建立兼顾国家、集体、个人的土地增值收益分配机制

土地增值收益的分配不仅涉及中央政府与地方政府之间的关系、地方政府与农民之间的关系，还涉及当前土地收益与未来收益之间、城市与乡村之间、城市郊区农村与广大农区之间的关系，这需要政府通过税收的形式来调节收入分配关系。这方面第一个问题是，这些年来地方政府获取的国有土地使用权出让金收入实际上是一次性地将未来几十年的土地收益提前透支了，是一种"竭泽而渔""寅吃卯粮"的不可持续的敛财方式。

未来土地增值收益的分配应该转变方式，将土地收入从一次性透支，改为逐年提取；允许集体建设用地进入土地市场后，可以考虑对国家征收的集体土地以及农村集体建设用地在实现财产权利时按年度征收地产税、物业税或土地使用费，使地方政府和农民集体可逐年获取稳定的收益。同时，还应让享受土

地增值收益的农民获得社会保障和就业培训，同时要鼓励农民通过股份的形式或资产管理公司委托代管的形式，使其收益保值增值。

第二个问题是，近些年来，在国有土地使用权出让金支出中，重点是城市建设支出，农村基础设施建设支出所占份额很小。2011 年，国有土地使用权出让金支出总额 31052 亿元中，城市建设支出为 5565 亿元，农村基础设施建设支出仅为 760 亿元。2012 年，国有土地使用权出让金支出总额 26664 亿元中，城市建设支出为 3049 亿元，农村基础设施建设支出仅为 486 亿元。未来国家在税收和土地使用权出让金收入的使用上要向农村基础设施建设倾斜。

第三个问题是，城郊农民的土地具有区位优势，他们的土地被征收或集体土地进入市场，这部分农民应该得到土地增值收益的合理合法的份额，但不是全部。因为增值收益并不是这部分农民本身劳动创造的，而是地理位置优越形成的。政府应通过税收的形式调节收入分配，使一部分土地增值收益用于广大农区的基础设施建设和社会事业的发展，让那些为全国提供粮食安全、土地不能进行商业开发的广大农区也能得到发展。

二　赋予农民更多的财产权利，就必须改革与完善农村集体经济体制

《宪法》规定："农村和城市郊区的土地，除由法律规定属于国家所有的以外，属于集体所有；宅基地和自留地、自留山，也属于集体所有。"改革开放后，相当数量的行政村成为空壳村，除了土地外，没有什么集体资产。据统计，1996 年全国 72.6 万个村中，当年无集体经济收益的村占 30.8%，当年集体经济收益在 5 万元以下的村占 42.9%，集体经济收益 5 万 ~10 万元的村占 13.5%，集体经济收益 10 万元以上的村占 12.8%。[①]

随着工业化、城镇化进程的推进，一部分村充分利用土地资源，或是利用集体经营性建设用地发展产业，或是通过土地被征用集体获取一部分补偿资金，集体经济逐渐有了发展的物质基础，但这些方式也带来新的问题。

---

① 农业部合作经济指导司编《全国农村合作经济统计提要（1996 年）》。

（一）农村集体通过获得土地增值收益，增强了自身发展的物质基础

在工业化、城镇化进程中，一部分集体所有的农地被征用，转为非农建设用地，村集体也有可能获取一部分土地改变用途的增值收益。而随着土地整治工作的推进，农村最大的也是最有潜在价值的一块资产（土地）也出现了增量，在增减挂钩、占补平衡的政策执行中，村集体也有可能获得新的收入来源。

案例1：中部某省的一个地级市，要打造温泉生态旅游新城，涉及4镇8村100多个村民小组、村民1.8万余人。原有百姓住房占地约800亩，通过全征全拆，让农民“集中上楼，人人安居”，安置小区占地仅为300余亩，可节约土地500余亩，用于项目建设，促进新城发展。市政府建立了商业经营用房股份分红机制，即在景区优势地段按照农民每人10平方米的规模配置商业经营用房，由所在村组经营管理，实行产权共享、按股分红。市政府还建立了村级预留地自主经营机制，即按照征地总面积的5%给村委会留足预留地，村委会可将预留地转化为商业地产，通过土地市场将其挂牌拍卖或自己创办集体企业，以壮大村级集体经济，提高村集体收入。

案例2：福建武平县岩前镇灵岩村2012年底5096人1396户；2007年、2008年征地，征地之前耕地2000多亩、林地6000多亩；现在全村还有耕地1670亩、林地5000多亩。当时征地是按照前三年的平均产值1000元/亩，补偿26倍，其中土地补偿为平均产值的10倍（1万元），安置补偿为15倍（1.5万元），青苗补偿为1倍（1000元），一共2.6万元/亩；安置和青苗补偿的全部直接给农户，土地补偿的30%（3000元）给村集体，村里提留用于发展集体经济以及村财政收入。从2008年后，村级从土地提留的收益为近500万元。

2012年笔者在江苏调研时了解到，无锡902个行政村，一共有302亿元的净资产，村均集体收入568万元。在新的形势下，落实决定的政策举措，村集体就有可能获取一部分土地改变用途后可观的增值收益，如前述的深圳宝安区凤凰社区即可获得3480万元的土地收益以及13980平方米的产业配套物业。面临这些新的问题，如何建立相关制度，通过多种途径来探索集体经济的有效

实现形式，使集体资产保值增值，集体成员获得可持续发展的机会和收益，避免重走导致原有集体经济溃败的老路，避免新的集体经济再次蜕变为“干部经济”，是值得探索的一个问题。

（二）深化农村集体资产产权制度改革，首先要界定清楚农村集体的相关概念，进一步厘清村组集体经济组织与村组社区组织（村委会、村民小组）之间的关系

决定在论述赋予农民更多财产权利时，多次提及“集体”这个词。但农村集体的内涵外延是什么？集体是由成员组成的，成员的资格如何界定？成员的权利、责任、义务是什么？成员如何进入、如何退出？对于这一系列问题，法律和政策都尚无明确的界定。2013 年中央一号文件首次提出：“探索集体经济组织成员资格界定的具体办法。”

现行法律的有关规定使村委会和村集体经济组织职能交叉，相关法律使村委会（及村民小组）和村集体经济组织都有权占有和管理包括农用地和农村集体建设用地在内的农村土地和其他集体资产，赋予二者同样的合法性。农村集体资产由谁处置，没有明确的法律规定。2010 年新修订的《村民委员会组织法》第 8 条规定，“村民委员会依照法律规定，管理本村属于村农民集体所有的土地和其他财产”，但下面紧接着又说，“村民委员会应当尊重并支持集体经济组织依法独立进行经济活动的自主权”，这本身就是矛盾的①。《浙江省村经济合作社组织条例》（2007）提出，“尚未设立村经济合作社的，村集体财产所有权由村民委员会行使”。村经济合作社应当“协助和配合村民委员会工作，为村级组织履职提供必要的经费，合理安排村公共事务和公益事业所需的资金”。

当前迫切需要通过改革试验，形成比较成熟的《农村社区集体经济组织条例》，明确村组集体经济组织的内涵外延及其权能，明确村组集体经济组织成员资格的取得及退出机制，成员的责任、权利和义务；在此基础上，使集体经济组织成员的个人成员权利与财产权利相统一。同时要厘清村委会和村集体经济组织之间的关系。村委会作为农村社区性的自治组织，它为本社区全体居

---

① 张晓山：《深化改革促进农业农村可持续发展》，《农村经济》2013 年第 1 期。

民进行社会管理和提供公共服务的支出要纳入地方财政预算。要使村民委员会仅仅承担村庄的公共服务职能，把土地等集体资产的管理权完全剥离到农民集体经济组织手中。

（三）要深化以土地确权、登记、颁证为中心的产权改革

土地承包经营权证、集体林地使用权证、宅基地的集体土地使用权证以及房屋所有权证都要确权颁发到集体经济组织成员（农户）一级，做到“确实权”，即以实测面积为基础，做到承包土地的“地、账、证、合同”四个一致。通过土地确权、明晰集体的层级、集体成员资格的界定等全方位的产权制度改革，集体经济组织成员能摸清和掌握自己所在集体的全部家底并将自己对土地承包经营权、宅基地的用益物权以及集体资产的收益权坐实；在一定程度上可避免有的地区出现的村干部背着群众把地卖了而群众却处于“不知道卖了多少地，也不知道还剩下多少地”的窘境；为农民合法行使权利、稳定农村经济关系和政治关系创造了条件，并为赋予农民更多财产权利、发展壮大集体经济奠定了坚实的产权基础。

（四）集体经济产权改革的方向：从模糊到清晰，从封闭到开放，从固化到流动

十八届三中全会决定提出：“保障农民集体经济组织成员权利，积极发展农民股份合作，赋予农民对集体资产股份占有、收益、有偿退出及抵押、担保、继承权。”

集体资产明晰产权，使股权固化、地权固化、房权固化，其实质是确定某个时点具有资格的集体经济组织成员对于集体资产或资源各自的份额，是确定某个时点的公平，即起点的公平；但未来集体经济的发展方向应是从封闭走向开放，从固化走向流动，固化是为了更好地流动。在产权清晰的基础上，促进股权、地权和房权的流动，有进有出，增资扩股。十八届三中全会首次明确混合所有制经济是我国基本经济制度的重要实现形式。农村集体经济未来的走向可能会成为现代企业制度的一种有机组成形式。一种多元化的混合型的市场经营主体，集体经济的这种嬗变将使它得以保持经济活力和市场竞争力。

（五）在明晰产权基础上，深化乡村治理机制的改革，落实基层民主

农村土地的确权颁证、其他集体资产的股份量化以及相应的制度安排，奠定了农村集体农用地、林地与集体经营性建设用地使用权流转的产权制度基础，为要素流动和优化配置以及农民获取更多的财产权利创造了条件。但应该指出的是，明晰产权不是万能药方，农民的物质利益要靠民主权利来保障。民主权利随着物质利益的实现而越来越受到农民的重视。因此，在明确土地产权的同时，要深化乡村治理结构的改革，构建基层多元化的组织体系，改善农村社会管理，进一步发展农村基层民主，使农村土地的产权主体也能真正享有对农村社会经济事务的知情权、参与权、决策权和监督权。在行政村一级作为基层政府派出机构的色彩越来越浓的现实条件下，要强化村民小组层级的民主自治功能，以村民小组为主体建立和健全普通农民对村干部行使权力的有效制衡机制，能将非公务员身份的村干部的权力也关进制度的笼子里，确保普通农民的权益不受损害。农民获取更多的财产权利才有坚实的基础。

三　赋予农民更多财产权利，需要尽快修订相应的法律法规，出台相关的政策措施

中国的立法体制是统一而又多层次的，包括宪法和法律、行政法规以及地方性法规、自治条例和单行条例。我们公认，法律是一切行动的底线。但在转型期所进行的制度变迁，则往往是对现行法律的突破。

（一）法律、政策与实践三者间的冲突成为社会转型期改革发展的必然现象

1998 年修订的《中华人民共和国土地管理法》第 14 条规定：“在土地承包经营期限内，对个别承包经营者之间承包的土地进行适当调整的，必须经村民会议三分之二以上成员或者三分之二以上村民代表的同意，并报乡（镇）人民政府和县级人民政府农业行政主管部门批准。”而 2001 年 12 月

30日中共中央发布的《中共中央关于做好农户承包地使用权流转工作的通知》则明确提出：不能用少数服从多数的办法强迫农户放弃承包权或改变承包合同。

《土地管理法》第63条规定："农民集体所有的土地的使用权不得出让、转让或者出租用于非农业建设。"2005年10月1日起，《广东省集体建设用地使用权流转管理办法（草案）》（以下简称《办法》）正式实施。《办法》允许在土地利用总体规划中确定并经批准为建设用地的集体土地进入市场，方式可以是出让、出租、转让、转租和抵押。《办法》明确，兴办各类工商企业，包括国有企业、集体企业、私营企业、个体工商户、外资企业、合作企业、合资企业、联营企业，兴办公共设施和公益事业，兴建农村村民住宅，可以使用集体建设用地。农民集体土地所有者出让、出租和抵押集体建设用地使用权，必须经过本集体经济组织成员的村民会议2/3以上成员或者2/3以上村民代表同意；所取得的土地收益纳入农村集体财产统一管理，其中50%以上应存入银行专户，专款用于农民集体成员的社会保障安排。村民出卖和出租住房后，不得再申请新的宅基地。《办法》的实施实际上突破了《土地管理法》的有关规定，于是有人撰文指出，"此举一出，国家法律的权威性将受到挑战，程序正义面临着惨遭破坏的危险"。实际上，随着中心城区产业和功能向郊区疏解和辐射，郊区工业化、城镇化进程的快速推进，郊区土地级差地价快速上升。近年来，许多农村地区都在探索，通过农民集体自主开发方式，在村集体建设用地上发展物业租赁经济，既满足了市场刚性的土地需求，又盘活了闲置的集体建设用地资源，获得土地增值的级差地价收益，有利于农民分享土地增值收益，更好地保障当地农民的土地权益，增加农民收入。但许多做法实际上也违背了《土地管理法》第63条规定。这次十八届三中全会决定明确提出，要"在符合规划和用途管制前提下，允许农村集体经营性建设用地出让、租赁、入股"，对地方的探索从政策上提供了依据。

决定提出，"赋予农民对承包地占有、使用、收益、流转及承包经营权抵押、担保权能"，而1995年通过的《担保法》明确提出，除了抵押人依法承包并经发包方同意抵押的荒山、荒沟、荒丘、荒滩等荒地的土地使用权；以及以乡（镇）、村企业的厂房等建筑物抵押的，其占用范围内的土地使用权外，耕地、宅基地、自留地、自留山等集体所有的土地使用权不得抵押。2007年通过的《物权法》也提出，法律规定可以抵押的除外；耕地、宅基地、自留地、自留山等集体所有的土地使用权不得抵押。

决定赋予农民更多财产权利的相关提法也就意味着现有法律法规的一些规定已经滞后于农村农业改革发展的现实需要，中央的政策导向是对现有法律法规的突破，需要尽快修改相应的法律法规，出台相关的政策措施。

在以往现实经济生活中，《中华人民共和国土地管理法》和《中华人民共和国农村土地承包法》的一些条款往往得不到贯彻执行。问题是，什么样的对现行法律的突破是可以允许的，甚至是值得鼓励的？什么样的对现行法律的突破是不可容忍的、属于违法必究的？如果区分“好”的违法和“坏”的违法的话，法律的尊严又何以体现？改革的目的是建立一个民主法制、公平正义的社会，但改革过程中的一些制度创新和制度变迁又是对现行法律和政策的变通、调整，甚至违背。这是一个改革的悖论。在社会转型期，工业化、城市化的大潮中，这个悖论将长期存在。

（二）基层创新—实践检验—政策跟进—法律规范

习近平总书记2013年11月29日在山东考察时强调：“要有序推进改革，该中央统一部署的不要抢跑，该尽早推进的不要拖宕，该试点的不要仓促推开，该深入研究后再推进的不要急于求成，该得到法律授权的不要超前推进。”

解决法律、政策与实践三者间矛盾的法理依据涉及如何对待改革的问题。法是党的主张与人民意志相统一的体现。改革的大方向与社会主义的立法精神一致，把握方向，就可大胆探索。决定指出：“加强顶层设计和摸着石头过河相结合，整体推进和重点突破相促进。”摸着石头过河的是基层的创新者，改革以来所有的创新都是发端于基层，起始于草根。中国的改革与发展要靠基层创新来开路，最后形成上下联动的改革与发展的战略决策。只有坚持一切从实际出发，破除迷信，敢于冲破不合时宜的观念束缚，尊重群众首创精神，大胆探索、实践和创造，与时俱进，才能使社会主义现代化事业充满生机和活力。群众的首创经过实践检验后，遂有政策的跟进，最后才是法律的规范。但经批准进行的一些探索和做法，也要严格限定在试验区的范围内。坚持局部试点、封闭运行、规范管理、结果可控。

四 结语

世上没有绝对的权利，权利总是与义务相连，所有权亦是如此。德国1919年的魏玛宪法规定，“所有权同义务共存，其行使应符合公共福利”，“依据公共需要，可以收用、使用或限制财产权，但应予以相应的补偿”，因此，所有权的绝对性必须伴之以社会性和义务性。

在落实中央决定的相关政策时，要确立“规划高于所有制”的观念，并实行土地用途管制。规划包括国民经济和社会发展规划、土地利用总体规划、城乡规划和专项规划等，土地用途管制最重要的是农地农用。在符合规划和用途管制的前提下，通过全面综合的配套政策措施，具体落实十八届三中全会决定中关于农村土地制度变革的各项战略举措，协调地方政府与农民之间的利益关系，赋予农民更多财产权利，让农民分享土地的增值收益，最终建立一个政府、企业和农民合作共赢的机制，让土地出让金在农民那里不再是一次性的、短期内变现后的挥霍，在政府那里不再是一次透支几十年的收益，这个机制要保持逐年有稳定增长的收益，让农民能够得到可持续发展的资源回报、政府获得可持续的财政收入，赋予农民财产权利，才能获得有效的可持续的实现形式。

（本文原载于《农村经济》2014 年第 1 期）

中国农村发展的成就与挑战

李周

摘　要： 改革以来，中国粮食增产速度显著加快。20世纪90年代末进入总量平衡、丰年有余阶段后，中国主要农产品产量增速减缓，但产量稳定性明显提高，主要农产品人均占有量仍有增加。家庭联产承包责任制的实施是改革初期中国农业超常规增长的主要原因。中国农业进入常规增长阶段后，增长主要依靠良种、农机、灌溉、测土配方施肥、地膜覆盖和农产品生产向优势产区集中等因素推动。在上述因素的共同作用下，中国农业全要素生产率对农业增长的贡献率越来越高。随着农民就业范围的扩大，其对经济增长的贡献也在增大，并带来农民收入的快速增长和农民福利的逐渐改善。最近十多年，国家"三农"政策显著改进，农村发展环境有所改善。但是，中国农村发展也面临农业竞争力下降、耕作强度降低、规模经营和农民合作难以推进等一系列挑战。

关键词： 农业增长　农业全要素生产率　农民收入　农民福利　农业竞争力

一　农业发展的成就

（一）农业增长

1. 粮食增产速度加快

1952年是中国粮食产量恢复到战前最高水平年份。1952～2012年60年间，前30年（1952～1982年），中国粮食产量由1.6亿吨增加到3.5亿吨，增长了1.9亿吨；后30年（1982～2012年），粮食产量由3.5亿吨增加到5.9亿吨，增长了2.4亿吨，比前30年多增产0.5亿吨①。

2. 其他农产品产量增长稳定

改革初期，中国农产品产量增速较快，20世纪90年代末进入总量平衡、丰年有余阶段后，主要农产品产量增速减缓，但产量的稳定性明显提高（见图1）。

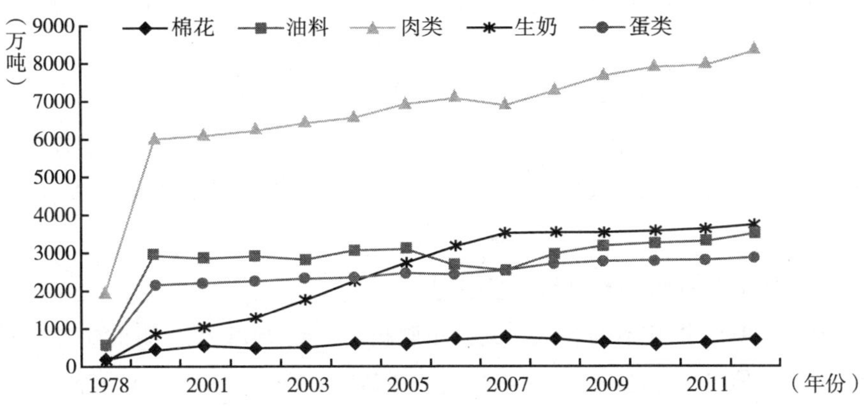

图1　粮食以外主要农产品产量增长趋势

资料来源：国家统计局《中国统计年鉴》（1978～2011年），中国统计出版社。

3. 主要农产品人均占有量增加

在粮食增产加快和人口增长减缓的共同作用下，2012年，中国人均粮食产量为435.4公斤，比1978年和2000年分别高出116.4公斤和69.3公斤。同期，人均猪牛羊肉产量分别高出45.5公斤和17.0公斤；水产品分别高出38.7公斤和14.2公斤；牛奶分别高出27.7公斤和21.1公斤；油料分别高出20.2公斤和2.3公斤；棉花分别高出2.8公斤和1.6公斤。

（二）农业生产条件改善

家庭联产承包责任制的推行是促使改革初期中国农业超常规增长的主要因素。农业进入常规增长以后，促使农业增长的主要因素是机械、灌溉、测土配方施肥、地膜覆盖、良种等技术的推广应用和农产品生产向优势产区的集

① 本文资料除特别说明外，均来自笔者的平时积累或根据《中国统计年鉴》（历年）公布的资料整理所得。

中等。

1. 综合机械化率提高

1978～2012 年，中国农业综合机械化率由 18.8% 上升到 56.0%，提高了近 2 倍。其中，1978～2000 年的 22 年间，农业综合机械化率提高了 10.2 个百分点；2000～2012 年的 12 年间，农业综合机械化率提高了 27.0 个百分点。这表明，进入 21 世纪后，中国农业综合机械化率的提高速度显著加快。

2. 有效灌溉面积增加

中国有效灌溉面积由 1978 年的 4500 万公顷增至 2000 年的 5382 万公顷和 2012 年的 6340 万公顷。1978～2012 年的 34 年间，有效灌溉面积前 22 年增加了 882 万公顷，后 12 年增加了 958 万公顷。

3. 测土配方施肥技术得到普遍采用

中国于 2005 年开始推广测土配方施肥技术。到 2012 年，测土配方施肥技术推广面积达 13 亿亩以上，惠及全国 2/3 以上的农户。农户调查结果表明，应用测土配方施肥技术的地块，小麦、水稻、玉米亩均分别增产 3.7%、3.8%、5.9%，增收 30 元以上；蔬菜、果树等作物亩均增收 100 元以上。应用此项技术后，全国平均每年减少不合理施肥 100 多万吨①。

4. 地膜覆盖面积增加

地膜覆盖是保障旱地农业生产稳定性的重要举措。1993～2012 年，全国地膜覆盖面积由不足 600 万公顷增加到 2333 万公顷，几乎翻了两番。

5. 良种覆盖率有所提高

中国粮棉油主要品种的良种覆盖率于 2005 年达到 90%，2012 年提高到 96%。而更为重要的是，良种的更换速度快，这是农产品持续增产的主要原因之一。

6. 主要农产品的生产集中度逐渐提高

从表 1 可以看出，13 个粮食主产省粮食产量占全国粮食总产量的份额由 1949～1959 年的 69.21% 上升到 2010～2012 年的 77.78%，提高了 8.57 个百分点（这还是前期包括重庆，后期不包括重庆的情况）。此外，全国已

① 梁宝忠：《全国测土配方施肥工作重心转移到配方肥推广应用新阶段》，农业部网站，2012 年 5 月 21 日。

经形成了东北地区的大豆、玉米带，黄淮海地区的花生、小麦带，长江流域的油菜带，黄河流域和西北内陆地区的棉花带。13 个生猪主产省猪肉产量占全国总产量的 75% 以上，7 个牛奶主产省牛奶产量占全国总产量的 60% 以上。

表 1　13 个粮食主产省粮食产量占全国粮食总产量的份额

单位：%

省　份	1949 ~ 1959 年	1960 ~ 1969 年	1970 ~ 1979 年	1980 ~ 1989 年	1990 ~ 1999 年	2000 ~ 2009 年	2010 ~ 2012 年
河　北	4. 79	4. 92	5. 21	4. 91	5. 40	5. 50	5. 47
内蒙古	1. 99	2. 09	1. 70	1. 52	2. 57	3. 33	4. 12
辽　宁	3. 48	3. 26	3. 76	3. 25	3. 28	3. 35	3. 42
吉　林	3. 21	3. 01	3. 12	3. 47	4. 41	4. 94	5. 45
黑龙江	4. 51	4. 25	4. 53	4. 10	5. 72	5. 99	9. 52
江　苏	6. 57	6. 95	7. 15	8. 02	7. 01	6. 21	5. 78
安　徽	5. 05	4. 67	5. 35	5. 56	5. 25	5. 67	5. 54
江　西	3. 41	4. 03	3. 81	3. 87	3. 49	3. 62	4. 07
山　东	7. 21	6. 50	6. 90	7. 66	8. 44	8. 04	7. 73
河　南	6. 61	5. 82	6. 42	7. 02	7. 54	9. 55	9. 68
湖　北	5. 21	5. 63	5. 47	5. 54	5. 18	4. 51	4. 16
湖　南	5. 85	5. 94	6. 30	6. 59	5. 70	5. 62	5. 12
四　川	11. 32	10. 21	9. 26	10. 12	9. 32	8. 82	7. 72
13 个主产省	69. 21	67. 28	68. 98	71. 63	73. 31	75. 15	77. 78

资料来源：国家统计局编《中国统计年鉴》（历年），中国统计出版社。

（三）农业全要素生产率（TFP）提高

1. 农业全要素生产率对农业增长的贡献率越来越高

李周、张海鹏的研究表明，1985 ~ 2010 年，中国农业全要素生产率每年提高约 1 个百分点（见表 2）。科技部发布的信息表明，2012 年，技术进步对中国农业增长的贡献率为 54. 5%①。

① 《2012 年中国科技进步对农业增长贡献率已达 54. 5%》，人民网，2013 年 2 月 7 日。

表 2　中国农业 TFP 增长率及其分解（1985～2010 年）

年份	技术效率	技术进步	TFP	年份	技术效率	技术进步	TFP
1986/1985	0.964	1.086	1.048	2001/2000	0.986	1.027	1.012
1987/1986	0.997	1.000	0.996	2002/2001	1.006	0.990	0.996
1988/1987	0.978	1.077	1.053	2003/2002	0.976	1.092	1.066
1989/1988	1.008	1.039	1.047	2004/2003	0.997	1.125	1.122
1990/1989	1.007	1.025	1.033	2005/2004	0.970	1.055	1.023
1991/1990	0.972	1.014	0.986	2006/2005	1.208	1.050	1.269
1992/1991	0.939	1.052	0.987	2007/2006	0.808	1.074	0.868
1993/1992	0.988	1.165	1.150	2008/2007	0.997	1.103	1.100
1994/1993	0.979	1.120	1.097	2009/2008	1.021	1.030	1.052
1995/1994	1.047	1.096	1.147	2010/2009	0.992	1.028	1.020
1996/1995	0.989	1.061	1.049	1989/1985	0.983	1.058	1.036
1997/1996	0.954	1.030	0.982	1995/1990	0.988	1.077	1.064
1998/1997	0.992	0.952	0.944	2003/1996	0.987	1.015	1.001
1999/1998	1.025	0.970	0.994	2010/2004	0.993	1.066	1.059
2000/1999	0.966	1.008	0.973	2010/1985	0.988	1.051	1.038

注：全国指数通过各省份指数的几何平均得到。

2. 农业全要素生产率的提高来自技术进步

1985～2010 年，中国农业全要素生产率的年均增长率为 3.8%；其中，农业技术的年均增长率为 5.1%，农业技术效率的年均增长率为 -1.2%。技术进步推动了中国农业全要素生产率提高，而技术效率下降抵消了农业技术水平提高的部分效果。

无论是把研究时期划分为 4 个子时期（1985～1989 年、1990～1995 年、1996～2003 年、2004～2010 年），还是把全国划分为粮食主产区和非粮食主产区或者东部地区、中部地区和西部地区，结果都是如此。由此表明，中国这个阶段的农业全要素生产率增长属于技术诱导型增长。

3. 技术效率的改进空间大于规模效率的改进空间

从表 3 可以看出，中国粮食生产的技术效率为 0.795，还有较大的改进空间；规模效率为 0.957，改进空间不是很大。许庆等（2011）的研究表明，小麦、水稻和玉米三种粮食作物生产几乎不存在显著的规模效率。但是，扩大土地经营规模对降低生产成本有显著影响。经营规模每增加 1 亩，可降低生产成本 2%～10%，即农业经营规模的扩大对增加农民收入有显著作用。

表 3 中国粮食生产经济效率

省 份	技术效率	规模效率	省 份	技术效率	规模效率	省 份	技术效率	规模效率
北 京	0.766	0.999	安 徽	0.786	0.878	四 川	0.861	0.810
天 津	0.745	0.980	福 建	0.795	0.940	贵 州	0.708	0.940
河 北	0.748	0.907	江 西	0.834	0.995	云 南	0.574	0.998
山 西	0.570	0.984	山 东	1.000	0.905	西 藏	1.000	1.000
内蒙古	0.719	0.951	河 南	1.000	0.831	陕 西	0.524	0.985
辽 宁	0.868	0.993	湖 北	0.864	0.954	甘 肃	0.536	0.974
吉 林	1.000	1.000	湖 南	0.908	0.971	青 海	0.623	0.960
黑龙江	1.000	1.000	广 东	0.796	0.951	宁 夏	0.625	0.997
上 海	1.000	1.000	广 西	0.698	0.966	新 疆	0.954	0.957
江 苏	0.989	0.938	海 南	0.648	0.961	全 国	0.795	0.957
浙 江	0.917	0.969	重 庆	0.596	0.980			

资料来源：杨天荣、陆迁（2009）。

二 农民的变化

（一）农民对经济增长的贡献继续增大

在计划经济体制下，农民必须居住在农村，必须从事农业生产，必须参加集体劳动。农村改革的主线是向农民赋权。改革初期赋予农民经营土地的自主权，农民凭借这个权利，很快就解决了全国农产品短缺的问题。20 世纪 80 年代中期赋予农民在农村从事非农产业的权利，农民凭借这个权利，创造出乡镇工业占据中国工业半壁江山的奇迹。20 世纪 90 年代以来赋予农民进城就业的权利，农民凭借这个权利，很快就成为中国工人阶级的主力军。

农民工数量从 1985 年的 5960 万人增加到 2012 年的 26261 万人，翻了两番多。随着农民就业领域和就业空间的拓展，他们对国民经济的贡献已经由农业拓展到非农产业，由农村拓展到城市。从表 4 可以看出，2008 ~ 2012 年，农民工创造的 GDP 占全国 GDP 的份额由 32.1% 上升到 38.6%，4 年提高了 6.5 个百分点。如果考虑政府部门和事业单位的职工并不创造 GDP 的实际情况，农民工创造的 GDP 占全国 GDP 的份额会更大。

表 4　农民工创造的 GDP 占全国 GDP 份额的变化

年份	农民工数量（万人）	外出农民工平均月工资（元/月）	农民工工资总额（亿元）	农民工创造的 GDP（亿元）	全国 GDP（亿元）	农民工创造的 GDP 占全国 GDP 的份额(%)
2008	22542	1340	36247.5	100687.6	314045.4	32.1
2009	22978	1417	39071.8	108532.8	340902.8	31.8
2010	24223	1690	49124.2	136456.2	401512.8	34.0
2011	25278	2049	62153.5	172648.7	472881.6	36.5
2012	26261	2290	72165.2	200459.0	519322.0	38.6

注：在《中国统计年鉴》中，工资约占 GDP 的 36%，故本文按 36% 这个参数来推算农民工创造的 GDP。

资料来源：国家统计局《我国农民工监测调查报告》（2008～2012 年，历年），国家统计局网站。

（二）农民收入快速增长

1978～2012 年，农民人均纯收入由 133.6 元增加到 7917 元，按可比价格计算，增长了 10.77 倍。同期，城镇居民人均可支配收入由 343.4 元增加到 24565 元，按可比价格计算，增长了 10.46 倍。城乡居民收入提高的幅度基本上是一致的。一些学者根据名义收入的变化得出城乡居民收入差距扩大的结论，可能具有片面性。第一，在计划经济时期，几乎所有农民都愿意“农转非”，即用土地换非农业户籍；20 世纪 80 年代初期，上海等个别地方的农民开始不愿意“农转非”；而现在，不愿意“农转非”的农民已经扩展到西部地区。农民行为的变化不支持城乡居民收入差距扩大的判断。第二，农产品价格扭曲已经消除，农业税费已经废除，“取之于农”的因素已经不复存在。这些变化不支持城乡居民收入差距扩大的判断。第三，工资决定的市场扭曲逐步削弱，农业补贴在增加。这些变化也不支持城乡居民收入差距扩大的判断。第四，农民打工收入存在低估的问题。农民往往把能带回家的收入作为打工收入。1.6 亿外出就业的农民工，他们在打工地的消费支出按年人均 3500 元计算，为 5600 亿元。这表明，农民人均收入少算了 600 元以上。第五，城镇居民收入包含改革性收入，如住房补贴、医疗补助等。

（三）农民福利趋于改善

除了农民收入增长较快以外，农民福利改善也是一个非常值得关注的内容。第一，中西部地区的发展和县域经济的发展，为越来越多的农民工创造了就近就业的机会。农民工就近就业并不一定增加收入，但家庭成员的生活质量会显著提高，由此带来了明显的福利改善。第二，农业外包作业对家庭劳动的替代，一方面，增加了农户的生产支出，另一方面，减轻了农户的农业劳动强度。农户的农业收入过去需要投入大量高强度的劳动才能获得，现在只须投入少量低强度的劳动就能获得。虽然农民的农业收入增长得不是很快，但是，农民的福利却大大增加了。第三，市场服务对家务的替代，一方面使农户的食品支出显著增加，并抑制了恩格尔系数的下降，另一方面使农民的闲暇时间增多，农民由此得到的福利显著增多了。

三　农村发展的成就

最近十多年，随着国家“三农”政策的改进，中国农村的发展环境得到了较大的改善。

（一）从集中农业剩余转向扶持农业发展

税费改革前[①]，基层政府和村委会通过农业税、牧业税、农业特产税和“三提”、“五统”及摊派，每年从农民那里收取1500亿～1600亿元，其中，税收占1/3左右。农业税的取消，铲除了“搭车”收费的根基和平台，所以，“三提”、“五统”及摊派也不存在了。

自2004年以来，中央政府和省级政府相继出台了粮食直接补贴、良种补贴、大型农机具购置补贴和农业生产资料综合补贴等一系列惠农政策，受到了广大农民的普遍欢迎。从表5可以看出，除粮食直接补贴自2007年后保持稳定外，中央政府对其余各项补贴的投放量基本上越来越大。

---

① 中国政府从2003年开始全面推行农村（业）税费改革，到2004年底，税费改革的主要任务基本结束。

表 5　中央政府的农业补贴

单位：亿元

年份	合计	农资综合补贴	粮食直接补贴	良种补贴	农机具购置补贴
2003	130. 0	—	—	—	—
2004	145. 2	—	116	28. 5	0. 7
2005	173. 7	—	132	38. 7	3. 0
2006	309. 5	120. 0	142	41. 5	6. 0
2007	513. 6	276. 0	151	66. 6	20. 0
2008	1030. 4	716. 0	151	123. 4	40. 0
2009	1274. 5	795. 0	151	198. 5	130. 0
2010	1225. 9	705. 9	151	204. 0	165. 0
2011	1406. 0	860. 0	151	220. 0	175. 0
2012	1664. 0	1078. 0	151	220. 0	215. 0

资料来源：财政部公布的各年中央政府的农业补贴数据。

（二）从一般扶持拓展到重点扶持

为了促进主要农产品生产区域格局的形成，中央政府在保持普惠性政策的基础上又实施了重点扶持政策，例如，自 2005 年起实施奖励种粮大县的政策（见表 6），自 2007 年起实施奖励生猪调出大县的政策（每年 15 亿元），自 2008 年起实施奖励产油大县的政策（每年 25 亿元）。在产业政策的引导下，农产品生产逐步向优势产区集中，农业生产的区域分工越来越明显。

表 6　中央政府直接奖励种粮大县的财政专款

单位：亿元

年份	2005	2006	2007	2008	2009	2010	2011
金额	55	85	125	140	175	210	225

资料来源：财政部公布的各年中央政府直接奖励种粮大县的财政专款数据。

（三）从发展生产拓展到保护生态

最近十多年，中国越来越重视生态保护和生态建设，分别出台了旨在保护森林、草原和湿地生态系统的政策。

1. 森林保护

为了消除森林采伐对生态环境的负面影响，中国于 1998 年开始实施天然林资源保护工程。天然林资源保护工程包括长江上游、黄河上中游地区天然林资源保护工程和东北、内蒙古等重点国有林区天然林资源保护工程两部分。工程一期（2000～2010 年）分为两个阶段。第一阶段（2000～2005 年）以停止天然林采伐、建设生态公益林、分流和安置下岗职工为主要内容；第二阶段（2006～2010 年）以保护天然林资源、恢复林草植被、促进林区经济和社会可持续发展为主要内容。工程总投资为 962 亿元。天然林资源保护工程的实施，有效地保护了 5600 万公顷天然林，营造公益林 1526. 7 万公顷，森林蓄积净增 4. 6 亿立方米。2011 年，天然林资源保护工程进入第二期（2011～2020 年），总投资为 2440. 2 亿元。主要目标是：到 2020 年，增加公益林 775 万公顷，新增森林面积 520 万公顷、森林蓄积 11 亿立方米、碳汇 4. 16 亿吨，生物多样性明显增加，林区社会实现和谐稳定。

退耕还林还草工程是迄今为止中国投资量最大、涉及面最广、任务量最重、群众参与度最高的生态建设工程。该工程一期投资 2245 亿元，通过退耕还林和荒山造林、封山育林，共增加林地 3. 64 亿亩，项目区森林覆盖率平均提高 2 个百分点以上。2007 年退耕还林粮食和生活费补助期满后，国家新增投资 2066 亿元，实施工程二期，继续对退耕农户给予现金补助。该工程两个实施期共投资 4311 亿元。中国还实施了防护林体系建设工程、环北京地区防沙治沙工程、野生动植物保护及自然保护区建设工程和速生丰产用材林工程。在这些工程的推动下，中国林业建设的速度显著加快。第七次森林资源清查（2004～2008 年）与第一次森林资源清查（1973～1976 年）相比，全国森林面积由 12186 万公顷增加到 19545 万公顷，增长了 60. 4%；活立木总蓄积量由 95. 3 亿立方米增加到 149. 1 亿立方米，增长了 56. 45%；森林覆盖率由 12. 70% 上升到 20. 36%。

林业六大工程的实施，年增固碳量 33822 万吨。其中，新增森林的年增固碳量为 17500 万吨，占年增固碳总量的一半以上，为减缓气候变化的负面影响做出了贡献。

2. 草地保护

改革以来，牧区从实施追求畜产品产量的“草畜双承包”战略到实施

“增草增畜，提质提效”战略，再到实施“退牧还草，围封转移”战略，完成了由以经济为主到生态与经济并重再到生态优先的发展战略转变。2003～2010年，退牧还草工程总投资143亿元，其中，中央补助100亿元，地方配套43亿元。具体措施如下，对于禁牧，每亩每年补助饲料粮5.5公斤（折4.95元）；对于季节性休牧，按3个月计算，每亩每年补助饲料粮1.375公斤（折1.2375元），补助期限为5年；对于草原围栏，每亩补助16.5元。

为了加强草原生态保护，转变畜牧业发展方式，促进牧民持续增收，维护国家生态安全，从2011年起，中央政府每年安排136亿元财政资金，在内蒙古、新疆、西藏、青海、四川、甘肃、宁夏和云南8个主要草原牧区省（区），建立草原生态保护补助奖励机制。具体措施包括以下几点。①实施禁牧补助。对严重退化的草原实行禁牧封育，按每公顷90元的标准给予补助。②实施草畜平衡奖励。对禁牧区域以外的可利用草原，在核定合理载畜量的基础上，按每公顷22.5元的标准对未超载放牧的牧民给予奖励。③发放牧民生产补贴。增加畜牧良种补贴，补贴范围由肉牛和绵羊扩大到牦牛和山羊；实施牧草良种补贴，对8省（区）600万公顷人工草场，按每公顷150元的标准给予补贴；实施生产资料综合补贴，对8省（区）约200万户牧民，按每户500元的标准给予补贴。

退牧还草工程共对4.4亿亩草场实行禁牧休牧。农业部全国草原监测数据显示，退牧还草工程区植被盖度、高度、产草量与非工程区相比，分别高出了29%、64%、78%。①

3. 湿地保护

20世纪50～70年代，大量湖泊与湿地被围垦成农田。20世纪80年代中期基本实现粮食自给后，国家开始实施“退田还湖”政策。该政策的实施，实现了千百年来从围湖造田、与湖争地到大规模退田还湖的历史性转变。国务院批准的《全国湿地保护工程规划（2002～2030年）》，确立了到2030年90%以上的天然湿地得到有效保护、湿地生态系统的功能得到充分发挥、湿地资源实现可持续利用的目标。

① 张毅：《全国草原进入春季禁牧休牧期》，《人民日报》2007年4月11日。

（四）从经济发展拓展到社会发展

随着国民经济综合实力的逐步提高，中国先后实施了农村免费义务教育、新型农村合作医疗、基础设施供给均等化、农村居民最低生活保障、农村居民社会养老保险等制度。

1. 农村免费义务教育

2006 年，中国开始实施农村免费义务教育。具体内容是：全部免除农村义务教育阶段学生学杂费，对贫困家庭学生免费提供教科书并补助寄宿生生活费；提高农村中小学公用经费保障水平；建立农村中小学校舍维修改造资金和农村中小学教师工资保障机制。

2006 年，这项政策率先在西部地区和中部部分地区实施。2007 年，该项政策在全国农村实施，同时提高了寄宿生生活费基本补助标准和校舍维修改造标准，并将免费教科书的覆盖范围扩大到全国农村义务教育阶段全部学生。政府安排的“两免一补”资金，相当于为全国农民减少支出 2300 多亿元，平均每个小学生家庭年减负 250 元，初中生家庭年减负 390 元。

目前，中国小学净入学率达 99.5%，初中毛入学率达 98.5%，分别比世界平均水平高 13 个和 20 个百分点，接近发达国家平均水平。

2. 新型农村合作医疗

自 2003 年以来，新型农村合作医疗制度（简称“新农合”）迅速推进，至 2008 年基本覆盖了全部农村居民。2012 年底，全国有 2566 个县（市、区）建立了新农合，参合人口数达 8.05 亿人，参合率为 98.3%。新农合最初人均筹资标准为 30 元，其中，政府补助 20 元，农民交纳 10 元；2012 年，人均筹资标准提高到 300 元，其中，政府补助 250 元，农民交纳 50 元。2012 年度，新农合筹资总额达 2484.7 亿元，人均筹资 308.5 元；全国新农合基金支出 2408.0 亿元；补偿支出受益 17.45 亿人次，其中，住院补偿 0.85 亿人次，普通门诊补偿 15.41 亿人次。新农合有效地减轻了农民就医的经济负担。

3. 基础设施供给均等化

①农民安全饮水。农民安全饮水保障有两个目标。第一个目标是确保农民饮水数量安全，即常年有水喝，取水不困难。这个目标已经在 2000 年实

现。第二个目标是确保农民饮水质量安全。2000 年，全国农村共有 3.79 亿饮水不安全人口。“十五”时期，0.67 亿农村人口的饮水安全问题得到了解决；“十一五”时期，2.13 亿农村人口的饮水安全问题得到了解决。按照现在的进度，2013 年将全面解决农民饮水安全问题。②农村生产生活用电。农村用电保障有三个目标。第一个目标是消灭无电县，基本消灭无电乡和无电村。这个目标在 1997 年就实现了。第二个目标是提高农村供电的可靠性，降低农村居民用电价格，为农村经济社会发展创造良好条件。这个目标在“十一五”时期末已基本实现。现在的目标是建成安全可靠、管理规范的新型农村电网，全面实现城乡用电同网同价。③农村公路。农村公路建设有四个目标。其中，通车率（农村通可供机动车行驶的道路）目标在 20 世纪末已基本实现，通达率［乡（镇）和建制村的通达标准为路面宽度分别大于 3.5 米和 3.0 米，且能保证晴雨通车］目标在“十五”期间已基本完成，通畅率（通畅标准是在通达标准的基础上达到路面硬化）目标和通客运目标在“十一五”期间也已基本完成，现在的目标是追求城乡公路网一体化。在农村基础设施供给方面，国家还在通邮、通广播的基础上实现了通电视、通电话和通互联网。

4. 农村居民最低生活保障

1996 年，中国开始在少数省（市）的农村试点居民最低生活保障制度（简称“低保”），2007 年，该制度被推广到全国农村（见表 7）。需要指出的是，各地农村低保的实施情况存在很大差异。

表 7　中国农村居民最低生活保障制度演进情况

年　份	2007	2008	2009	2010	2011
保障户数(万户)	1608.5	1982.2	2291.7	2528.7	2672.8
保障人数(万人)	3566.3	4305.5	4760.0	5214.0	5305.7
低保资金(亿元)	109.1	228.7	363.0	445.0	667.7
低保标准(元/月)	70.0	82.3	100.8	117.0	143.2

资料来源：民政部公布的各年中国农村居民最低生活保障数据，民政部网站 www.mca.gov.cn。

5. 农村居民社会养老保险

自 2006 年以来，国家又开始推行农村居民社会养老保险制度（简称“新农保”)。截至2011年,在新农保试点地区,已有3.26亿农村居民参保,其中,实际领取待遇的人数为8525万人。这意味着农村居民养老正在由依赖土地资源养老向依靠经济剩余养老转变,由家庭养老向社会养老转变。虽然新农保的意义目前还是象征性的,但可以相信,它在消除二元经济体制方面的重要作用会随着时间的推移逐渐显现出来。

四 农村发展面临的挑战

(一)农业竞争力下降的挑战

近些年来,中国农产品净进口趋于上升,不但土地密集型产品大豆大量进口,玉米进口量趋于增加,而且稻谷、棉花等劳动相对密集型农产品的进口量也在增加。中国农业竞争力下降有一系列原因。一是农业劳动力成本不断提高。从表8可以看出,2004年,水稻、小麦、玉米亩均用工分别为11.85工日、8.10工日和9.97工日;到2010年,分别下降到7.82工日、5.64工日和7.33工日;但同期,亩均劳动用工成本分别从171.44元、111.84元和140.49元上升到266.58元、178.83元和235.10元。二是土地成本不断提高。随着土地流转规模扩大,特别是流转需求大于流转供给引起转包价格上升,平均每公顷农田的年转包费已经上涨到9000~12000元。三是其他要素成本上升。由于这三个因素都将长期存在,所以,如何应对农业竞争力下降,是中国农业必须面对的一个挑战。

表8 三大谷物亩均用工和亩均用工成本的变化

类别	用工量(工日)			用工成本(元/亩)		
	2004年	2010年	下降(%)	2004年	2010年	增长(%)
平均	9.97	6.93	30.5	141.26	226.84	60.6
水稻	11.85	7.82	34.0	171.44	266.58	55.5
小麦	8.10	5.64	30.4	111.84	178.83	59.9
玉米	9.97	7.33	26.5	140.49	235.10	67.3

资料来源:国家发展和改革委员会价格司编《全国农产品成本收益资料汇编》(2005年和2011年),中国统计出版社。

（二）耕作强度降低成为常态的挑战

中国农业正在由传统农业向现代农业转变。传统农业追求产量最大化，它追加投入至边际产量为零之处；现代农业追求利润最大化，它追加投入至边际投入等于边际收入之处。由于少了边际产出小于边际投入阶段的投入，所以，耕作强度降低是农业转型后的结果或常态。在现实中，对于农业的耕作强度下降，最容易观察到的现象是在两季农区农户改双季种植为单季种植。“双改单”的优点如下。①农民增收。2006 年，中国双季稻每公顷的净利润为 3813.7 元，而单季稻为 4504.5 元，即种植单季稻的利润更高。②节省灌溉用水、化肥和农药等投入。③休耕一季有利于耕地肥力的维持。“双改单”的缺点是单位耕地上的总产量下降，但总产量下降的幅度低于播种面积下降的幅度。1998 ~2006 年，中国双季稻区水稻播种面积减少了 13%，水稻总产量减少了 5.4%。如果考虑多种一季的种子消耗，可用于生活消费的粮食的减少还会低一些。由于耕作强度和复种指数下降并导致农作物总产量下降的现象难以扭转，所以，如何应对这个变化是中国农业必须面对的另一个挑战。

土地的肥力是有限的，耕作强度和复种指数并不是越高越好。改革初期，现在的两季农区有些是种三季的，由于“三三得九”不如“二五得十”，这些地区改为种两季。现在是不是出现了“二五得十”不如“一十得十”的情形，还需要冷静观察。今后，必须放弃凡是作物可以生长的季节就必须种植的传统观念，必须改变把有利于维持土壤肥力的休耕扭曲为撂荒的说法。在粮食相对紧缺的时候，国家可以采取补贴的方法鼓励农民种植两季粮食；在粮食相对丰裕的时候，应该尊重农民“双改单”的做法。

（三）推进规模经营的挑战

农民之间或农民与企业之间通过耕地使用权流转，推进农业规模经营，是农业转型的题中应有之义，也是提高中国农业竞争力和分享规模经济的关键举措。但是，农民不仅关注规模效益，也关注分享规模效益的风险。他们不愿意为了分享规模效益而承担可能引发的土地产权风险，是很多地方规模效益无法形成的主要原因。此外，农民进入城市和非农产业的障碍尚未完全消除，农村社会保障体系尚未建立起来，也是制约农村土地流转的重要原因。如何确保农户没有丧失土地产权的风险，转移到非农产业的农民有稳定的就业机会和收入来源，并完成社会保障对土地保障的替代，是推进土地规模经营必须应对的挑战。在这些事情尚未做好之前，不应高估土地规模经营的好处并低估土地规模经营的实现难度。前面已经指出，对于粮食生产，土地规模经营的主要好处是降低成本、增加收入，而提高粮食产量的作用有限。现实中的土地流转大多与耕地使用的非粮化有关，即土地规模经营并不等同于粮食生产的规模经营。更为重要的是，农业经营规模必须与经济发展水平和农业形成的基础相适应①，而不宜以其他国家的农业经营模式为标杆。

除了规模经营外，提高农业效率的措施还有很多，第一，积极引导农户在生产要素购买、农产品出售、土地整理、农业基础设施修建和维护等方面开展互助合作；第二，采用先进的农艺技术；第三，建立和完善农业装备服务外包体系；第四，优化产业布局和产业结构。这些措施的操作难度小于土地流转措施，应该成为政府引导政策的优先选项。

（四）推进农民合作的挑战

农民合作有很多好处，但现实中农民合作面临不少问题。第一，利用国家政策为自己谋利益的所谓“农村精英”较多，而愿意为其他农户提供帮助的农村精英太少，这是农民合作难以推进的主要原因。第二，农业生产外包服务市场的形成，满足了广大农户采用机耕、机播、机收的需求。基于市场的跨社区的农业装备服务外包对基于地缘的社区内部的农户合作的替代，在一定程度上削弱了农户对合作组织的需求。第三，农业公司的快速进入，以及由此形成的“公司+农户”的经营模式，对农民合作社具有替代作用。如何提高农民合作的内聚力量并削弱影响农民合作的外部力量，是推进农民合作必须面对的挑战。

（五）强化粮食消费管理的挑战

2012年，中国人均粮食产量435公斤，人均肉类产量54.6公斤，人均水产品产量43.6公斤，比世界平均水平分别（332.7公斤、42.1公斤和22.1公

---

① 一般来说，移民主导的农业，其平均经营规模较大，例如，美国、加拿大、巴西、阿根廷和中国东北地区、新疆；非移民主导的农业，其平均经营规模都较小。

斤）高出30.7%、29.7%和97.3%。除乳制品外，中国人均蔬菜、水果产量也高于世界平均水平。但是，由于管理措施不够健全，我国存在一系列的浪费现象和不合理的消费现象。如何有效地解决这些问题，保障农业可持续发展，是中国必须应对的挑战。需要采取的措施包括以下方面。改善粮食仓储设施条件，减少仓储损失；制定加工标准，引导企业适度加工；强化对粮食变性加工的限制政策，制止玉米深加工企业的机会主义行为；普及食品健康知识，使国民懂得感官指标的局限性，明白大米过精、面粉过白、油色过浅，不仅影响国民身体健康、影响粮食安全，还增加能耗、增加生产成本、增加污染的道理；改变商业企业不利于节约粮食的营销策略。

（六）城镇化进程中保护农民土地产权的挑战

在城镇化进程中，所用土地最初以占用耕地为主；在中央政府强化基本农田保护后，城镇化所用土地先转为通过旧城改造来解决，但因旧城面积有限，且改造成本很高，又转为通过农村建设用地整理来解决。2000~2010年，农村居民点从330多万个下降到270万个，减少了约20%。这种情形的出现具有客观必然性，需要讨论的是以何种方式推进这个过程。

发展城镇确实需要有所扬弃。然而，扬弃造成的损失是立即就能感受到的快变量，而发展带来的利益是具有滞后性的慢变量。更为棘手的是，在不少情况下，扬弃造成的损失的承受者和发展带来的利益的获得者并不是完全一致的。所以，推进城镇化的关键不在于扬弃的魄力，而在于妥善、有效地解决好发展与扬弃的关系的智慧。第一，农村建设用地整理应该循序渐进，而不必操之过急。根据笔者的调查，一些地方的少数官员不是按照城镇化的进程整理农村建设用地，而是急于在自己的任期内把农村建设用地都整理完。第二，特定的农村建设用地整理要同特定群体的城镇化相联系，以确保农村建设用地整理具有内生性，而不宜强制农民为别人的城镇化而整理自己的农村建设用地。第三，不宜就土地论土地。城镇化是发展的结果而不是发展的前提，政府要从清除非农产业、城镇的进入障碍，构建农村社会保障体系入手，使越来越多的农民具有稳定的非农就业机会和收入来源，并完成社会保障对土地保障的替代。第四，政策上赋予农民利用整理出来的建设用地建设城市的权利，解决农民被动失地的问题。如何处理好上述问题，是推进城镇化必须面对的挑战。

（七）农村社区管理体制的挑战

加强农村社区管理，要从提高农民的组织化程度、政府的公共服务能力和协同管理水平入手。农村社区管理的主要任务如下，增强社区凝聚力，促进农村社区发展；调解各种矛盾，维护农村社区稳定；构建对话渠道，使农民群众能够表达利益诉求，使政府能够倾听农民意愿。为了促进农村社区的民主管理，政府必须接受农民社团组织的监督，必须做出能够让农民参与政府管理的制度安排。要健全村级公益事业“一事一议”财政奖补机制，完善奖补办法，加大奖补力度，促进村级公益事业健康发展，改变政府大包大揽的做法。如何通过向农民集体赋权实现政府管理转型，是各级政府必须面对的挑战。

（八）农村分化与稳定关系的挑战

中国正处于传统农村社区急剧分化、农民就业结构快速变化的过程中。市场机制和政府扶持是这个过程中的两股重要力量。其中，市场机制的主要作用是促进传统农村社区分化，而政府扶持的主要作用是维护农村社区稳定。分化有利于增加农民的发展机会，稳定则有利于降低农民的风险，这两股力量相互补充则事半功倍，相互替代则会事倍功半。市场是自发地发生作用的，所以，这两股力量是互补还是替代（甚至冲突），主要取决于政府。对于政府来说，如何使其采取的举措顺应农民的选择，而不是试图改变农民的选择，把国家的需求和农民的需求有机结合起来，是处理农村分化与农村稳定关系必须面对的挑战。简言之，中国的“三农”既是国民经济的薄弱环节，又是推动国民经济发展的重要力量。在政策设计上，既要从发展成果公平分享的角度，加大向“三农”倾斜的力度，把“蛋糕”分得更合理；又要从推动发展的角度，把“三农”的作用充分发挥出来，把“蛋糕”做得更大。

参考文献

Li, Zhou and Zhang, Haipeng. “Productivity Growth in China Agriculture during 1985 - 2010”, *Journal of Integrative Agriculture*, forthcoming, 2013.

杨天荣、陆迁:《基于我国粮食区域专业化生产的效率分析》,《西南农业大学学报》(社会科学版) 2009 年第 6 期。

许庆、尹荣、梁章辉:《规模经济、规模报酬与农业适度规模经营——基于我国粮食生产的实证研究》,《经济研究》2011 年第 3 期。

张军、覃志豪、李文娟、尤飞、张文博、张伟、程敏:《1949～2009 年中国粮食生产发展与空间分布演变研究》,《中国农学通报》2011 年第 24 期。

(本文原载于《中国农村经济》2013 年第 8 期)

中国城镇化进程中两极化倾向与规模格局重构*

魏后凯

摘　要：近年来，中国城镇化进程中出现了特大城市规模迅速膨胀、中小城市和小城镇相对萎缩的两极化倾向。论文采用系统数据深刻揭示了这种大城市偏向下的两极化倾向，并从传统发展理念、资源配置偏向、市场极化效应、农民迁移意愿和政府调控失效等综合视角考察了其形成机理，探讨了重构城镇化规模格局的科学基础和战略选择。论文认为，当今中国社会正由城乡二元结构转变为由城乡之间、城镇之间、城市内部三重二元结构相互叠加的多元结构；考虑到资源环境承载能力、城镇人口吸纳能力、公共设施容量、农民迁移意愿和设市工作的恢复，未来中国特大城市、大城市、中小城市和建制镇吸纳新增城镇人口的比例由目前的36:8:9:47转变为30:18:18:34比较合适；提高城市规模等级的人口标准弊多利少，中国城市规模等级的划分应侧重增加层级，以巨型城市（1000万人以上）、超大城市（400万~1000万人）、特大城市（100万~400万人）、大城市（50万~100万人）、中等城市（20万~50万人）和小城市（20万人以下）6级为宜；实行多中心网络开发战略，积极培育壮大世界级、国家级和区域级城市群，推动形成全国三级城市群结构体系，使之成为中国推进城镇化的主体形态和吸纳新增城镇人口的主要载体；实行差别化的人口规模调控政策，严格控制400万人以上的特大城市人口规模，着力提高中小城市和小城镇综合承载能力，推动形成以城市群为主体形态，大中小城市和小城镇合理分工、协调发展、等级有序

* 本文为中国社会科学院创新工程项目“城镇化质量评估与提升路径研究”研究成果。

的城镇化规模格局。

关键词： 城镇化格局 两极化倾向 城镇规模结构 大城市偏向

一 问题提出

城镇化是一个漫长的历史过程，它是经济社会发展的结果。一般地说，城镇化具有多方面的综合效应，不仅会拉动投资、扩大内需、刺激经济增长，而且能够促进产业升级、推动技术创新、加速人力资本积累、提高城乡居民收入。有序推进城镇化，必须从中国国情出发，科学把握城镇化的规模、速度和节奏，全面提高城镇化质量，优化城镇规模结构和空间布局，推动形成科学合理的城镇化格局。这种科学合理的城镇化格局，既包括城镇化的规模格局，也包括城镇化的空间格局。

自2000年以来，中国政府再三强调要促进大中小城市和小城镇协调发展，中共十八大报告进一步明确提出要“构建科学合理的城市化格局”。然而，从近年来中国城镇化的进程看，这种科学合理的城镇化格局远没有得到有效形成，反而出现了大城市尤其是特大城市迅速膨胀、中小城市和小城镇相对萎缩的两极化倾向。目前，国内已有学者注意到了这种两极化倾向，如刘爱梅（2011）把这种现象称为城市规模的“两极分化”，并从市场选择、干部考核任用和政治体制、自然历史因素三个方面考察了其形成原因，但现有研究更多的把注意力集中在大城市人口过快增长、规模过度膨胀以及大城市病的治理上（陈有川，2003；刘锋等，2011；周春山、叶昌东，2013），而对两极化的表征、形成机理、经济社会影响以及如何构建科学合理的城镇化规模格局缺乏系统深入的研究。

长期以来，国内外学术界对城市偏向理论和政策进行了广泛探讨（Corbridge，Jones，2005；王颂吉、白永秀，2013），并据此来解释发展中国家的城乡关系格局和城乡二元结构。然而，发展中国家城镇化过程中存在的大城市偏向，却没有引起人们的高度关注。这种大城市偏向是市场机制、政府资源配置偏向和人口迁移意愿等多方面因素综合作用的结果。中国是一个典型的城乡区域差异较大的发展中大国，在当前中国经济社会发展的进程中，不仅存在因过去城市偏向政策造成的城乡二元结构，而且也存在因大城市偏向造成的城镇增长两极化倾向，即不同规模城镇之间的二元结构。近年来，随着中国城镇化的快速推进，大量农业转移人口进入城镇就业和居住，但其市民化进程严重滞后，平均市民化程度只有40%左右（魏后凯、苏红健，2013），再加上大量城中村、棚户区等的存在，城市内部的二元结构也日益凸显。因此，当今的中国社会并不是单纯用城乡二元结构可以完全概括的，事实上它已经演变成为一个由城乡之间、城镇之间、城市内部三重二元结构相互叠加而成的多元结构。从城乡二元结构到多元结构的转变，这是当今中国社会的重要特征。

本文将从城镇协调发展的角度重点探讨被学术界所忽视的城镇之间的二元结构问题。论文将重点讨论近年来中国城镇化进程中存在的两极化倾向，从多视角综合考察这种两极化倾向的形成机理，并在此基础上深入探讨中国城镇化规模格局重构的科学基础和战略选择。

二　中国城镇化进程中的两极化倾向

新中国成立以来，中国实行控制大城市规模、合理发展中小城市和小城镇的城镇化规模政策。2001 年 3 月九届全国人大四次会议通过的“十五”计划纲要，提出“走符合我国国情、大中小城市和小城镇协调发展的多样化城镇化道路”，这种“大中小城市和小城镇协调发展”的基本方针，体现在随后的各种政策文件中，并一直延续至今。从城镇体系的角度看，不同规模等级的城镇保持协调发展，这是世界城镇化演变的一般规律，也是走中国特色新型城镇化道路的根本要求。然而，从城镇化规模政策的实施效果来看，由于多方面因素的综合作用，近年来，中国城镇规模结构严重失调，中国出现了明显的两极化倾向。一方面，大城市数量不断增加，人口比重不断增大，一些特大城市规模急剧膨胀，逼近或超过区域资源环境承载能力，“大城市病”问题凸显；另一方面，中小城市数量减少，人口比重减小，中西部一些小城市和小城镇甚至出现相对萎缩迹象，城镇体系中缺乏中小城市的有力支撑。其结果是，中国城市人口规模结构有可能从正常的“金字塔”形向“倒金字塔”形转变。这种两极化倾向反映在空间格局上，就是城镇空间结构的失调，即沿海珠三角、长三角、京津冀等城市群日益逼近资源环境承载力的极限，可持续发展问题日渐突出，而中西部中小城市和小城镇，由于缺乏产业支撑和公共服务，就业岗位和人口吸纳能力严重不足。

中国城市人口规模结构的变动趋势较好地反映了这种两极化倾向。1980年国家建委修订的《城市规划定额指标暂行规定》，将城市人口规模划分为4级，即100万人以上为特大城市，50万~100万人为大城市，20万~50万人为中等城市，20万人及以下为小城市。1990年实施的《中华人民共和国城市规划法》，明确按市区和近郊区非农业人口将城市规模等级划分为大城市、中等城市、小城市3级，但2008年实施的《中华人民共和国城乡规划法》并没有做出城市规模等级划分的规定。考虑到近年来特大城市数量的迅速增加，在下面的分析中，我们将对特大城市进一步细分。如果按城市非农业人口分组，2000~2011年，中国大城市数量增加了67座，城市数量比重和人口比重分别提高了10.45个和14.64个百分点。尤其是200万人以上的特大城市，这期间增加了11座，城市人口比重增加了9.24个百分点。相反，中等城市的数量尽管有一定的增加，但其人口比重却减少了5.96个百分点；小城市数量和人口比重都在迅速下降，其中城市数量减少了102座，城市数量比重和人口比重分别下降了14.76个和8.68个百分点（见表1）。再从人口增长速度看，近年来中国城市非农业人口增长速度与其人口规模大体同方向变化。在这期间，400万人以上的特大城市人口增长最快，增速达126.60%；其次是200万~400万人的特大城市，人口增长了81.98%；而中等城市仅增长16.84%，小城市则下降了21.81%。这表明，无论从城市人口规模结构还是从城市人口增长看，中国的大城市尤其是特大城市人口规模近年来都在急剧扩张，而中小城市则处于相对萎缩中。

表1　中国不同等级规模城市数量和人口比重的变化

城市人口规模	2000年			2011年			2000~2011年变化			
	城市数量（座）	数量比重（%）	人口比重（%）	城市数量（座）	数量比重（%）	人口比重（%）	城市数量（座）	数量比重变化（个百分点）	人口比重变化（个百分点）	人口增长（%）
400万人以上	5	0.75	12.97	10	1.53	19.96	5	0.78	6.99	126.60
200万~400万人	8	1.20	9.56	14	2.14	11.81	6	0.94	2.25	81.98
100万~200万人	25	3.76	14.55	39	5.95	16.38	14	2.19	1.83	65.82

续表

城市人口规模	2000年			2011年			2000～2011年变化			
	城市数量（座）	数量比重（%）	人口比重（%）	城市数量（座）	数量比重（%）	人口比重（%）	城市数量（座）	数量比重变化（个百分点）	人口比重变化（个百分点）	人口增长（%）
50万～100万人	54	8.12	15.54	96	14.66	19.11	42	6.54	3.57	81.11
20万～50万人	220	33.08	28.86	245	37.40	22.90	25	4.32	－5.96	16.84
20万人以下	353	53.08	18.52	251	38.32	9.84	－102	－14.76	－8.68	－21.81
合　计	665	100.00	100.00	655	100.00	100.00	－10	0	0	47.26

注：城市人口规模按非农业人口分组，人口数为非农业人口。2000年城市数已对《中国人口统计年鉴》（2001）中的原始数据进行了勘误。

资料来源：根据《中国人口统计年鉴》（2001）和《中国人口与就业统计年鉴》（2012）计算。

由于户籍制度改革严重滞后，中国城市非农业人口远低于其常住人口。然而，迄今为止，中国还缺乏各城市系统的常住人口统计数据，我们采用住房和城乡建设部公布的各城市城区人口来进行分析。各城市城区人口与常住人口数据大体接近。2010年，全国城市城区人口（含暂住人口）仅比第六次全国人口普查城市常住人口低2.25%。2006～2011年，全国大城市和中等城市数量分别增加了12座和37座，其城区人口比重呈现不同程度的提升；而小城市数量则减少了47座，城区人口比重减少了2.35个百分点（见表2）。2011年，中国城市人口的55.44%集中在数量仅占11.11%的特大城市。从各级城市新增城区人口的吸纳情况看，这期间中国城市新增城区人口的83.95%是依靠大城市吸纳的，其中400万人以上的特大城市吸纳了61.06%的人口；而小城市由于数量减少，城区人口趋于下降，呈不断萎缩的态势。再从城区人口增长看，这期间400万人以上的特大城市城区人口增长了23.60%，而小城市则下降了17.34%，城区人口增长呈现出明显的两极化趋势。

中国的建制镇虽然数量大，但规模偏小，实力偏弱，平均每个建制镇镇区人口仅有1万人（魏后凯，2010）。1982～1990年，中国城镇化推进速度较慢，建制镇数量较少，吸纳能力有限，新增城镇人口接近3/4的由城市吸纳，只有1/4多的由镇吸纳（见表3）。1990～2000年，随着建制镇数量的迅速增加，镇吸纳新增城镇人口的比重大幅提高，几乎接近城市吸纳新增城镇人口的比重，达到49.94%。之后，由于建制镇的数量大体维持稳定，镇吸纳新增城

表 2　2006 ~ 2011 年中国不同规模城市数量及城区人口变化

规模分类	2006 年			2011 年			2006 ~ 2011 年变化				
	城市数（座）	城区人口（万人）	人口比重（%）	城市数（座）	城区人口（万人）	人口比重（%）	城市数（座）	新增城区人口（万人）	新增人口吸纳比重（%）	人口比重变化（个百分点）	城区人口增长（%）
>400 万人	11	9358. 67	25. 11	13	11567. 74	28. 29	2	2209. 07	61. 06	3. 18	23. 60
200 万 ~400 万人	22	5902. 93	15. 84	22	5997. 05	14. 67	0	94. 12	2. 60	-1. 17	1. 59
100 万 ~200 万人	35	4924. 48	13. 21	38	5106. 31	12. 49	3	181. 83	5. 03	-0. 72	3. 69
50 万 ~ 100 万人	92	6382. 87	17. 12	99	6934. 87	16. 96	7	552. 00	15. 26	-0. 17	8. 65
20 万 ~ 50 万人	230	7150. 9	19. 19	267	8347. 70	20. 41	37	1196. 80	33. 08	1. 23	16. 74
<20 万人	265	3552. 89	9. 53	218	2936. 66	7. 18	-47	-616. 23	-17. 03	-2. 35	-17. 34
总　计	655	37272. 74	100. 00	657	40890. 33	100. 00	2	3617. 59	100. 00	0. 00	9. 71

注：城区人口包括暂住人口，2005 年及之前未公布城区人口数据。

资料来源：根据《中国城市建设统计年鉴》（2006、2011）计算。

镇人口的比重呈现下降趋势，2000 ~ 2010 年已下降到 47. 39%。按照第六次人口普查数据，目前中国城镇人口大约有 60% 集中在城市，40% 集中在镇。

表 3　1982 ~ 2010 年中国市镇人口吸纳情况

指标		市	镇	市镇合计
城镇人口（万人）	1982 年	14525. 31	6105. 61	20630. 92
	1990 年	21122. 25	8492. 27	29614. 52
	2000 年	29263. 27	16613. 83	45877. 10
	2010 年	40376. 00	26624. 55	67000. 55
年均新增城镇人口（万人）	1982 ~ 1990 年	824. 62	298. 33	1122. 95
	1990 ~ 2000 年	814. 10	812. 16	1626. 26
	2000 ~ 2010 年	1111. 27	1001. 07	2112. 35
	1982 ~ 2010 年	923. 24	732. 82	1656. 06
城镇人口吸纳比重（%）	1982 ~ 1990 年	73. 43	26. 57	100. 00
	1990 ~ 2000 年	50. 06	49. 94	100. 00
	2000 ~ 2010 年	52. 61	47. 39	100. 00
	1982 ~ 2010 年	55. 75	44. 25	100. 00

资料来源：根据历次全国人口普查数据计算。

根据2000～2010年新增城镇人口和2006～2011年新增城区人口的吸纳情况，可以粗略估算，近年来中国新增城镇人口约有36%的是由特大城市吸纳的，大城市吸纳8%，中小城市吸纳9%，建制镇吸纳47%，即特大城市、大城市、中小城市和建制镇吸纳新增城镇人口的比例大约为36∶8∶9∶47。也就是说，中国新增城镇人口大约有44%的是依靠大城市吸纳的，而中小城市因数量减少，人口吸纳能力严重不足，呈现出相对萎缩状态。新增城镇人口过多流向特大城市尤其是400万人以上的特大城市，导致这些城市人口和空间规模过度膨胀，逼近甚至超越其综合承载能力，加上规划布局不合理和管理不善，特大城市出现了房价高企、交通拥堵、环境质量下降、社会矛盾加剧等突出问题，大城市病日益凸显。

三 对两极化形成机理的多视角透析

中国城镇化进程中出现的两极化倾向，与中国政府近年来倡导的城镇化基本方针是背道而驰的。这表明，从某种程度上讲，中国的城镇化规模政策是失效的。要深刻揭示中国城镇化规模政策的失效，必须对这种两极化倾向的形成机理进行多视角透析。总的来讲，传统发展理念、资源配置偏向、市场极化效应、农民迁移意愿和政府调控失效是导致这种两极化倾向的根本原因。

1. 传统发展理念的影响

由于认识上的偏差，各地在推进城镇化的过程中，往往贪大求全、盲目追求GDP。在这种传统的发展理念下，人们过度追求大城市扭曲的经济效益，而忽视生态环境效益和城市的宜居性，忽视城镇化的资源环境成本、交通拥挤成本和城镇居民的生活成本。很明显，在现行体制下，大城市的规模经济效益被人为地扭曲和高估了。首先，大城市地价和房价高昂，且上涨较快，这既成为大城市经济和财富增长的重要源泉，也在一定程度上抬高了大城市的产出效率。其次，大城市物价水平和生活成本较高，居民上下班通勤时间长、成本高，而学术界在度量城市规模经济效益时并没有把这些成本考虑在内，这无疑就高估了大城市的经济效益。最后，大城市每天要消耗大量的资源，如能源、水资源等，而这些资源是依靠周边和其他地区供应的。由于价格扭曲和资源补偿机制不完善，伴随着这些资源的大规模调动，地区间将会形成价值转移。比如，为解决某些地区尤其是大城市缺水而兴建的大型调水工程，其高额的建设成本并没有在水价中完全体现，而主要靠全社会来分摊。河北张家口等地每年向北京调出大量水资源，但其获得的水资源补偿却很低。这表明，由于价格扭曲造成的价值转移，一些大城市通过不平等交换攫取了周边和其他地区的经济利益，其统计上的高额经济效益被人为地扭曲或者高估了。而在传统发展理念下，这种扭曲或高估的经济效益又成为一些学者和政府部门主张资源配置偏向大城市的理由和借口，而不考虑这些大城市的过度膨胀是否宜居，是否超越其资源环境承载能力。除了贪大外，各个大城市还存在求全的发展理念，既要成为政治中心、科技文化中心，还要成为交通中心、信息中心、金融中心、经济中心等，各种功能的叠加和众多机构的集聚，必定推动大城市摊大饼式过度蔓延扩张。

2. 资源配置的双重偏向

中国的城镇发展带有浓厚的行政化色彩，政府资源配置的行政中心偏向和大城市偏向明显。这种资源配置的双重偏向及其相互强化效应，是导致近年来中国城镇增长两极化的根本原因。在一些发展中国家，这种双重偏向也是存在的。政府部门往往将过多份额的资源集中到大城市，尤其是作为首位城市的首府，导致首位城市的规模不断膨胀（Gugler，1982）。不同于其他发展中国家，中国的城镇具有不同的行政级别，包括直辖市、副省级市、较大的市、地级市、副地级市、县级市、副县级镇和一般镇等。不同级别城镇在官员级别、行政管理、资源配置、政策法律制定等方面权限不同，且严格服从行政级别的高低。这种下级城镇严格服从上级城市“领导”的城镇管理体制，虽然有利于上下级城镇之间的协调，但由于各城镇权力的不平等以及社会资本的悬殊异，容易出现政府资源配置的双重极化倾向，即各种资源向高等级的行政中心和大城市集中。长期以来，受这种行政等级体制对城镇资源配置的影响，政府资源高度向各级行政中心，如首都、直辖市、副省级市、省会（首府）、地级市等集中。中央把较多的资源集中投向首都、直辖市和副省级市，各省区则把资源较多地投向省会或首府城市。这种行政中心偏向导致城镇资源配置严重不均衡，首都、直辖市、副省级市、省会（首府）城市等高等级行政中心获得了较多的发展机会和资源，人口和产业迅速集聚，就业岗位充足，公共设施优越，城市规模急剧膨胀。2012 年，中国城区人口（包括暂住人口）超过 400

万人的特大城市有13座，包括上海、北京、重庆、深圳、广州、天津、武汉、东莞、郑州、沈阳、南京、成都、哈尔滨，除东莞外全部为直辖市、副省级市和省会城市。东莞城区人口尽管超过600万人，但约70%的是暂住人口，剔除暂住人口后城区人口不到200万人。在中国大陆27个省区中，除青岛城区人口略高于济南、厦门略高于福州外，其他省会（首府）城市都是本省区的首位城市。因此，在这种城镇资源配置的行政中心偏向下，省会的变迁往往会导致城市经济的兴衰。其结果，前省会城市出现相对衰落，新省会城市则迅猛扩张，二者形成鲜明的对照（见表4）。事实上，这种行政中心偏向也是大城市偏向，二者起到了相互强化的作用。此外，在现行的“市管县”体制下，地级中心城市往往利用行政优势，大规模“吸纳”所辖县域的人口、产业和资源，在某种程度上剥夺了县域的发展机会，而当初设想的其辐射带动作用则没有得到应有发挥。目前，在许多地级市，所辖县域人才、资金和建设用地指标向地级中心城区集聚或“转移”已经成为一种普遍现象。

表4　新中国成立后省会（首府）的迁移情况

省　份	省会(首府)迁移			2012年城区人口(万人)		
	迁移年份	前省会城市	现省会城市	前省会城市	现省会城市	二者之比
河　北	1968	保　定	石家庄	121.13	251.01	1:2.07
内蒙古	1953	张家口	呼和浩特	86.80	189.01	1:2.18
吉　林	1954	吉　林	长　春	127.93	361.00	1:2.82
黑龙江	1954	齐齐哈尔	哈尔滨	108.85	430.61	1:3.96
河　南	1952	开　封	郑　州	88.86	581.66	1:6.55
广　西	1950	桂　林	南　宁	82.20	248.08	1:3.02

资料来源：城区人口根据《中国城市建设统计年鉴》（2012）整理。

3. 市场作用的极化效应

城市是人口、要素和非农产业的集聚地，也是人类经济社会活动的重要空间载体。人口、要素和非农产业向城镇集聚，可以获得多方面的集聚规模效应，如不可分物品的共享、中间投入品的共享、劳动力的共享、产业关联经济、知识溢出等（魏后凯，2006），这一点已得到学术界的认同。Henderson（2003）认为，城市的集聚建立在规模经济与市场作用的基础之上，并且可以产生溢出效应，这使大城市的积聚力量存在自我强化效应。这种自我强化效应将促使更多的人口和资源流入大城市，而使小城市规模难以扩大，由此造成城市规模扩张的两极化倾向。特别是，在经济发展的中前期阶段，大城市的集聚规模效应往往高于中小城市。研究表明，规模在100万~400万人的大城市，净规模收益最高，达到城市GDP的17%~19%（王小鲁、夏小林，1999；Au，Henderson，2006）。还有研究发现，中国地级及以上城市效率与其规模之间大体呈倒“U”形关系，倒“U”曲线的顶点位于352万~932万人（王业强，2012）。虽然目前学术界对城市最优规模尚未形成一致看法，但有一点是可以肯定的，即在一定的城市规模限度下，城市效率是随着其规模增长而不断提高的。在这种情况下，为追求集聚规模效益最大化，市场力量的自发作用会形成一种极化效应，诱发各种要素和资源向规模等级较高的城市集聚，促使大城市人口和空间规模不断扩张。如果政府缺乏有效的规划和政策调控，则通常会导致大城市过度蔓延。国际经验表明，由于现有大城市的规模扩张和中小城市的不断升级，自20世纪中叶以来，世界城市人口一直在向大城市集中，城镇化进程中的人口极化倾向十分明显。1950~2010年，世界100万人以上的大城市数量由75个增加到449个，占世界城市人口的比重由23%提升到38%，预计到2025年将增加到668个，其城市人口比重将达到47%（United Nations，2012）。这种城镇人口的极化倾向主要是由缺乏规划和调控的发展中国家贡献的。有的学者把这种大城市人口比重提升的现象称为“大城市人口的超前发展规律”（胡兆量，1985、1986），有的则把它称为“大城市超先增长规律”（高佩义，1991）。这里暂且不讨论“大城市超前发展规律”能否成立，但可以肯定的是，在集聚规模效益作用下，市场自发的力量会产生一种极化效应，促使人口、要素和产业向大城市集聚，从而加剧不同规模城镇之间发展的不平等。

4. 进城农民的迁移意愿

行政配置资源和市场力量的双重极化作用，导致资源、要素和产业向那些处于高等级行政中心的大城市集中，而这种集中又将使大城市政府有能力提供更好的公共服务，不断改善基础设施和居住环境，提高居民福利和工资水平。其结果是，大中小城市和小城镇在就业机会、公共服务、工资福利水平、居住环境等方面都相差很大。2011年，中国建制市市政公用设施水平和人均市政公用设施建设投资均远高于县城，而县城又远高于一般建制镇（见表5）。大城市的市政公用设施、公共服务和工资水平，也远高于中小城市。2011 年全国 36 个省会城市和副省级市市辖区在岗职工平均工资比地级及以上城市市辖区平均水平高 15.51%，比县级市高 58.43%。特别是，目前中国的优质教育、文化和卫生资源都高度集中在少数特大城市。面对这种巨大的差异，进城农民大都愿意流向或迁往就业机会多、公共服务好、收入水平高的大城市尤其是特大城市，而不愿留在离家较近的小城市和小城镇，由此影响了就地城镇化的进程，使中国的城镇化成了大城市化。2012 年，在全国 1.63 亿外出农民工中，有 65% 的集中在地级及以上大中城市，其中直辖市和省会城市占 30.1%，地级市占 34.9%（国家统计局，2013）。全国流动人口八成以上分布在大中城市，尤其是直辖市、副省级市和省会城市，吸纳了流动人口总量的 54.1%；而希望在城市落户的流动人口中，约有 70% 的青睐大城市（国家人口和计划生育委员会流动人口服务管理司，2012）。广大中小城市和小城镇由于缺乏产业支撑，就业岗位不足，加上基础设施和公共服务落后，对进城农民的吸引力不大，尽管中央在前几年就已经明确“全面放开建制镇和小城市落户限制，有序放开中等城市落户限制”。由此可见，就业机会、工资福利水平和公共服务等方面的巨大差异，是进城农民偏爱大城市的主要原因。

表 5　2011 年中国城镇市政公用设施水平和投资情况

主要指标	实际值			相对水平(以城市为 1)	
	建制市	县城	建制镇	县城	建制镇
用水普及率(%)	97.04	86.09	79.80	0.89	0.82
燃气普及率(%)	92.41	66.52	46.10	0.72	0.50
污水处理率(%)	83.63	70.41	<20 *	0.84	<0.24
人均公园绿地面积(平方米)	11.80	8.46	2.03	0.72	0.17
建成区绿地率(%)	35.27	22.19	8.00	0.63	0.23
建成区绿化覆盖率(%)	39.22	26.81	15.00	0.68	0.38
人均市政公用设施建设投资(元)	3461.43	2003.33	687.15	0.58	0.20

注：* 为 2010 年数据。

资料来源：根据《中国城乡建设统计年鉴》（2011）以及住房和城乡建设部《中国城镇排水与污水处理状况公报（2006 ~ 2010）》整理。

5. 政府调控手段的缺乏

为严格控制城市建设用地尤其是中小城市建设用地规模，1997 年 4 月，中共中央、国务院在《关于进一步加强土地管理切实保护耕地的通知》中明确提出“冻结县改市的审批”。自此以后，除个别情况外，中国建制市的设置工作基本上处于停滞状态。特别是，随着部分地区“撤县（市）改区”的区划调整，全国建制市的数量不但没有增加，反而还有所减少。从 1997 年到 2012 年，尽管中国城镇人口在不断增加，城镇化水平在快速提升，但全国建制市的数量由 668 个减少到 657 个，减少了 11 个（见图 1）。设市工作长期停滞导致建制市数量不增反减，新增进城人口只能依靠现有城市来吸纳，由此加剧了城市规模扩张和膨胀趋势。1996 ~ 2010 年，中国平均每个城市建成区面积和建设用地面积分别扩张了 1.01 倍和 1.12 倍。在“县改市”工作停滞后，很多地级及以上城市大力推进“撤县（市）改区”工作，结果是，地级及以上城市市辖区急剧膨胀，全国市辖区数量由 1997 年底的 727 个增加到 2012 年底的 860 个，而县级市则不断萎缩，由 442 个减少到 368 个。由于县（市）区权限的差异，“撤县（市）改区”可以使上级政府获取更多的权益，包括土地出让转让权益。近年来，各大中城市又掀起了设立新区的热潮。很明显，大规模“撤县（市）改区”和设立新区实际上助推了大城市“摊大饼”式蔓延扩张。而现行体制下城市规划的失效和政府调控手段的缺乏，难以有效遏制大城市尤其是 400 万人以上的特大城市规模扩张。如北京城市总体规划提出的人口

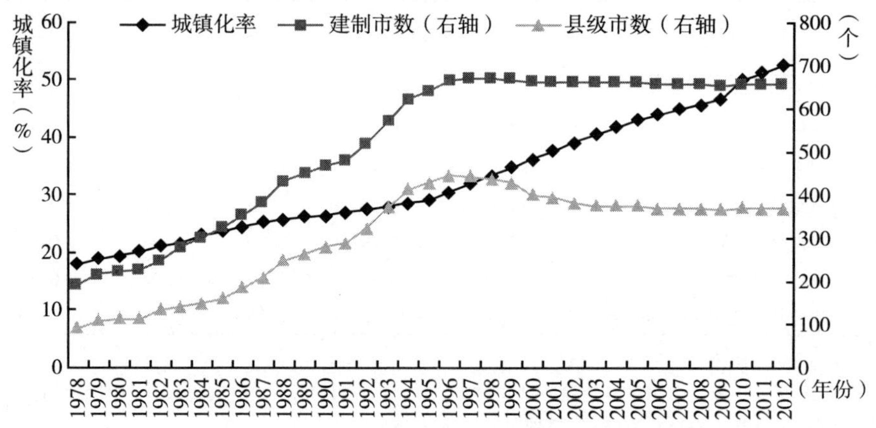

图 1 中国城镇化进程与建制市数量的变化

资料来源：根据《中国统计内容提要》（2013）和《中国城市建设统计年鉴》（2012）绘制。

规模控制目标屡次提前突破，就是一个典型的例子。按照国务院批复的《北京城市总体规划（2004～2020年）》，2020年北京市总人口规模控制在1800万人，而实际上2010年就已超过，2012年北京常住人口达到2069.3万人，其中常住外来人口773.8万人。2001～2012年，北京市平均每年新增常住人口高达58.81万人，其中常住外来人口43.14万人。特别是，在“土地财政”的驱动下，各城市尤其是大城市更热衷于依靠卖地来增加地方财政收入，有的地方甚至把各县建设用地指标都集中用于中心城市。全国城市土地出让转让收入占城市维护建设市财政资金收入的比重，2006年还只有27.56%，到2011年已迅速提高到58.57%。

四　中国城镇化规模格局重构的科学基础

中国城镇化进程中的两极化倾向，既加剧了城市规模结构的不合理，制约了空间资源的有效均衡配置，又阻碍了城镇化和市民化的进程，不利于形成科学合理的城镇化格局。而且，这种两极化倾向还诱发了一系列的深层次矛盾。一是特大城市人口快速增长与资源环境承载能力不足之间的矛盾。随着资源、要素和产业的大规模集聚，一些特大城市拥有较多的发展机会，就业岗位充足，人口吸纳能力较强，由此导致城市人口规模迅速增长。从2006年到2012年，上海、北京、深圳等12个400万人以上的特大城市城区人口规模平均增长了27.41%，远高于全国城市13.29%的平均增速（见表6）。然而，目前这些特大城市普遍面临资源环境承载能力的限制，有的已经逼近承载能力的极限，甚至超过承载能力。有关研究表明，北京市水资源承载能力在1800万人以内，目前的人口规模基本处于超载、不可持续状态（冯海燕等，2006；童玉芬，2010；石敏俊等，2013）。深圳的化学需氧量（CODcr）和氨氮（NH3－N）排放量均大大超过水环境容量（邬彬等，2012），近年来出现了人口、土地、资源、环境四个“难于为继”。二是中小城市和小城镇加快发展意图与人口吸纳能力不足之间的矛盾。中小城市和小城镇数量多，分布广，进城门槛低，资源环境承载能力充裕，未来发展的潜力巨大。因此，长期以来，中国政府都强调加快中小城市和小城镇发展，而这些城镇也有这方面的强烈愿望。但是，由于基础设施和公共服务落后，缺乏产业支撑和就业机会，中小城市和小城镇人口吸纳能力严重不足，而且对农民缺乏吸引力。三是农民向往大城市的意愿与农民的承受能力不足之间的矛盾。如前所述，面对就业机会、公共服务、工资福利等方面的巨大差异，进城农民大都愿意到大城市就业和定居，但大城市房价和生活成本高昂，农民进城的门槛和市民化的成本也较高，单纯依靠农民工的低工资收入很难承受这种高额成本。据测算，目前农民工市民化的人均公共成本全国平均约为13万元（单菁菁，2013），而大城市人均成本是中小城市的2~3倍，特大城市则是中小城市的3~5倍（建设部调研组，2006）。近年来，虽然全国外出农民工月均收入增长较快，但2012年也只有2290元，仅相当于城镇单位就业人员月平均工资的58.76%。因此，农民向往大城市的美好意愿与其较低的承受能力之间存在矛盾。

表6　中国12个400万人以上的特大城市城区人口增长情况

城市	2006年（万人）	2012年（万人）	人口增长（%）	城市	2006年（万人）	2012年（万人）	人口增长（%）
上海	1815.08	2380.43	31.15	沈阳	457.61	571.36	24.86
北京	1333.00	1783.70	33.81	南京	431.32	567.27	31.52
广州	985.54	1015.00	2.99	郑州	261.20	591.66	126.52
深圳	846.43	1054.74	24.61	成都	390.24	458.31	17.44
重庆	832.54	1118.30	34.32	哈尔滨	415.25	430.61	3.70
武汉	493.00	627.52	27.29	小计	8828.66	11248.31	27.41
天津	567.45	649.41	14.44	全部城市	37272.80	42226.80	13.29

注：东莞因暂住人口多、城区人口不稳定未包括在内。城区人口包括暂住人口。

资料来源：根据《中国城市建设统计年鉴》（2006、2012）整理。

因此，构建科学合理的城镇化规模格局，必须尽快解决这些深层次的矛盾，充分发挥各级各类城镇的优势，加强资源整合和分工合作，促进大中小城市和小城镇协调发展，走以人为本、集约智能、绿色低碳、城乡一体、四化同步的中国特色新型城镇化道路（魏后凯，2014）。促进大中小城市和小城镇协调发展，核心就是新增城镇人口必须依靠大中小城市与小城镇共同吸纳，而不是单纯依靠大城市或者中小城市和小城镇来吸纳。这样，通过增量调整和存量优化，重构城镇化规模格局。当前，中国城镇化规模格局的重构需要综合考虑以下几方面因素。

一是区域资源环境承载能力，尤其是水资源、土地、环境等方面的承载能力，决定了城市或区域可承载的城镇人口规模极限，接近或突破这一极限将会对生态环境产生巨大压力和破坏，使城市的宜居性和居民福利水平降低。因此，区域资源环境承载能力设定了城市人口规模的“天花板”，它是特定条件下城市可承载的最大人口规模。在不降低宜居性和福利水平的条件下，实行远距离调水、节约集约利用资源和推动产业升级，虽然可以提高资源环境承载能力，但其提高幅度也是有限的。

二是城镇人口吸纳能力。它取决于城镇形成的持续产业支撑能力和能够提供的稳定就业岗位。农民进城就业定居，必须要有稳定的就业岗位，而稳定的就业岗位则需要有持续的产业支撑。如果城镇产业不稳定，随着环境变化会随时发生转移或迁出，那么这种产业提供的就业岗位将是不稳定的，难以形成持续的人口吸纳能力。

三是城镇公共设施承载能力。它包括城镇现有基础设施、公共交通、医疗卫生、文化教育等设施的容量。从短期看，这些设施的容量会影响甚至限制城镇可承载的人口规模，但从长远看，随着公共设施投资的增加，这种容量也将不断提高。因此，城镇公共设施承载能力是可变的，它取决于未来公共设施的投资规模。

四是进城农民的迁移意愿。吸纳农业转移人口，鼓励农民进城，必须充分考虑农民的迁移意愿，坚持自愿、分类、因地制宜的原则，而不能把政府的意志强加给农民，使农民“被城镇化”“被市民化”。当前，农民就地就近实现城镇化和市民化的意愿不高，并不是农民原本的真实愿望，而主要是大城市就业岗位、发展机会和公共服务引导的结果。要从根本上改变这种状况，关键是缩小中小城市和小城镇与大城市在基础设施、公共服务、就业机会等方面的差距。

五是设市工作的恢复。当前及今后一段时期，中国仍处于城镇化的快速推进时期，随着城镇化的快速推进和城镇人口的不断增加，单纯依靠现有城市来吸纳新增城镇人口是不现实的，这将会进一步加剧大城市尤其是特大城市的规模膨胀趋势。为此需要尽快恢复建制市的设置工作，逐步把那些有条件的县改为县级市，并采取“切块”的办法推进“镇改市”，使新设的建制市成为吸纳农民进城的重要载体。

综合考虑以上因素，未来中国特大城市、大城市、中小城市和建制镇吸纳新增城镇人口的比例保持在30∶18∶18∶34左右比较合适（见图2）。首先，虽然目前100万～200万人的特大城市仍有较大的发展空间，但200万～400万人的特大城市其资源环境承载能力已日益有限，一些400万人以上的特大城市已经处于超载状态，而且过大的规模也增加了其负外部效应，必须采取手段进行人口规模控制，以防止其无限制地扩张下去（王小鲁，2010）。从发展的眼光看，随着收入水平的不断提高，城镇居民将日益向往更多的休闲空间以及良好的生态和生活空间，而不单纯是集约高效的生产空间。因此，要保持宜居适度的生活空间和山清水秀的生态空间，未来100万人以上的特大城市吸纳新增城镇人口的能力将日益受限，吸纳的比重将会出现一定程度的下降。其次，由于发展阶段的缘故，中国50万～100万人的大城市集聚效应将会进一步增强，加上一些中小城市升级为大城市，未来大城市吸纳新增城镇人口的能力将大幅提高。再次，随着公共服务水平的提高和产业支撑能力的增强，加上恢复设市工作后大批新建市的进入，未来中小城市吸纳新增城镇人口的能力也将大幅提升。最后，在启动恢复设市工作的前提下，建制镇吸纳新增城镇人口的比重将会出现较大幅度下降，这主要是一些符合条件的建制镇转为建制市的结果。

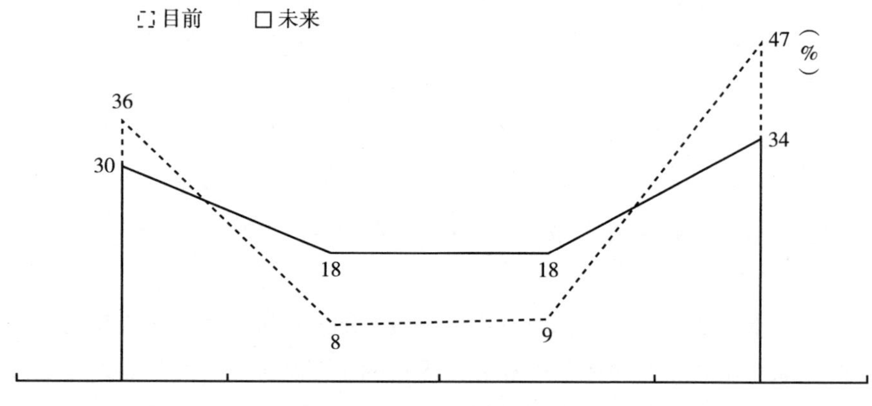

图2　不同规模城镇吸纳新增城镇人口比重的变化

考虑到1997年以来中国设市工作的停顿，目前已有不少建制镇镇区人口规模接近或超过设市标准。按照1993年国务院批复的设市标准，每平方公里人口密度大于400人、100～400人以及不足100人的县，县政府驻地镇从事非农产业的人口不低于12万人、10万人、8万人，并同时满足其他条件，可设立县级市。在特殊情况下，州（盟、县）驻地镇非农业人口不低于6万可设县级市。2009年，在全国1.97万个建制镇中，有192个建制镇镇区人口规模超过10万人，其中有14个镇镇区人口达到20万人以上，178个镇在10万～20万人（见表7）。这些镇区人口超过10万人的建制镇，除广东东莞市虎门镇外，其他镇镇区人口都在50万人以下，如能设市均为中小城市。其镇区人口约占全部建制镇的12.79%，占全国城镇人口的4.20%。现有镇区人口在6万～10万人的建制镇，其镇区人口占全国城镇人口的4.60%，相当部分也具有设市的条件。此外，随着大中城市市辖区的扩张和撤镇改区，一些建制镇将成为城区的一部分。因此，如果启动恢复建制市设置工作，将有一大批建制镇转为中小城市或纳入城区的范围，这样镇吸纳新增城镇人口的能力将会大幅下降。

表7　2009年中国建制镇镇区人口规模结构

规模等级	建制镇数		镇区人口		镇区人口平均规模（万人）
	数量（个）	比重（%）	人口数（万人）	比重（%）	
20万人以上	14	0.07	374	1.76	26.72
10万～20万人	178	0.90	2338	11.03	13.14
6万～10万人	388	1.97	2968	14.00	7.65
3万～6万人	962	4.88	4071	19.20	4.23
1万～3万人	3454	17.54	5711	26.93	1.65
0.5万～1万人	4361	22.14	3046	14.37	0.70
<0.5万人	10342	52.50	2695	12.71	0.26
总　计	19699	100.00	21203	100.00	1.08

资料来源：根据《中国建制镇统计资料》（2010）计算。

当前，中国已经越过城镇化率50%的拐点，开始进入重要的战略转型期。未来中国城镇化将由加速推进向减速推进转变，重点是以人为核心推进市民化，提高城镇化质量。根据我们的预测，到2030年中国城镇化率将达到68%左右，新增城镇人口2.41亿人（见表8）。如果这期间中国特大城市、大城市、中小城市和建制镇吸纳新增城镇人口的比例保持在30∶18∶18∶34，那么，特大城市将吸纳新增城镇人口0.72亿人，大城市和中小城市均吸纳0.43亿人，镇吸纳0.82亿。也就是说，未来中国48%的新增城镇人口将由50万人以上的大城市来吸纳，另外52%由中小城市和建制镇来吸纳。

表8　2050年中国城镇化率和城镇人口预测

指　标	2012年	2020年	2030年	2040年	2050年
总人口(亿人)	13.54	13.88	13.93	13.61	12.96
城镇总人口(亿人)	7.12	8.37	9.53	10.26	10.58
累计新增城镇人口(亿人)	—	1.26	2.41	3.14	3.46
城镇化率(综合预测值,%)	52.57	60.34	68.38	75.37	81.63

注：2012年为实际数。

资料来源：城镇化率预测数据来自高春亮和魏后凯（2013）；总人口预测数据来自United Nations，*World Population Prospects*：*The* 2010 *Revision*，表A.9的中方案。

五　重构城镇化规模格局的战略选择

综上所述，构建科学合理的城镇化规模格局，主要是考虑区域资源环境承载能力、城镇的公共设施容量和人口吸纳能力等因素，而不是某些学者所倡导的单纯城市最优规模。即使这种最优规模是存在的，那么如果按照最优规模来确定城镇化的规模格局，那么现实世界中将不存在城镇体系，各个城镇的规模大小将整齐划一。显然，这与现实世界不符。为此，当前亟须加强对进城农民迁移意愿和城市综合承载力的调查研究，根据资源环境承载能力、城市公共设施容量和人口吸纳能力，实行差别化的规模调控政策，合理引导农业转移人口流向，依靠产业集聚引导人口集聚，促进人口与产业协同集聚、产业发展与城镇建设有机融合，推动形成以城市群为主体形态，大中小城市和小城镇合理分工、协调发展、等级有序的城镇化规模格局，有效遏制城镇增长的两极化倾向。

1. 制定科学的城市规模等级分类标准

针对城镇化进程中的两极化倾向，目前一些学者和有关部门主张提高城市规模等级的标准，即将小城市人口从20万人以下提高到50万人以下，中等城市从 20 万～50 万人提高到 50 万～100 万人，大城市从 50 万～100 万人提高到 100 万～500 万人，特大城市从 100 万人以上提高到 500 万人以上。当然，也有学者主张将特大城市的人口标准提高到 200 万人（严重敏，1989），或者 300 万人（牛凤瑞等，2010），甚至 1000 万人（祝辉，2013）。这种提高城市规模等级标准的做法，反映了人们的“求大”心理和大城市偏向。如果把这一主张纳入国家规划并作为规范固定下来，无疑是弊多利少。虽然从统计上看，这种做法可以人为地增加“中小城市”数量和人口比重，全国城市规模结构似乎更“协调”了，但它并没有改变城市规模结构失调的本质，而且还会带来诸多方面的负面效应。从国际比较看，中国的城市规模等级标准本来就偏高，如联合国将 10 万～100 万人的城市界定为大城市，将 100 万人以上的城市界定为特大城市；苏联则将 50 万人以上的城市界定为超大城市；而国际上一般把 800 万人或 1000 万人以上的城市称为巨型城市或超级城市。这些巨型城市既是天堂也是地狱（杨保军，2009），尤其是从宜居、安全、和谐、可持续的角度看。无论是发达国家还是发展中国家，大都把这些巨型城市作为人口规模控制和功能疏散的重点。更重要的是，城市规模等级标准提高以后，现有一大批大中城市的规模等级将随之降级，各地的相关规划也需要进行调整。而规模等级降级将使这些城市产生一种“失落”感，激发它们进一步扩大规模的热情。如果将特大城市标准提高到 500 万人，按城区人口（包括暂住人口）计算，全国共有 11 个。除 4 个直辖市外，只有广东、湖北、辽宁、江苏、河南 5 省拥有特大城市，其他省份必定会调动各方面资源，为构建本省份的特大城市而不懈努力，由此将形成新一轮的特大城市规模扩张竞争。因此，提高城市规模等级标准将会进一步加剧城镇增长的两极化。从城镇协调发展的角度看，我以为，应增加特大城市的层级而不是单纯提高标准。即将现有 100 万人以上的特大城市划分为 100 万～400 万人、400 万～1000 万人和 1000 万人以上 3 级，其中 400 万～1000 万人的特大城市为超大城市，1000 万人以上的特大城市为巨型城市。这样，中国城市规模等级可划分为 6 级，包括巨型城市（1000 万人以上）、超大城市（400 万～1000 万人）、特大城市（100 万～400 万人）、大城市（50 万～100 万人）、中等城市（20 万～50 万人）和小城市（20 万人以下）。对于像中国这样一个发展中大国，随着城镇化的快速推进，城镇数量将不断增加，适时增加城镇规模等级的层级是很有必要的。

2. 对特大城市人口规模实行差别化调控

目前，中国一些400万人以上的特大城市尤其是1000万人以上的巨型城市，大多已逼近资源环境承载能力的极限，甚至处于超载状态。鉴于资源环境承载能力的天花板限制，以及日趋严重的“城市病”和日益凸显的集聚负外部效应，当前亟须采取综合手段对400万人以上的特大城市实行人口规模控制。在这些特大城市中，北京、上海、天津、重庆、广州为国家中心城市，深圳、武汉、沈阳、南京、郑州、成都、哈尔滨等为区域性中心城市，大都处于国家城镇体系的顶层，是全国重要城市群的核心和领导城市。对这些城市既要严格控制人口规模，加强大城市病综合治理，防止城市空间过度蔓延，又要充分发挥中心城市的引领、示范和辐射带动作用。要破解这一两难的困境，关键是转变发展方式，促进城市全面转型升级，实行“去功能化”。这样就需要在控制手段上，改变目前单纯采取限制落户来控制人口规模的办法，实行“双向”综合调控。一方面，科学确定城市的功能定位和发展导向，并据此制定合理可行的产业准入标准，调整优化产业结构，逐步引导这些城市向高端化和服务化方向发展，依靠产业优化减轻其人口大规模集聚的压力；另一方面，根据区域资源环境承载能力和城市公共设施容量，合理引导城市中心区人口、产业、设施和功能疏散，依靠功能疏散引导人口、产业和设施疏散，促进特大城市空间结构优化和区域一体化，提高其可持续发展能力。功能疏散或“去功能化”是控制特大城市人口规模的核心和关键。为此，要在合理确定功能定位、实行功能疏散的基础上，积极引导和鼓励特大城市中心区人口和产业向周边地区扩散，同时加强快速交通网络建设，优先发展公共交通尤其是大容量轨道交通，着力推进基础设施、产业布局、环境治理、要素市场、劳动就业和社会保障等一体化，促使进城农民在特大城市郊区（县）和周边城镇居住，并通过快速交通体系到城区上班，或者实现就近就业。此外，还必须从综合承载力和宜居、可持续的角度，科学确定特大城市的增长边界，合理划定生态红线，设定生态空间的底线和开发强度的高限，促进生产、生活和生态空间和谐有序。

3. 巩固并发挥城市群的主体形态作用

近年来，随着经济全球化、区域一体化与交通网络化的快速推进，中国涌现出了一批大小不同、规模不等、发育程度不一的城市群。这些城市群作为国家参与全球化竞争和国际分工的全新地域单元，已经成为引领和支撑中国经济高速增长的主导地区，主宰着中国经济发展的命脉。随着城市群的迅速兴起，目前中国已进入一个以城市群为载体的群体竞争新时代，城市群已经成为中国推进城镇化的主体形态。据研究，目前中国 23 个城市群集中了全国 47.98% 的城镇、51.39% 的城镇人口和 78.78% 的 GDP 总量，其经济密度和人口密度分别是全国平均水平的 3.63 倍和 2.26 倍（方创琳等，2011）。未来 20 年，中国仍将处于城镇化的快速推进时期，城市群不仅是推进城镇化的主体形态，也是吸纳新增城镇人口的主要载体。据国务院发展研究中心课题组测算，在 2020 年前，城市群地区将集聚中国城镇人口的 60% 以上。这就意味着，未来中国城市群集聚人口的能力还将会进一步提升。为此，在推进城镇化的过程中，必须继续巩固和充分发挥城市群的主体形态作用，使之成为吸纳新增城镇人口的主要载体。首先，积极培育壮大不同等级的城市群。从长期发展看，在 2030 年前，中国应实行多中心网络开发战略，积极培育壮大世界级、国家级和区域级城市群，推动形成全国三级城市群结构体系。其中，世界级城市群包括长三角、珠三角、京津冀、长江中游 4 个城市群，国家级城市群包括山东半岛、海峡西岸、辽中南、哈长、中原、江淮、成渝、关中 - 天水、北部湾、兰州 - 西宁 10 个城市群，区域级城市群包括冀中南、东陇海、太原、呼包鄂、黔中、滇中、宁夏 - 沿黄、天山北坡、藏中南 9 个城市群（或城镇密集区）。这三级城市群将成为未来支撑中国经济持续快速发展的重要增长极，也是集聚城镇人口和非农产业的主要载体。其次，不断提高城市群的可持续发展能力。对于长三角、珠三角、京津冀等成熟的城市群，要针对当前面临的资源环境承载能力约束，加快发展转型和产业升级步伐，推进区域一体化和空间结构优化，强化环境治理和生态化改造，以提升其国际竞争力、自主创新能力和可持续发展能力。对于中西部一些处于发育中的城市群，要针对人口吸纳能力不足和发展层次低的问题，全面优化投资环境，完善产业配套体系，提升中心城市功能和档次，强化各级城镇的产业支撑和分工合作，依靠产业支撑和环境优化来挖掘其发展潜力，增强其发展后劲。

4. 提高中小城市和小城镇综合承载能力

城镇综合承载能力是指在保持良好的生态环境和生活质量的前提下，一个城镇所能承载或者容纳的最大人口数量。它主要取决于区域的资源环境承载能力、城镇的公共设施容量和人口吸纳能力。目前，中国一些特大城市因产业大规模集聚，大都拥有强劲的人口吸纳能力，但往往资源环境承载能力不足；相反，一些中小城市和小城镇具有较强的资源环境承载能力，但现有公共设施容量有限，产业支撑和人口吸纳能力不足。要解决这一两难的困境，要么提高特大城市的资源环境承载能力，要么增强中小城市和小城镇的人口吸纳能力。随着科技的进步，虽然通过加大投资和采取技术手段，可以在一定程度上改善特大城市资源环境承载能力状况，但人口和经济活动的过度集聚，将会以牺牲城市的宜居性和居民福利为代价，不符合以人为核心的新型城镇化导向。从生态宜居的角度看，要想“让居民望得见山、看得见水、记得住乡愁”，未来提高中小城市和小城镇人口吸纳能力的潜力将更大。为此，应针对中小城市和小城镇面临的主要问题，着力加强基础设施建设，提高公共服务能力和水平，积极培育特色优势产业，不断扩大就业机会，以逐步提高其人口吸纳能力。同时，要摒弃资源配置中的行政中心偏向和大城市偏向，充分发挥不同规模城镇的优势，强化大中小城市和小城镇功能分工，推动特大城市全面转型升级，引导其人口、要素、产业向中小城市和小城镇转移扩散，支持国内外民间资本投向中小城市和小城镇，政府投资的城镇基础设施和公共服务要向中小城市和小城镇倾斜。特别是，要采取财政补贴、奖励、贴息等手段，加强小城镇基础设施、公共服务设施和安居工程建设，鼓励小城镇向专业化、特色化、生态化方向发展，逐步培育建设一批生态宜居、设施完善、特色鲜明、优势突出、竞争力强的特色生态小镇。

参考文献

Corbridge, S., Jones, G. A., “The Continuing Debate about Urban Bias: The Thesis, Its Critics, Its Influence, and Implications for Poverty Reduction”, Mimeo, Prepared for DFID, 2005.

Gugler, J., “Overurbanization Reconsidered”, *Economic Development and Cultural Change*, 1982, 31 (1).

Henderson, J. V., “The Urbanisation Process and Economic Growth: The So-what Question”, *Journal of Economic Growth*, 2003, (8).

Au, C. C., Henderson, J. V., "Are Chinese Cities Too Small?", *Review of Economic Studies*, 2006, 73 (3).

United Nations, *World Urbanization Prospects: The 2011 Revision*, New York, 2012.

刘爱梅:《我国城市规模两极分化的现状与原因》,《城市问题》2011 年第 4 期。

陈有川:《大城市规模急剧扩张的原因分析与对策研究》,《城市规划》2003 年第 27（4）期。

刘锋、黄润龙、丁金宏、段成荣:《特大城市如何调控人口规模?》,《人口研究》2011 年第 35（1）期。

周春山、叶昌东:《中国特大城市空间增长特征及其原因分析》,《地理学报》2013 年第 68（6）期。

王颂吉、白永秀:《城市偏向理论研究述评》,《经济学家》2013 年第 7 期。

魏后凯、苏红健:《中国农业转移人口市民化进程研究》,《中国人口科学》2013 年第 5 期。

魏后凯:《我国镇域经济科学发展研究》,《江海学刊》2010 年第 2 期。

魏后凯:《现代区域经济学》,经济管理出版社,2006。

王小鲁、夏小林:《优化城市规模,推动经济增长》,《经济研究》1999 年第 9 期。

王业强:《倒"U"型城市规模效率曲线及其政策含义——基于中国地级以上城市经济、社会和环境效率的比较研究》,《财贸经济》2012 年第 11 期。

胡兆量:《大城市人口的超前发展规律》,《社会调查与研究》1985 年第 2 期。

胡兆量:《大城市的超前发展及对策》,《北京大学学报》（哲学社会科学版）1986 年第 5 期。

高佩义:《中外城市化比较研究》,南开大学出版社,1991。

国家统计局:《2012 年全国农民工监测调查报告》,2013 年 5 月 27 日。

国家人口和计划生育委员会流动人口服务管理司:《中国流动人口发展报告（2012）》,中国人口出版社,2012。

冯海燕、张昕、李光永、穆乃君、陈瑾:《北京市水资源承载力系统动力学模拟》,《中国农业大学学报》2006 年第 11（6）期。

童玉芬:《北京市水资源人口承载力的动态模拟与分析》,《中国人口·资源与环境》2010 年第 20（9）期。

石敏俊、张卓颖、周丁扬:《京津水资源承载力研究》,载文魁、祝尔娟《京津冀发展报告（2013）》,社会科学文献出版社,2013。

邬彬、车秀珍、陈晓丹、谢林伸:《深圳水环境容量及其承载力评价》,《环境科学研究》2012 年第 25（8）期。

单菁菁:《农民工市民化的成本及其分担机制》,载潘家华、魏后凯《中国城市发展报告（No. 6）》,社会科学文献出版社,2013。

建设部调研组:《农民工进城对城市建设提出的新要求》,载国务院研究室课题组

《中国农民工调研报告》，中国言实出版社，2006。

魏后凯：《走中国特色的新型城镇化道路》，社会科学文献出版社，2014。

王小鲁：《中国城市化路径与城市规模的经济学分析》，《经济研究》2010 年第 10 期。

高春亮、魏后凯：《中国城镇化趋势预测研究》，《当代经济科学》2013 年第 35（4）期。

严重敏：《试论我国城乡人口划分标准和城市规模等级问题》，《人口与经济》1989 年第 2 期。

牛凤瑞、白津夫、杨中川：《中国中小城市发展报告（2010）》，社会科学文献出版社，2010。

祝辉：《新形势下特大城市概念的再解析》，《区域经济评论》2013 年第 2 期。

杨保军：《巨型城市：是天堂，也是地狱》，《商务周刊》2009 年第 1 期。

方创琳、姚士谋、刘盛和等：《2010 中国城市群发展报告》，科学出版社，2011。

国务院发展研究中心课题组：《农民工市民化制度创新与顶层政策设计》，中国发展出版社，2011。

（本文原载于《中国工业经济》2014 年 3 月 17 日）

我国“新常态”时期合理经济增速测算

闫 坤 刘陈杰

摘 要：本文主要从人口红利、资本存量和全要素增长率等方面入手，基于新古典增长方程，对中国经济在“新常态”时期的合理增速目标进行了测算。结合我国实际，本文综合考虑以下方面，政治层面的要求，即全面建成小康社会的总体目标；新型城镇化进程，即我国经济社会发展潜力；面临的各种约束，即我国目前面临的资源环境和债务压力等。综合来看，我国经济增速的新常态随着人口、资本要素禀赋、环保要求和其他增长约束等因素的变化而变化。本文认为，我国在新常态时期的合理经济增速将从2014年的7.5%左右，降低到2016~2020年的6.5%左右，且逐年下降。在此基础上，我们对宏观调控新模式、社会政策和各项改革措施等提出了对策建议。

关键词：新常态 潜在增速 新型城镇化 环境约束

一 引言

作为近年来重要的经济术语，“新常态”（New Normal）一词最先由美国太平洋投资管理公司（PIMCO）总裁埃尔多安提出。尽管在不同领域有不同含义，但“新常态”在宏观经济领域被西方舆论普遍形容为危机之后经济恢复之缓慢而痛苦的过程。当前，我国正处于增长速度进入换挡期、结构调整面临阵痛期和前期刺激政策消化期“三期叠加”的特殊时期。从中长期来看，实现成功跨越“中等收入陷阱”的经济体具有一个共同的特征，就是提供一个能够持续激励且又公开透明的监督机制，以此促使社会纵向流动性加快，避免社会阶层的固化。化解经济发展中的种种不平衡，促进社会纵向流动，并不在于一时的经济增长得失，而在于如何适应经济增长新常态，如何测算适度的新常态增速，以及在这一稳健增速下进行的一系列制度改革。本文主要尝试从多个方面测算中国经济在“新常态”状态下的合理经济增速。

关于中国经济增长新常态，许多学者有过这方面的论述。刘世锦（2014）认为，未来十年中国经济将面临新常态，其间的平均增速可能降至6.0%左右；消费率和服务业增加值占GDP比重到2023年将分别上升60%和57%左右。袁富华（2010，2012）立足于Mitchell和Maddison的历史统计数据库，分析发现1970年代以后发达国家经济增长减速与生产率增长减速密切相关，而生产率减速则是产业结构服务化这种系统性因素造成的；未来几十年，中国经济结构的服务化趋势将逐渐增强，结构性因素可能压制中国经济增长从高速逐渐转化为“新常态”。陈彦斌等（2012）认为中国经济增速放缓具有长期化趋势：在基准情形下，预计中国“十二五”和“十三五”时期的平均潜在经济增速较2000～2010年的平均增速将分别下滑2.3个和4个百分点，其原因包括总需求中的出口和投资增速显著放缓，低成本优势逐渐消失和全要素生产率增速显著下降，政府对经济增长的推动作用将有所减弱。张平等（2011）认为，中国将要经历的增长阶段转换问题，高投资和出口驱动的经济增长阶段已逐步失去经由干预提升效率的动力；城市化和服务业的发展将开启经济稳速增长阶段，效率提高和结构优化是本阶段的主要特征；2016年后，随着人口红利下降，如果劳动生产率不能持续提高，中国经济减速势成必然。蔡昉（2010，2012）认为中国的快速人口转变形成了“未富先老”的特征，面临第一次人口红利过早消失、第二次人口红利开发困难和养老资源不足等挑战①，因此未来一段时期经济增速下降至新的稳态的概率较大。Bjork（1999）、Mitchell（2007）以及Young（2003）等利用国际比较历史数据验证了人口结构显著变化时期的经济增长路径；日本央行（BOJ，2004，2010）和Zheng

① 蔡昉根据刘易斯本人及相关的研究（Lewis，1972；Ranis和Fei，1961），把劳动力需求增长速度超过供给增长速度，工资开始提高的情形称作刘易斯转折点，此时，农业劳动力的工资尚未由劳动的边际生产力决定，农业与现代部门的劳动的边际生产力仍然存在差异，而把农业部门和现代经济部门的工资都已经由劳动的边际生产力决定，两部门劳动的边际生产力相等的情形称作商业化点，这时才意味着二元经济的终结。

(2006)、Wang(2001)分别利用新兴市场国家的经验数据论证了经济体潜在增速在资源要素显著变化时期的特征。除此之外，还有很多学者和机构对中国经济增长“新常态”问题做出了细致的研究，但他们的角度主要集中于单一维度，比如，主要考虑人口结构、全要素生产率、产业结构等。

与前述研究相比，本文主要从新古典增长方程角度（增长的供给侧）考察中国经济在“新常态”时期的合理增速；同时，综合考虑我国目前面临的实际情况，尝试从政治、社会和环境等角度进行多元化分析，考察未来新常态情况下面临的一系列增长约束。具体来说，主要从人口红利、资本存量和全要素增长率方面入手，按照新古典增长方程测算潜在增长率；同时，结合我国实际，综合考虑政治层面的要求、新型城镇化的进程、我国发展中面临的各种约束等条件进行综合分析。

二 中国经济“新常态”时期的潜在增速

一般而言，用生产函数法估算潜在产出和潜在经济增速通常选用柯布－道格拉斯（C－D）生产函数，该函数能够较好地估算出各投入要素（资本、劳动和技术进步）对经济增长的贡献度，其函数形式为

$$Y = AK^{\alpha}L^{\beta}$$

其中，Y代表总产出，K代表资本存量，L代表劳动人口，α和β分别代表资本和劳动对总产出的弹性，A代表全要素生产率。

两边取对数，可以得到：

$$\ln(Y) = \ln(A) + \alpha\ln(K) + \beta\ln(L)$$

通常假设生产函数为常规模弹性，即$\alpha + \beta = 1$，那么生产函数可以变形为

$$\ln\left(\frac{Y}{L}\right) = \ln(A) + \alpha\ln\left(\frac{K}{L}\right)$$

1. 关于资本存量（K）

本文采用永续盘存法估算，其公式为

$$K_t = K_{t-1}(1 - \delta_t) + I_t$$

其中，K_t 代表 t 时期的资本存量，K_{t-1} 代表 $t-1$ 时期的资本存量，即上一期的资本存量。δ_t 代表 t 时期的折旧率，I_t 代表 t 时期的净投资。

关于中国固定资本存量的基期年份估计，各个学者的估算方法和结论有一定差异。比如，Chow，G.（2002）根据全民所有制的固定资产投资净额，按照一定比例倒推出全社会资本存量，同时利用累计指数计算出累计平减指数，对累计额进行平减从而得到各年实际的资本存量。Young（2003）利用折旧－贴现法估计基年资本存量，估算出我国 1952 年资本存量为 815 亿元（1952 年为基期）。张军、章元（2003）以 1952 年为基期，利用上海市的资本净值、固定资产价格指数推算全国各年的固定资本存量。本文以 1978 年为基期年，依据 Chow，G.（2002）的基本方法，估算出当年全国资本存量。同时，在价格指数方面，沿用郭庆旺、贾俊雪（2004）构造的固定资产投资价格指数方法。在折旧率方面，王小鲁、樊纲（2000）使用的折旧率为 5%，中国人民银行营业管理部课题组（2011）假设的折旧率为 6%，国家发改委宏观经济研究院课题组（2008）认为固定资产折旧率有加速的趋势，且为分段区间稳定。本文按照以上文献的研究成果，根据不同时期选取不同的折旧率，其中 1978～1990 年为 5%，1991～2000 年为 6%，2001～2010 年为 6.5%，2011～2020 年为 7%。

关于未来的新增投资增速，我们采用中国资本回报率（ROC）的估计结果倒推。我们主要按照白重恩等（2007）对资本回报率的测算方法扩展至 2012 年，被解释变量为新增投资增速（I），对 1982～2012 年的时间序列数据进行估计，可以得到如下基本方程：

$$I_t = -6.67 + 0.92 \times ROC$$

其中 t 值分别为 19.73 和 2.25，$R^2=0.87$。

根据模型估计结果（残差平稳），我们将原始数据中 2002～2012 年中国资本回报率的平均值代入以上方程，就可以得到过去 10 年平均投资增长率约为 17%。自 2008 年国际金融危机之后，中国的资本回报率出现了缓慢下降。我们按照 2008～2012 年的年均下降速度（0.7%）外推未来 10 年的资本回报率情况，代入新增投资增速方程，可以得到 2014～2020 年的新增投资增速为 12.7% 左右。蔡昉（2012）曾预测未来 10 年中国新增投资增速为 13%，与我们的估算接近，因此，我们假设未来新增投资平均增速为 13%。

根据当期固定资本存量、折旧率和新增投资数据，我们可以测算得到2014～2020年中国的资本存量数据。

2. 关于总量劳动力（L）

根据我国2010年进行的全国人口普查数据，2010年中国总人口约为13.4亿人，人口平均预期寿命从1981年的67.8岁提高到2010年的73.5岁。从联合国人口计划署2010年的预测来看，我国的老龄化程度甚至比国内人口普查数据预计的更高，其分析结果认为，2010年中国65岁以上人口占总人口的比重大约为9.4%，2020年老龄人口占比可能提高到13.6%左右，到2030年、2040年和2050年，老龄人口占比可能达到18.7%、26.8%和30.8%。到2015年前后，我国劳动年龄人口（15～65岁）规模停止增长，老龄化进程可能进一步加快，并将最终赶超发达国家的平均水平。本文关于劳动力（L）的数据，主要参考蔡昉（2012）的分析，即15～59岁劳动年龄人口持续减少（根据其人口方程的测算，2016～2020年劳动年龄人口平均增长率为-0.28%）。

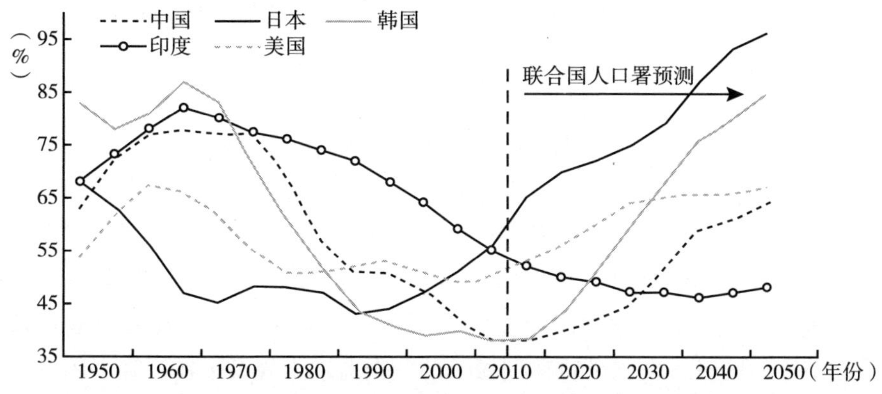

图1　中国、日本、韩国、印度和美国的人口抚养比

资料来源：联合国人口计划署（http://www.un.org/esa/population/unpop.htm），作者计算整理。

3. 关于生产率

高路易（2010）认为，1994～2009年，中国高速的TFP增长率主要是基于国企改革、中国加入WTO等因素；然而，未来10年这些因素对中国TFP增长率的影响将会变小，因此，他认为中国 TFP 增长率将逐年下降。从结构分解的视角来看，生产率的提升主要来自部门生产率自身的提高以及不同部门的资源配置达到更优（比如劳动力在农业生产和非农生产中的分配）。我们假设经济中只存在两个部门，即 1 部门和 2 部门，那么全社会的劳动生产率可以表示如下。

$$P^t = \frac{Y^t}{L^t} = \frac{Y_1^t + Y_2^t}{L^t} = \frac{Y_1^t}{L_1^t}\frac{L_1^t}{L^t} + \frac{Y_2^t}{L_2^t}\frac{L_2^t}{L^t} = P_1^t S_1^t + P_2^t S_2^t$$

其中，P^t 为 t 时刻的劳动生产率，Y^t 和 L^t 分别为 t 时刻的总产出和劳动投入，S_1^t 和 S_2^t 分别为 t 时刻劳动力在 1 部门和 2 部门的分配情况。那么相对于 $t-1$ 时刻，t 时刻的劳动生产率变化可以表达为：

$$P^t - P^{t-1} = (P_1^t - P_1^{t-1})S_1^t + (P_2^t - P_2^{t-1})S_2^t + P_1^{t-1}(S_1^t - S_1^{t-1}) + P_2^{t-1}(S_2^t - S_2^{t-1})$$
$$P^t - P^{t-1} = (P_1^t - P_1^{t-1})S_1^{t-1} + (P_2^t - P_2^{t-1})S_2^{t-1} + P_1^t(S_1^t - S_1^{t-1}) + P_2^t(S_2^t - S_2^{t-1})$$

为了消除不同时期对权重的影响，我们采用两个时期的均值作为权重。

$$P^t - P^{t-1} = (P_1^t - P_1^{t-1})\bar{S}_1 + (P_2^t - P_2^{t-1})\bar{S}_2 + \bar{P}_1(S_1^t - S_1^{t-1}) + \bar{P}_2(S_2^t - S_2^{t-1})$$

进一步把模型扩展到多部门，那么可以得到

$$P^t - P^{t-1} = \sum_{i=1}^{n}(P_i^t - P_i^{t-1})\bar{S}_i + \sum_{i=1}^{n}\bar{P}_i(S_i^t - S_i^{t-1})$$

上式右边第一项为部门内部的自身效率提升，第二项为部门之间资源要素重新配置带来的效率提升。从何建武（2014）的测算来看，资源要素重新配置（主要是劳动力从农业部门向非农部门转移）带来的效率提升效应近几年来正在下降。同时，农村可转移到城镇的剩余劳动力规模也在下降。因此，未来效率提升将主要依靠部门自身效率的提升，难度较之以前变大。

利用高路易（Louis，2010）的数据，通过对趋势全要素生产率的 HP 滤波分解，我们得到了中国 2011～2020 年的趋势全要素生产率增长率。可以看出，2011～2015 年中国平均每年的 TFP 增长率约为 3.20%；2016～2020 年平均每年 TFP 增长率可能下降为 2.70%。α 和 β 分别表示资本和劳动对总产出的弹性，且我们假设生产函数为常规模弹性，因此 $\alpha + \beta = 1$。我们假设资本总产出的弹性 α 保持不变，即运用历史数据测算值作为未来的预测值［这一处理方法与蔡昉（2012）的方法类似]。

通过对中国资本存量、劳动力要素、全要素生产率三个方面的测算，我们可以估算出“十二五”时期（2011～2015 年）中国平均潜在 GDP 增长率约为 7.62%，“十三五”时期（2016～2020 年）即新常态下中国平均潜在 GDP 增长率将进一步下降到 6.71%。

表 1　基于增长方程测算的中国经济潜在增速

单位：%

主要指标＼年份	1995～2009	2011～2015	2016～2020
潜在 GDP 增速	9.82	7.62	6.71
潜在劳动力增速	0.90	-0.76	-0.72
TFP 增速	3.89	3.20	2.70
K/L 增速	13.32	18.35	14.67

资料来源：作者估算。

三　基于现实情况对新常态经济增速的综合考虑

本部分主要从全面建成小康社会总体目标的政治要求、新型城镇化发展潜力以及我国目前面临的资源环境和债务压力出发，详细分析这些现实情况对中国经济新常态时期合理增速的影响。

（一）政治层面要求：实现全面建成小康社会的总体目标

党的十八大报告中明确提出，“确保到 2020 年实现全面建成小康社会宏伟目标”，“实现国内生产总值和城乡居民人均收入比 2010 年翻一番”。这里所谓的翻番，是指剔除通胀因素后的实际增长。

从全面建成小康社会总目标对 GDP 的要求看，因为 2011 年、2012 年和 2013 年的 GDP 实际增速分别为 9.3%、7.8% 和 7.7%，我们假设 2014 年、2015 年 GDP 增速分别为 7.5%、7.2%。那么，为了实现在 2020 年实际 GDP 翻一番的目标，2016～2020 年 GDP 的平均增速为 6.5% 即可。

从全面建成小康社会目标对城乡居民人均收入的要求看，因为 2011 年、

2012年和2013年城乡居民人均收入实际增速分别为9.9%、10.2%和8.1%，我们假设2014年、2015年城乡居民人均收入实际增速分别为7.5%、7.2%。那么，为了实现在2020年城乡居民人均实际收入翻一番的目标，2016~2020年城乡居民人均收入平均实际增速为6.0%即可。随着收入分配制度改革和第三产业发展，城乡人均收入实际增速一般要略高于当期GDP增速。

因此，从政治层面来看，为了实现党的十八大报告中提出的"到2020年实现全面建成小康社会宏伟目标"，中国经济进入新常态之后，GDP平均增速达到6.5%以上就可以完成预期目标。

（二）经济社会发展潜力：基于新型城镇化战略的考察

从经济社会发展潜力来看，我国目前正处于全面建设新型工业化、信息化、城镇化、农业现代化的关键时期。2014年初，我国发布了《国家新型城镇化规划（2014~2020年）》。城镇化是伴随工业化发展，非农产业在城镇集聚、农村人口向城镇集中的自然历史过程。按照建设中国特色社会主义"五位一体"总体布局，积极稳妥扎实有序推进城镇化，对全面建成小康社会、加快社会主义现代化建设进程、实现中华民族伟大复兴的中国梦，具有重大现实意义和深远历史意义。因此，有必要从新型城镇化的角度，将新型工业化、信息化、城镇化、农业现代化综合考虑，对经济增长新常态下，新型城镇化战略要求下的GDP增速目标进行定量测算。

借鉴朱孔来等（2011）和简新华（2010）的方法，我们建立省级面板数据模型，分析城镇化与经济增长之间的内在关系。我们这里选取的是1978~2013年省级城镇化率数据和省级GDP数据，分别记为u和g。回归方程设定为

$$\ln(g_{it}) = \alpha_i + \beta_i \ln(u_{it-1}) + e_{it}$$

其中$i=1, 2, 3, \cdots, 31$；$t=1978, \cdots, 2013$。

我们对中国31个省份进行比较分析，数据包含了所有省份资料，这里选用固定效应模型进行分析。首先需要检验省级城镇化率和省级GDP两组数据的平稳性。

表 2　面板数据单位根检验结果

检验方法		lnu	lng	lnu(-1)	lng(-1)
相同根的情形	LLC 检验	0.0000	0.9987	0.0000	0.0000
	Breitung 检验	0.0003	1.0000	0.0000	0.0000
	Hadri 检验	0.0000	0.0000	0.0000	0.0000
不同根的情形	Im-Pesaran-Skin 检验	0.9367	1.0000	0.0000	0.0000
	Fisher-ADF 检验	0.9968	1.0000	0.0000	0.0002
	Fisher-PP 检验	0.9970	1.0000	0.0000	0.0000

检验结果显示，虽然不是所有检验的方向都一致，但考虑到拒绝原假设犯第二类错误的风险太大，因此，在5%的显著性水平下，可以认为面板数据中的 ln(u)、ln(g) 均为非平稳的数据。进一步，对 ln(u) 和 ln(g) 进行面板协整检验，以检验各个非平稳时间序列之间是否存在协整关系。

表 3　面板数据协整检验结果

协整检验	P 值	检验结果
Panel v-Statistic	0.2809	接受
Panel rho-Statistic	0.1828	接受
Panel PP-Statistic	0.0000	拒绝
Panel ADF-Statistic	0.0000	拒绝
Panel rho-Statistic	0.0000	拒绝
Panel PP-Statistic	0.0000	拒绝
Panel ADF-Statistic	0.0000	拒绝

由于样本较小，因此，Panel ADF-Statistic 和 Group ADF-Statistic 检验结果更具有参考意义。本文中 Panel ADF Statistic 和 Group ADF-Statistic 均通过了5%显著性水平的检验，因此，可以判断出我国城镇化水平与经济增长之间存在长期稳定的协整关系。

接下来，检验样本数据究竟符合哪种面板数据模型形式，经常使用的方法是协方差分析检验。

$$F_2 = \frac{(S_3 - S_1)/[(N-1)(K+1)]}{S_1/[NT - N(K+1)]} \sim F[(N-1)(K+1), NT - N(K+1)]$$

$$F_1 = \frac{(S_2 - S_1)/[(N-1)K]}{S_1/[NT - N(K+1)]} \sim F[(N-1)K, N(T-K-1)]$$

其中，S_1、S_2、S_3 分别为假设检验三种模型形式的残差平方和，$F_1 = 8.56$，$F_2 = 33.78$，均大于相应的 F 统计量。检验结果显示，模型应该采用固定影响变系数模型。

表 4　各省城镇化率对 GDP 增速的弹性

省　份	弹性	省　份	弹性	省　份	弹性
北　京	11.6	安　徽	2.6	四　川	4.7
天　津	13.5	福　建	6.9	贵　州	5.7
河　北	1.5	江　西	3.9	云　南	2.7
山　西	5.7	山　东	5.7	西　藏	1.5
内蒙古	11.6	河　南	3.8	陕　西	5.7
辽　宁	7.9	湖　北	9.1	甘　肃	4.7
吉　林	13.4	湖　南	4.7	青　海	9.0
黑龙江	11.3	广　东	7.9	宁　夏	3.9
上　海	29.6	广　西	2.6	新　疆	5.7
江　苏	5.9	海　南	5.7	全国加权平均（按 GDP 加权）	7.1
浙　江	7.4	重　庆	3.6		

根据面板数据固定效应变系数模型，从弹性角度分析，我国城镇化率每提高 1 个百分点，可以维持 7.1% 的 GDP 增长（各省份平均，按照新型城镇化规划的目标，2014～2020 年每年城镇化率大约提高 0.9 个百分点）。因此，从目前经济社会发展的潜力看，建设新型城镇化中工业化、信息化、城镇化、农业现代化等各项需求将使“十三五”期间我国 GDP 增速保持在 6.4% 左右。

（三）我国发展中面临的约束：债务压力和环境压力

当前，我国正在经历经济增速换挡期、经济结构调整期、前期刺激政策消化期三期叠加的阶段，经济增长面临各项约束条件，突出的如债务压力（2013 年底包括居民、非金融企业和政府等的全口径债务占 GDP 的比重已经达到 230%，企业负债率排在新兴市场经济体第一）和环境压力。

关于债务压力方面的因素，我们认为制约经济增长的债务风险主要集中在三大领域——房地产、地方融资平台和部分产能过剩的周期性行业。具体来说，包括如下几点。

（1）房地产和土地是金融系统重要的抵押品标的，其资产价格的剧烈波动将引发巨大的金融风险。同时，“土地财政”使地方实际可用财力的相当一部分受到土地价格的影响。房地产领域可以认为是金融财政风险聚集的重点领域。由于2013年房地产新开工规模庞大，供应和库存压力可能会在2014年下半年显著上升，部分二三线城市由于库存累计的压力，可能面临房价下行风险。同时，房地产开发商目前较难获得典型渠道融资，很多地产公司通过信托产品或基金子公司的专项集合理财方式募集资金，容易引发连锁金融风险。

（2）地方融资平台的预算软约束和政府隐性担保使其对融资成本不敏感，发债规模迅速膨胀，特别是县乡等基层政府的债务问题更加值得关注。随着经济增速逐渐回落，但财政支出的刚性增强，地方财政收支矛盾将日益增强，一些地方融资平台可能面临资金链断裂，局部爆发债务风险的可能性在增加，这将引发财政和金融领域的连锁反应。

（3）部分产能过剩的周期性行业里大多为国有企业，承担着解决就业的政策压力，但是由于经济结构的调整，目前经营较为困难。一方面，国家财政和国有企业还有千丝万缕的联系，如果企业经营面临较大问题，财政可能实施其“父爱主义”进行救助，增加财政风险；另一方面，这些产能过剩行业的企业，大量通过信托、理财等影子银行系统融资，缓解短期现金流压力，使债务违约风险加大，造成较大的金融风险。

总体而言，追赶型经济体从高速增长过渡到中高速增长，都将面临高企的融资成本与逐渐下降的资本回报率之间的矛盾。我们测算的2013年底中国名义资本回报率为9%，目前的综合融资成本在7%左右，两者已经日益接近。按照利率市场化的国际经验，我们预期无风险收益率（融资成本）在未来几年可能还将上升1~2个百分点。然而，中国名义资本回报率与经济潜在产出变化趋势一致，未来几年可能呈现出逐渐下降的趋势。因此，如果没有显著的技术进步发生，我们将在3~4年后看到中国资本成本超过资本回报率，实际经济运行困难进一步加剧。然而，技术进步并不是短期内通过政策刺激就能有趋势性的变化的，而是需要内生制度激励等多方面因素的支持。

从日本、韩国等经济结构转型成功的经济体来看，其经济增速从高速增长阶段过渡到中高速增长阶段，GDP 增速都下降了 50% 左右。在这一过程中，高污染、高耗能、低效率的部门逐渐萎缩，新兴消费、高科技、节能环保行业取得长足的发展并成为经济的主导产业。考虑我国目前房地产、地方融资平台和部分产能过剩行业的压力约束，并为新兴产业提供更为广阔的发展空间，同时参考成功转型经济体的经验，我们认为这一阶段的经济增速可能为高速增长期增速（10%）的 50% ~60% 较为合适，即 5% ~6% 较为妥当。

关于环境压力方面的因素，我国已提出到 2020 年单位 GDP 碳排放比 2005 年减少 40% ~45% 的目标。面对这一条件约束，我们在袁富华（2010）研究的基础上尝试测算未来环境压力对我国“新常态”时期经济增长的影响，即在传统经济增长理论中加入环境变量，并考察这一约束下经济增长目标的变化。为此，本文选取 1960 ~2012 年的数据样本进行实证分析。为把碳排放对于经济增长的作用分离出来，我们建立状态空间模型，以体现碳排放对经济增长的动态影响。

量测方程：$\ln\left(\frac{GDP}{L}\right)_t = c_0 + \alpha_t^{(k)}\ln\left(\frac{K}{L}\right)_t + \alpha_t^{(CO_2)}\ln\left(\frac{CO_2}{L}\right)_t + \alpha_t t_{1960-2012} + \mu_t(C_0')$

状态方程：$\alpha_t^{(k)} = \alpha_t^{(k)}(-1)$，$\alpha_t^{(CO_2)} = \alpha_t^{(CO_2)}(-1)$，$\alpha_t = \alpha_t(-1)$

其中，$\ln\left(\frac{GDP}{L}\right)$、$\ln\left(\frac{K}{L}\right)$ 和 $\ln\left(\frac{CO_2}{L}\right)$ 分别为人均 GDP、人均资本存量和人均碳排放的对数，参数 $\alpha_t^{(\cdot)}$ 为各个变量的弹性，t 为 1960 ~2012 年的时间趋势，相应的参数 α_t 为长期增长中的技术进步因素；c_0 为方程的截距，$\mu_t(C_0')$ 为量测方程的残差项。

关于相关数据的来源，资本存量和劳动力数据源自本文第二部分的估算，GDP 数据来自历年统计年鉴，中国的碳排放数据来自美国能源部二氧化碳信息分析中心（CDIAC）。

表 5　量测方程参数估算结果

量测方程参数的最大似然估计				
	系数	标准差	z - 统计量	相伴概率
常数项	-2.67	0.2279	-12.9879	0.0000
	最终状态	均方误差	z - 统计量	相伴概率
人均资本存量弹性	0.53	0.0377	25.7898	0.0000
人均碳排放弹性	0.17	0.0590	3.9868	0.0002
技术进步因素	0.02	0.0027	8.9770	0.0000

考虑到我国提出到2020年单位GDP碳排放比2005年减少40%～45%的目标，要在15年内达到这个目标，意味着今后单位GDP碳排放需要以每年2.3%的速度累计下降。我们以2012年估算的潜在增速、各项参数和弹性为基期，测算碳排放约束对新常态时期中国经济增速的影响。这里，我们对碳排放参数弹性做了趋势外推，从2013年开始资源环境消耗对经济增长的拉动作用将逐渐降低，这是一种较为可能的情景。

表6　碳排放约束对潜在经济增长的影响（控制资本存量、劳动力和技术进步）

年份	2013	2014	2015	2016	2017	2018	2019	2020
碳排放的参数弹性	0.149	0.145	0.141	0.137	0.133	0.129	0.125	0.121
碳排放年均增长(%)	-2.3	-2.3	-2.3	-2.3	-2.3	-2.3	-2.3	-2.3
潜在经济增长(%)	7.9	7.5	7.2	6.9	6.7	6.4	6.1	5.8

测算结果表明，综合考虑到资源环境约束的影响，中国经济增速在新常态时期可能稳步降低，2016～2020年的平均增速将降到6.4%附近。

四　结论和建议

综上所述，从潜在增速、全面建成小康社会的政治要求、经济社会发展潜力以及经济发展中的债务约束和环境约束来看，我国经济增速的新常态将随着资源禀赋、环境要求、增长限制等因素的变化而变化。我们认为，我国经济增长新常态的合理经济增速将从2014年的7.5%左右，逐步降至2016～2020年的平均6.5%左右，且增长趋势缓慢下降。当然，我们的测算基于长期增长影响因素的角度，一些周期性的因素可能使实际经济增速的波动性更强。

随着我国经济潜在增速逐渐下降，全面进行经济结构调整，充分发挥制度红利已经变得更为迫切。经济制度的最终改革目标是能够给予经济活动持续的激励和提供长久的监督，促进机会平等，加快经济社会的纵向流动。历史上，有很多发挥后发优势的国家或地区成功迈入中等收入经济体的行列，但是只有日本、韩国、新加坡和我国台湾地区等极少数经济体成功跨越“中等收入陷阱”，顺利迈入发达经济体行列。要实现伟大的“中国梦”，在国家层面就需要成功跨越中等收入陷阱，避免出现经济增长的停滞，实现经济可持续、高质量的增长，使人民幸福，国家复兴。适应中国经济增长的新常态和成功跨越“中等收入陷阱”，需要一个具有持续激励的经济体制，且又公开透明的监督机制，从而促使社会纵向流动性加快，避免社会阶层的固化。具体而言，我们认为可以在以下方面扎实推进。

1. 加强宏观调控，保持新常态下经济的合理增速，为改革赢得时间

宏观调控作为熨平短期经济波动的重要手段，需要注意的最大问题是合理客观地看待经济增速中枢的缓慢下移，适应新常态下经济增速目标的调整，不缺位更不越位。新常态时期的潜在增速将持续变化，当前的宏观调控，应该首先认识到各个阶段的不同潜在增速水平，并努力保持短期经济增速在这一水平波动，为改革赢得时间。

2. 社会政策托底，大力改善民生

进一步加快建立起与新型城镇化相配套的各项社会保障措施，增加对弱势人群的社会保障投入，加大对在职人员的技术培训，使社会在经济增速总体中枢下移的新常态下保持稳定。具体而言，加快统一城乡社会保障体制的实施，加快落实保障性安居工程的各项目标，加大对医疗、教育等社会公平体系的建设投入。在新常态下，就业水平是影响社会稳定的重要因素，应该花大力气做好相关指标的监控，同时做好相应的社会救助和保障措施。

3. 加快制定各项改革措施，提升技术进步水平

相比过去 10 年，来自部门之间资源要素有效配置的技术进步效应正在减弱，未来的技术进步将更多地来自部门内部自身效率的提升，这就需要更多改革放权带来的技术创新。为此，建议进一步放开行政审批，进一步降低行业准入门槛，加大国有企业改革力度，利用财税和金融措施鼓励中小企业发展，通过相关政策加快行业内部的兼并重组，化解产能过剩压力，提升行业效率。

参考文献

白重恩、钱颖一、谢长泰：《中国的资本回报率》，《比较》2007 年第 28 期。

蔡昉：《未富先老与中国经济增长的可持续性》，《国际经济评论》2012 年第 1 期。

蔡昉：《人口转变、人口红利与刘易斯转折点》，《经济研究》2010 年第 4 期。

陈彦斌：《中国经济增速放缓的原因、挑战与对策》，《中国人民大学学报》2012 年第 5 期。

郭庆旺、贾俊雪：《中国潜在产出与产出缺口的估算》，《经济研究》2004 年第5 期。

高路易：《2020 年的中国——宏观经济情景分析》，《世界银行中国研究论文》2010 年第 9 期。

国家发改委宏观经济研究院课题组：《我国“十二五”时期至 2030 年经济增长潜力和经济增长前景分析研究》，《经济学动态》2008 年第 3 期。

简新华、黄锟：《中国城镇化水平和速度的实证分析与前景预测》，《经济研究》2010 年第 3 期。

刘世锦：《中国经济增长十年展望——在改革中形成增长新常态》，中信出版社，2014。

王小鲁、樊纲：《中国经济增长的可持续性》，经济科学出版社，2000。

袁富华：《低碳经济约束下的中国潜在经济增长》，《经济研究》2010 年第 8 期。

袁富华：《长期增长过程的“结构性加速”与“结构性减速”：一种解释》，《经济研究》2012 年第 3 期。

中国经济增长前沿课题组、张平、刘霞辉等：《中国经济长期增长路径、效率与潜在增长水平》，《经济研究》2012 年第 11 期。

中国人民银行营业管理部课题组：《基于生产函数法的潜在产出估计、产出缺口及与通货膨胀的关系：1978～2009》，《金融研究》2011 年第 3 期。

朱孔来、李静静、乐菲菲：《中国城镇化进程与经济增长关系的实证研究》，《统计研究》2011 年第 9 期。

张军、章元：《对中国资本存量 K 的再估计》，《经济研究》2003 年第 7 期。

张平、刘霞辉、王宏淼：《中国经济增长前沿 II》，中国社会科学出版社，2011。

Bjork, G. C, *The Way It Worked and Why It Won't*, London: Pager, 1999.

BOJ, The New Estimates of Output Gap and Potential Growth Rate, *Research and Statistics Department*, 2004.

BOJ, Measuring Potential Growth in Japan: Some Practical Caveats, *Research and Statistics Department*, 2010.

Chow, G. and K-W. Li, "China's Economic Growth: 1952 – 2020", *Economic Development and Cultural Change*, Vol. 51, No. 1 (2002), pp. 19 – 21.

Mitchell, B. , R. , *International Historical Statistics* (*6th ed*): 1750 – 2005, New York, N. Y. : Palgrave Macmillan, 2007.

Wang, Y. and Y. Yao, Sources of China's Economic Growth: 1952 – 99: Incorporation Human Capital Accumulation, Policy Research Working Paper 2650, World Bank, Development Research Group, Washington, D. C. , 2001.

Young, Alwyn, Gold into Base Metals: Productivity Growth in the People's Republic of

China during the Reform Period, J. P. E. 111 (December 2003) .

Zheng, Jinghai, Bigsten, Arne and Hu, Angang, Can China's Growth be Sustained? A Productivity Perspective, Working Papers in Economics 236, Goteborg University, Department of Economics, 2006.

（本文原载于《财贸经济》2015 年第 1 期）

论城乡界定及其政策含义

党国英

摘　要：鉴于城乡概念模糊所引起的诸多政策操作难题，确定城乡概念的现实意义重大。发达国家没有统一界定城乡的标准，但国外学者的社会经济理论研究仍给我们尝试提出关于我国划分城乡的立法标准提供了诸多启示。城乡人口流动均衡的形成在理论上是可以成立的，依据这种均衡分析可以勾画出未来我国城乡人口分布的基本态势。城乡界定的研究有助于深化对城乡关系的认识，也有助于为调整城乡关系政策提出具有可操作性的建议。

关键词：城乡界定　人口分布　小城市设立

什么是城市，什么是乡村。如果这两个概念不清楚，何以谈城乡关系？如果对这两个概念只有模糊的把握，又何以保证涉及城乡关系的政策的指向性？如果我们不提出这些问题，似乎可以认为这些问题不存在；而一旦提出这些问题，会感到回答这些问题并不容易。本文试图探讨这些问题。

一　确定城乡边界的实践意义

我国目前界定城乡的标准比较含混，给相关政策的制定及政策操作带来不少问题。在行政管理及科层设置上，我国实行“市管县”制度，“胡焕庸线”以东的人口稠密区几乎全部归于某某“市”。在人口登记制度上，我国在20世纪60年代区分了农村与城市户籍以后，除少数渠道（国家招聘、国有企业正式就业、考入公立大学或专科院校等）外，所有出生于这种家庭的人口，都被称作“农民”，他们所居住的地方，习惯上被看作乡村。在统计制度上，我国把建制镇以上的大的居民点都看作城市，而农村被称为镇的居民点几乎都是建制镇，但实际上一些地区的建制镇的人口规模要小于一些被称为行政村的居民点。

城乡界定的混乱，直接引起政策指向的模糊。目前，我国一系列涉农政策与城乡界定有关；城乡界定不科学，给涉农政策的运行带来了麻烦。我们把乡镇以下的基础设施投入一般列入支持“三农”工作的范畴，但事实上有一大批建制镇的建成区的居民与农业关系不大。我国在城市与乡村之间实行不同的“计划生育”政策，而事实上一些享受乡村“计划生育”政策的居民与农业没有关系。从财政关系看，我国乡镇一级政府与上级政府之间没有明确规范的分税制关系，彼此间分享财政收入时常常实行讨价还价模式，这意味着一大批未取得建制的小城市没有预期稳定的独立财政，更没有自己可以独享的税种。如果将大部分有条件的建制镇改设为合规城市，情形会有不同。

从人们使用城市与乡村这两个词语的传统看，可以用产业类型或一定面积上的人口密度来定义城市或乡村。从我国社会管理政策的实施看，这两种标准事实上是混合使用的。在经济发展水平比较低的时候，这两种标准的区别不大。农业区域的人口较为分散，工商业密度高的地区则人口密度也比较高。在经济发展的一个过渡期内，这两个标准的使用后果就有了不一致的情形。目前，我国农业区的人口密度较高，其中规模较大的居民点，也会有农民居住；一些城市郊区实际上农业仍很重要，却被看作城市的一个区。但从更长远的趋势看，以一定面积上的人口密度为标准定义城市，更为合理。农业越是现代化，农户的经营规模会越大，他们更适合分散居住。据我测算，如果以农户的人均收入接近城市标准为条件，动态地看，我国农业人口需要减少到3000万人左右，这是现在被看作农村人口的总的数量约1/7，这意味着农区的农业人口会相当分散。

确定城乡界限，给出一个区分城市与乡村的数量标准，对于理顺城乡关系、制定有针对性的城乡发展政策有现实意义。

一是有利于制定合理的环境保护政策。环境科学的研究表明，人口密度及其经济活动总量不同，各种排放的自然净化的社会成本不同。低于一定密度的人群所产生的排放可能不需要做工程化处理。

二是有利于促进区域发展的权利平等。一些规模较大的居民点因为被看作乡村，公共财政可能不会去承担必要的责任，而不得不依靠诸如“一事一议”的办法解决公共投资问题。相反的，一些真正的乡村地区，因为居民与政府的关系特殊，例如，居民点被列为某某示范区，却可能得到超出需要的财政投入资金，形成公共品的过度供给。这种情形在笔者的调查中相当多见。一些农业区不适当地修筑较宽的铺装道路，不是根据实际常住农业人口安排公共设施建设，过早助推我们这样一个还不发达的国家出现明显的“逆城市化”现象，使一些本来的农区居民点成为城市人口的第二居住地。从宏观格局看，这种情形产生了土地的低效率利用。

三是有利于形成促进城市体系均衡发展的政策。一些较大的居民地实际上已经是小城市，只是因为在政策上被看作农村，没有被纳入城市体系去考虑政策调整，严重影响其发展空间。这种小城市未能成为大型产业项目的落脚地，大型产业项目均被集中于省市级各类开发区，使小城市成为依附上级政府财政转移的低水平的寄生型经济体，产生一系列的社会病。

四是有利于建立规范的国家科层管理体制，形成合理的地方政府之间的纵向关系。目前，在我国地方政府序列中增设一个“市”，通常要通过“县改市”来实现，需要上报国务院有关部门批准；这种审批权力包含一定的裁量自由，权力行使不规范。一些区域的建制镇经济规模超过上级政府的在住所的经济规模，镇领导人行政级别被置于上级政府主管局长之上，使上级政府职能部门难于行使权力，徒增政府治理能力的羁绊。

二　城市最小规模讨论

一个居民点达到什么样的规模、什么样的人口密度就可以设置为“市”？这是我们需要进一步讨论的问题。

一个城市的合理规模与政府设立一个城市的最低人口规模标准，是相互关联又不完全相同的两个问题。为了对后一问题提出有意义的分析，先对前一个问题做一个概略分析。

（一）城市的“合理规模”难确定

由政府提出一个城市的最佳规模没有可能性。城市是人口在一定面积的土地上的居住形态。在理论上可以假设，人们选择某地生活，或企业选择某地投资，均经过计算。

对于消费者，假设在完全竞争状态下，城市的人均福利的边际量随着城市规模的持续扩大而下降，当这个值为零时，城市的人口规模达到均衡，城市规模不再变化。对于厂商，也假设在完全竞争状态下，若其他条件不变，每一个企业有可能实现在某城市的土地要素投入的边际产出为零，并可实现零利润均衡。理论上说，消费者均衡与厂商均衡可以同时达成。但是这种描述只具有分析意义，政府很难用这种分析模式计算出城市的“合理规模”。例如，消费者的住房租金成本，企业的租地成本，实际上是土地市场供需竞争决定的，而其中一些消费者需求的偏好与影响厂商需求的技术等因素，均是变化莫测的。在较长的时间跨度里，收入水平、交通改善、境外移民压力，是促成城市中心贬值、城市郊区化发展的重要因素，并对城市规模变化产生影响。如果引入基本不具有竞争性特点的城市公共部门的行为，更难以确定城市的“合理规模”。

尽管研究发现城市的“合理规模”远不止一个工程技术问题那么简单，但还是通过大量研究有了共识程度高的发现。大量企业集中在一个城市所产生的外部规模经济（集中效应），主要是局部化的规模经济，即与同类关联产业高度集中有关，而与都市总规模无关。① 这个研究表明，小城市可以是有效率、有活力的城市。

不同城市规模的利弊得失不能通过实验方法确定，但可以通过城市的历史演变来分析城市规模变化与政府控制之间的关系。与欧洲国家相比，美国联邦政府对城市规模不做控制，更不会用人口登记办法和掌控城市建制设置的办法来限制城市发展。实际情形是，美国在第二次世界大战以后，几个主要大城市的首位度降低，一大批中小城市得到迅速发展，全国各类城市的居民收入出现世界罕见的某种均等性。这个观察结论的启示是，政府不必去人为设定城市的“合理规模”，而应尽可能为要素在空间的自由转移创造条件，使城市自行演化发展。这种发展模式带来的结果无论从平等还是效率的角度看，都胜于人为对城市发展的控制。

---

① Mills, E. S. and Tan, J. D.,“A comparison of urban population density functons in developed developing countries”, *Urban Sdudies*, 1980, 17 (3), October, 313 - 21.

（二）社会治理成本与最小城市人口规模的下限

不承认一个事实上的城市为城市，实际上也是变相地干预城市发展。那么，什么是一个事实上的城市？一个居民点的人口规模达到什么水平，可以被看作城市？在城市研究中，学者们很少提出或回答这个问题，但这不等于这个问题没有意义。

在法理上，城市可以被看作一个社团法人，通常它应该有一个社团行动的权威机构，当这个社团拥有公共财政预算、民选议事机构、行政机构以及维护秩序的强制权实施机构时，这个社团就被看作拥有一个政府；这个社团所在区域可以被看作行政区，而如果这个行政区的人口密度达到一定标准，就可以被看作一个城市。

城市人口规模的上限很难确定。我国有一些世界级的超大型城市，其中有的是行政区划意义上的城市，如重庆；有的是经济意义上的城市，如深圳。还有的则兼有这两种意义，如北京、上海，实际上可被看作都市区或紧密型城市群。但作为城乡界定的研究，重要的是确定最小城市的底线规模标准；小于这个标准，可被看作乡村，大于这个标准，则可被看作城市。

按人类学最新的研究成果，当人数在 150 人（Dunbar 指数）以下时，不论是社群、公司、社会网络，只要大家都相互认识，彼此可以互通消息，就不需要设立正式的权威机构，不需要制定正式的行为规范，一切公共事务可以通过约定俗成的规矩得到处理。① 这意味着，在 150 人以下的人类群体中，不必建立政府，自然也不必建立有强制力的公共预算。这个发现，可以帮我们形成这样一个认识：大约小于 150 人的群体，可以在法律上设定为社团；也即没有必要将一个合法小城市的人口规模的下限设定在 150 人以下。

那么，是不是大于 150 人的人群在人口密度达到一定程度以后，就可以承认为一个城市？应该不是。一个城市最直接的特征是一定区域里的人口总量大、密度高。总量的最小值与密度的合理值是下面需要讨论的问题。

---

① 〔以色列〕尤瓦尔·赫拉利：《人类简史》，林俊宏译，中信出版社，2015，第 28 页；R. A. Hill and R. I. M. Dunbar, "Social Network Size in Humans", *Human Nature*, 2003, 14 - 1, 65。

（三）最小城市的合理人口规模——公共财政可持续为约束条件

一个城市的主导产业通常不是农业，而如前所述，如果按工业企业的规模经济为标准来设置城市，城市的规模会很不相同。一个数千人的人口聚落可能会产生有优势的局部性规模经济效益，但通常拥有这种效益的人口聚落会在数万人以上。与经济部门相比，一个城市的公共部门的结构与运行更需要稳定，因此，以公共预算为核心因素来考量一个小城市的人口规模下限，是一个较为可行的思路。

按照国际上较为通行的政府体系的功能定位，一个小城市通常只负责城市的市政设施维护、一般性的国民基础教育、社会治安、环境卫生、城市基本文化活动以及常规性社会救助等。超出这些功能的其他功能由上级政府承担。这种小城市的财政预算收入一般由财产税支撑。按这个比较符合实际的构想，决定一个小城市最低人口数量可考虑以下因素。

①维持小城市运转的一个广义的政府服务系统所需要的公务员（这里指凡领取政府财政支付的工资的所有人员）数量（C）。广义的政府服务系统包括政府行政机构、民选议事机构、司法机构、社会活动服务机构以及其他市政活动支撑机构等。

②公务员人均公共财政支出水平（F）。可以直接将国家的同类指标作为小城市的指标，以确保小城市的公共服务能力。

③财产税率。财产税率可在1%～3%（R）。

④国民人均拥有的可资征收财产税的财产价值额（V）。此项包括居民的住房及占地的价值，工商企业的耐久性设施及占地等。某些小城市辖区内的农业用地以及为农业服务的耐久性设施通常享受免税待遇，但其中的非农业经营设施（如乡村旅游服务）可适用财产税征收。

由以上因素，可大体推算出小城市的最低人口规模（S）。

$$S = [(C \times F)/R]/V$$

以上元素所涉及的都是国民经济活动的常规数据，其中可资课税的财产价值额目前在我国没有数据，但可以大致做出推算。例如，一般来说，在市场化国家，地租总量占国民收入的比重比较确定，多为8%左右，借助其他数据可以推算工商业所占土地的价值；资本与国民收入的比例也比较确定，资本总量中固定资本与流动资本的比例也比较确定，由此可以推算出耐久资本的价值总量。

这里不做详细的数据精确性考量，经笔者大略推算，在我国目前条件下，如果财产税作为小城市的主要税种，且税率为1%，则小城市的人口规模下限为5万人；税率为3%，人口下限则可以为1.7万人。这是一个简化的平均数分析，所以没有涉及“最大化”的均衡问题。鉴于这个估算以公共预算可持续为约束条件，所以，在实行税制改革的条件下，这种规模的小城市大略不会有负债，不需要搞“土地财政”，且城市居民的收入水平及富裕水平应该与社会平均水平接近。如果能改变区域经济布局政策，抑制各类开发区的发展，鼓励一批大型企业及机构进驻小型城市，它们的经济活力是有保证的。

（四）最小城市的合理人口密度——以居民心理健康为约束条件

关于城市的人口密度，经济学者与规划学者均有大量研究，结论不尽一致。但是，研究者一般认为，在较大尺度的区域里，人口过密或过稀，都会对人的生存品质产生负面影响；[①] 同样人口密度下，人口布局也有不同方式，也会对人的生存品质产生影响。[②] 环境心理学对高密度居住环境与人的心理和生理恶变之间关系的研究表明，住在多层或高层住宅中的孩子，容易受到身心影响。住在高密度住宅区内，会导致更强烈的拥挤感，容易产生“拥挤综合征”。[③]

另据笔者对一些城市人口分布的观察，同样的平均人口密度，可以有很不相同的居住品质。我国东部人口稠密区，城市的居民区占城市建成区的面积平均在26%左右，[④] 而国外大都市的同一指标约为45%。[⑤] 日本东京，城市建成区（不包括自然公园）占城市辖区总面积的57.7%，住宅用地占城市建成区

① 〔美〕爱德华·格莱泽：《城市的胜利》，刘润泉译，上海社会科学院出版社，2012，第87页。

② 〔法〕Serge Salat：《城市与形态——关于可持续城市化的研究》，陆阳、张艳译，中国建筑工业出版社，2012。

③ 〔美〕S. E. Taylor 等：《社会心理学》，谢晓非等译，北京大学出版社，2004。

④ 天则经济研究所课题组研究报告《行政部门配置资源的效率与公正研究》（内部刊印），2013。

⑤ 石忆邵等：《国际大都市建设用地规模与结构比较研究》，中国建筑工业出版社，2010。

面积的 59. 2%，其中独立住宅区（即独栋房屋区域）占地比重为 33%，集合住宅（即楼房）占地比重为 26. 2%。①

在日本这样一个算是典型的人多地少的国家，特别是在东京这样一个人口稠密的都市区，多数居民居然有独栋房屋，实在令人感慨。个中奥秘在这里展开深入讨论会偏离本文主题；这里只需要指出这样一个事实：平均人口密度高的城市，只要由好的城市管理理念以及先进的规划思想，居民可以有密度适当的居住区，可以住得舒服。具体说，1 平方公里 1 万人的平均人口密度，可以做到让城市 2/3 以上的家庭有独栋房屋居住，而独栋房屋是城市中产阶层的重要的财富持有形态。当然，这个条件下的独栋房屋不能是豪宅，不能出现美国中小城市特有的高比例的大宅大院。

（五）城乡界定的法律规范

由上述讨论，我们现在大体上可以提出一个界定城乡的法律规范。

抽象地说，如果一定的、在空间上相对分立的区域的居民群体人数总量达到一定规模，且这个区域内一定面积的核心地带的人口密度达到一定水平，这个居民群体就可以在多数人员愿意的条件下，按城市建制组成一个法人社团。这个城市按照国家法律，可隶属于一定层级的政府辖区。

按前文讨论意见，考虑到本文未做讨论的目前我国的具体情况，我国最小城市的设立条件可以表述为：若一个区域的总人口规模达到 5 万人，且这个区域的人口稠密区地带每平方公里的人口在 8000 人以上，总面积在 4 平方公里以下，并与所在地城市或人口稠密区处于相对分立的不连片的状态，则可在这个地方设立一个城市。

在城市设立制度实施一个时期以后，上述规定可以放宽，例如，总人口规模可减少为 1. 5 万人，人口稠密的核心地带的面积可减少为 1 平方公里。进一步还可以由省级人民政府或人民代表大会自行决定设立城市的下限标准。

若合理地把城市看作规模较大的点状居民区，而不是把城市看作行政辖区，则包括全部小城市在内的城市范围以外的区域，可被定义为乡村地区。

---

① 东京都都市计划局编《东京之土地利用》，平成 23 年（2011 年），东京都生活文化局広报広听管理课，第 8 页。

三　城乡分界形成的国际经验

国际上并没有成熟的、被人们普遍认可的城乡界定准则，但这不是说在区域经济管理中没有城乡概念。如果概念的模糊不妨碍政策操作，人们可能不去自找麻烦去界定政策术语。在欧美发达国家，因为农业人口少，城乡的分野比较清楚，针对农村人口的专业农民与非农民的分类区别政策可以直接按人口的职业性质去操作，不必将基本政策划分为城市政策与农村政策两个类别，更不必有“三农”这样的模糊概念。在大量的涉及社会经济管理的法律文件中，需要区别城市与农村的情形并不重要。甚至他们的官方统计中，也只有很不重要的篇幅单独涉及农村情况。尽管如此，欧美国家涉及城市设立、城乡划界的理论与政策还是值得我们注意的。

（一）城市设置的自治制度基础

在当代法治国家，自治原则被普遍实行。自治原则的要素，一是只要私人及私人机构能处理的事务，包括某些公共事务，最大限度地允许其自己处理。二是在向下包括的国家及各级地方治理系统中，公共事务最大限度地交由下一层级的公共机构或地方政府处理，只有不得不由上一级公共机构或政府办理的事务，才由它们办理。三是任何一级立法机构都具有立法权。四是不论什么层级的政府，在法律面前一律平等；下级立法机构制定法律只要不违反上位法，总具有合法性。上级政府也必须遵守下级政府制定的法律，除非经由宪法法院或上级法院裁定下级立法机构制定的法律不具效力。五是能不设公共权威机构的小型社区，尽可能不设公共机构。

现代法治国家一般不对城市的最小人口规模做出法律界定，但这不等于任意小的居民点会被当成一个城市。在笔者访问美国艾奥瓦州时曾了解到一个很有意思的情况。该州规定，如果一个居民点的居民全体同意设立具有法人社团性质的共同体，且基础设施达到一定标准，又经过州议会同意，法人团体的地位便得到允准。这个社团的法律地位与城市相当。曾经有一个人口较多的家庭向州议会申报这种法律地位，但没有得到允准。应该说在绝大多数情况下，一定数量的居民群体不会随意提出设立城市的要求，特别是居住分散的群体不会提出这种要求，原因应该与城市设立以后的税负增加有关。

（二）人口稠密区概念

国际上关于人口分布的讨论中有一个“人口稠密区”（DID，Densely Inhabitant District）概念。如果人口总计5000人以上，且1平方公里面积上的人口数量超过4000人，即算作人口稠密区。在人口分布研究中，可以不管一个居民区是否拥有社团或城市的法律地位，这个概念已经具有研究的可操作性。符合这个要求的居民点，如果与毗邻的类似居民区在空间上有一定分离度，这个居民点就可以被看作小型城市。从欧美国家的人口分布情况看，即使这种小城市也不可能太多。

美国各州对城市没有统一的定义，而联邦政府的统计部门也是从人口集中度来区别城市与乡村。它的规定是将总量超过3000人，且人口聚落区的核心区1平方英里（约2.6平方公里）人口达到2500人以上的区域看作城市。

（三）乡村的小型居民点概念

欧美国家城乡分野的形成基本上是一个自然过程。随着城市化的逐步推进，农业专业化水平不断提高，乡村地区专业农户的耕作面积越来越大，农户居住也越来越分散。专业农户的分散居住方便耕作，而脱离农业的居民集中到城市居住也可享受到城市的种种好处，但这种分类居住不能在短期内自然形成。农业迅速现代化的国家，专业农户可能与其他非农业居民毗邻而居。因为专业农户的生产设备对土地使用有某种特殊性，例如，专业农户的车辆与农机对道路的要求很不同于城市的要求。专业农户的日常生产活动会给其他居民带来负的外部性。政府按城市标准去建设基础设施，也会降低投入的效益。于是，有的国家，如丹麦，有专门法规要求农场主的常住地必须是自己的农场。类似法规强化了乡村地区居民分散居住的趋势。

一些国家的“土地开发权转移”（TDR，Transfer Development Rights）政策也促成了农场主居住的分散化。此概念最早起源于美国，是一种创新性的土地开发控制手段，其最早在纽约等大城市进行尝试，后在其他地区得到推广。①

---

① PICCUD：《国地资讯》，2015年3月20日；American Planning Association，Planners Advisory Service Memo，May/June 2010。

因为地方政府的土地分区规划政策限制了农业用地转为建设用地的自由权利，等于剥夺了农业用地主人的发展权，可能造成业主的利益损失[①]。补偿的办法是将业主的发展权资本化，允许他们出售给需要建设用地的投资者。这种能被资本化的土地面积由政府按一定规则予以核定，面积大小通常与农场的总面积有关。这种政策类似于我国政府实施的“增减挂钩”试点政策。在这一政策下，乡村地区的农场主便减少了在自己土地上的非农业开发，使农业区人口更加稀疏，以至乡村地区分布着由一两户人家构成的小型居民点。

从笔者的初步观察看，欧美国家至少部分乡村地区的小型居民点处于某种“不完全政府”的“治理”下。这些居民通过不同管道来满足自己对公共品的需求，并非处于一个架构标准的政府的管辖下。典型情形如美国。教堂、学校、合作社等机构都可能为农区居民提供公共服务，县政府则可能为他们提供基础设施服务。他们在“选区”参加政治活动，而毗邻的城市政府则可能承担与选举有关的服务事项。一定片区的农场主构成一个熟人社会，熟人之间也可能提供某种公共服务，但如前述 Dunbar 指数所揭示的意义，在这种熟人社会结构中，可以存在某种秩序，也是某种服务，但没有正式的公共权威，大家不需要为这个系统纳税。这种情形使美国农场主一般具有保守主义的政治倾向，使其成为共和党的政治基础。这种政治倾向会加强农场主保护农场环境、反对政府干预的鲜明态度，这可以解释为什么在美国这样高度发达的国家，还会存在具有显著的传统色彩的乡村社会。

我们由此受到的启示是，解决所谓“城不像城，乡不像乡”的问题，不是一个简单的事情。

四　与城乡界定相关的若干现实问题及政策调整讨论

由政府实行区别城乡的合理的法定标准虽然重要，但并不意味着有了这个标准就容易解决涉及城乡关系的其他问题。下面是几个与城乡划界相关的值得讨论的重要问题。

---

① 高新军：《美国“分区制”土地管理的由来及变化》，《中国经济时报》2011 年 1 月 12 日。

（一）关于城乡人口均衡分布的一个简化分析

城乡人口分布状况其实是宏观意义上的城乡边界。在一定条件下，有没有可能形成相对稳定的城乡人口分布状态？在理论上，这个可能性是存在的。

如果不考虑逆城市化中的人口流动问题，即把农村看作专业农户的居住区域，同时我们也不考虑农场主在城乡之间的流动成本，不考虑农场主在非农领域的兼业，那么，城乡人口均衡分布问题的考察就会比较容易。我们可以把农场看作一个厂商，把农业看作一个行业，厂商均衡与行业均衡就是一个普通的经济学的最大化分析问题。

农场主是自我雇用的一个厂商，他可以把城市的平均工资看作自己劳动的机会成本。在自由竞争状态下，农场主会得到一个劳动机会成本获得补偿的、利润率为零的长期均衡。如果利润率不等于零，就会有农场主的退出或进入，直至均衡的形成。农场主劳动的机会成本能否得到补偿，是一个可以转化为利润率大小的问题，即如果得不到补偿，可以看作利润率为负数，所以，农场主劳动成本得到补偿，即农场主的平均劳动收入达到城市劳动者的平均水平（假设城乡劳动者的质量无差异），是决定农户是否转换职业、是否在城乡之间流动的主要因素。

基于上述认识，笔者选定一组数据，包括人均收入水平的增长、农户规模经营的潜力、农产品价格变化、人口变动等，同时假设其他因素不变，则有如下结论：我国农户人均年收入达到城市居民的水平，全国只需要约 3000 万各类专业农户；实现这个目标还需要 25 年左右。

逆城市化问题当然需要考虑。按美国的统计标准，农村人口的数量是农业人口的 7 倍。鉴于中国的政策环境以及本文前述假说，中国未来农村人口总量为农业人口的 3 倍左右比较合适，即我们估计，未来中国城乡人口分布相对稳定的情形，大约是农村人口 9000 万户，其余约 3.3 亿户为城市人口。每户平均人口为 3.5 人，人口高峰期为 4.2 亿户。城市化率约为 79%。

大略以我国现有农村自然村的分布格局为基础，我国将来会有约 500 万个小型专业农户居民点，平均每个居民点大约有 5 个专业农户。其余农户以及逆城市化人口会分布在规模较大但又达不到城市设置标准的村落或居民区中。鉴于这种居民区不需要是 Dungbar 指数所反映的熟人社会，能够大于 150 人，可以并需要设立公共权威机构，不妨假设这种居民区的人口规模可以达到目前我国村落的平均户数，即340户，则我国将来大约需要有19万个这样的居民区或新型村庄。这意味着目前我国67%左右的行政村会消失或转化为小型专业农户居民点。

不可靠数据的精确分析，并不比数据简单但逻辑正确的简化分析更靠谱。笔者不敢说以上分析的数据内容很可靠，但相信它作为一种趋势的刻画，应该是可信的。按这个分析，今后我国的新农村建设，农村投资纵深度的把握，都是应该重新考量的。

（二）符合形成合理的城乡治理社会政治平台

本文前述分析已经包含了关于城乡社会治理的某些政策调整含义。笔者以为，以下改革是可以考虑的。

第一，全面取消“市管县”体制，建立“县辖（小）市”体制。一个县可以下辖多个小城市。同时可考虑将农业比重大的县做适度合并，提高县域经济的总规模。特大型城市可以归中央直辖，一般大中城市与下辖小城市的县为同一级行政区，归省统辖。

第二，在县域内，其下辖的小城市以外的乡村地区可建立多样化的治理方式，如农民自治体、农业管理区、村庄社团等，且一并归县级政府直接统辖，不能划归小城市统辖。

第三，小城市、农民自治体或村庄社团的设立，可尝试实行“申请核准制”。有了明确的小城市设立的法律规范以后，可以由一定区域的居民按一定程序向省级人民代表大会提出设立城市的要求，由其核准后正式设立。乡村地区的居民可以向县级人民代表大会提出设立农民自治体或村庄社团的申请，由后者核准后正式成立。

（三）城乡划界的发展权问题

城乡关系的变革，特别是土地分区规划的实施，必然涉及“发展权”的保护及受损补偿问题。这种情形主要发生在农区划分的规划管理实践中，其中，农民或者农地的主人通常认为自己的土地被限制在农业用途上，形成了权利的牺牲。这被看作对“土地发展权”的侵犯。这种判断自然有合理性。有学者主张按机会成本补偿农民的损失,[①] 体现了市场化改革的意图，值得重视。

前文已经介绍了美国解决发展权受损补偿问题所实行的“土地开发权转移”政策，笔者以为是行之有效的。但笔者总体上认为这个问题不是像人们想象的那么严重。

合法规划权是节省交易成本的一种制度安排，不免与市场定价不完全匹配。其中的技术难题是对“外部性”的计量很困难。需要注意，即使在市场化条件下，即政府不做任何土地分区规划，每个土地业主的等量土地所承载的“发展权价值量”并不相等，因为非农产业对建设用地的需求是有限的，且这种需求往往追求集聚效应，大部分农村土地业主得不到“发展权”的价值实现的机会。从社会平等的意义上说，少数农民的“发展权”变现，是一种工商业进步的效果溢出，这种效果在所有农户之间做适当的平均分配是公正的。发展权可以通过“交易”，在一定程度上体现效率。但交易的“底价”及数量与规划有关。一个农场可能只有一定的面积进入发展权交易系统，更多的土地则不能交易，且政府不予补偿。这种情形，在性质上可能与“完全市场”的作用并不矛盾，因为即使市场作用，也不会到处去占用农田建立城市。基于这种认识，笔者以为我国现行城乡建设用地“增减挂钩”试点可以在更多引入市场机制后，在农村全面实施。这个改革实施以后，农村景观将会发生较大变化，将为实现“城市像城市，农村像农村”的愿景增添动力。

（本文原载于《学术月刊》2015 年第 6 期）

① 〔美〕文贯中：《用途管制要过滤的是市场失灵还是非国有土地的入市权——与陈锡文先生商榷如何破除城乡二元结构》，《学术月刊》2014 年第 7 期。

普惠金融建设中的金融教育

孙同全　潘忠

摘　要：　金融教育是普惠金融建设必不可少的重要一环。本文总结了国内外金融教育发展的现状以及先进经验和理念，指出普惠金融教育的重点对象应是“两低一高”人群（即低收入、低龄的少年儿童，高龄的老年人）、农民、农民工以及金融经营者与监管者；强调对金融经营者和监管者进行金融教育，从源头上保护金融消费者权益的重要性；提出制定面向全民的、全面的金融教育国家规划，并以需求调查为基础，以塑造良好金融行为为导向，以金融知识和教学技能双具备的教师培养为依托的普惠金融教育战略。

关键词：　金融教育　普惠金融　教育重点对象　国家规划

党的十八届三中全会提出了“发展普惠金融”的目标。日前，全国人大财经委副主任委员吴晓灵撰文指出，公民的金融知识水平和信用文化状况等方面的金融素质，在很大程度上制约着金融业发展的深度和广度，没有一个具有基本金融知识和正确金融观念的公民群体，中国金融体系的健康与安全就没有基础和保证，中国的金融强国地位就无从谈起。普惠金融的理念和要求是要使社会各阶层和各群体都能公平地享受到相应的金融服务。因此，发展普惠金融，金融教育尤显重要。

金融教育在近年来逐渐受到重视，尤其是在国际金融危机中，许多投资泡沫和利润神话破灭，人们渴求了解金融知识的愿望不断增强。金融教育是国民教育的一部分，但是，由于历史和认识等方面的原因，我国金融教育发展在国际上还比较滞后。

一 什么是“金融教育”

由于对“金融”词义的不同理解，对“金融教育”一词的理解也有所不同。一提到“金融教育”，人们很容易想到怎么投资、怎么赚钱。股票、基金、期货、外汇等词汇马上会映入脑海。事实上，许多机构进行的金融教育不是高等院校的专业学习，就是对机构和个人投资者的投资教育。

“金融教育”一词是从西方引进的。在英文中，“金融教育”（financial education）本意与“金融”的含义一样广泛，是教给人们怎样更有效地管理金钱的知识和技能，包括怎样赚钱、花钱、存钱、借钱、省钱、保护钱等。这里，钱不仅指货币现金，还包括与钱相关的物和事。通过金融教育，人们可以利用学到的知识和工具更好地做出直接或间接与钱相关的决策，努力实现自己的理财目标，以改善自己的经济状况，实现个人的人生目标和理想。

金融教育不仅仅是有关行为的知识和技能，同时涉及行为背后对钱的观念、态度等内在思想和心理因素。只有正确理解了金融教育的知识，采取了正确的理财行为，才能真正达到金融教育的目的。

二 金融教育发展的新趋势

传统的金融教育内容和对象。国内外金融教育传统的对象就是投资者和储户，教育的内容是有关使用银行和个人投资的知识和技能，如怎样存款更有利，如何进行信用卡管理、贷款的使用和偿还以及股票、保险、基金和外汇投资等。这些都是传统的金融教育内容，教育提供者主要是政府的金融监管部门、银行、证券公司和投资基金等。

这样的教育对象常常是“有钱”人，或者“想更有钱”的人。这些金融教育提供者主要是各类金融机构，实际上，它们在做金融教育的同时，也是在推销其业务产品，培养自己的客户。

新的金融教育内容和对象。近些年来，国际上金融教育对象出现了“两低一高”的现象，都体现了普惠金融的理念。“两低”之一是面向低收入者的金融教育。低收入人口的理财需求不同于较富裕的阶层。所谓“小富由俭”“吃不穷、穿不穷，算计不到就受穷”都是对低收入人口理财原则的描述，即使他们没有能力做资本投资，但是也存在进行家庭财务规划、积累家庭财富、防范家庭和个人的生命周期中的财务风险等需求。近年来，很多慈善组织向低收入人口进行了大量的理财教育，如花旗集团资助了“全球金融教育项目”，资助开发面向低收入人口的金融教育教材，并在全球范围内进行师资培训。在印度、孟加拉国、菲律宾、柬埔寨等小额信贷发达的国家，各种小额信贷机构也都向它们的客户和非客户进行金融教育。

我国对低收入人口的金融教育也开始得到重视。如中国金融教育基金会2008年制定了“金融教育十年规划”，开展了名为“金惠工程”的金融教育，准备用10年左右的时间，在我国中西部100个县对农民、县以下小型农村金融机构从业者、当地政府涉农领导干部等进行金融知识普及教育和业务培训；许多非政府组织也开始向农村人口和进城的外来务工人员提供金融教育，如国际计划在陕西支持民间小额信贷机构在农村开展金融教育；美慈国际组织同北京蒲公英中学以及农家女学校开展对外来务工人员和农村妇女的金融教育；北京外来女工服务中心为外来女工进行金融教育等。

“两低”之二是向低年龄的儿童和青少年进行金融教育，这在经济较发达国家受到更多重视。如美国、英国、韩国、澳大利亚、新加坡、日本、俄罗斯等都有专门的针对儿童和青少年的金融教育项目，发起者有民间组织，也有政府部门。教育的内容主要是介绍金钱的基本知识，培养正确的金钱观念，教会孩子和学生使用财务管理工具，如记好日记账、做个人的财务规划等，通过观念和财务管理小工具的使用来塑造良好的行为习惯。有些国家和地区已经将金融教育列入中小学正规教育课程当中，如新加坡和我国台湾地区。

金融教育的“一高”现象是向老年人提供金融知识教育。如新加坡曹氏基金会（Tsao Foundation）对老年人进行金融教育，讲解怎样投资保值、管理不动产、为紧急情况进行储蓄以及为晚年进行财务规划，这些教育内容是与老年人的起居保健等结合起来的，目的是要让老年人过上体面而有尊严的晚年生活。我国至今还没有专门针对老年人的金融教育活动。

三 需要重视的金融教育群体

为了实现普惠金融的目标，我国需要特别重视三个群体的金融教育问题。

（一）农民以及进城务工人员

在当今的信息技术应用无所不在的时代，银行更多地利用电子手段开展银行业务。这对于在成长经历中很少甚至没有接触过电子设备的农民和进城务工人员来说，是一个很大的挑战。这部分人群需要了解怎样充分使用银行、怎样利用汇兑、怎样使用银行卡、怎样防止欺诈、怎样做好家庭财务规划以积累财富并为自己、子女和老人做一生的财务安排。这些知识有的涉及金融机构及其产品，有的只是理财观念和习惯的问题，需要根据他们的特点和需求专门开发教材和培训师资。

（二）少年儿童

对少年儿童进行金融教育怎样强调都不为过。目前我国基本上没有针对少年儿童的制度化的金融教育，只有极少数学校偶尔安排金融知识讲座。少年儿童处于人生观的养成期，正确的“金钱观”和足够的“财商”对我国未来国民素质至关重要。社会上热议的“富二代”问题暴露出在开始富裕的中国家庭里，教育孩子树立什么样的“金钱观”、如何合理地使用金钱已经成为一个迫切需要解决的问题。这个问题不只存在于“富二代”，在城市和乡村，很多独生子女都存在这个问题。少年儿童将成为未来金融服务消费的主力军，高素质的金融消费者必将有利于普惠金融的建设。

（三）金融服务的提供者和监管者

不管是国内还是国外，金融教育的对象似乎当然地都是金融服务的使用者，而非金融服务的提供者和监管者。这种潜意识的潜在前提是金融服务产品总是合适的、合理的、消费者能够而且应该能够接受的，监管者是公允、中立、端正的。但是，国际金融危机告诉世人，金融服务提供者中有大量的隐瞒、误导、欺骗消费者的行为，监管者也没有起到勤勉、公正的社会公器的作用。所以，金融教育还应该指向金融服务的提供者和监管者，他们是被忽略的重点受教育者。

目前，国际上普遍存在的一种现象就是金融机构所做的金融教育不仅是对消费者金融知识和技能的传授，同时也是其产品的营销。由于这种目的的存在，它们在宣传教育中往往有片面之词。因此，对金融从业者的职业道德教育显得格外重要。与此相对应的就是消费者保护的问题，金融监管机构需要格外重视金融机构的宣传教育必须秉承金融业最基本的核心价值观，诚信地开展金融教育。

四 亟须解决的问题

制订国家金融教育发展规划。在以人为本的科学发展观指导下，为了国民综合素质及其福利水平的持续提高、国民经济的健康发展，需要将金融教育纳入国家发展战略的一部分，制定国家级金融教育发展战略，这种战略应该是全民的、全面的。

所谓全民的，就是金融教育应涵盖所有公民，包括富与贫、年长与年幼以及金融服务的消费者、提供者和监管者。不论贫富都应该得到金融服务，也应该得到金融教育服务，这是普惠金融理念题中应有之义。金融教育应该从娃娃抓起，应特别重视少年儿童正确金钱观念的培养和良好理财习惯的塑造,应尽快将金融教育正式纳入中小学课程。金融教育不能忽视老年人，要为他们提供晚年生活的理财指导。在国际金融危机的背景下，发达国家已经提高了全民金融教育的战略研究、规划与实施水平，我国也不应在这方面落后。

所谓全面的，即金融教育的内容不仅要包括利用专业金融服务的知识和技能，还要包括不与金融服务机构打交道所需要的个人和家庭内部财务管理知识和技能，以及观念的转变和行为的养成。

尊重教育规律，注重需求调查。开展金融教育，应该将教育对象的需求调查放在首位，在此基础上自行开发教材或将引进的教材本地化，以适应教育机构的目标、任务和能力，教育对象的特点和需求，本地的金融市场和服务状况，教师的能力等。这样才能做到有的放矢，事半功倍，不能急于求成，只重数量，不重质量。

培育教师队伍。教师是执行金融教育任务的基础，所以，金融知识和教学技能双具备应该是培养教师的基本任务。

多种形式，以行为塑造为导向。金融教育的着眼点应该是使行为发生变化，退而求其次是求得态度的变化，再次求得知识和技能的获得，最后是引起关注金融知识的意识。所以，任何金融教育的项目或课程的目标都应该是使受教育者原来不当的行为转变为有助于其改善生活和状况的行为。

（本文原载于《中国金融》2014 年 5 月 16 日）

粮食安全与农业发展

中国粮食安全状况评价与战略思考*

张元红　刘长全　国鲁来

摘　要：本文基于国际公认的粮食安全概念，构建了供给、分配、消费、利用效率、保障结果、稳定性、可持续性和调控力8个方面的指标体系，对中国粮食安全保障的现状、趋势、问题进行了分析。结果表明，中国粮食安全当前处于较高水平且近年不断提升。中国粮食安全保障有多重优势，自给率、人均热量和蛋白供给等多项指标超过世界平均水平，甚至超过发达国家平均水平。中国粮食安全面临的主要问题是营养结构不合理、环境可持续性较差等。未来提高中国粮食安全水平要在保障粮食生产能力、稳定粮食产量的基础上，调整产出结构，采用环境友好的生产方式，重视需求管理，减少不合理消费和损耗，适当降低储备率。

关键词：粮食安全　自给率　可持续性

* 本文得到中国社会科学院创新工程项目资助。本文由张元红、刘长全、国鲁来执笔，杜志雄、张兴华、郜亮亮、曹斌也参与了多次讨论，为本文形成做出了重要贡献。感谢审稿人中肯的意见与建议。

粮食安全是全球关注的焦点问题之一。在中国，粮食安全更是关系到国计民生的头等大事，保障国家粮食安全，牵涉到经济发展、国家自立和社会稳定的大局。中国既是一个农业生产大国，也是一个粮食消费大国，中国粮食安全也会对世界粮食安全乃至国际政治经济关系产生极大影响。中国政府和领导人一直都十分重视农业生产和粮食安全。近两年，国家主席习近平多次强调粮食安全的重要性，并且指出，“我们自己的饭碗主要要装自己生产的粮食”，“粮食安全要靠自己”，“要坚持立足国内”①，这些观点表明了中国政府在粮食安全问题上的基本态度和战略取向。

近年来，虽然中国粮食生产在国家积极政策支持下实现了连续增长，但是国内粮食消耗量仍大于生产量。考虑到中国目前正处于工业化和城市化快速发展时期，加上人口持续增长和人民生活水平不断提高的现实需要，未来中国的粮食安全仍然会面临巨大压力。另外，粮食安全除了总量供求以外，还涉及分配等一系列问题。制定和完善粮食安全政策，需要对粮食安全状况进行系统、客观评价。鉴于此，本文基于国际公认的粮食安全概念与中国国情和发展阶段，设置和构建了粮食安全的评价指标体系，全流程考察了粮食生产、流通、分配和消费等环节，试图对中国粮食安全保障的现状、趋势和问题进行客观评价。

一　文献评述

粮食安全概念最早于1974年由联合国粮农组织（FAO）提出，当时被界定为“保证任何人在任何时候都能得到为了生存和健康所需要的足够食物”。之后，粮农组织对粮食安全内涵的界定随着认识的发展不断调整，1983年提出“粮食安全是确保所有人在任何时候既能买得到又能买得起他们所需要的基本食物”；2012年提出“粮食安全系指所有人在任何时候都拥有获得充足、安全和富有营养的粮食来满足其积极和健康生活的膳食需要及食物喜好所需的物质和经济条件”。最新的粮食安全概念同时强调了与产出和贸易相关的供给、与购买能力相关的分配以及营养结构和稳定性等因素，并得到世界银行等

① 新华网，http://news.xinhuanet.com/politics/，2013年7月22日。

国际组织与很多政府、研究机构的认可。国内学者对于粮食安全的研究，在以上基本概念的基础上加入了对中国国情的考虑，从不同侧面对粮食安全的概念进行扩展。比如，朱泽（1998）强调了粮食安全的动态性，陆慧（2008）认为粮食安全应包括数量安全、质量安全和营养价值三个方面，国家粮食局调控司（2004）提出粮食安全应包含物质保障能力、消费能力以及保障渠道和机制等方面。

基于粮食安全概念，1974 年世界粮食大会提出了粮食安全系数，即粮食结转库存至少相当于当年粮食消费量的 17% ~18%（其中周转储备粮占 12%，后备储备粮占 5% ~6%），其依据是库存粮食可满足两个多月的消费需求，这一比重在 17% 以上为安全，14% ~17% 为不安全，低于 14% 为紧急状态。从 2000 年起，世界粮食安全委员会秘书处开始综合考虑消费、健康和营养情况，并形成以最终营养状况为主的衡量指标体系，包括营养不良发生率、人均膳食热能供应及其结构、人口预期寿命、儿童死亡率以及低体重人口所占比例等。此后，联合国粮农组织主要以营养不良发生率为基础发布世界粮食安全报告，并认为如果某个国家或地区营养不良人口达到或超过 15% 就属于粮食不安全。

除了国际粮农组织的粮食安全系数，另一个具有代表性的是美国农业部经济研究局对美国粮食安全状况的评估。2003 年，该研究局编制和发布了美国居民粮食安全状况报告，报告依据家庭或个人的问卷调查信息对粮食安全状况进行综合评估，问卷包括住户、成人和儿童三类共 18 个有关粮食消费条件和行为的内容（张苏平，2007）。

我国学者对粮食安全的评估多采用综合指标体系。朱泽（1998）主张从粮食总产量波动、粮食自给率、粮食储备水平和人均粮食占有量四个方面进行评价。刘景辉等（2004）的评价指标体系强调了数量安全、质量安全、时间安全、空间安全和市场安全五个方面。马九杰等（2001）从微观和宏观两个层面，将粮食安全划分为全球、国家、家庭及个人四个层次，采用供求差率、平衡指数、波动指数等指标构建了粮食安全预警体系。另外，一些学者从产业链的视角分解和构建了粮食安全指标体系，如高帆（2005）和孙复兴、黎志成（2005）等，主要包括生产、消费、流通和贸易等方面的指标。这些指标体系通常要设定各个指标的标准值，例如，刘景辉等（2004）提出的各项指标下限分别为：粮食自给率 90%、年人均粮食占有量 350 公斤、人均日摄取食物热值 2400 千卡、恩格尔系数 60%、生活无保障人口比例小于 10%。国家统计局农村社会经济调查司（2005）的一项研究也从供给、需求、市场、库存 4 个方面提出了 14 项具体标准。

总体来说，有关中国粮食安全的研究是很丰富的，这些研究较好地体现了中国粮食安全的主要特点。但是，多数指标体系并不能充分反映国际公认的粮食安全内涵，也很少考虑远期的粮食安全前景。本文将紧密结合国际公认的粮食安全框架与中国粮食安全的特殊性，对营养摄入不足人口比重、储备率等关键指标进行重新估计，同时引入粮食安全可持续性指标，以图更加全面地反映中国粮食安全状况。

二　指标体系构建

总体来看，粮食安全的内涵随着时间推移在不断发展和深化，各个国家粮食安全的关键问题与评价标准也因人口特征、资源条件、社会结构与发展战略的差异而不同。客观评价粮食安全状况，发现制约粮食安全的短板因素，对于制定合理的粮食生产、贸易与分配政策具有重要的意义。

（一）原则、思路与框架

粮食安全指标体系应满足系统、完整、科学和可行等要求。首先，指标体系必须与粮食安全内涵一致，全面反映粮食安全状况。既要考虑生产、贸易、分配、消费环节，也要顾及资源环境与可持续性；既要考虑数量安全，也要考虑质量安全和营养需求；既能反映现状，也能评价趋势。其次，所选指标应有可获得的、权威的、连续的数据来源，确保评价结果的公信力和连续性。最后，指标应尽量满足纵向的年度可比与横向的国家可比，基本指标应多数有历史数据可比，核心指标应有国际数据可比。不过，由于统计指标与统计口径的变化，以及国家间统计制度的差异，即使最简单的指标也不能确保纵向与横向的可比性，所以一些情况下使用不同的指标或者替代指标在所难免。

全面反映粮食安全状况，除了要从国际公认的粮食安全内涵出发，还需要考虑自身的切实需求。对农业资源丰富、农产品富足的国家，粮食安全的主要问题可能是分配问题和效率问题；而对于农业资源贫乏、农产品紧缺的国家，生产和供给则是最主要问题；对于一些富裕小国而言，只要外汇充足，具备足够的进口能力，即使本国不生产粮食，粮食安全也能够得到相当程度的保障；而对于中国这样一个大国，以必要自给率为基础的粮食安全是最重要的权利基础。另外，粮食安全指标体系还要能够反映中国转型时期的消费结构变化与人口流动等因素。本文所构建的指标体系遵循“生产→供给→分配→消费→健康”逻辑，指标覆盖这一完整过程。另外，用自给率、产出波动率等指标对粮食安全状况的稳定性（脆弱性）、可持续性和可调控性进行评价。概括起来，指标体系评价的核心包括三个方面：一是要有充足、安全、富有营养的粮食；二是要有人人充分获得粮食的能力，要保证个人能够购买足够粮食以满足其积极健康生活和喜好需求；三是这两者的稳定性和可靠性（见图1）。

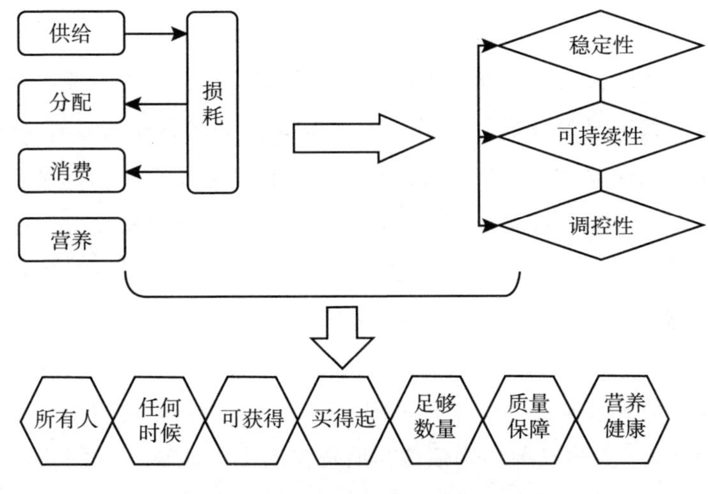

图1　粮食安全指标体系思路框架

（二）指标体系构成与指标选择

根据上述思路，本研究所构建的指标体系包括供给、分配、消费三个环节，再加上利用效率、保障结果与稳定性（脆弱性）、可持续性和调控力，共8个方面的27个指标。

1. 供给环节

供给环节首先分为实物供给量和营养价值供给量两个方面。在实物量方面，一个是国内生产量，一个是考虑进出口和库存调节后的人均粮食供应量。就国内生产来说，广义的粮食产出应该包括粮食、肉、蛋、奶、油、菜等所有食物，为避免指标繁杂和折算困难，我们选择国内常规口径粮食（稻谷、小麦、玉米、大豆和薯类）与肉类产出这两个最重要、最具代表性的指标。它们构成了人类食物消费最基本的成分，同时也是农业生产最主要的部门。为便于比较，使用人均粮食产量和人均肉类产量。考虑进出口与库存调节之后的供应量选取的代表性指标是人均粮食供应量。在营养价值量方面，选取人日均可获得粮食热量和人日均可获得肉类热量作为代表性指标。

2. 分配环节

本研究从市场分配、政府调节和家庭配置三个角度对分配进行评价。在市场分配方面，首先是整体收入水平，收入水平提高意味着购买能力的提高，本文使用的收入指标是经价格指数平减的人均国内生产总值①。由于收入分配不均的存在，整体收入水平高并不能保证人人买得起粮食，仍可能有贫困人口面临买不起或消费不足的问题。为此，本研究还选取了贫困发生率指标加以补充。价格在市场配置过程中起关键性作用，我们选取了三个指标来反映价格变动对粮食安全的影响。首先是粮食的价格变动，本文选取粮食价格指数。在名义收入不变的情况下，粮食购买能力与粮价变动负相关。其次是粮食相对价格变动。有两种相对价格需要考虑，第一种影响粮食的用途，是满足食用需求还是作为工业原料，我们选取粮食价格与能源价格的比值。有研究表明，这一比值达到一定数值就会有更多的粮食被用于加工乙醇燃料，这也是近年粮食非食用化的典型代表②。第二种影响粮食在消费支出中的比重，我们选取的指标是粮食价格与居民消费价格的比值，如果这一相对价格上涨过快，即使名义或实际的居民收入有增长，居民粮食购买力仍可能会下降。此外，市场在粮食分配中还受一些设施和渠道的限制，比如交通设施、仓储设施、交易场所等。设施

---

① 另一项可选用指标是人均居民收入，由于中国城乡居民收入分别用城镇居民可支配收入与农民人均纯收入来衡量，两个指标统计口径不同，而且不便于进行国际比较，故没有采用这项指标。

② 美国已有相当比例的粮食用于加工乙醇。

不完善将提高食物的损耗、流通成本和购买成本，最终降低食物的可获得性。考虑到数据可获得性和连续性，我们选取道路（铁路）密度作为衡量指标。在有关粮食安全的研究中，以道路作为衡量食物可获得性的代理指标是比较常见的，其对粮食安全的影响也得到研究确认（Powell et al.，2007；Pearce el al.，2008）。

粮食分配以市场配置为主，以政府调节为辅，政府的作用主要体现在为贫困人口、低收入人群的基本生活提供兜底保障。当前，中国政府对城乡居民设有贫困线和最低收入保障标准，标准以下的人口可以获得政府的补助和扶持。提高这些标准意味着政府救助的人群增加，扶持力度加大。因此，我们选择贫困相对标准和低保相对标准作为衡量政府分配调节作用的指标。家庭配置是指与粮食安全状况相关的家庭消费结构，体现家庭层面粮食安全的保障程度，我们选取恩格尔系数来衡量。恩格尔系数降低意味着食物消费占家庭支出的比重下降，一般情况下，家庭用于保障粮食安全和基本生活的压力也随之下降。

3. 消费环节

除了数量增长，粮食消费结构改善和质量提升也是粮食安全保障程度提高的表现。在中国，南方与北方等不同地区因生活习惯等不同在食物品种构成上存在巨大的差异。不同食品，在加工程度上，有精加工、粗加工之分；在价格上，也有高档、低档之分。但在质量方面，最核心、最具一般性的结构是动物源食品与植物源食品的比例。本文选择动物源蛋白在居民食物消费蛋白摄入总量中所占的比重，这也是国际公认的营养结构指标。

4. 利用效率

损耗发生于生产、分配、储运、加工、销售和最终消费等各个环节，损耗高低影响粮食有效供给，体现粮食的利用效率。在世界范围内，由于冷藏设施不足，产出的粮食中大约25%没能进入消费者手中，而是被产后各个环节损耗（何安华等，2013）。在中国，根据学者的研究，私营企业和个体粮食经营者收购、储存粮食的损耗一般在5%以上，农户储存阶段的损耗可能更大，已有研究估计损耗可能为8%～10%（何安华等，2013）。另外，运输、加工等各个环节都有损耗。本文估算了从生产到消费的全程损耗率。

5. 保障结果

粮食安全的最终目标是居民个体层面的营养与健康，即所有人获得足够的食物。居民的营养摄入水平不是均质的，通常在一定范围内变动。当膳食热量摄入长期低于最低需求就会出现营养不良问题。最低膳食热量需求因人种、年龄、性别、体重、职业的不同而有所差异。根据国际粮农组织报告①，平均而言，中国人日均最低热量需求的参考值为 1910 千卡。目前，中国尚缺乏营养不良发生率的系统调查和统计数据。本文根据膳食热量供给水平以及热量分配不均衡状况估计膳食热量摄入不足人口的比例，用以衡量营养不良发生率。

6. 稳定性（脆弱性）

粮食安全是可靠还是脆弱，首先取决于国内粮食供给是否稳定。我们认为，可以从储备、自给和减缓产出波动三个方面来加强粮食供给的稳定性。收储和储备的投放是平抑市场波动的主要工具，因此，储备率对市场稳定性和粮食安全都是重要指标。提高自给自足水平，就等于把粮食安全掌握在自己手里。国际上衡量粮食自给水平的通用指标是谷物自给率，中国更常用的是包括谷物、大豆和薯类在内的广义粮食自给率。为综合反映中国总体的粮食自给水平，本文同时使用谷物自给率和粮食自给率指标②。减缓产出波动是供给稳定性的基础，本文用总产波动率来衡量产出波动。另外，市场波动的直接体现是价格波动，我们选取国内价格波动率指标来衡量粮食市场的稳定性。

7. 可持续性

多数有关粮食安全的研究关注的是当前生产和供给，缺乏对未来可持续性的考虑，忽视了当前生产对环境和资源的破坏和影响。在可持续性问题日益突显的今天，有必要将可持续性纳入粮食安全的评价体系中。具体来说，我们考虑了资源可持续性、环境可持续性和经济可持续性三个方面。资源可持续性方面，我国农业和粮食生产面临的最大压力在于耕地和水资源短缺，考虑到数据可得性，我们选取人均耕地作为这方面的代表性指标。环境可持续性方面，农业生产的影响比较广泛，现阶段最突出的问题是与化肥农药过量施用及畜禽粪污排放相关的面源污染。鉴于农药成分复杂、畜禽粪污排放数据缺乏，我们选取了化肥施用量作为代表指标。经济可持续性方面，主要是农业和粮食生产必

① Fao, Methodology for the Measurement of Food Deprivation: Updating the Minimum Dietary Energy Requirements (http: // www.fao.org/fileadmin/templates/ess/documents/food_ security_ statistics/metadata/Undernourishment_ methodology.pdf, Rome, October, 2008).

② 数据主要包括谷物和大豆的数据。

须有合适的投入产出回报，确保农民有从事农业和粮食生产的积极性。根据经验，农产品出售价格（生产者价格）和农业生产资料价格的变化，是影响农业生产效益和农民从事粮食生产积极性的最主要因素。因此，我们使用农业投入产出相对价格变化作为代表指标。

8. 政府调控

政府对粮食安全的支持和调控，体现在生产、分配、储备、运销、技术研发与推广等多个环节，采用的措施也多种多样，如补助、补贴、配送服务、物质支持、技术支持、税费减免等，在其中选一两个方面的指标来衡量政府对粮食安全的支持与调控难免有失全面。鉴于支持与调控的力度总体上体现在财政投入上，我们选择广义的政府财政支农指标：用人均财政支农水平衡量粮食调控和支持的能力，用财政支农投入占农业产值比重衡量调控和支持的强度。

以上 8 个方面的指标共同构成了粮食安全评价指标体系（见表 1）。

表 1　粮食安全评价指标体系构成

一级	二级	指标
供给	实物	人均粮食产量 人均肉类产量
		人均粮食供应量
	热量	人均粮食日可获得热量 人均肉类日可获得热量
分配	收入	人均国内生产总值
		贫困发生率
	价格	粮食价格指数 粮食与能源价格比 粮食相对(CPI)价格
	可获得性	道路密度
	政府再分配	贫困相对标准 低保相对标准
	家庭支出	恩格尔系数
消费	营养结构	动物性蛋白占比
利用效率	全程损耗	损耗率
保障结果	普遍安全	营养不良发生率

续表

一级	二级	指标
稳定性/脆弱性	粮食储备	储备率
	自给水平	谷物自给率 粮食自给率
	波动性	总产波动率
		国内价格波动率
可持续性	环境排放压力	化肥使用量
	耕地资源	人均耕地面积
	农业比较效益	农业投入产出相对价格变化
政府调控力	财政支农	人均财政支农水平 财政支农占农业产值比重

三　数据与方法

（一）数据来源与主要指标计算、估算方法

人口、各种粮食产量、肉类产量、粮食进出口量、居民消费量、道路密度、财政支出等基本数据来自《中国统计年鉴》《中国农村统计年鉴》等。贫困标准和贫困发生率以农村贫困数据为代表，使用的是低收入贫困标准和相应的贫困发生率，数据来自《中国农村贫困监测报告》。低保标准以城乡居民人口比重为权重，对城市居民最低生活保障标准和农村居民最低生活保障标准进行加权得到。粮食价格指数等来自《中国城市（镇）生活与价格年鉴》。

人日均可获得来自粮食的热量的计算方法为：（粮食总产量 + 粮食净进口）×粮食综合热量/（总人口×365）。其中，粮食综合热量的计算过程分为几步：①根据《中国食物成分表》，在简化品种的基础上，通过简单平均求得稻谷、小麦、玉米、大豆、薯类的平均热值（c_i）；②根据五类粮食在粮食总产中的比重（$p_i = P_i / \sum_j P_j$）计算各年度粮食的综合热值［$\sum_i (p_i \times c_i)$］。人日均可获得的来自肉类的热量的计算方法相同。

动物蛋白占比的计算分三个步骤：先根据《中国食物成分表》获得粮食、

肉、蔬菜等各类食品的蛋白含量，其中，粮食是根据粮食产出结构计算得到的综合蛋白含量；然后分别根据城镇居民家庭平均每人全年购买主要商品数量（数据来自《中国城市（镇）生活与价格年鉴》）与农村居民主要食品消费量（数据来自《中国农村统计年鉴》），计算城镇居民和农村居民动物蛋白摄入量占蛋白总摄入量的比重；最后根据城乡居民人口比重，加权计算平均的动物蛋白占比。

营养不良发生率通过模拟获得。在假设热量获得（食物分配）服从对数正态分布的情况下，根据参数设定与热量供给，可以计算热量摄入低于一定标准的人口比重。对数正态分布的密度函数为：

$$f(x) = \frac{1}{\sqrt{2\pi}\sigma x}e^{\left\{\frac{-[\ln(x)-\mu]2}{2\sigma^2}\right\}} \tag{1}$$

决定对数正态分布的形态和位置的参数有两个，分别是均值（μ）和方差（σ）。假设根据食物消费计算的热量均值和方差为 $E(X)$ 和 var（X）。那么：

$$\mu = \ln[E(X)] - \frac{1}{2}\ln\left[1 + \frac{\mathrm{var}(X)}{E(X)^2}\right] \tag{2}$$

$$\sigma^2 = \ln\left[1 + \frac{\mathrm{var}(X)}{E(X)^2}\right] \tag{3}$$

然后在给定的热量摄入最低阈值下，就会有确定比例的热量摄入不足人口。该方法参照了国际粮农组织对世界各国营养不良发生率的估计，在统计原理上是可行可靠的。但是，国际粮农组织基于变异系数（CV）不变假设，且长期未能对变异系数更新，可能导致估计结果的严重偏误。本文使用中国健康与营养调查（CHNS）数据计算了热量实际摄入的均值、方差①，并得到反映热量分配的变异系数。再用人日均可获得的来自粮食的热量作为每年 $E(X)$ 的替代指标，根据以上公式可以得到当年的 σ 和 μ 。

总产量、价格波动率的计算使用的是过去三年实际值与趋势值离差的变异

① 为消除热量摄入中异常值的影响，参照朱喜等（2011）对其分布的上下 1% 水平进行缩尾调整（winsorize）处理，即对所有小于 1% 分位数（大于 99% 分位数）的数值，令其值分别等于 1% 分位数（99% 分位数）。参见朱喜、史清华、盖庆恩《要素配置扭曲与农业全要素生产率》，《经济研究》2011 年第 5 期。

系数。以总产量波动为例，计算过程分四步：①用 ARIMA 拟合趋势，再获得各年度人均产出的趋势值和离差（d_i），根据数据自相关图、偏相关图和单位根检验，人均产出趋势拟合中含一阶差分以及一阶 AR 和一阶 MA 项（价格指数趋势拟合中仅含一阶 AR 项）；②计算过去三年离差绝对值的移动平均值 $ma\_d_i = \sum_{j=0}^{2} |d_{i-j}|/3$；③计算过去三年离差绝对值的标准差 $sd\_d_i = \sqrt{\sum_{j=0}^{2} (|d_{i-j}| - ma\_d_i)^2/3}$；④计算离差的变异系数。经过检验和对照分析，这一指标能够较好地反映实际波动情况。

粮食储备是根据公报的全国国有粮食企业粮食库存数，结合历年国际粮农组织发布的中国粮食平衡表[①]推算得到。推算结果表明（见图 2），储备率在 1990 年代末达到历史高位后出现快速下降，2005 年左右又开始回升。这与其他有关专家的相关研究结论相吻合（苗齐、钟甫宁，2006）。

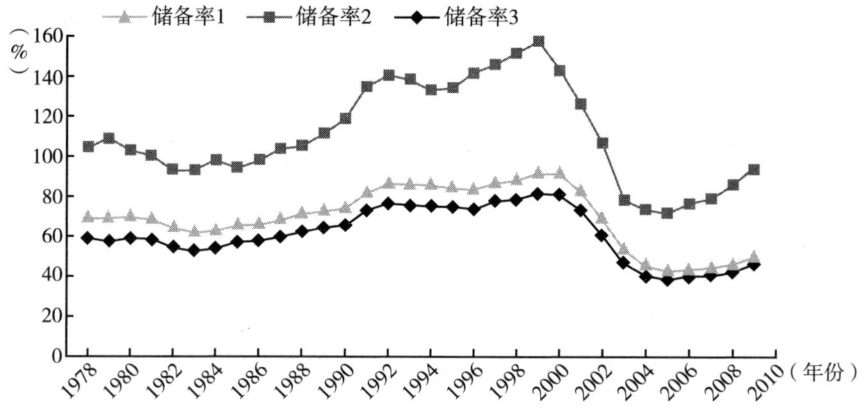

图 2　中国粮食储备率估算（1978 ~ 2010 年）

注：储备率 1、储备率 2、储备率 3 的基数（分母）分别是中国稻谷、小麦、大豆、玉米四种作物产出，四种作物消费和中国国家统计局粮食总产出。

损耗率的计算分为五个阶段：生产、收获后处理与储存、加工、流通、消费。本文依据国际粮农组织发布的损耗系数（Cederberg et al.，2011）与食物

① 指数计算多处使用了国际粮农组织的食物平衡表，通过与中国官方发布的主要农产品产量的比较可以看出，两者之间差距较小。

平衡表，分别计算稻谷、小麦、玉米、大豆四种农产品的损耗。从估算结果来看，中国粮食损耗率近年整体呈下降趋势。

（二）标准化、目标值与权重

各指标因单位差异，需要做标准化之后再加总计算指数。我们将所有指标分为正向指标与反向指标两类。正向指标增长表明粮食安全状况的改善，反之则是恶化；反向指标则相反，指标上升意味着粮食安全状况的恶化。对于正向指标，本文使用即期/基期的方法来标准化，反向指标则是基期/即期。考虑到数据的获得情况，基期设为考察时段的中间年份。

在所有指标中，一些指标属于增长指标，这类指标没有上限和下限，有可能不断增长或下降。另一些指标则可以确定合理上限、下限或期望水平，我们称之为达标指标。如果只是衡量安全系数的变化情况，两类指标都可以使用。如果要明确某一时点的发展水平，则只能使用达标指标。为此，我们在每个一级指标中各选出 1 ~ 2 个二级达标指标，构建简化指数。计算时，结合专家打分结果和对各项因素重要性的判断为一级指标赋权，一级指标内各项二级指标则赋予均权重①。具体来说，供给选择的是人均粮食产量，标准设为 400 公斤，权重为 0.25；分配选择的是贫困发生率和粮食相对价格水平，两者的期望水平分别为 0 和 1，权重均为 0.1；消费选择的是动物蛋白占比，以发达国家 2005 ~ 2009 年五年的均值为标准，数据来自国际粮农组织，权重为 0.1；保障状况方面选择的是营养不良发生率，以 5% 为标准，权重为 0.1；脆弱性纳入了粮食自给率、总产波动率、价格波动率和储备率四个指标，粮食自给率的标准为 95%，总产波动率与价格波动率的期望水平为 1，储备率的标准按三个月消费需求的标准设为 25%，权重均为 0.05；可持续选择的是环境可持续指标（按农作物播种面积计算每公顷氮施用量）和经济可持续指标（以生产价格指数/生产资料价格指数计算的经济效益状况），前者标准参考相关研究设为单季

① 一些类似研究中使用因子分析之类的方法获取权重，所得权重反映的实际上是因子（指标）在数据变动中的份额，因此权重大小与数据的变动性有关。但是，现实中有关粮食安全的指标变动性与指标重要性并不一致，所以因子分析法得到的权重并不能真正反映实际情况。经过试算比较，本研究最终放弃了这种看似客观的赋权方法。

最高 180 公斤/公顷，后者期望水平为 1，权重各为 0. 075。人均粮食产量、粮食相对价格水平、动物蛋白占比、自给率、储备率、经济可持续等指标属于正向指标；营养不良发生率、贫困发生率、总产波动率、价格波动率、环境可持续指标等属于反向指标。任一个指标得分上限为 1，强调了指标间的不可替代性和综合粮食安全的内涵，任一个指标存在短板都会在指数上得到反映。

四 主要发现与判断

指数计算结果表明，近十年来中国粮食安全状况得到了明显改善，当前处在较高的水平。中国粮食安全的优势在于生产水平较高，供应比较充足，粮食储备丰富，自我保障能力强以及政府积极支持；不足之处在于分配运输设施水平较低，食物结构不合理，营养质量较低，环境压力大和可持续性不足。

（一）目前中国粮食安全处于较高水平

根据计算结果，2011 年中国粮食安全指数为 0. 924（理想目标值为 1），粮食安全已经达到较高水平（见图 3）。从一些主要指标来看，2011 年中国人均粮食产量为 424 公斤，远超出人均 400 公斤的目标水平；贫困发生率为 2. 8%，已经低于 3%；粮食相对价格水平（食品价格指数/居民价格指数）为 0. 951，处于基本稳定状态；估算的营养不良人口比例为 6%①，处于较低水平；按谷物加大豆口径计算的粮食自给率超过 90%，属于较高水平；粮食储备率高于 40%，更是远远超过正常的储备水平。

根据国际粮农组织的统计数据，中国粮食安全的主要指标大都好于世界平均水平，个别指标接近甚至超过发达国家平均水平。生产方面，中国人均食品产值比世界平均水平高出 15%，食物自给率比世界平均水平高出 16 个百分点（也高出发达国家水平）；食物营养供给方面，人均能量供应

① 低于国际粮农组织估算的 11. 5%。

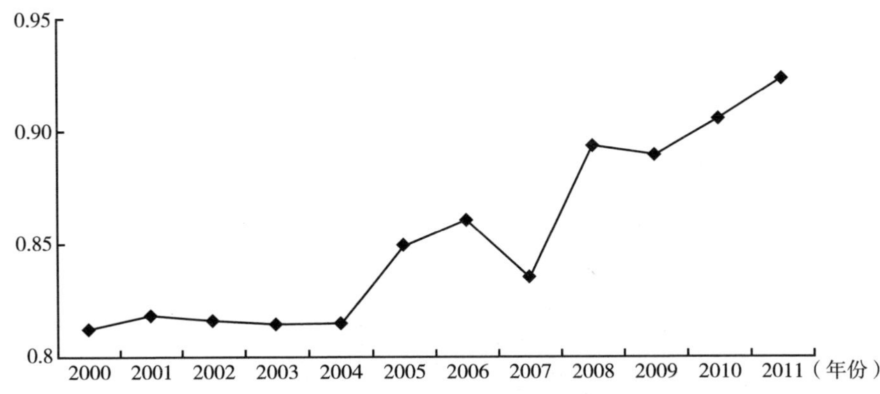

图3　2000～2011年中国粮食安全指数变化情况

和蛋白供应分别比世界平均水平高8%和18%，平均膳食能量供应充足率比世界平均水平高3%；考虑分配等因素之后，最终的营养不良人口发生率也低于世界平均水平。总体上，这一结论与其他相关研究是一致的。在英国经济学人智库2013年发布的《全球粮食安全指数报告》（*The Economist Intelligence Unit*，2013）中，中国在全球107个参评国家中位居第42，被列入“良好表现”一档，也是为数不多的粮食安全水平超越其社会富裕程度的国家之一。

（二）近年来中国粮食安全水平不断提升

从变动趋势看，近十年中国粮食安全状况有明显改善。2003年之前，粮食安全指数经历了缓慢、小幅的下降；2004年以后，除了2007年出现短暂波动外，粮食安全状况持续改善，安全指数大幅快速提升。2003年之前中国粮食安全指数下降的主要原因是人均粮食产量连续下滑，2007年粮食安全指数波动的主因则是粮食价格出现较大波动。

从结构上看，与十年前相比，除了可持续性有所恶化以外，中国粮食安全在供给、分配、消费、营养、脆弱性等方面皆有改善（见图4）。特别是原来的短板方面——消费（营养结构）和保障结果（普遍安全）方面均有较大幅度改善。

与世界平均水平和发达国家相比，中国粮食安全各方面改善进度更快一些

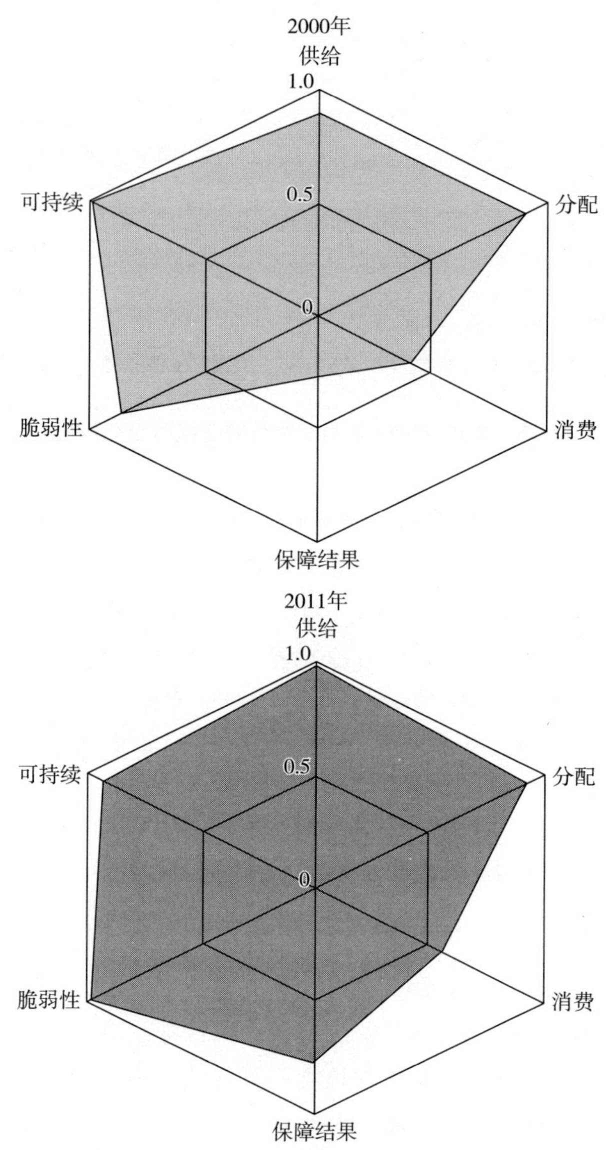

图 4　2000 年和 2011 年指标体系构成方面的对比

（见图 5）。特别是生产方面，中国粮食生产增长速度远高于世界平均水平和发达国家平均水平；营养结构方面，中国虽然处于较低水平，但改善速度也很快。

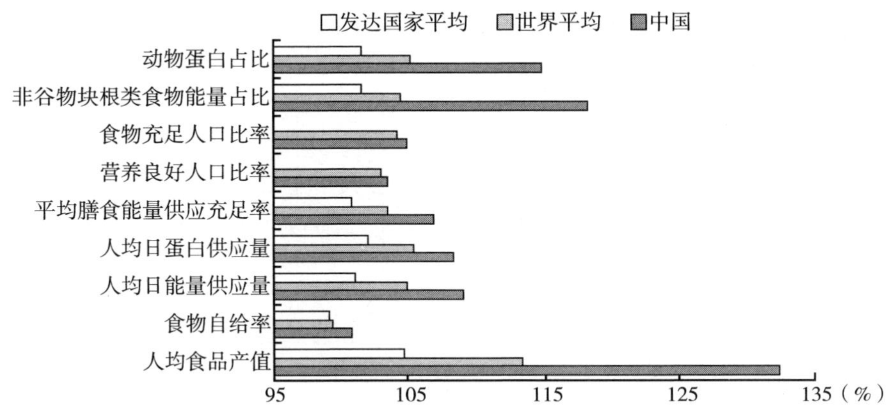

图5　中国与世界主要指标近十年来的变化（当前数值为2000年数值）

（三）中国粮食安全具有多重优势

根据计算，中国粮食生产指标在2006年之后达标程度一直在95%以上，近两年已经完全达标；粮食储备指标一直保持在超标水平；粮食自给率虽然近两年有所下降，但仍然保持在较高水平。另外，在政府政策支持下，粮食价格维持在较为合理的水平，粮食生产的积极性得到了很好的维护，粮食市场保持基本稳定；贫困发生率持续下降，较好地保障了各层次居民的粮食和食品供给（见表2）。

表2　2000～2011年中国粮食安全主要指标达标情况

年份	供给	分配		消费	结果	脆弱性				可持续性	
	人均粮食产量	贫困发生率	粮食相对价格水平	动物蛋白占比	营养不良发生率	自给率	总产波动率	价格波动率	储备率	环境可持续	经济可持续
2011	1.00	0.97	0.94	0.61	0.83	0.95	1.00	0.98	1.00	0.90	1.00
2010	1.00	0.97	0.92	0.54	0.72	0.95	1.00	1.00	1.00	0.91	1.00
2009	0.99	0.96	0.94	0.49	0.59	0.97	1.00	1.00	1.00	0.92	1.00
2008	1.00	0.96	0.99	0.55	0.56	0.98	1.00	1.00	1.00	0.92	0.95
2007	0.95	0.95	0.99	0.55	0.42	1.00	0.64	0.59	1.00	0.92	1.00
2006	0.95	0.94	0.99	0.55	0.42	1.00	0.76	1.00	1.00	0.94	1.00
2005	0.93	0.93	1.00	0.55	0.35	1.00	0.81	1.00	1.00	0.99	0.94
2004	0.90	0.92	0.82	0.48	0.33	1.00	1.00	0.68	1.00	1.00	1.00

续表

年份	供给	分配		消费	结果	脆弱性				可持续性	
	人均粮食产量	贫困发生率	粮食相对价格水平	动物蛋白占比	营养不良发生率	自给率	总产波动率	价格波动率	储备率	环境可持续	经济可持续
2003	0.83	0.91	0.99	0.50	0.21	1.00	0.90	1.00	1.00	1.00	1.00
2002	0.89	0.91	1.00	0.46	0.25	1.00	0.63	1.00	1.00	1.00	0.99
2001	0.89	0.90	1.00	0.44	0.27	1.00	0.68	1.00	1.00	1.00	1.00
2000	0.91	0.90	1.00	0.42	0.28	1.00	0.72	0.80	1.00	1.00	0.97

与世界平均水平相比，中国粮食安全有关指标中最突出的优势仍然是生产水平、自给率和营养供给总量。人均食品产值相当于世界平均水平的115.4%，食品自给率相当于世界平均水平的116%，人均能量供应量相当于世界平均水平的107.7%，人均蛋白供应量相当于世界平均水平的117.9%。

（四）中国粮食安全隐忧犹存

2011年中国食品营养中动物蛋白占比仅达到目标值的61%，是达标程度最差的指标。这一差距一方面反映了与收入等相关的消费水平存在差距，另一方面也与历史性的膳食习惯差别有关。其次，营养不良发生率和环境可持续指标，达标程度分别只有83%和90%，其中环境可持续指标还存在持续恶化的趋势。人均可获得热量大大超过实际需求的情况下营养不良发生率高企，表明实物分配不均仍是实现普遍粮食安全的关键制约。环境可持续指标的恶化则表明中国当前的粮食安全是建立在高投入的基础上，这同时也透支了未来粮食安全的保障能力。与世界平均水平相比，中国的铁路密度只相当于世界平均水平的78.2%，非谷物块根类食物能量占比相当于世界平均水平的93.9%，动物蛋白占比相当于世界平均水平的98.5%。这些典型指标表明，从运输设施、食品结构和营养质量方面看，中国粮食安全状况仍面临不足的困境。

五　改善粮食安全状况的政策建议

指标体系的分析揭示了中国粮食安全的基本状况、发展趋势、存在的问题、优势和劣势，未来的粮食安全政策需要适当调整，在基本保持原有优势的基础上，尽量弥补缺陷。

（一）保障粮食生产能力，稳定粮食产量

中国到底需要多少粮食就可以保障基本的粮食安全，这一问题一直存在争议。2013 年中国粮食总产量达到 60193.5 万吨，这一产量已经远远超出《国家粮食安全中长期规划纲要（2008～2020 年）》中提出的远期目标①。粮食增长的背后是巨大的代价，包括各种经济成本和巨额财政投入。中国从 2004 年开始实行良种补贴、种粮直补、农机补贴和农资综合补贴，这四项补贴从最初的 145 亿元增加到 2012 年的 1628 亿元。另外，2004～2011 年，中央财政对粮食主产区转移支付年均增长速度为 27.8%。从 2006 年起，开始全面实施对小麦、稻谷两大重要粮食品种的最低收购价政策，自 2008 年起，政府连续多年提高最低收购价格。保障增产的投入需求越来越大。更重要的是，持续增产付出了高昂的生态成本和可持续代价。2010 年中国化肥使用量为 5561 万吨，比 1978 年增加了 529.07%；农药使用量为 171.2 万吨，比 1978 年增加了 229.23%。目前，中国单位土地化肥使用量是世界平均水平的 4.2 倍，大大超过国际公认的安全上限。

根据本文的评估，中国粮食安全在生产和供给方面处于较高水平，但是在可持续特别是资源环境和生态可持续方面却存在很大不足。要进一步提高中国的粮食安全水平，需要取长补短，可以考虑适当降低对国内生产增长的要求。在增产和环保有冲突时，优先选择后者。但是面对人口增长、居民收入水平提高、城镇化进度加快的巨大压力，我们也不能放松对粮食生产的重视程度，保障现有粮食生产能力和维持粮食产量稳定是必要的选择。保障粮食生产能力，必须继续坚持最严格的耕地保护制度和最严格的水资源保护制度，加快建设一批旱涝保收的高标准农田。同时，要积极培育专业大户、家庭农场、农民合作社等新型农业经营主体，构建有效的农业社会化服务体系，维持农业特别是粮食生产的合理收益，切实解决“谁来种地”的问题。

---

① 具体目标是，到 2020 年粮食和谷物生产能力应分别达到 5400 亿公斤和 4750 亿公斤，人均粮食消费量 395 公斤。

（二）调整食物生产结构，提高食品质量和营养水平

评估结果表明，中国粮食安全的短板是食品营养结构不合理。虽然从总体上来看，中国人均能量供应量和蛋白供应量都高于世界平均水平，但是能量供应结构和蛋白供应结构都比较落后，能量供应更多的来自谷物块根类食物，蛋白供应中来自动物食品的比重较低。随着人均收入水平的不断提高、城镇化的不断加速，中国居民食品消费结构还会持续快速变化，对食品生产结构调整的要求会越来越高。这些变化会对中国的粮食安全提出更高的要求，当然也会带来更大的压力，对此，必须要有充分的认识。农业发展和粮食安全的政策重点要更加强调生产和食物供给的结构调整。

（三）转变农业生产方式，走可持续发展道路

中国的农业资源环境问题已经成为全社会关注的焦点之一。农业资源环境问题一方面来自农业外部，城市工业和生活的废气、废水和固体废物向农村转移；另一方面，农业生产中化肥、农药、农用塑料地膜的过量使用，以及农业生产中水资源的不合理利用，也使农业生产环境日益恶化。要解决这个问题就必须转变农业生产方式，即改变过去几十年主要依赖于要素投入的增长方式，减少化肥、农药、农用塑料地膜等农业投入品的过量使用，提高农业资源利用效率，用科技进步和集约化生产方式促进农业增长。具体政策方面，要科学保护和合理利用水资源，大力发展节水增效农业；鼓励使用生物农药、高效低毒低残留农药和有机肥料；强化农膜和农药包装物回收再利用；推广规模养殖场粪污处理和再利用技术；开发和建设农作物秸秆综合利用机制。总之，在现代农业发展过程中，要树立绿色、低碳发展理念，积极发展资源节约型和环境友好型农业，不断增强农业可持续发展能力。

（四）重视需求管理，减少不合理消费和损耗

确保粮食安全，不仅要强调生产增长，还要重视消费控制和需求管理。一直以来，我们都在强调刺激生产和增加供给，但对控制不合理的消费和过度需求重视不够。中国人口占世界人口的22%，耕地只占世界耕地的9%，粮食生产资源极度匮乏，在农产品消费方面，理应贯彻节俭治国的理念，但

实际上，我们并没有做到节约用粮。近年来，中国粮食产出持续增长，人均热量供给大大高于需求，但营养不足问题依然存在。这意味着粮食和食物分配不公、过度消费与浪费情况比较严重。如果不对消费和需求加以引导、管理和控制，生产增长恐怕很难赶上消费增长的步伐，在粮食总体安全的基础上难以确保普遍安全，粮食安全最终目标还是难以得到保障。管理需求，减少损耗，首先，必须严格控制粮食的非食用加工转化，改进粮食收获、储藏、运输、加工方式，尽可能减少粮食产后损耗，提高粮食综合利用效率。其次，要进一步加强节粮宣传教育，倡导科学饮食和合理消费，减少餐饮浪费。最后，增加对低收入群体的食物补贴。

（五）适当降低储备率，减少财政压力和资源浪费

高储备是中国保障粮食安全的一大特色。按照国际经验，一个国家的粮食储备占年度总消费量的17%～18%即可保障基本安全。即使要确保更高保障水平，中国粮食储备率也只须保持在30%～40%。但是，中国粮食储备远远高于这一水平，我们估计目前为年度粮食消费量的40%～50%。储备必然会有损耗（一般估计为2%），过量储备必然导致巨大粮食损耗。因此，应适当减少国家粮食储备，这不仅是可行的，同时也是必要的，一方面可以有效缓解财政压力，另一方面可以减少不必要的资源浪费。

（六）合理运用全球资源，减轻国内生产压力

从我国人多、地少、水缺的资源禀赋出发，积极主动利用国际市场和国外资源是大势所趋。目前，中国的谷物进口依赖率仅有2.2%（国际粮农组织数据），远低于亚洲国家的平均水平（10%）和世界平均水平（15.7%），甚至低于一些农业资源大国和农业生产大国，适度扩大进口并不会从根本上影响中国的粮食安全。当然，中国农产品特别是粮食进口的潜力也是有限的。目前，全世界粮食国际贸易量仅有2.5亿吨，不足中国粮食消费量的一半；全世界大米国际市场贸易量仅有2500万吨，不足中国国内大米消费量的1/5。过分依靠进口来满足中国的粮食需求是不现实的。况且，中国大量进口粮食，还会导致国际市场粮价飞涨，给低收入国家的粮食安全带来不利影响。因此，扩大进口必须是适度的。扩大进口还必须是有选择的，考虑中国的资源禀赋特点，进

口品种应优先选择土地资源和水资源密集产品；考虑对粮食安全和国计民生的影响程度，应主要扩大非口粮产品的进口。

参考文献

Cederberg C. , Sonesson U. , Van Otterdijk R. , Meybeck A. , Global Food Losses and Food Waste: Extent, Causes and Prevention. Rome, FAO, 2011.

Food and Agriculture Organization of the United Nations (FAO), The State of Food and Agriculture 2013, Rome, 2013, www. fao. org/publications.

Pearce J. , Hiscock R. , Blakely T. , Witten K. , "The Contextual Effects of Neighbourhood Access to Supermarkets and Convenience Stores on Individual Fruit and Vegetable Consumption," *Journal of Epidemiology and Community Health*, 2008, 62 (3), pp. 198 – 201.

Powell L. M. , Auld M. C. , Chaloupka F. J. , O'Malley P. M. , Johnston L. D. , "Associations between Access to Food Stores and Adolescent Body Mass Index," *American Journal of Preventive Medicine*, 2007, 33 (4), pp. 301 – 307.

The Economist Intelligence Unit, Global food security index 2013, http: // foodsecurityindex. eiu. com/ , 2 July, 2013.

高帆:《中国粮食安全的测度：一个指标体系》,《经济理论与经济管理》2005 年第 12 期。

国家粮食局调控司:《关于我国粮食安全问题的思考》,《宏观经济研究》2004 年第 9 期。

何安华、刘同山、张云华:《我国粮食产后损耗及其对粮食安全的影响》,《中国物价》2013 年第 6 期。

联合国粮食及农业组织（FAO）:《世界粮食不安全状况 2012》，罗马 2012，详见世界粮食不安全状况网站，http: //www. fao. org/publications/sofi/en。

联合国粮食及农业组织（FAO）、联合国世界粮食计划署（WFP）和国际农业发展基金（IFAD）:《世界粮食不安全状况——经济增长很有必要，但不足以加快减缓饥饿及营养不良》，罗马，2012。

刘景辉、李立军、王志敏：《中国粮食安全指标的探讨》，《中国农业科技导报》2004 年第 6 卷。

陆慧:《发展中国家的粮食安全评价指标体系建立》,《国际商务论坛》2008 年第 3 期。

马九杰、张象枢、顾海兵：《粮食安全衡量及预警指标体系研究》，《管理世界》2001 年第 1 期。

苗齐、钟甫宁:《我国粮食储备规模的变动及其对供应和价格的影响》,《农业经济问题》2006 年第 11 期。

国家统计局农村社会经济调查司:《我国粮食安全评价指标体系研究》,《统计研究》2005 年第 8 期。

孙复兴、黎志成:《关于构建我国粮食安全评估指标体系的思考》,《特区经济》2005 年第 4 期。

国家发改委宏观经济研究院“宏观经济政策动态跟踪”课题组、张苏平:《粮食安全评估指标与方法研究》,《经济研究参考资料》2007 年第 13 期。

朱泽:《中国粮食安全问题:实证研究与政策选择》,湖北科学技术出版社,1998。

(本文原载于《中国农村观察》2015 年第 1 期)

2020年中国粮食生产能力及其国家粮食安全保障程度分析

李国祥

摘　要：2013 年，中国粮食总产量达到 6 亿吨水平，估计居民直接间接消费粮食近 5 亿吨，其中口粮和饲料粮大约分别为 2 亿吨和 3 亿吨，粮食总产量与居民粮食消费量比率大约为 1.2。根据中国人口数量、城镇化率、城乡居民食物消费量变化等因素，估计 2020 年中国居民消费总量大约为 6 亿吨，其中口粮和饲料粮消费量大约分别为 2 亿吨和 4 亿吨。按照国内粮食总产量与中国居民口粮和饲料粮消费量保障系数 1.2 的要求估算，2020 年中国粮食生产能力要达到 7 亿吨。中国粮食安全保障政策及其资源条件虽然具备形成 7 亿吨的粮食生产能力，但需要注意防范政策执行不到位等风险。

关键词：粮食生产能力　粮食安全　保障系数

2013 年底召开的中央经济工作会议提出了新形势下“以我为主、立足国内、确保产能、适度进口、科技支撑”的国家粮食安全战略；随后召开的中央农村工作会议重申了新形势下的国家粮食安全战略，特别强调，“中国人的饭碗任何时候都要牢牢端在自己手上”，“我们的饭碗应该主要装中国粮”。2014 年中央一号文件《中共中央、国务院关于全面深化农村改革加快农业现代化的若干意见》对新形势下国家粮食安全战略做出了全面部署。国内粮食生产对国家粮食安全的保障程度怎么样？本文运用国家统计局公布的统计数据，主要通过定量分析，估计出 2020 年中国居民直接和间接粮食消费量以及国内生产对粮食消费需求的满足程度，评估国内粮食生产对国家粮食安全的保障状况，并提出依靠国内粮食生产保障国家粮食安全的主要风险及其管控思路。

一　中国粮食增产潜力

2013 年，中国粮食生产实现连续十年增产，总产量达到 60194 万吨，创历史新高。如果按照每增加 5000 万吨为一个台阶的话，这标志着中国粮食生产又迈上了一个新的台阶，意味着中国 6 亿吨的粮食生产能力已初步形成。这是改革后中国粮食生产迈上的第 6 个台阶，迈上这个台阶只经历了短短两年时间，表明中国粮食生产潜力得到了充分发挥。中国粮食生产能力不断提高，与国家加大农业投入，实施粮食最低收购价和临时收储政策以及近年来中国自然灾害对粮食生产的负面影响相对较轻等因素密切相关。

到 2020 年，中国粮食生产形势如何？这个问题直接关系到中国能否实现“以我为主”和“立足国内”保障国家粮食安全。一般认为，中国粮食连续多年增产后基数已经很大，面临的资源约束趋紧，粮食进一步增产难度很大。这是否意味着未来 7 年中国粮食将无法实现增产？

国际上对中国粮食增产情景十分关注。2013 年联合国粮农组织和经济合作组织发布的 10 年期农业展望专门对中国主要粮食产量进行预测，并对中国粮食生产提出预警。实际上，回答 2013 ~ 2020 年 7 年间中国粮食生产形势如何的问题，可以简单地分析前 7 年中国粮食增产的来源，并以此为基础对未来 7 年中国粮食增产潜力进行估算。

2006 ~ 2013 年，在耕地和淡水资源有限的情况下，中国粮食增产来源主要是粮食单产水平提高。比较播种面积扩大和单产水平提高两个来源，不难发现，中国粮食单产水平提高对粮食增产的贡献连续多年相对较多。2006 ~ 2013 年，中国粮食播种面积由 10496 万公顷增加到 11195 万公顷，年均增长 0.9%；单产由每公顷 4745 公斤增加到 5377 公斤，年均增长 1.8%；粮食单产年均增长率是播种面积年均增长率的 2 倍。

2006 ~ 2013 年，中国粮食单产水平提高的一个重要原因是粮食生产结构调整，即单产水平相对较高的玉米和稻谷两种粮食作物生产扩大。分品种来看，稻谷、小麦和玉米三大主粮在粮食生产中的地位进一步巩固，对粮食增产贡献最多。2006～2013年，中国稻谷、小麦和玉米三大主粮产量由44179万吨增加到54274万吨，年均增长3%；它们在粮食总产量中比重由88.7%上升到90.2%；三大主粮增产对粮食增产的贡献率达到97.2%（见表1）。

表1　中国稻谷、小麦和玉米产量及其对粮食总产量的贡献率

		粮食	稻谷	小麦	玉米	三大主粮合计
2006年	产量(万吨)	49804	18172	10847	15160	44179
	在总产量中比重(%)	—	36.5	21.8	30.4	88.7
2013年	产量(万吨)	60194	20329	12172	21773	54274
	在总产量中比重(%)	—	33.8	20.2	36.2	90.2
2013年比2006年新增产量(万吨)		10390	2157	1325	6613	10095
对粮食增产贡献率(%)		—	20.8	12.8	63.6	97.2

资料来源：国家统计局《中国统计年鉴（2013）》，中国统计出版社，2013；国家统计局《2013年国民经济和社会发展统计公报》，http://www.stats.gov.cn/tjsj/zxfb/201402/t20140224_514970.html，2014年2月。

特别需要指出的是，2006～2013年，中国玉米增产对粮食增产的贡献连续多年最多，玉米产量已经在2012年和2013年连续两年在粮食产量中居首位。2006～2013年，玉米产量由15160万吨增加到21773万吨，年均增长5.3%，在粮食总产量中的比重由30.4%上升到36.2%；玉米增产对粮食增产的贡献率达到63.6%。进一步分析，玉米增产贡献多，有两个方面的原因。一方面，玉米需求增加较快。与中国食物消费结构变化和粮食消费结构变化相一致，玉米种植效益比较好，农民愿意扩大玉米种植。另一方面，中国玉米增产潜力的不断发挥，玉米优良品种和耕作方式的推广以及农业生产条件的改善，使玉米单产水平不断提高。2006～2013年，中国玉米种植面积由2846.3万公顷增加到3612.3万公顷，年均增长3.5%；玉米单产由每公顷5326.3公斤增加到6027.7公斤，年均增长1.8%。

同时，稻谷增产贡献也相对较多。2006～2013年，稻谷产量由18172万吨增加到20329万吨，年均增长1.6%，稻谷增产对粮食增产的贡献率达到20.8%。2006～2013年，玉米和稻谷两种粮食作物增产对粮食增产的贡献率合计近85%。

未来7年，中国粮食生产结构可能还会进一步调整，科技进步还会带来粮食单产水平不断提高，粮食增产仍然会有潜力。虽然中国粮食播种面积继续扩大的潜力不大，但是，由于农业技术的进步、高产创建示范区范围的扩大、高标准农田建设的推进，粮食单产水平具有提高的潜力。笔者在实际调查中了解到，同一个地方不同经营主体的粮食单产水平存在明显的差异。比较而言，规模化和专业化种粮的农户，其粮食单产水平明显要高。笔者在黑龙江和山东等地调查了解到，粮食种植大户的单产水平普遍高于一般农户10%以上。未来随着中国农村土地流转规模的扩大，新型粮食生产经营主体会越来越多，粮食单产水平总体上会趋于提高。

假定中国耕地保护到位，农民种粮积极性得到巩固，全国粮食播种面积不会下降，考虑中国粮食消费结构变化和玉米等品种单产提高潜力，按照粮食单产水平年均增长1.5%～2%估算，到2020年，中国粮食单产水平为每公顷6000～6200公斤，粮食生产能力为6.7亿～7亿吨的水平。

二　中国城乡居民粮食消费估计

在需要控制粮食进口适度规模外，国家粮食安全除了考察粮食生产能力外，还要考察城乡居民粮食消费。按照最终用途分，大致来看，中国粮食消费主要有城乡居民直接的口粮消费、间接的饲料粮消费、工业用粮消费和种子用粮消费。与国家粮食安全状况最直接相关的主要是口粮和饲料粮消费。根据城乡居民粮食消费变化趋势和食物消费结构，可以对2020年中国城乡居民口粮消费量和生产肉蛋奶水产品等动物源性食物所需要的饲料粮数量进行估计。

（一）城镇居民口粮消费估计

进入21世纪，中国城镇居民家庭人均购买的粮食数量既没有呈现显著增加的态势，也没有呈现显著减少的态势，据此估计，中国城镇居民家庭人均购买的粮食数量基本稳定。根据相关年份《中国统计年鉴》中居民住户调查数据，除2008年外，2001～2012年，中国城镇居民家庭人均购买粮食数量在每年 80 公斤左右波动，标准差低于 2 公斤，表明城镇居民家庭人均消费粮食数量虽然年际有变化，但不再呈现一致性增长或者下降的趋势性变化。

结合国家统计局发布的统计公报中的相关数据，2013 年，中国城镇人口 7.3 亿人，按照家庭人均购买成品粮 80 公斤计算，全国城镇居民家庭消费的成品口粮大约为 5900 万吨；按照成品粮与原粮之比率 0.87 的经验系数换算成原粮，估计城镇居民家庭人均消费口粮原粮大约为 92 公斤，全国城镇居民家庭消费口粮原粮大约为 6800 万吨。

考虑到城镇居民食物消费结构的变化，估计到 2020 年，中国城镇居民家庭人均购买成品粮 75 ~ 80 公斤，折算成原粮为 86 ~ 92 公斤。自 2007 年以来，中国年末人口年均增长率下降到 0.5% 以下，即使考虑到计划生育政策调整即家庭夫妻双方有一方是独生子女可以生育二胎可能会提高人口出生率，但是，人口低速增长的格局不会改变。按照全国人口年均增长率大约 0.5% 计算，到 2020 年，全国总人口估计大约为 14 亿。考虑到中国正处于城镇化快速推进时期，结合 2006 ~ 2013 年 7 年到 2013 年近城镇人口年均增长速度大约 3% 的实际情况，估计到 2020 年，中国城镇化率大约为 65%，这样，全国城镇人口大约为 9 亿人。据此计算，全国城镇居民家庭购买成品粮数量每年为 6800 万 ~ 7200 万吨，折算成原粮每年为 7800 万 ~ 8300 万吨。

城镇居民口粮消费除了家庭购买外，还应包括在外用餐的部分。根据 2006 ~ 2013 年《中国统计年鉴》，2005 ~ 2012 年，每年城镇居民在外用餐支出占食品消费支出的比重在 20% ~ 22%。随着城镇居民收入水平的提高和生活方式的改变以及时间价值的上升，其在外用餐机会总体上趋于增加，在外用餐直接消费口粮也趋于增加。城镇居民在外用餐消费口粮的数量不能被忽略。

假定自 1992 年以来中国城镇居民家庭购买粮食数量减少是由食物消费多样化（特别是动物源性食物消费增加）和在外用餐机会增加所导致的，借助模型方法，估计 2005 ~ 2012 年，每年中国城镇居民人均在外用餐直接消费的口粮数量为 20 ~ 23 公斤（2008 年除外），换算成原粮为 23 ~ 27 公斤。按照 2013 年城镇人口 7.3 亿人计算，估计城镇居民在外用餐直接消费的成品口粮为 1500 万 ~ 1700 万吨，换算成原粮为 1700 万 ~ 2000 万吨。

随着经济发展，中国城镇居民在外用餐的机会增多，在外用餐中直接消费的口粮数量将继续增加。2020年，中国城镇居民在外用餐支出占食品消费支出的比重为22%～25%，在外用餐直接消费的口粮在23～25公斤，换算成原粮在27～30公斤。

按照9亿城镇人口计算，2020年，中国城镇居民在外用餐直接消费的成品口粮总量在2000万～2300万吨，换算成原粮在2400万～2600万吨。

概括地说，2013年，中国城镇居民直接消费的口粮原粮大约为8500万吨；2020年，中国城镇居民直接消费的口粮原粮估计增加到1.0亿～1.1亿吨。全国城镇居民口粮消费数量增加，主要是城镇化快速推进和城镇人口规模扩大所致。

（二）农村居民口粮消费量估计

近年来，中国农村居民家庭人均口粮消费出现加快减少的态势，2012年已经下降到大约164公斤。由于农村居民住户调查中的人均口粮消费量是按原粮统计的，该数字不需要换算。2013年，中国农村人口大约6.3亿人，按照人均口粮160公斤计算，口粮消费量大约为1亿吨。

按照农村居民人均口粮消费量年均下降2%～3%计算，到2020年，人均口粮消费量下降到130～140公斤。到2020年，按照全国总人口14亿人和城镇人口9亿人计算，农村人口大约5亿人，农村居民口粮消费总量在6500万～7000万吨。

概括地说，全国农村居民直接消费的口粮总量由2013年的大约1亿吨下降到2020年的大约7000万吨，主要有两个方面的原因：一是伴随农村居民生活水平提高，人均口粮消费量会减少；二是在城镇化快速推进的背景下，农村人口数量不断减少。

（三）城乡居民口粮消费量估计

综上所述，2013年，中国城乡居民口粮消费总量估计大约为1.9亿吨。受到城乡人口结构变化和居民食物消费结构变化等因素影响，到2020年，中国城乡居民口粮消费总量估计将下降到1.7亿～1.8亿吨的水平（见表2）。

表 2　中国城乡居民直接消费口粮估计

单位：万吨

项　目	城镇居民		农村居民	城乡居民合计
	家中	在外用餐		
2013 年估计值	6800	1700	10000	18500
2020 年下限值	7800	2400	6500	16700
2020 年上限值	8300	2600	7000	17900

城乡居民口粮消费量呈现不同的变化趋势。2013～2020 年，城镇居民口粮消费量估计由 8000 多万吨增加到 1 亿多吨，而农村居民口粮消费量由大约由 1 亿吨下降到 7000 万吨以下的水平。

值得说明的是，中国城乡人口结构变化，青壮年所占比重下降以及人口老龄化对粮食消费的影响也不容忽视。在城乡居民食物消费结构变化中，非粮消费对粮食消费的替代都对口粮消费产生了影响，例如，动物源性食物和油脂消费对口粮消费的替代，蔬菜水果消费对粮食消费的替代，在外用餐对居家消费的替代，加工食物消费对原粮直接消费的替代等，都可能使城乡居民人均口粮消费量减少。另外，中国粮食浪费控制与粮食节约如果能够取得一定实效，也会使城乡居民人均口粮消费量减少。从长期来看，当粮食价格波动可控，中国经济发展，居民收入水平达到一定程度，城乡居民人均口粮消费不再受粮食价格波动的明显影响，即人均口粮消费将显著地缺乏价格弹性。因此，粮食价格对粮食消费的影响基本上可以不予考虑。考虑到城乡居民口粮消费的中长期估计难以全面考虑所有因素，同时有些数据难以获得，本文所估计的 2020 年城乡居民口粮消费总量只是一个大概的数量。

（四）中国饲料粮消耗估计

随着城乡居民生活水平的不断提高，虽然直接消费的口粮总量可能呈现出下降的态势，但是，肉禽蛋奶水产品等消费所需要的饲料粮消耗量理应不断增加。与对城乡居民口粮消费量的估计不同，饲料粮消耗量难以通过国家统计局相关年鉴公布的数据直接来估计。为了简化起见，本文根据国家发展和改革委员会价格司监测的全国农产品成本收益资料中畜产品和水产品生产的饲料粮消耗量估算出主产品粮食消耗系数，并结合全国畜产品和水产品产量数据，对饲

料粮消耗量进行估计。

2013 年，中国猪肉产量 5493 万吨，按照饲料粮消耗系数 2. 2 估算，生猪养殖消耗饲料粮大约 12085 万吨。自 2006 年以来，中国猪肉产量波动较大。2008 ~2013 年，猪肉产量年均增长 3. 5%，增长相对较快。从相对较长时间来看，2006 ~2013 年，猪肉产量年均增长率仅为 2. 4%。考虑到 2012 年和 2013 年猪肉产能相对过剩，城乡居民猪肉消费仍然保持增长的态势，估计 2013 ~2020 年猪肉产量年均增长 2% ~3%，2020 年猪肉产量将在 6300 万 ~6800 万吨。据此按照 2. 2 的饲料粮消耗系数估算，所需要的饲料粮在 1. 4 亿 ~1. 5 亿吨。

2013 年，中国牛肉产量 673 万吨，按照饲料粮消耗系数 1. 8 估算，肉牛养殖消耗饲料粮大约 1200 万吨。自 2006 年以来，中国牛肉产量保持稳定增长的态势。2006 ~2013 年，牛肉产量年均增长 2. 2%。考虑到 2010 ~2013 年牛肉产能相对不足，牛肉价格偏高和养牛效益相对较高，估计 2013 ~2020 年牛肉产量年均增长 2% ~3%，2020 年牛肉产量将在 770 万 ~850 万吨。据此按照 1. 8 的饲料粮消耗系数估算，所需要的饲料粮在 1400 万 ~1500 万吨。

2013 年，中国羊肉产量 408 万吨，按照饲料粮消耗系数 1. 6 估算，肉羊养殖消耗饲料粮大约 650 万吨。自 2006 年以来，中国羊肉产量增长相对缓慢。2006 ~2013 年，羊肉产量年均增长 1. 7%。和牛肉相似，考虑到 2010 ~2013 年羊肉产能相对不足，羊肉价格偏高和养羊效益相对较高，估计 2013 ~2020 年羊肉产量年均增长 2% ~2. 5%，2020 年羊肉产量将在 470 万 ~490 万吨。据此按照 1. 6 的饲料粮消耗系数估算，所需要的饲料粮在 1000 万 ~1100 万吨。

2013 年，中国禽肉产量 1798 万吨，按照饲料粮消耗系数 1. 8 估算，肉禽养殖消耗饲料粮大约 3300 万吨。近些年，中国禽肉产量在多数年份保持增长的态势，2008 ~2013 年，禽肉产量年均增长 3. 2%。估计 2013 ~2020 年禽肉产量年均增长 3% ~4%，2020 年禽肉产量将在 2200 万 ~2400 万吨。据此按照 1. 8 的饲料粮消耗系数估算，所需要的饲料粮在 4000 万 ~4500 万吨。

2013 年，中国禽蛋产量 2876 万吨，按照饲料粮消耗系数 1. 7 估算，肉禽养殖消耗饲料粮大约 5000 万吨。除 2013 年外，近些年，中国禽蛋产量在多数年份保持增长的态势，2006 ~2013 年，禽蛋产量年均增长 2. 5%。估计 2013 ~2020 年，禽蛋产量年均增长 2% ~2. 5%，2020 年禽蛋产量将在 3300 万 ~3500 万吨。据此按照 1. 7 的饲料粮消耗系数估算，所需要的饲料粮在 5600 万 ~6000 万吨。

2013 年，中国牛奶产量 3531 万吨，按照饲料粮消耗系数 0.4 估算，奶牛养殖消耗饲料粮大约 1400 万吨。自 2007 年以来，中国牛奶产量呈现缓慢增长的态势，2006～2013 年，牛奶产量年均增长 1.4%。从消费需求增长潜力来看，国内牛奶产量未来可能会出现相对较快的增长，估计 2013～2020 年牛奶产量年均增长 3%～5%，2020 年牛奶产量将为 4300 万～4500 万吨。据此按照 0.4 的饲料粮消耗系数估算，所需要的饲料粮为 1700 万～2000 万吨。

2013 年，中国养殖水产品产量 4547 万吨，按照饲料粮消耗系数 1.1 估算，水产养殖消耗饲料粮大约 5000 万吨。多年来，中国水产养殖产量保持相对较快增长的态势。2006～2013 年，养殖水产品产量年均增长 5.5%。受水产品出口和国内消费需求增长仍然有较大潜力等因素影响，国内养殖水产品产量未来可能继续保持相对较快的增长，估计 2013～2020 年养殖水产品产量年均增长 5%～6%，2020 年养殖水产品产量将为 6400 万～7000 万吨。据此按照 1.1 的饲料粮消耗系数估算，所需要的饲料粮为 7000 万～7700 万吨。

综合来看，中国肉蛋奶水产品生产需要消耗的饲料粮总量，将由 2013 年的大约 3 亿吨增加到 2020 年的 3.5 亿～3.8 亿吨。如果再考虑到其他未估计在内的畜产品和水产品生产所消耗的饲料粮，到 2020 年，中国饲料粮消耗总量可能超过 4 亿吨（见表 3）。

表 3　中国肉蛋奶水产品生产消耗饲料粮估计

类别	饲料粮消耗系数	2013 年(万吨)		2020 年饲料粮消耗量估计值(万吨)	
		畜水产品产量	饲料粮消耗量	下限	上限
猪肉	2.2	5493	12085	14000	15000
牛肉	1.8	673	1211	1400	1500
羊肉	1.6	408	653	1000	1100
禽肉	1.8	1798	3236	4000	4500
禽蛋	1.7	2876	4889	5600	6000
牛奶	0.4	3531	1412	1700	2000
养殖水产品	1.1	4547	5002	7000	7700
合　计	—	—	28489	34700	37800

资料来源：国家统计局《中国统计年鉴 2013》，中国统计出版社，2013；国家统计局《2013 年国民经济和社会发展统计公报》，http：//www.stats.gov.cn/tjsj/zxfb/201402/t20140224_ 514970.html，2014 年 2 月。国家发展和改革委员会价格司《全国农产品成本收益资料汇编 2006》，中国统计出版社，2006；《全国农产品成本收益资料汇编 2013》，中国统计出版社，2013。

三　国内粮食生产能力对居民粮食消费的保障程度

2013 年，中国粮食产需虽然存在较大的缺口，需要从国际市场上进口约 8000 万吨的粮食，但是，从总量来看，中国粮食总产量对城乡居民直接的口粮消费和间接的粮食消费的保障程度相当高。2013 年，中国粮食总产量超过 6 亿吨，而城乡居民口粮消费量和间接粮食消费量（饲料粮）大约分别为 2 亿吨和 3 亿吨，粮食总产量与城乡居民口粮和间接粮食消费量之比大约为 1.2。

从粮食市场的实际运行情况来看，我国粮食总体供求关系以及分品种供求关系都呈现出宽松的态势。粮食是耐储必需品。粮食市场运行的实际表明，一旦粮食市场供求关系偏紧，往往就会出现抢购粮食和囤积粮食的现象。2010 年，中国夏粮减产，曾出现局部地区短时间抢购小麦的情形。2013 年夏粮收购季节笔者在河南调查时了解到，局部地区小麦明显减产，7 月市场上曾出现短时间抢购小麦、麦农惜售小麦以及小麦收购价格明显上涨的现象。当国家在郑州国家粮食批发市场加大小麦抛储，并要求减少政策性收储，最终中国粮食储备总公司等收购主体除轮换粮外停止在市场上收购小麦后，小麦收购市场很快恢复平静，小麦收购价格持续上涨的势头得到了控制。

根据新形势下国家粮食安全战略中谷物基本自给和口粮绝对安全目标，为了保障城乡居民粮食消费，就必须确保中国具备较强的粮食生产能力。考虑到粮食市场供求关系变化可能会改变相关市场主体的预期，从而出现抢购粮食或者惜售粮食等问题，结合还有相当一部分粮食要用作种子和工业加工等，加上粮食在收获、运输和储存等过程中不可避免的损耗，以及粮食产量统计上可能出现的误差，中国能够生产的粮食数量必须要高于城乡居民直接的口粮和间接的饲料粮消费量。为了便于讨论和估计，可以将中国的粮食生产能力与城乡居民消费所需要的粮食数量之比率定义为国内粮食安全保障系数，以反映国家粮食安全的保障程度或者保障性。根据中国粮食生产能力和城乡居民粮食消费数量，估计 2013 年国内粮食安全保障系数大约为 1.2。

尽管自 2003 年以来中国曾出现过局部地区部分品种粮食抢购和惜售等现象，粮食价格不断上涨，但是，现实中既没有出现长期普遍抢购粮食，也没有出现长期普遍囤积粮食，表明粮食供求关系总体上相当宽松，中国不断提高的粮食生产能力对国家粮食安全的保障性相对较好。这样，可以推断，大约 1. 2 的国内粮食安全保障系数可以实现新形势下的国家粮食安全目标。

从国家统计局公布的数据来看，中国稻谷和小麦产量明显高出用于口粮消费的数量。2012 年，中国人均稻谷和小麦占有量分别为 150. 8 公斤和 89. 4 公斤，而农村居民家庭人均稻谷和小麦消费量分别为 92. 6 公斤和 52. 3 公斤，前者分别是后者的 1. 63 倍和 1. 71 倍，其倍数明显高于 2008 年前的相关年份（见表 4）。城镇居民家庭人均稻谷和小麦消费量理应低于农村居民，稻谷和小麦国内生产量用于口粮消费，在数量上是相当宽松的，即稻谷和小麦的国内粮食安全保障系数相对更高。

表 4　小麦和稻谷全国人均占有量与农民家庭人均消费量的比较

年份	全国人均占有量（公斤）		农村居民家庭人均消费量（公斤）		全国人均占有量是农村居民家庭人均消费量的倍数（倍）	
	小麦	稻谷	小麦	稻谷	小麦	稻谷
1990	85. 9	165. 6	80. 0	135. 0	1. 07	1. 23
1995	84. 4	152. 9	81. 5	129. 3	1. 04	1. 18
2000	78. 6	148. 3	80. 3	126. 8	0. 98	1. 17
2005	74. 5	138. 1	68. 4	113. 4	1. 09	1. 22
2008	84. 7	144. 5	62. 7	111. 0	1. 35	1. 30
2009	86. 3	146. 2	59. 6	105. 7	1. 45	1. 38
2010	85. 9	146. 0	57. 5	101. 9	1. 49	1. 43
2011	87. 1	149. 2	54. 8	97. 1	1. 59	1. 54
2012	89. 4	150. 8	52. 3	92. 6	1. 71	1. 63

资料来源：国家统计局《中国统计年鉴》（2010～2013 年，历年），中国统计出版社。

到 2020 年，如果中国粮食生产能力达到 7 亿吨，城乡居民直接和间接粮食消费量合计大约为 5. 8 亿吨，则二者之比率仍然可以维持在 1. 2 左右，中国粮食生产对国家粮食安全的保障性将不会恶化。

四　新形势下国内粮食安全保障的主要风险及其管控

如果按照粗略估计，到 2020 年，中国城乡居民直接和间接的粮食消费量可能会超过 6 亿吨，再加上种子用粮、工业用粮和生产加工流通等环节不可避免的损耗，以及保障相对宽松的粮食供求关系，中国粮食消费和消耗总量可能接近8亿吨，相应地需要国内形成大约7亿吨的粮食生产能力。面对如此庞大的粮食消费消耗规模，必须尽早谋划，才能更好地适应居民食物消费结构升级，满足人们生活水平提高的需要。

总体上说，中国一直高度重视粮食生产。但是，不同形势下对促进粮食生产稳定发展政策的实施力度是不同的。改革后，中国粮食生产经历了明显的几轮波动周期，粮食生产形势时好时坏。一般说来，每当粮食形势不好的时候，各级政府才真抓粮食生产，出台的政策“含金量”高，政策实施力度大；而当粮食形势好的时候，各级政府往往搞“口号农业”，文件中或者会议上讲重视粮食生产，而现实中促进粮食生产政策执行经常不到位。

2013年，中国粮食生产能力迈上新台阶，粮食库存充裕，粮食供求宽松。同时，国际粮食市场形势对中国进口粮食也十分有利。但是，过去的经验表明，中国粮食生产明显滑坡往往都出现在粮食增产后各地放松粮食生产的时候。面对国际国内粮食供给新形势，中央提出要“以我为主、立足国内”保障粮食安全，要求各地继续抓好粮食生产，绝不能停止粮食生产能力不断提高的步伐。

中国正处于工业化中后期和城镇化快速发展时期，经济建设不可避免地要占用耕地。一些地方受到“土地财政”的激励，长期低价征用农民土地，滥占耕地。一些地方工业相对发达，土地紧缺，由于耕地用于农业生产的效益相对较低，于是总想方设法挤占耕地，或者占用良田后补劣质农田以实现耕地总量平衡，直接威胁粮食安全。节约土地，走新型工业化和城镇化道路，才能处理好工业化和城镇化与国家粮食安全的关系。

在充分肯定新时期粮食十连增成效的同时，必须清醒地认识到，中国为此付出的资源环境代价和农业生产资源利用的不可持续性问题十分突出。为了增产粮食，各地普遍过多地施用了化肥。长期过度施用化肥，会造成土壤板结，破坏良好的土壤理化性状，后果是农业生态系统遭到破坏，土壤有机质含量下降，土壤养分比例失调，化肥利用率低下，对粮食增产的效果不断下降。根据《中国统计年鉴2013》相关数据估算，20世纪60年代，中国施用1公斤化肥可以生产70多公斤的粮食；而到2012年，施用1公斤化肥生产的粮食估计不足20公斤，每公斤化肥投入对粮食增产作用明显降低。

国内粮食安全保障状况怎样，不能仅仅看当年的粮食产量，更需要看国家的粮食生产能力。某年某地粮食减产了，可以动用储备，在不明显冲击国际粮食市场的情况下也可以增加进口，实现国内粮食供求平衡。当今世界，尽管科技很发达，但是，人类生产粮食仍然没有摆脱“靠天吃饭”的局面。我们既要藏粮于库，也要藏粮于田。国内一旦遭遇连续多年的不利天气，粮食储备水平降到很低的水平时，如果又碰到国际粮食市场紧张的情况，这时国内必须有足够的粮食生产能力可供利用。确保国内粮食生产能力不因粮食形势好和进口规模扩大而受到冲击，这是国家粮食安全新战略的重要任务。

随着经济发展，长三角、珠三角等经济发达地区工业化水平上去了，粮食自给率却下来了，这些地方越来越依靠北粮南运来满足当地居民消费需要。遗憾的是，中国北方水资源严重缺乏。为了增产粮食，北方很多地区过度使用了地下水，这种利用农业资源的方式是不可持续的，不仅威胁到我们子孙后代的粮食安全，而且削弱了农业生态功能，加剧了环境恶化。保障粮食安全，不能长期单纯地依靠北方通过掠夺农业资源实现粮食增产。为长久之计，经济发达的长三角、珠三角等地也必须承担起粮食安全责任，加上适度进口等途径，缓解粮食主产区农业资源过度利用的压力。

实施新形势下的国家粮食安全战略，必须让各级政府承担起应有的责任。中央政府在保障国家粮食安全中承担首要任务，在调控粮食市场，建立粮食主产区利益补偿机制，保护、调动农民种粮积极性等方面发挥重要作用，并督促检查地方政府切实履行粮食安全责任。过去，保障国家粮食安全的重任主要由中央政府和粮食主产区地方政府承担。未来粮食主销区也应负起责任，要在划定粮食功能区确保一定的粮食自给率，到主产区建设粮食生产基地，增加粮食库存等方面发挥积极作用。

实施新形势下国家粮食安全战略，必须更加严格地保护耕地资源和淡水资源。“以我为主、立足国内、确保产能”，核心是稀缺土地和淡水资源的保护和改善。坚守18亿亩耕地红线，不仅要守住18亿亩耕地数量不能减少，而且还要保证耕地质量不断提高。无论什么地方，城镇建设和工业发展都不能以任何借口在划定的永久基本农田上打主意，坚决杜绝在城镇建设用地增减挂钩和土地整治中以劣质耕地替代良田的现象继续发生。

农业科技创新是保障新形势下国家粮食安全的根本途径。农业技术集成化、作业过程机械化和生产经营信息化，对中国农业生产发展和保障粮食安全潜力仍然很大。农业基础设施建设是提高农业抗灾能力的重要措施。多年来，中国农业基础设施建设投入严重不足，严重影响到农业防灾抗灾减灾能力，制约着中国农业生产稳定发展。农业基础设施建设所需要的投入庞大，关键是要完善投入机制，改进配套投资政策。

实施新形势下的国家粮食安全战略，必须保护好农民种粮积极性。谁来种粮？怎么种粮？核心是要让粮食生产有利可图。自 2004 年以来中国逐步建立了行之有效的保护和调动农民种粮积极性的支持保护政策体系，成效明显，需要坚持完善。稳定完善农村基本经营制度，有序稳妥推进农村土地流转，培育新型粮食生产经营主体，发展粮食适度规模经营，促进粮食生产比较效益不断改善，和科技创新一样，也是不断提高中国粮食生产能力的根本支撑。

参考文献

叶贞琴：《转变发展方式 打造粮食发展新增长势——关于我国粮食“九连增”后的若干思考》，《农业经济问题》2013 年第 5 期。

OECD/Food and Agriculture Organization of the United Nations, *OECD-FAO Agricultural Outlook 2013*, OECD Publishing, http://dx. doi. org/10. 1787/agr_ outlook - 2013 - en.

胡小平、郭晓慧：《2020 年中国粮食需求结构分析及预测：基于营养标准的视角》，《中国农村经济》2010 年第 6 期。

国家统计局：《2013 年国民经济和社会发展统计公报》，http://www. stats. gov. cn/tjsj/zxfb/201402/t20140224_ 514970. html，2014 年 2 月。

杨万江：《危机与出路：中国粮食结构与农业发展新论》，社会科学文献出版社，1999。

李国祥：《我国城镇居民在外用餐中粮食消费量的估计》，《中国农村观察》2005 年第 1 期。

国家发展和改革委员会价格司：《全国农产品成本收益资料汇编 2006》，中国统计出版社，2006；《全国农产品成本收益资料汇编 2013》，中国统计出版社，2013。

（本文原载于《中国农村经济》2014 年第 5 期）

中国粮食市场“挤压效应”现象成因分析*

翁 鸣

摘 要：中国粮食价格刚性上涨与国际粮食价格不断走低，导致国内粮食价格明显低于国际粮食价格，并使中国粮食市场产生“挤压效应”。本文分析了中国粮食市场“挤压效应”的产生机理以及中美小麦、玉米生产成本和国际粮食海运费用的变化。研究结果表明：“挤压效应”主要源自国内外粮食生产成本变化，特别是国内人工成本占比大而且增长幅度大，国内土地成本上升幅度明显，而国际粮食海运费用下降促使进口粮食到岸完税价格进一步降低。同时，鉴于粮食市场“挤压效应”的负面作用，本文测算了2015年国内外粮食价格倒挂情况下粮食进口关税下调空间，其结果是中国主要粮食品种进口关税下调空间非常有限。

关键词：粮食市场 “挤压效应” 生产成本

中国作为世界上人口最多的国家，始终把粮食安全放在一个极其重要的战略地位。2004~2014年，中国粮食产量实现了连续11年增长，保证了13.6亿中国人的吃饭问题；但与此同时，中国出现了“两增一涨”新情况，即粮食进口量和库存量增加、国内粮食价格刚性上涨。从2013年6月开始，国内外粮食价格出现倒挂现象，即国内粮食批发价格高于进口粮食到岸完税价格，国内粮食市场“挤压效应”逐渐显现。在这样的背景下，需要科学分析国内外

---

* 本文系中国社会科学院农村发展研究所创新工程项目“农产品市场与贸易”的部分研究成果。

粮价倒挂的主要原因，解决显现的或潜在的隐患，以确保中国始终掌握粮食安全的主动权。

一 学术界对中外粮食价格变化的讨论

近年来，国内外粮食价格变化引起了学术界的关注和讨论。中国粮食进口数量总体上升；玉米等粮食品种积压严重，库存压力凸显，财政负担加重；国内粮食价格明显高于国际粮食价格，并且差距有进一步扩大的趋势。与此同时，以美国为代表的农产品出口国，极力主张农产品进口关税大幅度下调，粮食进口关税下降是一个全球性大趋势。在这种情况下，中国粮食安全是否具有可持续性，粮食政策是否需要调整以及如何调整，理所当然地成为国内农经界和决策层讨论的热点话题。

一些学者阐述了自己的观点。从粮食价格比较看，国内粮价远超过国际粮价，形成了价格“天花板”，这对未来中国整个农业产业的安全构成一个非常大的威胁（陈锡文，2015）；农产品价格“天花板”封顶效应和生产成本“地板”抬升的挤压显现（韩俊，2015）。杜鹰认为，如果主要农产品国内价格高于关税外进口完税后的价格，国外农产品大量进入中国将不可避免。①

从国内外粮价倒挂原因看，国内生产成本和最低收购价抬高、国际粮食价格下跌、人民币升值和国际能源价格暴跌导致货运价格下跌，是国内外价差扩大的四大推手（陈锡文，2015）；短期内全球粮食和石油正在发生重要的周期性变化，特别是石油价格下跌较多，对国际农产品市场的影响非常明显（韩俊，2015）。

从粮食政策调整看，现在更应该关注粮食结构和可持续问题，要减小开发强度，在粮食结构上做文章，在粮食提质增效上下功夫（程国强，2015）；未来中国粮食安全不仅取决于粮食生产数量，而且取决于粮食国际竞争力（翁鸣，2015）。

上述学术界讨论大致可归结为：国际粮食价格下降和国内粮食价格上涨，导致国内外粮食价格之间关系的变化，其重要特征是国内市场的粮食价格上限下降和粮食价格下限上升，从而导致国内粮食市场“挤压效应”逐渐显现，

① 凤凰网资讯，2015 年 3 月 7 日，http：//news. ifeng. com/a/20150307。

具有粮食政策调整的政策含义，这是中国粮食安全的新情况和新问题，这不仅具有重大的现实意义，而且具有重要的理论意义。但是，目前对中国粮食市场“挤压效应”的深入研究尚显不足，已有的相关文献基本上以定性判断为主，有些概念缺乏学术规范，例如，中国粮食市场“挤压效应”机理作用尚未得到详细的剖析；又如，国内外粮食“价格倒挂”概念比较模糊，有待于准确定义。另外，有的学者认为，应该让粮食价格上涨得快一些，这才是中国今后农业政策的长期目标（马晓河，2011）。显而易见，对中国粮食市场“挤压效应”产生原因和机理的分析，有助于全面把握中国粮食安全及其政策调整方向。基于这样的考虑，本文拟从国内外粮食价格变化的特点和差异、粮食生产成本及其结构等方面，探究影响中国粮食市场“挤压效应”的主要原因，以及它们未来可能对中国形成的潜在冲击。

二　国内外粮价变化与市场“挤压效应”

在中国粮食产量“十一连增”的同时，粮食净进口总体上也在增长。以谷物为例，2005～2014 年，中国谷物净进口量从 389.9 万吨增加至 1874.7 万吨，10 年间增长了 380.8%。值得关注的是，现阶段，中国玉米库存也达到较高水平。粮食进口量与粮食库存量双增长，其中一个重要原因是国际粮食价格低于国内粮食价格，甚至进口玉米等到岸完税价格低于国内玉米等批发价格，进口粮食的价格优势成为加工和流通企业选择使用进口粮食的重要依据。

（一）国内外粮价差距呈现扩大趋势

2004～2014 年，国际市场小麦、大米和玉米价格走势呈现明显的波动趋势。2008 年，全球粮食危机导致国际粮食价格上涨，粮食危机后国际粮食价格总体下跌；同期，国内市场粮食价格基本上呈现刚性上涨，其中略有波动，可忽略不计（见表 1）。国内外粮食价差反映了国内外粮食价格的相对关系，粮食价差值越大，表示国内粮食价格超过国际粮食价格越多。例如，2012～2014 年，玉米和大米的国内外价差呈现明显扩大的趋势（见图 1）。当国内外粮食价差达到一定程度，即国内粮食价格高于进口粮食到岸完税价格时，就会出现国内外粮价倒挂现象。

表 1　中国与国际市场主要粮食品种价格比较

单位：元/公斤，%

项目	2004 年	2005 年	2006 年	2007 年	2008 年	2009 年	2010 年	2011 年	2012 年	2013 年	2014 年
国际小麦	1.26	1.15	1.32	1.80	2.40	1.59	1.63	1.89	2.06	1.94	1.87
中国小麦	1.54	1.50	1.44	1.54	1.74	1.84	1.98	2.07	2.15	2.44	2.50
价　　差	22.22	30.43	9.10	-14.43	-27.50	15.72	21.47	9.52	4.37	25.77	33.69
国际大米	1.85	2.10	2.13	2.26	4.21	4.01	3.38	3.43	3.45	3.22	2.56
中国大米	2.36	2.27	2.30	2.43	2.82	2.92	3.13	3.52	3.80	3.94	4.00
价　　差	27.56	8.09	7.98	7.52	-33.01	-27.18	-7.39	2.62	10.14	22.36	56.25
国际玉米	0.96	0.81	0.97	1.25	1.55	1.18	1.30	1.90	1.87	1.61	1.25
中国玉米	1.25	1.22	1.30	1.53	1.62	1.63	1.89	2.16	2.29	2.26	2.33
价　　差	30.20	50.61	34.02	22.40	4.51	38.13	45.38	13.68	22.45	40.37	86.40

注：①价差率＝［（中国市场粮食价格－国际粮食市场价格）/国际市场价格］×100%。②小麦、玉米国际价格为美国海湾离岸价格，大米国际价格为曼谷离岸价格；小麦、大米、玉米国内价格为全国平均批发价格。

资料来源：小麦、大米和玉米价格数据摘自中国社会科学院农村发展研究所、国家统计局农村社会经济调查司（2015），第 89 页。

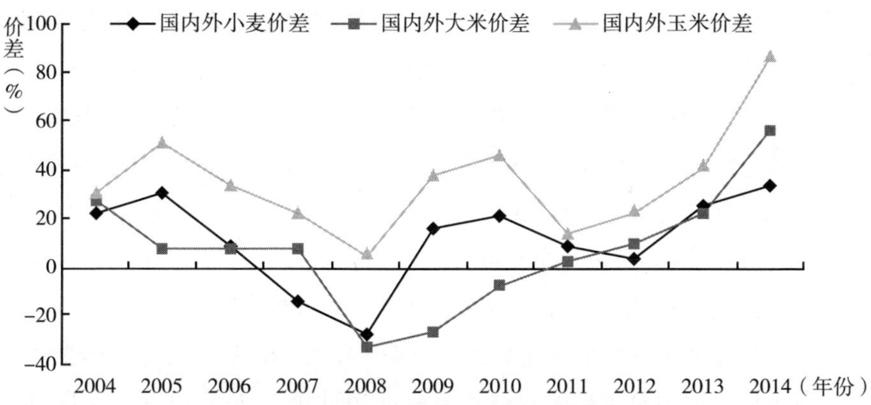

图 1　中国与国际市场主要粮食价格差距

（二）国内外粮食价格倒挂现象显现

国内外粮食价格倒挂是指国内粮食价格高于进口粮食价格的现象。为了保证粮食安全，粮食进口国均设立较高的粮食进口关税，以冲销出口国的粮食价格优势，使国内粮食价格低于进口粮食价格。但是，如果国际粮食价格持续下降，国产粮食价格持续上升，国内粮食价格就可能高于进口粮食价格，即发生国内外粮食价格倒挂现象。

中国主要粮食品种（小麦、玉米、大米）进口关税有两种：一种是配额外关税，税率65%；另一种是配额内关税，税率1%。关税配额内粮食进口是有数量限制的，2015年中国粮食进口关税配额量为：小麦963.6万吨，玉米720万吨，大米532万吨①。当中国主要粮食品种国内价格高于关税配额内粮食进口价格（1%关税），但低于关税配额外粮食进口价格（65%关税）时，主要粮食品种进口按照配额内关税税率进行，其最大进口量不超过上述配额量，这时的国内外粮食价格关系可称为国内外粮食价格“相对倒挂”现象。当中国主要粮食品种国内价格高于关税配额外粮食进口价格时，这意味着关税保护作用已经发挥到极致，可能发生国外粮食大量涌入国内市场的情况，这时的国内外粮食价格关系可称为国内外粮食价格“绝对倒挂”现象。

从中国实际情况来看，2015年，中国不仅继续呈现粮食价格“相对倒挂”现象，而且该年有的月份还出现了粮食价格“绝对倒挂”现象。以广州黄埔港到港的小麦为例②，2015年1～12月关税配额内美国小麦到岸完税价格、国内小麦到港价格和关税配额外美国小麦到岸完税价格三者的关系如图2所示。国内小麦平均到港价格低于关税配额外美国小麦平均到岸完税价0.12元/公斤，高于关税配额内美国小麦平均到岸完税价0.98元/公斤。值得注意的是，2015年5月，国内小麦到港价格高于关税配额外美国小麦到岸完税价格0.12元/公斤。上述情况表明，关税配额外美国小麦到岸完税价格已经非常接近国内小麦到港价格，甚至有的月份还低于国内小麦到港价格。

再以广州黄埔港到港的玉米为例③，2015年1～12月关税配额内美国玉米到岸完税价格、国内玉米到港价格和关税配额外美国玉米到岸完税价格三者的关系如图3所示。国内玉米平均到港价格低于关税配额外美国玉米平均到

① 国家发展和改革委员会：《2015年粮食进口关税配额申领条件和分配原则》，http://www.mofcom.gov.cn/article/b/gl。

② 为了便于在相同地点、时期进行比较，国内外小麦价格均以运至广州黄埔港价格为准。《农产品供需形势分析月报》，农业部，2015年12月，http://www.moa.gov.cn/zwllm/jcyj。

③ 为了便于在相同地点、时期进行比较，国内外玉米价格均以运至广州黄埔港价格为准，《农产品供需形势分析月报》，农业部，2015年12月，http://www.moa.gov.cn/zwllm/jcyj。

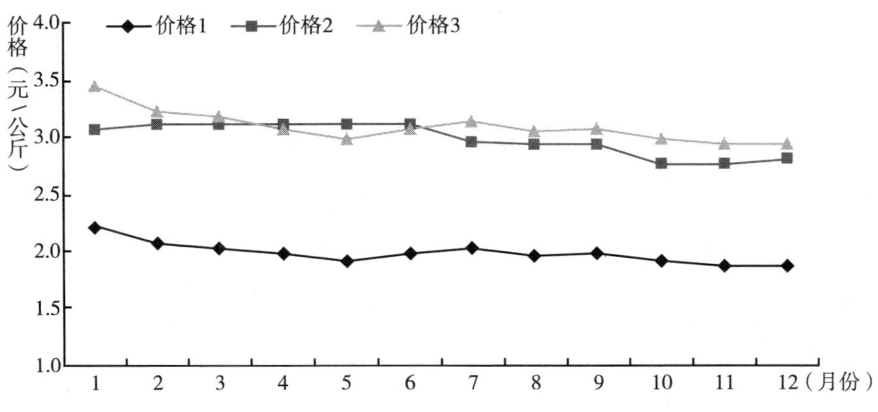

图 2　2015 年广州黄埔港国内外小麦价格比较

注：价格 1 表示关税配额内美国小麦到岸完税价；价格 2 表示国内小麦到港价；价格 3 表示关税配额外美国小麦到岸完税价。

岸完税价 0.11 元/公斤，高于关税配额内美国玉米平均到岸完税价 0.78 元/公斤。值得注意的是，2015 年 5 月，国内玉米到港价格高于关税配额外美国玉米到岸完税价格 0.19 元/公斤。上述情况表明，关税配额外美国玉米到岸完税价已经非常接近国内玉米到港价格，甚至有的月份还低于国内玉米到港价格。

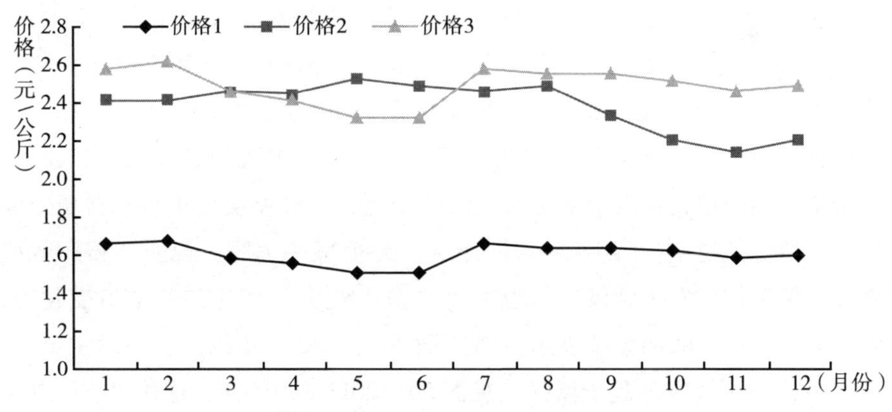

图 3　2015 年广州黄埔港国内外玉米价格比较

注：价格 1 表示关税配额内美国玉米到岸完税价；价格 2 表示国内玉米到港价；价格 3 表示关税配额外美国玉米到岸完税价。

（三）国内外粮价倒挂形成“挤压效应”

从价格因素看，国内粮食价格与进口粮食到岸完税价格相比，如果前者高于后者，就形成国内外粮食“价格倒挂”，这种粮食价格关系变化引发了中国粮食市场“挤压效应”。所谓粮食市场“挤压效应”，是由粮食价格上限（也称粮食价格“天花板”）下降与粮食价格下限（也称粮食价格“地板”）上升共同形成的。

这种粮食价格“天花板”是指由粮食进口到岸完税价格形成的上升限制，主要由国外粮食离岸价（FOB）、进口国关税和国际运输成本等构成。在不考虑非关税壁垒的情况下，如果国产粮食价格超过“天花板”，将发生国外粮食大量进口的情况。粮食价格“地板”是指由粮食生产成本等形成的国内粮食价格下降限制，一般情况下，国内粮食价格不应低于“地板”，否则粮食生产者的种粮积极性会受到严重损害，中国粮食平均批发价格可被视为重要的国内“粮食价格‘地板’”。

国际粮食价格持续走低，必然导致进口国的粮食价格“天花板”不断降低，即在国际粮价下降的压力下，国内粮食价格上涨的上限随之下降，这种情况被称为粮食市场“下压效应”。国内粮食生产成本和收购价格不断上涨，引发国内粮食批发价格连续上升，这种情况被称为粮食市场“上挤效应”。如果在一个时期内，粮食进口国同时发生上述“下压效应”和“上挤效应”，则可将它们合并称为粮食市场的“挤压效应”，其后果是国内粮食价格调整空间和粮食政策调整空间均被压缩。“挤压效应”的基本机理及主要影响因素如图4所示。

粮食市场“挤压效应”的强弱程度，主要来自关税配额外进口粮食到岸完税价格与国内粮食批发价格之间差值的变化，这种差值变化与“挤压效应”呈反比，即差值越小，“挤压效应”越大。差值减小为零，说明“挤压效应”已使关税保护作用发挥到极致。为了使“挤压效应”变化与其数值变化方向一致，本文用差值的倒数来表示“挤压效应”①。2012年以来，中国主要粮食品种市场“挤压效应”趋于增强（见图5）。2013～2015年，这种“挤压效应”

① 挤压效应值＝1/（关税配额外进口粮食到岸完税价格－国内粮食批发价格）。挤压效应值越大，表示挤压强度越大；挤压效应值越小，表示挤压强度越小。

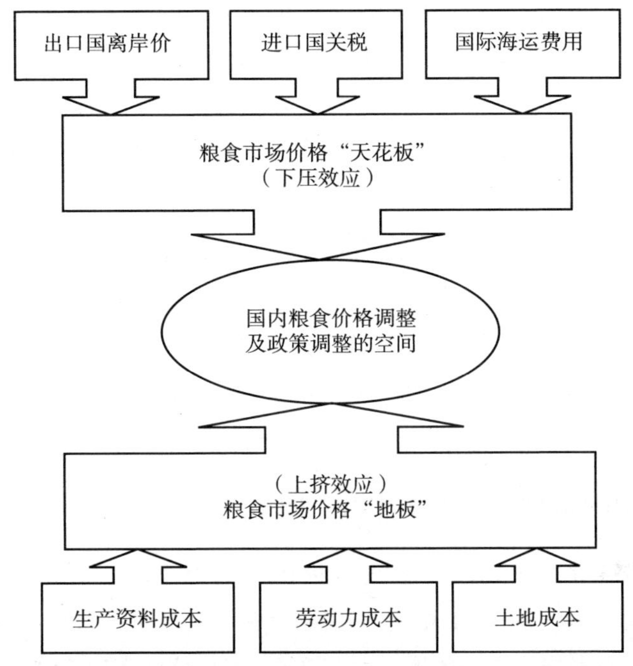

图4　粮食进口国市场“挤压效应”的基本机理

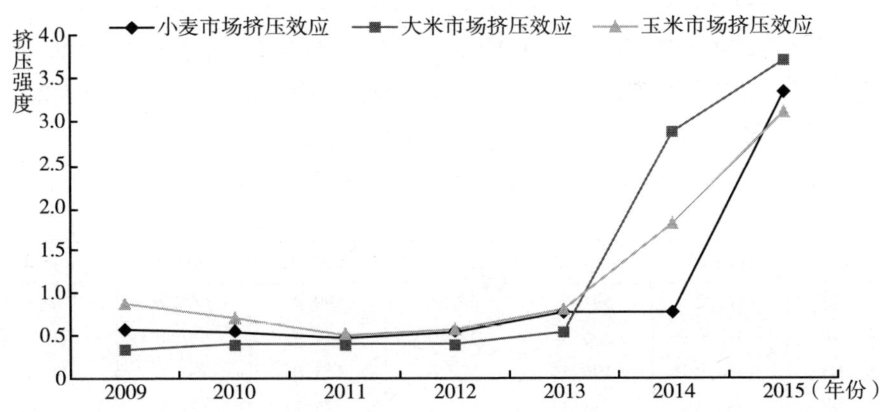

图5　中国主要粮食品种市场“挤压效应”状况

资料来源：农业部网站，http：//www. moa. gov. cn/zwllm/jcyj/；中国农业信息网，http：//www. agri. cn/V20/SC/jcyj_ 1/；中国社会科学院农村发展研究所、国家统计局农村社会经济调查司主编《中国农村经济形势分析与预测（2014 ~2015）》，社会科学文献出版社，2015。

增强尤为显著，小麦市场“挤压效应”值从0.745上升至3.333，玉米市场“挤压效应”值从0.775上升至3.125，大米市场“挤压效应”值从0.532上升至3.703。当中国粮食市场“挤压效应”变化达到一定程度时，需要对国内粮食政策和粮食价格做出相应调整，以保证国内粮食市场免受国外粮食冲击。

三　粮食市场“挤压效应”形成的主要原因

本文从中国主要粮食品种（小麦、玉米、大米）生产成本、中美主要粮食品种生产成本比较和国际海运费用三个方面，剖析国内粮食市场“挤压效应”形成的主要原因。

（一）中国粮食生产成本上升，收益下降

2003~2014年，中国主要粮食品种亩产值都呈现增长的态势（除2005年、2013年外）。与2004年相比，2014年粮食亩产值增长了33.15%。① 同期，每亩生产成本均比上一年增长。与2004年相比，2014年粮食每亩生产成本增长了104.95%。② 这表明，粮食每亩生产成本增长比产值增长更快，粮食生产成本增长较快是粮食价格上升的直接和主要原因。值得注意的是，在生产成本增长快于产值增长的情况下，自2004年开始，三种粮食的亩收益率呈现徘徊和下降的态势，尤其是在2012~2014年，三种粮食的亩收益率明显下滑（见表2）。

表2　三种粮食每亩成本效益的变化情况

单位：元，%

项　目	2003年	2004年	2005年	2006年	2007年	2008年
产　值	411.2	592.0	547.6	599.9	666.2	748.8
成　本	377.0	395.5	425.0	444.9	481.1	562.4
收　益	34.2	196.5	122.6	155.0	185.2	186.4
收益率	8.3	33.2	22.4	25.8	27.8	24.9

① 以2003年为基期，按照谷物生产可比价格计算。国家统计局，《全国农产品生产价格总指数》，http：//data. stats. gov. cn/easyquery。

② 以2003年为基期，按照居民消费可比价格计算。国家统计局，居民消费价格指数，http：//data. stats. gov. cn/easyquery。

续表

项　目	2009 年	2010 年	2011 年	2012 年	2013 年	2014 年
产　值	792.8	899.8	1041.9	1104.8	1099.1	1193.4
成　本	600.4	672.7	791.2	936.4	1026.2	1068.6
收　益	192.4	227.2	250.8	168.4	72.9	124.8
收益率	24.3	25.3	24.1	15.2	6.6	10.5

注：成本包括物质费用、劳动用工和期间费用，期间费用包括土地承包费、管理费、销售费、财务费等；产值包括副产品产值。收益率 = 收益/产值 × 100%。

资料来源：国家发展和改革委员会价格司编：《全国农产品成本收益资料汇编》（2009、2015），中国统计出版社。

（二）人工成本、土地成本是粮食生产总成本上升的主要因素

从成本结构来看，在中国三种主要粮食（小麦、玉米、大米）总成本中，人工成本、土地成本、机械作业费和化肥费都占有较大比重。2014 年，人工成本、土地成本、机械作业费和化肥费分别占粮食总成本的 41.81%、19.09%、12.55%、12.39%，这 4 项费用合计为 917.19 元，占总成本的 85.83%（见表 3、表 4）。从成本增加情况来看，2004 ~ 2014 年，上述 4 项费用分别增长了 137.51%、183.34%、218.93%、39.24%。[①] 从总成本构成看，2004 ~ 2014 年，化肥费占比从 18.06% 降至 12.39%，表明中国粮食生产中科学施肥有所加强；机械作业费占比从 7.99% 增至 12.55%，加之粮食生产中用工天数有所减少，表明中国粮食生产机械化程度不断提高，有助于未来中国农业生产成本降低；人工成本不仅占粮食总成本的比重最大，而且其占比从 35.73% 增至 41.81%，表明人工成本增加是中国粮食价格上升的主要因素之一；在 2014 年中国粮食总成本中，土地成本占比仅次于人工成本，2004 ~ 2014 年，该占比从 13.67% 增至 19.09%，土地成本上涨是中国粮食价格上升的另一个主要因素。由此可见，在中国粮食总成本不断上升的过程中，人工成本和土地成本是最主要的两个推动因素。

① 以 2004 年为基期，按照居民消费可比价格计算，http：//data. stats. gov. cn/easyquery。国家统计局，居民消费价格指数，http：//data. stats. gov. cn/easyquery。

表 3　三种粮食每亩成本及分项情况

单位：元

项目	2004 年	2006 年	2008 年	2010 年	2011 年	2012 年	2013 年	2014 年
总成本	395.50	444.90	562.40	672.67	791.16	936.42	1026.19	1068.57
种子费	21.06	26.29	30.58	39.74	46.45	52.05	55.37	57.82
化肥费	71.44	86.81	118.50	110.94	128.27	143.40	143.31	132.42
农药农膜费	13.18	18.25	22.98	24.73	26.01	29.00	29.96	30.61
机械作业费	31.58	46.73	68.97	84.94	98.53	114.48	124.92	134.08
排灌费	15.01	16.79	16.28	19.08	23.97	21.99	23.44	25.62
人工成本	141.30	151.90	175.00	226.90	283.05	371.95	429.71	446.75
土地成本	54.07	68.25	99.62	133.28	149.73	166.19	181.36	203.94
7 项成本之和	347.64	415.02	531.93	639.61	756.01	899.06	988.07	1031.24

资料来源：国家发展和改革委员会价格司编《全国农产品成本收益资料汇编》（2009、2015），中国统计出版社。

表 4　三种粮食每亩成本构成

单位：%

项目	2004 年	2006 年	2008 年	2010 年	2011 年	2012 年	2013 年	2014 年
总成本	100.00	100.00	100.00	100.00	100.00	100.00	100.00	100.00
种子费	5.32	5.91	5.43	5.91	5.87	5.56	5.40	5.41
化肥费	18.06	19.51	21.07	16.49	16.21	15.31	13.97	12.39
农药农膜费	3.33	4.10	4.09	3.68	3.29	3.10	2.92	2.86
机械作业费	7.99	10.50	12.26	12.63	12.45	12.23	12.17	12.55
排灌费	3.80	3.78	2.90	2.84	3.03	2.35	2.28	2.40
人工成本	35.73	34.14	31.12	33.73	35.78	39.72	41.87	41.81
土地成本	13.67	15.34	17.71	19.81	18.92	17.74	17.67	19.09
7 项成本之和	87.90	93.28	94.58	95.09	95.55	96.01	96.29	96.51

注：根据表 3 数据计算。

（三）中美小麦、玉米生产成本变化对比明显

中国粮食市场“挤压效应”的产生，不仅源自国内粮食价格上涨，而且受到国际粮食价格下降的影响。对比分析中美两国小麦、玉米生产成本，有助

于深入认识中国粮食市场“挤压效应”。尽管中美两国粮食生产成本分类并非完全相同，但是，中国国家发展和改革委员会价格司和美国农业部经济研究局（ERS）分别公布的统计资料，为中美小麦和玉米成本对比分析提供了依据和条件。

首先，从2007～2014年中美小麦生产成本比较可知（见表5、表6），第一，美国小麦总成本及生产价格有涨有跌，呈现波动趋势；而中国小麦总成本及生产价格基本上呈现单边上涨的趋势。2007～2014年，中国小麦总成本的上升幅度远大于美国小麦，按照可比价格计算，前者上升了52.93%，后者下降了3.84%。第二，中国小麦总成本中人工成本占比最大，2014年该项占比高达38.55%；而美国小麦总成本中家庭劳动机会成本仅占5.58%，这是造成两国小麦总成本差距拉大的主要原因之一。第三，中国小麦总成本中土地成本的增长幅度远高于美国小麦总成本中土地机会成本的增长幅度，按照可比价格计算，2007～2014年，前者为80.02%，后者仅为7.02%；这是造成两国小麦总成本差距变大的另一个主要原因。

表5 中国小麦成本变化情况（每50公斤）

单位：元，%

项目	2007年	2008年	2009年	2010年	2011年	2012年	2013年	2014年	2014年比2007年增长情况
平均售价	75.58	82.76	92.41	99.01	103.95	108.31	117.81	120.59	29.78
总成本	58.79	62.23	73.03	81.58	89.19	105.60	119.48	110.53	52.93
种子费	4.53	4.76	5.20	6.04	6.59	7.29	7.95	7.47	34.13
化肥费	13.13	14.28	17.90	16.01	16.85	20.09	20.97	17.05	5.63
农药农膜费	1.28	1.27	1.51	1.77	1.73	2.07	2.29	2.04	29.63
机械作业费	9.32	10.56	10.95	12.41	12.90	14.64	15.98	14.79	29.08
排灌费	3.19	2.50	3.43	3.42	4.53	3.81	4.31	4.03	3.05
人工成本	17.33	17.15	19.26	24.16	29.00	38.07	45.92	42.61	100.00
土地成本	9.57	11.16	13.74	16.41	16.61	18.60	20.55	21.18	80.02
其余成本	0.44	0.55	1.04	1.36	0.98	1.03	1.51	1.36	151.42

资料来源：国家发展和改革委员会价格司编：《全国农产品成本收益资料汇编》（2013、2015），中国统计出版社；国家统计局，http：//data. stats. gov. cn/easyquery。

表6 美国小麦成本变化情况（每50公斤）

单位：元，%

项目	2007年	2008年	2009年	2010年	2011年	2012年	2013年	2014年	2014年比2007年增长情况
平均售价	73.40	100.36	68.01	59.08	87.23	88.02	80.63	72.64	-13.31
总成本	87.75	89.04	89.93	71.03	89.25	78.52	91.22	96.32	-3.84
种子费	3.65	4.95	4.91	3.06	4.18	4.38	4.70	4.83	15.92
化肥费	13.21	16.23	18.99	9.00	13.85	12.19	13.49	13.36	-11.40
农药费	3.30	2.88	3.14	3.81	4.22	3.73	4.16	4.55	20.78
机械作业费	14.73	14.36	12.03	12.28	15.51	13.35	14.92	15.75	-6.34
家庭劳动机会成本	8.42	7.12	7.40	4.43	5.11	4.47	5.08	5.37	-44.13
固定资产折旧	20.08	18.23	19.54	20.26	23.87	21.30	24.25	26.20	14.29
土地机会成本	16.28	15.12	16.90	12.93	16.28	13.75	18.62	19.89	7.02
税金与保险	2.95	2.80	3.12	1.63	1.99	1.70	1.89	2.02	-31.53
管理费	3.27	2.82	2.86	2.85	3.38	2.92	3.27	3.46	-7.31
其余成本	1.86	4.52	1.04	0.78	0.86	0.73	0.84	0.89	-58.08

资料来源：国家发展和改革委员会价格司编：《全国农产品成本收益资料汇编》（2013、2015），附录四美国主要农产品成本收益情况，中国统计出版社；国际货币基金组织（IMF），http://www.imf.org/external/data.htm。

其次，从2007~2014年中美玉米生产成本比较可知（见表7、表8），第一，美国玉米总成本和生产价格有涨有跌，呈现波动趋势；而中国玉米总成本和生产价格基本上呈现单边上涨的趋势。2007~2014年，中国玉米总成本的上升幅度远大于美国玉米，按照可比价格计算，前者上升了63.47%，后者下降了7.75%。第二，中国玉米总成本中人工成本占比较大，2014年该项占比高达45.73%；而美国玉米总成本中家庭劳动机会成本仅占3.59%，这是两国玉米总成本差距拉大的主要原因之一。第三，中国玉米总成本中土地成本的增长幅度远高于美国玉米总成本中土地机会成本的增长幅度，按照可比价格计算，2007~2014年，前者为69.25%，后者仅为7.47%，这是两国玉米总成本差距变大的另一个主要原因。

表7　中国玉米成本变化情况（每50公斤）

单位：元，%

项目	2007年	2008年	2009年	2010年	2011年	2012年	2013年	2014年	2014年比2007年增长情况
平均售价	74.76	72.48	82.01	93.62	106.07	111.13	108.81	111.85	21.71
总成本	51.68	55.58	62.21	67.89	78.91	91.55	101.07	103.86	63.47
种子费	3.19	3.12	3.71	4.23	4.82	5.28	5.64	5.53	73.35
化肥费	10.48	13.19	12.69	11.97	13.71	14.50	14.56	13.05	1.30
农药农膜费	1.25	1.36	1.46	1.55	1.69	1.80	1.94	1.97	28.20
机械作业费	4.06	4.72	5.50	6.42	7.43	8.55	9.77	10.52	110.78
排灌费	1.48	1.06	1.41	1.34	1.51	1.47	1.45	2.17	19.27
人工成本	18.91	19.35	22.23	25.96	31.29	40.44	46.65	47.49	104.29
土地成本	10.79	11.28	13.66	15.12	16.97	18.40	20.18	22.45	69.25
其余成本	1.52	1.50	1.55	1.30	1.49	1.11	0.88	0.68	-63.61

资料来源：国家发展和改革委员会价格司编：《全国农产品成本收益资料汇编》（2013、2015），中国统计出版社；国家统计局：http：//data.stats.gov.cn/easyquery。

表8　美国玉米成本变化情况（每50公斤）

单位：元，%

项目	2007年	2008年	2009年	2010年	2011年	2012年	2013年	2014年	2014年比2007年增长情况
平均售价	48.99	59.65	48.27	58.64	72.87	84.25	56.17	42.79	-23.48
总成本	46.51	50.30	47.11	49.90	55.08	67.28	52.84	48.98	-7.75
种子费	5.13	5.70	6.80	7.65	7.94	9.46	7.62	7.18	22.60
化肥费	9.75	13.22	11.42	9.29	12.24	16.64	11.98	10.61	-4.68
农药费	2.55	2.39	2.43	2.47	2.47	2.89	2.23	2.08	-28.55
机械作业费	6.01	6.55	4.89	6.07	6.77	7.71	5.92	5.49	-19.98
家庭劳动机会成本	2.55	2.39	2.21	2.42	2.41	2.51	1.91	1.76	-39.54
固定资产折旧	7.31	7.25	7.02	7.91	8.12	9.90	7.57	7.06	-15.40
土地机会成本	10.18	10.40	0.01	11.70	12.63	14.78	13.10	12.49	7.47
税金与保险	0.78	0.79	0.82	0.77	0.81	0.98	0.72	0.67	-0.15
管理费	1.45	1.35	1.25	1.36	1.41	2.03	1.53	1.41	-14.82
其余成本	0.80	0.16	0.26	0.26	0.28	0.38	0.26	0.23	-74.82

资料来源：国家发展和改革委员会价格司编：《全国农产品成本收益资料汇编》（2013、2015），附录四美国主要农产品成本收益情况，中国统计出版社；国际货币基金组织（IMF），http：//www.imf.org/external/data.htm。

（四）海运费用下降扩大了中外粮食价差

2015 年，国际石油价格大幅度下降，导致国际粮食海运费用明显降低，进而使进口粮食到岸完税价格进一步下降。以美国墨西哥湾运至中国广州黄埔港的玉米海运费用为例，2015 年该航线的海运费用是 2014 年的 68.03%、2012 年和 2013 年的 69.44%、2008 年的 30.39%（见表 9），尤其是 2015 年，这条航线的海运费用仅为 2008 年的 1/3。这是因为国际海运费用不仅与石油产品价格的周期性有关，而且与当时全球粮食危机造成的国际粮食海运繁忙有关。由此可见，国际海运费用也影响到国内外粮食价格倒挂，进而成为中国粮食市场“挤压效应”的原因之一。

表 9　国际粮食海运费用（美国墨西哥湾至中国广州黄埔港）

单位：元/公斤

项目	2008 年	2012 年	2013 年	2014 年	2015 年
国际海运费用	0.658	0.288	0.288	0.294	0.200

资料来源：中国玉米网，http//www.yumi.com。

四　主要结论与政策启示

（一）主要结论

中国粮食市场“挤压效应”现象是由国内外因素共同造成的。从国际因素看，在全球经济不景气的背景下，国际市场上粮食、石油等大宗商品价格走低，国际海运费用明显降低，这导致进口粮食运至中国的到岸完税价格处于周期性低位阶段。从国内因素看，中国粮食生产成本持续刚性上涨，尤其是粮食生产成本中的人工成本和土地成本不断上涨，拉大了国内外粮食价格差距并成为国内外粮食价格倒挂的重要原因，最终产生了粮食市场“挤压效应”现象。这种“挤压效应”的强弱程度，主要取决于关税配额外进口粮食到岸完税价与国内粮食批发价之间差值变化，这种差值变化与“挤压效应”呈反比，即差值越小，“挤压效应”越大。

随着中国粮食市场“挤压效应”趋于增强，国内粮食市场面临国外粮食冲击的潜在危险也在增大。根据对国内粮食贸易行业和粮食加工行业的调查分析，当关税配额外进口粮食到岸完税价与国内粮食运至同一港口价格之间的差值达到一定程度时，即综合考虑海关通关、检验检疫等手续成本及相关风险，企业就会选择进口粮食替代国产粮食。假定上述中外粮食价差为 200 元/吨，并以 2015 年小麦、玉米进口到岸价和国内小麦、玉米到港价（广州黄埔港）为依据，选择进口关税为唯一变量时①，可求得小麦、玉米进口关税税率分别为 47%、43%，这是实际发挥保护作用的关税税率。计算结果表明：中国小麦、玉米配额外进口关税（65%）中，分别尚有 18 个百分点、22 个百分点可供进一步发挥保护作用；同时提示，中国小麦、玉米关税税率下调空间非常有限，如果中国粮食市场“挤压效应”继续增强，进口粮食对国内市场冲击的潜在危险就会变为现实危险。

（二）政策启示

本文研究表明：中国粮食市场“挤压效应”产生的主要原因之一，在于国内粮食生产成本持续地刚性上涨。虽然国内粮价上涨激发了中国农民种粮积极性，但在国际粮价下行的压力下，必须综合考虑国内外粮食价格，调整和降低国内粮食价格，这是未来中国农业政策的长期目标。解决上述“挤压效应”困境的关键，是从保证粮食生产数量调整到注重粮食产量与注重成本效益相结合的政策导向。

第一，探索不同经营主体在规模化生产中降低国内粮食生产成本的路径。例如，一些农民专业合作社采取土地入股方式，而家庭农场、种植大户采取土地转租方式，前者的土地成本远低于后者。

第二，借鉴国外有益经验，调整现有的粮食政策。从改革的方向看，坚持粮食价格由市场决定，实行价格和补贴分离、福利性补贴和生产性补贴分离，生产性补贴应向粮食规模化生产倾斜，既有利于保护农民的正当利益，又有利

① 计算公式：国内粮食到港价格 - 进口粮食到岸价格 ×（1 + x% + 增值税 + 损耗 + 装卸）= 200（元/吨），其中，x 为实际发挥作用的关税税率。

于降低粮食生产成本。

第三，加强粮食价格信息发布，通过价格引导农民种粮。各地农业部门应帮助农民了解和掌握粮价信息，并根据粮食价格信号调整农业生产结构。通过粮食收购政策调整，进一步优化粮食品种结构，推进专用型饲料粮品种，使粮食政策调整具有可操作性。

第四，从提高粮食效益的角度，选择满足粮食产量相对较高和生产成本相对较低的生产方式。加强农业技术推广体系建设，切实帮助农民解决粮食生产中的技术问题，降低粮食生产成本，提高粮食国际竞争力。

参考文献

陈锡文：《中国农业发展形势及面临的挑战》，《农村经济》2015 年第 1 期。

韩俊：《中国农业进入高成本时代　粮食补贴逼近承诺上线》，中国经济网，http：//finance. ifeng. com，2015 年 3 月 21 日。

程国强：《中国粮食安全的真问题》，财新网，http：//opinion. caixin. com，2015 年 2 月 5 日。

马晓河：《中国农业收益与生产成本变动的结构分析》，《中国农村经济》2011 年第 5 期。

翁鸣：《TPP 将冲击我国农业》，《环球时报》（国际论坛版）2015 年 7 月 21 日。

中国社会科学院农村发展研究所、国家统计局农村社会经济调查司：《中国农村经济形势分析与预测（2014～2015）》，社会科学文献出版社，2015。

（本文原载于《中国农村经济》2015 年第 11 期）

农户存粮行为及影响因素*

——基于不同粮食品种的微观数据分析

张瑞娟　孙顶强　武拉平　Colin Carter

摘　要：本文假设农户在持有粮食和持有现金之间进行选择，通过库恩—塔克条件推导出农户存粮量受到通货膨胀率、名义利率、粮食价格、粮食产量等因素的影响。然后，本文利用河北省2004～2009年农村固定观察点农户数据，分析了农户对不同粮食品种（玉米和小麦）储存行为及其主要影响因素的差异，发现农户存粮量主要受粮食产量、名义利率、通货膨胀率、粮食价格、非粮收入及自然灾害等因素的影响。同时，农户不同粮食品种储存行为的影响因素存在一定的差异。从影响程度看，相比于粮食整体，农户小麦和玉米的年底储存量受通货膨胀率、名义利率、价格及自然灾害等因素的影响显著不同；家庭人口数量是农户小麦储存量的重要影响因素，而牲畜饲养数量是农户玉米储存量的重要影响因素。

关键词：农户　存粮　影响因素　粮食价格　粮食产量

一　引言

中国的广大农户在保障城镇居民粮食消费的同时，其自身也是粮食消费者

* 笔者衷心感谢中国博士后科学基金第55批面上项目“我国粮食价格形成、波动机制及调控政策研究”（编号：2014M550754）及自然科学基金项目“粮食市场化改革以来农户粮食经营行为及其对粮食市场的影响研究”（编号：71273262）对本文研究的资助；同时，衷心感谢加州大学戴维斯分校农业与资源经济系Steve Boucher教授对本文提出的宝贵意见。

和储存者。基于农业生产的季节性和非连续性以及粮食消费的连续性，农户存粮行为是保障国家粮食安全的重要环节。在中国这样一个农业人口居多的国家，在粮食安全问题上，国家储备固然重要，农民家庭存粮则更重要，特别是在以通过自力更生实现粮食自给为发展目标的时代，农户存粮对于保证国民有饭吃意义重大（史清华、卓建伟，2004）。据估计，中国农户存粮量占年产量的40%~50%，如此庞大的储存数量及其变化对国内的诸多政策，如稳定粮食价格、实施粮食补贴等，必定产生重要的影响。此外，农户存粮行为也影响粮食进口，进而成为影响中国及其贸易伙伴相关政策的一个重要因素。最后，中国国家粮食安全在很大程度上也取决于农户存粮量及其空间分布（吕新业，2009）。

过去，农户为其家庭粮食消费而储存粮食，政府为城镇家庭消费而储存粮食。然而，自2004年以来，由于粮食市场化改革、粮食价格高位大幅波动、通货膨胀率高涨等外在因素，农户的存粮行为及其影响因素也发生了很大变化（史清华、徐翠萍，2009；吕新业等，2009；Wright，2009）。在中国，大部分粮食仍然储存在农户手中，但是，中国政府仅仅统计国有粮食仓库的存粮量，并没有关于农户和私人企业存粮量的官方统计数据。

Wright（2009）认为，正确理解粮食价格及粮食库存量相互作用，是解释粮食价格波动的关键；同时，存粮量受到通货膨胀及真实利率的显著影响。孙希芳、牟春胜（2004）认为，正确理解中国粮食价格、粮食产量、农户存粮行为与物价水平和通货膨胀之间的关系，对于理解中国粮食市场波动、分析粮食流通体制改革与粮食政策具有重要意义。宋国青（2002）认为，通货膨胀会影响到农户存粮行为①，其基本解释是：通货膨胀可能导致粮食名义价格上升；同时，通货膨胀还可能改变农户和其他粮食经营主体的存粮行为，从而影响粮食供求，导致真实粮价变动。其分析思路主要有两点：第一，通货膨胀较高时，农民对于未来通货膨胀预期也比较高，因而有动机增加持有作为真实资产的存粮数量；第二，上述存粮调节机制被，真实利率与通货膨胀的反向关系所加强。在中国，由于名义利率受行政管制，并且对通货膨胀变动反应滞后，因而，真实利率与通货膨胀之间存在显著的反向关系，通货膨胀时期真实利率

① 转引自孙希芳、牟春胜（2004）。

下降甚至变成负值，强化了农户通过增加存粮保持资产价值的动机。

以上文献都提到农户存粮行为受到粮食价格波动及通货膨胀率的影响，但是，以往研究主要偏向于理论分析，或由于微观数据的不可获得性，主要偏向于运用国家层面的时间序列数据或省级面板数据进行实证分析，例如，孙希芳、牟春胜（2004）和万广华、张藕香（2007）。基于农户数据进行实证分析的文献较为罕见，例如，史清华、卓建伟（2004），史清华、徐翠萍（2009），朱方丽（2007），吕新业（2009），武翔宇（2007），张瑞娟、武拉平（2012）。本文在以往研究基础上，主要基于2004～2009年河北省农村固定观察点农户数据，对农户存粮行为分品种进行分析和研究，探究农户对不同品种粮食的储存行为及其影响农户储存行为的因素的差异。

二　农户存粮行为模型分析及推导

中国农户具有小农的特征，其生产处于半自给、半商品化的阶段，他们既是生产者也是消费者，还是劳动力的供给者，其行为具有复杂性；另外，农户的决策行为除受其自身资源限制以外，还受到社会经济环境和政府政策的影响。反过来，农户的生产、消费、劳动力供给决策等行为又对政府政策的实际效果以及宏观目标的实现产生很大影响（张林秀，1996；陈和午，2004）。因此，测定农户的生产行为对宏观经济环境变化以及政策变化的反应，离不开对农户的生产、消费等行为的研究，而农户模型为分析农户一系列行为提供了理论框架。它可以综合考虑农户的以下一些行为：生产向市场出售的产品，生产用于自己消费的产品，务工挣工资以及消费和购买商品（Buschena and Smith，2005）。其重要特征就是同时把农户作为生产者、消费者和劳动力的供给者，综合考虑外部经济环境或政策对其行为的影响。因此，本文拟用农户模型分析农户的微观经济行为。

本文假定农户生存有两个时期，即当期和未来，农户对粮食生产、粮食消费、粮食储存、现金储存及其他市场交易行为进行跨期决策。当期，农户进行粮食生产、粮食消费、市场交易和其他物品的消费，并且进行储存粮食或销售粮食储存现金的选择；未来，农户进行粮食生产、粮食消费、市场交易及其他物品的消费，但将销售掉所有粮食，并且无现金储存行为。借鉴 Carter 和 Zhong（1991）及 Buschena 和 Smith（2005）的研究，假定农户进行两期决策的目标是实现两期的消费效用最大化，并且假设劳动力、生产资料等要素是外生给定的，农户在两期进行粮食生产、粮食消费、粮食储存、现金储存及市场交易决策时主要面临的是收入约束。

农户最大化两期的消费效用，两期分别记为1和2，农户当期的粮食产量是外生给定的，但是，农户未来的粮食产量是不确定的。农户在每期的效用依赖于对物品的消费 c。

农户效用最大化的目标函数是：

$$U(c_1;F_1)+\phi E[U(c_2;F_2,\cdots)] \tag{1}$$

（1）式中，U 对于农户消费来说，是二阶可微效用函数；ϕ 是效用的折旧率；E 是期望效用函数；c 是农户对一般物品的消费，该类物品包含食品、衣服等所有一般物品；F_1 和 F_2 是指自然灾害、非粮收入、家庭人口数量、牲畜饲养数量、户主受教育年限、户主年龄等其他影响农户效用的变量。

农户当期的收入约束为：

$$c_1p_1+M_1+s_1p_{g_1}=p_{g_1}\times Q_1+NW(r_1,NF_1,D_1) \tag{2}$$

（2）式中，Q_1 是农户当期粮食产量，假设它是外生给定的。p_1 是当期一般物品的市场价格。p_{g_1}是当期粮食价格，当期粮食价格是外生给定的，未来粮食价格是未知的，因此，农户当期的粮食销售收入是外生给定的。M_1 是农户当期储存的现金，以银行存款的形式被持有，并且农户可以获得银行利息 i。s_1 是当期存粮。$NW(r_1,NF_1,D_1)$ 是指除了粮食销售以外的其他来源的收入，比如，经济作物收入（r_1）、政府转移支付（主要是种植粮食直接补贴和农业生产资料综合补贴等）、家庭务工经商收入（NF_1）以及其他影响农户收入的自然灾害和家庭人口统计学变量（D_1）。

农户在未来的收入约束为：

$$c_2p_2=p_{g_2}\times Q_2+M_1(1+i)+s_1p_{g_2}+NW(r_2,NF_2,D_2) \tag{3}$$

（3）式中，Q_2 是农户未来粮食产量。P_2 是未来一般物品的市场价格。P_{g_2} 是未来粮食价格，未来粮食价格、农户未来粮食产量都是未知的；同时，本文假定，农户只有两期，未来，农户不再储存粮食，也不再储存现金。在该理论框架下，农户当期要在储存粮食或者销售粮食储存现金之间进行选择，农户两期的效用最大化可表示为：

$$\mathrm{Max}H = U(c_1;F_1) + \varphi E[U(c_2;F_2,\ldots\ldots)] \tag{4}$$

（4）式面临（2）式和（3）式两个方程的约束，考虑到角点解的可能性，由库恩-塔克一阶条件，可以得出：

$$H_{s_1} = -U_{c_1}\frac{p_{g_1}}{p_1} + \varphi E[U_{c_2}]\frac{p_{g_2}}{p_2} \leqslant 0 \tag{4a}$$

$$H_{M_1} = -U_{c_1}\frac{1}{p_1} + \varphi E[U_{c_2}]\frac{1+i}{p_2} \leqslant 0 \tag{4b}$$

从库恩-塔克一阶条件可以得出三种可能解：

$$\frac{1+i}{p_2/p_1} < \frac{p_{g_2}/p_{g_1}}{p_2/p_1} \tag{5a}$$

$$\frac{1+i}{p_2/p_1} > \frac{p_{g_2}/p_{g_1}}{p_2/p_1} \tag{5b}$$

$$\frac{1+i}{p_2/p_1} = \frac{p_{g_2}/p_{g_1}}{p_2/p_1} \tag{5c}$$

如果（5a）式成立，农户将倾向于储存粮食；如果（5b）式成立，农户将倾向于销售粮食储存现金；如果（5c）式成立，农户储存粮食或储存现金带来的效用是相同的，农户可以在两者之间进行任意选择。

$\frac{1+i}{p_2/p_1}$ 是真实利率的表达式，从一阶条件结果可以推出，农户存粮行为与真实利率呈负相关关系，真实利率 $= \frac{1+i}{p_2/p_1} = \frac{1+i_t}{1+\pi_{t+1}}$，$\pi_{t+1}$ 是下一年的通货膨胀率；同时，粮食真实价格也会影响农户存粮行为（孙希芳、牟春胜，2004）①。

除受到真实利率预期、真实粮价变动预期的影响外，农户的存粮行为还会

① 笔者曾多次引用孙希芳、牟春胜（2004）的农户资产选择模型及思想对农户存粮行为进行研究，笔者衷心感谢两位作者对笔者相关研究的启发和帮助。相较于孙希芳、牟春胜（2004），本文在模型推导方面的主要创新点是运用了两期农户模型及库恩-塔克条件对农户存粮量与名义利率、通货膨胀率和真实利率的关系进行了推导。

受到粮食产量、其他来源收入、当地粮食市场发育程度、家庭人口数量、饲养牲畜数量、自然灾害、住房面积及其他人口统计学变量（如户主年龄、户主受教育程度等）等因素的影响（柯炳生，1996；孙希芳、牟春胜，2004；Buschena and Smith，2005；Park，2006；万广华、张藕香，2007；吕新业，2009；Wright，2009；张瑞娟、武拉平，2013）。据此，本文建立了如下农户存粮行为模型：

$$\text{storage}_{it} = f(E_t R_{t+1}, E_t p_{g_{t+1}}/p_{t+1}, \text{output}_{it}, \text{nongrain}_{it}, \text{livestock}_{it}, \text{population}_{it}, \sum \text{other}_{it}) \tag{6}$$

由于中国名义利率 i_t 变动相对平稳，因此，真实利率的预期 $E_t R_{t+1} = \frac{1+i_t}{E_t(1+\pi_{t+1})} - 1$ 主要取决于对下期通货膨胀率的预期 π_{t+1}；考虑到小规模农户的信息获取能力较弱，本文假定，农户对下期通货膨胀率和粮价变动率的预期是简单预期，而不是完全信息条件下的理性预期（孙希芳、牟春胜，2004），即

$$E_t R_{it+1} = R_{it} = \frac{1+i_t}{1+\pi_t} \tag{7}$$

$$E_t \frac{p_{g_{it+1}}}{p_{t+1}} = P_{it} = \frac{p_{g_{it}}}{p_t} \tag{8}$$

本文假设粮食价格是外生给定的，农户是粮食市场价格的接受者，因此，用单一模型对农户存粮行为主要影响因素进行分析是可行的（Carter 和 Zhong，1999）。除了其他影响因素相同外，本文分别使用真实利率、名义利率和通货膨胀率对农户存粮行为的影响因素模型进行估计，农户存粮行为的计量模型被设定为：

$$\begin{aligned}\ln storage_{it} = {} & a_1 + a_2 \ln \mathrm{E}_t \mathrm{R}_t + a_3 \ln p_{g_{it}}/p_t + a_4 \ln \text{disaster}_t + \\ & a_5 \ln \text{output}_{it} + a_6 \ln nongrain_{it} + a_7 marketlevel_{it} + a_8 \ln \text{livestock}_{it} + \\ & a_9 \ln \text{population}_{it} + a_{10} \sum other_{it} + \varepsilon\end{aligned} \tag{9}$$

$$\begin{aligned}\ln storage_{it} = {} & b_1 + b_2 \ln i_t + b_3 \ln p_{g_{it}}/p_t + b_4 \ln \text{disaster}_t + \\ & b_5 \ln \text{output}_{it} + b_6 \ln \text{nongrain}_{it} + b_7 marketlevel_{it} + b_8 \ln \text{livestock}_{it} + \\ & b_9 \ln \text{population}_{it} + b_{10} \sum \text{other}_{it} + \varepsilon\end{aligned} \tag{10}$$

$$\begin{aligned}\ln storage_{it} = {} & c_1 + c_2 \ln \pi_t + c_3 \ln p_{g_{it}}/p_t + c_4 \ln disaster_t + \\ & c_5 \ln output_{it} + c_6 \ln nongrain_{it} + c_7 marketlevel_{it} + c_8 \ln livestock_{it} + \\ & c_9 \ln population_{it} + c_{10} \sum other_{it} + \varepsilon\end{aligned} \tag{11}$$

（9）～（11）式中，storage 代表农户年底存粮量；ER 代表真实利率，i 代表名义利率，π 代表通货膨胀率，p 代表价格，disaster 代表自然灾害，output 代表粮食产量，nongrain 代表非粮收入，market level 代表当地粮食市场发育程度，livestock 代表牲畜饲养数量，population 代表家庭人口数量，other 代表其他人口统计学变量。

三　数据与变量说明

本文所采用的数据是河北省农村固定观察点 2004～2009 年农村住户调查数据，包括河北省 11 个县（市）的 11 个村。本文的农户数据为非平衡面板数据，即每年农户样本会有一定的变化，本文在进行模型估计时，删除了具有异常值的样本，用于本文模型估计的有 5774 个观测值。河北省农村固定观察点 2004～2009 年农村住户调查数据中的农户粮食收支平衡表部分，包含粮食产量、存粮量、粮食消费量、粮食销售量、粮食购买量等具体粮食收支信息，以及其他家庭收入、家庭人口统计学信息。名义利率及通货膨胀率数据来自历年《中国统计年鉴》①，自然灾害数据来自《河北省统计年鉴》②。各变量的描述性统计结果如表 1 所示。

本文中农户存粮量是指年底农户存粮量。由历年《河北统计年鉴》可以看出，小麦和玉米是河北省最主要的粮食品种，其产量合计占河北省粮食总产量的 95% 左右。所以，农户年底存粮主要品种是小麦和玉米。从农户存粮量的描述性统计结果可以看出，存粮量在不同农户间变动很大，从 0 公斤到 14600 公斤，平均存粮量为 1538.21 公斤。小麦和玉米年底存粮量在不同农户间变动也很大。小麦年底存粮量从 0 公斤到 8821 公斤，平均存粮量为 1045.98 公斤；玉米存粮量从 0 公斤到 10500 公斤，平均存粮量为 748.80 公斤。

① 国家统计局编《中国统计年鉴》（2005～2010 年，历年），中国统计出版社。

② 河北省人民政府编《河北统计年鉴》（2005～2010 年，历年），中国统计出版社。

从粮食产量看，农户平均粮食产量是2448.242公斤，变动范围为0 ~ 18290公斤；小麦平均产量是1317.351公斤，变动范围为0 ~ 9000公斤；玉米平均产量比小麦高，为1622.414公斤，变动范围为0 ~11750公斤。本文中粮食价格是每个农户每年销售粮食时的平均市场价格，从理论上讲，同一年不同农户所面临的粮食价格应该一致，但考虑到农户粮食销售时间、粮食销售地点、粮食种植习惯、存粮习惯等方面的差异，现实生活中，每个农户实际销售粮食的价格会有一定的差别（David et al.，2005）；而且，本文假设农户依据实际销售粮食的价格来对粮食种植面积、存粮量进行决策。本文使用2004年为基期的商品零售价格指数对粮食价格进行平减，以消除通货膨胀的影响，最后得到真实粮食平均价格的均值是1.24元/公斤，变动范围是0.61 ~2.80元/公斤；小麦平均价格是1.42元/公斤，变动范围是0.63 ~2.84元/公斤；玉米平均价格为1.17元/公斤，变动范围是0.60 ~2.80元/公斤。价格均值也被用作没有报告粮食销售金额及销售数量的农户所面临的粮食价格。

真实利率平均值是 -0.002，六年间变动范围是 -0.027 ~0.03，变动范围不大。名义利率主要由政府控制，该值基本上保持稳定，平均值是0.026，变动范围为0.023 ~0.035。通货膨胀率变动幅度比较大，平均值为0.031，变动范围为0.007 ~0.059。

粮食市场发育程度用农户粮食销售量占当年粮食产量、上年存粮量之和的比例来衡量，其平均值是0.25，变动范围是0 ~1。平均来看，2004 ~2009年每年年底，农户家中有超过一半的粮食没有被销售到粮食市场上。非粮收入是农户除粮食收入以外的其他来源收入。从数据看，非粮收入在农户中变动范围非常大，为0 ~187988.70元。最后，农户家庭人口数量、非农工作天数占一年天数的比例①、户主受教育程度、户主年龄、牲畜饲养数量、住房面积及自然灾害作为控制变量被引入模型。其中，自然灾害用全省成灾面积占耕地面积的比重来表示，本文自然灾害是省级自然灾害数据。农户储存粮食的主要动机就是消费安全，因此，自然灾害是农户存粮行为的重要影响因素，需要作为控制变量引入模型。住房面积既是农户财富的主要表征，也为农户存粮提供了主

---

① 非农工作天数占一年天数的比例的计算方法为：农户劳动力外出从业天数之和/（家庭人口数量×365天）。

要空间，因此，它对农户存粮行为可能有两个方向的作用：越富有的农户，住房面积越大，越不用担心粮食消费安全问题；但是，越富有的农户，越有储存粮食的空间。所以，需要将住房面积作为控制变量引入模型。

表1　各变量描述性统计

变　量	平均值	标准差	最小值	最大值
存粮量(公斤)	1538.21	1423.86	0	14600
小麦存粮量(公斤)	1045.98	1065.51	0	8821
玉米存粮量(公斤)	748.80	1047.84	0	10500
粮食产量(公斤)	2448.242	2070.68	0	18290
小麦产量(公斤)	1317.351	1033.674	0	9000
玉米产量(公斤)	1622.414	1223.745	0	11750
粮食价格(元/公斤)	1.24	0.186	0.613	2.804
小麦价格(元/公斤)	1.419	0.108	0.63	2.84
玉米价格(元/公斤)	1.170	0.149	0.60	2.80
真实利率	-0.002	0.019	-0.027	0.030
名义利率	0.026	0.005	0.023	0.035
通货膨胀率	0.031	0.019	0.007	0.059
粮食市场发育程度	0.246	0.390	0	1
非粮收入(元)	19251.56	16453.94	0	187988.7
家庭人口数量(人)	3.639	1.437	1	9
牲畜饲养数量(头)	0.499	2.693	0	50
非农工作天数占一年天数的比例	0.139	0.181	0	1
户主年龄(岁)	53.848	11.128	20	90
户主受教育程度(年限)	6.826	2.537	0	15
自然灾害(成灾面积比例)	0.183	0.034	0.139	0.23
住房面积(平方米)	115.151	67.803	30	500

资料来源：农业部农村经济研究中心2004~2009年河北省农村固定观察点数据；2004~2009年中国历年统计年鉴及河北省历年统计年鉴。

四　估计结果及分析

（一）数据“零值问题”检验和处理

本文研究的样本农户中，农户存粮量、粮食产量和粮食市场发育程度等变量均有零值的存在。因为无法对零值所对应的变量取自然对数，在估计时直接删除变量为零值的样本，这样会导致样本量减少，产生估计偏误。“零值问题”的处理方法大致有三种（魏国学，2011）。第一种是给所有零值加上一个任意小的正数，这样就能对所有零值对应的变量取自然对数，该方法被许多研究应用，且被证明是一种较优的方法。第二种是 PPML（Poisson pseudo-maximum likelihood）方法，PPML 方法对所有零值一视同仁，但有的零值可能说明农户生产粮食但不储存粮食，而有的零值则表明农户既不生产粮食也不储存粮食，即零值不是必然现象，而只是小概率事件。第三种是 Heckman 两阶段方法。此方法的理论基础是 Heckman-Meltiz-Rubinstein 模型，估计时采用 Heckman 的样本选择法。尽管这三种方法都能处理“零值问题”，但三种方法的处理结果经常会大相径庭。Heckman 两阶段方法无法进行固定效应估计，因此，本文主要对第一种和第二种方法的处理结果进行检验，结果如表 2 所示。从 AIC 值和 BIC 值（越小越好）可以看出，第一种方法更适合本文数据。因此，本文选择第一种方法处理“零值问题”。

表 2　“零值问题”处理结果检验

处理方法	观测值数量	df	AIC	BIC
第一种方法	5776	13	16119.17	16205.77
第二种方法	5644	12	16793.25	16872.91

（二）估计结果及分析

Hausman 检验和 F 统计量检验结果都表明，本文应选择固定效应模型。固定效应模型的估计结果如表 3、表 4 和表 5 所示，下面分别对其进行解释和说明。

粮食价格对农户存粮量有显著的负向影响，价格每上涨 1%，农户存粮量减少 0.8% 左右，说明粮食市场价格越高，农户越倾向于销售粮食，而不是将粮食储存起来，从单个品种看，小麦和玉米储存量受粮食价格变动的影响更大，小麦价格每上涨 1%，小麦储存量减少 3.6% 左右；玉米价格每上涨 1%，玉米储存量减少 2.0% 左右。中国农户大部分属于风险规避型，对粮食价格上涨比较容易满足，在粮食价格提高时会增加粮食销售量。

表 3　存粮量影响因素模型的估计结果

变量(n = 5776)	存粮量(对数)	存粮量(对数)	存粮量(对数)
真实利率(对数)	-4.091***	—	—
通货膨胀率(对数)	—	0.087***	—
名义利率(对数)	—	—	-0.366***
粮食产量(对数)	0.160***	0.161***	0.162***
粮食价格(对数)	-0.832***	-0.833***	-0.658***
非粮收入(对数)	-0.062*	-0.066*	-0.047
自然灾害	1.193***	1.020**	-0.072
家庭人口数量(对数)	0.296***	0.300***	0.285***
牲畜饲养数量(对数)	-0.010	-0.009	-0.017
非农工作天数占一年天数的比例	-0.143*	-0.150*	-0.195*
住房面积	0.000	0.000	0.000
户主年龄	0.026***	0.027***	0.028***
户主受教育程度	-0.015	-0.015	-0.012
粮食市场发育程度	-0.144*	-0.147*	-0.164*
常数项	7.235***	7.672***	6.024***
F 值	35.780***	33.970***	35.940***
R^2	0.239	0.227	0.228

注：***、**、*分别表示变量在1%、5%、10%的水平上显著。

真实利率和名义利率对农户存粮量有显著的负向影响，而通货膨胀率对农户存粮量有显著的正向影响。真实利率每下降1%，农户存粮量增加4.091%；通货膨胀率每下降1%，农户存粮量下降0.087%；名义利率每下降1%，农户存粮量增加0.366%。分品种看，农户小麦和玉米存粮量受真实利率、名义利率、通货膨胀率变动的影响更大（见表4、表5）。真实利率每下降1%，小麦存粮量增加7.339%，玉米存粮量增加8.986%；通货膨胀率每下降1%，小麦存粮量下降0.163%，玉米存粮量下降0.216%；名义利率每下降1%，小麦存粮量增加0.534%，玉米存粮量增加0.09%，但名义利率对玉米存粮量的影响并不是很显著。

表 4　小麦存粮量影响因素模型的估计结果

变量(n = 5776)	小麦存粮量(对数)	小麦存粮量(对数)	小麦存粮量(对数)
真实利率(对数)	-7.339***	—	—
通货膨胀率(对数)	—	0.163***	—
名义利率(对数)	—	—	-0.534***
小麦产量(对数)	0.143***	0.143***	0.142***

续表

变量($n=5776$)	小麦存粮量(对数)	小麦存粮量(对数)	小麦存粮量(对数)
小麦价格(对数)	-3.620***	-3.630**	-3.813***
非粮收入(对数)	0.071	0.063	0.104
自然灾害	2.646***	2.371***	0.813
家庭人口数量(对数)	0.306**	0.315*	0.276*
牲畜饲养数量(对数)	0.058	0.059	0.035
非农工作天数占一年天数的比例	-0.093	-0.102	-0.174
住房面积	-0.001*	-0.001	-0.001
户主年龄	0.063***	0.064***	0.063***
户主受教育程度	-0.048*	-0.049	-0.042
市场发育程度	-0.055	-0.060	-0.097
常数项	8.345***	9.148***	6.556***
F 值	27.280***	26.650***	24.260***
R^2	0.145	0.141	0.143

注：***、**、*分别表示变量在1%、5%、10%的水平上显著。

表 5　玉米存粮量影响因素模型的估计结果

变量($n=5776$)	玉米存粮量(对数)	玉米存粮量(对数)	玉米存粮量(对数)
真实利率(对数)	-8.986***	—	—
通货膨胀率(对数)	—	0.216***	—
名义利率(对数)	—	—	-0.090
小麦产量(对数)	0.252***	0.254***	0.254***
小麦价格(对数)	-2.020***	-2.056**	-1.960***
非粮收入(对数)	-0.126*	-0.129*	-0.137*
自然灾害	4.150***	3.915***	2.923***
家庭人口数量(对数)	0.270*	0.064*	0.071*
牲畜饲养数量(对数)	0.103*	0.032*	0.031*
非农工作天数占一年天数的比例	0.087	0.074	-0.012
住房面积	-0.002*	-0.002*	-0.003*
户主年龄	0.036***	0.036***	0.043***
户主受教育程度	-0.014	-0.008	-0.011
市场发育程度	-0.099	-0.102	- -0.150
常数项	4.816***	5.802***	5.977***
F 值	40.620***	40.310***	36.710***
R^2	0.126	0.125	0.115

注：***、**、*分别表示变量在1%、5%、10%的水平上显著。

粮食产量的增加代表农户粮食获得量的增加，农户存粮量也会增加；同时，随着自然灾害严重程度的增加，由保障消费安全的动机出发，农户会增加存粮量。分品种看，小麦和玉米产量的增加会使农户小麦和玉米存粮量增加；随着自然灾害严重程度的增加，农户也会增加小麦和玉米存粮量。但是，玉米存粮量对当年产量和自然灾害严重程度的变化比粮食整体和小麦更敏感。

非粮收入对农户存粮量有显著的负向影响，非粮收入越多，农户收入来源越广，粮食收入在农户总收入中所占比例越低，农户可以用来消费的资金越多，对粮食价格波动风险及粮食消费安全问题的担心就越少，存粮相对越少。非粮收入的增加会降低农户玉米存粮量，但是对农户小麦存粮量没有显著影响。这说明，农户把玉米主要当作“资产”来存储，当非粮收入增加时，农户对玉米储存的需求减少。而农户对小麦的储存，除了把它当作“资产”外，农户家庭消费安全需求也是很重要的原因。所以，即使农户家庭中非粮收入增加，对小麦储存量也不会有太大影响。

非农工作天数占一年天数的比例对农户存粮量有负向影响，说明农户非农工作天数占一年天数的比例越多，农户存粮量也越少。而且农户外出工作时间越多，越没有时间进行存粮，粮食收获后，农户更倾向于销售粮食。农户住房面积变量对农户存粮量影响并不显著，这与农户住房面积对其存粮量既有正向影响又有负向影响有很大关系。虽然农户住房面积对粮食整体无显著影响，但对小麦和玉米存粮量有显著的负向作用。粮食市场发育程度对农户存粮量有负向影响，粮食市场发育程度越高，代表农户越容易销售和购买粮食，其存粮量越低，这与农户存粮行为的市场交易成本最小化动机有很大关系，这也是2004年粮食购销市场化改革以来，农户存粮量逐渐减少的主要原因。分品种看，农户非农工作天数占一年天数的比例及粮食市场发育程度对小麦和玉米存粮量的影响都不显著。

家庭人口数量对农户存粮行为有显著的正向影响，牲畜饲养数量对农户存粮量的影响并不显著。家庭人口数量对小麦存粮量和玉米存粮量有显著的正向影响，牲畜饲养数量对玉米存粮量有显著的正向影响，对小麦存粮量的影响并不显著，这可能与小麦和玉米储存目的不同有关，储存小麦的主要目的是家庭人口消费，而储存玉米的主要目的首先是饲养牲畜，其次是家庭人口消费。户主年龄对农户存粮量有显著的正向影响，这与户主是否经历过“三年困难时期”及户主成长的物质环境、持有粮食的态度等有一定关系。分品种看，户主年龄对小麦存粮量和玉米存粮量均有显著的正向影响。

五　本文小结

本文利用河北省农村固定观察点 2004～2009 年农村住户调查数据研究了农户存粮行为及其影响因素。本研究的主要创新之处是在现有研究的基础上，用两期农户模型对农户存粮行为进行了重新推导，并且将农户存粮行为的主要影响因素分小麦和玉米两种品种进行了实证分析。本文假定农户生存有两个时期，即当期和未来，农户在面临收入约束时对粮食生产、粮食消费、粮食储存、现金储存及其他市场交易行为进行两期跨期决策。通过两期农户模型的库恩－塔克条件，推导出农户存粮行为受通货膨胀率、名义利率、粮食价格等因素的影响。然后，基于河北省农村固定观察点 2004～2009 年农村住户调查数据及历年《中国统计年鉴》《河北统计年鉴》的相关数据对农户存粮行为进行分品种实证研究。研究结果表明：农户存粮量主要受粮食产量、名义利率、通货膨胀率、粮食价格、非粮收入及自然灾害的影响。同时，农户不同品种粮食的储存量及其影响因素有一定的差异。从影响程度看，小麦和玉米存粮量受到通货膨胀率、名义利率、价格及自然灾害等因素的影响与粮食整体明显不同；家庭人口数量是小麦储存量的主要影响因素，而牲畜饲养数量是玉米储存量的主要影响因素。

本文研究依然存在一定的不足之处。由于河北省农村固定观察点数据中缺乏相关信息，在研究农户存粮行为时，只能用年底存粮量来代替农户常年平均存粮量。此外，本文未考虑在面临不确定性条件下，具有不同风险偏好农户对待未来存粮的态度。这是笔者以后研究所要关注的重要内容之一。

参考文献

Buschena D. and Smith V.，“Policy Reform and Farmers’ Wheat Allocation in Rural China：A

Case Study," *The Australian Journal of Agricultural and Resource Economics*, 2005: 143-158.

Carter, Colin A. and Zhong, F. N., "Will Market Prices Enhance Chinese Agriculture? A Test of Regional Comparative Advantage", *Western Journal of Agricultural Economics*, 1991, 16 (2): 417-426.

Park A., "Risk and Household Grain Management in Developing Countries," *The Economic Journal*, 2006: 1088-1115.

Williams, J. and Wright, B. D., *Storage and Commodity Markets*, New York: Cambridge University Press, 1991.

Wright B. D., International Grain Reserves and other Instruments to Address Volatility in Grain Markets, FAO Investment Center, Working Paper, 2009.

Xin X. and Wang X. Q., "Was China's Inflation in 2004 Led by an Agricultural Price Rise?" *Canadian Journal of Agricultural Economics*, 2008 (7): 353-364.

陈和午:《农户模型的发展与应用: 文献综述》,《农业技术经济》2004 年第 3 期。

柯炳生:《中国农户存粮行为及其对市场的影响》,《中国农村观察》1996 年第6 期。

吕新业等:《我国农户储备规模及影响因素研究》, 中央级公益性科研院所基本科研业务专项资金(中国农业科学院农业经济与发展研究所)资助项目结题报告, 2009 年第 12 期。

史清华、卓建伟:《农户粮作经营及家庭粮食安全行为研究——以江、浙、沪 3 省市 26 村固定跟踪观察农户为例》,《农业技术经济》2004 年第 5 期。

史清华、徐翠萍:《农家存粮: 从自我防范到社会保障——来自长三角 15 村 20 年的实证》,《农业技术经济》2009 年第 1 期。

孙希芳、牟春胜:《通货膨胀、真实利率与农户粮食库存》,《中国农村观察》2004 年第 6 期。

舒在习:《论农村存粮与国家粮食安全》,《粮食科技与经济》2001 年第 1 期。

万广华、张藕香:《中国农户存粮行为的决定因素: 价格很重要吗?》,《中国农村经济》2007 年第 5 期。

武翔宇:《农户存粮行为研究》,《农业技术经济》2007 年第 5 期。

闻海燕:《市场化条件下粮食主销区的农户存粮与粮食安全》,《粮食问题研究》2004 年第 1 期。

魏国学:《非关税措施影响评估: 以中国农产品出口为例》, 中国科学院博士学位论文, 2011。

张林秀:《农户经济学基本理论概述》,《农业技术经济》1996 年第 3 期。

张林秀、徐小明:《农户生产在不同政策环境下行为的研究及农户系统模型应用》,《农业技术经济》1996 年第 4 期。

朱方丽:《农民对粮食生产、存储和销售的态度与行为研究》, 扬州大学硕士学位论文, 2007。

张瑞娟、武拉平：《基于资产选择决策的农户存粮行为量影响因素分析》，《中国农村经济》2012 年第 7 期。

张瑞娟、武拉平：《我国农户存粮行为问题研究》，《中国农业大学学报》2012 年第 17（1）期。

（本文原载于《中国农村经济》2014 年第 11 期）

农业发展的第三次浪潮

张 军

摘 要： 分子生物技术、物联网和电商平台在农产品育种和品质优化、提高农产品产量、减少农业生产污染、增强农业可持续发展能力，实现农业精准化投入、标准化生产、拟人化培育和智能化监管，建立农业生产者进入市场通道、搭建市场交易平台、创建农产品交易和农业生产性服务征信体系等方面，发挥了越来越重要的作用，是继前工业化社会传统农耕技术，工业化时期以机械和化学为主的劳动节约型、土地节约型技术之后，农业发展出现的又一次技术浪潮。因此，加强相关产品和基础设施建设，持之以恒进行转基因技术研究，以确保在转基因技术领域的中国话语权，建立包容性的创新环境，鼓励电商不断创新，是增强农业可持续发展能力、提高农业生产科学化程度、形成农业综合服务能力的前提和保障。顺应农业发展第三次浪潮给农业带来的革命性变化，对中国农业未来发展至关重要。

关键词： 农业发展 第三次浪潮

科技革命是引发工业和农业发展浪潮的基础。正当全世界的目光都聚焦到工业发展的4.0版时①，实际上，农业发展的第三次浪潮已悄然临近。正确看待正在到来的农业发展第三次浪潮，以及在当前和未来中国农业发展进程中，充分利用农业发展第三次浪潮带来的机遇对中国农业未来发展至关重要。

---

① 2011年德国汉诺威工业博览会上首次提出“工业革命4.0”（Industry 4.0）概念，它的内容是：利用网络和云技术，把多组机器群连接在一起，形成自相控制、自行优化、智能生产，减少重复劳动并节约使用人力，进一步提升产品质量和生产效率。

一　正在来临的农业发展第三次浪潮

科学技术进步引发的经济和社会变革，以及由此形成的发展趋势，不仅对当前经济社会发展，也对未来经济社会发展产生重大影响。

（一）发展浪潮学说

发展浪潮学说起源于20世纪80年代。在众多发展浪潮学说中，阿尔温·托夫勒（Alvin Toffler）可谓影响最大。阿尔温·托夫勒以技术进步促进工农业生产发展，改变和提升产业组织形态和社会结构形态催化体制变革，从而推动人类文明不断向前发展为依据，提出了人类社会发展迄今为止经历过三次浪潮的理论。他认为，第一次浪潮是历时数千年的农业革命；第二次浪潮是工业文明的兴起；目前，人类社会发展已进入第三次浪潮的变革时期，第三次浪潮可能只需要几十年就会完成（托夫勒，1984）。托夫勒把技术进步对人类社会发展影响的研究，从生产领域拓展到宗教、政治和整个社会文明领域，拓展到个人、家庭、公司和国家组织行为的规范与发展方面，从而概括出整个社会未来发展趋势的方法值得重视。托夫勒关于第三次浪潮的论述突出了以下两个方面的思想。

第一，科学是第一生产力，是推动浪潮交替出现和社会进步的根本性因素。第二次世界大战以后发展起来的量子电子学、信息论、分子生物学、海洋工程学、核子学、生态学和太空科学等综合科学，成为第三次浪潮背景下新工业的科学基础，并推动电子工业、宇航工业、海洋工程、遗传工程成为第三次浪潮时代的工业骨干（托夫勒，1984）。现代科学推动新兴骨干工业的形成和发展本身，体现了科学是第一生产力。

第二，制度建设既是浪潮发展的要求，也是推动浪潮进一步发展的保障。在第三次浪潮中，集中与分散相结合的生产方式，以及加速的信息流动，深刻改变着人们赖以行动与处世的信息结构，从而也改变个人、家庭、家族、公司和政府的社会行为，最终导致经济、社会和政治力量结构的大变动（托夫勒，1984）。个人、家庭、家族、公司和政府的行为规范，以及社会和政治结构的变动，都属于体制变革的范畴。从这个角度说，推动第三次浪潮发展的生产力，也推动了体制改革与发展，后者反过来又从体制层面保障了第三次浪潮的发展。

（二）正在来临的农业发展第三次浪潮

速水和拉坦在研究了技术进步和制度创新对农业发展的贡献及二者的关系后指出，农业发展问题，不是把一个静态的农业部门转变成现代的动态部门，而是加速农业产出和生产率的增长率，以便与现代化中经济的其他部门的增长相一致（速水、拉坦，2000）。提高农业产出和生产率的增长率，只有依靠技术进步和制度创新。科学发展引发的技术进步，以及随之产生的经济、社会和体制变迁，既是推动浪潮交替前行的关键因素，也是托夫勒用来划分浪潮产生与发展的主要标准。

前工业化时期的农业发展主要依靠不断扩大土地种植数量，采用轮作技术保持土壤肥力，使用自然形成的灌溉体系来增加农产品数量，普遍采用铁制生产工具和畜力，以家庭或家庭联合体为生产单位，形成了精耕细作的农作制度。精耕细作的农作制度产生了世界上最为精细、单产最高的农业文明（林毅夫，1994），在满足这一时期国家人口增长对农产品需求的同时，也把这一时期的农业发展推向了顶峰。因此，有些学者认为，这一时期中国农业文明已处于世界领先地位（Tang，1984）。

工业化一方面推动了物理学、遗传学、生物学、化学、植物学、动物学和土壤学的进一步发展，为这一时期农业发展浪潮提供了科学技术创新储备，加速了技术变迁的速率（林毅夫，1994）；另一方面也为农业发展浪潮提供了大量的先进物质装备，推动了速水和拉坦所说的以机械替代劳动为主的“劳动节约型技术”和以生物与化学技术为主提高单位面积产量的“土地节约型技术”，以及以杂交水稻为代表的绿色革命技术的不断创新。随着农业技术创新浪潮的不断推进，农业公司与家庭农场成为新的农业生产组织形式，并引发了农业生产方面的一系列创新，使农业生产更具有效率和竞争力。

在工业革命基础上发动的农业第二次浪潮，虽然利用机械、石化、育种、作物栽培等技术和手段提高了农业劳动生产率，增加了单位面积农产品产量，但同时也掉进了土地资源约束越来越突出，农业生产要素投入报酬递减，增加农产品产量所需的农业中间投入品（主要是化肥、农药）超量使用，土壤和环境污染，农业可持续发展能力下降的陷阱。同时，农业发展的第二次浪潮，虽然解决了“劳动约束和土地约束”下的发展问题，但从生产投入精准化、生产标准化、安全性和风险可控的角度看，农业部门还没有达到速水和拉坦所说的工业部门那样的发展水平，也没有完全摆脱“资源型产业”的特征，实现与工业部门一样的真正意义上的向“科学型产业”的转型（速水、拉坦，2000）。完成“资源型产业”向“科学型产业”转型，既需要与农业发展相关的科学技术实现新突破，也需要制造出更加现代化的生产工具，以满足更新生产手段的需要，而这些正是即将到来的农业发展第三次浪潮所要解决的重大课题。

二　农业发展第三次浪潮的主要内容

根据托夫勒的浪潮学说，判断农业发展第三次浪潮出现的前提条件有两个：一是与解决农业发展问题有关的科学出现突破性进展；二是提高农业劳动生产率、科学管理能力、生产服务能力，促进第一产业与第二产业和第三产业融合能力的物质技术装备和工具取得突破性进展。20 世纪 80 年代以来，无论是在与农业发展有关的科学研究方面，还是在提高农业“四个能力”建设的物质技术装备和工具方面，如分子生物技术、物联网和电子商务，均取得了突破，并成为农业发展第三次浪潮的主要内容。

（一）分子生物技术

在分子生物科学发展的基础上不断取得突破的技术，正在对动植物育种、生物农药、生物肥料、生物反应器以及农业微生物发酵工程等许多领域产生着广泛而深刻的影响（中华人民共和国科学技术部，2012），其中最突出和引起关注的是转基因技术。转基因技术是利用分子生物学方法，把一种植物或动物的基因，转移到另一种不相同的植物物种或动物物种中，以增强该植物物种或动物物种不突出的性状和功能，或者降低甚至使该植物物种或动物物种的某些性状与功能丧失的技术。转基因技术与农业发展第二次浪潮中出现的以杂交水稻为代表的绿色革命技术最大的不同之处在于，接受基因转移的植物物种或动物物种，与被转移基因的植物物种或动物物种分属两个截然不同的物种。尽管对转基因技术的使用存在较多争论，但由于以转基因技术为代表的分子生物技术，避免了传统育种工作主要依赖试验者的经验和偶然机遇所存在的不确定性，并可以改变植物和动物的某些特性，转基因农产品的种植面积和产量都在不断提高，生物农药和生物肥料的使用数量也在不断增加，并取得了显著的经济效益和生态效益。从转基因技术使用的现状和发展前景看，它已远超过 20 世纪绿色革命对农业发展的影响，并成为农业技术革命的重要引擎。

（二）物联网技术

2008 年 11 月 6 日，在纽约召开的外国关系理事会上，IBM 总裁兼首席执行官彭明盛（Sam Palmisano）在题为“智慧的地球：下一代领导人议程”[①] 的主题演讲中，首次提出“智慧地球”的概念，其核心思想是把新一代信息技术，主要是物联网技术充分运用到各行各业中。把物联网技术运用到农业中，就产生了“智慧农业”。

国际电信联盟（International Telecommunication Union，ITU）在其发布的《ITU 互联网报告 2005：物联网》中对“物联网”技术做了如下定义：通过二维码识读设备、射频识别装置、红外感应器、全球定位系统和激光扫描器等信息传感设备，按照约定的协议，把任何物品与互联网相连接，进行信息交换和通信，以实现智能化识别、定位、跟踪、监控和管理的一种技术（ITU，2005）。“智慧农业”或者称“物联网农业”，就是通过分布在农作物生长环境，特别是土壤和作物本身上的红外传感器，获取农作物生长环境中土壤成分和水分、积温度、空气湿度和温度、光照度，以及作物本身养分等参数，并通过网络传输到计算机中心，然后进行综合分析，做出更适合农作物生长的管理决策；同时，分布于农作物种植环境范围内的监视器，能够监控决策的执行情况，并实时反馈相关信息。物联网用于农业生产过程，可以在动植物与农业生产管理者之间架起一座信息交换的桥梁，让农业生产管理者及时获得动植物生长信息，避免已往农业生产观察滞后、决策滞后和控制

---

① Sam Palmisano，“A Smarter Planet：The next Leadership Agenda”，http：//www. connect-world. com/ ~ cwiml/PDFs/articles/2009/AP_ I_ 2009/AP_ I_ 2009_ 02. pdf.

滞后带来的损失，使农业真正做到科学生产，推动农业部门成为科学型生产部门。

（三）电商平台

互联网的出现不仅改变了人们长期形成的生活与社会交往方式，还带来了生产、交换和消费领域的革命性变化。例如，互联网在企业之间、企业与零售商之间、企业与消费者之间以及零售商与消费者之间建起的 B to B、B to C 和 C to C 等商业销售模式，对线下传统商品销售模式形成了巨大冲击。特别是从单一电子商务模式发展起来的电商平台模式，对传统生产、交换和消费模式的冲击则是史无前例。

在大数据与云计算等工具的基础上建立起来的互联网金融，是电商平台发展的一个里程碑，它解决了小规模生产者个人信息不透明和缺少担保抵押，从而不容易从正规金融部门得到贷款的难题。当前人们大多指责互联网金融不合法合规的一面，却很少看到互联网金融对传统金融服务模式所具有的革命性一面，以及它对推动解决小规模生产者贷款难问题的制度改革所具有的积极性一面。

电商平台的发展也深刻影响到生产领域。当海尔阿里 II 代电视机解决了模块化生产问题后，消费者可以按自己需要的尺寸、屏体、核心功能、配置、外观和颜色，通过电商平台向电视机生产厂商订购个性化电视机。与常规电视机的销售量相比，目前定制交易的电视机数量不多，但它所开启的定制销售具有非常深远的意义①。一旦农产品也能像工业产品那样进行标准化和模块化生产，定制生产农产品就有可能实现，随之会对农业生产组织和生产形式、农产品流通组织和流通形式产生影响。小批量、差异化和特殊需求的农产品的生产更适合家庭生产组织形式，因此，电商平台的出现，实际上对以家庭为主的农业生产方式及其发展具有重要意义。如果家庭生产能够在电商平台的支持下持久发展，那么，就有必要对农业生产规模越大越好的理念，对片面追求规模化农业生产的政策进行重新审视和反思，甚至进行必要的修正。

---

① 《海尔阿里Ⅱ代电视　可私人订制的电视》，腾讯大申网 · 家居频道，http://sh.qq.com/a/20150421/040722_all.htm#page1，2015 年 4 月 21 日。

三　农业发展第三次浪潮对农业现代化建设的影响

以分子生物技术、物联网和电商平台为主要内容的农业发展第三次浪潮，对农业现代化建设与发展的影响主要体现在以下三个方面。

（一）增强农业可持续发展能力

以转基因技术、生物肥料和生物农药为代表的分子生物技术，将从以下两个方面增强农业可持续发展能力。

第一，节约使用土地。在种植面积不变或者不断减少的情况下，利用转基因技术培育出产量更高的品种，提高农产品的单位面积产量，从而节约使用土地；或者通过转基因技术，如将更高含油率的植物物种的相关基因转移到大豆和花生品种中，以提高大豆和花生的出油率，在大豆和花生产量不变的情况下，实现更高的产油量，这实际上也是一种节约使用土地的方式。

第二，减少环境污染。化肥和化学农药技术对增加农作物单位面积产量的作用显而易见，但同时也对生态环境造成了不可避免的污染，损害了农业可持续发展能力。分子生物技术在农业生产实践中的采用，如将某些植物物种的抗虫基因，转移到水稻、棉花、马铃薯、木瓜和大豆等作物品种中以增强其抗虫性能，再如，采用生物农药来防治病虫害，都可以减少甚至不使用化学杀虫剂就能获得抵御病虫害的效果。环境污染减少了，农业可持续发展能力必然得到加强。

（二）提高农业生产科学化程度

农业部门要想成为速水和拉坦所称的“科学型产业”，就必须加强农业生产的科学化管理程度。物联网技术的出现将改变已往农业生产的“粗放式”管理，并从以下四个方面提高农业生产的科学化程度。

第一，精准化投入。将传感器设置在作物生长的土壤中，并形成由一定数量传感器节点连接组成的传感器网络，不仅可以精准获取土壤环境和作物长势的实时信息，并根据作物生长需要及时进行浇水、施肥和打药等作业，避免以往靠肉眼观察和主观经验获取作物生长信息所存在的不精准性；还可以根据所获取的信息精准计算出水、肥料和农药的使用量，进行“饱和作业”，避免过量使用产生的浪费与污染。

第二，拟人化培育。创造拟人化的培育环境，是动植物生长规律的客观需要，也是提高动植物产量的要求。通过物联网技术，农业生产者可以更加全面深入地了解动植物生长规律，更精准感知动植物对生长环境和各种养分的要求，从而对动植物进行拟人化培育，使动植物在一个更加符合自身生长规律的环境中生长。

第三，标准化生产。物联网将从两个方面提高农业生产标准化程度。一是投入标准化。即通过物联网感知技术，制定各种要素投入的数量标准、养分标准和投入时间标准，提高要素投入的边际效率。二是管理标准化。模块化生产是管理标准化的基础和前提。物联网技术推动了农业“模块化”生产，因而有利于实现标准化管理。

第四，智能化监管。通过物联网感知技术可以收集动植物生长信息和农业生产活动信息，并建立相应的档案，实现动植物生长过程和农业生产活动都有案可查并可追溯，从而提高农业生产管理决策的智能化水平和监管效率。

（三）形成农业综合服务能力

电商平台已经展现出任何其他商业形态所不具有的全新、全能的发展态势。电商平台不仅建立了覆盖全国的商品投递“天网”和商品中转配送“地网”，可以将商品投送到全国各地绝大多数企业和消费者手中，还建立了属于自己的互联网金融，为参与电子商务活动的企业和个人提供在线金融服务。电商平台活动已从最初的商品销售拓展到工农业生产，以及金融、保险、物流配送、旅游、航运、医疗、教育等领域，从消费领域拓展到投资领域，例如，开创了“众筹投资”模式，从经济领域拓展到公共服务和社会发展领域，初步具备了为参与电商平台活动的个人、企业和社会组织，其中也包括农业生产者，提供全方位综合服务的能力。

电商平台通过以下三种途径为农业提供综合服务。

第一，建立市场通道，为供需双方进入市场创造条件。飞速发展的“线上”市场与传统的“线下”市场形成互补，共同推动商品市场的繁荣与发展。电商平台为不同组织形式的农业生产者和农业生产性服务供应商建立了一条快速、便捷、低成本进入市场的通道，解决了“线下”生产者不知道从哪里和向谁购买生产性服务，以及生产性服务供给商不知道到哪里和为谁提供服务的市场梗阻，为供需直接见面创造了条件。

第二，搭建市场平台，为农业生产者购买所需要的各种服务提供支持。分布在全国各地的农业生产者和农业生产性服务供应商，通过电子商务建立的通道进入以电商平台为基础形成的市场，不仅推动了“线上”农业生产性服务业市场的形成与发展，还克服了城乡二元体制造成的供需难以直接见面和交易的障碍，有利于生产者购买到所需要的、性价比较好的农业生产性服务，减少生产者购买服务的成本。

第三，建立农业生产性服务供需双方征信体系。大数据和云计算收集农业生产性服务供需双方身份、经济实力、资金流和交易执行情况等信息，从而为供需双方做出诚信评价提供了可能。电商平台征信系统的建立，不仅保障了交易双方上述信息的透明，还可以通过电商平台特有的“网络追杀”系统，使交易双方不敢，也不想欺诈，从而能够有效维护交易双方的权益。

四　迎接农业发展的第三次浪潮

当前以分子生物技术、物联网和电商平台为主要内容的农业发展第三次浪潮，给农业发展带来的革命性变化仅仅是露出水面的“冰山”一角，其推动农业发展的潜能和可能产生的革命性变化，就如同深埋在水下的巨大“冰山”，无法估量。从当前的发展情况看，为迎接农业发展第三次浪潮的来临，需要做好以下四个方面的工作。

（一）深化认识

深化对农业发展第三次浪潮的认识，就是要清楚地看到第三次浪潮到来的客观必然性和趋势，提前做好迎接农业发展第三次浪潮的思想和组织准备，即从发展战略的高度认识分子生物技术、物联网和电商平台发展的必然性和必要性，顺势而为，为它们的发展创造宽松的制度和政策环境；就是要清楚地认识到分子生物技术、物联网和电商平台是当前和未来农业科技发展的制高点和建设的重点内容，把科技发展的落脚点或抓手落实到第三次浪潮的技术内容上。

（二）完善物质基础

完善物质基础，一要不断提高与物联网发展相关的产品的生产水平，例如，GPS 设备、传感器和红外射频等产品的生产，生产出技术更先进、使用更精准的产品供物联网使用；二要加强互联网建设，让宽带能够进入中国每一座城市和绝大多数村庄，不断提高带宽，升级网速；三要加强移动互联网建设，让想要上网的个人、家庭和企业，在任何时间、任何地点都能够及时、方便、便宜地上网，为电商平台发展奠定坚实的物质基础。

（三）加强转基因技术研究

虽然转基因技术在现实发展中还存在一些未知，且有可能带来不可预料的负面后果，但从发展趋势看，由于转基因技术对增强农业可持续发展能力有积极作用，符合农业未来发展方向，因此，不能因噎废食，全盘否定转基因技术，更不能放弃转基因技术研究与应用。相反，国家要从农业未来发展的战略高度重视转基因技术研究与运用，要以大专院校和科研院所为主体，组建专门的研发队伍，给予充足的经费支持，长期跟踪国外转基因技术发展，持之以恒地研究转基因技术，确保在转基因技术领域的中国话语权，为中国农业未来发展提供技术支持。

（四）鼓励电商创新

电商平台的每一次进步与发展，既是科技进步和网络设备现代化的结果，更是制度创新的结果。大数据和云计算虽然可以为互联网金融发展提供物质基础，但是，如果没有制度创新，互联网金融就不可能发展起来。鼓励电商平台创新，首先要营造包容性的创新环境，允许电商平台进行旨在解放和发展生产力的创新与试验；其次要建立电商平台创新风险分担机制，解除电商从业者创新的后顾之忧，让电商想创新和能创新。

参考文献

〔美〕阿尔温·托夫勒：《第三次浪潮》，朱志焱、潘琪、张焱译，生活·读书·新知三联书店，1984。

〔日〕速水佑次郎、〔美〕弗农·拉坦：《农业发展的国际分析》，郭熙保、张进铭等译，中国社会科学出版社，2000。

林毅夫：《制度、技术与中国农业发展》，上海三联书店、上海人民出版社，1994。

中华人民共和国科学技术部：《2012 国际科学技术发展报告》，科学技术文献出版社，2012。

International Telecommunication Union（ITU），*ITU Internet Reports 2005*：*The Internet of Things*，http：//www. itu. int/，2005.

Tang，Anthony M.，*An Analytical and Empirical Investigation of Agriculture in Mainland China*，*1952 – 1980*，Seattle，WA：University of Washington Press，1984.

（本文原载于《中国农村经济》2015 年第 4 期）

农业生产性服务业发展的瓶颈约束：豫省例证与政策选择*

杜志雄

摘　要：近年来，河南省农业生产性服务业有了较大发展，已由产中服务逐步向产前和产后服务延伸；农业服务化程度明显提高，农业生产性服务业对农业发展的引领、支撑作用不断增强。但其发展仍然面临着体制和制度环境、政策，金融，人才等几方面的瓶颈约束。因此，要改革与完善有利于农业生产性服务业发展的体制与制度环境，构建促进农业生产性服务业发展的财政和税收政策体系，促进和加快农村地区金融业发展，加强农业生产性服务业人才队伍建设，培育多元化的服务主体、整合服务资源。

关键词：现代农业　农业生产性服务业　农村经济　城镇化　农民专业合作社

近年来，河南省农业生产性服务业发展迅速，成为河南省现代农业产业体系建设中引人瞩目的现象，并且日益成为河南发展现代农业、战略性调整农业产业结构、统筹城乡一体化发展和转变农业发展方式的战略引擎。国务院《关于支持河南省加快建设中原经济区的指导意见》明确提出了河南省的战略定位：国家重要的粮食生产和现代农业基地，全国工业化、城镇化和农业现代

* 本文基于2010年和2011年两次连续调查获得的资料和数据撰写。本文为教育部人文社会科学研究青年基金项目（项目批准号：11YJC790214）、中国社会科学院重大国情调研项目“河南省农业现代化建设”以及中国社会科学院创新工程项目“中国农产品安全战略研究”的阶段性成果。

化协调发展示范区；并要求“坚持走具有中原特点的农业现代化道路”，“加快转变农业发展方式”“培育现代农业产业体系”“健全农业社会化服务体系”。可见，在河南省加快建设中原经济区的过程中，农业生产性服务业发展的需求正在显著增强，其重要性和紧迫性也正在进一步凸显。鉴此，本文对河南省农业生产性服务业的发展现状、发展所面临的瓶颈约束进行分析，并提出若干解决问题的政策选择。

一　河南省农业生产性服务业发展现状

（一）农业生产性服务业的引擎作用

农业生产性服务业是指贯穿于农业生产的产前、产中和产后环节，为农业生产、农业生产者和其他经济组织提供中间投入服务的产业。以中间投入品为主、涉及知识和资本的交换、提供定制化的服务是农业生产性服务业的主要特征①。当前，发展面向农业的生产性服务业是农业、农村经济新的增长点，是现代农业发展的重要支撑②。一方面，提高生产性服务投入在农业生产中的比重能加快农业的发展，从而提高农业生产效率③，提升农业比较利益④；另一方面，农业生产性服务业是现代服务业与农业产业耦合的产物，既能拓展现代服务业所涉及的产业领域，也能够有效地通过产业路径实现传统农业向现代农业的蜕变，越来越成为以工促农的产业路径⑤和建立新型工农关系、城乡关系的重要桥梁和纽带⑥。

① 程大中：《生产者服务论——兼论中国服务业发展与开放》，文汇出版社，2006。

② 郝爱民：《农业生产性服务业对农业的影响——基于省级面板数据的研究》，《财贸经济》2011 年第 7 期。

③ 韩坚、尹国俊：《农业生产性服务业：提高农业生产效率的新途径》，《学术交流》2006 年第 11 期。

④ 张宁：《生产性服务业视角下的农业比较利益提升困境与出路》，《改革与战略》2009 年第 7 期。

⑤ 潘锦云、李晏墅：《农业现代服务业：以工促农的产业路径》，《经济学家》2009 年第 9 期。

⑥ 姜长云：《发展农业生产性服务业的模式、启示与政策建议》，《宏观经济研究》2011 年第 3 期。

（二）河南省农业生产性服务业的发展现状

1. 农业生产性服务业有了较大发展，但整体水平还较低

近年来，河南省农林牧渔服务业增加值整体呈现稳定的快速增加态势（见表1），由2002年的39.33亿元稳步快速增加到2010年的71.60亿元，9年间增加了32.27亿元，年均增长率高达9.12%。并且，农村生产性服务业逐渐成为吸纳农村就业的重要渠道，2002年吸纳就业人数322.70万人，占乡村从业人员的比重仅为6.88%，到2010年，其吸纳就业人数快速增加到458.16万人，占乡村从业人员的比重提高到9.32%。虽然河南省农业生产性服务业有了较大发展，但是，农林牧渔服务业增加值在农林牧渔业增加值中所占比重不高，并且表现出了一定程度的下降趋势，由2002年的3.16%下降到2010年的2.20%，2008年的比重仅为2.05%。尤其是，与全国水平和其他地区水平相比，河南省的农业生产性服务业发展仍然处于滞后状态，整体水平不高。2009年，河南省农林牧渔业增加值在农林牧渔业增加值中的比重只有2.19%，全国水平和山东省水平分别为3.0%和4.11%，河南比全国和山东分别低了0.81个百分点和1.92个百分点。

表1　2002～2010年河南省农业生产性服务业发展情况

年份	农林牧渔业增加值（亿元）	农林牧渔服务业		乡村从业人员数(万人)	乡村生产性服务业从业人员	
		增加值（亿元）	增加值所占比重(%)		人数（万人）	所占比重（%）
2002	1246.44	39.33	3.16	4690.90	322.70	6.88
2003	1239.70	41.00	3.31	4695.00	337.30	7.18
2004	1692.79	45.22	2.67	4717.98	327.62	6.94
2005	1892.01	47.96	2.53	4752.36	350.95	7.38
2006	1916.73	46.91	2.45	4776.93	369.31	7.73
2007	2217.65	49.49	2.23	4814.56	395.79	8.22
2008	2658.78	54.40	2.05	4859.13	422.98	8.70
2009	2769.05	60.63	2.19	4881.66	442.05	9.06
2010	3258.11	71.60	2.20	4914.67	458.16	9.32

注：①本表按当年价格计算。②根据数据可得性，乡村生产性服务业从业人数只包括交通运输、仓储和邮政业，信息传输、计算机服务和软件业，批发和零售业的从业人数。

资料来源：河南省统计局，国家统计局河南调查总队：《河南统计年鉴》（2003～2011年，历年），中国统计出版社。

2. 农业服务化程度明显提高，农业生产性服务业对农业发展的引领、支撑作用不断增强

从农林牧渔生产性服务支出来看，河南省农业生产性服务业发展迅速（见表2），2005～2009年，农林牧渔生产服务支出由118.8亿元快速增加到222.1亿元，5年间增加了103.3亿元，年均增加20.66亿元，年均增长率达17.39%。相应的，农林牧渔生产服务支出在中间消耗中所占比重也呈现稳步提高态势，由2005年的8.38%稳步提高到2009年的10.56%，5年间提高了2.18个百分点。这表明，河南省农业产业链中正融入越来越多的生产性服务要素，农业服务化程度明显提高，农业与农业生产性服务业呈现融合发展趋势。同时，这也表明，河南省农业生产性服务业对农业发展的引领、支撑作用不断增强。突出表现在以下几方面，①农业与农业生产性服务业交互影响、相互渗透，产生了许多新型农业产业，例如，农业旅游业、休闲农业、创意农业等。截至2009年4月，郑州市已有各类农业观光园区近400个，综合收入约1.86亿元，其中“农家乐”观光休闲农业项目有240家，年收入4600多万元。②生产性服务业企业向农业的渗透或者农业产业化企业向生产性服务业的渗透，例如，家乐福、沃尔玛等大型超市在河南建设的农产品供应基地；种业集团从种子贸易向种业全产业链的转型；郑州粮食批发市场从粮食交易向涵盖粮油、农资、农副产品收储、贸易、物流、种业、加工等全产业链供应商转型，致力于建设立足中原、辐射全国的一流粮农企业集团。③在农业生产过程中大量投入生产性服务，例如，信息化技术、气象预测预报技术等在农业生产中的应用。

表2　2005～2009年河南省农林牧渔生产性服务支出

单位：亿元，%

年份	农林牧渔生产性服务支出	生产性服务支出在中间消耗中所占比重
2005	118.8	8.38
2006	130.0	8.44
2007	142.0	8.54
2008	172.0	8.55
2009	222.1	10.56

注：本表中的农林牧渔生产性服务支出按当年价格计算。

资料来源：国家统计局《中国农村统计年鉴》（2006～2010年，历年），中国统计出版社。

3. 农业生产性服务已由产中服务逐步向产前和产后服务延伸

在河南省的农业生产性服务体系培育当中，产中服务一直比较受重视，例如，生产过程中先进实用技术和生产管理技术的推广和应用，科技入户和万名科技人员进万村行动，大力推广应用农机化新技术、新机具，推动农业机械化水平和农机社会化服务水平全面提高，等等。随着市场规模的扩大和国家以及政府政策的支持，农业生产的产前、产后服务业也逐渐发展起来。近几年，河南省气象部门已基本形成集业务、服务、科研于一体的“省、市、县”三级农业气象业务体系和“省、市、县、乡、村”五级现代农业气象服务体系和灾害防御体系，探索出“科技支撑、由点到面、内涵发展”的现代农业气象服务模式。农产品良种繁育技术和推广体系已基本建立，先后在河南农业大学、河南省农业科学院投资建立良种区域技术创新和改良中心，建设农作物新品种推广示范基地；初步建立和完善了农作物种子质量监督检测体系。河南省已经形成了包括商业银行、政策性银行、农村信用合作社、中国邮政储蓄银行、村镇银行、小额贷款公司、资金互助社等多层次的农村金融服务体系，创新发展了多户联保、公职人员担保、龙头公司担保、担保公司担保等多种形式的贷款担保模式。

4. 农业生产性服务发展对于农业增长的保障作用显著增强

河南是农业劳动力流出大省。农业劳动力大量流出使农业劳动力的数量和质量下降，并对农业稳定可持续增长形成压力。农业生产性服务业的发展，特别是专业化农机（技）服务业的发展，使农户将农业经营的单个或多个环节外包给专业化的农机服务队和农业技术服务组织成为可能，从而使农业劳动力供给和投入由传统的全部依赖家庭内部劳动力转化为依赖农户内外两种来源的劳动力来承担。其结果是，农业劳动力数量减少可由农机替代，同时即使劳动力质量下降，农户对现代实用农业技术的应用并未受阻。这是河南农业近年来并未受劳动力数量和质量减少影响，能连续保持丰收高产的重要原因。

二　河南省农业生产性服务业发展的瓶颈约束

（一）体制和制度环境瓶颈：服务资源分散和管理体制混乱，导致农业生产性服务业发展缺乏统筹规划和综合协调

一是随着农业和农村的改革和发展，河南省农村地区的服务资源已经有了

一定积累，但这些资源分散在不同部门、不同地区和不同机构，在相当程度上影响服务资源使用的安全、有效和规范。二是农业生产性服务业涉及的门类较多，横跨的领域较广，并且新型服务业和产业融合现象不断出现，这容易导致政府多头管理、交叉管理，管理体制混乱问题突出，从而难以对农业生产性服务业发展进行统筹规划和综合协调，严重影响了农业生产性服务业的发展活力。河南省组建了各级农业科技服务机构，包括农业科研机构、农业教育机构和农业推广机构，但是这些部门分设，各自独立，而且相互之间缺乏直接和有效的联系。三是对农业生产性服务业发展的统筹规划和综合协调不够，还导致其发展过程中的分散布局、重复投资、盲目建设、粗放经营、无序竞争等发展方式问题正在迅速凸显。

（二）政策瓶颈：多数政策支持力度过小、政策落实难或者效率不高，政策创新滞后

近年来，河南省支持农业生产性服务业发展的政策措施陆续出台，政策取向和指向日趋明显，政策含金量不断提高，这对于加快农业生产性服务业发展产生了积极影响。但是，一些政策瓶颈仍然存在。

一是多数政策的支持力度过小，导致对涉农服务部门和涉农站所的服务能力建设投入不足和设施设备更新缓慢，严重制约其服务能力的提高。河南省农业技术推广经费投入严重不足，而且被截留或挪用的情况普遍存在，导致多数县市的乡镇农技推广机构除了人员工资以及有限的人头经费外，基本再无其他工作经费，有的专业人员下乡指导农业生产连路费都报销不了。这在很大程度上妨碍了乡镇农技推广机构公益性生产服务供给的增加和服务效率的改善。

二是政策落实难或者落实效率不高，这主要表现为政府支持服务组织发展和为农服务供给的增加，在某些方面已有明确的政策规定，但缺乏落实或者落实效果亟待提高。不少支持政策从国家和省政府下达到各服务组织获得，经过的中间层次和环节过多，导致政策落实中的寻租现象严重，政策实施成本较高，具有明显的时滞性，政策落实效率较低。

三是各项支持政策之间缺乏整合性和衔接性，政策创新滞后，导致各种服务组织和涉农政府机构高效、规范的为农服务长效机制仍未形成。例如，2010年以来，河南省各级气象部门不断加大强农惠农气象服务力度，积极推进人才

和资金向农村倾斜，气象基础设施向农村延伸，公共气象服务向农村覆盖，但是，与农业生产对气象服务的需求相比，基层气象部门的业务科技支撑能力、队伍数量和素质与“农村公共气象服务体系和农村气象灾害防御体系”的要求不相适应的问题仍很突出，机构建设、基层队伍建设、经费投入、政策保障等长效机制滞后于为农服务工作的推进速度，气象为农服务尚未真正融入社会公共服务体系。

（三）金融瓶颈：农村金融服务体系不健全不发达，导致农业生产性服务组织融资难问题突出

一是农村地区正规金融服务机构网点的匮乏，新型农村金融机构（村镇银行、小额贷款公司、农村资金互助合作社）的缓慢发展和不规范运营，导致基层农业生产性服务组织获得的金融服务严重不足，尤其是信贷资金的可获得性较低。例如，截至2010年9月，河南省周口市农村地区平均每个乡镇只有2~3个金融机构网点，而且农村支农金融机构以农村信用合作社为主，信贷供给主体较为单一；2005~2009年，周口市农业贷款余额在全市贷款余额中所占的比重平均不到25%[①]。河南省银监局的统计数据显示，目前河南省农村地区的金融机构覆盖率不足40%。

二是农村地区金融机构的商业化营运和担保机制、服务体系的缺失，极大地降低了农业生产性服务组织的融资效率。河南省农村地区的生产性服务业中，以中小企业居多，甚至在许多新型生产性服务业中，小型企业、微型企业的比例更大，其中又有很多企业处于创业阶段，自有资产极少，缺少可用来作为抵押或质押的财产。再加上农村地区担保机制和服务体系的缺失，致使许多农业生产性服务组织容易出现融资难的问题，从商业银行贷出大额款项的难度更大。

三是农村地区金融市场上金融工具和金融服务产品单一，满足不了为农服务组织尤其是新型农业生产性服务组织多样化、多层次的金融需求。目前，河南省农村地区金融市场主要提供储蓄、抵押类贷款及农村小额信贷等金融品种，抵押、担保、承兑、贴现、承诺、咨询服务等中间业务还很少，这导致农村金融服务供给与农业生产性服务组织的实际金融需求之间的矛盾日益彰显。

---

① 许兆春：《完善欠发达地区农村金融服务体系思考》，《金融时报》2010年9月27日。

（四）人才瓶颈：服务人员专业素质不高和专业人才短缺制约了农业生产性服务业的升级发展

在河南省农业生产性服务业的发展过程中，公共农业服务机构和社会化服务组织服务人员的专业素质低下、高层次专业人才的短缺，已然成为制约农业生产性服务业升级发展的突出问题，主要表现在以下方面。

一是基层公共农业服务机构普遍存在人员队伍不稳、专业结构不合理、人员和知识老化现象严重，导致服务人员的专业技能和综合素质难以满足实际工作的需要。这些现象在县乡（镇）两级农技推广机构尤为普遍。现有农技推广人员年龄老化、学历低，总体素质偏低。由于受编制限制，许多农技推广机构无法吸收农业院校的毕业生，基层农技队伍大多已多年未得到补充和更新，知识出现断层。

二是社会化服务组织高端专业人才，特别是领军型、经营管理型、复合型高端人才严重短缺，成为制约其向更高层次发展、服务水平和效率提高的重要因素。这种现象在农民专业合作社的发展中尤为明显。例如，农机专业合作社随着服务领域的不断拓展，对人才的需求也越来越迫切，不仅需要农机驾驶、维修等技术型人才，更需要懂经营、善管理的高端人才；蔬菜、瓜果等种植专业合作社随着竞争程度和市场不确定性的增强，迫切需要既熟悉市场经济规则，对市场变化趋势较为敏感，又有一定营销策划能力的人才。

三　加快农业生产性服务业发展的政策选择

（一）改革与完善有利于农业生产性服务业发展的体制与制度环境，以健全对农业生产性服务业发展的统筹规划和综合协调

1. 加强对农业生产性服务业发展的统筹规划，确定发展方向和支持重点

只有有了科学的统筹规划，才能做到在国家农业和服务业产业政策引导下，在立足河南省发展现状、着眼未来的战略谋划引领下，实现农业生产性服务业科学、有序、健康、可持续和高效发展。为此，建议根据全国新增千亿斤粮食生产能力规划、河南省粮食生产核心区建设规划和农产品优势产区建设规

划，编制河南省“十二五”农业生产性服务业综合规划和专项规划，以此统筹河南省农业生产性服务业发展与改革，做到全省发展一盘棋。各地市也要立足于当地实际编制地方农业生产性服务业发展规划，明确发展目标和任务，科学谋划重点发展领域。在编制规划时，要把建立需求主导、功能导向、重点突出、层次有序、结构优化和良性互动的农业生产性服务业体系，促进农业生产性服务业产业链、产业网和产业体系的形成，作为农业生产性服务业的发展方向。同时，还要考虑既有发展基础、技术进步、制度变革、区域和国际竞争等因素，根据不同地区、不同时期农业发展及其对生产性服务的需求，制定农业生产性服务业产业指导目录，明确政府重点支持的关键领域、重点行业和重点项目、薄弱环节和新型服务业业态。

2. 加强对农业生产性服务业发展的组织领导和组织支持，不断完善工作机制

鉴于农业生产性服务业工作横跨部门多、综合协调难度大的特点，建议河南省成立农业生产性服务业发展领导小组，以加强对农业生产性服务业发展的组织领导、统筹规划、政策制定和重大问题协调。鉴于农业生产性服务领域专业性强、新型服务产业和业态以及服务主体不断涌现的特点，建议把加强农业生产性服务业发展的部门合作，作为对服务业发展加强组织领导和综合协调的重点，并逐步建立政府领导、部门合作、分工合理、权责明确的农业生产性服务业工作机制。

（二）构建促进农业生产性服务业发展的财政和税收政策体系，以改善政策支持、完善和优化农业生产性服务业的发展环境

1. 建立财政支持农业生产性服务业投入稳定增长的长效机制，健全财政支持体系

首先，扩大河南省服务业引导资金的规模，尽力争取更多的国家服务业引导资金。要充分发挥服务业引导资金的积极作用，坚持财政支持农业生产性服务业的“两个确保”，一是确保服务业引导资金的规模，随着河南省财政经常性收入的增长，使其保持更高比例的增长；二是确保服务业引导资金和专项资金中，用于支持农业生产性服务业的比例，适当高于农业生产性服务业占服务业 GDP 的比重。其次，创新财政支持农业生产性服务业发展的方式，加强对农业生产性服务业财政扶持资金的整合，以提高其使用效果。一是要不断完善

各项服务补贴制度；二是要探索适合农业生产性服务业发展特点的专项基金支持，例如，设立服务业产业投资基金、服务业创业投资引导基金、农业科技园区和示范区建设专项基金等；三是整合服务领域的财政扶持资金，通过服务业引导资金和专项资金，综合运用财政贴息、财政补助、以奖代补、启动资金支持和奖励等多种方式支持农业生产性服务业发展。

2. 完善支持农业生产性服务业发展的税收优惠政策

要认真落实新的企业所得税法及其实施条例有关规定、调整营业税征税范围和方式、优化增值税征税项目和完善增值税进项税抵扣政策，继续实施并不断强化农业生产性服务业的减免税、降低税率等优惠政策，重点解决农业生产性服务业发展过程中所面临的重复征税和税费歧视问题。具体来说，一是要改革企业所得税。对企业从事农林牧渔服务业项目的所得免征，减征企业所得税；对科研单位和大专院校开展农业生产技术服务取得的收入，以及提供农业产前、产中、产后相关服务的企业，暂免征收企业所得税或者实行企业所得税收优惠政策；对农产品连锁经营试点实行企业所得税优惠政策；对于吸收就业多、资源消耗低的农业生产性服务业企业，按照其吸收就业人员数量给予补贴或企业所得税优惠。二是调整营业税。这可从调整营业税征税方式、税率设计和扩大税收优惠范围入手。例如，对于农业生产性服务业发展中的服务外包，则可以采取增值征税的方式，在确定营业税税基时，允许服务外包企业将支付给承包方的营业额从计税依据中扣除，仅对实际取得的营业额征税。在税率设计上，鼓励发展农村金融业等生产性服务业。农民专业合作社从事农业机耕、排灌、病虫害防治、植物保护、农牧保险以及相关技术培训业务所取得的收入，从事家禽、牲畜、水产动物的配种和疾病防治的业务收入，免征营业税。三是优化增值税。一方面要慎重扩大农业生产性服务业增值税的实施范围和妥善处理农业生产性服务购入的抵扣问题；另一方面要扩大农业生产性服务业增值税的税收优惠范围。四是要实施印花税、土地使用税等税种的税收优惠政策。

（三）促进和加快农村地区金融业发展，以增强对农业生产性服务业的金融支持

1. 健全农村金融组织体系，增加农业生产性服务业发展的资金供给

引导各类金融机构增加农村金融服务网点，疏通渠道，多引资金“活

水”。要激活国有商业银行的县域信贷业务，或者由上级机构按县域机构的存款比例增加贷款，尽快改变只存不贷的局面；股份制银行机构要到农村开设网点，或者建立金融服务进农村的业务运营机制，增加农村信贷业务；农业发展银行、农业银行、农村信用社的农村金融机构更要适应农村经济发展的新要求，提高适应能力；新型农村金融机构要加快发展和规范发展，并认真发挥作用。同时，农村保险、直接融资等金融机构都要到农村增设机构网点，开展业务。

2. 完善农业生产性服务业信贷支持体系，有效缓解农业生产性服务组织融资难问题

河南省辖区内的农村金融机构要研究市场定位，不断开发新的金融产品、新的金融工具，丰富产品供给，充实服务内容，使服务方式能够更加贴近农业生产性服务组织对金融服务的需求。一是要推进农村金融服务产品创新，实现农村金融服务品种多样化。金融机构应针对农业生产性服务业发展的特点，设计针对性金融工具和品种，以满足不同地域、不同领域、不同专业、不同行业农业生产性服务组织的金融需求。借助于郑州商品交易所，积极开发具有河南特色的农产品期货新品种。二是要建立主体多元的农村信用担保体系，成立由政府引导、市场化运作的行业担保机构，扩大农民专业合作社等服务组织的有效担保物范围。三是积极推进农业生产性服务组织信用体系建设。加强诚信建设，建立符合农村地区实际的征信体系，尽快建立农业生产性服务组织信用档案和信用数据库。

（四）加强农业生产性服务业人才队伍建设，以期为农业生产性服务业发展提供坚实的人力资源和人力资本支撑

大力推进农业生产性服务业发展，人才是关键和生命线。因此，要加强农业生产性服务业人才队伍建设，以期为农业生产性服务业发展提供坚实的人力资源和人力资本支撑。一是要牢固树立人才资源是第一服务资源、人力资本是第一服务资本的观念，并以此观念为统领不断扩大服务人才总量，优化服务人才队伍结构。二是要通过规划引导、政策扶持、资金投入等方式，推动河南省各高校加快农业生产性服务业人才培育，加快建立多层次的农业生产性服务业人才培训体系，加强职业培训，提高整个行业人才队伍的专业水平和整体素

质。三是要开展乡土人才培训和健全农民培训体系，坚持职业教育和日常培训相结合，落实好“绿色证书”制度，着力提高农民的农业科技水平和市场营销能力，形成一大批有文化、懂技术、善管理、会经营的高素质新型农民和职业农民队伍。四是要大力加强农业科技创新人才队伍建设，培养和造就一批世界一流的农业科学家和科技创新领军人才，建设一支结构合理、业务素质高、爱岗敬业的农业科技创新队伍；大力稳定壮大农业科技创新推广队伍。五是加大对高端专业人才，尤其是领军型、经营管理型、复合型、拔尖型高端人才的培养和引进力度；积极选录高校毕业生充实到各地市、各行业的农民专业合作社等农业生产性服务组织中去，政府对此应给予财政补助；建立和完善大学毕业生从事现代农业尤其是现代农业生产性服务业的机制。

（五）培育服务主体，整合服务资源，以形成多元化的农业生产性服务业发展新格局和网络结点

1. 科学界定农业公共服务机构的职能定位，以农业公共服务机构为依托完善和优化公益性农业生产性服务的供给方式

公益性农业生产性服务具有不同程度的公共产品属性。根据公共产品理论，公益性农业生产性服务包括公共产品属性较强的农业生产性服务（例如，面向区域农业主导产业的共性技术、关键技术研发和推广应用，动植物疫病统防统治等），具有准公共产品属性的农业生产性服务（例如，只对特定区域、特定产业的农户具有公益性的农业生产性服务）。公共产品属性较强的农业生产性服务应该由公共部门来提供，即由公共农业服务机构来提供，例如，区域性农业技术推广、动植物疫病防疫防控、农产品质量监管等公共服务机构。为此，要明确界定这些公共农业服务机构的公益性定位，理顺和创新其管理体制、运行机制和服务机制，使公共服务机构的服务能力与其履行的依托职能相匹配。具有准公共产品属性的农业生产性服务则可以由传统农业服务组织（例如，供销社、邮政部门等）和新型农业服务组织（例如，农民专业合作社、农业产业化龙头企业、农业公共服务平台等）来提供；或者通过培育各种类型的示范基地、示范企业、示范农户和示范合作社等来提供；还可以通过政府采购公共服务的方式，加强公共农业服务机构对各类农业服务组织提供公益性农业生产性服务的引导作用。

2. 引导社会力量参与，培育多元化市场主体提供农业生产性服务，以更好地满足农户多样化、多层次的服务需求

一是要进一步加强农民专业合作社等合作组织在农业生产性服务中的基础地位。农民专业合作社是农户自愿联合、民主管理的互助性合作经济组织，其最重要的功能就是为农户和农业生产提供产前、产中和产后服务。同时，农民专业合作社具有对内互惠性、对外营利性的组织优势，可以把满足成员需求和参与市场竞争很好地结合起来。

二是要进一步加强农业产业化龙头企业在农业生产性服务中的骨干作用。为此，要努力培育依托地区资源优势、生产高端产品和具有国际市场竞争力的领军型龙头企业，并通过这些领军型龙头企业提升面向本行业、本地区的为农服务功能。

三是要积极打造各类公共服务平台和农业科技示范（园）区，探索促进服务资源集聚和共享的有效方式。通过构建各类农业公共服务平台，如人才服务网络平台、科技资讯平台、信息服务平台、现代农业示范区、农业科技园区等，可以有效地集成服务资源，提高服务资源的使用效率。大力支持社会资本、非营利机构、农业高等院校和科研院所积极参与农业公共服务平台建设和兴办农业公共服务平台；引导和支持公共服务平台完善运行机制，增强服务功能。注意引导各类公共服务平台形成分工协作、优势互补关系。支持驻马店、周口、商丘、濮阳等地建设国家级现代农业示范区，推进许昌、南阳等地建设国家级农业科技园区。

（本文原载于《东岳论丛》2013 年第 1 期）

生猪价格涨跌“诱惑”下的农户选择和风险*

——调研发现与深层思考

徐鲜梅

摘　要：在“猪贱如何伤农”现实问题及实地调研的基础上，考察和分析养猪农户的竞争能力、现实需求、市场选择与风险价值；重点研究和分析在生猪价格大幅度涨跌下，养殖农户“市场选择”背后“隐藏”着“怎样”的“选择实质”，有何动机、合理性和意义。研究发现，养猪农户的“市场选择”与其习惯性、职业性、经营方式、猪业属性和市场特性等密切相关；“小生产与大市场的‘国情碰撞’”、“分散喂养与集中豢养的‘利益博弈’”和“传统交易方式与现代流通技术的‘思维对接’”等因素决定了养猪农户的选择成本和风险。

关键词：生猪价格　农户选择　选择成本　风险效益

一　引言

2013 年 4 月中旬，在生猪价格大幅度下跌的情况下，笔者带着“猪贱如何伤农”的焦点和热点问题，赴山东莒南、潍坊、胶州等地进行实地调研。调研发现：在目前市场流通环境下，养猪农户有着特别的市场预期、特殊的交

* 本文为中国社会科学院农村发展研究所2013年度创新工程项目“农产品市场和农村要素市场研究”研究成果之一。

易行为和特定的风险损失。本文正是调研发现的深层思考——进一步考察和分析养猪农户的竞争能力、现实需求、市场选择与风险价值；重点研究和分析在生猪价格“下跌”市场压力驱使下，养猪户“选择”背后存在“怎样”的“选择实质”，有何动机、合理性、必然性和意义，即在生猪价格“上涨”市场利益驱动下，养猪户又会有“什么样的选择”，赢利节点在何处，分散喂养“群体”在与集中豢养“集团”的竞争较量与利益博弈中，有何优劣势，以及猪业市场体系改善“关键点”在哪里等问题。

二　农户市场选择的行为动机、目的及合理性解析

“农民的经济行为是否理性？这是研究农户（市场）行为的基本出发点。”① 由于分析视角和价值偏好的问题，学界对这一问题的“争议颇大、观点各异”。最早给出“理性含义”的是古典经济学代表人物斯密（Adam Smmith）——将人的自利性看成不证自明的公理；② 新古典经济学集成大师马歇尔（Alfred Marshall）的微观经济学完整体系及传统经济学理性决策核心理论正是基于“偏好有序、信息完备、计算（能力）完全、效用最大化”等“理性经济人”假设。由于中国式“三农”特点和特殊文化的存在，中国出现了“理解小农”的第三种理论——“调和论”——摒弃“非此即彼”的旧例，放弃“因素孤立化和简单化”的逻辑分析习惯，试图将“实体主义经济学”与“形式主义经济学”结合起来③，对农民市场行为进行“综合分析”，并认为任何人如果试图把中国的实际情况等同于其中任一理论模式就会误入歧途。④

社会心理学教授巴里·施瓦茨在《选择的悖论》一书中提出，第一，很多具有迷惑性的商业“伎俩”使选择者难以做出明智的“选择”；第二，选择

① 史清华：《农民理性：一个概括性的观点回顾和评价》，载黄祖辉主编《中国“三农”问题解析——理论评述与研究展望》，浙江大学出版社，2012。

② 何大安：《选择行为的理性与非理性融合》，上海人民出版社，2006。

③ 史清华：《农民理性：一个概括性的观点回顾和评价》，载黄祖辉主编《中国“三农”问题解析——理论评述与研究展望》，浙江大学出版社，2012。

④ 黄宗智：《长江三角洲小农家庭与乡村发展》，中华书局，2000。

者在拥有“自主权”的同时也增加了相应的“负担”；第三，这种“负担”意味着选择者只能拥有“一个”选择，不得不放弃其他“多个”选择；第四，放弃其他“多个”选择可能“催生”多个“后悔”；第五，由于时空变化的存在，如何“明智”地选择最终均“无一例外”地变成“后悔”；第六，多次后悔于多次放弃的结果，就是选择者失去了“做一个选择”的动力，甚至丧失了选择能力。①

在中国现代商业社会，“选择”象征着“实力”，“选择”标志着“能力”，“选择”代表着“智力”；“选择”是“机会”，更是“权利”。从理论上来说，伴随着中国经济体制改革步伐及其农村市场化发展进程的推进，以及工业化、城镇化和商业化建设速度的加快，中国的“农村、农业、农民”拥有了历史上从来不曾拥有过的“发展机会与选择经历”——如农民被允许进入流通领域从事经商活动，农民被许可准入城市打工赚钱。资料显示，外出就业农民工数量从20世纪90年代初期的6000万人左右增加到21世纪初期的1亿人左右。②

然而，我们不能忽视这样的现实问题。第一，中国改革开放及其农民拥有自由流动和职业选择的“机会”只是“短短”的“三十年”，而中国的封建社会及农业社会却是“漫长”的几千年，农民根深蒂固的“习惯”尚未打破，市场需要的观念及能力也未建立，农民流动与就业选择陷入“两难”困境。而且，这种“困难”的关键不仅仅在于户籍制度与刚性政策的限制，更在于未经市场化发展“洗礼和开化”的劳动者（综合）能力素质本身。③

第二，农产品供给充足只是十几年的“短期”岁月，而经济“短缺”匮乏却是中国农民“长期”难熬的辛酸经历。所以，在广大农民的价值观念里，“多”就是好，“值得”胜于“值钱”。斯科特认为，对食物短缺的恐惧所产生的“生存伦理”，是大多数前资本主义的农业社会——如20世纪初的东南亚和19世纪的法国、俄国、意大利——农民的共同道德。这些生活在生存线边缘的农民家庭，“对于传统的新古典经济主义经济学的收益最大化，几乎没有

① 魏武挥：《选择的悖论无处不在》，《人物》2013年第5期。

② 韩俊：《中国“三农”问题的症结与政策展望》，《中国农村经济》2013年第1期。

③ 徐鲜梅等：《中国村寨基金第一村》，中国社会科学出版社，2012，第8页。

计算的机会”，“农民耕种者力图避免的是可能毁灭自己的歉收，并不是冒险获得‘大成功、大成就及发横财’。①

第三，中国市场经济发展道路经历不过二十年，而自上而下的高度集权的计划经济年代却是“四十五年”。虽然“高度集中的计划经济体制”的“电脑”被“砸碎”，但是，“高度集中的计划经济体制的思想意识和行为习惯”被无数“光盘刻录”和“优盘复制”，且流传甚广、影响至深。② 在计划经济的人际关系里，“机会”就是“权利”，“关系”就是“能力”。因此，在农民与市民的转化和对接中，政府或市场可提供的支持和帮助，可能可以改变“农民身份”，而最不可能改变的就是“社会关系”。而现实中“恰恰”是这种“社会关系”决定了农民的市场选择能力和经历。

第四，“草食女”现象风靡“大江南北”区区几年，而“肉食男”的存在却是“上下五千年”。在中国众多劳动者“生活概念”中，“无肉不算餐”，“吃肉”便是“福”。所以，中国农民，这个既是农产品生产者，又是农产品消费群体的大量存在，其市场预期和市场选择势必有悖于常规性的市场经济规律。

（一）习惯性或职业性的“选择动机”

D’Arcy 和 Storey（2000）研究发现，占猪业较大比重的散养农户的进入或退出市场，取决于对生猪市场价格的敏感度。或者说，对生猪市场价格敏感度高的生产者会随着“庭院饲养”（家庭散养）市场份额的下降和专业户及商户猪场市场份额的增加而增加，2004 年 1～49 头养猪户 210 万户，2006 年 166 万户占生猪养猪市场的 72%，生猪生产市场更具弹性，供给曲线的两端弹性最小，因为上端的技术约束和价格无弹性。③

多数生猪价格研究文献对农产品价格波动的分析也通常是围绕着农产品供求关系的变化进行的，且往往将“供求弹性”视为原因，将“价格波动”视为结果，即农产品供给增加，价格下跌；农产品供给减少，价格上涨。或许，

① 〔美〕詹姆斯·C. 科斯特：《农民的道义经济学：东南亚的反叛与生产》，程立显、刘建等译，译林出版社，2001。

② 徐鲜梅：《猪贱如何伤农：应对能力与风险态度——山东莒南生猪调出大县调研报告》。

③ Robin D’Arcy，Gary Storey，《中国生猪周期理论与模式评估及生猪价格预测》，加拿大农业咨询公司北京项目办，2006 年 6 月。

在市场化程度较高的国家和地区，情况可能会是这样——主要依靠价格机制来调节市场供求，价格波动完全有可能反映出农产品供给的增减情况——在竞争相对比较充分的市场上，对于某种农产品市场价格波动方向及程度，经营者在短期内可直接通过市场上供给量的变化做出判断。①

但是，在中国这个不完全市场竞争或市场化程度低的国度，尤其在其农村领域，农产品供给与农产品价格之间客观上并不一定存在“因果性”，或者农产品供给弹性与价格波动之间并不一定存在“因果关系”，有时甚至没有“关系”。也就是说，农产品供给的减少，并不意味着产品市场价格的上涨；反之，农产品供给的增加，也并不意味着产品市场价格的下跌。此类例子俯拾皆是。2010 年，中国粮食产量 5. 46 亿吨，加上进口超过 0. 5 亿吨，当年供给量 6 亿吨，但是，2010 年，粮食价格出现了明显上涨，一些地方还出现过对部分粮食品种的抢购现象。②

“价格波动不完全反映出农产品供给的增减情况”可能主要缘于“农产品价格机制形成的非市场性因素”——农产品生产者不“习惯”依靠市场运行的“供求”状况和信息来判断和安排生产。“农民判断某种农产品供求关系的变化，多数情况下不是依据农产品市场上实际供求关系的信息，而是依据某种农产品的丰歉情况，即单产水平的提高或者降低及其程度。”③

调研发现，面对生猪价格的下跌，养猪农户往往并未按照“专家的分析和设想”纷纷选择“退出”猪业市场。而是根据自己的资源禀赋特征、市场预期和成本概念来确定其市场行为——当生猪价格迅猛下降时，养猪农户常常会选择“继续饲养”生猪；当生猪价格疯狂上涨时，养猪农户通常无相应的生产条件和饲养设备扩大生猪规模，实现规模经济和利润最大化。换言之，生猪价格涨跌，并不是养猪农户“养与不养（生猪）”的主要考量因素。“这样选择”和市场行为，或许有养猪农户的应对能力和市场化水平有了一定程度的提高，抵御价格风险损失有了相应的经济实力的缘故。但是，“这样选择”主要还是与养殖农户固有的韧性和生命力，以及传统猪业重要性、生猪养殖习

① 李国祥：《2003 年以来中国农产品价格上涨分析》，《中国农村经济》2011 年第 2 期。

② 李国祥：《2003 年以来中国农产品价格上涨分析》，《中国农村经济》2011 年第 2 期。

③ 李国祥：《2003 年以来中国农产品价格上涨分析》，《中国农村经济》2011 年第 2 期。

惯和职业化概念等因素密切相关——养猪业是中国的传统产业，在数千年的发展过程中，养猪户形成了比较固定的行为和生活方式，当生猪价格下跌，养猪农户“选择”继续饲养生猪行为背后可能隐含着的正是长期累积下来的“生活习惯”和“职业机会”。

事实上，养猪农户“离职（养猪职业岗位）”的机会成本会更高。农民就业行为及其变化是一个相当复杂的经济现象，它是经济因素、社会因素和地理因素等多因素相互作用的结果。新古典农户经济学理论认为，农户是一个以追求家庭整体效用最大化为目标，既是生产者又是消费者，还是“非农劳动者”三重身份组成的特殊的经济组织，其创收的关键不仅在于其“就业机会”，而且更在于其“劳动的关联性及不可分割性”。①

此外，劳动者个人的就业行为不仅受到其自身人力资本禀赋的影响，还会受到家庭结构因素的影响，即家庭负担程度、家庭劳动力数量、家庭耕地经营规模、家庭收入水平、家庭成员社会地位和家庭居住地区等因素影响到农民个体的就业行为。② 同时，在农民寻求就业道路上，他们的社会地位、福利待遇和基本权利尚未获得相应的重视和保障，农民被忽视的状况随处可见。

（二）“混业”经营方式桎梏下的“自然选择”

中国现阶段的农业本质上是小规模、低效益的家庭混业经营的农业。由于小规模、低效益的家庭混业经营的桎梏，以及农民的身份地位属性的影响，③一个传统农业社会的家庭，往往就是一个独立的生产和投资决策的共同体、一个自给自足的经济单位，长辈是决策者，生产的产品也是消费品，对市场交易比较陌生，更不清楚交易者双方的权利和义务。

按照农产品供求价格理论，以及传统农业经济学研究路径，在生猪价格的涨跌“事实”面前，养猪农户应该会选择“卖涨”。但是，调查结果并非

① Barnum, H. N., Squire, L., “An Econometric Application of the Theory of The Farm Household”, *Journal of Development Economics*, 6 (1): 79 – 102, 1979; Singh, I., Squire, L., Strauss, J., “A Survey of Agricltural Household Models: Recent Findings and Policy Implications,” *The World Bank Economic Review*, 1 (1): 149 – 179, 1986.

② 陆文聪等：《兼业农民的非农就业行为及其性别差异》，《中国农村经济》2011 年第 6 期。

③ 杨继瑞等：《回归农民职业属性的探析与思考》，《中国农村经济》2013 年第 1 期。

如此，甚至相反，即养殖农户往往选择“卖落不卖涨”，事实上，这已是无须争辩的“共识”。尽管“这样的选择”——与市场需求价值及价格波动“逆向”的市场预期和交易行为，势必加剧养殖农户价格波动损失风险和经济负担。但这可能正是养猪农户在“自然经济与市场经济‘混业’经营方式”的桎梏下，面对市场利益的“诱惑”，自然而然的一种市场“选择行为”。

对于中国农村广大生猪养殖户来说，“猪业”并不完全是一宗“纯市场”买卖“生意”，它可能是一份“家业”，也可能是“希望”，甚至可能像土地一样是“情感及信仰的寄托”。所以，“生猪”产品不可能像其他商品一样完全“随行就市”，不是在“情非得已”的市场压力下，养猪农户往往难以做出“卖涨不卖落”的商业性选择。

同时，中国生猪养殖农民不完全是“商人”或资本投资人，能够像商人或投资者一样的理性选择“市场”，完全依赖市场利润最大化进行其“市场交易”。生猪养殖农民甚至把生猪产品视为有活性和情感的“东西”，“舍不得”把自己亲自喂养的“未达标”“年龄尚小”的生猪上市“交易”。因此，通常选择与“集中豢养”生产者不同的“惜售”行为。当然，“这样的选择”与养殖农户的“不切合实际”的“增产又增收”的“市场预期”脱不了干系；与养猪农户缺乏相应的市场价格信息，难以判断市场行情，或市场判断失误亦有关联。

恰亚诺夫（A. V. Chayanov）认为，小农的一个重要特征是为自家生计而生产，这种“生产者和消费者合二为一”的特征决定了农民家庭经济不同于资本主义经济的行为逻辑，资本主义的利润计算方法并不适用于小农的家庭农场。对农民而言，满足家庭的消费需要也是生产的主要目的之一。恰亚诺夫提出了“劳动消费均衡论”，认为农民在全年能够或想耗费的劳动力数量——劳动自我开发程度，取决于家庭消费需求的满足程度与劳动本身的辛苦程度二者之间的均衡状态。当劳动的投入量增加到所产物品的消费满足感与劳动辛苦程度相等时，农民就会停止增加劳动；否则，如果未满足的需求依然突出，那么农民就有强烈的刺激扩大其工作量，增加“自我剥削”。① 恰

① 〔俄〕A. 恰亚诺夫：《农民经济组织》，萧正洪译，中央编译出版社，1996。

亚诺夫认为，农民“管理的是家庭，而不是企业”，这是农民行为不可忽略的最重要特征。①

（三）猪业“二重属性”现实下的“合理存在”

D'Arcy 和 Storey（2000）研究发现：生产者可能通过改变喂养能繁母猪和母猪补栏数量来对价格波动做出反应，从而影响供给市场的生猪数量。② ——当生猪价格上涨时，养猪农户往往被认为会“拼命”给母猪“补栏”；反之亦然。这就是“猪周期”规律理论的基本含义。“猪周期”规律理论进一步认为，供给之所以滞后于需求正是因为存在“生猪生物时滞与生产者决策时滞之间的差异，即生猪生物时滞源于生产者做出改变生猪生产决策和生产改变所需要的时间；决策时滞源于生猪生产者做出改变生产所需要的时间”。③

中国学者对“猪周期”规律理论进行具体化“解释”：由于能繁母猪数量与其提供上市生猪数量之间存在比较大的时滞关系，以及母猪生产性能或饲养管理水平、疫病等因素均使母猪生产量带来很大的不确定性。经过繁育母猪、产仔、育肥三个阶段，生猪属于鲜活商品，难以依靠库存调节供需，即市场供应短缺信号不能立即在产量上得到反映。④

在垄断性竞争机制下，中国猪业价格周期性波动更具规律性，且日趋成为猪业市场业态及市场主体利益博弈节点；或者说“猪周期”及猪价变化规律在很大程度上成为“推动”生猪价格上位或下位的有力工具——“一揽子”和“一站式”掌控市场。

“猪周期”规律理论正是运用北美 - 欧洲生猪周期的滞后产出函数——三年周期 18 个月时滞模型，以及供给对价格变动反应滞后的“蛛网模型”为理论分析基础。蛛网模型所揭示的价格和生产量的基本关系——价格上

① 〔俄〕A. 恰亚诺夫：《农民经济组织》，萧正洪译，中央编译出版社，1996；史清华：《农民理性：一个概括性的观点回顾和评价》，载黄祖辉主编《中国“三农”问题解析——理论评述与研究展望》，浙江大学出版社，2012。

② Robin D'Arcy，Gary Storey，《中国生猪周期理论与模式评估及生猪价格预测》，加拿大农业咨询公司北京项目办，2006 年 6 月。

③ Robin D'Arcy，Gary Storey，《中国生猪周期理论与模式评估及生猪价格预测》，加拿大农业咨询公司北京项目办，2006 年 6 月。

④ 王明利、肖洪波：《我国生猪生产波动的成因分析》，《农业经济问题》2012 年第 12 期。

涨，产量增加，市场供给增大，供大于求，价格下跌；产量减少——突出表现在疫病对生猪价格波动影响方面——与需求相比，对供给的影响更大，持续时间更长，加剧了生猪价格的波动。该模型认为，小规模养殖户，“当市场价格上涨时，他们往往会根据当前市场价格走势扩大养殖规模，导致母猪、仔猪和育肥猪供过于求，加大后期价格下跌幅度；当价格下跌特别是跌破盈亏平衡点时，小规模养殖户，往往会采取减少存栏数量、‘集中’上市等措施杀跌止损，加剧市场价格大幅度下滑，部分中小养殖户甚至屠杀母猪和仔猪，导致生猪存栏量在短期内骤减，严重影响后期仔猪生产能力，加剧后期市场的供需失衡”。①

事实上，面对生猪价格的涨跌，养猪农户的选择也不是完全按照“蛛网模型”理论及其“猪周期”规律“母猪补栏”或“屠杀淘汰母猪”。养猪农户的选择所反映出的正是生猪自然属性和市场经济特性“二重属性”现实下的一种“合理存在”。当生猪价格上涨时，由于受生猪生产条件和市场环境的影响，养猪农户很难按照生猪市场价格的涨幅来安排生猪生产，何况还有“疫病疫情”因素的影响；同理，当生猪价格下跌时，抱有谨慎的态度，采取自我保护、害怕冒险和避免规模损失的市场行为，而往往采取“保守”（少配种、少繁殖）方式，而不是“屠杀式”淘汰“母猪”的“过激行为”。

（四）市场“双料”混合作用下的“必然产物”

中国市场经济发展程度和市场化水平决定了生猪市场价格异动与“市场调节失灵和宏观调控低效”存在必然的因果性。面对生猪价格的涨跌，养猪农户的“市场选择”正是市场调节失灵与宏观调控低效“双料”的“无用”的“必然结果”。

在目前猪业市场环境条件下，以及现代流通主体博弈对接中，农民养猪户，特别是千千万万散养农户仍然是市场调节的弱势体、政府价格调控的非受益群体。面对生猪价格的涨跌及其激烈的市场竞争，在“既依靠不了政府，又靠不住市场”的情况下，养猪农户往往通过降低“生产成本”来减少损失，

① 李明等：《生猪饲养模式对猪肉市场价格波动的影响研究——对中国、美国和日本的比较研究》，《农业经济问题》2012 年第 12 期。

甚至是“指望”不健康养殖或忽视质量来增加数量，以便“弥补”市场价格波动造成的“收入损失”。舒尔茨（1977）认为农民的经济行为动机是理性的；当然，理性行为要受到外部经济条件、信息搜寻成本以及主观认识能力的多重制约，如果能设身处地从小农的角度考虑，则可以发现某些被认为是小农不理性的行为却恰恰是外部条件限制下的理性行为。[①]

然而，一方面是生猪生产和猪肉消费大国；另一方面疫病频发，养殖环境污染严重和猪肉质量安全性差严重制约中国生猪业的发展。不少研究文献表明：养猪决策者的文化程度、养殖规模、专业化程度、是否加入供应链等是生猪养殖是否“健康安全”的关键因素。[②] 所以众多的散养户不得不承担“这样的罪过”而付出相应的代价。

三　选择成本与风险效益分析

农民的小土地所有制和个体经营，从某种程度上塑造了农民的历史性格和行为模式。马克·布洛赫在《法国农村史》一书中分析说：“……小农把自己关闭在土地中，拒绝改革土地的结构，很少对突如其来的革新感兴趣——他们很难摆脱祖传的习惯方式，他们接受进步的新技术十分缓慢。”[③] 布洛赫描述的法国小农经济形态在中国也相似地存在。在这种小农经济下，农民对任何新生技术和组织方式采取小心谨慎的态度。对农民如何改变或改革措施都只能是尝试性的，带有谨慎试错的边际改进性质和特征。农民是理性的，由于他们用来抗击未来不确定性的资源很少，很难轻易接受不熟悉的事物。只有当他们切实感受到革新带来的积极效果时，才会慢慢接受。此外，在经济资源稀少与社会保障体系不完善“双重”压力下，小规模农户的抗风险能力弱；同时，自我保护意识强烈，排斥联合化、一体化和国际化。[④]

---

① 林毅夫：《小农与经济理性》，《农村经济与社会》1988年第3期。

② 彭玉珊等：《养猪场（户）健康养殖实施意愿的影响因素分析——基于山东省等9省（区、市）》，《中国农村观察》2011年第2期；王海涛等：《养猪户生产决策行为影响因素分析——基于多群结构方程模型的实证研究》，《中国农村经济》2012年第11期。

③ 〔法〕马克·布洛赫：《法国农村史》，余中先译，商务印书馆，1991。

④ 王曙光等：《农村金融学》，北京大学出版社，2008，第62页。

美国经济学家科斯特认为，小农经济坚守的是“安全第一”的原则，具有强烈生存取向的农民宁可选择避免经济灾难，而不会冒险追求平均收益的最大化。或者说，农民宁愿选择回报较低但较为稳妥的策略，而不选择为较高回报去冒风险。① 黄宗智认为：“……中国的小农具有三种不同的面貌。首先，小农在一定程度上直接为自家消费而生产的单位，在生产上所做的抉择，部分取决于家庭的需要。其次，小农也像一个追求利润的单位，因为在某种程度上他又为市场而生产，必须根据价格、供求和成本与效益来做出生产上的抉择。在这方面，小农家庭的‘农场’也具备一些类似资本主义的特点。最后，小农可以被视为一个阶级社会和政权体系下的成员，其剩余产品被用来供应非农部门的消费需要。”②

（一）小生产与大市场“国情碰撞”

“小生产与大市场”是中国农村经济发展和市场化进程“问题”的标志性“国情特征”。一方面是千家万户的小生产者，分散且规模小；另一方面却是现代化的大市场，“一揽子”、“一站式”及产业链方式掌控着“市场”。小生产者或小农经营者的一个重要特征就是决策的分散性和投资的日常性。分散决策意味着农民天然带有一种“小私有者”的典型特征和个体主义浓厚色彩，难以走向合作化、联合化；保守特征也明显，对新生事物、技术往往采取回避和观望态度。

在“小生产与大市场”的“国情碰撞”中，小生产者“成本高、盈利少”。而且，分散养殖的小生产者的文化程度、养殖规模和养殖方式决定了他们的“良好质量安全行为实施意愿”比较低；养殖决策者文化程度越高，养殖规模越大，越意愿实施良好质量安全行为。通俗来说，分散养殖农户缺乏“安全养殖意愿”，规模大户安全养殖意愿较高，最高的是专业化养殖场。③ 缺乏安全养殖意识意味着被“市场封杀”或被“调控瓦解”的概率最高、风险

① 〔美〕詹姆斯·C. 科斯特：《农民的道义经济学：东南亚的反叛与生存》，程立显、刘建等译，译林出版社，2001。

② 黄宗智：《华北的小农经济与社会变迁》，中华书局，1986。

③ 孙世民等：《基于 Logit-ISM 模型的养猪场（户）良好质量安全行为实施意愿影响因素的实证分析》，《中国农村经济》2012 年第 10 期。

最大。千家万户分散饲养引起对预期价格的错误决策从而助长了“追涨杀跌”。分散性规模生产方式为主导的市场内在波动性大，获取信息和判断能力低，难以对生猪市场供需变化做出及时准确判断；小规模养殖导致疫情频繁；小规模养殖削弱国家对生猪市场的宏观调控能力……。[①] 此外，“疫病疫情”风险使众多小规模养殖户防不胜防，损失惨重，如2006年和2007年由南到北爆发猪蓝耳、高热病，生猪、母猪及仔猪存栏量下降30%，散养户和中小养猪场生猪存栏量下降60%，导致60%以上的散养户和中小养猪场亏本。[②]

（二）分散喂养与集中豢养“利益博弈”

高盛养猪、软银喝奶、黑石卖菜等，越来越多的外资“围剿”中国农产品市场不争的事实。外资对中国猪业的关注由来已久。2005年，高盛与几家PE参与雨润食品上市前的融资，其中高盛3000万美元、鼎晖2200万美元、PVP 1800万美元。2006年，高盛和鼎晖联合以20.1亿元控股双汇发展。高盛如今控制双汇集团46%的股权，控制双汇发展23.7%的股权，控制雨润食品13%的股权。2008年高盛以3亿美元价格收购了湖南、福建几十个养猪场。郎咸平表示，高盛是中国少数甚至是唯一控制了养猪产业上中下产业链的企业，所以成本最低——通过整合产业链来实现对终端市场的控制。[③]

20世纪90年代中后期，中国生猪政策重点转向扩大生产、调整结构、提高效率及提升质量和安全性。2007年以来，国家出台了一系列扶持养猪生产发展的政策，财政部数据表明国家用于发展养猪生产的资金投入达到150亿元，覆盖养猪生产的各个环节，能繁母猪补贴、生猪调出大县奖励、生猪良种补贴、保险补贴、发展规模养殖补贴、治理养猪环境补贴和免疫补贴等。2009年国家出台了《防止生猪价格过度下跌调控预案（暂行）》措施，2010年4月初国家发改委启动《防御生猪价格过度下跌调控预案》响应机制，一方面，

---

① 李明等：《生猪饲养模式对猪肉市场价格波动的影响研究》，《农业经济问题》2012年第12期。

② 王明利、肖洪波：《我国生猪生产波动的成因分析》，《农业经济问题》2012年第12期。

③ 贾敬敦等：《中国农产品流通产业发展报告（2012）》，社会科学文献出版社，2012，第22~23页。

通过媒体向生猪养殖户发出预警信息，调整养殖结构，主动淘汰生产能力下降的能繁母猪；另一方面，启动中央储备冻肉收储措施。据国家发改委网站 2013 年 4 月 7 日消息，《缓解生猪市场价格周期波动调控预案》，目前已在 20 个省区同时启动冻肉收储工作。

一般而言，国家收储冻猪肉受益的首先是有收储资格的大型生猪屠宰企业，如顺鑫农业、高金食品、得利斯；其次是生猪养殖企业，如罗牛山、正邦科技和新五丰；再次是猪种繁育企业和猪饲料企业，如顺鑫农业、通威股份、正邦科技和新希望等。

（三）生猪传统交易方式与现代流通技术“思维对接”

随着现代科学技术的发展，配种、养殖、饲料种植和加工全面实现了标准化，冷链及流通物流技术的迅猛发展，使生猪市场业态实现“长距离和长时间”储运化发展。“现在的养殖条件比过去好多了，原种母猪饲养采取智能化管理方式，在电脑屏幕上就可以观察到母猪生长和生养变化情况，根据母猪的妊娠情况，对母猪的饲料进行电脑化配比，实行科学化喂养。”

养殖户为价格的被动接受者，猪周期对养殖户意义更大——在猪的生长过程中承受价格风险。养殖户生产规模不同导致其在市场信息判断、防疫、抗风险和市场议价等能力方面的差异明显，从而其应对市场风险能力会对市场变化调整供给的行为产生重要影响。规模化养殖在疫病防治、正确决策和抗风险能力方面具有明显优势而有利于市场稳定，而小规模养殖户容易放大市场波动——市场内在波动性较大；小规模养殖导致疫情频繁；小规模养殖削弱国家对生猪市场的宏观调控能力。①

事实上，由于生猪属于鲜活农产品，要求具备更高的冷链物流和储运条件。大户和集中“豢养”户不仅具有雄厚的经济实力，而且拥有更好的冷链物流工具条件，可以“跨区域、反季节、避风险”进行生猪市场交易。小规模生产者，不仅交易方式传统、不稳定，而且交易手段落后，经济收入易受价

① 李明等：《生猪饲养模式对猪肉市场价格波动的影响研究——对中国、美国和日本的比较研究》，《农业经济问题》2012 年第 12 期。

格波动的影响。生猪价格下跌时，小规模养殖户可能遭受“收入锐减及亏本”风险损失；生猪价格上涨时，小规模养殖户可能遭遇“增产不增收”的“通胀”风险。

此外，小规模户的生猪交易几乎是以原始形态进入流通，现金交易方式，环节多、交易量小、附加值低、中间损耗大。多数农户的生猪主要销售给分散的收购商，缺乏议价能力，成为市场价格的被动接受者。

四　研究结论与选择建议

本文研究发现，养猪农户的“市场选择”背后隐含和存在与“习惯性及职业性”“‘混业’经营方式”“猪业‘二重属性’和市场调节调控‘双料’作用”等因素密切相关的行为动机、合理性与必然性；研究还发现，养猪农户的选择成本与风险效益主要存在于“小生产与大市场‘国情碰撞’”“分散喂养与集中豢养的‘利益博弈’”“生猪传统交易与现代流通技术的‘思维对接’”三个环节和三组“力量悬殊”的较量中。

分散养殖农户市场的存在和结果对中国农产品流通市场体系建设和猪业市场发展，不是市场秩序的“扰乱”，也不是国家利益的“均沾”，更不是价格异动的“罪魁”，而是“代罪羔羊”，是“利益牺牲”，是“产值贡献”，是“产业支撑”，这就是本文的基本结论。

养猪农户在面对生猪市场价格涨跌“市场压力及收入损失”的事实面前，所表现出的韧性和生命力，以及抵御价格风险损失应有的经济实力和风险态度，在一定程度可以测度出“中国农村流通市场化程度”的高度；而政府在应对“市场调节失灵”“猪业霸主”及价格操控者的“挑衅”和外资的“围剿”等“突发性事件”下，凸显出的“惊慌失措”——所采取的“价格阻击或资金补贴”的“失算”和“蹩脚”措施，以及“畸形”价格形成机制，清楚地提醒“中国农产品价格改革和市场化进程”毕竟短短“20～30 年”，与有着 200 年发财史和“赚钱”经验“老道”的外资所有者国家相比，中国的猪业发展不仅处于“幼稚”阶段，政府的商业化策略和调控手段调整和完善任务仍然“任重道远”。

可以说，农户的选择是“合理的”，应以一种实事求是的科学态度和眼光看待农户市场选择背后的“合理性和意义”，但在技术上、方法上和结构上存在较大的“更新和改善”的空间；同时，政府的调控政策可以理解，但在目标上、策略上和思路上存在巨大的“革新和改进”的缝隙。

参考文献

史清华：《农民理性：一个概括性的观点回顾和评价》，载黄祖辉主编《中国“三农”问题解析——理论评述与研究展望》，浙江大学出版社，2012。

何大安：《选择行为的理性与非理性融合》，上海人民出版社，2006。

黄宗智：《长江三角洲小农家庭与乡村发展》，中华书局，2000。

魏武挥：《选择的悖论无处不在》，《人物》2013年第5期。

韩俊：《中国“三农”问题的症结与政策展望》，《中国农村经济》2013年第1期。

徐鲜梅等：《中国村寨基金第一村》，中国社会科学出版社，2012。

〔美〕詹姆斯·C. 科斯特：《农民的道义经济学：东南亚的反叛与生产》，程立显、刘建等译，译林出版社，2001。

Robin D'Arcy, Gary Storey：《中国生猪周期理论与模式评估及生猪价格预测》，加拿大农业咨询公司北京项目办，2006年6月。

李国祥：《2003年以来中国农产品价格上涨分析》，《中国农村经济》2011年第2期。

陆文聪等：《兼业农民的非农就业行为及其性别差异》，《中国农村经济》2011年第6期。

杨继瑞等：《回归农民职业属性的探析与思考》，《中国农村经济》2013年第1期。

〔俄〕A. 恰亚诺夫：《农民经济组织》，萧正洪译，中央编译出版社，1996。

王明利、肖洪波：《我国生猪生产波动的成因分析》，《农业经济问题》2012年第12期。

李明等：《生猪饲养模式对猪肉市场价格波动的影响研究——对中国、美国和日本的比较研究》，《农业经济问题》2012年第12期。

林毅夫：《小农与经济理性》，《农村经济与社会》1988年第3期。

彭玉珊等：《养猪场（户）健康养殖实施意愿的影响因素分析——基于山东省等9省（区、市)》，《中国农村观察》2011年第2期。

王海涛等：《养猪户生产决策行为影响因素分析——基于多群结构方程模型的实证研究》，《中国农村经济》2012年第11期。

〔法〕马克·布洛赫：《法国农村史》，余中先译，商务印书馆，1991。

王曙光等：《农村金融学》，北京大学出版社，2008。

黄宗智：《华北的小农经济与社会变迁》，中华书局，1986。

孙世民等：《基于 Logit-ISM 模型的养猪场（户）良好质量安全行为实施意愿影响因素的实证分析》，《中国农村经济》2012 年第 10 期。

贾敬敦等：《中国农产品流通产业发展报告（2012）》，社会科学文献出版社，2012。

（本文原载于《农村经济》2013 年第 7 期）

农村改革与农民组织

完善承包地处置权能的条件、改革思路与路径

刘长全

摘　要：完善承包地处置权能是农村土地制度改革与集体所有制有效实现形式探索的关键，有利于农民权益保护与现代农业建设。本文在所有权、承包权、经营权三权分置的框架下，提出完善承包地处置权能的改革思路，即承包权与经营权具有独立的价值与价值基础，承包权与经营权可以具有各自独立的权利人，经营权人具有完全处置权能，承包权与经营权处置权能相互独立。本文还从处置权能角度比较了确地与确股两种确权方式，提出确地与确股不应成为并列的确权方式，确股应该是在确地基础上的延伸，先有明晰的对承包地的产权，再基于农户意愿自愿选择入股实现土地股份合作。

关键词：承包地　处置权能　三权分置　确权

2013 年，十八届三中全会报告《中共中央关于全面深化改革若干重大问题的决定》首次提出赋予农民对承包经营权抵押、担保权能，启动了完善承包地处置权能的改革。2015 年中央一号文件《关于加大改革创新力度加快农业现代化建设的若干意见》提出“探索农村集体所有制有效实现形式”，完善承包地处置权能也是这一探索的核心问题。但是，在承包地所有权、承包权、经营权三权分置的基本框架下，承包地处置权能的权利主体、权利对象、权益范围、实现途径等仍缺乏清晰的改革设计，这些对农民权益、农业生产组织形式都将有重要影响。本文以完善承包地处置权能为目标，探讨改革的条件、思路与路径，并从各利益相关者的角度出发，分析改革的合理性与可行性，最后提出推进改革的保障条件。

一　完善承包地处置权能的内涵与现实意义

完善承包地处置权能是深化农村集体所有制与土地制度改革的关键。这里处置权能是指转让的权利及以转让权利为基础的抵押、担保权利等。长期以来，制度约束与产权权能界限不清等因素，导致农民缺乏对承包地的处置权能，并制约农民财产权利实现与土地资源的流动和优化配置。

对所有权进行转让、赠予等处置的权利是民法与物权法所规定的财产所有权人的处分权。因此，以所有权为对象的承包地处置权能为集体所有。由于集体所有制的约束，承包地所有权实际无法让渡，集体对承包地的处分权在现有法律框架下无法落实。农户对承包地有承包经营权，后者是发包方（集体）在承包地上设立的用益物权。《物权法》第 120 条规定，“用益物权人对他人所有的不动产或者动产，依法享有占有、使用和收益的权利”，没有处分权，也就是说，农民对承包地本身没有处分权。农民能处置的是承包经营权。《农村土地承包法》规定，“承包人依法享有承包地使用、收益和土地承包经营权流转的权利”，承包经营权流转方式除了出租、转包等，也包括转让。《物权法》第 128 条也规定，“土地承包经营权人依照农村土地承包法的规定，有权将土地承包经营权采取转包、互换、转让等方式流转”。

相关法规与中央政策出现了从“承包经营权流转”向“承包地流转”的

转变。《土地承包法》第 16 条第 1 款规定，承包户“依法享有承包地使用、收益和土地承包经营权流转的权利”，十七届三中全会报告提出，“完善土地承包经营权权能，依法保障农民对承包土地的占有、使用、收益等权利。……允许农民以转包、出租、互换、转让、股份合作等形式流转土地承包经营权”。十八届三中全会报告与 2014 年中央一号文件都提出“赋予农民对承包地占有、使用、收益、流转及承包经营权抵押、担保权能”。但是，目前来看，其中所指应该仍是承包地承包经营权流转，而不是所有权流转，否则将面临两个重大制度突破：一是转让集体所有土地对集体所有制的突破，二是农户行使处分权的突破。

目前，农民对承包经营权的处置权能是不完全的。首先，《农村土地承包法》规定，采取转让方式流转承包经营权应当经发包方同意。其次，转让对象受限。所谓家庭承包经营，根据《农村土地承包法》第二章第 15 条，只有本集体经济组织的成员才有资格。《农村土地承包法》规定“经发包方同意，可以将全部或者部分土地承包经营权转让给其他从事农业生产经营的农户，由该农户同发包方确立新的承包关系，原承包方与发包方在该土地上的承包关系即行终止”，但是当受让对象超出集体成员范围，新权利人与承包地所有权人应建立怎样的承包关系，该承包关系具有怎样的法律属性都是模糊的。最后，包括转让在内所有形式的流转的期限都不能超过承包期的剩余期限。因为在处置上面临的种种限制，所以，承包经营权的流动性低于一般的财产权利，以承包经营权处置权能为基础的其他权能也得不到发展，如抵押、担保等。

从十七届三中全会提出承包经营权长久不变到试点承包地确权颁证，再到十八届三中全会提出赋予农民对承包地的抵押、担保权能，土地制度改革的基本方向是增强农民对承包地的财产权利，完善承包地处置权能是这个方向的应有之意。通过改革，首先，可以厘清不同主体对承包地的权益关系，增强农民对承包地权益的保护，特别是离地农民对承包地的权益，进而有利于城镇化的发展；其次，有利于加快承包地流转与优化配置，提高土地利用效率；最后，有利于规模经营的发展与现代农业主体培育，促进现代农业建设并保障国家粮食安全。

二　改革目标与思路

（一）改革目标

完善承包地处置权能就是要在坚持集体所有的基础上，改变当前产权安排既不利于农民（承包经营权人）权益实现与保护，也不利于耕地利用效率提升与现代农业建设的现状。完善承包地处置权能是寻找达成不同目标的可能制度安排的交集，改革要满足三个方面的要求。

①让承包经营权成为完整的财产权利。对承包经营权来说，要成为完整的财产权利必须能够通过买卖等实现转让。在这个基础上，抵押、担保等融资手段才能得到发展，承包经营权才能从财产变资产。

②改革要有利于农民形成稳定、合理的权利预期，让农民可以放心地离土离乡实现城市化，这是工业化、城镇化继续发展的客观要求。

③改革还要有利于承包经营权合理流动，有利于农业规模经营的发展和新型农业主体稳定经营，避免抛荒和粗放经营，提高耕地利用效率。大宗农产品市场价格与进口到岸价格倒挂等问题需要通过转变农业生产方式、提高农业生产效率来解决。但是，规模流转中普遍存在觊觎农地非农价值、非粮化、非农化严重的问题，这些要靠合理的产权安排与土地用途管制共同发挥作用才能解决。

（二）改革的基本思路

1. 在所有权、承包权、经营权三权分置的框架下完善承包地处置权能

所有权与承包经营权分离极大地促进了农业发展。随着工业化、城镇化的推进，承包经营权人与实际农业经营者的分离越来越普遍。为规范和保护不同主体的经济利益，承包权与经营权的分离也势在必行。2014 年 9 月 29 日，中央全面深化改革领导小组第五次会议审议、2014 年 11 月 20 日中办与国办联合发布的《关于引导农村土地承包经营权有序流转发展农业适度规模经营的意见》，提出进一步深化农村土地制度改革，将农村集体土地所有权、承包权、经营权“三权分置”。

2. 分置后的承包权与经营权具有独立的价值与价值基础

厘清土地相关的利益与各项产权的关系是改革目标实现的关键。经营权的

价值基础是农地农用基础上的使用收益。承包权的价值基础有两个方面：一个是经营权流转的租金收入；另一个是在征地等情况下产生的资产性收入①。

3. 承包权与经营权可以具有各自独立的权利人

承包权与经营权的权利人可以不同，并且在农地农用的基础上，承包权人无权干预经营权人的生产经营。

4. 经营权人具有完全处置权能，承包权与经营权处置权能相互独立

完全的经营权处置权能，指权利人可以转让或无期限长久流转经营权，并且受让对象不限于集体经济组织成员。在无期限长久流转的情况下，承包权人不得无故或因非经营权人责任收回经营权。承包权处置权能要在固化承包权的基础上，分阶段逐步建立。首先，确保集体经济组织成员范围内自由转让，在条件成熟时，转让受让对象向集体经济组织成员以外的人员放开。独立的处置权能，指经营权权利人可自主决定经营权的流转（包括短期流转、无期限的长久流转、转让等），受让经营权的新权利人也可以自主决定经营权的流转，当前权利人的流转权利不受所有权人、承包权人、原经营权人约束；承包权流转不受所有权人、经营权人的影响，同时承包权的流转不影响经营权当前权利人的生产经营活动。处置权能的独立性意味着《农村土地承包法》第37条规定的“采取转让方式流转的，应当经发包方同意”，《农村土地承包经营权流转管理办法》第11条规定的“以转让方式流转的，应当事先向发包方提出转让申请”和第13条规定的“受让方将承包方以转包、出租方式流转的土地实行再流转，应当取得原承包方的同意”等规定，不适用经营权长久流转和转让。

三　改革的可行性、适用性

（一）改革顺应了深化集体经济产权制度改革的要求

以完善处置权能为主要内容的农村土地制度改革，是集体经济产权制度改

① 物权法中的用益物权是以使用价值为基础的权益（梁慧星、陈华彬，2010）。承包经营权，顾名思义，权益设定在农业生产经营用途的基础上。征地等产生的补偿收入则是以非农用途为基础的市场价值，已超出承包经营权的用益物权属性。

革的重要内容。集体所有制在不同发展阶段呈现不同的组织形式，都服从于当时的经济社会发展环境、目标，并随着需求的变化不断改革完善。三权分置下赋予各项产权不同处置权能不是对集体所有制的否定，而是对集体所有制有效实现形式的探索和发展。集体所有制在建立以后的相当长一个时期有三个基本属性，随着工业化、城镇化的推进，这些属性存在的经济社会基础都已先后发生变化，围绕这些属性所确立的集体所有制实现形式因对生产力与社会发展的束缚，逐步得到改革。但是，总体上仍滞后于发展的需求。

属性一：服务工业优先发展战略的制度基础。依托集体所有，构建农产品统购统销体系，通过工农产品价格剪刀差为早期的重工业优先发展战略输送物资，提供支持。这一属性早已因环境变化不复存在。但是，因之形成的农业与农村落后局面依然是中国进一步发展的重要制约，农业市场化改革以及工业对农业的反哺都是对此属性造成的偏差的回应。

属性二：传统农村公共服务与治理结构的经济基础。在国家财政无力负担的背景下，农村集体一直承担了很多公共服务职能，与其承担的社会管理职能一起依靠集体经济收入来支撑。随着人口大量流动，农村人口构成日益复杂化，这一体制已不能满足公共服务均等化与农村社区化建设的需求。

属性三：维持公平分配关系的制度保障。在农民占人口绝大多数、农业在就业和产出中也占绝对多数的情况下，集体所有制下公平的资源分配保障了集体成员的起点公平，在很长一个时期里起到了维持农村社会安定的作用。但是，随着农业在经济中的比重持续下降，农村内部加快分化，靠平均农业资源分配并限制其流动来调节收入分配的作用已显著弱化，而其对生产力的束缚却日益显著。在市场化改革与市场经济体系建设过程中，靠市场化的分配、再分配手段，加上社会保障网建设，维护公平与稳定已成为必然选择。

三个属性存在基础的弱化或消失意味着集体所有制传统实现形式的历史使命和现实需求已基本不存在，对集体经济的改革不但是可行的，而且从市场化改革和解放生产力角度看也是必要的。在此背景下，赋予承包地处置权能是深化土地制度改革的方向，也是集体所有制实现形式探索的关键内容。

（二）改革方案符合各方利益需求

在分置的三权中，承包权是集体所有制下体现中国特色社会主义制度的概念；经营权是使用收益权，类似于永佃制度下的田面权，是与一般意义的所有权对应的概念。历史上，所有权、田面权分离是佃农对抗地主斗争的产物，主要是削弱地主对土地的控制，为耕作者（佃农）提供了保护。但是，在当前经济社会条件下，三权分置却不能简单被视为对所有权或承包农户权利的弱化，相关改革实际上是一个双赢，甚至多赢的过程。

1. 对农民来说，既实现了土地流转的当期收益，也保护了承包地未来的升值收益

旧时田地用途单一，用途变更的可能性很小。现在有农用、非农用之分，农用也存在作物类型等的差别，对土地产出、土地价值影响巨大。在工业化、城镇化快速推进阶段，土地升值潜力对农民来说是难以预见的。虽然农业作为生存手段的功能对于大多数农户来说已经弱化，但是在土地依然是农民最重要财产的情况下，即使没有制度障碍，面对未来升值潜力，保留承包地不转让也是农民的理性选择。在保护未来升值收益与获取当期流转收益的基本选择上，着眼于保护自身权益，承包户大多倾向于短期流转土地。在三权分置的基础上，进一步实现权益分置，明确承包权所附着的权益，满足了承包户保护未来土地升值收益的要求，经营权独立处置则满足了承包户实现土地流转收益的当前要求。

2. 对新型农业主体来说，满足了稳定获得经营权的要求

现在已没有大地主与小农民之间那种不对等的业佃关系，甚至有机会实现规模经营的主要是一些强人、能人，时常是流转土地的承包户处于弱势地位。但是，总体来说，面对众多分散的“小地主”，实现连片流转、稳定经营仍是新型农业主体发育面临的首要困难。现代农业具有投资大、回收周期长等特征，缺乏稳定的经营权会显著增加农业投资的风险，进而抑制投资，还可能导致经营者对耕地采取短视的、破坏性利用行为。正如永佃制度下田面权的分离促进了农地整合（赵冈，2006），独立价值与独立处置权能的赋予也将提高经营权的流动性，有利于确保流转的稳定性并促进规模经营的发展。

3. 对政府来说，可以破解保护农民与发展现代农业的两难处境

通过承包地流转实现规模经营、提高农业效率是中国农业发展的客观要求，放开土地流转又面临小农被剥夺、土地集中和大量“别有用心”的资本占领农地的风险。三权分置下权益分置将抑制面向土地非农价值的占地冲动，有利于耕地向真正的农业经营者集中，承包户与未来新型农业主体的利益都相应得到保护，这对于农业稳定发展和粮食安全都是有益的。另外，承包权、经营权分离，将改变过去农业扶持政策扶持对象不清的窘境，各类扶持、奖励、补贴政策可以聚焦经营权，提高财政支农资金的瞄准性和效率。

四　确权是赋能的前提

对承包地行使处置权能的前提是要有明晰的产权，具体体现在产权对象明确，即承包地确定；产权权利人明确，一权一主。但是，在现实中，有地没证（没有办理或没有发放承包经营权权证）、有证没地（地已被非法转为其他用途）、证实不符（权证所载面积与实际面积不一致）等情况非常普遍。因此，赋予承包地处置权能改革的基础是承包地确权，厘清承包地上存在的不清晰的权利关系，实现承包经营权证、地块、面积明确到户，固化承包地权利并长久不变。

（一）确权方式首选确地，确股是在确地基础上的发展

关于确权方式，存在确地块与确股份之争，前者强调承包户权利的保护，后者强调耕地流转与农业规模经营的便利。2014 年中央一号文件提出“可以确权确地，也可以确权确股不确地”。不考虑谈判权利对权益的影响，确地与确股对收益权的影响较小。但是，从处置权角度看，两种确权方式的结果是截然不同的。如果确地块，农户处置权的对象显然是具体地块的承包权与经营权。如果确股份，那么农户处置权的对象只能是股份，而不是具体的承包地。在确股的情况下，承包农户甚至对承包地占有、使用的权利也得不到保证，出现权利的弱化①。确权本身作用只限于明晰产权，做不到为产权提供保护，确权的效力还需要健全的制度来保障。但是，确权至少不能弱化农民保护产权的能力，甚至减少其他权能。

---

①　虽然一些按股确权的地方声称，确权后不改变农民对原承包地的经营与利用，但是农民对原承包地的占有与使用实际上已不具有法律依据。

一种观点认为，确股后农户如有用地需求①，股份社依然可以通过调地的方式给予满足。根据《农村土地承包法》，包括互换在内的土地承包经营权流转都应该建立在平等协商与自愿的基础上。要保证确股情况下这种调地符合农户的意愿，确股首先就必须是基于农户的真实意愿表达。恰如股份公司是股东自愿带产权清晰的个人资产入股成为按份共有的资产，确股应该是在确地基础上的延伸，先有明晰对承包地的产权，再基于农户意愿自愿选择入股实现土地股份合作。因此，确地与确股不应该成为并列的确权方式。实践中，确权方式首选确地，确股是确地基础上的发展，要防范从易于操作、便于规模经营等理由出发违背农民意愿使用确股方式。

（二）确权同时面临制度障碍与现实困难，但不是确权停滞不前的理由

在制度上，固化权利与长久不变都缺乏法律依据，法律不改，“铁证不铁”的困境将长期存在。确权是一项基础性制度变革，不仅改变人地关系，也改变成员与集体的关系、集体的成员构成及对治理结构的要求。这种改革想无成本地自发实现或一蹴而就本身就是极其不现实的，改革进程中的挫折与反复在一定程度上无法避免，但不能因此否定改革的方向。各地确权实践以及改革出现的反复都是宏观层面改革的助推器。微观层面的探索性改革可以让确权的效果彰显，也为配套的制度改革创造实验条件，实践是检验真理的唯一标准，确权在经济发展与社会建设方面的成效可以帮助消除不必要的担心，从而明确改革方向，巩固改革信心。

在实践中，确权面临几个主要的矛盾与困难。第一，基于承包地占有现状开展确权，对放弃承包经营权、转让承包经营权的农户可能存在不公。承包时和承包期间农民做出的是否承包、出租、转让等都基于二轮承包承包期 30 年的规定，以及决策时的土地制度和财税制度等。以太仓为例，1998 年确权 36 万亩，老百姓放弃的地有 4 万多亩，2003 年取消农业税，农民就都来要地。

① 可能存在两种情况：①确股后，耕地仍由原承包农户经营，在股份社需要用地时，就给承包户调地；②耕地由股份社统一经营或出租等，农户如要退出，由股份社从其他位置调地给农户。

承包期结束重新分地、要求承包经营权是很多农民的意愿。第二，如果重新分地再确权，就是对原来分配关系和制度延续性的否定。根据《农村土地承包法》的规定，二轮承包的承包期是 30 年，中共中央十七届三中全会报告还进一步提出承包经营权长久不变。第三，面积口径差异与账实不符问题普遍。许多地区发包土地时是按照产量亩，是以当时的技术、土地生产力为基础的面积，同样发包面积可能对应不同的物理面积。当前，农业技术水平的提高已使土地单产的差异大大缩小，再按产量亩确权也会面临很大的矛盾。对于一些近郊村来说，因为违规转变耕地用途，还存在账实不符问题，甚至是有账无地。第四，部分地区耕地一直没有承包到户，或者承包到户的耕地已经由集体收回统一经营。这些困难的存在反映了复杂的现实情况，要求各地在推进改革中因地制宜，在明晰产权这个大方向下，充分发动群众，依靠民主机制协调不同群众的利益诉求。总之，这些困难是实践层面怎样做的问题，不能成为否定确权这一方向性问题的理由。

五　完善承包地处置权能的条件与保障

（一）健全产权交易与权利保护机制

承包权与经营权权利人行使处置权能，既可以是单独议价，也可以依靠一定的组织载体通过招标拍卖等形式实现。在此过程中，要加强对各相关主体权利的保护。

1. 加强对处置权能的保护

完善处置权能必须以巩固占有、使用、收益权能为落脚点，首先要增强承包权与经营权权利人保护产权的法律基础和现实能力。完善处置权能是赋予农民更完整财产权利、实现让农民带着财产进城的需要，应是有利于农民福利提升的过程，而不是资本进入农业或集中农村承包地的突破口。现实中，传统农户在与大户、工商资本的竞争中处于弱势地位，行政性力量经常介入承包地流转，没有健全的制度为农民提供保护，就不能保证处置权是在自愿、公正、公平的条件下行使的。村集体、合作社等代行处置权能需要在权利人自愿的基础上，避免强制参加合作社、变相剥夺权利人处置权能等情况的发生。

2. 加强对新权利人的保护

承包权与经营权的分离就是要进一步明晰不同产权的权益与责任，为不同权利人分别提供保护，处置权能的赋予应有利于耕地流转和新型农业主体稳定经营，从而促进现代农业发展。因此，要切实保护处置权能防止强迫的产权交易，对公平、自愿的产权交易，也要保护新权利人的权益。防止承包权权利人“增租夺佃”，或通过其他形式干预新权利人正常的生产经营活动。对于无期限长久流转的“永佃”协议，租金要能动态地反映经营权价值与供求关系，承包权权利人的收益得到保证是经营权长久、稳定流转的价值基础。

（二）加强耕地保护

在耕地数量有限、粮食安全脆弱的背景下，耕地保护是土地制度改革的基本前提，十八届三中全会报告提出要“坚持和完善最严格的耕地保护制度”。完善农村承包地处置权能，是为了优化农业用地配置，促进农业规模经营和新型农民发育，要防止其能成为非粮化、非农化的助推器。

1. 强化土地用途管制

当前不乏希望进入农业生产、发展现代农业的资本，但是，也有着眼于耕地的非农价值而集中土地的资本。强化用途管制，就是在为各类资本获取农村承包地经营权的机会的同时，让粮食生产、农业经营成为经营权流转后的唯一选择。

2. 着眼于耕地保护，加强产权交易过程管理

可借鉴日本对农地流转加强管理的做法。日本农地法规定，“农业生产法人”的成员必须依照使用收益权使用农地或牧草地，转让所有权或设立以使用和收益为目的（如永佃权）时，需要得到农业委员会的许可①，想将取得的所有权、田面权、永佃权、质权等用于种养殖以外的用途不能得到许可，非农业生产法人想取得以上权利也不能得到许可。在中国土地制度改革过程中，除了发挥国土资源管理部门的作用，可以考虑设立具有区域性行业自治特征的农业委员会，监督承包权与经营权的流转与使用。将农地用途作为经营权流转协议的要件，超出农用范围的流转协议无效。经营权新权利人超出农业范围使用

① 权利受让人跨区域获得权利更是需要得到上一级政府的许可。

土地，视为违约，即使是经营权转让或无期限长久流转，承包权权利人也有权申请农业委员会仲裁收回经营权。

（三）加强保障制度建设，减少社会风险

完善承包地处置权能面临法律约束，但是，更大的障碍不在于修改法律，而是赋予处置权能后潜在的社会风险。因此，完善承包地处置权能要配套完善相关保障制度。

1. 建立更加完善的社会保障体系，为转让承包地承包权、经营权的农户提供就业与生活方面的兜底

一方面，处置权能的赋予让农村承包地的财产属性得到进一步完善，财产价值有可能得到实现；另一方面，也让农民脱离制度的庇护，成为更加独立的市场主体，市场风险也会随之产生。农民转让土地承包权与经营权，也就失去了就业缓冲与生活兜底。因此，完善农村承包地处置权能过程中，建立健全保障制度是避免失地、失业农民大量出现的重要配套举措。

2. 建立承包地抵押、担保的再保险制度。处置权能的赋予意味着抵押、担保等权能也将同步得到发展

对抵押、担保来说，作为标的的承包权或经营权处置后，农民可能面临就业与生活问题。为此，要为抵押、担保权能的行使提供再保险制度。可建立政府性的再保险公司，代表政府赎回担保、抵押后面临处置问题的承包权或经营权，并设立专门的委员会，决定这些产权的处置问题：可以由原来的农户继续享有，或者向其他经营主体拍卖。对于前者，需要明确农户继续享有产权的条件、债务处理的办法、再保险公司收回产权的条件等。对于后者，同样需要明确具体的条件。

参考文献

梁慧星、陈华彬：《物权法》（第五版），法律出版社，2010。

赵冈：《永佃制的经济功能》，《中国经济史研究》2006 年第 3 期。

赵冈：《永佃制》，中国农业出版社，2005。

（本文原载于《价格理论与实践》2015 年第 2 期）

村级流转管制对农地流转的影响及其变迁*

郜亮亮　黄季焜　冀县卿

摘　要：农地的自由流转是实现农地规模化经营、提高农地配置效率的前提。本文基于2000年和2008年6省1200户的追踪面板数据研究发现，2000年有21%的农户在流转农地时会受到村级管制，2008年受管制比例下降为3%。随后，本文建立计量模型研究发现，村级流转管制显著抑制了农地流转的发生，相比自由流转的农户来说，受管制农户的转入农地概率要低7%，这是村级流转管制增加了交易成本的缘故；而且，本文通过建立双重差分模型进一步分析发现，这种管制所产生的流转效应没有随样本期从2000年到2008年而发生显著变化，即管制的流转效应是“恒定”的。下一步要更好地落实中央鼓励农地自由流转的政策，降低流转的交易成本，真正促进农村土地的自由流转。

关键词：村级流转管制　农地流转　固定效应模型　双重差分模型

一　引言

农地流转是中国农业经济学者所关注的重要问题之一。中国既有农地制度

* 本文为国家自然科学基金青年项目“农地确权对农地流转市场影响的实证研究——兼论农地流转市场的交易成本及其变化”（项目编号：71203235）、中国社会科学院农村发展研究所创新工程项目“中国农产品安全战略研究”的阶段性成果。本文作者感谢中国社会科学院农村发展研究所创新工程项目“中国农产品安全战略研究”项目组成员（张元红、杜志雄、国鲁来、张兴华、刘长全）对本文研究所提出的建设性意见，但文责自负。感谢中国科学院农业政策研究中心（CCAP）张林秀研究员和她领导的2000年调查团队为本文所提供的数据支持。

下的农业小规模生产同农业劳动生产率提高、农民增收、食品质量安全间的矛盾日益突出，农地流转成为农户扩大经营规模的重要途径（黄季焜，2008；蔡昉等，2008；郜亮亮等，2011）。因此，对农地流转决定因素的研究也变得重要起来。已有文献大多强调以下几个影响因素。第一，劳动力市场（或者非农就业）（例如，姚洋，1999；Yao，2000；Kung，2002；Deininger and Jin，2005；钱忠好，2008；Huang et al.，2012）。随着农户非农就业机会的增加，农户外出就业将获得更多的收入，用来耕作土地的劳动力的机会成本越来越高，这种经济发展带来的劳动力流动需求将刺激农地流转市场的发展。第二，农地产权特点。这部分文献强调清晰的产权是土地流转交易的前提①，因此，土地承包经营权的稳定性就成为决定土地流转的重要因素。例如，田传浩、贾生华（2004）提到，农户对地权稳定性的预期越高，租入土地的可能性越大。而在中国农村地区，行政性土地调整大量存在②，是影响农地使用权稳定性的重要因素。Deininger 和 Jin（2005），刘克春、林坚（2005）分析了中国行政性农地调整与农地流转市场之间的替代关系，而赵阳（2007）建立计量模型分析发现，打破小组界限的农地调整对农地流转市场发育有显著的负面影响。第三，农户特征。几乎所有关于农地流转决定因素的研究都会涉及农户特征变量——户主性别、年龄、受教育水平、能力③、家庭人口、劳动力数量、财产等——对流转的影响。第四，交易成本（例如，钱忠好，2003；邓大才，2007；郜亮亮，2010）。农地流转本质上是农地使用权的交易，因此，在交易过程中必然面临搜寻信息、合约谈判以及执行等的交易成本。高昂的交易成本④使农地流转得不偿失，最终流转不起来。这些研究几乎没有针对性地分析

① 叶剑平等（2010）的调查表明，土地产权越清晰（发放土地承包合同/证书的比例越高），土地市场越规范（表现为流转土地签合同的比例越高，流转土地登记的比例越高）。

② 很多学者（张红宇，2002；陶然等，2009）都强调了长期稳定的土地使用权与经常性土地调整带来的平等权利之间始终存在矛盾。最近 10 多年以来中央一直强调要稳定农地承包权，但由于村庄内部不同家庭之间人口相对变动而带来的土地调整压力一直存在，这种压力并不会因中央强调农地承包权稳定的政策而消除。当然，二轮承包后各地发生土地大调整和小调整的次数显著下降了（陶然等，2009）。

③ 这里的能力主要指农户的农业生产经营能力。初玉岗（2001）曾强调农村土地流转不畅的根本症结在于农业企业家的短缺。

④ 实际上，也有研究关注农地细碎化对流转的影响（例如，王兴稳、钟甫宁，2008），不过，细碎化主要是增加了流转的交易成本。

村级流转管制对农地流转市场发展的影响，特别是缺乏基于大规模调查数据的经验分析。

实际上，如同产权经济理论强调的，产权是由一束权利——使用权、收益权、交易权组成的（Feder and Feeny，1991），中国农地产权当然也包括农地的使用权、收益权和交易权（周其仁，2006；赵阳，2007）。这些权利的完整与否都将影响农地流转市场的发展。例如，上述所引文献特别是强调使用权稳定性对农地流转的影响的文献本质上是强调农地使用权或者收益权的完整性对其交易的影响。同样，这些文献所提到的土地行政性调整本质上也是影响了相应的使用权或者收益权的完整性，进而影响了交易结果。因此，有必要从经验上回答产权束中交易权的完整性对农地流转的影响，更何况在组成土地产权的三项权利当中，交易权起着更为关键的作用（周其仁，2004）。农地交易权完整性的最直接体现就是农户在流转交易时是否受到村级层面的管制，如果受到管制，那么这种管制是否将显著抑制农地流转的发展。这正是本文要研究的问题。

当然，不少文献已经注意到了农户流转农地时经常要受到村级管制。赵阳（2007）发现，30%的农户认为“应该经集体同意”方可进行农地流转，而且赵阳（2007）明确地将此归为“让渡权（交易权）的完整性”问题①。叶剑平等（2000）发现，只有36.0%的村民认为他们有无条件转包或出租其土地的权利，而33.2%的人认为，只要到村民委员会备案就可以转包或出租。洪名勇（2009）调查发现，农户在承租农地时较少征求村民小组和村民委员会的意见，只有8%左右的农户承租时需要征得村民委员会同意。当然，也有不少研究认为村级管制可能阻碍了农地流转，并对此进行了批评。例如，张红宇（2002）强调，发育和开辟土地使用权流转市场必须确立农户自由原则，政府和社区的过多干预往往阻碍了土地的必要和合理流动。而钱忠好（2002）也提到，在现行农地制度安排下，农地承包经营权转让受到诸多不当管制，由此导致的不完全的农地承包经营权必然会降低农地交易价格，使交易价格不能真

① 实际上，赵阳（2007）认为，“地权的残缺性更多地表现在农民对土地的处分权的不完整方面”，而且，“农地处分权主要体现在让渡权的分布”。赵阳（2007）的让渡权就是本文所说的交易权。

正反映农地资源的稀缺程度，农地转让收益会因此下降，进而减少农地市场供给。无论如何，有必要在以往研究的基础上，进一步考察农地流转管制的发展情况，并利用相关数据定量分析它对农地流转的影响。

从现实角度讲，中央三令五申地要求稳定农村土地权利，禁止村级土地调整，鼓励土地自由流转，这些政策特别是鼓励农地流转的政策落实情况如何，村级农地流转管制是否依然存在或如何随时间而变化，村级农地流转管制是否会对农户土地流转产生影响，村级农地流转管制对农户土地流转所产生的影响是否会随时间发生变化，这些都是亟须回答的问题。

本文基于2000年和2008年两轮全国调查数据，分析村级管制对农地流转的影响，并考察这种影响的动态变迁，从而为下一步促进农地流转提供依据。本文接下来将首先介绍所用的调查数据；其次，分析村级管制影响农地流转的逻辑，并提出理论假说；再次，建立经济计量模型来检验村级管制对农地流转的影响，并考察这种影响随时间而变化的情况；最后，总结全文并给出政策含义。

二　数据来源和研究样本

本文所用的数据来自两次调查。第一次是2000年11月进行的入户调查，利用分层随机抽样方法选取河北、辽宁、陕西、浙江、四川和湖北6个省份，在每个省份选取5个县，在每个县选取2个乡镇，在每个乡镇选取1个村，在每个村选取20户。第二次是2009年4月对2000年调查农户进行的追踪调查。两次调查内容分别是关于2000年和2008年的农地制度、非农就业与农地流转等情况。2000年有效样本为1189户，2008年有效样本为1046户①。因为不是所有农户都能被追踪调查，而且有些关键变量存在缺失值，最后得到如表1所示的分析样本。根据表1，2000年和2008年各有849个样本农户。2000年的849户中有136户为土地转入农户，大概占16%；2008年的849户中有154户为土地转入农户，大概占18%。

① 2008年，由于汶川地震，四川省1个县的两个村没有调查，应该有1160户样本（1200－40＝1160），最后实际得到有效样本是1046户。在损失的114户样本中，89户已经不在农村生活，另外25户要么是整个家庭消亡（7户），要么是不进行农业生产（18户）。

表 1 研究样本

单位：户，%

年份	总户数	土地转入农户数	土地转入农户所占比例
2000	849	136	16.02
2008	849	154	18.14
两年混合	1698	290	17.08

需要说明的是，部分土地转出农户因为外出而不能被调查，土地转出农户样本在某种程度上讲并不能“无偏”地代表总样本，所以，本文选择土地转入农户进行分析。

三 理论逻辑：流转管制、农地交易权与农地流转

从理论层面讲，农地流转本质上就是农地交易，这对应着农地产权束中的交易权。如果说家庭联产承包责任制解决了农地的“收益权”①，“长久不变”地解决了农地的“使用权”的话，那么，关于鼓励农地流转的政策就是在解决农地的“交易权”问题。交易权的完整性将影响农地流转的实现程度和效率。

科斯定律说明，如果交易成本为零，初始产权的分配不会影响资源配置效率。这至少表明两个道理：第一，交易至关重要；第二，交易成本至关重要。回到中国的农村土地问题上，家庭承包责任制是以极度平均主义的分配方式为基础的，这种初始的土地产权分配在很大程度上解决了“公平”问题，按道理，只要这种主要解决了“公平”问题的产权可以随意交换，那么，土地资源的配置效率是不会受到影响的。尽管已有不少政策鼓励农户自主流转，但土地流转市场的发展依然缓慢和无效，最终使“公平”分配的土地产权不能产生很多学者强调的“效率”层面的土地产出拉平效应（姚洋，2004）。在很大程度上，这是交易成本太大的结果，否则，即使为了解决“公平”问题的初始产权配置也不会导致土地资源配置无效。所以，如果农户没有自由的土地

① 朱民等（1997）曾提到，“从产权的分配来看，由于家庭责任制保留了集体所有制的性质，村民通过这一制度获得对土地等额的使用权和相应剩余收益权”。

“交易权”，或者交易权是不完整的，那么土地资源的配置效率就会有相当的损失。

村级流转管制正好增加了流转交易的链条，增加了交易成本，或者说启动成本。试想，流转前取得村里同意至少要花一些时间成本，在租金不高的情况下流转难以启动；如果想流转的农户与村委会的关系一般甚至有矛盾①，那流转基本上是不可能的；或者，只要转入或转出农户有一方与村委会及其成员的关系不利于其同意流转，那么交易双方的土地流转就实现不了；如果转出农户没有经村委会同意将土地转包出来，那转入农户也终将怀着被“敲竹杠”的畏惧心理，这将影响农地流转市场的需求。总之，村级流转管制主要造成了农地产权束中的“交易权”不完整，增加了交易成本，阻碍了土地流转市场的发展。

因此，本文提出以下假说：在控制其他因素的情况下，在那些村级流转管制较强的村，农户发生土地流转的比例就低。本文将此假说总结为管制的流转效应假说。

四　统计描述证据

为了研究村级流转管制对农地流转的影响，笔者对每个村的农户进行调查时，询问了农户流转农地时是否受到村级管制。根据表2，2000年土地流转受到村级管制的农户比例约为20.61%，其中，转入土地农户比例为10.31%，这比同年土地流转不受管制的农户组中的转入土地农户比例（17.53%）低了7个百分点；到2008年，土地流转受到村级管制的农户比例下降为3.18%，表明鼓励农地自由流转的政策得到了较好的落实，而且土地流转受到村级管制的农户组中的转入土地农户比例为11.15%，仍然要比同年不受管制农户组中的转入土地农户比例（18.37%）低7个百分点。这表明，尽管村级流转管制随着时间的推移有显著减弱，但不管是哪一年，土地流转受到村级管制的农户要比不受管制的农户的转入土地积极性差，因此，村级流转管制阻碍了农地流

① 例如，想要流转的农户与村委会主要负责人不属于同族，或者选举时前者没有支持后者，等等。

转行为的发生。前面假说得到了初步证实。

另外，从表2中还可以看到，2000年，户主有非农就业经历的农户。其发生土地转入行为的比例要低于那些户主没有非农就业经历的农户。自家耕地面积较多的农户的土地转入概率较低；家庭农业生产资料（主要包括农机具、耕牛等，这里将它们的价值折合成人民币）较多的农户的土地转入概率较高。

表2　2000年和2008年样本农户特征及土地转入农户比例

项目	2000年		2008年	
	样本农户	转入农户比例(%)	样本农户	转入农户比例(%)
土地流转是否受村级管制				
是	175 (20.61%)[a]	10.31	27 (3.18%)[a]	11.15
否	674	17.53	822	18.37
户主是否有非农就业经历				
是	178	13.48	351	18.52
否	671	16.69	498	17.87
家庭人口数(人)				
≤3	269	17.10	362	20.72
[4,5]	456	17.54	397	16.12
≥6	124	8.06	90	16.67
自家耕地面积(公顷)				
≤0.2	241	21.58	299	23.08
(0.2,0.5)	383	12.01	336	13.99
>0.5	225	16.89	214	17.76
家庭农业生产资料(元)				
0	5	80.00	171	8.19
(0,500]	319	14.11	233	21.03
(500,5000]	305	17.38	273	21.61
>5000	220	15.45	172	18.60
户人均财富[b](元)				
≤3000	398	13.32	168	14.88
(3000,10000]	279	19.35	224	18.30
>10000	172	16.86	457	19.26

注：a小括号中的数字是相应样本农户所占的百分比；b人均财富指家庭人均耐用消费品价值。

为了进一步验证前面的假说，本文根据每个省农户土地流转遭受村级管制的情况进行了排序，然后考察土地转入农户比例是否也有相应的顺序。从表3可以看出，浙江和陕西两个省不存在村级流转管制，河北、四川两省土地流转受到村级管制的农户比例占14%左右，而湖北省的这一比例大概有16%，辽宁省则将近1/4农户的土地流转受到村级管制。同时也发现，对于土地流转管制严重的地区，其土地转入农户所占比例较低。浙江省没有村级流转管制，其土地转入农户比例高达28.10%，这几乎是受管制比例最高省份——辽宁省——的两倍。这再次从另一个侧面初步证实了前面的假说。

表3　2000年和2008年各省土地流转受管制农户的比例和土地转入农户比例

单位：%

省　份	土地流转受管制农户所占比例	土地转入农户比例
浙　江	0.00	28.10
陕　西	0.00	9.66
河　北	14.49	17.03
四　川	14.60	16.37
湖　北	16.23	16.88
辽　宁	24.38	15.12

为了将村级流转管制对农户土地转入行为的影响从众多因素中隔离出来，下文将进行严格的多元回归分析，同时对表2中的其他影响因素进行控制。

五　计量分析

（一）管制的流转效应

1. 模型设定

本文设定如下形式的经济计量模型。

$$Rentin_{it} = \alpha + \beta Rent\lim_{it} + \varphi Hhofff_{it-7} + X_{it}\lambda + f_i + \varepsilon_{it} \quad (1)$$

（1）式中，被解释变量 *Rentin* 表示农户是否转入土地；*Rentlim* 是本文关注的解释变量，表示农户土地流转是否受到村级管制，是=1，否=0；*Hhofff*

表示户主是否有非农就业经历；X 是一系列其他控制变量，包括家庭人口数、农户自家耕地面积、农户家庭农业生产资料价值、农户人均财富；下标 i 表示第 i 个农户，下标 t 表示第 t 年，$t=2000$、2008；f_i 表示农户固定效应，主要用来控制那些不随时间变化的农户特质；ε_{it} 是经济计量模型的误差项。另外，为了保证（1）式中的户主非农就业经历变量 *Hhofff* 的外生性，本文选用滞后 7 年的非农就业信息。这是因为，2000 年调查时，笔者询问了农户 1991～2000 年的就业情况；2008 年调查时，询问了农户 2000～2008 年的就业情况；而且，根据本文研究数据，农地流转平均发生在 4 年前，选择滞后 7 年的户主非农就业经历足以保证该变量的外生性。因此，变量 *Hhofff* 的下标是 $t-7$。变量的统计描述如表 4 所示。

表 4　变量的统计描述

变量名	含义及单位	平均值	标准差	最小值	最大值
农户是否转入土地(*Rentin*)	是 =1，否 =0	0.17	0.38	0	1
流转是否受管制(*Rentlim*)	农户流转土地是否受到村级管制，是 =1，否 =0	0.12	0.32	0	1
户主有非农就业经历(*Hhofff*)	是 =1，否 =0	0.31	0.46	0	1
家庭人口数(*Fpnum*)	人	4	1.29	1	9
自家耕地面积(*Areaown*)	公顷	0.43	0.56	0	9.19
家庭农业生产资料(*Fequip*)	元	2770.87	8021.31	0	223000
户人均财富(*Pwealth*)	元	17533	51967	3.33	880667

注：样本观测值数为 1698。

2. 估计方法

本文关注的核心解释变量 *Rentlim* 来自村调查表，相对于农户的选择行为来说，这个变量在很大程度上是外生的。但是，为了得到一致性估计，本文首先用 OLS 的固定效应模型估计式（1），结果如表 5 第 1 列所示。因为被解释变量是 0－1 变量，为了得到准确的边际效应，又用 Logit 的固定效应模型估计式（1），结果如表 5 第 2～3 列所示；同时用 Probit 的随机效应模型估计式（1），估计时加入了省份虚拟变量，结果如表 5 第 4～5 列所示。

3. 估计结果

从表 5 可以看到，总体来说，模型运行良好，所有变量是联合显著的。具体估计结果说明如下。

第一，不管哪种估计方法，本文关注的重要解释变量——村级流转管制——对农户转入土地行为产生了显著的影响（见表 5 第 1 行）。例如，OLS - 固定效应估计结果表明，受到流转管制将使农户转入农地的概率下降 7%（见表 5 第 1 列第 1 行）。同时，Logit - 固定效应估计结果也表明，受流转管制农户的转入农地概率要比不受流转管制农户低 7%（见表 5 第 3 列第 1 行）。将 7% 这个比例与表 2 中前 3 行的数据（受管制和不受管制两组农户的转入比例平均差 8% 左右）结合起来可知，村级流转管制能够解释受管制和不受管制两组农户转入土地比例差异的绝大部分，是一个重要的影响因素。考虑到省份差异的 Probit - 随机效应估计结果也证实了上述结论。总之，估计结果是稳健的，前文关于村级流转管制较强的村的农户发生土地流转的比例较低的假说得到了验证，流转管制阻碍了农地流转市场的发展，而且是一个重要的影响因素。

第二，除此之外，一些其他因素也对农户土地流转行为产生了影响。例如，自家耕地面积变量的影响也是显著的。Logit - 固定效应估计结果表明，自家耕地面积每增加 1 公顷，农户转入农地的概率将下降 33%（见表 5 第 4 行第 3 列）。OLS - 固定效应估计结果证实了这个变量的显著性。这表明，中国的农地流转市场在某种程度上也具有“公平”功能，地少的农户能够在市场上得到所需要的土地。家庭农业生产资料对农户转入土地行为的影响也是高度显著的。三种估计方法都表明，家庭农业生产资料越多，农户转入农地的概率就越高。这可能表明，农业生产资料市场在中国农村地区是不完善的，甚至是不存在的。

总之，表 5 估计结果表明，流转管制会显著抑制农户的土地流转行为，这或许为管制增加交易成本的看法提供了经验证据，这也从侧面表明，农地交易权的完整性对交易行为的影响是重要的。所以，前面的理论假说得到了验证。

表 5　村级流转管制对农户转入土地行为的影响的模型估计结果

被解释变量：农户是否转入土地（*Rentin*）	OLS - 固定效应	Logit - 固定效应		Probit - 随机效应	
	(1)	(2)	(3)边际效应	(4)	(5)边际效应
流转是否受管制（*Rentlim*）	-0.07** (0.03)	-0.77* (0.41)	-0.07	-0.37** (0.15)	-0.06
户主非农就业经历（*Hhoff*）	-0.02 (0.03)	-0.09 (0.27)	-0.01	-0.08 (0.09)	-0.02

续表

被解释变量： 农户是否转入土地(*Rentin*)	OLS - 固定效应	Logit - 固定效应		Probit - 随机效应	
	(1)	(2)	(3)边际效应	(4)	(5)边际效应
家庭人口数(*Fpnum*)	-0.02* (0.01)	-0.25** (0.12)	-0.03	-0.07** (0.04)	-0.02
自家耕地面积(*Areaown*)	-0.13*** (0.04)	-2.94*** (0.90)	-0.33	-0.16 (0.11)	-0.03
家庭农业生产资料(*Fequip*)	0.01*** (0.00)	0.09*** (0.03)	0.01	0.04*** (0.01)	0.01
户人均财富(*Pwealth*)	0.00 (0.00)	0.00 (0.00)	0.00	-0.00 (0.00)	-0.00
观测值数	1698		420		1698
组数	849		210		849
拟合优度(R^2(/Pseudo R^2)	0.05		0.15		0.01
卡方检验					
F/LR χ^2	6.97		44.15		53.40
Prob > F/LR χ^2	0.00		0.00		0.00

注：括号中数字为稳健标准误；***、**和*分别表示在1%、5%和10%的水平上显著；为节省篇幅，略去常数项和Probit模型中省虚拟变量的估计结果。

（二）流转效应的变迁

1. 模型设定

至此，只要存在村级流转管制，就必然导致农地流转市场的萎缩，所以管制的流转效应是存在的。因为本文所用的研究数据是两期追踪数据，故可进一步利用DID模型（Difference in Difference）① 来考察管制的流转效应随时间而变化的特点。为此，本文设定如下模型：

$$Rentin_{it} = \alpha + \beta Rentlim_{it} + \delta(D_{2008})_{it} + \gamma(Rentlim * D)_{it} + \lambda Hhofff_{it-7} + X_{it}\varphi + u_{it} \quad (2)$$

（2）式中，被解释变量依然是 *Rentin*；*Rentlim* 表示农地流转是否受到村级管制；D_{2008} 是年份虚拟变量，2008年时赋值为1，2000年时赋值为0；

① 国外文献往往把“Difference in Difference”简写成“DD”，为了与国内习惯保持一致，本文简写为“DID”。

Rentlim ∗ *D* 表示村级流转管制与年份虚拟变量的交互项；其他控制变量与（1）式中相同；u_{it} 是（2）式的扰动项。

根据 DID 模型可知，系数 β 衡量的是受管制和不受管制的两组农户的流转比例差；系数 δ 衡量的是 2008 年和 2000 年农户的流转比例差；γ 是本文关注的系数，它衡量了不同时间截面上受管制与未受管制两组农户的流转比例差的差，即 2000 年受管制与否的两组农户的流转比例差与 2008 年这两组农户的流转比例差的差，如下式所示。

$$\hat{\gamma} = (\overline{Rentin}_{2008,管制} - \overline{Rentin}_{2008,不管制}) - (\overline{Rentin}_{2000,管制} - \overline{Rentin}_{2000,不管制}) \quad (3)$$

（3）式中，$\hat{\gamma}$ 是 γ 的估计量，变量 *Rentin* 上面的横线表示平均。

从本质上讲，DID 模型的最初动机是把 2000～2008 年的相关政策或者经济社会环境的变化（例如，2003 年土地承包法的实施或者农村土地租金的快速发展等）对农地交易权管制的流转效应的影响识别出来。如果 $\hat{\gamma}$ 是显著的，即 2000 年的“差”与 2008 年的“差”有显著“差异”，表明这些政策的实施使前述已经被证实的管制的流转效应发生了显著变化，从而映射这些“政策”的效果①。如果 $\hat{\gamma}$ 大于 0，表明到 2008 年时，同样的管制力度将导致较小②比例的流转效应；如果 $\hat{\gamma}$ 小于 0，表明这种管制对流转效应的影响将变大；如果 $\hat{\gamma}$ 不显著，表明不管是在 2000 年还是在 2008 年，同样的管制力度会产生同等程度的流转效应。如果是第三种情况，或许表明 2000～2008 年近 10 年的相关政策（例如，2003 年的农村土地承包法的实施、2006 年农业税的减免、2007 年物权法的颁布；或者是更复杂的经济社会环境变迁，例如，农村社会医疗保障的发展、土地租金的发展等）都没有影响“交易权”这种产权层面的特质对流转行为影响的重要性。这些情况都需要用模型的估计结果来进行检验。

2. 估计思路

（2）式的估计有两个挑战。一是所感兴趣变量的内生性导致的估计不一致性问题，这在上一部分的估计方法中已经论及，这里同样不用担心。二是扰

① 需要说明的是，本文的出发点并不是像 DID 的经典目标一样去通过不同时间截面上两组样本的差是否发生显著变化来评价这些政策，只是想利用 DID 模型去考察这种管制与否带来的流转效应是否随时间发生了变迁。

② 注意，管制带来的是负向的流转效应。

动项 u_{it} 的自相关带来的估计效率（即统计推断）问题。如果两期数据都是随机抽样数据——两期混合横截面数据，则不用担心这个问题，用 OLS 方法直接估计即可，得到的将是最传统、最典型的 DID 模型（Wooldridge，2006）。但是，2008 年样本数据来源于2000 年被调查的849 个农户的追踪调查，因此，将两年样本数据混合起来用 OLS 估计将面临 849 组农户的自相关问题——每组的两个农户（2000 年和 2008 年）之间总有某种组内关联（intra-group correlation），他们的选择行为即使在 8 年后依然不能逃脱“相关”的嫌疑①。这是用多期“面板”数据建立 DID 模型时碰到的典型问题（Angrist and Pischke，2009）。这个问题将导致模型系数的标准误的估计是有偏的，进而导致推断问题。

庆幸的是，这里的自相关问题不必担心。原因如下，第一，若所感兴趣的解释变量只是在组这一层级上发生变化，则回归标准误将偏差很大（Kloek，1981；Moulton，1986；Angrist and Pischke，2009）。也就是说，当流转管制变量 *Rentlim* 只是在不同的农户上发生变化时，回归标准误将偏差很大，进而导致推断失误。而本文样本并非如此，同样一个农户可能在两个时间截面上面临不同的管制政策，更何况这八年间农村民主选举的大力发展等因素已经导致两个时间截面上出现了不同的村级管制情况，2008 年村级流转管制显著减少了（见表 2）；此外，这是相对于农户更外生的力量。因此，这里的自相关问题不大。第二，根据渐近理论，随着组数的增加，标准误是渐近一致的。组数越多，渐近性越好，偏差越小，否则，偏差越大。Angrist 和 Pischke（2009）提到一个最低限度的组数标准②，即不能小于 42 组，而本文样本组数为 849。Hansen（2007）研究表明，在组数较小的情况下，Liang 和 Zeger（1986）提到的标准误（可用 Stata 软件的 VCE-Cluster 命令实现）是一个对这种面板中的自相关修正的合适的标准误。本文将做这样的尝试。第三，在这种自相关情境

① 这种自相关问题被称为聚类问题（clustering problem）或者 Moulton 问题（Moulton problem）。后者是 Moulton（1986）年提出的，“当样本是从具有组结构的总体中抽取出来时，回归标准误在组内往往是相关的”。后来文献将此总结为 Moulton Problem。这类问题往往导致回归标准误严重低估，进而导致较大的 t 统计量，最后得到过度显著的推断结果，影响了推断效率。

② 两位作者诙谐幽默地借用了 Douglas Adam 在其作品 *The Hitchhiker's Guide to the Galaxy* 中的名言——The ultimate answer to life，the universe，and everything is 42——来做此判断。

下，基于广义最小二乘法的随机效应模型则是渐进有效的（Bertrand et al.，2004；Wooldridge，2006；Donald and Lang，2007；Beck，2012），为此，本文也将做这样的尝试。

3. 估计方法

根据以上分析，本文首先用 OLS 方法估计（2）式，即 DID 的传统估计，结果如表 6 中的第 2 列所示；其次，在 OLS 方法的基础上，考虑聚类效应（自相关问题），对标准误做调整，结果如表 6 中的第 3 列所示；再次，用随机效应方法估计（2）式，结果如表 6 中的第 4 列所示；最后，为了凸显 DID 模型结果，将（2）式中的时间虚拟变量以及交互项剔除，并用 OLS 方法进行估计，结果如表 6 中的第 1 列所示。

4. 估计结果

表 6 列出了估计结果，下面对其进行说明。

第一，不管哪种估计方法，流转管制变量的系数估计值（见表 6 第 1 行）是负的，且在统计上高度显著。这个系数度量了与 2000 ~ 2008 年相关土地政策（例如，2003 年 3 月 1 日开始实施的农村土地承包法）出现与否无关的村级流转政策效应，即不管是 2000 年还是 2008 年，受到流转管制农户和不受流转管制农户的土地流转参与行为是有显著差异的，这与前面模型的结论是一致的①，这再次证实了上面结论的稳健性。

第二，不管哪种估计方法，流转管制与年份的交互项 $Rentlim * D$ 的系数估计值（见表 6 第 3 行）均不显著。考虑到自相关并做相应调整的标准误（见表 6 第 3 列第 3 行）与不做调整的标准误（见表 6 第 2 列第 3 行）以及随机效应方法估计的标准误（见表 6 第 4 列第 3 行）几乎一样，都没有影响到该系数估计值的统计显著性②，即（3）式与零没有显著差异。这意味着：如果说 2000 年受管制与不受管制两类农户参与土地流转的行为有差异的话，这种

① 或许有的读者会产生疑问：前面固定效应模型结论可靠还是这个模型结论可靠？实际上，因为这里的关键解释变量——流转是否受到村级管制——在相当大程度上是外生的，即这里的 DID 估计并不会导致内生性问题，故两个结论至少都是一致的。只不过前面的固定效应估计更好地控制了农户的不可观测效应和不随时间变化的一些因素的影响。这也是为什么表 6 中流转是否受限变量的系数的绝对值（0.08）要比表 5 中的相应系数绝对值（0.07）大。

② 这在很大程度上是样本组数很大、时间跨度很大、相关变量外生的结果。

差异到了 2008 年依然存在，而且这种差异的“程度”没有发生显著变迁。显然，这个结论是意味深长的。需要特别提醒的是，不应该因为这个结论而推断 2003 年《农村土地承包法》的实施毫无效果，相反，2003 年《农村土地承包法》的实施进一步削弱了农地流转的村级管制。这里的研究结论只是表明，任何时候，产权的特点（例如，交易权是否受到管制，或者交易权是否完整）都是影响交易行为（土地流转参与行为）的重要因素，即产权作用的“恒定性”。

第三，其他解释变量系数估计值的符号、统计显著性基本上与表 5 一致，再次表明了模型估计结果的稳健性。

表 6　村级流转管制与农户土地转入行为的双重差分（DID）估计结果

被解释变量： 农户是否转入土地(*Rentin*)	OLS－混合估计 (1)	DID (2)	DID(考虑聚类效应)(3)	OLS－随机效应 (4)
流转是否受管制(*Rentlim*)	-0.08 *** (0.02)	-0.08 *** (0.03)	-0.08 *** (0.03)	-0.07 *** (0.03)
年份虚变量(D_{2008})		0.00 (0.02)	0.00 (0.02)	0.00 (0.02)
管制与年份的交互项(*Rentlim* ∗ *D*)		0.00 (0.07)	0.00 (0.07)	-0.00 (0.06)
户主非农就业经历(*Hhofff*)	-0.01 (0.02)	-0.01 (0.02)	-0.01 (0.02)	-0.01 (0.02)
家庭人口数(*Fpnum*)	-0.02 ** (0.01)	-0.01 ** (0.01)	-0.01 ** (0.01)	-0.02 ** (0.01)
自家耕地面积(*Areaown*)	-0.03 *** (0.01)	-0.03 *** (0.01)	-0.03 ** (0.01)	-0.04 *** (0.01)
家庭农业生产资料(*Fequip*)	0.01 *** (0.00)	0.01 *** (0.00)	0.01 *** (0.00)	0.01 *** (0.00)
户人均财富(*Pwealth*)	0.00 (0.00)	0.00 (0.00)	0.00 (0.00)	0.00 (0.00)
常数项	0.22 *** (0.03)	0.22 *** (0.03)	0.22 *** (0.04)	0.22 *** (0.04)
拟合优度(R^2)	0.02	0.02	0.02	0.02
卡方检验				
F/Wald χ^2	7.22	5.41	5.28	47.16
Prob > F/Wald χ^2	0.00	0.00	0.00	0.00

注：①括号中数字为稳健标准误，∗∗∗、∗∗ 和 ∗ 分别表示在 1%、5% 和 10% 的水平上显著；②全部回归的样本观测值数为 1698，组数为 849。

（三）小结

本节首先证实村级流转管制的流转效应的确存在，即在保持其他条件不变的情况下，对农地交易权的管制将对农户参与土地流转的行为产生不利影响。这是因为流转管制增加了土地流转的交易成本，阻碍了土地流转（交易）的发生；其次，管制的流转效应并没有随着时间而减弱，即农地交易权管制影响土地流转的规律是恒定的。这说明，不管是2000年还是2008年，“交易权”的完整性始终是影响土地流转的重要因素。这个“顽固”的结论说明，只要继续减少土地流转管制，农地流转就会进一步发生。

六　结论及政策含义

中国既有农地制度下的农业小规模生产同农业劳动生产率提高、农民增收、食品质量安全之间的矛盾日益突出，因此，促进农地流转成为农户获得扩大规模经营机会的重要途径。以往很多关于农地流转决定因素的研究都或多或少地从交易成本角度去建议要尽量减少流转管制等环节，以便降低交易成本，促进流转市场发展。本文的研究结论与已有研究结论基本一致，重要的是，本文还建立了计量模型为这样的结论提供了经验证据。本文利用6个省份的两轮调查数据发现，2000年时，有1/5的农户在流转农地时受到管制，2008年时，这一比例下降到3%。这表明，鼓励农户自由流转农地的政策落实不错。但是，本文也发现，在控制其他因素的情况下，只要存在流转管制，农户进行农地流转的概率就会显著降低（大概7个百分点），这或许正是管制增加了农地流转交易成本的缘故。本文还发现，这种对交易权进行管制而产生的负向流转效应没有随时间变化而变小，不管是2000年还是2008年，只要存在对土地流转的管制，就将产生恒定的负向流转效应。因此，应该继续加大中央提倡的鼓励农户自由流转农地政策的执行力度，减少直到消除审批管制环节，降低流转交易成本，促进农地流转市场的发展。

参考文献

Angrist, J. D. and Pischke, J. S., *Mostly Harmless Econometrics: An Empiricist's Companion. Princeton*, NJ: Princeton University Press, 2009.

Beck, N., Sweeping Fewer Things under the Rug: Tis often (usually?) Better to Model than Be Robust, Working Paper, 2012.

Bertrand, M., Duflo, E. and Mullainathan, S., "How Much Should We Trust Differences-in-differences Estimates?" *The Quarterly Journal of Economics*, 119 (1): 249–275, 2004.

Deininger, K. and Jin, S., "The Potential of Land Rental Markets in the Process of Economic Development: Evidence from China," *Journal of Development Economics*, 78 (1): 241–270, 2005.

Donald, S. G. and Lang, K., "Inference with Difference-in-differences and Other Panel Data," *The review of Economics and Statistics*, 89 (2): 221–233, 2007.

Feder, G. and Feeny, D., "Land Tenure and Property Rights: Theory and Implications for Development Policy", *The World Bank Economic Review*, 5 (1): 135–153, 1991.

Hansen, C. B., "Generalized Least Squares Inference in Panel and Multilevel Models with Serial Correlation and Fixed Effects," *Journal of Econometrics*, 140 (2): 597–620, 2007.

Huang, J.; Gao, L. and Rozelle, S., "The Effect of Off-farm Employment on the Decisions of Households to Rent out and Rent in Cultivated Land in China," *China Agricultural Economic Review*, 4 (1): 5–17, 2012.

Kloek, T., "OLS Estimation in a Model where a Microvariable is Explained by Aggregates and Contemporaneous Disturbances are Equicorrelated," *Econometrica*, 49 (1): 205–207, 1981.

Kung, J. K. S., "Off-Farm Labor Markets and the Emergence of Land Rental Market in Rural China," *Journal of Comparative Economics*, 30 (2): 395–414, 2002.

Liang, K. and Zeger, S. L., "Longitudinal Data Analysis Using Generalized Linear Models", *Biometrika*, 73 (1): 13–22, 1986.

Moulton, B. R., "Random Group Effects and the Precision of Regression Estimates", *Journal of Econometrics*, 32 (3): 385–397, 1986.

Wooldridge, J., *Introductory Econometrics: A Modern Approach*, *3rd.* New York: Thomson, 2006.

Yao, Y., "The Development of the Land Lease Markets in the Rural China," *Land Economics*, 76 (2): 252–266, 2000.

蔡昉、王德文、都阳：《中国农村改革与变迁：30 年历程和经验分析》，格致出版社、上海人民出版社，2008。

初玉岗：《企业家短缺与农地流转之不足》，《中国农村经济》2001 年第 12 期。

邓大才：《农地流转的交易成本与价格研究——农地流转价格的决定因素分析》，《财经问题研究》2007 年第 9 期。

郜亮亮：《中国农地流转的个别特征理解——基于交易成本经济学的视角》，中国社会科学院农村发展研究所工作论文，2010。

郜亮亮、黄季焜、Rozelle Scott、徐志刚：《中国农地流转市场的发展及其对农户投资的影响》，《经济学》（季刊）2011 年第 10 卷第 4 期。

洪名勇：《欠发达地区的农地流转分析——来自贵州省 4 个县的调查》，《中国农村经济》2009 年第 8 期。

黄季焜：《推进以深化农村土地制度改革为突破口的新一轮农村改革创新：开创现代农业和城乡协调发展的新局面》，中国科学院农业政策研究中心工作论文，2008。

刘克春、林坚：《农地承包经营权市场流转与行政性调整：理论与实证分析——基于农户层面和江西省实证研究》，《数量经济技术经济研究》2005 年第 11 期。

钱忠好：《农村土地承包经营权产权残缺与市场流转困境：理论与政策分析》，《管理世界》2002 年第 6 期。

钱忠好：《农地承包经营权市场流转：理论与实证分析——基于农户层面的经济分析》，《经济研究》2003 年第 2 期。

钱忠好：《非农就业是否必然导致农地流转——基于家庭内部分工的理论分析及其对中国农户兼业化的解释》，《中国农村经济》2008 年第 10 期。

陶然、童菊儿、汪晖、黄璐：《二轮承包后的中国农村土地行政性调整——典型事实、农民反应与政策含义》，《中国农村经济》2009 年第 10 期。

田传浩、贾生华：《农地制度、地权稳定性与农地使用权市场发育：理论与来自苏浙鲁的经验》，《经济研究》2004 年第 1 期。

王兴稳、钟甫宁：《土地细碎化与农用地流转市场》，《中国农村观察》2008 年第 4 期。

姚洋：《非农就业结构与土地租赁市场的发育》，《中国农村观察》1999 年第 2 期。

姚洋：《土地、制度和农业发展》，北京大学出版社，2004。

叶剑平、罗伊·普罗斯特曼、徐孝白、杨学成：《中国农村土地农户 30 年使用权调查研究——17 省调查结果及政策建议》，《管理世界》2000 年第 2 期。

叶剑平、丰雷、蒋妍、罗伊·普罗斯特曼、朱可亮：《2008 年中国农村土地使用权调查研究——17 省份调查结果及政策建议》，《管理世界》2010 年第 1 期。

赵阳：《共有与私用：中国农地产权制度的经济学分析》（第 1 版），生活·读书·新知三联书店，2007。

张红宇：《中国农地调整与使用权流转：几点评论》，《管理世界》2002 年第 5 期。

周其仁：《收入是一连串事件》，北京大学出版社，2006。

周其仁：《农地产权与征地制度——中国城市化面临的重大选择》，《经济学》（季刊）2004 年第 4 卷第 1 期。

朱民、尉安宁、刘守英：《家庭责任之下的土地制度和土地投资》，《经济研究》1997 年第 10 期。

（本文原载于《中国农村经济》2014 年第 12 期）

我们需要什么样的农村集体经济组织？*

杨一介

摘　要：　本文分析了当前农村组织结构的内在冲突，根据社会经济基础的变化重新解释了农村双层经营体制的宪法基础。本文认为，重建农村集体经济组织的难点主要是建立具有科学法理基础的成员权制度，进而提出建立成员权制度的关键是实现成员资格的开放性，根据市场交易规则和现代经济组织的基本法律规则，实现农村集体经济组织形态的多元化。

关键词：　农村集体经济组织　农村经营制度　成员权　法律基础

农村改革后，农村集体经济组织的法律地位得到了国家民事法律制度的承认，其私法意义上的主体地位得以逐步确立。为坚持和发展宪法所确立的农村基本经营制度，需要进一步认识农村集体经济组织的性质和内在缺陷。由于农村集体经济组织的法律规定或相互矛盾，或缺乏必要的引导功能和可操作性，而实践在很多情形下又是遵从地方性规则，因此，回答我们究竟需要什么样的农村集体经济组织，关乎农村基本经营制度的走向。

一　农村集体经济组织的困境

否定集体化运动对农村发展具有划时代的意义。集体化运动对人们观念和

* 本文是中国社会科学院农村发展研究所创新工程项目“社会转型背景下的乡村治理研究”的阶段性成果。笔者感谢苑鹏研究员、谭秋成研究员和崔红志研究员赐教，感谢匿名审稿人提出中肯的修改意见，但文责自负。

实践的影响，可以被称为“社队思维”。对此，现实中的以下问题有待解决。人民公社体制瓦解后，农村集体经济组织是否仍然应当体现“三级”结构。既然农村是以从事农业生产为主的人口居住的地方，农业人口的划分标准是什么。农村社区内的一个经济组织体，其性质如何体现。当农业户籍和非农业户籍的划分取消时，农村社区内的居民成立的经济组织与农业户籍之间已无必然联系，而且在这些经济组织已具有完全的法律人格或部分法律人格的情况下，将其称为村级或组级集体经济组织，其依据是什么。在城镇化潮流中，既然城中村已成为城市的一部分，其居民或大部分居民不再从事农业，这些居民成立的经济组织是否还是农村集体经济组织。

以现代经济组织的法律规则来讨论“三级所有，队为基础”，结果不会令人满意。这样说是因为，这种农村经济组织不是根据产权理论或现代经济组织的法律规则来构建的，而是为实现理想而建立的，是通过行政力量建立的。同时，以普通法体系中的一些财产权规则分析农村或农村集体经济组织的产权结构时，因法律体系的差异，人们会感到有些力不从心。对农村集体经济组织的考察，应从其本身的逻辑出发。

另外，在经济组织法中，如何确定农村集体经济组织的主体地位，也遇到了困难。其中的主要问题是，农村集体经济组织是什么样的主体。它和其他经济组织有何异同。

农民专业合作经济组织属于集体经济组织的范畴①，而从农民专业合作社到农民合作社，是农村集体经济组织的新发展②。实践中的一种做法是，与乡镇、村、组相对应，分别成立集体资产管理委员会、农业合作联社、农业合作社，并由政府颁发农村集体经济组织法人证书（张云华，2010）。村级集体经济组织成员大会的成立及决策机制是集体经济组织产权制度改革的重要内容，但其中仍有以下基础性问题没有解决：村级集体经济组织如何设立，其设立的程序是什么？村级集体经济组织成员资格识别或取得的法理基础和法律依据是什么？某项资产属于村级集体经济组织的法律依据又是什么？

① 参见2003年7月北京市农村工作委员会《北京市乡村集体经济组织登记办法》。

② 2012年12月31日《中共中央国务院关于加快发展现代农业进一步增强农村发展活力的若干意见》（2013年一号文件）指出：“农民合作社是带动农户进入市场的基本主体，是发展农村集体经济的新型实体，是创新农村社会管理的有效载体。”

在农民集体所有权问题上，特别是在农民集体土地所有权问题上，农民集体、集体经济组织和村民自治组织之间的关系含混不清。国家法规定的农民集体所有权主体，是农民集体与集体经济组织并存。同时，国家法还规定了集体所有权的行使机制。村集体经济组织是行使农民集体所有权的主体之一，村一级的所有权还可以由村民委员会行使，而组一级的所有权由村民小组行使①。但是，村民委员会无清晰的法律人格，责任财产范围不明确（罗猛，2005）。而村民委员会与集体经济组织之间的关系，也不能通过明确的权利义务关系来说明。村民委员会对集体经济组织的监督缺乏必要的法理基础，其财产收入和支出受制于政府设立的管理机构，也缺乏法理基础。

人民公社体制下三级所有结构的社会经济意义在于它是分配和核算单位，而不能从现代私法意义上的主体制度和经济组织来衡量这种三级所有结构。人民公社体制瓦解后农村组织体系在适应农村经济发展要求的同时，却使土地所有权由谁继受成了问题。人民公社体制瓦解，意味着三级所有结构下集体经济组织的转型。村民委员会和村民小组在新的农村组织结构中填补了农村组织真空的同时，也使原本属于社队体制下的集体经济组织的所有权的归属在某种程度上不能得到确定，导致法律表达的混乱和相互矛盾。集体土地所有权主体“虚位”便来源于此。

以按份共有或共同共有来分析农民集体产权或农村集体经济组织产权，其一般规则的适用性受到限制（史尚宽，2000；韩松，2014）。集体经济排斥成员个体对份额的分割和所有（戴威、陈小君，2012）。共有人即所有权主体在形式上是明确的，但共有人的范围在一些情形下不能清晰界定。将农民集体产权一概归为按份共有，则走向了另一个极端。例如，按份共有规则可以适用于集体经营性建设用地，也可以适用于土地股份合作，却可能不适用于集体公益性建设用地。一些财产权可能只适宜采用共同共有的形式。

集体经济组织承担保障职能的观点（戴威、陈小君，2012），无法回答以

① 《民法通则》（第74条）的规定表明，农村集体经济组织是集体所有的土地等自然资源的所有权人；《物权法》（第59条第1款）规定，农民集体所有的土地属于本集体成员集体所有，但是，这种所有权由不同的主体来行使（《土地管理法》第10条，《农村土地承包法》第12条，《物权法》第60条）。同时，《土地管理法》（第43条）又将农村集体经济组织等同于农民集体。

下问题：集体经济组织提供了什么样的保障。它提供的保障与其他经济组织提供的保障是否相同。如果不同，其区别是什么。而如果相同，为何要强调集体经济组织的保障职能？

将集体经济组织与村民自治组织混同而不加以区分，成为乡村治理的一种方式。在村民自治组织承担乡村治理职能的情况下，集体经济组织也被纳入乡村治理体系。与其说村民自治组织越俎代庖，承担了集体经济组织的职能，不如说在乡村治理体系中两者合而为一。问题是，如果赋予农村集体经济组织乡村治理的职能，则不可能实现其组织结构的更新。农村集体经济组织与村民自治组织的区分，实质上是以农村社区为基础的农业经济组织和村社共同体的区分。

从现代经济组织法的基本原则看，农村集体经济组织应当是指在一定的农村社区内，其农业人口为实现一定的经济目的而设立的组织体。这种组织体，不是根据地缘关系和行政管理方式来决定的，而是根据其组织章程来决定的，同时受国家法的约束。不过，政策导向和实践操作都表明，无论是与村民自治组织相混同的集体经济组织，还是试图通过集体产权改革重建的集体经济组织，都程度不同地背离了一般经济组织的原则和规则，在一些情形下也缺乏必要的法理基础。

二　对农村双层经营体制的宪法基础的解释

农村集体经济组织是双层经营体制的载体。当这个组织体的法律地位难以根据相应的原则和规则来衡量，或者这个组织体与其他具有不同功能的组织体混同时，双层经营体制从何说起？

《宪法》第 8 条第 1 款确立了农村基本经营制度：“农村集体经济组织实行家庭承包经营为基础、统分结合的双层经营体制。农村中的生产、供销、信用、消费等各种形式的合作经济，是社会主义劳动群众集体所有制经济。参加农村集体经济组织的劳动者，有权在法律规定的范围内经营自留地、自留山、家庭副业和饲养自留畜。”《物权法》重申了农村基本经营制度①。这一制度是通过 1999 年的《宪法》修正案得以确立的。1999 年《宪法》修正案确立的农

① 《物权法》第 124 条第 1 款。

村基本经营制度，是当前和今后在农村实行的基本经营制度①。在此之前，1982 年《宪法》在某种意义上维持了人民公社体制。1993 年《宪法》修正案对农村经济体制进行修正的背景，是社会主义市场经济制度的确立。②

一方面，法律意义上的农村集体经济组织与人民公社体制之间具有直接关联③；另一方面，如果仍然沿袭“社队思维”，并将这种思维运用于农村集体经济组织的重建，那么，其实质是试图将这种经济组织纳入已被国家立法摒弃的社队体制中。

农村基本经营制度有两层含义：一是这种经营制度的基础是家庭承包经营；二是这种经营制度的目的在于实现统分结合。从这两层含义出发来审视农村基本经营制度的现实时，人们对这种经营制度的质疑主要在于“统分结合”是否得到了体现，“统”是否已经消亡，家庭承包经营的基础性地位在这种经营制度中如何体现。

在一些地方，特别是在经济不发达地区，集体经济组织瓦解成为否定其存在必要性的一个理由。不过，集体经济组织瓦解，是从“三级所有，队为基础”来说的。以社队体制来衡量，集体经济组织确实瓦解了，或者说在绝大部分地方瓦解了。村民委员会或村民小组是村民自治组织，而不是经济组织。将集体经济组织混同于村民自治组织，其部分原因在于试图以集体经济的名义来实现乡村治理。

实践总是在发展的。近年来农村集体产权制度改革的实践和农户经营形式的变化充分说明，统分结合仍然能够得到体现。无论是在农民集体经营性资产

---

① 田纪云在对 1999 年《宪法》修正案的说明中是这样表述的：“统分结合的双层经营体制，是指在农村集体经济组织内部实行的集体统一经营和家庭承包经营相结合的经营体制，家庭承包经营是双层经营体制的基础。在《宪法》中对家庭承包经营为基础、统分结合的双层经营体制做出规定，有利于这一经营制度的长期稳定、不断完善和农村集体经济的健康发展。”

② 对农村集体所有制经济，1982 年《宪法》第 8 条第 1 款规定：“农村人民公社、农业生产合作社和其他生产、供销、消费等各种形式的合作经济，是社会主义劳动群众集体所有制经济。”这一规定中的人民公社仅仅是将它作为经济形式来反映的，而不是把它作为政权组织规定在条文中（许崇德，2003）。1993 年《宪法》修正案将其修改为：“农村中家庭承包为主的责任制和其他生产、供销、消费等各种形式的合作经济，是社会主义劳动群众集体所有制经济。”

③ 近年来关于集体经济组织的地方性法规或地方性规章，承认了集体经济组织对人民公社体制的继承关系，例如，《湖北省农村集体经济组织管理办法》第 10 条，《广东省农村集体经济组织管理规定》第 3 条。

的运营上，还是在以农户为主体的多种形式的经济组织的设立上，统分结合仍然具有生命力（农业部农村经济体制与经营管理司调研组，2013）。在土地农民集体所有的基础上，股份合作社将集体资产股份化是统分结合的一种新形式。农村集体产权制度改革的法理意义在于它实现了集体经济组织的更新，为集体经济组织法律制度的修订和完善提供了实践基础。一些新型经济组织的出现，解决了社队体制下集体经济组织不能解决的问题。以一些农民集体缺乏经营性资产为由，否定集体经济组织的合理性和正当性，不具有充分的说服力。即使就经营性资产而言，它是一个变动不居的概念。一项今天不属于经营性资产的资源，到明天可能成为经营性资产。因此，统分结合不仅指向通过集体产权制度改革而设立的新型集体经济组织，以及农村改革后基于农民意愿而仍然得到维持的集体经济组织，而且对将来其他新型集体经济组织的设立和集体经济组织的重建同样具有引导功能。

家庭承包经营制度的建立，使农地的农民集体占有和耕作转变为农户的占有和耕作。这种农地使用制度的根本性变化，一方面使农民集体丧失了对农地的直接控制，而在农村税费改革以后农民集体还丧失了对农地的收益权；另一方面则使农户取得了市场主体地位，可以直接参与市场交易而不受其所属集体组织的制约和干预①。从合同关系上讲，土地承包关系不具有身份内容和管理内容。以“社队思维”衡量这两方面的结果，表面上可以得出这样一个结论：既然农户已经单干，农村基本经营制度的基础已经丧失。其实不然。农户与农民集体之间关系的变化，以及农户获得独立民事主体（市场主体）的法律地位，为基本经营制度中的“统”提供了可能。“统”的基础不仅在于集体所有权制度，而且在于农户的法律地位。这样说是因为，在此基本经营制度下，农户可以选择加入某一个经济组织，也可以选择不加入其不愿意加入的经济组织。无论农户选择加入还是不加入，都因他具有独立的民事主体的法律地位而可以由其自己做出独立的意愿表示。在他选择加入某一个经济组织的时候，可以以承包地入

① 《民法通则》将农村承包经营户作为一类民事主体。这一制度安排的现实意义在于，农村承包经营户与其他民事主体具有同等的法律地位，与其他民事主体一样，可以参与市场交易。至于农户在参与市场交易时因其弱小而面临交易风险，则与主体制度无关。目前有关发展家庭农场政策的一个偏差是：赋予政府认定的家庭农场市场主体地位，而未充分认识到或忽视了小规模经营农户同样具有市场主体地位。

股，如土地股份合作社，也可以以劳动、技术等形式加入，如合伙企业。在后一种情形下，家庭承包经营的基础性地位仍然在发挥作用。这是因为，正是家庭承包制的确立，使农户享有了自由选择权，而这正是家庭承包制与其之前的农村社会经济制度的根本区别之一。在家庭承包制以前，农户无自由选择权，既不可能随意加入某一农村集体经济组织，也不能退出其所属的集体经济组织。从这个意义上说，农村基本经营制度的基础正在于家庭承包制的建立和维持。进一步说，即使在农户选择不加入某一经济组织的情形下，统分结合的双层经营体制仍然具有现实意义，因为这种制度安排为其成为某一经济组织的成员提供了可能，他加入或退出的基础在于其自由选择权。一些经济组织已经与土地承包没有直接关联，而为何得以存在，可以在此得到解释。

同样，农地规模化经营的法律基础仍然在于家庭承包经营为基础、统分结合的双层经营体制。以家庭承包经营为基础的农户的自由选择权，为其成为农地规模化经营的经济组织的成员提供了可能。即使是以一定规模为标志的新型家庭农场，尽管其主体表现形式是农户而不是由若干成员基于合意而设立的经济组织，如合作社，但是，当小规模农户的农地流转到新型家庭农场后，它在某种程度上也达到“统”的目的。新型家庭农场这一经济组织形态，可以体现“统分结合”的要求。

以“社队思维”看待统分结合，既然集体统一经营已不存在，那么，统分结合便是一种虚幻的假象。而在集体产权制度改革和农地经营方式发生转变的背景下来考察统分结合时，人们会发现，统分结合的双层经营体制的制度安排经受了时间和实践的检验。

可以说，《宪法》相关条款的含义并未发生变化，但需要根据社会经济基础的变化对其重新解释。

三 农村集体经济组织重建的难点在于建立成员权制度

立法未严格区分农民集体成员与农村集体经济组织成员①。农民集体、农

① 《物权法》第59条和《农村土地承包法》第5条。

村集体经济组织与村民自治组织之间的混同或混淆，对不同性质的组织体成员资格的识别产生了负面影响。某一社区的成员资格与该社区内经济组织的成员资格之间的关系较为复杂。将某一农村社区内经济组织的成员资格与社区的成员资格混同或混淆的后果，是将经济权利与社会权利或政治权利混同或混淆的同时，加大了识别经济组织成员资格的难度。在一个外来人口较多的农村社区内，人们要求解决子女入学和治安问题，这是基于他们是该社区的成员而应当获得的权利。这种社区成员权与其是否属于该社区内的某一经济组织无关。同样的道理，在一个农村社区内，无论是原来的居民，还是因就业、婚姻等因素迁入的居民，他们根据某一经济组织的章程或其他相关规则成为该经济组织的成员时，他们取得的该经济组织的成员权与社区成员权无关。财产权利、社会权利和政治权利的区分，是解决农村社区内经济组织成员权和社区成员权的区分或分离的基础。

集体经济组织成员与集体所有权的共有人之间会有重合，但将集体经济组织成员与集体所有权的共有人的构成混同，既不利于集体经济组织的重建，也不利于集体所有权的明晰。

集体经济组织产权制度改革，有可能使集体经济组织的设立及其财产的收益分配和处分机制具有较为科学的法理基础。改革后，集体经济组织成员的加入和退出，以及成员在该经济组织中所享份额的转让或继承规则，与集体产权制度改革前具有显著差别；集体经济组织普通成员和特殊成员的划分，也使两者享受权利和承担义务有了区别（张云华，2010）。这在某种程度上实现了其成员的流动性和开放性。尽管如此，集体经济组织成员资格的封闭性仍然是集体经济组织成员权制度的基本特征。户籍是集体经济组织成员资格取得或丧失的主要识别标准，而一些地方在实践中又在此基础上设立了其他具体的识别标准，例如，将成员的股份区分为人口股和农龄股。在制定“生不增，死不减”原则的同时，实践中又奉行“生不增，死则减”原则（马永伟，2013）。

土地股份制中的股权固化也会产生一些负面效果。新增人口取得股份需要通过股份转让来实现，而同时又对其受让资格进行限制，这种转让规则还是维持了成员资格的封闭性。同样，在一定年限内将股份固化，然后又将股份在原农村社区内根据户籍来重新分配，虽然在该社区内实现了地权的平均分配，但这种地权分配实质上仍然维持了成员资格的封闭性。股份固化后，农村社区内无股份（股权）的人口逐渐增多而引发纠纷，其原因在于实践中人们对股份本质的错误认识。这种错误认识，是将财产权利和社会权利混为一谈。在股份具有社会保障功能的认识得到强化的时候，股份固化纠纷中的当事人以其获得社会保障的正当性为由，提出了诉求。因此，坚持成员资格的封闭性，既不能达到股权固化的目的，集体经济组织成员及其资产份额实际上也处于不确定状态。成员资格封闭性和股份转让封闭性并存情形下的按份共有，只是实现了该组织成员享有的资产的明晰，而不是一般意义上的按份共有。这类经济组织不能转变为具有科学法理基础的经济组织。

坚持集体经济组织成员资格的开放性，符合人口流动的规律。户籍制度改革的后果之一是，户籍决定地权的规则和以户籍为基础的成员权制度将无适用的余地。以开放性为基本特征的成员权制度的建立，其法律后果是地权以及其他财产权的移转在一般情况下与受让人的身份无关。农户或其成员根据自身需要与某一经济组织达成合意而成为其成员。新增人口是否能成为农村社区内某一经济组织的成员，其识别标准主要有两个方面：一是该经济组织的章程和该组织的其他规则；二是国家法的强制性规定。迁入者能否取得成员资格，迁出者是否还享有该经济组织的成员权，以及在地缘上与某个农村社区内的经济组织无关联的自然人或其他组织能否成为该经济组织的成员，或同一个自然人或组织能否成为不同经济组织的成员，其识别标准和判断基础是当事人的合意。村委会在一些情形下可以成为私法意义上的主体。它可以是某一经济组织设立的发起人，也可以是某一经济组织的成员，但不能被视同为经济组织。同时，基于公平立场，并从产业政策考虑，在一些情形下对经济组织的成员资格进行限制是必要的，例如，在土地股份合作组织的股权转让和受让违反了法律强制性规定的情形下，应对受让人资格进行限制。这属于一般规则的例外，与成员权制度的基本原则和精神不冲突，与财产权制度的基本要求也不冲突。

实践中不具有可操作性的成员权规则，将进一步丧失其社会经济基础，而实践中一些做法的可行性终究要看其实践效果，特别是当其中的规则与经济组织的基本法理不兼容的时候。人口流动导致的农村社区成员异质性的增强，将会冲击成员资格的封闭性。从生产要素流动的基本要求出发，衡量农村集体产权制度改革效果的标准之一是，它是否实现了集体经济组织成员资格的开放性。这是农村集体经济组织重建目标得以实现的“临门一脚”。

四 农村集体经济组织形态的多元化

在经济发展程度不同的地区，集体产权的表现形式不同，人们对经济组织的结构形式的需求也不同（郭强，2014）。经济发达地区的农村集体经济组织，其得以存在和成长的条件是那里的工业化和城市化程度较高。

股份合作是当前农村集体经济组织产权制度改革的主要形式①，但这只是农村集体经济组织转型的开端。股份合作社和其他合作社的现状与基本原则的冲突，需要人们反思和检讨。一般情况下，合作社的基本特征是成员资格开放，入社自愿，退社自由，一人一票，不以营利为目的（马跃进，2007）。严格地说，当前股份合作中的“股民”，既不能从商事主体意义上来讨论，也不能从民事主体意义上来说明。股份合作社的法律地位不明确，其原因不在于它无法人地位，而在于一般经济组织的相应法律规则在其中无适用的余地或不完全适用，以这样的规则来衡量，它缺乏相应的法律基础。而其他合作社，则程度不同地存在变异现象（苑鹏，2013）。现实问题是，当合作社以营利为目的时，它形式上具有合作社的外观而实质上属于其他经济组织形态，例如，有限责任公司。如果说土地股份合作社是对社队体制下的集体经济组织的更新，因这种更新尚需时日而不应当对其过于苛责，那么，其他具有合作社之名而无合作社之实的经济组织为什么需要借合作社之名，来实现其营利目的？农村经济组织是否需要为了迎合集体经济组织的名义，而将经济组织的主要形态设定为合作社？合作社成立后，能否体现集体经济组织的本质要求。集体经济组织是否应当追求其不同于一般经济组织的特殊性，而无须考虑市场交易规则和科学法理要求。

赋予农村经济组织法人地位是人们的普遍看法和实践中的普遍做法（农业部农村经济体制与经营管理司课题组，2009）。例如，为发展合作社，由工商管理部门颁发“农民专业合作社法人营业执照”。这里隐含了这样一个前提，即一个经济组织只有成为法人后，才具有市场主体地位，如果不能成为法

① 《农业部关于稳步推进农村集体经济组织产权制度改革试点的指导意见》（2007 年 10 月 9 日农经发［2007］22 号）。

人，则不具有市场主体地位。这种看法和做法，对实现经济组织的规范化具有积极意义。然而，现实情况是，一个组织或某一个体只要参与市场交易，便具有了市场主体地位。至于这一市场主体的法律地位如何，以及这一市场主体参与市场交易后的法律后果，与市场主体不是同一个范畴。举例而言，村民委员会以其自己的名义出租土地时，是以市场主体的身份出现的，尽管它不是经济组织。农户在参与土地流转时，同样具有市场主体的地位，虽然不是法人，但他是一种特殊的经济组织。也就是说，经济组织不等于法人，非法人组织也可以成为市场主体。一些新型农村集体经济组织不具有法人地位，并不影响其成为市场主体，在多数情形下也不影响其权利的享有和责任的承担①。具有法人地位的经济组织和非法人经济组织是否是市场主体是一回事，而主体是否适格是另一回事。在主体不适格的情形下，该主体将承受相应的法律后果。

集体产权制度改革中的合作制和公司制之争（方志权，2011），将经济组织的具体形态视为非此即彼，可能导致经济组织形态的单一化。组织体的构建方式不是单一的、唯一的。因不同组织体内部紧密程度各不相同，其法律人格的体现程度也各不相同。只有具备法律规定的组织结构形态且经登记的组织体才具备完全的法律人格，而一些组织体虽组织形态不符合法定要件，但已通过一定方式获得共同决定的能力，拥有了一定的财产，并以此为基础具备了一定的责任能力，则具备了法律所设定的完整法律人格的部分构成要素（刘召成，2012）。

需重新认识集体经济组织与土地所有权的关系。

在一些情形下，可在原土地所有权的基础上成立土地股份合作社或耕作合作社等集体经济组织，而在其他一些情形下，为实现集体经济组织的基本制度规则与其他经济组织制度规则的趋同或大体相近，集体经济组织与地权之间的关系需要根据具体情形重新解释。

集体土地所有权是财产权的一种重要类型而不是实现和巩固社队体制的一种工具，对此人们应当没有太大的争议。问题的关键是，当这样的所有权制度

---

① 在法律对新型集体经济组织没有明确规定，而新型集体经济组织与其成员之间或与其他主体之间发生纠纷而请求司法裁决时，司法机关应当根据法理和司法解释进行裁决，而不能因为缺乏法律规定而拒绝裁决。

一方面成为农村发展的基础，另一方面因其尚需克服的内在冲突而不能以一般的财产权规则来衡量时，其实践效果自然不令人满意。基于此，接下来的问题是，在集体土地所有权规则已发生根本性变化的时候，集体土地所有权与集体经济组织之间的关系应当如何调整。在某一个集体土地所有权上是否应当设立一个集体经济组织，或者某一个集体经济组织需要成为某一土地所有权的主体后才称其为集体经济组织，以使两者之间仍然维持一一对应的关系。如果这种一一对应的关系不能得到维持，集体所有权和集体经济组织的法律意义又如何体现？

不错，农村集体经济组织的存在和发展离不开土地这一基本要素。在一些情形下，农村改革后的集体经济组织与社队体制下的经济组织的承接关系较为明显，与社队体制下的集体所有权之间也存在直接的继承关系，但这些情形不足以解释农村集体经济组织的现状和集体所有权制度的根本性变化。社队体制下的集体经济组织事实上由村民自治组织代替后，还试图以集体经济组织的名义来说明它与集体土地之间的关系，同样没有说服力。对集体经济组织与集体土地之间的关系不分具体情形区别对待，其结果是又回到“社队思维”的框架中，以“社队思维”打造集体经济组织，以社队体制衡量集体所有权。集体土地所有权对集体经济组织具有直接影响，但集体经济组织应当根据相应的组织章程成立，而不是根据集体土地所有权成立。经济组织的法律基础是经济组织法，而所有权的法律基础是财产权利法。

农村集体经济得以发展的一个条件，是在坚持农村基本经营制度的前提下，实现农村经济组织具体形态的多元化。对经济组织具体结构形式的选择，取决于其成员的合意而不是某种强制性规定，也不是根据其他组织的要求。经济组织既可以是法人，也可以不是法人。在一个农村社区，人们可以选择合伙制，而无须借用合作社的名义。合伙的责任承担方式以及合伙人之间所具有的紧密联系，使合伙制可能成为人们的一个选择。人们既可以实行个人合伙，也可以设立合伙企业。当前的新型家庭农场还可以采用有限公司的形式。也难说家庭农场发展到一定程度后，家庭农场之间的联合能生长出以自愿为基础的合作农场来。合作农场的具体组织形态，例如，有限责任公司或合伙制，由参与其中的各方当事人来决定，而无须法律的强制性规定。当然，人们还可以选择其他的组织结构形式。

市场风险始终存在于市场交易中。以避免风险为由，对已改制或改制中的经济组织的设立施加种种不符合市场交易规律的限制，既缺乏法理基础，也缺乏实践经验的支持。农村集体经济组织的设立，首先需要遵循经济组织设立的规则，而不应由与一般经济组织设立相悖的原则和规则在其中起决定作用。从封闭走向开放的经济组织，根据其性质和组织结构的不同而适用不同的原则和规则。

农村集体经济组织立法的目的在于促进其发育和发展。是否需要专门的农村集体经济组织立法，首先需要回答这种经济组织与其他经济组织是否有本质的区别。如果坚持两者存在本质区别的立场，专门的农村集体经济组织的立法自然有其必要性。问题的另一面是，农村集体经济组织产权制度改革实践以及经济组织立法和财产权立法的经验表明，这样的观点不能成立。重建集体经济组织的目的，一是恢复其经济组织的本来面目，二是要在此基础上实现其更新。经济组织因其设立方式、责任承担方式和法律的强制性约束等方面的不同，而成为不同的组织形态。在同一情形下，性质相同的经济组织，适用同一法律规则，而不是自成独立的系统，与其他建立在市场交易基本规则和经济组织法基本规则上的经济组织相区分。至于仅适用于农村的具体组织形态，可以通过制定特别法来规范，例如，农民专业合作社或农民合作社。

五　愿景：农村集体经济组织现代化

农村集体经济组织的现状和面临的困境，是集体化运动、农村基层政社分离、集体经济组织产权制度改革等一系列因素影响的结果。农村集体经济组织产权制度改革既面临历史遗留问题，也面临城乡一体化发展中的新问题，而老问题和新问题的相互影响和作用则使其更为复杂和棘手。根据现代产权理论和现代财产法规则来衡量这样的经济组织，目前仍然存在一些需要克服的障碍。

重建农村集体经济组织的逻辑起点不是产权理论，而是经济组织与自治组织的区分或分离以及对传统的超越。传统的力量，始终在制度建设中产生影响。对集体化的制度遗产完全弃之不顾，不是科学的、客观的态度。同时，农村集体经济组织的重建，必须建立在现代经济组织法的基本规则之上，否则，基于统一规则的生产要素的交易便无从谈起。

实现对传统的超越以克服教条主义，同时又能实现这种超越建立在科学法理的基础上，农村集体经济组织将会从以行政力量为基础转变为以符合市场交易规律和现代经济组织的基本法律规则为基础。农村集体经济组织的命运，最终要接受市场竞争和科学法理的检验。

参考文献

戴威、陈小君：《论集体经济组织成员权利的实现——基于法律的角度》，《人民论坛》2012 年第 2 期。

方志权：《浅谈农村集体经济组织产权制度改革》，《上海农村经济》2011 年第 11 期。

郭强：《中国农村集体产权的形成、演变与发展展望》，《现代经济探讨》2014 年第 4 期。

韩松：《论农民集体成员对集体土地资产的股份权》，《法商研究》2014 年第 2 期。

刘召成：《准人格研究》，法律出版社，2012。

罗猛：《村民委员会与集体经济组织的性质定位与职能重构》，《学术交流》2005 年第 5 期。

马永伟：《农村集体资产产权制度改革：温州的实践》，《福建论坛》（人文社会科学版）2013 年第 6 期。

马跃进：《合作社的法律属性》，《法学研究》2007 年第 6 期。

农业部农村经济体制与经营管理司课题组：《发挥好政策的推进作用——农村集体经济组织产权制度改革探讨之二》，《农村工作通讯》2009 年第 5 期。

农业部农村经济体制与经营管理司调研组：《浙江省农村集体产权制度改革调研报告》，《农业经济问题》2013 年第 10 期。

史尚宽：《物权法论》，中国政法大学出版社，2000。

许崇德：《中华人民共和国宪法史》，福建人民出版社，2003。

苑鹏：《中国特色的农民合作社制度的变异现象研究》，《中国农村观察》2013 年第 3 期。

张云华：《关于制定农村集体经济组织法的思考——以四川省都江堰市的探索为例》，《农业经济问题》2010 年第 5 期。

（本文原载于《中国农村观察》2015 年第 5 期）

合作社与村两委的关系探究*

潘 劲

摘 要： 合作社与村两委的关系，在不同类型的合作社中有不同的表现。在村干部领办的合作社中，由于村干部在合作社中的多样化角色认定，合作社与村两委的关系呈现多样化的特点；在非村干部领办的合作社中，依合作社所发挥的功能以及村两委的执政能力，合作社与村两委的关系可以表现出不同的类型，各种关系类型演绎出不同的行为逻辑。

关键词： 合作社 村两委 村社关系

一 相关研究背景

自2006年《农民专业合作社法》颁布后，各种类型的合作社不断产生，学界也掀起了对农民专业合作社（下文简称“合作社”）的研究热潮。从合作社的生发机制到影响因素，从合作社的质的规定性到合作社的异化，从个案研究到计量分析，包括合作社与其他组织的关系，例如，与政府的关系以及与金融组织的关系等，都有较多研究。与上述浩瀚的研究文献相比，有关合作社与村级组织关系的研究则很有限。综述相关研究文献，比较有代表性的观点有以下几个。

1. 合作社与村级党组织的关系

合作社与村级党组织呈现一种合作的关系。这种合作关系具体包括三个层

---

* 本文为国家自然科学基金学科群重点项目“农业产业组织体系与农民合作社发展”（项目编号：71333011）、农村改革发展协同创新中心的研究成果。

面：一是政治层面的合作，合作社通过设立党支部与村级党组织开展政治层面的合作；二是经济层面的合作，合作社借助村级党组织的动员能力和资源配置能力解决经营中的困难；三是社会层面的合作，村党支部统筹各方利益，调解合作社与农户之间的纠纷，化解社会矛盾（季婵燕，2011）。

2. 合作社与村委会的关系

合作社与村委会的关系存在紧密型和分立型两种模式。紧密型模式是指合作社与村委会实行“一套人马、两块牌子”。这种模式的优势是：能弥补村委会在经济职能方面的不足，完善统的职能；在村委会的带动下致力于村公益事业；不会出现农民专业合作社与村委会的对立。其劣势是：合作社具有不稳定性；村委会成员的能力与合作社发展不相适应。分立型模式是指合作社与村委会两套机构分开设立。这种模式的优势是：互相博弈，共同推动当地经济发展和村庄稳定；能防止因对合作社管得过严、过死而阻碍其发展的状况；能极大地发挥农民的主动性，调动农民的积极性。其劣势是：村民对公共事务的热情下降而导致两套机构之间的矛盾增加；合作社号召力增加影响村委会活动的开展；两套机构之间由于争夺农村管理权而发生冲突（桂河等，2009）。

3. 合作社与村两委的关系

合作社作为自助性经济组织，首先要争取的就是经济发展的自主权，这自然会在不同程度上对村两委原本享有的经济发展权形成挑战。一方是权利拓展型参与者，另一方是权力垄断型参与者，双方的关系调整必然需要经历一个不断磨合的过程。作为强势的一方，村两委对合作社往往采取的是选择性介入的干预策略：只要不构成对自身利益的严重挑战，也就不去干预合作社的发展；一旦合作社发展危及自身的利益或权威地位的巩固，村两委干预的积极性就会被调动起来（赵晓峰、刘成良，2013）。

以上研究，拓展了有关合作社的研究领域，为人们深入开展合作社与村组织关系的研究奠定了基础。但是，上述研究也存在不足：首先，研究中只是提出了问题，而没有展开分析；其次，研究欠缺深入的个案支撑；最后，研究欠缺深度，类型划分过于简单，没有充分反映当下中国丰富多彩的农民合作社实践。

由于村民委员会是在村党支部领导下行使职权，因此，本文将合作社与村委会的关系以及合作社与村党支部的关系简化为合作社与村两委的关系。按照

《中国共产党农村基层组织工作条例》和《村民委员会组织法》，村党支部是党在农村的基层组织，村民委员会是村民自我管理、自我教育、自我服务的基层群众性自治组织。村党支部领导和支持村民委员会行使职权。村民委员会应当支持和组织村民依法发展各种形式的合作经济和其他经济。按照《农民专业合作社法》，农民专业合作社是在农村家庭承包经营基础上，同类农产品的生产经营者或同类农业生产经营服务的提供者、利用者，自愿联合、民主管理的互助性经济组织。因此，从原则上看，村党支部、村民委员会、合作社三者的关系应该是：村民委员会在村党支部的领导下，支持各种形式的合作社的发展。

然而，中国农村丰富多彩的实践，演绎出多样化的合作社与村两委的关系。合作社类型不同，其与村两委的关系也各异。本文拟从村干部领办合作社、非村干部领办合作社、跨区域合作社、建立党组织的合作社四种类型的合作社入手，展开对两者关系的探讨，以进一步拓展合作社的研究领域，并为在实践中理顺和把握合作社与村两委的关系提供参考。

二　村干部领办的合作社

村干部领办的合作社在中国农民专业合作社中占有很大比重。2012 年 7 月一项涉及全国 7 个省份 2343 家合作社的抽样调查结果显示，由村干部领办的合作社占近 20%，在某些地区，例如山东省夏津县，村干部领办的合作社高达 34%（彭莹莹，2013）。村干部领办的合作社多以本村村民为社员，或以本村社员为主。在各地兴起的“支部 + 合作社”模式，都属于村干部领办的合作社。由于领办者与村两委融为一体，村干部领办的合作社既可以发挥村两委在政治和行政方面的动员力，又可以发挥合作社的经营效能。

由于领办人在合作社中的角色认定不同，村干部领办的合作社又可以分为不同的类型，从而使合作社与村两委之间呈现不同的关系。依据领办人在合作社中所发挥的作用，可以将村干部领办的合作社划分为以下四种类型：村组织代理人领办的合作社、能人村干部领办的合作社、社长成功竞选村干部的合作社以及社区领袖领办的合作社。村干部在合作社中的多样化角色认定，也使合作社与村两委的关系呈现多样化的特点。

（一）村组织代理人领办的合作社

村组织代理人领办的合作社是指合作社领办人以村级组织或村集体名义领办合作社，领办人代表村级组织或村集体在合作社中发挥作用。

案例1：安徽省石台县大山有机茶专业合作社①

大山合作社位于安徽省池州市石台县大山村，成立于2005年11月，注册资金10万元，现有社员110人。大山村是全国闻名的富硒村，村内多山坡，比较适合种植茶叶。但是，长期以来，由于茶叶价格较低，村民收入的提升受到了影响。2005年，在村两委的组织下，全村农户成立了大山有机茶专业合作社，作为安徽省天方茶叶公司的原料基地。合作社统一为社员供应生产资料，统一收购茶叶，并代表社员与公司讨价还价。

合作社理事会有9人，监事会有3人，村长任理事长，前任村长任监事长。村两委成员多在理事会、监事会中任职。村两委改选，合作社理事会、监事会成员也相应变更。例如，现任合作社理事长由现任村长担任，而合作社监事长则由前任理事长，也就是前任村长担任。合作社的日常管理、与茶叶公司交涉、协调动员社员等工作，由理事长负责。比较重要的事项如采购生产资料、引进新品种等，由理事会讨论决定。合作社在维护农民利益方面发挥了很大的作用。

案例2：江苏省戴庄有机农业专业合作社②

戴庄有机农业合作社位于江苏省句容市天王镇，成立于2006年3月，目前入社农户近800户，占全村农户的90%。戴庄村两委成员均在合作社任职，但不在合作社拿工资。合作社指导社员开展有机农产品生产，统一为社员提供生产资料、标准化生产规程、农产品加工和包装以及销售服务。合作社通过加工和流通取得的利润，扣除10%～15%的公积金后全部按代理销售数量的比

① 根据郭红东、张若健（2010）整理。

② 与江苏省句容市天王镇戴庄村党支部书记、有机农业合作社理事长李家斌的访谈笔录（2013年11月2日）。

例返还给社员。待合作社公积金累积到一定程度，再按社员的原始股份分红。合作社领导人的产生过程是：村两委委员作为合作社理事会候选人，由社员大会选举产生。村书记由理事会推选为理事长。

案例 3：山东省宁阳镇宝源奶业合作社①

宝源奶业合作社位于山东省宁阳镇东关村，成立于 2005 年 9 月，共有社员 102 个，除东关村为团体社员外，其他均为个人社员。社员来自宁阳镇东关村和庙西村，但以东关村为主。合作社共有股金 20 万元，其中，东关村入股 10 万元，其他社员每人入股 1000 元。合作社理事长为东关村村书记。合作社免费为奶牛养殖户提供防疫、饲料采购和设备维修等服务，并与蒙牛公司签订了牛奶销售协议，蒙牛公司按市场价收购牛奶，合作社按每斤 0. 2 元向奶牛养殖户收取佣金。

案例 4：江苏省盐城市建湖区上冈镇仓冈村土地合作社②

江苏省盐城市建湖区上冈镇仓冈村 2013 年拥有土地 3600 亩。为了响应当地政府加快城镇化建设、推动土地流转的号召，上冈村在村书记的牵头下组建了土地合作社。合作社以每亩租金 800 元统一对外承租。按照当地的规划，该村 2013 年的土地流转要完成土地总面积的 70% （2520 亩）。在村书记（同时也是合作社理事长）的说服动员下，截至 2013 年 4 月，合作社已经流转土地 1000 亩，约占土地总面积的 28%。

上述四个案例的共同特征包括以下三点。

第一，合作社理事长均由村干部担任。案例 1 中的理事长由村长担任，其他三个案例的理事长均由村书记担任。他们之所以能被选为合作社理事长，主要是因为他们担任着村干部职务。他们并不是以个人身份加入合作社，而是以村组织代理人的身份参与合作社的运作。

第二，对于合作社领办人而言，他们的村组织代理人身份比理事长身份重

---

① 根据宋茂华（2011）整理。

② 与江苏省盐城市建湖区上冈镇仓冈村土地合作社理事长的访谈笔录（2013 年 4 月 20 日）。

要。行政职务是他们履行合作社理事长职务、开展合作社业务的重要保障。

第三，合作社理事长即村组织代理人并不是固定的。随着村两委的换届选举，村组织代理人有可能变更，继而合作社理事长也要相应变更。

四个案例又各有其特点。

案例 1 构筑了合作社与现任村两委和前任村两委的相互制衡关系。现任村两委作为理事会成员，负责合作社的日常运作；前任村两委作为监事会成员，对合作社理事会实施监督，由此构筑了合作社较为合理的权力制衡机制。

案例 2 是目前合作社中较为普遍的形式。村书记牵头领办合作社，并兼任合作社理事长，带领村民共同致富，这种“支部 + 合作社”模式成为许多地区合作社发展的重要形式。

当然，如果领办合作社、带领村民发展经济是村书记的一种自主选择，则应该提倡这种形式。例如戴庄村两委，将合作社作为发展经济的平台，使戴庄这个镇江市人均收入不足 3000 元的村庄得到了迅速发展，即使是贫困户的年均收入也达到 6000 多元。但如果将“支部 + 合作社”模式作为一种行政手段强制推行，指标层层下派，则其作用便会大打折扣。许多村党支部为了应付政府的下派任务或为了得到项目补贴，临时搭起合作社架子，这种被动组建的合作社只是一个空壳，并不能起实质性作用。

案例 3 提供了一个村集体组织兴办合作社的样本。村集体组织以入股方式组建或参股合作社，正成为一些地区振兴集体经济的一种探索。例如，吉林省柳河县出台了《鼓励村集体领办创办专业合作社增加村集体收入的实施意见》及《村集体入股合作社分红壮大村集体经济的办法》等政策，鼓励村集体以土地、集体固定资产、村集体四荒地以及村集体积累和其他无形资产入股，全县已有 21 个村采取领办或入股创办合作社的方式壮大集体经济①。

但是，集体股份的产权模糊问题由来已久。如何明确集体股份的产权主体，并发挥其应有的激励作用，是集体入股型合作社所要解决的问题。一些地区将集体资产量化到村民名下的做法值得借鉴。

案例 4 提供了一个土地流转合作社的样本。目前，各地城镇化建设的势头

---

① 卢德钺、车琳琳：《吉林省柳河县出台政策壮大村级集体经济实力》，《村委主任》2011 年第 14 期。

强劲，各级政府纷纷出台政策推动土地流转和劳动力转移。在此背景下，各种类型的土地流转合作社应运而生。由于涉及土地调整和农民生产生活方式转变等重大事项，协调土地流转、做村民思想工作便成为村两委不可推卸的责任。据案例4中的合作社理事长也即村书记介绍，他要“在思想上、感情上、经济利益上说服群众，顾全大局”，“一个个做村民的工作。一次不行两次，两次不行三次，直到做通”。这样的群众工作，仅仅作为合作社理事长是难以胜任的，只能借助村两委的权威及其深厚的群众基础。

（二）能人村干部领办合作社

能人村干部领办合作社是指合作社领办人既是村干部，同时又是专业大户或经济能人，他们以村庄能人和村干部的双重身份领办合作社，而合作社的发展则以领办人的角色认定为主导。

案例1：浙江省嘉兴市新奇特果蔬专业合作社①

新奇特果蔬专业合作社地处浙江省嘉兴市秀州区王店镇庄安村农业园区，创建于2005年12月。合作社创办人既是村书记，又是村里的果蔬生产大户，承包了37亩土地。为了形成规模经济，使果蔬等农产品进入超市，2005年，他联合8位果蔬生产大户组建了新奇特果蔬专业合作社，这样“也可以有自己的名称和发票”。合作社采取统一供种、统一培训、统一回收、统一包装、统一销售的方式，85%的产品通过上海、江苏、浙江等超市配送中心销售，15%的产品通过农产品批发市场销售。销售收入的42%按销售额分配，28%按股分配。

合作社初见效益后，越来越多的农户要求加入，目前合作社社员已达100多户，注册资金100多万元。

案例2：河北省沧州保丰农业种植专业合作社②

河北省沧州保丰农业种植合作社发起人过去长年在外经商，2009年回村

① 根据郭红东、张若健（2010）整理。

② 与河北省沧州保丰农业种植合作社理事长的访谈笔录（2013年3月18日）。

后参加村委会竞选并成功当选村主任。2010 年 4 月，他发动 88 位村民入股组建了保丰农业种植专业合作社。合作社总投资 100 万元，单个社员最少投资 1000 元，最多投资 2 万元，合作社发起人投资 30 万元。合作社建有石磨面粉厂、土肥站以及科技培训中心等，为农户开展面粉加工、测土配方、农资购销以及种植技术培训等服务。合作社的服务网点覆盖沧州市的 70 多个村庄。合作社盈利按股分配，2012 年的分红比例为 30%。目前，合作社发起人已不再担任村主任职务，而是专心致力于合作社发展。

上述两个案例的共同特征包括以下两点。

第一，合作社发起人具有双重身份，既是村庄能人，又是村干部。

第二，在合作社组建过程中，合作社发起人的双重身份同时在起作用。新奇特果蔬专业合作社的发起人作为专业生产大户，有组建合作社获得规模效益的内在需求，而他的村书记身份对于他组建合作社有直接的帮助。正如他所言，“村干部对国家产业政策比一般农户知道得要早，掌握得要多一点，相对来说，我们去办理执照时，跟工商和税务人员比较熟悉，办理起来比较容易。但是，在时间方面，合作社的事情有时候会和村里的事情有冲突，自己总是感觉时间不够用”。而保丰农业种植专业合作社的发起人，作为多年在外经商的能人，在赚到钱后想回家乡发展事业，但是，由于长年在外做生意而不在村庄，他难以获得村民的认同。经过一番周折后当选上村主任，借助村主任的权威发动群众，减少了很多阻力，从而为其事业的开创铺平了道路。

合作社成功运作后，发起人的村庄能人身份便逐渐居于支配地位，其是否继续留任村干部则要视具体情况而定。如果双重身份有利于合作社的发展，那么，即使时间上有冲突，担任村干部会占用很多精力，发起人也会通过各种方式留任。例如，新奇特果蔬专业合作社的发起人，村干部身份能便于他协调社员之间以及合作社与村里的关系，便于他同工商和税务部门打交道。如果双重身份影响了合作社的发展，例如，保丰农业种植专业合作社的发起人，已经利用村干部资源组建了合作社，并且合作社业务已经扩展到若干个县，处理村内事务会占用很多精力。当村干部身份已经不是一种资源而成了一种负担时，合作社的发起人就不再担任村干部，而是全力以赴投身合作社的发展。

（三）理事长晋升为村两委成员的合作社

合作社理事长通过带领社员致富，赢得了民心，在村两委换届选举中成功竞选成为村两委成员的案例很多。身兼村两委成员之职可以为合作社带来很多便利，这也是许多理事长参选村两委成员的原因。合作社理事长由单一身份转变为双重身份后，也相应地承担起双重责任。

案例1：河北省献县方周“益藤”葡萄专业合作社①

方周“益藤”葡萄专业合作社位于河北省献县方周村。合作社理事长自20世纪90年代起就从事大棚葡萄种植，经过不断地摸索，成为远近闻名的葡萄种苗繁育和种植大户。在他的带动下，全村及附近村庄的葡萄种植业也发展起来。2009年，他发动群众入股组建了葡萄专业合作社，入社社员280户，其中本村村民200户。合作社总股本为600万元，其中，理事长投资200万元。合作社为种植户提供种苗、栽培与管理技术、大棚设施等多项服务。合作社负责收购社员的产品，销售利润扣除费用后按社员与合作社的交易额比例返还社员；而出售种苗、大棚设施等的利润则按股分配。

合作社成功组建后，申请到100万元的项目资金用于基地建设，促进了村庄经济的发展，理事长也于当年被选为村主任。他在致力于合作社发展的同时也在履行村主任的职责，并成功说服合作社社员同意由合作社出资为村庄修路和绿化环境。

案例2：青海省大通县新华农机科技示范合作社②

青海省大通县新华农机科技示范合作社成立于2010年10月。合作社理事长张新华出生于1962年，1989年开始在大通县从事客运，2010年联合36个社员成立了新华农机合作社，总投资120万元，其中，张新华等3个大股东各投资10多万元，政府补助30万元，借款30万元，其余社员每人投资4000

① 与河北省献县方周“益藤”葡萄专业合作社理事长的访谈笔录（2013年3月19日）和电话访谈笔录（2013年3月31日）。

② 与青海省大通县新华农机科技示范合作社理事长的访谈笔录（2013年5月31日）。

元。农机合作社购置各类农机具，为农户提供机耕、收割等多项服务。合作社盈利基本上用于购买新农机。目前，合作社拥有各种大型农机具12台（套），总价值680万元。由于合作社能提供农机服务，全村200多个劳动力得以从土地中解脱出来，外出务工。2011年，张新华被选为村主任，他先后为村里争取整村推进项目资金124万元、党政军企建设项目资金300万元。

由以上两个案例不难看出，通过领办合作社，领办人可以获得村民的认同，从而提升群众基础。由合作社理事长当选为村干部后，理事长和村干部的双重身份使合作社领办人多了一份责任。正如张新华所言，“以前是个人致富，带领社员致富，现在是带领全村人民致富”。方周“益藤”葡萄专业合作社理事长更是发出了“水能载舟，也能覆舟”的感言。依靠村民的拥戴当选为村主任，只能通过为村民服务、为村庄做事，才能获得村民的长期拥护，为下一届村两委换届连任奠定基础。因此，回馈村民，努力为村庄争取项目，由合作社出资支持发展村庄的公益事业等，也就在理事长的考量之中。

（四）社区领袖领办合作社

社区领袖是指长期在村庄任村书记，将带领村民共同致富作为一种使命，在村民中具有高度权威性和认同感。在社区领袖创办的合作社中，理事长同时也是村书记，或村书记和村主任“一肩挑”。尽管身兼双职或多职，但其主要还是以社区的掌舵人身份出现，即使是在打理合作社事务，也难以改变他在村民中的领袖地位。

案例1：山西省晋中市榆次区东长寿村蔬菜和灌溉合作社[①]

山西省晋中市榆次区东长寿村蔬菜和灌溉合作社的理事长同时也是东长寿村的村书记和村主任。他自1995年开始就担任该村的村书记，2005年又兼任村主任。18年的书记生涯，使他在村民中享有较高的威望。为了调整村庄的产业结构、保障农业灌溉用水，他领办了蔬菜合作社和水利灌溉合作社。蔬菜

① 与山西省晋中市榆次区东长寿村蔬菜和灌溉合作社理事长的访谈笔录（2013年3月22日）。

合作社共有60户社员，投资80万元，单个社员最少投资1万元，最多（村书记）投资20万元。合作社与山西将军红农业公司合作，发展设施蔬菜种植。水利灌溉合作社社员为全体村民，负责管理和维护全村的水利设施，制定水电费的收取标准。水利合作社的社员代表大会成员同时也是村民代表大会成员，两个会议往往同时举行。

合作社所在村还有农机、养鸭、养猪和林业合作社，都是在村书记的动员支持下组建起来的。除负责村庄事务外，村书记自己还经营一家消防器材公司，同时还拥有将军红公司30%的股份。

案例2：山东省枣庄丰园池田藕合作社①

山东省枣庄丰园池田藕合作社位于山东省枣庄滕州市山亭区冯卯镇南赵庄村，是由村书记赵启朴于2005年创办的。

赵启朴自1993年担任南赵庄村村书记后，就开始带领村两委探索村庄发展之路。经过多方摸索，最后决定依托村庄丰富的水洼地资源种植池田藕。在他及村两委的示范带动下，全村的池田藕产业迅速发展起来。为了取得更高的经济效益，2005年，赵启朴发动种植大户成立了合作社，社员只需要每亩缴纳100元的服务费，就可以享受合作社提供的统一建池、下苗、施肥、管理、销售等一系列服务。合作社的藕苗是全国最好的高产优质品种，远销全国各地，为合作社及社员带来了滚滚财源。

赵启朴在1993年以前就是很有社会影响力的村庄能人，曾带领本村100多人外出打工。1993年，在老村书记的盛情邀请下，他回家乡接替村书记职务。在带领村民发展池田藕并组建合作社的过程中，他的威信不断提升，先后被选为“优秀共产党员”和市人大代表，并当选副镇长。

上述两个案例的共同特征如下。

第一，合作社理事长长期由村中的权威人物——村书记担任。近20年的村书记生涯使他们获得了村民的高度认同，在村民中享有较高的威望。无论是在村里，还是在合作社中，人们都将他们视作当家人。村两委和合作社理事会

① 根据韩俊（2007）整理。

换届选举对他们来说只是履行程序，他们在村中的领袖地位是难以撼动的。

第二，领办人作为社区领袖，具有带领村民共同致富的使命感。他们将合作社作为发展村庄经济的平台，带领村民共同致富。这种使命感，使他们在管理合作社和组织动员村民加入合作社时不遗余力。例如，东长寿村村书记在蔬菜合作社集资额不足的情况下，补足余额 20 万元；南赵庄村赵书记在组建池田藕合作社时，带领村两委成员挨家挨户做动员，给村民讲解联合起来的好处。

第三，合作社及社区发展具有稳定性和可持续性。由于具有权威地位，社区领袖不会受村两委和理事长换届的影响，村庄发展和合作社发展均有着稳定的预期和长远规划。社区领袖的个人资源和社区资源叠加在一起，增强了社区的发展能力，而社区权力的稳定性是这种发展能力具有可持续性的前提和基础。

三　村域内非村干部领办的合作社

由于中国农民合作社的准入门槛很低，五个人就可以组建合作社，且无出资额限制，因此其规模一般偏小，大多局限于在村域范围内。浙江大学曾于 2009 年 7 ~9 月和 2010 年 1 ~2 月对全国 10 个省份 29 个地区 100 多家合作社的 300 多个社员进行过调查，其结果显示：有 70% 的社员来自本村，有 23% 的社员来自邻村，有 7% 的社员来自其他村（郭红东，2011）。从不同的创办主体来划分，中国农民合作社可以分为大户领办型、企业领办型、村干部领办型等。而这几种类型的合作社在村域范围内都有所呈现。为了集中阐释合作社与村两委的关系，并与村干部领办的合作社相对应，笔者将村域内大户领办型合作社、企业领办型合作社等并称为村域内非村干部领办的合作社，并探讨这类合作社所呈现的与村两委之间的多样化关系。文中所探讨的村域内合作社也包含以本村社员为主的跨村合作社。

村域内非村干部领办的合作社与村两委的关系，依合作社所发挥的功能以及村两委的执政能力，可以划分为以下四种类型：村两委依托型、合作共赢型、博弈制约型和村两委监管型，这四种类型的关系各演绎出不同的行为逻辑。

（一）村两委依托型

在村两委依托型关系中，村两委一般具有较高的权威性，将各种类型的合作社作为发展经济的平台，给予多方支持；合作社在村两委的扶持下不断发展，成为村民致富的载体。

案例1：山西省寿阳县景尚乡禹家寨蔬菜合作社①

禹家寨蔬菜合作社成立于2007年8月，入社成员123户，其中有一多半来自禹家寨村。禹家寨村是个蔬菜种植村，辖5个自然村。合作社理事长尽管不是本村人，但由于长期从事蔬菜营销，与禹家寨村有着密切联系。合作社在村两委的支持下组建并运行。村书记在村内享有较高的威望，“选举时没进行任何拉票，获得所有党员的认同”。《合作社法》颁布后，村书记做了大量的宣传动员工作，为村民讲解政府对合作社的扶持政策，动员村民入社；在合作社运转过程中，村书记及时解决合作社所遇到的难题，例如，帮助合作社联系用工，在合作社流转土地时协调其与村民的关系等。村书记在蔬菜合作社中任常务理事。

案例2：江苏省盐城市建湖区上岗镇仓冈村合作社②

仓冈村是一个农业大村，有3600亩耕地，2200户农户，2012年的户均纯收入为1.24万元，其中1/3来自农业。《合作社法》实施后，村里先后组建了土地合作社、农机合作社、粮棉收购合作社。

村书记已在该岗位上任职7年，之前还担任村主任8年，担任村会计12年，在村民中享有较高威望，具有较强的奉献精神。除了十几亩的粮田外，村书记没有其他经营项目，他将精力主要花在对村庄的管理和为村民服务上。为了便于村庄的土地流转，他不取报酬，担任土地合作社理事长；为了转移农业剩余劳动力，解决村民耕作辛劳问题，他发动村中的农机户，组建起农机合作社，承担了全村土地的耕种和收割任务；为了确保村民的粮棉等农作物实现顺

---

① 与山西省寿阳县景尚乡禹家寨蔬菜合作社理事长的访谈笔录（2013年3月24日）和电话访谈笔录（2013年3月31日）。

② 与江苏省盐城市建湖区上岗镇仓冈村村书记的访谈笔录（2013年4月20日）。

利销售，他支持村中的粮棉大户组建粮棉收购合作社，并在合作社遇到资金回笼问题时及时与客商和村民沟通协商，以确保粮棉销售款及时支付。不过，村书记并没有在合作社入股，“如果入了股，老百姓遇到问题就不好说话了”。他自己坦言：“谈经济收入不要做干部，谈人生价值则做干部。”他希望自己能成为吴仁宝式的好书记。①

上述两个案例有以下共同特点。

第一，以村书记为首的村两委在村民中有较高的威望，获得了村民的广泛认同。

第二，合作社是在村两委的支持下组建并发展起来的，为村庄的产业发展和村民增收做出了重要贡献。

第三，村书记以中立的身份介入合作社，为协调村民之间以及村民与合作社之间的关系创造了条件。

在农村经常发生这样的个案：身兼合作社理事长的村书记或村主任争取来相关项目资金，并将项目资金按规定量化给合作社社员，进而引起非社员村民的不满，认为这是将村集体财产分给社员，村干部的威信由此受到挑战。而在这两个案例中，村书记通过将自己置身局外，从而取得了村民的信任。在案例 1 中，村书记完全有条件担任合作社理事长，但是，为了避免矛盾和误解，他只在合作社中担任常务理事，合作社事务主要由理事长打理，他主要负责村庄事务。在案例 2 中，村书记通过不在合作社入股方式也使自己在调解纠纷时“好说话”。

（二）合作共赢型

在合作共赢型关系中，合作社与村两委以相互独立的主体出现，在相互合作与支持中获得共同发展。

案例 1：山西省寿阳县云胜蔬菜加工合作社②

山西省寿阳县云胜蔬菜加工合作社成立于 2009 年，当时有 5 位发起人，

① 盐城市有关部门曾多次组织乡村干部到华西村等经济发达村庄考察，在全市掀起向吴仁宝学习的活动。

② 与山西省寿阳县云胜蔬菜加工合作社理事长的访谈笔录（2013 年 4 月 24 日）。

总投资300多万元，5位发起人每人入股25万元，贷款100万元，私人借款80万元，用于建设蔬菜加工厂、办理食品安全手续等。5位发起人的具体分工是：理事长负责总体工作，其余4人分别负责收菜、运输、生产等，不拿工资。合作社现有雇工十几人，厂房占地4亩，为河滩地，村里没有收费。村里有一个停产的砖厂，占地18亩，合作社出资18万元将其买下，拟建咸菜加工厂，投产后会雇用80多人。合作社社员目前已发展到55户，主要为合作社提供蔬菜。合作社社员每年能为合作社提供50万斤蔬菜，约占合作社加工原料的一半。

合作社所在村的村两委成员均不是合作社社员。村书记患有慢性病，家有四五亩地和一辆拖拉机；村长主要跑运输。合作社理事长为党员，他自己坦言不想当村书记，嫌麻烦，没有精力。

合作社所在镇有着20多年的专业种植蔬菜的历史，绝大多数农民种植蔬菜，全镇范围内有多家蔬菜加工厂和合作社，专业化分工十分发达。

案例2：吉林省梨树县榆树台镇百信农民资金互助合作社①

吉林省梨树县榆树台镇百信农民资金互助合作社位于榆树台镇闫家村。2003年，8户养羊户联合成立了榆树台镇百信农民合作社。为了解决社员的资金短缺问题，2004年，在原合作社基础上成立了农民资金互助合作社，2006年12月，合作社社员发展到45户，股本金为69300元。合作社设定了不同性质的股金，对不同成员的资格和权利予以限定。村两委成员没有在合作社中入股，也没有担任职务。不过，为了获得村两委的支持，合作社对村两委采取主动合作的办法，主动沟通，听取他们的意见，“联手把事情办起来”。

上述两个案例具有以下共同特点。

第一，合作社具有较强的独立性。合作社是在几位发起人的运作下组建起来的，村两委成员没有介入合作社的组建和运作过程。

第二，合作社解决了社员的蔬菜销售和资金短缺问题，获得了社员和村民的认同。

① 根据李姿姿（2011）整理。

第三，合作社具有较强的与村两委对话的实力。云胜合作社作为“村里唯一的企业”，村里给予了用地支持：免费让合作社使用4亩河滩地，并让合作社以18万元廉价取得了停产砖厂的18亩场地。相应的，云胜合作社也为村庄发展做出了贡献：解决了村里十几个劳动力的就业问题；理事长不但承诺新建加工厂的80个用工优先选用本村村民，而且允诺在合作社发展壮大后拿出一部分利润来发展村庄的公益事业。百信合作社也主动与村两委沟通，提议与村两委联手把事情办起来。

（三）博弈制约型

在博弈制约型关系中，合作社与村两委是相互博弈的主体。能够领办合作社的都是村庄能人，他们在为社员提供服务的同时，也为自己赢得了声誉。随着合作社规模的扩大，村民对村庄能人的认同感也不断增强。由此，在博弈制约型关系中，可能出现以下三个结果。

第一，村两委为了提升自己的执政能力，避免地位和信任度下降，增强了对村民的服务意识；或直接领办合作社，带领村民致富，以此巩固自己的政治地位。很多由村两委领办的合作社便是在这种背景下产生的。

第二，合作社的成功运作，对村两委的权威性构成威胁，引起村两委的不满，从而对合作社发展设置种种障碍，甚至进行打压。

第三，合作社领办人参加村两委竞选，并成功当选村书记或村主任。据课题组对山西省晋中地区的调查，有超过10%的合作社社长参加了村两委选举并竞选成功。

（四）村两委监管型

在村两委监管型关系中，村两委通过前置审查或审议合作社理事会提议的方式对合作社实施监管。在村两委监管型合作社的发展中，一般具有较强的政府行为，当地政府赋予村两委监管合作社的职责。

江苏省盐城市盐都区近年来出现利用合作社名义非法从事资金吸纳和放贷，甚至花钱买合作社执照的现象，高息揽储，高息放贷，成为社会不稳定因素，同时也影响了合作社的声誉。为了治理这些“假合作社”，盐都区要求区、镇经济管理部门和村委会要承担起对农民专业合作社登记的前置审查职责，对合作社进行监管。在这一前置审查体制下，合作社质量得到进一步提升。

为了保护草原的生态环境，科学合理地利用草地资源，青海省于 2008 年在全省牧区六州推行草地生态畜牧业建设。海西州率先在天峻县梅陇村开展全省生态畜牧业建设试点工作，经过两年多的实践，探索出了符合海西州实际的生态畜牧业合作社发展模式，即“以草场承包经营权、牲畜折价入股，劳动力专业分工，生产指标量化，用工按劳取酬，利润按股分红”的“梅陇模式”，并将其作为全州生态畜牧业建设的主推模式。截至 2012 年底，全州已组建生态畜牧业合作社 150 个，实现了合作社在牧区村的全覆盖。生态畜牧业合作社实行“四议两公开制度”，即理事会提议、理事会和监事会商议、村两委审议和成员大会决议以及财务公开、社务公开。经村两委审议的合作社议事制度的实施，使合作社的项目扶持资金能得到合理使用，取得了良好的生态效益和经济效益。

在村两委监管下的合作社，即使村干部没有在合作社内任职，一般也都与村两委保持着融洽的关系。例如，课题组在梅陇生态合作社调查时，村书记一直在现场，尽管他并没有在合作社任职。而在其他一些地区，课题组在调查非村干部领办的合作社时，现场很难见到村干部，电话联系后村干部有时也不到场。

四　跨区域合作社

跨区域合作社不同于村域范围以及社员主要来自本村的合作社。它的社员比较分散，分布在不同的区域。跨区域合作社与村两委的关系主要表现为合作社与社员所在社区以及业务所及地区村两委的关系。其具体类型可以分为以下三种。

（一）协作关系

跨区域合作社在发展过程中要经常与不同社区的村两委打交道，尤其在发展社员、进行土地流转、建立产业基地等方面，需要不同社区村两委的支持与协助。村两委在当地社区一般都具有一定的权威性，由他们出面组织协调可以收到事半功倍的效果。例如，河北省肃宁县春意秸秆能源开发合作社，社员来自若干个乡镇，合作社一般都通过村两委来发展社员。以合作社的一个棉秆收购点为例，最初其所在村只有四五户社员，在村两委的动员下，已经有200多户社员加入，涉及棉田3000多亩①。

（二）村两委成员成为合作社的骨干社员

在一些农村社区，村两委成员本人就是专业户，一些跨区域合作社将这些村两委成员发展成为骨干社员或理事会成员。专业户与村两委的双重身份，使这些骨干社员或理事会成员在所在社区能较好地发挥组织和带动作用。例如，贵州省湄潭县辣椒专业合作社，其理事均为相关村庄的村主任，合作社通过这些村主任理事来发展社员和开展相关业务（洪名勇，2012）。

（三）村两委成员成为合作社的业务人员

跨区域合作社的许多业务需要依托社区组织来完成。合作社将村两委成员聘请为业务人员，利用其在社区的地缘和人缘优势来拓展业务。例如，江苏省盐城市目前正在进行农民资金互助合作社试点，合作社一般在一个镇的范围内组建。互助金的吸纳和投放需要有较高的信用保障和风险防控体系。村两委成员一般对本社区村民的经济状况、人品等情况比较了解，在村民中也较有威信。农民资金互助合作社一般聘请村两委成员为论证员。这些村两委论证员在吸纳互助金的同时，还要对本社区成员互助金的投放进行把关。

五　建立党组织的合作社

2008年中共十七届三中全会《关于推进农村改革发展若干重大问题的决定》提出，“创新农村党的基层组织设置形式，推广在农村社区、农民专业合作社、专业协会和产业链上建立党组织的做法”。在中央的统一部署下，各地纷纷开展在农民专业合作社等新兴组织中建立党组织的活动。据课题组对河北省肃宁县的调查，截至2012年底，全县共有农民专业合作社443个，其中，

① 与河北省肃宁县春意秸秆能源开发合作社理事长的访谈笔录（2013年3月21日）。

建立了党小组的有111个，建立了合作社支部的有35个。肃宁县的农业重镇万里镇共有68个农民专业合作社，至2012年10月底，共建立了5个合作社党支部。该镇西辛庄村绿苑蔬菜专业合作社党支部成立于2010年6月，至2012年10月，已有28名社员提交了入党申请书，4名社员加入了党组织（梁钟鸣，2012）。

（一）合作社设立党组织的形式

合作社设立党组织主要有以下几种形式。

1. 合作社单独成立党支部

在一些跨地域、跨行业、规模较大的合作社，为了更好地发挥党员的带头作用，方便党员过组织生活，一般都单独成立党组织，由合作社总部所在乡镇党委管理，或挂靠在县级行业主管部门党委或县委组织部门。例如，山西省平遥县晋伟中药材专业合作社，将4名党员组织起来，独立成立了合作社党支部，其组织关系挂靠在县供销社。[①]

2. 合作社联合组建党支部

一些从事相同产业的合作社或行业组织由于单独成立党支部的条件尚不具备，于是采取多个组织联合的形式组建党支部。例如，湖南省安乡县凝福棉花种植合作社、白家棉花病虫害防治合作社与县棉花流通协会联合组建了县棉花协会党支部，其组织关系挂靠在县农经局党委（中共湖南省委农村工作部、湖南省人民政府农村工作办公室，2011）。

3. 合作社依托村党组织组建党支部或党小组

一些由村两委牵头组建的合作社或主要以本村村民为社员的合作社，往往与村党组织合并组建党支部，或在合作社中建立党小组，归村党组织管理。例如，内蒙古自治区宁城县夕子镇二十家子村龙山蔬菜合作社，其理事长为村两委成员。合作社依托村党委成立了合作社党支部，理事长同时兼任党支部书记。村里有30名党员加入了合作社，并在合作社中起着示范带动作用（田原史起，2012）。

合作社党支部在合作社中有什么作用。这可能是许多人关心的问题。下面的一个案例较好地诠释了一个合作社党支部在合作社发展中所发挥的作用。

---

① 与山西省平遥县晋伟中药材专业合作社理事长的访谈笔录（2013年3月23日）。

案例：辽宁省西丰县永得利蔬菜合作社[①]

永得利蔬菜合作社总部位于辽宁省西丰县平岗镇三合村，地处辽吉两省交界处，理事长为梁仁德。1994 年，在外地做了 4 年蔬菜经纪人的梁仁德回到家乡三合村，设立蔬菜收购点。2001 年，他投资 200 万元成立永得利绿色蔬菜开发公司。2003 年，他在三合村建立了占地 2 万平方米的辽北蔬菜批发市场。2004 年，他在县政府的帮助下成立了永得利蔬菜产业协会。2005 年，这一协会成立党支部，将分布在西丰县 3 个镇 17 个行政村的 47 名党员的组织关系全部迁入协会。2006 年，这一协会转制为合作社，有成员 167 户。2009 年 5 月，合作社的 89 名党员入股 70 万元，成立“农民党员资金互助社”，为合作社社员建设蔬菜大棚发放小额低息贷款，并为社员建房、医疗提供短期资金借贷服务。2009 年 9 月，合作社成立全国第一个合作社党委，下设 5 个专业党支部和 14 个党小组，并制定了合作社的治理机制：理事会提议 - 党委会审议 - 社员代表大会决议 - 监事会监督。合作社党委组织党员建立了“农业灾害保险互助组”，还建立了 3 个党员科技示范基地。

合作社在发挥党员带头作用的同时，还通过各种方式提升党员的地位：每年评选优秀党员，颁发 1000 元奖金和纪念品；各区域村（屯）的理事选举优先考虑党员；社员向合作社借款由所在村（屯）党员担保；每年“七一”组织党员外出旅游。2012 年 10 月，已有 10 位优秀青年转正为中共党员。

通过发挥党员及党组织的带动作用，合作社的各项业务均得到了发展。2012 年 6 月，合作社已经拥有 1520 户社员，蔬菜大棚 6000 多座，年批发销售蔬菜 3 万多吨，实现产值 3400 多万元。

（二）建立党组织的合作社与村两委的关系

合作社建立党组织的方式不同，其与村两委的关系也各异。

依托村党组织建立党支部或党小组的合作社，其党员的组织关系仍然由村党组织管理。合作社党组织的建立，在突出党组织的政治动员力和党员的带动

---

① 根据农业部农村经济体制与经营管理司、农业部农村合作经济经营管理总站（2009）以及刘同山、孔祥智（2013）整理。

能力的同时，更加强化了合作社与村两委尤其是与村党组织的关系。在村两委领办的合作社中，合作社党组织与村党组织合并，村书记的领导地位得到进一步加强；在非村干部领办的合作社中，随着合作社党支部或党小组的建立，由于组织关系由村党组织管理，这样，村党组织便得以与非村干部领办的合作社建立起联系。

与依托村党组织建立合作社的党组织不同，在单独或联合组建党组织的合作社，合作社与村两委的关系发生了微妙的变化。

首先，党员的组织关系发生改变。合作社建立党支部前，党员的组织关系在村党支部。合作社建立党支部后，党员的组织关系有的实行由村党支部和合作社党支部进行双重管理，有的则由村党支部转到合作社党支部，例如，辽宁省西丰县永得利蔬菜合作社。党员组织隶属关系发生改变，必然引发其与村党组织关系的改变。

其次，合作社的地位得以提升。合作社建立了党支部，并且隶属于上一级党委，在组织地位上与村党支部平等，由此提升了合作社在所在社区的地位和话语权。

最后，发展党员的渠道拓宽。长期以来，农村党员的发展主要依托村党组织。培养党的积极分子、发展党员是村党组织的重要职责。培养谁、发展谁，要由村党支部决定，而最终结果取决于党支部书记。目前，在中国一些家族势力和宗派势力浓重的地区，农村党员的发展受到很多限制。合作社党支部建立后，农村发展党员的渠道拓宽了，农村的一些种植养殖能手和经济强人可以突破当地家族势力和宗派势力的限制，得到党组织的重点培养，最后发展成为党员。例如，“中国脐橙之乡”江西省寻乌县在果业合作社及相关组织中建立党支部，近年来，已经发展党员 187 名，培养入党积极分子 623 名，登记在册的入党申请人达 2315 名（季婵燕，2011）。在一些建立了较多合作社党组织的地区，例如，江西省寻乌县，由合作社培养的党员成功竞选为村两委成员的案例时有发生。

六　总结

通过以上分析可以看出，合作社与村两委的关系，在不同类型的合作社有不同的表现。

在村干部领办的合作社，由于领办者与村两委融为一体，既可以发挥村两委的政治影响力和行政动员力，又可以发挥合作社的经营效能。但是，由于领办人在合作社中的角色认定不同，村两委领办的合作社又可以分为不同的类型，其与村两委因而呈现不同的关系：在村组织代理人领办的合作社，领办人代表村组织在合作社发挥作用，领办人的村组织代理人身份要比其理事长身份重要，并且，村组织代理人可能随村两委换届而改变；在能人村干部领办的合作社，发起人的能人和村干部的双重身份在合作社组建过程中同时发挥作用，而在合作社成功运作后，发起人的能人身份便逐渐居于支配地位，是否继续留任村干部，则要视是否有利于合作社的发展而定；在理事长晋升为村干部的合作社，理事长和村干部的双重身份也使合作社领办人承担起双重责任；在社区领袖领办的合作社，由于社区领袖的权威地位不会受村两委和理事长换届的影响，村庄发展和合作社发展均有着稳定的预期和长远规划。

在非村干部领办的合作社，依据合作社所发挥的功能以及村两委的执政能力，合作社与村两委表现出不同类型的关系：在村两委扶持型关系中，合作社是在村两委的支持下发展起来的；在合作共赢型关系中，合作社与村两委以相互独立的主体出现，合作社具有较强的与村两委对话的实力；在博弈制约型关系中，合作社的存在对村两委形成一种制约，从而能促使村两委提升执政能力；在村两委监管型关系中，合作社质量得以提升，与村两委的关系也较为融洽。

跨区域合作社与村两委的关系表现为合作社与社员所在社区以及业务所及地区村两委的关系。合作社通过与村两委开展协作，或直接将村两委成员吸收为自己的骨干社员或业务人员，与不同社区组织建立联系，以拓展自己的业务。

建立党组织的合作社，由于建立党组织的方式不同，其与村两委的关系也不同。依托村级党组织建立党支部，强化了其与村两委尤其是与村党组织的关系；单独或与其他组织联合建立党支部，则提升了合作社在社区的话语权，并拓宽了发展党员的渠道。

参考文献

季婵燕：《村级党组织与农民专业合作社关系的调查与分析——以浙西农村为个案》，《陕西行政学院学报》2011 年第 8 期。

桂河、于战平、曲福玲：《农民专业合作社与村委会关系的研究——基于天津市西青区辛口镇的调查》，《中国农民专业合作社》2009 年第 11 期。

赵晓峰、刘成良：《利益分化与精英参与：转型期新型农民合作社与村两委关系研究》，《人文杂志》2013 年第 9 期。

彭莹莹：《农民专业合作社企业家成长影响因素研究》，中国社会科学院研究生院博士学位论文，2013。

郭红东、张若健：《中国农民专业合作社调查》，浙江大学出版社，2010。

宋茂华：《产权制度与经济绩效：农民专业合作社产权制度分析》，《特区经济》2011 年第 4 期。

韩俊：《中国农民专业合作社调查》，上海远东出版社，2007。

郭红东：《中国农民专业合作社发展》，浙江大学出版社，2011。

李姿姿：《中国农民专业合作组织研究》，中央编译出版社，2011。

洪名勇：《欠发达地区农技协生成机制与发展模式研究》，中国经济出版社，2012。

梁钟鸣：《万里镇党组织与合作社“同频共振”促民富》，《肃宁周报》2012 年 12 月 14 日。

中共湖南省委农村工作部、湖南省人民政府农村工作办公室：《对湖南省农民专业合作社党建工作的调查与思考》，《中国农民合作社》2011 年第 6 期。

〔日〕田原史起：《日本视野中的中国农村精英：关系、团结、三农政治》，山东人民出版社，2012。

农业部农村经济体制与经营管理司、农业部农村合作经济经营管理总站：《农民专业合作组织案例评析》，中国农业出版社，2009。

刘同山、孔祥智：《关系治理与合作社成长》，《中国经济问题》2013 年第 3 期。

（本文原载于《中国农村观察》2014 年第 2 期）

农民参加村委会选举的行为研究*

——基于3省6县农户调查数据的实证分析

白描　苑鹏

摘　要： 本文基于对山东、陕西和河南三省农民的实地调查，探讨了影响我国农村居民参加村委会选举行为的主要因素及其作用机制。从统计角度来看，现阶段，我国农村居民对村委会选举的关注和参与程度普遍较高。在样本农户中，66%的农民表示愿意参加村委会选举；62%以上的农民实际参加了最近一次的村委会选举。实证分析的结果表明，农民在选举中拥有的自主权越大，其实际参加选举的概率就越大。此外，参与态度对参与行为亦产生显著影响。鉴于上述结论，建议政府在推进基层民主政治建设时，一方面应该完善制度，提高选举的公开度与透明度，让农民尽可能地参与其中；另一方面，应该通过激励农民，增强其政治参与意识，进而提高农民实际参加选举的概率。

关键词： 村委会选举　农民　基层民主政治建设　二元选择模型

一　引言

政治参与属于政治学范畴，是指公民直接或间接地以各种方式对与其利

* 本文得到中国社会科学院农村发展研究所创新工程项目“中国农民福利研究”的支持。在本文写作过程中，中国社会科学院农村发展研究所的吴国宝研究员提出了很多建设性的意见与建议，特此感谢。作者文责自负。

益相关的政治活动施加影响的行为或过程。可见，政治参与的主体是公民。2011 年，中国乡村人口占全国总人口的比重首次下降到了 50% 以下（国家统计局，2012）。但是，不可否认，农民依然是组成中国公民的重要群体。对农民政治参与行为的研究，不仅对解决“三农”问题本身和推进农村基层民主政治建设意义重大，而且有利于整个国家的政治稳定、经济发展以及社会和谐。

近年来，学术界对我国农村居民政治参与的现状、存在的问题以及影响因素等方面展开了深入的研究。唐震（2008）的研究认为，当前我国农民政治参与存在以下问题：从参与主体来看，农民的文化素质偏低，民主意识亟待提高；从参与内容来看，农民参与的范围有限、层次较低，且参与途径狭窄，多以非制度化参与为主，具有非理性化特点。为了充分发挥农民政治参与在农村经济、政治和社会发展中的作用，应该培养农村高素质人才，建立健全农民组织，促进农民政治参与的理性化、制度化，实现推进新农村基层民主政治建设的目标。雷勇（2010）认为，目前我国农村基层民主政治制度的基本框架已经搭建并发展良好，农民政治参与的意识不断增强，参与水平亦不断提高。但是，受经济、制度、文化、组织等现实因素的制约，与政治民主化的目标尚有一定的距离，主张通过推进农村经济发展、健全农民政治参与机制、提升农民的素质、营造良好的政治氛围以及加强组织建设等措施，进一步推进基层民主政治建设。尚云华（2012）主张农民是村民自治的主体，是实现村民自治的内在动力。现阶段，距离真正意义上的村民自治还需要很长一段时间的过渡，各项配套设施有待不断完善。健全的民主制度是农民政治参与的基本保障，政府的积极引导是农民政治参与有序发展的最后保障。而提高农民的收入水平则是刺激农民政治参与的关键因素。目前，影响我国农民政治参与的因素主要有经济发展水平、社会地位、政治机制（如选举制度、乡镇政府的引导、村民自治组织的领导等）以及传统文化等。唐绍洪等（2007）的研究表明，我国农民政治参与呈现多维发展势态，既存在合法、有序的政治参与，又有抗争性、暴力性的非制度化参与，并且后者有扩大的危险。制约我国农民政治参与的因素包括主观和客观两个方面：前者指农民自身的政治素质，后者包括制度体系和社会环境的民主化程度。他们认为农村经济不发达构成了农民政治参与的最大障碍。允春喜、王涵（2011）的研究表明，我国农民的政治参与行为存在的主要问题有参与意识不够积极主动，参与范围较窄，非制度化趋势日益明显等。造成上述现象的原因在于经济发展水平相对低下，人口迁移和流动频繁，农民政治参与制度不完善，传统“臣属型文化”的制约等。此外，选举过程中存在的贿选拉票、暗箱操作等现象，严重影响了农民政治参与的积极性。魏增（2009）认为，我国农民政治参与中存在参与态度冷漠，参与动机功利，参与程度和水平较低，参与方式非制度化以及参与主体不均衡等问题。

许多学者从不特定的视角入手，对影响我国农村居民政治参与行为的因素进行了分析。吕庆春（2012）从社会资源角度对我国政治参与的现状进行了剖析，认为政治参与以社会资源的占有和声望为基础，社会资源雄厚和声望高的个人与群体是政治参与的主体；而资源贫乏和低下者则在政治资源的获取和权力拥有方面处于弱势地位，并具有累积性贫困。制约资源贫乏者政治参与行为的因素主要有参与渠道狭窄，自身政治能力低下以及消极和被动参与等。制度性贫困和政治排斥导致资源匮乏者政治贫困，无法实现民主政治。刘爱军（2005）从心理学角度，分析了改革开放以来，我国农民政治参与的现状，认为农民逐渐形成了制度化、非制度化和冷漠型三种政治参与心理。主张经济困境和利益追求博弈是当前农民政治参与心理形成的根本原因；城乡二元结构的体制障碍是当前农民政治参与心理形成的直接原因；传统政治文化的消极影响是当前农民政治参与心理形成的重要原因。刘爱君、赵诤（2011）分析了社会转型时期，我国农民政治参与行为具有积极和消极情况并存，参与意识较强而参与能力偏低，利益化参与和非利益化参与并存以及制度化参与和非制度化参与并存等特点。主张我国基层民主政治自治尚不成熟，农民的政治参与受到诸多因素的制约，包括农民参与的自主性程度、社会政治环境（例如，法律和制度、基层党组织和乡镇政府的干涉）以及政治参与制度等。他们认为，农民的素质只是实现民主权利的手段和形式，农村民主建设的关键在于农民对公共权力和公共参与的态度。周德军（2009）认为，在新农村建设视角下，农民政治参与在实现乡村民主、促进农民增收、实现公平正义以及加强群众监督等方面都具有重要的意义。该研究认为，制约我国农民政治参与的主要因素包括农民政治参与的法律制度建设相对滞后，农民受教育程度低且在政治参与中缺乏强有力的物质支撑，中国传统政治文化的影响等。张坤、王征兵（2013）从政治文化视角入手，以陕西洋县金水镇曹洞村为例，分析了西北欠发达地区农民政治参与的现状，认为欠发达地区农民政治参与的水平整体较低，农民缺乏民主意识和参与精神。究其原因，主要有农民素质偏低、村委会和村干部失职以及经济发展落后等。

综上所述，近年来，对农村居民政治参与行为的研究，无论从研究角度、研究内容还是研究方法上来看，均比较成熟，从而为后续研究提供了充足的经验和思路。许多学者的研究都表明，现阶段，我国农村居民政治参与的水平正在逐步提高，但要实现农村政治民主化的目标则尚需时日。现有研究表明，目前，影响我国农村居民政治参与行为的因素主要包括农民自身的素质、政治体制、经济发展水平以及心理因素等，这为本文开展实证分析提供了重要的经验支持。通过对文献的梳理，笔者发现，目前，对我国农村居民政治参与行为及其影响因素的研究仍以定性分析为主，研究结论往往缺乏系统的理论与数据支持；定量分析方面，多以某一个县、省或地区的数据为支撑，受到样本量的限制，研究结论往往难以上升到全国层面。本文借鉴已有研究的成果，在东、中、西部3省6县实际调查数据的支持下，综合考虑影响我国农村居民政治参与行为的主客观因素，构建实证模型进行分析，以探讨各因素对我国农村居民政治参与行为的作用机制。

本文第二部分简要说明研究数据的来源和样本的基本情况。在把握我国农村居民村委会选举参与现状的基础上，第三部分从相关理论和现有研究出发，建立计量经济学模型进行估计，并对模型的结果进行分析。第四部分归纳了研究所得的主要结论。

二　农民参加村委会选举的状况分析

（一）数据来源

本文分析所用数据来自2012年中国社会科学院创新工程项目“中国农民福利研究”课题组对山东、河南和陕西三省的实地调查。这三个省分别属于东、中、西部地区，能够体现不同经济发展水平和地理差异对农民政治参与的影响，有助于全面把握我国农村居民政治参与的现状。在山东省的邹平和胶州、河南省的西平和伊川、陕西省的蒲城和绥德分别展开入户调查，获得有效问卷 487 份。调查的内容涉及家庭成员基本情况、就业状况、收入与消费、住房条件、生活环境、时间利用、未成年人教育、健康与医疗、政治参与和社会联系、公共安全与生活保障等。与本文研究有关的政治参与方面，调查内容包括村委会选举、乡镇人大代表选举以及村公共事务三个维度。从此次调查的结果来看，知道村委会选举、乡镇人大代表选举和村公共事务讨论时间的农民在总样本中所占比重分别为 72.6%、17.6% 和 23.9%。可见，农民对村委会选举的关注和参与程度相对较高，所以本文以农民参加村委会选举的行为为对象展开实证研究。从是否知道选举时间，是否参加以及是否投票等方面，了解农户政治参与的广度；同时，从通知方式、候选人产生方式、投票方式以及对参与相关选举的态度等方面，把握农户政治参与的深度。

（二）统计描述性分析

从调查情况来看，知道最近一次村委会选举时间的农户所占比重约为 72.6%（n[①] = 485）。在知道村委会选举时间的样本中，参加选举、家中其他人参加选举以及家中无人参加选举的农户所占的比重分别为 62.1%、11.1% 和 26.8%（n = 485）。在能够得知选举时间的前提下，70% 以上的农民家庭会实际参加选举。根据表 1，农村居民主要通过村干部获知选举时间。此外，通过村大喇叭广播通知村委会选举时间的方式亦比较普遍，占有效样本的 25.1%。

根据调查，在村委会选举中投票的农民所占的比重达到 60% 以上，约为 62.5%（n = 421）。在参与村委会选举投票时，排在前三位的投票方式依次为专门的秘密投票点单独填选票、大伙在一起填选票和流动票箱。可见，在专门的秘密投票点单独填选票的方式在现阶段我国农村政治选举中应用最为广泛，而传统的举手表决方式所占比重则不足 3.0%。而请人代投的方式所占比重较低，则在一定程度上反映出我国农村居民参与政治选举的态度比较认真，98% 以上都是亲自投票。农村居民对候选人的产生方式普遍不够了解，58.0% 的农民并不知道村委会选举的候选人是怎样产生

① 部分样本信息不够完善，为了充分利用样本进行研究，在分析具体问题时，有效样本量不同。n 表示有效样本量，下同。

的（$n=429$）。

参与态度方面，愿意参加村委会选举的农村居民占到50%以上。在459个有效样本中，有24.0%的农村居民对参与村委会选举持无所谓态度；明确表示不愿意参加的农民所占比重低于10.0%。这与前面对投票行为分析的结果一致，即我国农村居民对参与政治选举的态度总体上是比较积极的。

从参加村委会选举的样本所呈现的个体特征来看，①性别方面，在此次调查获得的有效样本中，男性所占比例比女性高8个百分点。而男性实际参加村委会选举的比例比女性高13.4个百分点。换言之，男性对政治参与的热情略高于女性。②年龄方面，在实际参加村委会选举的农民中，年龄最长者为84岁，最小者为19岁。其中，74.7%的参与者年龄为31~60岁；60岁以上的老年人所占比重居其次，约为23.3%。③教育方面，实际参加者拥有初中文化背景的比重最高，这与在有效样本中初中文化程度的农民占比最高不无关系。④在婚姻和健康方面，实际参加选举的样本与总样本在分布方面呈现类似特征，表现为已婚者和健康者所占比重分别在90%和60%以上。⑤就业方面，在有效样本中，有55.1%的农民从事非农业就业；从事农业的农民所占比重最低，为11.3%。从就业地点来看，在本村、本乡镇内和外地就业的农民所占比重分别为65.4%、28.1%和6.5%。而实际参加村委会选举的农民在就业类型和地点方面亦呈现类似的分布特征。⑥收入方面，此次调查的3省6县农村居民2011年人均纯收入平均为8366元。在实际参加村委会选举的农民中，人均纯收入为5000~10000元者居多；人均纯收入水平分布在2000~5000元以及10000~15000元的农民所占比重居其次；而人均纯收入在20000元以上者所占比重最低。

需要说明的是，上述结果仅仅反映了实际参加村委会选举的样本的基本特征，不能据此断定这些个体特征与农民政治参与行为之间的关系。例如，不能因为参加村委会选举的农村居民中已婚者居多，就断定已婚者比未婚者更愿意参加选举，毕竟在此次调查获得的有效样本中，已婚者所占比重本来就高于未婚者。但是，这些特征确实在某种程度上能够反映我国农村居民现阶段政治参与的状况。

表1　实际参加村委会选举的样本的个体特征分布

单位：人，%

特征变量	类型	频次	百分比	特征变量	类型	频次	百分比
性别	男	202	56.7	年龄	0～14岁	0	0.0
	女	154	43.3		15～30岁	7	2.0
婚姻状况	未婚	27	7.6		31～60岁	266	74.7
	已婚	327	92.4		60岁以上	83	23.3
受教育程度	文盲	15	4.2	健康状况	残疾	10	2.8
	小学	109	30.7		患有大病	5	1.4
	初中	190	53.5		长期慢性病	71	20.1
	高中	41	11.5		体弱多病	23	6.5
	高中以上	0	0.0		健康	245	69.2
人均纯收入	0～2000元	18	5.2	就业地点	本村内	221	65.4
	2000～5000元	79	22.9		本乡镇内	95	28.1
	5000～10000元	130	37.7		外地	22	6.5
	10000～15000元	75	21.7	就业类型	农业	39	11.3
	15000～20000元	29	8.4		非农业	190	55.1
	20000元以上	14	4.1		其他	116	33.6

三　实证分析

政治参与是农民福利的一个有机组成部分。本文以农民参加村委会选举的行为为研究对象展开实证分析，目的在于识别现阶段影响我国农村居民政治参与行为的主要因素及其作用机制。因变量通过“是否参加了最近一次的村委会选举”来表征，是为1，否为0。自变量的选择主要依据政治参与的相关理论与国内外现有研究的重要结论，包括个体基本特征、经济因素、人力资本因素、选举相关因素以及心理因素等。

性别、年龄、婚姻状况以及社会身份是构成个体特征的基本要素。根据现有研究，年龄越长者，对政治的关注和参与兴趣越高。而婚姻状况对农民政治参与行为的影响则不确定，现有理论并不支持已婚者（或者未婚者）更愿意参加村委会选举的论断。性别方面，根据前面统计分析的结果，笔者预期男性比女性参加选举的热忱更高。此外，由于参加选举需要时间，所以政治参与行为应该受到个体在家居住时间和日常忙碌程度的影响。从逻辑上来讲，农民闲暇时间越多或者在家居住的时间越多，实际参与选举的可能性就越高。预期，村干部比普通农民参加政治选举的热情与可能性更高。

在人力资本方面，本文选择与政治参与行为关系较为密切的受教育程度和健康状况两个指标来衡量。根据相关研究，预期农民接受教育的程度越高，其对政治选举的关注度就越高。当然，这一结果并非必然。预期健康对农民的政治参与行为将产生积极影响。一般生病的人，较少有精力去关注政治活动。

经济增长受到社会、政治以及环境等因素的综合影响。通常收入或消费水平较高的群体，对关乎其自身利益的政治活动亦比较关注。预期农民实际参加村委会选举的概率将随着收入或消费水平的提高而有所增加。

影响农村居民政治参与行为的心理因素主要有：对村干部的满意度、对村里环境的满意度、对自身社会地位的满意度以及对政治参与的态度等。现有理论并没有明确指出满意度与政治参与行为之间的关系。很可能，满意度越高的人，反而越不关心政治选举。换言之，心理因素对农民政治参与行为的影响并不确定。但是，对政治参与持积极态度者，其实际参加选举的概率应该比持消极态度或无所谓态度者更高。

从逻辑上讲，与政治选举相关的各个因素对农民的政治参与行为将产生直接影响。具体而言，知道村委会选举时间者，实际参加选举的概率更高。在候选人提名方面所起的作用越大，参与选举的积极性就可能越高。至于投票方式对参与行为的影响，则并不确定。按照常理，投票的方式越便利或者越保密，农民参加选举的概率就可能越大。

此外，在本村或本乡镇内就业的农民，居住在家里的时间理论上应该比在外打工者多，从而他们实际参加选举的概率就越大。至于就业类型对农民政治参与行为的影响，则并不确定。从事农业或非农业的农民都有可能关心政治选举，同样也有可能都对这类活动不感兴趣。对于农民而言，有无耕地以及耕地面积的大小，对其行为决策将产生直接影响。在众多生产要素中，耕地属于比较容易受政策变动影响的要素之一。预期，拥有的耕地面积越大，农民参加选举的概率就越大。

各自变量的符号和具体含义如表 2 所示。

表 2　自变量一览

变量	类型	说明	符号
个体特征	性别	男 =0，女 =1	GENDER
	年龄	受访者年龄(岁)	AGE
	婚姻状况	未婚 =0，已婚 =1	MARRIAGE
	社会身份	村组干部 =1，离退休干部或职工 =2，其他 =3	SSTATUS
人力资本与就业	健康状况	残疾或患病 =0，健康 =1	HEALTH
	受教育程度	未上学 =0，小学 =1，初中 =2，高中 =3，高中以上 =4	EDU
	就业类型	农业 =0，非农业 =1	EMPTYPE
	就业地点	本村内 =0，本乡镇内 =1，外地 =2	EMPPLACE
经济因素	收入	2011 年人均纯收入(万元/人)	WINCOME
	消费	2011 年人均生活消费支出(万元/人)	WEXPE
心理因素	对村干部的满意度	1 ~10 分，由受访者根据亲身感受自己打分	SATPOL
	对村环境的满意度	1 ~10 分，由受访者根据亲身感受自己打分	SATINV
	对社会地位的满意度	1 ~10 分，由受访者根据亲身感受自己打分	SATPOS
	对参加选举的态度	不想参加 =0，无所谓 =1，愿意参与 =2	CATTI
选举相关因素	是否知道选举时间	否 =0，是 =1	VTIME
	候选人提名方式	不清楚 =0，村两委或党员提名 =1，村民直接提名 =2	VCANDI
	投票方式	流动票箱 =1，大伙在一起填选票 =2，在专门的秘密投票点单独填选票 =3	VWAY
其他因素	人均耕地面积	亩/人	FAREA
	居住时间	2011 年在家里居住时间(月)	ATHOME
	空闲时间	一年中空闲时间所占的比例(%)	RELAX

基于上述分析，本文以是否参加最近一次的村委会选举为因变量，建立理论模型如下。

JOIN = f（C，WINCOME，WEXPE，FAREA，SSTATUS，GENDER，AGE，EDU，MARRIAGE，HEALTH，EMPLTYPE，EMPPLACE，RELAX，ATHOME，VTIME，CATTI，VCANDI，VWAY，SATPOS，SATPOL，SATINV）

这是一个二元选择模型。由于该模型应用广泛，所以关于其原理推导本文不再赘述。运用 Eviews 软件提供的二元 Logit 模型估计方法，对理论模型进行回归，所得结果如表 3 所示。

表 3 农民参加村委会选举行为模型的估计结果

变量	系数	变量	系数
C	-2.5965	ATHOME	0.1602
WINCOME	0.2836	VTIME	2.1940 *
WEXPE	-0.4370	CATTI	0.7116 *
FAREA	0.2008	VCANDI	1.6014 *
SSTATUS	0.1320	VWAY	-0.9954 *
GENDER	0.8691	SATPOS	-0.2555
AGE	0.0697 *	SATPOL	-0.2890 **
EDU	-0.2047 **	SATINV	0.0600
MARRIAGE	-0.4919		
HEALTH	0.4532 **	LR 检验统计量	80.0997
EMPLTYPE	0.8175	AIC	0.6182
EMPPLACE	0.6482	LR 检验统计量的伴随概率	0.0000
RELAX	0.0010	0.9174	

注：* 和 ** 分别表示在 5% 和 10% 的显著性水平下，相关系数通过统计显著性检验，下同。

LR 统计量的值较大，表明模型整体显著性较高。表 4 考察当前模型对观察值的分组是否恰当。在 JOIN = 0 的 33 个观察值中，当前模型有 15 个值分组正确，而零模型全部不正确；而在 JOIN = 1 的观察值中，当前模型有 223 个值分组正确，零模型则全部正确。综合来看，当前模型比零模型更优（238 比 227），其恰当比例为92%，即预测效果较好。根据效果数据，在 JOIN = 0 和 JOIN = 1 的观察值中，当前模型中分组恰当的比例分别比零模型增加了 45% 和 -2%。总效果百分比为 33%，说明当前模型的预测效果比零模型更优。表 4 下半部分给出了依据期望值计算得到的预测结果。在 33 个 JOIN = 0 的个体中，JOIN = 0 的期望观察值数为 16 个；而在 227 个 JOIN = 1 的个体中，JOIN = 1 的期望观察值数为 210 个。结果，当前模型比零模型提高了 9 个百分点，提高率为 40%。

二元选择模型的回归系数与普通模型的回归系数在含义上存在差异，前者只能通过符号来判断自变量变动引起响应变量概率的增减，而不能将其理解为对因变量的边际效应。根据通过统计显著性检验的各自变量的符号①，可以得

① 讨论未通过统计显著性检验的系数没有意义，原因是据其符号判断该变量与因变量的关系时，发生错误的概率较大，下同。

出以下结论。第一，农村居民的年龄对其参加村委会选举具有积极作用，表现为：在其他因素不变的条件下，农村居民年龄越长者，参与村委会选举的概率越大。第二，随着受教育程度的提高，农民参加村委会选举的可能性降低。这与预期不符，究其原因，可能文化程度高的农民到外地从事非农业的比例较高，从而其参加本村干部选举的机会减少。第三，相对于生病的人而言，身体健康的农民参与村委会选举的概率增加，这与经验判断的结果一致。第四，农村居民在村委会选举中拥有的自主权越大，如知晓选举时间或者候选人由村民直接提名，则其实际参加村干部选举的可能性就越大。第五，对参与村委会选举所持态度越积极者，实际参加选举的概率就越大，这符合逻辑推演。第六，投票方式对选举参与的概率亦产生影响，表现为流动票箱的形式更有利于村委会选举工作的开展。第七，对村干部的满意度越高，观测样本参加村干部选举的概率越小。此外，从各自变量的统计检验结果来看，相对于个体特征、经济等因素而言，与选举有关的因素对农村居民实际参加村委会选举的概率影响更加显著。

表 4　农民村委会选举参与模型的期望预测

	Estimated Equation			Constant Probability		
	Dep = 0	Dep = 1	Total	Dep = 0	Dep = 1	Total
P(Dep = 1) < = C	15	4	19	0	0	0
P(Dep = 1) > C	18	223	241	33	227	260
Total	33	227	260	33	227	260
Correct	15	223	238	0	227	227
% Correct	45	98	92	0	100	87
% Incorrect	55	2	8	100	0	13
Total Gain *	45	-2	4			
Percent Gain **	45	NA	33			
	Estimated Equation			**Constant Probability**		
	Dep = 0	Dep = 1	Total	Dep = 0	Dep = 1	Total
E(# of Dep = 0)	16	17	33	4	29	33
E(# of Dep = 1)	17	210	227	29	198	227
Total	33	227	260	33	227	260
Correct	16	210	225	4	198	202
% Correct	47	92	87	13	87	78
% Incorrect	53	8	13	87	13	22
Total Gain *	35	5	9			
Percent Gain **	40	40	40			

四 结论和对策建议

本文以3省6县农民参加村委会选举的行为为研究对象展开分析，得到的结论如下。

首先，从此次调查的结果来看，知道乡镇人大代表选举、村委会选举和村公共事务讨论时间的样本占有效样本的比重分别为17.6%、72.6%和23.9%。相比之下，现阶段，我国农村居民对与自身利益直接相关的村委会选举的关注和参与程度最高。笔者在调查中发现，一些地区的政治体制并不健全，农民在乡镇人大代表选举和村公共事务讨论方面明显受到制度的排斥，未被告知时间亦无从参加。所以，出现上述结果，既有农民自身功利主义的原因，亦摆脱不了现行民主政治体制不完善的影响。从而，政府在推进基层民主政治建设时，一方面需要提高农民的参与意识，增强其作为主人翁的责任感；另一方面，需要进一步完善政治体制和对基层民主政治制度实施过程的监管，将制度排斥现象发生的概率降到最低。

其次，农民在村委会选举中拥有的自主性越大，例如，农民知道选举时间或者投票的过程保密程度较高，则其实际参加村委会选举的可能性就越大，对参与本身所持的态度也越积极。这为进一步提高农民的政治参与水平，推进政治民主化建设，提供了可以探索的激励途径。

再次，模型结果表明，参与态度对农民的政治参与行为影响显著。从调查数据来看，66%的农民表示愿意参加村委会选举；而样本农户实际参加村会选举的比重又远高于实际参加乡镇人大代表选举或村公共事务讨论的样本的比重。由此，基层民主政治建设应该最大限度地调动农民参与的积极性，让其尽可能地参与其中并拥有主动权和话语权。当选举真正能够对农民的生活产生影响，农民不再是选举中的“花瓶”时，他们才会真心愿意参加，才会真的去参加。

最后，不可否认，提高农民自身的素质在增加其收入、改善就业条件等方面意义重大。但是，不应该将基层民主政治建设中遇到的大部分问题简单地归结为农民自身素质太低。事实上，本研究中受教育程度对参与行为的影响并不显著，这一结论与许多学者的观点一致。总而言之，在探讨农民政治参与存在的相关问题时，应该实事求是地识别清楚人与制度的原因各占多少。一味地将症结归于人的方面，有失公允，亦无法真正地解决问题。

参考文献

雷勇：《新时期农民政治参与的制约因素及其对策》，《四川师范大学学报》（社会科学版）2010 年第 37 卷第 2 期。

刘爱军：《当前中国农民政治参与心理现状及优化对策》，《攀登》2005 年第 6 期（总第 142 期）。

刘爱君、赵诤：《转型期农民政治参与的影响因素》，《人民论坛》2011 年 5 月中（总第 327 期）。

吕庆春：《资源贫乏与政治贫困状态下的政治参与》，《当代世界与社会主义》2012 年第 6 期。

尚云华：《现阶段村民自治下的农民参与现状分析研究》，《山西农业大学学报》（社会科学版）2012 年第 9 期。

唐绍洪、陈其贵、张丽萍：《我国农民政治参与的表现和多维价值》，《社会主义研究》2007 年第 6 期（总第 176 期）。

唐震：《新时期农民政治参与问题透视》，《山西师大学报》（社会科学版）2008 年第 35 卷第 5 期。

魏增：《当代中国农民政治参与的制约因素与对策研究》，《辽宁经济管理干部学院学报》2009 年第 5 期。

允春喜、王涵：《农民政治参与的现状调查与思考——以山东省沂水县下胡同峪村为例》，《公共管理》2011 年第 3 期。

张坤、王征兵：《西北山区农民政治参与影响因素分析——基于陕西洋县金水镇的调查》，《理论导刊》2013 年第 1 期。

周德军：《新农村视野下农民政治参与问题研究》，《安徽农业科学》2009 年第 37（15）期。

（本文原载于《农业技术经济》2013 年第 11 期）

农民福祉与社会进步

用多少时间为自己而活?*

——作为福祉的农民个人生活时间影响因素分析

吴国宝　檀学文

摘　要：　本文在多维福祉框架下分析了作为居民福祉的客观维度的时间利用的决定。以工作与生活平衡原理为基础，本文借鉴 OECD 做法，以由个人活动时间和休闲娱乐与社会交往时间组成的个人生活时间作为分析对象，利用农户调查数据，对其影响因素进行了实证分析。结果显示，个人生活时间的选择具有经济理性，家庭收入的提高会使人们享用更多的个人生活时间；个人生活时间也深受社会身份、家庭结构等因素的影响；村庄文化娱乐设施和组织的存在使人们有更多的个人生活时间。本文的分析表明个人生活时间可以成为时间利用维度一个适用的表征福祉的指标。

关键词：　时间利用　个人生活时间　工作与生活平衡　福祉　农民

* 本文是中国社会科学院创新工程项目“中国农民福祉研究”的研究成果。创新团队专门对本文进行了讨论。杨穗、胡冰川、郜亮亮对本文提出了修改意见，特此表示衷心感谢。本文作者文责自负。

一 引言

在传统经济理论中，经济增长被视为福利改进的主要甚至唯一标志。福祉研究超越上述强假设，提出用多维度、多指标来表征福祉的必要性和可行性。除了用消费代替收入外，表征福祉的还有健康、社会联系、时间利用、主观福祉等多个领域的指标（Stiglitz et al.，2009）。其中，时间利用以时间在不同活动之间的分配和使用状况来表征居民在时间这项重要资源的利用方面的福祉状况（Gershuny，2011）。多维福祉概念框架需要说明各维度福祉与总福祉的关系，这可以具体化为两个方面的问题：一方面，用什么代表总福祉，以及各维度福祉与总福祉之间的关系是什么；另一方面，各维度福祉自身的变化规律以及相互之间的关系如何。对于第一方面问题，通常用福祉指标体系、复合性福祉指数或主观福祉指标（指数）来表征总福祉，其中，实证分析中使用最多的是各种主观福祉指标。笔者之一在之前的研究成果中进行了探索性研究，分析时间利用对主观福祉的影响（檀学文，2013）。在同一研究框架下，本文侧重于回答第二方面问题，即作为客观福祉的时间利用受哪些因素影响。为此需要解决以下三个问题：第一，从理论和经验层面论述时间利用与福祉之间的逻辑关系；第二，选择作为分析对象的时间利用指标；第三，使用适当的数据进行实证分析。

除引言外，本文余下部分由四个部分组成。第二部分是对时间利用与居民福祉关系的理论阐述，提供一个考察时间利用决定的基本理论框架。第三部分通过对现有福祉指数的比较，选择作为分析对象的时间利用指标。第四部分分析时间利用的决定因素，包括实证分析模型的构建、数据和变量的介绍和描述、模型估计结果的说明和解释。第五部分是总结与评论，结合研究发现探讨改进农民时间利用状况的途径，并指明进一步研究的方向和思路。

二 时间利用与居民福祉：基本理论框架

经济学颇有时间研究传统。在劳动经济学中，劳动者在工作和闲暇之间分配时间，分配的结果“显示”其对闲暇的偏好，工资率是时间分配的最重要影响因素（McConnell et al.，2009）。新家庭经济学将一切活动视为生产活动，分为市场生产和家庭生产。其中，家庭生产包括所有的个人活动和闲暇活动，利用时间将购买来的物品“生产”成直接满足需要和产生效用的商品，如吃饭、睡觉、娱乐等。所以，时间在市场生产和家庭生产之间分配以获得最大化效用（Becker，1965）。在该模型中，时间分配根据工资率、物价、资源价值等外因变化同时存在期内替代和跨期替代（Aguiar et al.，2012）。可见，经济学将时间的价值均视为工具性价值，所有非市场活动都是“生产性”的，具有影子价格。

在居民福祉理论中，福祉描述一个人的生活对其本人来说好的程度（Crisp，2013）。福祉是多维度的，在多数福祉理论中，时间利用都是福祉的重要维度①。已有的多维福祉框架中，无论是在社会层面还是在个人层面，大部分都包含时间利用或个人活动维度，例如，英国国民福祉指标体系、加拿大CIW 指数、不丹 GNH 指数等。在福祉理论中，时间利用除了具有通过工作获得收入的间接价值，还具有直接价值，包括通过休闲娱乐获得身心愉悦和快乐，通过休息、锻炼等活动维持体力和健康，通过维护家庭、照顾家人、志愿和利他活动实现家庭和社会责任等。时间看似平等，都必须以各种活动的形式同时度过，体现为一连串的“事件”。然而，时间又是不平等的，体现为时间利用质量差异以及人们寿命差异，也就是时间利用维度上的福祉差异。

时间利用的福祉具体体现在三个方面：①时间利用的质量，例如，工作场所福祉以及闲暇活动中的消费行为等（Brooker and Hyman，20110）；②具体活动给人们带来的满足感和快乐感等，例如，运动和上班通勤给人们带来的不同体验（Stiglitz et al.，2009）；③时间分配给人们的身心健康、心理福祉带来的影响，例如，总是加班的人、无所事事的人以及经常从事志愿活动的人，其总体体验不同。一般认为，参加志愿活动或社会交往活动多的人比独居的人更幸福，参与积极闲暇活动多的人比参与消极闲暇活动多的人更幸福（Stobert et al.，2005）。

---

① 在概念层面，时间利用的另一个替代性概念是“个人活动”，包含时间利用活动分类中各种类型的活动；而时间利用活动分类中的“个人活动”是指各种非生产性活动，请注意区别。详见国家统计局社会和科技统计司（2009）。

因此，尽管时间利用理论与新家庭经济学理论并不冲突，但是，它实际上放弃了为个人生活时间配置影子价格的做法，而是假设时间利用具有各种直接价值。时间利用直接价值的增加也就意味着时间利用维度福祉水平的提高；考虑到时间利用还具有间接价值，当直接价值与间接价值达到平衡时，也就是工作与个人生活之间实现平衡时，时间利用福祉也就达到一个较好状态（OECD，2011）。本文接下来的分析将采用工作与生活平衡原理作为福祉框架下时间利用分析的基本原理。

三　时间利用指标选择

时间利用数据有多种类型，最常见和最常用的是时间利用日志数据，此外还有问卷调查数据、跟踪记录数据等。时间利用日志数据来自时间利用日志调查，它记录受访者在一天 24 小时内的具体活动，根据活动分类表对其进行分类编码，从而得出 1440 分钟在各项活动之间的分布情况。尽管时间利用数据有较丰富的类型和较广泛的来源，但是，指标选择方面通常有两个问题需要解决：一是选择具体的时间利用指标以体现其对居民福祉的代表性；二是基于日志的时间利用数据对个人的时间利用规律代表性不足。

（一）文献中的时间利用指标整理

时间利用研究文献无论在福祉研究还是在社会指标研究中都是非常丰富的，其中无一例外都涉及对具体时间利用指标的选择。文献中的时间利用指标大体上可以分为客观指标和主观指标（见表 1）。其中，客观指标大体上包括活动时间和活动频率[①]两种类型，以前者为主。活动时间指标有的来自时间利用日志调查，有的来自受访者个人估计。还有一些在时间利用变量基础上构造出来的客观时间利用指标，如工作与生活平衡、可支配时间等。时间利用主观指标的类型更加丰富，例如，活动过程中积极和消极的主观情感或愉快程度、时间利用满意度、时间利用的价值判断等。除此以外，还有很多人为设置的主观指标，例如，感知的工作与生活平衡状况、感知的闲暇或非闲暇活动、时间压力感觉等。

① 活动频率是指诸如“一个月内参加多少次体育运动？”之类的指标。

表 1　文献中的时间利用指标

类型	指标	含义和资料来源
客观指标	有酬劳动时间、无酬劳动时间、闲暇时间	按照时间利用活动类型进行的时间分类（Brooker and Hyman,2011）。其中，闲暇时间可以区分为积极闲暇和消极闲暇，其中，积极闲暇包括认知、体力、社会交往等类型（Harvey,1993）。在加拿大 CIW 指数和英国国民福祉指标体系中有较多应用
	工作与生活平衡	指时间在工作和个人生活之间获得均衡的分配，在指数计算时采用长时间工作劳动者所占比例和闲暇与个人护理时间这两个指标（OECD,2011）
	工作与闲暇平衡	指总工作时间和非工作时间的比例（如 Gershuny,2009）
	可自由支配时间	指将必要时间压缩到最低限度时可能获得的自由时间（如 Goodin et al. ,2005）
	睡眠时间	不丹 GNH 指数用工作时间和睡眠时间代表时间利用。此外，现实中还有更为复杂的睡眠指数
主观指标	实时主观情感	指对活动过程中的主观情感进行记录。例如，一项研究包括 3 项积极情感和 3 项消极情感，另一项研究包含 4 项积极情感和 8 项消极情感（Kahneman et al. ,2004）
	实时愉快程度	指对活动过程中愉快程度进行打分评价，例如，0 ~ 10 分（Juster and Stafford,1985）
	时间利用价值	对活动价值或意义的主观评价（如 White and Dolan,2009）
	时间利用满意度	例如闲暇时间满意度、工作与生活平衡满意度等（Finegold et al. ,2002；Gimenez-Nadal et al. ,2011）
	感知的时间属性	对所从事的各项活动做出属于闲暇还是非闲暇的主观界定，与时间利用活动分类可能会有不同，例如，吃饭有可能被界定为闲暇（Young and Willmott,1974）
	感知的自由时间	自我判断哪些活动时间是自由时间，并与基于时间利用活动分类的客观自由时间进行对比（参见 Mingo and Montecolle,2014）
	感知的工作与生活平衡	对所在工作单位在工作与生活平衡方面的制度安排和实际状况与其他单位的比较：差一些、差不多、好一些（Bloom et al. ,2009）
	工作与生活平衡分值	回答一系列关于工作与生活平衡的问题，对其分值进行加总。如，问题之一："当前是否由于工作需要经常加班？"，回答"是""偶尔""否"分别取 3 分、2 分、1 分。加总分值越高，表明工作与生活平衡状况越差（Daniels et al. ,2000）
	时间胁迫分值	指在应投入更多时间的活动上实际投入时间不足并带来压力、焦虑等情形。通过一个或一组主观性问题体现，例如，"是否经常感觉匆忙""是否想要更多或更少一些的独处时间"等。也可以称为时间压力（Deding and Lausten,2011）

从表 1 所列指标以及相应文献的具体内容看，实证分析中所使用的时间利用主观指标要多于客观指标。所列的时间利用主观指标有的通过时间利用日志调查而获得，有的通过在问卷调查中专门设置主观性问题而获得。在描述性统计分析的基础上进行计量分析几乎都是使用通过问卷调查获得的主观指标，例如，时间利用满意度、时间胁迫分值、感知的工作与生活平衡等。出现这种状况的可能原因，一方面在于单一性的主观指标比并列的时间利用客观指标容易使用；另一方面在于它们的效度相对要高一些。这两方面原因都对在客观的时间利用日志数据的基础上开展实证研究提出了挑战。

（二）本文时间利用指标选择

本文拟使用基于时间利用日志数据的客观时间利用指标进行实证分析，以此丰富关于时间利用的实证研究。通过对表 1 中客观指标的比较，本文借鉴 OECD 的做法，选择个人护理与闲暇时间作为实证分析中的目标变量。在一定程度上，这个指标可以被称为“个人生活时间”，它与劳动时间不同，意味着人们在多大程度上为自己活着①。OECD 研究认为，时间在不同活动之间分配是福祉的一项关键决定因素；工作与生活平衡意味着“人们在工作和个人生活之间达到的一种均衡状态”。OECD 的“更好生活指数”主要用长时间工作劳动者所占比例和闲暇与个人护理时间这两个指标来表征工作与生活平衡，其中，前者反映工作状态，后者反映生活状态（OECD，2011）。根据统计，在 OECD 范围内，人们日均工作时间为 6.8 小时②，而用于个人生活的时间达到 15.2 小时③。根据中国 2008 年首次时间利用调查，中国人的平均闲暇和个人活动时间为 15.3 小时，与 OECD 国家几乎相同。但是，中国农民的闲暇和个人活动时间为 14.6 小时，大大低于前面两个参照群体，这主要是由于他们的

① 参见欧洲改进生活和工作条件基金会定义（http：//www. eurofound. europa. eu）。这个指标对应的另外两类活动分别是有酬市场劳动和无酬家务劳动。尽管在实践中，闲暇与个人活动部分地有义务性质，无酬家务劳动也部分地有闲暇性质，但是，人的活动就其性质而言，仍然可以区分为非劳动和劳动两类。

② 原始数据为 1776 小时/年。为便于比较，这里按照一年 260 个工作日折算，未考虑除周末外的其他假期。

③ OECD 网站，http：//www. oecdbetterlifeindex. org/topics/work-life-balance/。

闲暇时间短很多①。

对于个人而言，一天的时间利用很难代表其日常活动规律。对此的解决办法之一就是从一日的时间利用数据估计其“长期”的时间利用数据，用以表征其日常活动规律，已有文献对此进行了一些探索（例如，Stewart，2009；Gershuny，2012）。笔者也利用中国农民调查数据专门对此进行了研究，在日志数据的基础上预测了长期的或一般的时间利用数据。统计分析显示，预测数据改善了时间利用指标的代表性（檀学文等，2016）。所以，接下来的实证分析中将同时使用基于日志数据和预测数据的时间利用指标。

四　农民时间利用决定的实证分析

（一）“个人生活时间”的决定：实证分析模型

Harvey（1993）认为，时间分配是个人及家庭福祉的主要决定因素。在OECD的分析框架中，工作和个人生活之间的平衡是福祉的核心。个人将工作、家庭义务以及个人生活三者满意地结合起来的能力不仅决定个人福祉，也有利于家庭以及社会福祉（OECD，2011）。尽管时间利用可以是丰富多彩和富有意义的，人们对活动的选择却总是受到限制。借鉴已有时间利用分类方法（Feldman and Hornik，1981）以及工作与生活平衡的思想，可以将个人的主要活动时间区分为工作时间和生活时间。其中，工作时间包括有酬劳动时间和无酬劳动时间，对福祉具有工具性价值或间接价值；生活时间就是闲暇和个人活动时间，对福祉具有直接价值，是真正为自己而活的时间。从而本文提出假说，更长的生活时间是人们追求福祉最大化的一项合理目标。其他条件不变时，个人生活时间越多，生活越幸福。个人对生活时间的选择具有经济理性。一方面，在生活时间里，人们将时间与购买来的物品结合在一起，通过“家庭生产”形成直接效用。所以，能够带来更高购买能力的工资率（或单位时间劳动收入）将会使人们愿意放弃一部分个人生活时间。另一方面，如果作

① 国家统计局社会和科技统计司编《2008年时间利用调查资料汇编》，中国统计出版社，2009。

为劳动的重要目的的收入（包括个人收入以及家庭收入）目标实现了，那么，对工作时间的需要将会下降，也就是个人生活时间将会趋于增加。

在经济理性的基础上，时间利用还具有较多的社会性特征，受到外部社会、经济、文化等环境因素的影响。例如，在中国，有一种观念认为，一些地区的人有勤劳的美德，而另一些地区的人则可能疏于劳动。如果当地就业机会多，人们会更多地工作并减少生活时间，否则反之；在越来越多的地区，打麻将、广场舞等作为社会风气正日益兴盛；在农村地区，兴建文化体育设施有可能使人们文化活动、运动等积极闲暇活动增加；而家庭价值观比较强的地区，人们的家庭生活时间可能会更长。个人的时间利用还会受到家庭因素的影响，例如，家庭中是否有老人或小孩需要照顾，家庭是否有大的支出需求，自己的家庭角色属于“主外型”还是“主内型”等。最后，个人特征也会对其时间利用产生影响，如年龄、性别、受教育程度等。家庭因素的影响与个人特征是有关联的，尤其是性别，女性在家庭中往往“主内”而且承担照顾老人、孩子等责任，生活时间难免减少。

综上，本文构造一个多元线性回归模型来估计人们个人生活时间的影响因素，示意如下。

$$PLT = \alpha_0 + \alpha_1 \cdot E + \alpha_2 \cdot S + \alpha_3 \cdot F + \alpha_4 \cdot D + \varepsilon \tag{1}$$

（1）式中，被解释变量是作为个人生活时间的闲暇与个人护理时间（PLT），解释变量包括经济因素（E）、社会因素（S）和家庭因素（F）以及作为控制变量的个人特征变量（D），α_0 为截距项，ε 为误差项。

（二）数据与变量特征

1. 数据说明

本文所用数据来自中国社会科学院创新工程项目“中国农民福祉研究”项目组（以下简称“项目组”）2013 年农户问卷调查。该调查按照多阶段抽样法，抽取了 5 个省 10 个县 50 个村 1000 个农户。其具体过程如下。首先，根据各省份农业生产条件和农村居民人均纯收入水平从全国 31 个省份中选取了江苏、辽宁、江西、宁夏和贵州 5 个省份，分别代表不同发展水平的地区；其次，分别从 5 个样本省份中选取农村居民人均纯收入水平居中的样本县各 2

个，再从各样本县中按照收入水平和经济条件高低分别选取 5 个样本村；最后，在各样本村随机选取 20 个农户，每户原则上由 1 位 16 周岁以上成年人接受问卷调查。调查内容包括家庭成员、主观福祉、劳动与就业、生活状况、住房条件、环境污染、健康与医疗、政治参与等。最终实际回收有效问卷 1000 份①。删除本文研究所使用变量缺失或具有奇异值的样本后，用于本文实证分析的有效样本为 702 个，其基本情况如表 2 所示。

表 2　调查样本基本情况

单位：%

变量	类别	比例	变量	类别	比例
年龄	<40 岁	21.51	性别	女性	34.33
	40～59 岁	52.71		男性	65.67
	≥60 岁	25.78	从业类型	自营农业	56.55
受教育程度	小学及以下	51.85		本地非农经营	11.40
	初中	33.05		各类就业[a]	18.80
	高中及以上	15.10		未就业	13.25

注：[a]指各类有工资性收入的就业。

2. 劳动与生活：农民时间利用特征

项目组 2013 年农户调查数据显示，中国农民时间利用具有典型的发展中国家特征。比较而言，农民的有酬劳动时间长而无酬家务劳动时间短；有酬劳动主要是家庭经营而不是各类就业；休闲娱乐和社会交往时间明显偏短，而且活动类型单调（见表 3）。这与项目组 2012 年农户问卷调查结果相当一致（参见檀学文，2013）。其中，就本文关心的个人生活而言，2013 年，中国农民个人生活时间为 911 分钟，高于 2008 年中国农民个人生活时间②，但低于 2008 年中国市民以及 2011 年美国居民个人生活时间。其中，中国农民 2008 年和 2013 年个人生活时间的差异主要表现在休闲娱乐和社会交往时间上，个人活动时间几乎是一致的；而中国农民与美国居民个人生活时间的差异同时存在于两个方面，中国农民的休闲娱乐和社会交往时间远远短于美国居民，而美国居民的个人活动时间要短于中国农民。

① 并非严格地在每个村抽取 20 个样本农户，少量村的样本数略多于或略少于 20 个。

② 目前无法说明这种差别是否由抽样误差所致。

表 3　农民时间利用分布及其比较

单位：分钟

项目	US11	CN08	CNU08	CNR08	CNR13
个人活动	645	695	697	693	696
就业活动	197	149	194	98	83
家庭经营	0	119	10	221	251
无酬家务劳动	131	122	129	115	101
照顾家人和对外帮助	43	26	27	27	43
学习培训	26	29	34	24	3
休闲娱乐和社会交往	309	224	264	180	215
未定义活动	18	1	0	1	26
交通活动	70	75	85	64	22
合计	1440	1440	1440	1440	1440
其中:个人生活时间	954	919	961	873	911

注：“US11”是2011年美国劳工统计局时间利用调查数据；“CN08”是2008年中国国家统计局时间利用调查的全体样本数据，“CNU08”和“CNR08”分别是2008年中国国家统计局时间利用调查的城市样本数据和农村样本数据；“CNR13”是2013年本项目组农户问卷调查数据。其中，“个人生活时间”为“个人活动时间”与“休闲娱乐和社会交往时间”的合计数。

资料来源：美国劳工统计局网站，http：//www. bls. gov；国家统计局社会和科技统计司编《2008年时间利用调查资料汇编》，中国统计出版社，2009；项目组2013年农户问卷调查。

2013年农户调查数据还显示，中国农民个人生活时间存在明显的性别差异。2013年，男性农民和女性农民的平均个人生活时间分别是928分钟和879分钟，其中，女性农民的个人活动以及休闲娱乐和社会交往时间均低于男性。中国农民个人生活时间还具有明显的年龄段特征：从青年到中年和老年，农民个人生活时间以及其中的休闲娱乐和社会交往时间均不断增加；而个人活动时间在青年和中年阶段几乎无差异，但到了老年阶段则明显增加。农民个人生活时间也呈现明显的地域特征：中东部地区的江苏、辽宁和江西三地明显高于西部地区的宁夏和贵州两地；休闲娱乐和社会交往时间的分布也是如此；个人活动时间有区域差异，但规律不明显。总的来看，江苏农民个人生活时间最长，而宁夏农民个人生活时间最短。与此对应，农民个人生活时间与其生活满意度基本上呈现正相关关系，在个人生活时间长的地区，农民生活满意度也比较高①（见图1）。

① 生活满意度采取10分制，最低分为0，最高分为10，数据来源与时间利用数据相同。

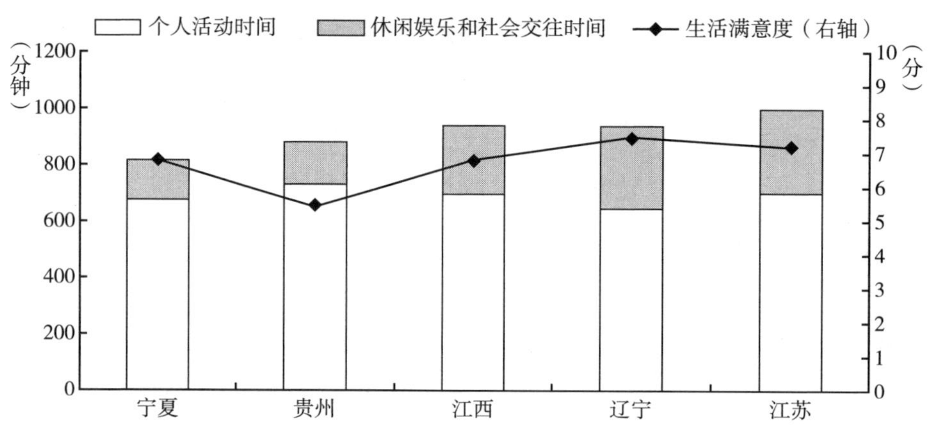

图 1　分地区农民个人生活时间及生活满意度

3. 模型变量主要特征

本文运用前述抽样调查数据，构建 OLS 回归模型，估计农民个人生活时间的影响因素。被解释变量为个人生活时间，前文已经进行了定义。同时，由于时间利用日志数据存在的“多零”问题，项目组在同期研究中，以时间利用日志数据为基础，估计了长期时间利用的预测值（檀学文等，2016）。预测数据与日志数据的均值极为接近，差异不显著，但前者分布更为集中，“多零”问题也大为减轻。所以，本文也使用预测的个人生活时间作为被解释变量，使用相同的解释变量，对两项估计结果进行对比。

作为探索性研究，本文实证分析时尝试了一些不同的变量。最终模型使用的变量及其含义、特征如表 4 所示。样本以男性为主，约占 66%；95% 为已婚（含少量非婚同居）；平均年龄为 50 岁，其中，40 ~ 59 岁的中年人占一半以上；约 64% 的被访者自我报告身体健康，32% 的被访者患慢性病或体弱多病，4% 的被访者患大病；85% 的样本为普通村民，另外 10% 和 5% 分别是村干部和有一定社会地位的村民①。样本的受教育程度呈现金字塔状分布，小学、初中和高中文化程度者的比例分别为 52%、33% 和 15%。绝大部分样本都处于从业状态，其中大部分为务农和非农就业，分别占 56% 和 27%，在机关和事业单位工作的仅占 4% 左右。样本家庭年收入平均为 4 万元，样本个人

① 具体指村民代表、教师、医生以及离退休干部或职工。

平均年收入为1.5万元。样本家庭承包耕地面积平均为12.2亩，其中，70%的家庭土地规模在7.5亩以下，7.5～15亩以及15亩以上的分别占16%和15%左右。绝大部分样本家庭教育费用在1万元以下，超过1万元的只占13%左右。在文化娱乐条件方面，31.6%的被调查村庄有所列举的5类文化娱乐设施或组织中的1项，52.7%的村庄有2～4项，另有15.7%左右的村庄有5项或以上，而1项都没有的村庄只占2.9%。

表4　模型变量定义及描述性统计

变量名称	变量含义及赋值	观察值	均值	标准差	最小值	最大值
个人生活时间(日志)	基于日志数据的个人生活时间(*plc*)	702	916.24	236.55	270	1440
个人生活时间(预测)	基于预测数据的个人生活时间(*PLC*)	702	917.06	147.25	581.64	1340.77
家庭收入(对数)	2012年家庭纯收入对数值(原值单位:元)	689	10.00	1.11	6.49	14.51
从业类型	在家务农=1,在家从事非农经营=2,受雇就业(含在外经营)=3,不从业及其他=4	702	1.89	1.13	1	4
承包地面积(对数)	家庭承包地面积对数值(原值单位:亩)	695	0.75	3.02	-9.21	5.30
教育费用	无=1,小于1万元=2,大于等于1万元=3	697	1.72	0.77	1	3
家庭中有无需要照料的老人或儿童	无=0,有=1	702	0.47	0.50	0	1
村文化娱乐条件[a]	0～1项=1,2～4项=2,5项及以上=3	702	1.84	0.67	1	3
性别	男性=0,女性=1	702	0.34	0.48	0	1
年龄	周岁年龄	702	50.11	12.80	17	83
婚姻状况	已婚(含非婚同居)=0,未婚、离异或丧偶=1	702	0.05	0.22	0	1
健康状况	健康=1,慢性病或体弱多病=2,大病或残疾=3	702	1.39	0.56	1	3
受教育程度	未上学=1,小学=2,初中=3,高中及以上=4	702	2.47	0.93	1	4
社会身份	普通村民=1,村干部=2,具有一定社会地位的村民=3	702	1.27	0.60	1	3

注:[a]将村庄调查表中公共文化娱乐活动场所、公共体育健身活动场所、村内公共图书馆（阅览室)、村内各类文艺队或剧团、村内兴趣组织（如书法协会、棋牌协会）这5类设施或组织的数量进行加总，以加总数量为基础，进行村文化娱乐条件的划分。

（三）计量分析结果及解释

本文分别以基于日志数据和预测数据的个人生活时间（*plc* 和 *PLC*）为被解释变量，设置两组解释变量组合，共估计 4 组方程。其中，方程Ⅰ和Ⅱ分别以 *plc* 和 *PLC* 为被解释变量，以性别等 7 个个人特征变量为解释变量，考察个人特征对个人生活时间的影响；方程Ⅲ和Ⅳ同样地分别以 *plc* 和 *PLC* 为被解释变量，在前两组方程解释变量的基础上，添加 6 个经济和家庭与社会环境变量。表 5 中的回归结果显示，各方程参数均具有统计显著性。在被解释变量相同的情况下，添加解释变量明显提高了模型的解释能力。同样地，在解释变量相同时，以 *PLC* 为被解释变量的方程的估计结果明显优于以 *plc* 为被解释变量的方程，这再次验证了预测的时间利用数据的优越性。

表 5　OLS 模型回归结果

变量	方程Ⅰ（*plc*）	方程Ⅱ（*PLC*）	方程Ⅲ（*plc*）	方程Ⅳ（*PLC*）
2012 年家庭收入对数值	—	—	7.69	13.41***
从业类型（对照组：在家务农）				
在家从事非农经营	—	—	-48.20	-0.62
受雇就业（含在外经营）	—	—	18.53	11.61
不从业及其他	—	—	89.55***	81.44***
承包地面积（对数）	—	—	-4.95	-1.96
教育费用（对照组：无）				
小于 1 万元	—	—	-6.69	-14.21
大于等于 1 万元	—	—	-35.21	-28.92**
家庭中有无需要照料的老人或儿童	—	—	-19.27	-22.35**
村文化娱乐条件（对照组：0~1 项）				
2~4 项	—	—	-19.19	12.26
5 项以上	—	—	79.74***	45.15***
性别	-24.15	-21.39*	-45.03**	-40.59***
年龄	-10.23**	-11.52***	-9.42**	-11.74***
年龄平方	0.14***	0.15***	0.13***	0.15***
婚姻状况	81.76**	76.67***	57.78	70.96***
健康状况（对照组：健康）				
慢性病或体弱多病	0.03	2.60	1.73	3.95
大病或残疾	54.42	59.58**	23.30	51.30*

续表

变量	方程Ⅰ（plc）	方程Ⅱ（PLC）	方程Ⅲ（plc）	方程Ⅳ（PLC）
受教育程度(对照组:未上学)				
小学	68.08***	58.76***	65.71**	56.26***
初中	107.06***	97.38***	96.56***	78.06***
高中及以上	83.55**	87.86***	70.73**	62.42***
社会身份(对照组:普通村民)				
村干部	-32.28	-33.61*	-31.20	-28.90*
具有一定社会地位的村民	28.60	-3.22	18.37	-11.30
常数项	973.31***	1021.37***	918.74***	919.14***
观察值	702	702	682	682
R^2	0.09	0.21	0.15	0.28

注：*表示在10%水平上显著，**表示在5%水平上显著，***表示在1%水平上显著。

表5显示，综合来看，方程Ⅳ的拟合效果相对最好，下文的解释以方程Ⅳ的估计结果为依据。

1. 经济因素的影响

由于通过抽样调查无法获得影响时间分配最重要的经济因素——工资率指标，回归方程中转而用家庭或个人年收入来代替。结果表明，这两个指标都对个人生活时间产生显著的正向影响。为了避免陷入对个人收入、工资率、劳动时间之间逻辑关系合理性论证的难题，回归方程中最终采用与个人时间利用关系不密切的家庭收入。回归结果表明，个人生活时间具有正向价值，其长短的选择符合经济理性，因此，人们倾向于随着家庭收入的提高而增加个人生活时间。个人生活时间在从事不同工作类型的农村居民之间差异不显著，只是在"工作"与"不工作"之间存在显著差异。这表明，尽管农民职业或工作类型存在分化，但是，这并未影响到他们的个人生活时间选择。

2. 家庭和社会因素的影响

在家庭因素方面，根据数据的可得性，回归方程中选用了家庭教育费用和家庭成员照料两个变量。其中，家庭中如果存在需要照料的老人或儿童，那么，受访者的个人生活时间显著下降，这符合一般预期。在家庭教育费用方面，由于将近一半家庭不存在教育费用，故本文将教育费用划分为1万元以下和 1 万元以上两个档次，分别与无教育费用样本比较。结果显示，家庭教育费用在 1 万元以下与无教育费用对个人生活时间的影响差异不显著，而教育费用超过 1 万元对个人生活时间形成了显著的负向影响。家庭承包地面积对应着相应的劳动投入需求，预期对个人生活时间形成负向影响。结果显示，该变量作用方向的确为负，但不显著。村庄文化娱乐条件是一个合成变量，表示村民参与休闲娱乐活动的外部条件的丰富程度。结果显示，当村庄文化娱乐设施或组织的数量达到 5 个以上时，该条件就会对村民个人生活时间产生显著的正向影响。

3. 个人特征的影响

回归结果显示，个人自身特征对其个人生活时间有显著的影响，该影响在不同方程之间都比较一致，而且符合一般预期。在控制其他因素的情况下，个人生活时间与年龄的关系为先下降、后上升的变化，表明人到中年时个人生活时间最少。个人生活时间的性别差异显著，女性个人生活时间明显少于男性，这已在前面的描述性分析中显示出来。在婚姻状况方面，95% 的受访者为已婚，但是，已婚之外的状况的确对个人生活时间形成了显著的正向影响。尽管个人生活时间具有积极价值，但是，由非婚状态（尤其是离异、丧偶）带来的个人生活时间的增加则并不是合意的。受教育程度对个人生活时间影响的差异存在于未受教育群体和已受教育群体之间，未受教育者的个人生活时间显著偏短；但是，个人生活时间在不同受教育程度群体之间差异不显著。身体健康状况影响的差异主要体现在患有大病或残疾的群体与其他人之间，前者的个人生活时间显著偏长。与婚姻状况的影响一样，这个效果并不合意。最后，从社会身份看，尽管村干部只占极少数，但是，他们的个人生活时间显著比普通村民偏短，这可能是因为他们的工作时间更长。

五　总结与讨论

本文将时间利用视为居民客观福祉的一个维度，基于已有理论中的工作与生活平衡原理，将由个人活动时间和休闲娱乐与社会交往时间构成的个人生活时间指标看作时间利用直接价值的体现，这也是 OECD 更好生活指数中使用的一个指标。本文利用在 2013 年收集的针对中国农民的抽样调查数据，构建回归模型，分析了农民个人生活时间的影响因素。得益于专门设计和收集的数据，这在同类研究中尚属首次。与以往研究基本上都是以主观时间变量为分析对象相比，本文研究具有一定的开创性意义。本文使用的时间利用变量产生于日志调查数据，存在天然的代表性不足的缺陷。项目组在同期研究中，根据日志数据预测了长期时间利用数据。本文在实证分析中对基于日志数据和预测数据的个人生活时间变量分别进行回归，结果显示，以预测的个人生活时间为被解释变量的回归方程，其效果明显优于基于日志数据的以个人生活时间为被解释变量的回归方程，对时间利用的影响因素做出了较为合理的解释。

本文的实证分析结果显示，作为劳动时间的对立面的个人生活时间，其长短的选择是一种社会经济现象，既符合经济理性，又深受环境因素的影响，也与个人特征密切相关。例如，尽管从业者的个人生活时间短于非从业者，但是，家庭收入的提高会使人们倾向于享用更多的个人生活时间。社会身份、家庭结构（例如，存在需要资助的学生、需要照顾的老人和儿童）等都对个人生活时间产生显著的影响。村庄文化娱乐设施和组织的存在会使人们将更多的时间用于个人生活。但是，村庄文化娱乐设施需要达到一定的数量才能发挥效果。这意味着新农村建设中文化体育事业应当多元化发展，这样才能吸引农民更多地参与文化娱乐活动，享受生活。一些个人特征能够体现时间利用的天然差别，例如，性别和年龄。另外一些特征对时间利用的影响未能符合预期，例如，受教育程度，这在某种意义上表明，农民的文化程度总体上都还不够高。还有一些个人特征对时间利用的显著影响提出了需要关注的社会问题，例如，离异、丧偶等非婚状态以及残疾、患大病等极度不健康状态等。

本文研究还可以看作福祉框架下时间利用指标体系研究的一部分，本文的分析表明，个人生活时间可以成为时间利用维度表征福祉的一个适用指标。但是，个人生活时间毕竟只是时间利用的一部分，该维度需要一个应当更加完整的指标体系。对国际上现有的多个福祉指标体系中有关时间利用或个人活动部分的比较显示，这方面仍然没有一个成熟、可借鉴的方案。而这将是下一步研究的重点。

参考文献

檀学文、吴国宝、张斌：《增强个体代表性：基于日志数据的长期时间利用预测》，

《中国农业大学学报》(社会科学版)2016 年第 1 期。

檀学文:《时间利用对个人福祉的影响初探——基于中国农民福祉抽样调查数据的经验分析》,《中国农村经济》2013 年第 10 期。

Aguiar, M., Hurst, E., Karabarbounis, L., "Recent Developments in the Economics of Time Use", *The Annual Reviews of Economics*, 4 (1): 373 - 397, 2012.

Becker, G. S., "A Theory of the Allocation of Time", *Economic Journal*, 75 (299): 493 - 517, 1965.

Bloom, N., Kretschmer, T., Van Reenen, J., Work Life Balance, Management Practices and Productivity, in Freeman, R. B., Shaw, K. L. (eds.), *International Differences in the Business Practices and Productivity of Firms*, The University of Chicago Press, 2009.

Brooker, A - S., Hyman, I., *Time Use: A Report of the Canadian Index of Wellbeing (CIW)*, Waterloo, ON: Canadian Index of Wellbeing and University of Waterloo, 2011.

Crisp, R., "Well-being", in Zalta, Edward N. (ed.), *The Stanford Encyclopedia of Philosophy*, Summer 2013 Edition, http://plato.stanford.edu/archives/sum2013/entries/well-being/, 2013.

Deding, M., Lausten, M., "Time-crunch and Work Factors in Denmark", *Social Indicators Research*, 101 (2): 249 - 253, 2011.

Feldman, L. P. and Hornik, J., "The Use of Time: An Integrated Conceptual Model", *Journal of Consumer Research*, 7 (4): 407 - 419, 1981.

Finegold, D., Mohrman, S., Spreitzer, G. M., "Age Effects on the Predictors of Technical Workers' Commitment and Willingness to Turnover", *Journal of Organizational Behavior*, 23 (5): 655 - 674, 2002.

Gershuny, J., "Veblen in Reverse: Evidence from the Multinational Time-use Archive", *Social Indicators Research*, 93 (1): 37 - 45, 2009.

Gershuny, J., Time-Use Surveys and the Measurement of National Well-Being, Swansea, UK: Office for National Statistics, 2011.

Gershuny, J., Too Many Zeros: A Method for Estimating Long-term Time-use from Short Diaries, *Annals of Economics and Statistics*, 105/106: 247 - 271, 2012.

Gimenez-Nadal, J. I., Sevilla-Sanz, A., "The Time-crunch Paradox", *Social Indicators Research*, 102 (2): 181 - 196, 2011.

Goodin, R. E., Rice, J. M., Bittman, M., Saunders, P., "The Time-pressure Illusion: Discretionary Time vs. Free Time", *Social Indicators Research*, 73 (1): 43 - 70, 2005.

Harvey, A. S., "Time-use Studies: A Tool for Macro and Micro Economic and Social Analysis", *Social Indicators Research*, 30 (2/3): iii-vii, 1993.

Juster, F. T., Stafford, F. P. (eds.), *Time, Goods and Well-Being*, Ann Arbor:

Institute for Social Research, 1985.

Kahneman, D., Krueger, A. B., Schkade, D. et al.: *The Day Reconstruction Method (DRM): Instrument Documentation*, http://sitemaker.umich.edu/norbert.schwarz/files/drm_documentation_july_2004.pdf/, 2004.

McConnell, C. R., Brue, S. L., Macpherson, D. A., *Contemporary Labor Economics*, eighth edition, McGraw-Hill, 2009.

Mingo, I., Montecolle, S., "Subjective and Objective Aspects of Free Time: The Italian Case", *Journal of Happiness Studies*, 15 (2): 425 – 441, 2014.

OECD: *How's Life? Measuring Wellbeing*, OECD publishing, http://dx.doi.org/10.1787/9789264121164 – en/, 2011.

Stiglitz, J. E., Sen, A., Fitoussi, J-P., *Report by the Commission on the Measurement of Economic Performance and Social Progress*, http://www.stiglitz-sen-fitoussi.fr/, 2009.

Stewart, J., *Tobit or Not Tobit?*, IZA Discussion Paper No. 4588, 2009.

Stobert, S., Dosman, D. and Keating, N.: *Aging Well: Time Use Patterns of Older Canadians*, Statistics Canada-Catalogue No. 89 – 622 – XIE, www.statcan.gc.ca/pub/89 – 622 – x/89 – 622 – x2006002 – eng.htm/, 2005.

White, M. P., Dolan, P., "Accounting for the Richness of Daily Activities", *Psychological Sciences*, 20 (8): 1000 – 1008, 2009.

Young, M., Willmott, P., *The Symmetrical Family*, London: Routledge and Kegan Paul, 1974.

（本文原载于《中国农村经济》2015 年第 9 期）

“小富即安”的农民：一个幸福经济学的视角*

廖永松

摘　要：农民阶级具有“小富即安”的保守意识这一传统理论观点对中国农业和国家发展的基本制度产生了重要影响。本文从幸福经济学的视角，利用2012年山东、河南和陕西三省农民生活满意度和幸福感的调查数据研究发现，中国农民确实具有“小富即安”的生活观念。对于调查到的483位农民，2012年家庭人均纯收入只有8970元，但以10分计，其生活满意度和幸福感分别达到7.32分和7.33分的较高水平，且只有1.24%的人认为自己非常不幸福。利用线性模型和有序Logit模型估计的幸福方程结果显示，影响农民幸福感最重要的因素有生活变化程度、在村里或亲朋好友参照群体中的生活水平及以家为本的文化观念。在城乡收入差距扩大的背景下，农民在生活不断改善过程中所保有的“小富即安”的满足感和感恩心，恰是中国社会最需要的价值观念和高贵品德，需要对新时期中国农民的阶级意识特性给予重新认识和评估。

关键词：生活满意度　幸福感　“小富即安”　农民阶级　小农意识

---

* 本文研究得到中国社会科学院马克思主义理论学科建设与理论研究项目和中国社会科学院创新工程项目“中国农民福祉研究”的支持。笔者感谢项目组成员提供的有价值的意见，特别要感谢杜志雄、陈劲松对本文修改提出的宝贵建议。当然，文责自负。

一 引言

20 世纪 80 年代中国实行改革开放后，现代西方经济学的分析框架引入国内，农民被视为与其他消费者、生产者一样的“理性人”（林毅夫，1988），在规范化、国际化和本土化的指导思想下，传统的马克思主义经济学分析方法正从现代经济学分析范式中退出，学术界出现了从事马克思主义经济学研究的学者与从事现代经济学研究的学者各说各话的现象。比如，《中华人民共和国宪法》第一条规定，“中华人民共和国是工人阶级领导的、以工农联盟为基础的人民民主专政的社会主义国家”。宪法层面上界定的工人阶级和农民阶级的政治地位，其理论基础与现代经济学的“理性人”假定之间存在本质性差异。关于农业、农村和农民问题，马克思、恩格斯、列宁和斯大林等早期马克思主义者有大量论述（张晓山等，2013）。

目前，国内一些研究马克思主义理论的学者对农民阶级意识的研究，主要以经典理论为依归——特别是马克思的《路易·波拿巴的雾月十八日》① 和恩格斯的《德国农民战争》② 两篇文章中对农民的看法，对在自给自足的小规模农业经营方式基础上形成的小农文化心态和“小富即安”的农民意识给予了严厉批评。

张琳（2012）认为，小农文化心态是指建立在农耕文化基础上，农民文化传统和传统文化相互杂糅而成的一种文化心理和态度。农民文化传统有安土重迁、循规蹈矩、崇拜权力、追求平均和稳定、安贫守道、主张群体观念的特点。小农文化心态对马克思主义中国化产生了诸多不利影响。刘永佶（2007）认为，社会存在的小农经济，集合于农民的观念，形成了小农意识。在以儒家道统为理论基础的官僚地主阶级意识形态中形成的小农意识，主要包括勤俭持家、安分守己、自私自利、只反贪官不反皇帝、平均主义和等级观念五个方面。袁银传（2000）对小农意识与中国现代化的关系进行了系统的分析，认为小农意识是小农在以自然经济为基础、认家族血缘为本位的环境中形成并内

① 《马克思恩格斯文集》（第 3 卷），人民出版社，2009。

② 《马克思恩格斯文集》（第 2 卷），人民出版社，2009。

化于其头脑中的认知心理、价值观念、思维方式和宗教意识的总和。郑琼现（2007）认为，小农的脆弱性使它呼唤专制和集权，小农的隔离状态使它淡漠民主，小农的安于现状使它排斥政治变革，小农的听命于天扼杀了对自由和人权的强烈需求。“小富即安”的农民意识指的是自我满足、自我平衡、自我保全，不愿改变现状、不愿冒风险、不愿努力竞争之意，包括温饱自足、比较有余和无所作为三种类型（梅祖寿，2002）。

对于农民阶级意识的认识，直接关系到社会主义中国的基本政治制度和发展方向，而纵观这些研究，无一不是建立在经典文献的基础之上，对当前中国农民生活观念缺乏应有的调查和有效的分析方法，这会大大弱化马克思主义有关农民的理论在实践中的指导地位，不利于马克思主义理论中国化。本文认为，农民生活观念可以用幸福经济学中的生活满意度和幸福感来刻画。满意度作为一种精神状态，是对一件事物或一种状态的主观价值评估。满意度包含满足和享受两层含义，有情感上的评价，也有对客观的认知；它在时点上表现为易失性，但在时段上存在稳定性（Veenhoven，1996）。Kahneman 和 Krueger（2006）对幸福感的测定方法进行了总结。Stutzer 和 Frey（2010）回顾了幸福感研究的最新进展。目前争论较大的问题是，调查对象所报告的生活满意度或幸福感是否有效、可比，其决定机理以及相关的政策含义是什么等方面。经过几十年的发展，生活满意度或幸福感调查方法的有效性得到了验证（Veenhoven，1996）。对生活满意度或幸福感的调查方法有基于坎特里尔量表的生活阶梯 10 分法、Andrews 和 Withey 的 7 分法。

收入与幸福感之间的关系是一个历史话题。较早认为财富多不一定意味着幸福的西方哲学家是梭伦（冯俊科，2011）。如果按照批判“小富即安”的逻辑，“大富”即高收入者的生活满意度、幸福感应大大高于低收入者。但是，伊斯特林（Easterlin，1974）发现，在一个国家内，收入高的人表达出更高的幸福感；可在进行国家间的比较时，至少在那些可以满足基本生活需要的国家之间，人们的幸福感并没有太大差异。Oswald（1997）通过观察多年西欧九国居民报告的幸福感发现，收入增长对居民幸福感的增加没有很大的贡献。与欧美国家居民表现出的“大富不安”相对的是中国农民表现出的“小富即安”。Knight 等（2009）利用 2002 年中国农户调查数据研究发现，即使在中国城乡差距扩大的背景下，仍有 60% 的农民报告他们“幸福”或者“非常幸福”。因此，重新认识居民生活满意度、幸福感的决定机理，是当前学界一个热点问题。国内学者近几年从幸福经济学的角度研究了农民生活满意度和幸福感的影响因素。例如，陈前恒等（2011）基于横截面数据探讨了中国贫困地区农村基础教育可及性与农民主观幸福感之间的关系；阮荣平等（2011）利用河南省340个农户的调查数据分析了宗教信仰与幸福感的关系；王鹏（2011）利用2006年中国综合社会调查数据考察了收入差距对居民幸福感的影响，发现二者呈“倒U形”关系；鲁元平、王韬（2011）利用世界价值观调查数据研究发现，在中国，收入不平等对居民幸福感有显著的负面影响，而且它对农村居民和低收入者幸福感的负面影响要显著大于对城市居民和高收入者的影响；檀学文（2013）初步估计了农民时间利用对其个人福祉的影响，发现农民在收入水平不高的情况下，更加追求收入增加和物质改善，将精神生活和闲暇活动放在次要地位。上述关于农民生活满意度和幸福感的研究，没有讨论农民阶级的整体意识，也没有关注到马克思主义理论对农民意识的分析方法和相关结论。因此，本文尝试利用现代幸福经济学的分析方法来研究马克思主义理论中重大问题，无疑是有意义的。

本文结构安排如下：第一部分是引言，第二部分说明样本与数据，第三部分是理论、模型和变量定义，第四部分是农民幸福方程估计与结果解释，第五部分是研究的初步结论。

二　样本与数据

（一）样本简介

根据研究目的，本文研究课题组按照经济发展水平自东向西选择了山东省邹平县和胶州市、河南省西平县和伊川县、陕西省蒲城县和绥德县三省6县（市，下文统称为“县”）作为研究区域。2012年6月，课题组在河北省易县进行了问卷试调查；2012年8月，在三省进行了正式问卷调查。调查问卷内容包括收入、消费、就业、时间利用、教育、医疗、政治参与、养老保障等方面。为了减少调查对象回答问题的时间，作为一种尝试，本文研究所用样本框以当地统计部门住户调查样本框为参照。因山东、河南两省样本县的人口基数大于陕西省样本县的人口基数，样本框中三个省的村、户数量有所差异，其中，山东省和河南省每个样本县有 10 个样本村，而陕西省每个样本县只有 6 个样本村。此外，调查员在开展实地调查时，会遇到样本框中调查对象家里没人的情况，造成有的样本村不够 10 个样本户。此外，由于调查对象年龄或者宗教信仰等因素，他们对生活满意度回答不清或不愿意回答。综合各种因素，本文最终获得有效样本农户 483 个，其中，山东省 178 个，河南省 192 个，陕西省 113 个。需要说明的是，生活满意度、幸福感、价值观的调查问题以调查对象个体为单位，而不是以样本农户为单位，也就是一个样本农户只有一个人回答。样本农户的基本信息如表 1 所示。

表 1　样本农户基本信息（2011 年）

指标	山东省	河南省	陕西省
有效样本数(户)	178	192	113
户均常住人口(人)	3.78	4.44	4.07
人均耕地面积(亩)	1.78	1.72	1.58
年人均纯收入(元)	9876	6377	5761
人均住房面积(平方米)	42	37.9	33.8

注：除特别说明外，本表及本文其他数据均来自 2012 年“中国农民福祉研究”项目课题组的调查。

根据国家统计局统计数据，2011 年，全国农村居民人均纯收入为 6977 元，而三省样本农户人均纯收入最高的是山东省，达到 9876 元，高于全国平均水平 2899 元；河南省、陕西省样本农户人均纯收入分别低于全国平均水平 600 元和 1216 元。同年，全国城镇居民人均可支配收入为 21810 元，山东省、河南省和陕西省城镇居民人均可支配收入分别为 22793 元、18195 元和 18245 元，分别是三省样本农户人均纯收入的 2.31 倍、2.85 倍和 3.17 倍。与城镇居民收入水平相比，样本农户具有“小富”的特征。此外，就土地经营数量而言，样本农户具有马克思所说的小规模经营特点，但因土地所有制和其他经济条件不同，当下中国的小规模经营农户已不同于经典理论所说的“小农”①。

① 遗憾的是，《宪法》条款中关于工农联盟中“农”的具体含义没有明确界定。按恩格斯早期对农民阶级的定义，工农联盟中的“农”指包括拥有一定面积的耕地的自耕农和佃农。可见，经典理论中对农民阶级和农民意识的分析与当下中国农民的整体形态早已大相径庭，这也是本文一再强调的内容。

本文研究课题组设计的农民生活满意度和幸福感的调查问题及其选项为：“总体看，你对你的生活满意度打多少分？如果非常满意，打 9 ~ 10 分；比较满意，打 7 ~ 8 分；感觉一般，打 5 ~ 6 分；不满意，打 3 ~ 4 分；非常不满意，打 1 ~ 2 分。”课题组用同样的记分法请样本个体对自己的文化程度、收入水平、就业、住房、家庭、婚姻、社会地位、健康状况、村自然环境以及村干部的满意度进行主观评估。对于那些回答生活“非常满意”（9 ~ 10 分）或者“非常不满意”（1 ~ 2 分）的调查对象，进一步让他们开放性地回答打分非常高或非常低的原因。在调查对象回答完“你认为幸福生活最为重要的三项是什么”后（价值观调查），调查员再问他们，“到目前为止，你觉得你过得幸福吗？”其选项为：“如果非常幸福，打 9 ~ 10 分；比较幸福，打 7 ~ 8 分；感觉一般，打 5 ~ 6 分；不幸福，打 3 ~ 4 分；非常不幸福，打 1 ~ 2 分。”下面分别对三省农民生活满意度和幸福感调查状况进行简要的介绍。

（二）农民生活满意度状况

调查结果显示，虽然有 29.7% 的样本个体回答与城里人相比生活差一些，有 43.3% 的样本个体回答与城里人相比生活水平差很多，但是，他们的生活满意度确实达到很高水平，这似乎印证了农民“小富即安”的生活态度。如表 2 所示，三省农民生活满意度平均达到 7.32 分，70.6% 的样本个体对生活“比较满意”或“非常满意”，对生活“非常不满意”的只有 2.3%。从区域分布来看，农民生活满意度自东向西逐步下降。经济和社会发展水平相对较高的山东省，农民生活满意度最高，平均达到 7.80 分，其中，对生活“比较满意”或“非常满意”的样本个体合计占到 75.9%，而对生活“不满意”或“非常不满意”的人只占不到 3%；经济和社会发展水平处于中等程度的河南省，农民生活满意度平均为 7.20 分，其中，有 69.3% 的人对生活“比较满意”或“非常满意”，对生活“不满意”或“非常不满意”的人占 6.2%；经济和社会发展水平相对落后的陕西省，农民生活满意度最低，为 6.76 分，其中，64.6% 的人对生活“比较满意”或“非常满意”，对生活“不满意”或“非常不满意”的人所占比例合计达到 11.5%，后一数字在三省中是最高的。

表 2　三省农民生活满意度

省份	人数（人）	生活满意度均值（分）	非常不满意（%）	不满意（%）	一般（%）	比较满意（%）	非常满意（%）
山东	178	7.80	1.7	1.1	21.3	38.8	37.1
河南	192	7.20	1.0	5.2	24.5	51.6	17.7
陕西	113	6.76	5.3	6.2	23.9	51.3	13.3
合计	483	7.32	2.3	3.9	23.2	46.8	23.8

样本个体中对生活满意度打 10 分的有 72 人（见表 3），其中经济发展较快的山东省占了 65.3%，而经济发展较慢的陕西省只占 13.9%。从给生活满意度打满分的样本个体在各样本村的分布情况看，经济发展水平高的村打满分的人数多于经济发展水平低的村，特别是近几年那些经济发展快的村，打满分的人比较多。打 10 分的样本个体中，山东省邹平县和胶州市经济落后的几个村庄，打满分的人很少；在河南省，打满分的样本个体集中在西平县代码为 10 的村庄，有 3 人打了满分；而伊川县打满分的样本个体比较分散，只有代码为 1 的村庄有 2 人打了满分。在陕西省，打满分的样本个体分散于各个村庄。

表 3　生活满意度为 10 分的样本个体分布情况

单位：人，%

项目	三省总计	山东			河南			陕西		
		合计	邹平	胶州	合计	西平	伊川	合计	蒲城	绥德
人　数	72	47	29	18	15	7	8	10	3	7
百分比	100	65.3	40.3	25.0	20.8	9.7	11.1	13.9	4.2	9.7

从区域发展水平上看，东部地区山东省与西部地区陕西省样本个体的生活满意度在统计上存在显著差别。用农民生活满意度分值对省份虚拟变量进行 OLS 回归（河南省 =1，否则 =0；陕西省 =1，否则 =0），结果显示，山东省农民生活满意度平均比河南省和陕西省分别高出 0.605 和 1.042（见表 4 第 1 行）。

表 4　生活满意度和幸福感的区域差异

项目	常数	河南省虚拟变量	陕西省虚拟变量	F(2,480)
生活满意度	7.80***（56.03）	-0.605**（-3.13）	-1.042***（-4.66）	11.55
幸福感	7.81***（64.58）	-0.71***（-4.20）	-0.89***（-4.56）	13.29

注：** 和 *** 分别表示在5%和1%的水平上显著；括号内的数字为t统计值；为了表述方便，将用同样方法计算的幸福感的区域差异列在第2行。

（三）农民幸福感状况

幸福感与生活满意度的含义在理论上有所区别。幸福感更偏向于个体对人生长远的思考和评价，而生活满意度更偏向于个体对目前生活状态的主观感受。从调查结果看，样本个体对这两项内容的评价有所差异，但其回答结果存在显著的正相关关系。评价差异主要集中在自己认为“非常不幸福”或“不幸福”的两类样本个体之间。当描述他们的幸福感时，原来一些回答对生活“非常不满意”或“不满意”的人选择了“一般”。就一个更长的时间跨度而言，感觉生活不幸福的人并不如对当前生活困难的体验来得急迫。这种现象与适应性理论是相吻合的，因为经历过生活困难的人，随着生活变好，在困难时期所感受到的生活艰辛逐渐消退，它对幸福感评价的影响减弱。与生活满意度类似，感觉生活“比较幸福”或者“非常幸福”的样本个体占到了总数的71.22%（见表5）。其中，山东省近80%的样本个体感觉“比较幸福”或者“非常幸福”；河南省有68.23%的样本个体感觉“比较幸福”或者“非常幸福”；陕西省有62.83%的样本个体感觉“比较幸福”或者“非常幸福”。可以看出，三省近一半的农民感觉“比较幸福”，有1/5多的农民感觉“非常幸福”。而在山东省，有近1/3的农民感觉“非常幸福”（见表5）。大多数农民感觉生活很幸福，这是他们真实的生活体验。幸福感的区域差异与生活满意度的区域差异相同。在经济发展水平高的山东省，样本个体报告的幸福感要高于经济发展水平低的河南省和陕西省，但河南省与陕西省样本个体报告的幸福感的差异没有生活满意度差异大（见表4）。

“幸福的家庭都是相似的，不幸福的家庭却各有各的不幸。”在样本个体中，对生活“非常不满意”的有11人，其中，有8人因为自己或者家人是残疾人，有1人因为夫妻不和，另外2人表示“没有收入来源，生活相当困难”。感觉生活“非常不幸福”的样本个体，山东省有1人，河南省有3人，陕西省有2人。他们报告的幸福感分值为1～2分，主要原因是家里有亲人（丈夫、儿子）遭受意外而死亡，给当事人的心灵带来了严重伤害；或者是夫妻关系严重不和。

表5 三省农民幸福感

省份	人数（人）	幸福感均值（分）	非常不幸福（%）	不幸福（%）	一般（%）	比较幸福（%）	非常幸福（%）
山东	178	7.81	0.56	1.69	17.98	48.31	31.46
河南	192	7.10	1.56	1.04	29.17	52.60	15.63
陕西	113	6.93	1.77	3.54	31.86	47.79	15.04
合计	483	7.33	1.24	1.86	25.67	49.90	21.32

三 理论、模型与变量

马克思在《路易·波拿巴的雾月十八日》一文中第一次全面分析了法国农民的阶级意识，认为分散的农民阶级缺乏阶级统一性，一定要由别人来代表①。恩格斯认为，农民革命要靠无产阶级的领导，只有无产阶级领导的工农联盟，才是革命的根本动力②。普列汉诺夫（1957）说：“人的心理一部分是由经济直接决定的，一部分是由生长在经济上的全部政治制度决定的。”总之，经典的马克思主义理论认为，农民的幸福观念植根于文化层次，是社会价值体系的重要范畴；农民的生产经营方式决定了他们的价值观念，自给自足的小规模经营方式决定着农民的生活态度和幸福感。

本文通过分析农民生活满意度或幸福感的影响因素来考察这一群体的幸福感及行为，特别是通过观察农民收入和生活水平变化与其幸福感之间的关系来

① 《马克思恩格斯文集》（第3卷），人民出版社，2009。
② 《马克思恩格斯文集》（第2卷），人民出版社，2009。

认识农民"小富即安"心态的本质内涵。借鉴 Knight 等（2009）的农民幸福感影响因素分析框架，影响农民生活满意度和幸福感的因素可归纳为以下几个方面：①基本变量，包括年龄、性别、受教育程度、婚姻状况、身体健康程度、精神状态；②经济变量，包括收入、家庭资产（住房、耐用消费品、家庭存款等）净值以及工作时间；③参照变量，包括样本个体现在生活水平与过去生活水平的比较、对未来生活水平变化的预期以及与朋友亲戚、村里其他人、村外城里人生活的比较；④村级环境变量，包括饮用水来源、是否使用互联网、住房与硬化公路的距离、是否参与村内公共事务以及区域特征；⑤价值观变量，用样本个体主观评价幸福生活最重要的因素来表示，但该变量有可能是由性格、收入、环境等其他没有观测到的因素所决定的内生变量，需要寻找相应的工具变量来解决可能出现的内生性问题。

用函数形式来描述生活满意度或幸福感的影响因素为：

$$Happiness = f(X_1, X_2, X_3, X_4, X_5) + \varepsilon \tag{1}$$

（1）式中，*Happiness* 表示农民生活满意度或幸福感，可为连续变量，也可为离散变量；X_1、X_2、X_3、X_4、X_5 分别代表基本变量、经济变量、参照变量、村级环境变量、价值观变量；ε 是随机扰动项。

Ferrer-i-Carbonell 和 Frijters（2004）对已有的研究文献进行了综述，将生活满意度或幸福感决定方程的参数估计方法归纳为以下两种：第一种是心理学家常用的方法，即将个体报告的生活满意度或幸福感作为基数，相应地采用普通最小二乘法等线性方程的参数估计方法；第二种是经济学家常用的方法，即将生活满意度或幸福感作为序数，设定有序 Probit 模型或有序 Logit 模型（又称 proportional odds model，比例优势模型），采用极大似然估计法等非线性方程的参数估计方法。

对于有序 Logit 概率模型，被解释变量自低到高分为多个等级，其形式如下所示。

$$\begin{aligned} p_{ij} &= \Pr(y_j = i) = \Pr(k_{i-1} < X_j\beta + \gamma \leqslant k_i) \\ &= \frac{1}{1 + \exp(-k_i + X_j\beta)} - \frac{1}{1 + \exp(-k_{i-1} + X_j\beta)} \end{aligned} \tag{2}$$

（2）式中，p_{ij} 代表 y_j 取值为 i 的概率，y_j 代表第 j 个样本报告的生活满意度

或幸福感 i 代表生活满意度或幸福感等级，X_j 代表影响第 j 个样本生活满意度或幸福感的解释变量向量，β 是待估计系数向量，γ 是假定服从 logistic 概率分布的扰动项；k_i 为分界点（cutoff points）。利用极大似然法估计后，（2）式可用来计算解释变量对幸福感概率变动的边际效应。

对于线性模型，其形式如下所示。

$$Happiness = \alpha + \beta X + \varepsilon \tag{3}$$

（3）式中，除了 α 表示截距项外，其他变量及系数的定义与（1）式、（2）式相同。

表 6 列出了解释变量定义及描述性统计。

表 6　解释变量的定义与描述性统计

变量名称	定义	观测值个数	均值	标准差	最小值	最大值
年龄	2012 年实际年龄（岁）	477	51.13	11.40	19	84
性别	男性 = 1，女性 = 0	477	0.55	0.02	0	1
未婚	未婚 = 1，否则 = 0	477	0.04	0.01	0	1
丧偶	丧偶 = 1，否则 = 0	477	0.03	0.01	0	1
受教育年限	正规学历教育年限（年）	475	7.00	2.88	0	16
身体不健康	身体不健康 = 1，健康 = 0	475	0.33	0.02	0	1
容易感觉累	近两月容易感觉累 = 1，不容易感觉累 = 0	477	0.32	0.02	0	1
社会身份	不是一般群众 = 1，一般群众 = 0	477	0.11	0.01	0	1
调查当天情绪为高兴	高兴 = 1，否则 = 0	477	0.75	0.02	0	1
调查当天情绪为不高兴	不高兴 = 1，否则 = 0	477	0.02	0.006	0	1
家庭年人均纯收入	样本个体家庭 2011 年人均纯收入（万元）	458	1.33	1.45	0.075	20
人均住房面积	样本个体家庭人均住房面积（平方米）	467	42.00	30.57	4.17	200
上月工作天数	样本个体调查前一个月工作天数（天）	477	14.59	11.49	0	31

续表

变量名称	定义	观测值个数	均值	标准差	最小值	最大值
生活与村里人相比好一些	好一些 =1，否则 =0	473	0.14	0.02	0	1
生活与村里人相比差不多	差不多 =1，否则 =0	473	0.65	0.02	0	1
生活与村里人相比差一些	差一些 =1，否则 =0	473	0.16	0.02	0	1
生活与村里人相比差很多	差很多 =1，否则 =0	473	0.03	0.01	0	1
生活与城里人相比差一些	差一些 =1，否则 =0	466	0.30	0.02	0	1
生活与城里人相比差很多	差很多 =1，否则 =0	466	0.45	0.02	0	1
生活与5年前相比好一些	好一些 =1，否则 =0	477	0.29	0.02	0	1
生活与5年前相比差不多	差不多 =1，否则 =0	477	0.05	0.01	0	1
生活与5年前相比差一些	差一些 =1，否则 =0	477	0.02	0.01	0	1
生活与5年前相比差很多	差很多 =1，否则 =0	477	0.01	0.01	0	1
住房与硬化公路的距离	住房到硬化公路的距离（米）	475	95.34	393.78	0	7000
生活饮用水是否需人工挑	生活饮用水需人工挑 =1，不需要 =0	477	0.04	0.19	0	1
是否使用互联网	使用互联网 =1，不使用 =0	476	0.24	0.02	0	1
是否知道最近召开的村务会	不知道 =1，知道 =0	475	0.76	0.02	0	1
幸福生活家庭和睦第一重要	家庭和睦第一重要 =1，否则 =0	477	0.09	0.02	0	1
幸福生活身体健康第一重要	身体健康第一重要 =1，否则 =0	477	0.45	0.02	0	1
幸福生活运气、朋友等第一重要	运气、朋友等其他因素第一重要 =1，否则 =0	477	0.24	0.02	0	1
河南省	河南省 =1，否则 =0	477	0.40	0.02	0	1
陕西省	陕西省 =1，否则 =0	477	0.23	0.02	0	1

四　模型估计与结果解释

（一）模型估计

由于幸福感与生活满意度之间高度线性相关，本文仅以幸福感为被解释变量，利用前述2012年三省调查数据对（2）式、（3）式所示的经济计量模型进行估计。参考Ferrer-i-Carbonell和Frijters（2004）、Knight等（2009）的估计方法，首先将幸福感分值看作连续变量，用OLS方法进行逐步回归；然后再将幸福感看作有序的非连续变量（分为“非常不幸福”、“不幸福”、“一般”、“比较幸福”和“非常幸福”五级），用有序概率模型估计各因素对幸福感的影响。所得估计结果如表7所示。表7中，回归（1）和回归（2）对应于（3）式所示的线性模型，回归（1）包含了全部基本变量和经济变量，回归（2）包含了所有解释变量和省份虚拟变量，二者都采用OLS方法进行估计。对（2）式所示的有序Logit模型估计所得结果为回归（3）。为了节约篇幅，表7最后一列只提供了回归（3）中各解释变量对农民幸福感从“一般”到“比较幸福”变动的边际效应。与回归（1）、回归（2）的OLS估计结果相比较，回归（3）中各解释变量系数估计值的符号没有太大差别，表明估计结果是稳健的。需要说明的是，回归（1）的F检验发现，调查当天样本个体的情绪对其幸福感的影响不具有统计显著性，因此，在回归（2）和回归（3）中没有引入这一变量。与Knight等（2009）的结论不同，本文发现，那些预期今后生活更好的人，其幸福感要比那些预期差的人要高；但是，在进行回归分析时，由于过去生活好的人常常预期今后生活会更好，两者之间高度线性相关，因此，回归（2）、回归（3）中没有引入未来生活变化预期变量。相似的发现是，参照变量中与亲朋好友的生活水平比和与村里其他人的生活水平比这两类变量存在较强的相关性，同时引入回归方程后所得估计结果的稳定性差。利用F检验对模型形式进行选择，不引入与亲朋好友的生活水平比这一参照变量，回归（2）和回归（3）的参数更加稳定。

表 7　幸福方程估计结果

变量	回归(1)（OLS）	回归(2)（OLS）	回归(3)（有序 Logit 模型）	边际效应（“一般”到“比较幸福”）
基本变量				
年龄	0.024***	0.028***	0.040***	0.002
男性	0.279*	0.080	0.216	0.012
婚姻状况（以“已婚”为参照）				
未婚	-0.249	-0.049	-0.090	-0.006
丧偶	-0.440**	-0.468***	-0.671**	-0.036
受教育年限	0.032	0.032	0.028	0.002
身体不健康	-0.298*	-0.245	-0.320	-0.020
容易感觉累	-0.422***	-0.206	-0.350	-0.023
社会身份（“不是一般群众”）	0.144			
调查当天的情绪（以“心情一般”为参照）				
不高兴	-0.075	—	—	—
高兴	0.435**	—	—	—
经济变量				
家庭年人均纯收入（对数）	0.390***	0.133	0.225	0.012
人均住房面积	0.005**	0.003	0.006	0.000
上月工作天数	-0.017***	-0.015*	-0.024***	-0.001
参照变量				
生活与村里人相比（以“好得多”为参照）				
好一些	—	-0.256*	-0.485*	-0.041
差不多	—	-0.818*	-1.344**	-0.020
差一些	—	-1.353***	-2.296**	-0.389
差很多	—	-1.668**	-2.637***	-0.392
生活与城里人相比（以“差不多”为参照）				
差一些	—	-0.179	-0.444*	-0.031
差很多	—	-0.266	-0.574**	-0.034

续表

变量	回归(1)(OLS)	回归(2)(OLS)	回归(3)(有序 Logit 模型)	边际效应("一般"到"比较幸福")
生活与5年前相比(以"好得多"为参照)				
好一些	—	-0.676***	-0.742	-0.082
差不多	—	-0.721**	-0.915***	-0.079
差一些	—	-1.599***	-2.553***	-0.434
差很多	—	-2.005***	-2.943***	-0.491
环境变量				
住房与硬化公路的距离	—	-0.000	0.000	0.000
生活饮用水需人工挑	—	-0.520	-1.087**	-0.143
使用互联网	—	-0.045	-0.197	-0.012
不知道最近召开的村务会	—	-0.174	-0.360	-0.019
价值观变量				
幸福生活第一重要因素(以"金钱"为参照)				
幸福生活家庭和睦第一重要	—	0.615***	1.039***	0.046
幸福生活身体健康第一重要	—	0.126	0.310	0.012
幸福生活运气、朋友等第一重要	—	0.257	0.650*	0.013
省份虚拟变量(以山东省为参照)				
河南省	—	-0.389**	-0.434*	-0.027
陕西省	—	-0.346*	-0.405	-0.029
常数项	2.265**	6.310***	—	—
观测值	447	441	441	—
调整的可决系数	0.154	0.354	—	—
伪 R^2	—	—	0.193	—
F 检验		—	—	
F	7.760	9.290	—	—
prob > F	—	0.000	—	—
χ^2 检验	—	—		—
χ^2	—	—	191.480	—
prob > χ^2	—	—	0.000	—

注：*、**、*** 分别表示在10%、5%和1%的水平上显著。

（二）结果解释

回归（1）的估计结果与 Knight 等（2009）的研究发现相似，如果不引入生活变化的参照变量，反映农民生活水平绝对状况的经济变量如家庭人均纯收入、人均住房面积、上月工作天数在统计上对农民幸福感会产生显著影响。收入水平高、人均住房面积大的农民幸福感强，而劳动时间长的农民幸福感低，劳动没有增加农民的幸福感。经过各种试验性分析，样本数据不能支持农民年龄与其幸福感之间“倒 U 形”的曲线关系，这可能与本文研究的样本个体年龄偏大有关系。F 检验结果表明，年龄和年龄平方的系数不能同时为零，但年龄对幸福感有显著的正向影响。身体不健康的样本个体的幸福感显著低于身体健康的样本个体；“近两个月容易感觉累”反映心理健康状况不佳的样本个体，其幸福感显著低于“近两个月不容易感觉累”的样本个体。调查当天表示“高兴”的样本个体比表示“一般”的样本个体幸福感要高。受教育年限、社会身份并不是样本个体幸福与否的决定性因素，这两个变量对其幸福感的影响都不具有统计显著性。在性别方面，男性的幸福感要高于女性。

回归（2）和回归（3）是通过逐步回归方法得到的稳定性较高的幸福方程估计结果。

1. 基本变量

在引入参照变量、村级环境变量、价值观变量和省份虚拟变量后，回归（1）中原来一些具有统计显著性的变量变得不再显著。基本变量中，年龄仍然对幸福感产生了显著的正向影响，农村老人的幸福感随着年龄的增加而增强。根据回归（2），丧偶者的幸福感比没有丧偶的已婚夫妇大约要低 0.5 分。根据回归（3），丧偶者幸福感下降的概率增加，其幸福感从“一般”下降到“不幸福”的概率增加了 3.6%。但是，其他原来具有统计显著性的基本变量，例如，性别、身体不健康，在统计上变得不再显著，主要原因在于这些变量会影响到样本个体的绝对收入水平、工作时间以及参照变量中与其他人相比时的选择。与回归（1）相比，这些基本变量的影响方向没有发生变化。

2. 经济变量

经济变量中家庭人均纯收入、人均住房面积在回归（2）和回归（3）中不再显著。收入和房产的绝对值大小对幸福感没有显著影响，说明绝对富有与幸福并不是简单的一一对应的关系。回归（2）和回归（3）中，上月工作时间对幸福感产生了显著的负向影响。进一步分析表明，本文样本个体的平均年龄为51.1岁，50岁以上的有238人，占了样本个体总数的50%；40岁以上的有386人，占了样本个体总数的81%。由于大量农村年轻人口外移到城市，留守在农村从事农业生产的人老龄化趋势明显。这些人90%的劳动时间从事农业工作。他们劳动时间越长，从劳动中得到的满足感越低，其幸福感下降是符合现实逻辑的。

3. 参照变量

回归（2）和回归（3）虽然形式不同，但其中参照变量对幸福感的影响方向基本一致，其统计特征也相似。用回归（2）分析各参照变量对幸福感影响的绝对大小。以回答生活比村里其他人“好得多”的人为基准，幸福感值比回答“好一些”、“差不多”、“差一些”和“差很多”的人平均高出0.256、0.818、1.353和1.688[①]。因为只有极个别的样本个体回答“生活与城里人相比好一些”或“好很多”（主要集中在离县城较近的样本村），因此，本文以27%的回答“生活与城里人相比差不多”的样本个体为参照，那些回答“生活比城里人差一些”或“差很多”的样本个体，其幸福感有所下降，但数值很小，而且在统计上并不显著。可见，中国农民知道城乡差别较大，但他们只能接受这个现实，并不将生活改善的目标与城里人相比，而是与村里人、周围可及的人以及自己过去的生活水平相比。所调查的样本个体中，64%的人表示“与5年前比生活变得好多了”。与此作为参照，那些回答比5年前生活变得“好一些”、“差不多”、“差一些”和“差很多”的人，幸福感平均分别低0.676、0.721、1.599和2.005。可见，农民幸福感高的重要源泉之一是过去几年他们生活水平的不断提高。由于有序Logit模型的变量系数没有直接的经济含义，要比较解释变量影响的大小，需要计算解释变量的边际效应。限于篇幅，表7只列出了解释变量对幸福感从“一般”到“比较幸福”这个等级变化的边际效应，对农民幸福感产生了较为显著影响的参照变量有“生活比其他人差很多”

① 用与亲朋好友的生活水平比作解释变量，其结果与用与村里其他人的生活水平比类似。

“生活比 5 年前差很多”“生活比城里差很多”三类（表 7 最后一列）。收入的绝对水平对农民幸福感影响不大，此发现与 Knight 等（2009）相同。孔子说，“不患寡而患不均”，分配不均是对农民幸福感影响最大的因素之一。不管是地处乡村从事农业的农民，还是在城市从事其他产业的工人，从社会心理学的角度看，人们常会将自己与身边条件相似的人进行比较，从而产生一种优越的幸福感或者不及的自卑感。此外，农民虽然生活满意度高，幸福感强，但这是基于生活得到根本保障并且在不断改善过程中而产生的心理感受。

4. 村级环境变量和省级虚拟变量

除了回归（3）中生活饮用水需人工挑会对农民幸福感产生显著的负向影响外，回归（2）和回归（3）中其他村级环境变量（例如，住房与硬化公路的距离，是否使用互联网，是否知道最近召开的村务会）对农民幸福感没有产生显著影响，表明农民对自己所居住的社区环境具有很强的适应性，村级环境不是农民幸福感的决定性因素。但是毫无疑问，村级环境会影响农民生活水平的变化。回归（2）中把处于经济相对发达地区的山东省作为参照，相比之下，处于中部地区的河南省农民、处于西部地区的陕西省农民的幸福感平均要低 0.4。农民幸福感的区域差异很大程度上来自收入差别，也有可能是自然环境、文化、制度等因素综合作用的结果。

5. 价值观变量

本文研究用“你觉得对于一个人的幸福生活来说，第一重要的因素是什么”来表示农民不同的价值观①。回归（2）和回归（3）的估计结果显示，将金钱作为幸福生活第一重要因素的人，其幸福感要显著低于将家庭和睦作为幸福生活第一重要因素的人。中国文化以家为本，家庭和谐可以大大提高农民的幸福感。需要说明的是，价值观变量可能是一个内生变量，特别是那些把金

---

① 价值观可能是一个内生变量，其本身受调查对象性格、环境、收入等其他因素的影响。在设计调查问卷时，本文研究课题组期望设计一个能初步反映农民性格特点的问题来观察其性格差异。课题组将问题设计为：“当有人莫名其妙地责备你，你会：a. 不理他，干自己的事；b. 心情不快但不表现出来；c. 立即表现出不快；d. 责备对方；e. 与对方解释沟通。”但是，调查没有取得预期的效果，这些选项不能有效识别调查对象的性格。个体性格对幸福感的影响需要通过其他调查方法来揭示。

钱看作幸福生活第一重要因素的人，可能由于收入水平和生活水平较低，往往会高估金钱对幸福生活的价值，这需要找到更好的工具变量（比如滞后期的收入、性格等）来解决可能内生性问题。

五 结论

本文研究初步结果显示，年龄、收入水平、区域特点和价值观影响到农民的幸福感，但对农民幸福感最为重要的影响因素是生活水平的绝对提高以及与同村居民的横向比较（即在可比范围内的收入差距）。与 Easterlin（1974）的发现不同，地区收入差距在很大程度上决定着农民幸福感的区域差异，而在同一区域内部收入水平高低对农民幸福感影响较小。有意思的是，大多数农民知道与城镇居民相比，他们的生活水平要差一些或差很多，但这并不让他们对生活不满意和感到不幸福。

从这个意义上讲，中国农民存在“小富即安”的保守心态。但是，农民这种“小富即安”的生活态度来自近些年收入水平的不断提高和生活质量的不断改善，是他们在奋斗进取中对生活的真实感受和对自身能力、环境约束所做客观评估的结果，对这一点需要在理论上进行正确的评判。实际上，中国的改革开放就肇始于安徽省凤阳县小岗村的农民，生活中大量的事实都表明，中国农民同其他公民一样，具有无限的开拓创新精神。那些通过摘引经典文献中的个别论断来批判中国农民具有“小富即安”的保守意识的做法，是现实生活中的教条主义。调查表明，除了极少部分生活极度困难的农民外，当下中国大多数农民确实很满足、很幸福，用他们的话来说，“现在国家政策好，种粮不缴税，老了还给钱，医疗有补贴”。应该说，自 2006 年中国政府全面取消农业税、加大“三农”投入以来，粮食产量稳定增加，农村经济社会面貌确实发生了很大改观，这一切都让善良的农民对政府的“三农”政策心怀感激之情。在当今拜金主义盛行、物欲横流的社会潮流中，尊重农民身上所具有的知足、感恩和艰苦奋斗的优良品德，在理论上和实践中科学认识农民的阶级意识特性，对于正确理解“以工人阶级为领导，工农联盟为基础的人民民主专政的社会主义国家的基本制度”，无疑具有重大的现实意义。

参考文献

Veenhoven, R., "Happy Life-expectancy—A Comprehensive Measure of Quality-of-life in Nations", *Social Indicators Research*, 39 (1): 1-58, 1996.

Kahneman, D., Krueger, A. B., "Developments in the Measurement of subjective Well-being", *Journal of Economic Perspective*, 20 (1): 3-24, 2006.

Stutzer, A. and Frey, B. S., "Recent Advances in the Economics of Individual Subjective Well-being", *Social Research*, 77 (1): 679-714, 2010.

Easterlin, R. A., Does Economic Growth Improve the Human Lot—Some Empirical Evidence, in David, P. A. and Reder, Melvin W. (eds.), *Nations and Households in Economic Growth: Essays in Honour of Moses Abramowitz*, New York and London: Academic Press, 1974.

Oswald, A. J., *Happiness and Economic Performance*, University of Warwick WP 478, http://ssrn.com/abstract=49580, 1997.

Knight., J. Song, L., Gunatilaka, R., "Subjective Well-being and Its Determinants in Rural China", *China Economic Review*, 20 (4): 635-649, 2009.

Ferrer-i-Carbonell, A. and Frijters, P., "How Important Is Methodology for the Estimates of the Determinants of Happiness?" *Economic Journal*, 114 (497): 641-659, 2004.

林毅夫：《小农与经济理性》，《农村经济与社会》1988 年第 3 期。

张晓山、王小映、廖永松、檀学文、胡冰川编《马克思、恩格斯、列宁和斯大林论农业、农村、农民》，中国社会科学出版社，2013。

张琳：《小农文化心态的形成及其对马克思主义中国化的影响》，《哲学动态》2012 年第 2 期。

刘永佶：《小农意识——农民个体意识而非阶级意识》，《社会科学论坛》2007 年第 4 期。

袁银传：《小农意识与中国现代化》，武汉出版社，2000。

郑琼现：《马克思小农特点论述的宪政分析》，《中山大学学报》（社会科学版）2007 年第 6 期。

梅祖寿：《试析小富即安心态》，《理论月刊》2002 年第 8 期。

冯俊科编《西方幸福论——从梭伦到费尔巴哈》，中华书局，2011。

陈前恒、林海、郭沛：《贫困地区农村基础教育可及性与农民的主观幸福感》，《中国人口科学》2011 年第 5 期。

阮荣平、郑风田、刘力：《宗教信仰、宗教参与与主观福利：信教会幸福吗?》，《中国农村观察》2011 年第 2 期。

王鹏:《收入差距对中国居民主观幸福感的影响分析——基于中国综合社会调查数据的实证研究》,《中国人口科学》2011 年第 3 期。

鲁元平、王韬:《收入不平等、社会犯罪与国民幸福感——来自中国的经验证据》,《经济学》2011 年第 4 期。

檀学文:《时间利用对个人福祉的影响初探——基于中国农民福祉抽样调查数据的经验分析》,《中国农村经济》2013 年第 10 期。

〔俄〕普列汉诺夫:《马克思主义的基本问题》,张仲实译,人民出版社,1957。

(本文原载于《中国农村经济》2014 年第 9 期)

农村老年人主观幸福感影响因素分析

——基于全国8省（区）农户问卷调查数据*

崔红志

摘 要：本文基于2012年和2013年山东、河南、陕西等8个省（区）农户调查数据，将主观幸福感作为定序变量，采用有序Logit模型，探讨了农村老年人主观幸福感的影响因素。研究结果显示，除了健康条件和婚姻状况等个人基本特征，经济条件、社会保障、与过往生活条件的比较和对未来生活的预期、有无儿子等因素，对农村老年人主观幸福感有重要影响。

关键词：主观幸福感　农村老年人　有序Logit回归

一　引言

公共政策的最终目标是增加国民福利。对于大多数居民来说，幸福即便不是生活的唯一目标，也是最主要的目标（Ng，1996）。人们的幸福程度通常通过“主观幸福感”来衡量。主观幸福感是人们对其生活质量所做的情感性和认知性的整体评价，是反映生活质量的重要综合性指标。改革开放以来，中国经济一直保持着强劲的增长势头，却面临“幸福停滞”的困境，即国民主观幸福感随着经济增长出现了停滞甚至下降的趋势（陈刚、李树，2012）。近年来，各级党政部门的执政理念发生了变化，增进人们的主观幸福感已经成为很多地方衡量发展成果的重要尺度和标准。那么，究竟哪些因

* 本文为中国社会科学院农村发展研究所创新工程项目“中国农民福利研究”的阶段性成果。

素影响人们的主观幸福感，它们的影响方向和影响程度如何，就成为值得研究的问题。对农村老年人等社会脆弱群体主观幸福感及其影响因素的研究，尤其重要。这是因为，受生理机能下降等多种因素的影响，农村老年人对家庭和社会的依赖性增加了。改善农村老年人的主观幸福感，往往是社会政策的直接出发点。对农村老年人主观幸福感影响因素的测度，可以帮助人们更好地理解生活质量的决定因素，从而使政府改善农村老年人生活质量的政策更有针对性。

基于以上分析，本文的目的是试图识别出影响农村老年人主观幸福感的因素，测度这些因素的影响程度。本文结构安排是：第一部分为引言；第二部为文献综述；第三部分为研究方法、数据来源与变量设计；第四部分为计量模型估计及结果分析；第五部分为主要结论与启示。

二　文献综述

尽管幸福感是主观的，但这种主观感受往往被视为客观现象的映射。个体的生物学特征、收入水平、社会联系、社会比较与主观幸福感的方向性关联及关联程度，一直是理论界关注的重点问题。

传统的效用理论认为，财富和幸福同方向变化，收入是决定幸福的重要因素。随着研究的深入，学者们发现，财富与主观幸福感之间的关系远非如此简单。早在1974年，Easterlin的研究就表明，在单个国家内，在一个给定时刻，收入和幸福之间存在明显的正向关系（Easterlin，1974）。但是，在国与国的比较中，财富和幸福之间的正相关性并不普遍，也不明显。Easterlin（1995）、Clark和Oswald（1996）、Ball和Chernova（2008）进一步区分了绝对收入水平和相对收入水平对主观幸福感的不同影响，他们得出的结论是：相对收入水平对主观幸福感起决定作用。

近10年来，学术界越来越多地把财富之外的诸多变量纳入主观幸福感影响因素的分析范畴。Graham和Pettinato（2001）发现，除了收入水平或经济增长，心理、健康、生活质量等因素也会显著影响个人的幸福水平。Frey和Stutzer（1999）研究了教育与主观幸福感之间的关系，发现受教育水平对主观幸福感具有正向作用。Oswald（1997）得出了年龄与主观幸福感之间存在“正

U 形”关系的结论。这一结论表明，老年人是主观幸福感较强的群体。由于老年人对青壮年人口在物质和情感方面的依赖性，有较多研究关注代际关系在老年人幸福感形成中的作用。例如，Heller 等（1991）、Krause（1997）发现，子女对老年人的经济支持和情感支持对老年人身心健康均有显著影响。国内关于主观幸福感的研究起步较晚，但以包括农村老年人在内的老年人为对象的研究是国内幸福感研究较早涉足的领域。有些研究认为，老年人晚年临近人生的终点，会经历诸如疾病折磨、丧偶、孤独感、丧失劳动能力、失去经济来源等压力性事件，导致他们的生活满意度随着年龄的增大而持续下降。郭星华（2001）的研究发现，人们会与参照群体进行比较，来判断自己的幸福感，若参照群体的状况比自身状况好，人们的相对剥夺感会增强、主观幸福感会降低。李越、崔红志（2013）研究发现，农村老年人的主观与客观生活质量之间存在差异，他们更多的是将自己现在与过去相比较，与同一社会阶层的人进行比较，进而基于这些比较对自己的生活状况做出判定。在代际关系对主观幸福感的影响上，学术界也给予了较多关注。例如，王萍、李树茁（2011）和张文娟、李树茁（2005）的研究结论是：子女对父母的各项支持能够提升老年父母的生活满意度。

已有文献关注的重点集中在农村老年人的健康状况、经济状况、代际支持、社会联系、性格和心理特征等方面因素对他们主观幸福感的影响。本文在借鉴和吸收已有研究成果的基础上，试图进一步拓展农村老年人主观幸福感决定因素的广度和深度。相比于已有研究，本文可能的贡献主要有以下几处。第一，在分析维度的确定上，本文既延续了主观幸福感研究中较常用的评价维度（影响因素），又设计了与农村老年人特点相适应的评价维度。第二，在研究数据方面，已有研究大多集中于某一个区域，而本文数据来源范围更广，在地域上覆盖了东部、中部和西部地区，在经济发展水平上涵盖了不同发展水平的省份和县（区、市）。第三，在研究方法上，进行定量分析的研究者大多采用 OLS 方法对老年人幸福感的影响因素做回归分析，将幸福感或生活满意度视为连续变量而忽视了其中的排序性质。针对这个缺陷，本文采用具有排序性质的有序 Logit 模型。第四，本文在基准模型的基础上增加了因变量的边际效应分析，来考察自变量对因变量不同取值之间变化方向和程度的影响，边际效应能够提供更多有价值的信息。

三　研究方法、数据来源与变量设计

（一）研究方法

在主观幸福感决定因素的研究方法上，主要有两种取向。一是将主观幸福感视为连续变量，进而采用 OLS 估计方法分析相关因素对主观幸福感的影响。二是将主观幸福感视为定序变量，进而采用有序 Probit 模型或有序 Logit 模型来分析相关因素对主观幸福感的影响。本文对幸福感的衡量是让被访者在 1～10 之间打分，分数越高，幸福感越高。在某种程度上可以把代表幸福程度的分数视为连续变量。使用 OLS 方法回归，会把数据之间的排序视为基数来处理，忽略了数据之间的排序关系，因此，使用排序模型更加符合数据特征。有序 Probit 模型和有序 Logit 模型之间的区别主要在于假设的误差项分布不同，有序 Probit 模型假设误差项服从标准正态分布，而有序 Logit 模型假设误差项服从逻辑分布。对于选择哪个模型更优并没有明确的定论，模型的选取大多随研究者的偏好而定。基于本文所采用的部分数据并不满足标准正态分布的条件，故本文使用有序 Logit 模型进行实证分析。在有序 Logit 模型中，假设潜变量 y^* 为隐含的因变量，在本文中代表对农村老年人幸福感无法观测到的主观评价，假设潜变量 $y^* = x'\beta + \varepsilon$，观测到的主观幸福感评价 y 为

$$y = \begin{cases} 1, y^* \leqslant r_1 \\ 2, r_1 < y^* \leqslant r_2 \\ \cdots\cdots \\ J, r_{J-1} < y^* \leqslant r_J \end{cases} \tag{1}$$

（1）式中，$r_1 < r_2 < \cdots < r_J$ 为待估参数，称为切点（cut）；y 在本文的取值分别为 5、4、3、2、1，分别代表非常幸福、比较幸福、一般、比较不幸福、非常不幸福。回归方程设定如下。

$$Y = \alpha_0 + \alpha_1 X_1 + \alpha_2 X_2 + \alpha_3 X_3 + \alpha_4 X_4 + \alpha_5 X_5 + \mu \tag{2}$$

（2）式中，因变量 Y 代表农村老年人幸福感，X_1 代表个人基本特征维度，

X_2 代表经济状况维度，X_3 代表社会支持维度，X_4 代表社会比较维度，X_5 代表子女情况维度，α 为待估系数向量，μ 为随机误差项。

（二）数据来源

本文所用数据来源于中国社会科学院创新工程项目“中国农民福利研究”课题组于 2012 年和 2013 年开展的农村居民抽样调查。调查方法是，按照农民人均纯收入指标将全国所有的县（市）分成高、中、低三类，选取辽宁、山东、江苏、河南、陕西、江西、贵州、宁夏共 8 个省份的 16 个县（市）作为调查地区。上述这些县（市）均在国家统计局农村住户抽样调查的范围内，其中，山东、河南和陕西 3 个省份的问卷调查在 2012 年完成，其余 5 个省份的问卷调查在 2013 年完成。调查问卷共分为 15 个部分，其内容包括主观福利、就业、收入与消费、生活环境、教育、健康与医疗、政治参与等，并设置有专门针对老年人的题目，如果受访者为 60 岁及以上老年人则需要另外作答该部分题目。调查共获得 1488 份有效问卷，从中筛选出 60 岁及以上老年人问卷 368 份，占问卷总量的 24.73%，其中，359 份为有效问卷。在 359 份有效问卷中，2012 年调查问卷 106 份，2013 年调查问卷 253 份。样本老年人平均年龄为 65.94 岁，年龄最高者 84 岁；93.31% 的样本老年人为在婚状态，6.69% 丧偶；样本老年人中男性居多，占 74.44%；47.2% 的样本老年人认为自己身体很健康，33.9% 的样本老年人患有长期慢性病，14.4% 的样本老年人体弱多病。

（三）变量选取

1. 因变量

本文模型的因变量为农村老年人主观幸福感，其测量办法是由受访者对自己的生活状况做出总体性评价，调查问题为：“总体来看，你对自己现在的生活幸福感打多少分?”。幸福感评价采取 10 分制，1 分表示幸福感最低，10 分表示幸福感最高。本文按照五分法对各个打分进行赋值，其中，1 分和 2 分表示“非常不幸福”，3 分和 4 分表示“比较不幸福”，5 分和 6 分表示“一般”，7 分和 8 分表示“比较幸福”，9 分和 10 分表示“非常幸福”。

从总体上看，受访老年人的幸福程度较高，主观幸福感平均分数为 7.5 分，其中，60 ~69 岁老年人的主观幸福感为 7.43 分，70 岁及以上老年人的主观幸福感为 7.74 分。“比较幸福”和“非常幸福”的老年人共占样本总量的 72.43%，“一般”的占 20.88%，“比较不幸福”和“非常不幸福”的占 6.69%。

2. 自变量

根据主观幸福感研究中较常用的评价维度（影响因素），结合农村老年人生产能力下降、对子女依赖性强等特点，本文重点考察以下五类变量对农村老年人主观幸福感的影响。

（1）个人基本特征维度

该维度包括年龄、性别、婚姻状况、受教育年限、健康状况。其中，婚姻状况共包含五种类型：已婚、未婚、离异、丧偶、同居。由于本文样本老人的婚姻状况只包含在婚、丧偶两种类型，因此将其转化为虚拟变量，即丧偶 =1，其他 =0。受教育年限即接受学校正规教育的年数，为连续型变量。农村老年人的健康状况由他们进行自我评价，分为健康、长期慢性病、残疾、大病、体弱共 5 种情况，在模型中只设置一个虚拟变量：健康 =1，其他 =0。

（2）经济状况维度

在传统的经济学理论中，收入水平一直被视为影响个体效用进而影响主观幸福感的关键性因素，本文选取家庭年人均纯收入来反映农村老年人经济状况。

（3）社会支持维度

随着生理机能的退化，农村老年人对国家、社会和家庭的依赖性增强，他们能够获取的社会支持资源可能对其生存状况及主观幸福感产生直接影响。本文选择的社会支持维度包括物质支持和精神支持两个方面。物质支持的衡量指标是是否能从子女处获得钱或财物、是否有养老金收入。精神支持的衡量指标是子女是否与他们经常联系。具体赋值方法如表 1 所示。

（4）社会比较维度

社会比较是指人们将自己的能力、感觉、境况等与别人或者过去及将来进行比较的过程。社会比较可以分为横向比较和纵向比较。横向比较包括与同村人和亲朋好友两类群体的比较，纵向比较包括与五年前和五年后两个时期的比较，具体赋值方法如表 1 所示。

（5）子女情况维度

该维度共包括 4 个指标，分别是有无儿子，儿子个数，有无女儿，女儿个数。具体赋值方法如表 1 所示。

表1　变量定义及描述性统计

变量名	变量定义	均值	标准差	最小值	最大值
个人基本特征维度					
年龄	实际年龄,单位:岁	65.94	5.23	60	84
性别	男性=1,女性=0	0.74	0.44	0	1
受教育年限	接受正规教育年限,单位:年	5.20	3.53	0	15
婚姻	丧偶=1,其他(在婚)=0	0.07	0.25	0	1
健康状况	健康=1,其他=0	0.47	0.50	0	1
经济状况维度					
家庭年人均纯收入	单位:万元	0.83	0.91	0.02	7.50
社会支持维度					
是否有养老金	有=1,无=0	0.56	0.50	0	1
能否从子女处获得钱物	能获得=1,不能=0	0.76	0.43	0	1
与子女联系频率	常联系=1,其他=0	0.80	0.40	0	1
社会比较维度					
纵向比较:生活比五年前好	比五年前好=1,其他=0	0.89	0.31	0	1
纵向比较:预期五年后生活好	预期五年后好=1,其他=0	0.59	0.49	0	1
横向比较:生活比亲友差	比亲朋好友差=1,其他=0	0.28	0.45	0	1
横向比较:生活比同村人差	比同村人差=1,其他=0	0.22	0.42	0	1
子女情况维度					
有儿子	有儿子=1,无儿子=0	0.89	0.31	0	1
有女儿	有女儿=1,无女儿=0	0.79	0.41	0	1
儿子数量	单位:个	1.57	0.97	0	6
女儿数量	单位:个	1.47	1.20	0	6
时间虚拟变量	2012年=1,2013年=0	0.30	0.46	0	1

四　模型估计及结果分析

（一）估计结果

表2中，回归1为农村老年人幸福感影响因素基准模型的估计结果，考察五个维度的15个自变量对农村老年人主观幸福感的影响。回归2将回归1中的“有无儿子”和“有无女儿”两个自变量替换为“儿子数量”和“女儿数

量”以检验模型的稳健性，结果发现，除了年龄变量外，其余几个维度变量的显著性和系数估计值未发生明显变化，说明该模型是稳健的。为了控制2012年和2013年两期数据合并对估计结果准确性的影响，回归3在回归1的基础上加入了时间虚拟变量来控制时间效应，2012年=1，2013年=0。估计时均使用了稳健标准误来修正异方差的影响，并且模型通过了Link检验，说明模型设定是正确的，且模型总体在1%的水平上显著。具体估计结果如表2所示。

在回归1的基础上，表3列出了农村老年人幸福感的边际效应估计，反映了自变量的变动对因变量取不同结果概率的影响，即反映自变量的变化导致农村老年人在五种主观幸福感状态之间变化的概率。估计结果如表3所示。

表2　农村老年人幸福感影响因素的估计结果

解释变量	回归1	回归2	回归3
个体基本特征维度			
年龄	0.042 (0.026)	0.048* (0.027)	0.423* (0.026)
性别	0.101 (0.277)	0.120 (0.281)	0.088 (0.279)
受教育年限	0.025 (0.034)	0.013 (0.034)	0.017 (0.343)
婚姻	-0.936* (0.542)	-0.936* (0.550)	-0.936* (0.555)
健康状况	0.135 (0.226)	0.143 (0.226)	0.126 (0.226)
经济状况维度			
家庭年人均纯收入	0.538*** (0.151)	0.529* ** (0.148)	0.575*** (0.157)
社会支持维度			
是否有养老金	0.370* (0.279)	0.383* (0.226)	0.429* (0.230)
能否从子女处获得钱物	0.269 (0.279)	0.322 (0.275)	0.308 (0.279)
与子女联系频率	0.045 (0.297)	0.012 (0.296)	0.023 (0.297)

续表

解释变量	回归1	回归2	回归3
社会比较维度			
纵向比较:生活比五年前好	1.116*** (0.382)	1.071*** (0.375)	1.083*** (0.383)
纵向比较:预期五年后生活好	0.613*** (0.237)	0.607** (0.237)	0.590** (0.239)
横向比较:生活比亲友差	-0.886*** (0.284)	-0.897*** (0.285)	-0.842*** (0.282)
横向比较:生活比同村人差	-0.454 (0.333)	-0.507 (0.337)	-0.490 (0.334)
子女情况维度			
有儿子	0.579* (0.351)	—	0.573 (0.357)
有女儿	0.141 (0.285)	—	0.097 (0.285)
儿子数量	—	0.019 (0.128)	—
女儿数量	—	-0.048 (0.099)	—
时间虚拟变量	—	—	0.389 (0.270)
观测值数	319	319	319
卡方检验	81.96***	75.98***	80.39***
$prob > \chi^2$	0.0000	0.0000	0.0000
$Pseudo\ R^2$	0.122	0.119	0.125

注：括号中为稳健标准误； *** 、 ** 、 * 分别表示在1% 、5% 和10% 的水平上显著。

表3　农村老年人幸福感影响因素的边际效应估计

解释变量	非常不幸福	比较不幸福	一般	比较幸福	非常幸福
个人基本特征维度					
年龄	-0.0017 (0.0011)	-0.0006 (0.0004)	-0.0042 (0.0026)	-0.0009 (0.0008)	0.0075* (0.0045)
性别	-0.0041 (0.0113)	-0.0015 (0.0042)	-0.0102 (0.0281)	-0.0022 (0.0060)	0.0180 (0.0495)
受教育年限	-0.0010 (0.0014)	-0.0004 (0.0005)	-0.0025 (0.0034)	-0.0005 (0.0007)	0.0045 (0.0060)

续表

解释变量	非常不幸福	比较不幸福	一般	比较幸福	非常幸福
婚姻	0. 0384 * (0. 0231)	0. 0138 (0. 0095)	0. 0945 * (0. 0541)	0. 0202 (0. 0168)	-0. 1669 * (0. 0958)
健康状况	-0. 0056 (0. 0095)	-0. 0020 (0. 0033)	-0. 0136 (0. 0226)	-0. 0029 (0. 0050)	0. 0241 (0. 0400)
经济状况维度					
家庭年人均纯收入	-0. 0221 *** (0. 0077)	-0. 0179 ** (0. 0038)	-0. 0543 *** (0. 0158)	0. 0116 * (0. 0064)	0. 0960 *** (0. 0253)
社会支持维度					
是否有养老金	-0. 0152 (0. 0097)	-0. 0055 (0. 0040)	-0. 0373 (0. 0228)	-0. 0079 (0. 0060)	0. 0660 * (0. 0394)
能否从子女处获得钱物	-0. 0111 (0. 0116)	-0. 0040 (0. 0045)	-0. 0272 (0. 0281)	-0. 0058 (0. 0067)	0. 0481 (0. 0494)
与子女联系频率	-0. 0019 (0. 0122)	-0. 0007 (0. 0044)	-0. 0046 (0. 0300)	-0. 0009 (0. 0064)	0. 0080 (0. 0530)
社会比较维度					
纵向比较:生活比五年前好	-0. 0459 *** (0. 0169)	-0. 0165 ** (0. 0077)	-0. 1127 *** (0. 0391)	-0. 0241 (0. 0174)	0. 1992 *** (0. 0683)
纵向比较:预期五年后生活好	-0. 0252 ** (0. 0111)	-0. 0090 * (0. 0050)	-0. 0619 *** (0. 0233)	-0. 0132 (0. 0091)	0. 1093 *** (0. 0416)
横向比较:生活比亲友差	0. 0364 *** (0. 0136)	0. 0131 ** (0. 0063)	0. 0894 *** (0. 0281)	0. 0191 (0. 01260	-0. 1580 *** (0. 0492)
横向比较:生活比同村人差	0. 0187 (0. 0145)	0. 0067 (0. 0059)	0. 0459 (0. 0325)	0. 0098 (0. 0097)	-0. 0810 (0. 0595)
子女情况维度					
有儿子	-0. 0238 (0. 0150)	-0. 0085 (0. 0060)	-0. 0585 (0. 0363)	-0. 0125 (0. 0102)	0. 1033 * (0. 0626)
有女儿	-0. 0058 (0. 0117)	-0. 0021 (0. 0042)	-0. 0142 (0. 0290)	-0. 0030 (0. 0063)	0. 0251 (0. 0509)
观测值数	319	319	319	319	319

注：括号中为稳健标准误； *** 、 ** 、 * 分别表示在 1% 、5% 和 10% 的水平上显著。

（二）估计结果分析

1. 个人基本特征维度

一般认为，年龄与主观幸福感之间存在“正 U 形”关系，即到达一定的年龄拐点之前，主观幸福感随着年龄的增长而降低，越过拐点之后幸福感则随之增长。这一结论在某种程度上表明老年人的主观幸福感较强，而且将会随着年龄的增长逐步提升。回归 2 和回归 3 的估计结果印证了这一结论。婚姻状况对老年人幸福感有显著影响，丧偶老人幸福感明显低于在婚老年人。边际效应估计显示，丧偶会使农村老年人“非常不幸福”的概率增加 3.84%，使农村老年人“非常幸福”的概率降低 16.69%。配偶是老年人生活上最亲密、感情上最融洽的伴侣，丧偶会对老年人身心健康产生较大损害。

性别、受教育年限和健康状况对农村老年人主观幸福感影响不显著。虽然有研究发现，男性与女性幸福感有别，或受教育程度越高人们的幸福感越强，但其实际意义可能并不在于男女性别之间以及不同受教育程度之间简单的统计差异，而是在于性别或受教育程度同其他因素之间交互作用的影响。由于本文重点并不在此，因此，对于性别和受教育年限的影响没有做更进一步的分析。

2. 经济状况维度

回归 1 结果显示，家庭年人均纯收入对数在 1% 的水平上显著，即家庭年人均纯收入越高，农村老年人主观幸福感越高。统计数据显示，感觉“非常幸福”的农村老年人，其家庭年人均纯收入为 11364 元，约是“非常不幸福”农村老年人的 3.1 倍。边际效应估计显示，家庭年人均纯收入每增加 1%，农村老年人“非常不幸福”、“比较不幸福”和“一般”的概率分别降低 2.21%、1.79% 和 5.43%，农村老年人“比较幸福”和“非常幸福”的概率分别增加 1.16% 和 9.60%。

3. 社会支持维度

人们所能得到的社会支持体现了其拥有的社会资源，并可能对其主观生活质量和客观生活质量产生直接影响。从社会支持来源的角度看，社会支持既包括来自政府的支持，也包括家庭支持、朋友支持、邻里支持等。估计结果显示，有养老金对农村老年人幸福感有显著影响。调查样本中，有养老金收入的老年人占 56.18%，他们的主观幸福感比没有养老金的老年人高 36%。边际效应估计显示，有养老金会使老年人“非常幸福”的概率增加6.60%。长期以来，从子女处获得的钱物是农村老年人维持日常生活的重要物质来源。调查样本中，75.85%的老年人能够从子女处获得物质支持。但能否从子女处获得钱物以及与子女是否经常联系这两个变量对农村老年人幸福感影响不显著，对于这一现象，可以这样解释：当子女外出务工或外嫁后，很多村庄几乎成了只剩下老年人的“空心村”，即使子女与父母联系频繁，也无法消除老年人的孤独感和对家庭团聚的渴望。

4. 社会比较维度

社会比较因素对农村老年人主观幸福感有显著影响。回归1结果显示，在纵向比较方面，认为与五年前相比生活变好的农村老年人，其主观幸福感在1%的水平上显著高于其他农村老年人；预期五年后生活更好的农村老年人，其主观幸福感在1%的水平上显著高于其他老年人。在横向比较方面，认为自己的生活比亲朋好友差的农村老年人，其主观幸福感在1%的水平上显著低于其他老人。边际效应估计显示，自评生活比五年前好能使农村老年人“非常不幸福”、“比较不幸福”和“一般”的概率分别下降4.59%、1.65%和11.27%，使农村老年人“非常幸福”的概率增加19.92%；预期五年后好能使农村老年人“非常不幸福”、“比较不幸福”和“一般”的概率分别下降2.52%、0.90%和6.19%，使“非常幸福”的概率增加10.93%；生活比亲朋好友差能够使农村老年人“非常不幸福”、“比较不幸福”和“一般”的概率分别增加3.64%、1.31%和8.94%，使“非常幸福”的概率降低15.80%。

上述结论容易得到解释。从纵向比较看，目前的农村老年人大都有食不果腹、衣不蔽体的经历。生活条件的改善，更确切地说，甚至仅仅是温饱问题的解决，就可能给他们带来极大的心理满足感。从横向比较看，农村具有熟人社会特征，农村老年人往往通过与亲朋好友及同村中其他人的对比来衡量自己的幸福感。

5. 子女情况维度

传统的“多子多福”观念强调儿子数量越多越好。回归结果显示，有无儿子对农村老年人主观幸福感的影响在10%的水平上显著，即有儿子的老年人比无儿子的老年人幸福感更高。边际效应估计显示，有儿子会使农村老年人感到非常幸福的概率增加10.33%。但是有女儿、儿子数量、女儿数量对农村老年人幸福感影响不显著。从提升农村老年人主观幸福感的角度看，儿子数量并非越多越好。本文对这一判断的解释是：一方面，儿子越多，父母在儿子上学、盖房、结婚等方面的经济压力就会越大；另一方面，儿子数量多的农村家庭在分家之后通常会面临谁来赡养老人的问题，有的农村老年人虽有多个儿子但无人赡养，有些被迫由儿子轮流赡养。

五　主要结论与启示

本文基于实地调查数据，将主观幸福感作为定序变量，采用有序Logit模型，估计了农村老年人的个人基本特征、经济状况、社会支持、社会比较、子女结构与数量对其主观幸福感的影响。结果表明，①丧偶的农村老年人，主观幸福感更低；年龄越大，农村老年人幸福感会越高。②经济条件仍然是决定农村老年人主观幸福感的重要因素。③有养老金对农村老年人主观幸福感有显著影响。④社会比较因素对农村老年人主观幸福感影响很显著。⑤有儿子对农村老年人主观幸福感有显著影响。从提升农村老年人主观幸福感的角度看，上述结论提供了以下政策启示。

第一，重视改善农村老年人的经济条件。农村老年人主观幸福感与其经济状况之间存在极强的关联性。因此，推动经济发展、不断增加农村老年人收入和改善他们的客观生活条件，仍然应该是中国公共政策的重点。

第二，完善农村社会养老保险制度具有迫切性。随着时代发展和社会转型，子女支持对农村老年人主观幸福感的影响正在悄然发生变化，“多子”不再“多福”，从而就有了建立替代“养儿防老”的农村社会保障制度的急迫性。从2009年开始实施的“新农保”制度在一定程度上解除或缓解了农村老年人的后顾之忧，增强了他们的安全感，从而较为明显地提升了他们的主观幸福感。但是，值得重视的事实是，目前中国农村老年人能够享受的养老金水平较低，养老金仅仅是农村老年人生活保障的补充，而且一部分农村老年人还未能享受养老金待遇。在今后一个时期，从完善农民养老保障体系入手来提升农村老年人幸福感，具有较强的可行性。

第三，在制定农村社会政策时，应注重其公平性。由于农村老年人主观幸福感很大程度上建立在社会比较的基础上，因此，政府在制定公共政策和做出相关制度安排时，应竭力解决目前已经非常严重的贫富差距过大问题。

参考文献

陈刚、李树：《政府如何能够让人幸福?》，《管理世界》2012 年第 8 期。

郭星华：《城市居民相对剥夺感的实证研究》，《中国人民大学学报》2001 年第 3 期。

李越、崔红志：《农村老年人口主观生活质量与客观生活质量差异及形成机理的实证分析》，《农村经济》2013 年第 12 期。

王萍、李树茁：《代际支持对农村老年人生活满意度影响的纵向分析》，《人口研究》2011 年第 1 期。

张文娟、李树茁：《子女的代际支持行为对农村老年人生活满意度的影响研究》，《人口研究》2005 年第 5 期。

Ball, R. and Chernova, K., "Absolute Income, Relative Income and Happiness", *Social Indicator Research*, 88 (3): 497 - 529, 2008.

Clark, A. E. and Oswald, A. J., "Satisfaction and Comparison Income", *Journal of Public Economics*, 61 (3): 359 - 381, 1996.

Duesenberry, J. S., *Incomes, Savings and the Theory of Consumer Behavior*, Cambridge: University of Harvard Press, 1949.

Easterlin, R. A., Does Economic Growth Improve the Human Lot? Some Empirical Evidence, in David, P. A., Reder, M. W. (Eds.), *Nations and Households in Economic Growth: Essays in Honor of Moses Abramovitz*, New York, 89 - 125, 1974.

Easterlin, R. A., "Will Raising the Incomes of all Increase the Happiness of All"? *Journal of Economic Behavior and Organization*, 27 (1): 35 - 47, 1995.

Frey, B. S. and Stutzer, A., "Measuring Preferences by Subjective Well-being", *Journal of Institutional and Theoretical Economics*, 155 (4): 755 - 778, 1999.

Graham, C. and Pettinato, S., "Happiness, Markets and Democracy: Latin America in Comparative Perspective", *Journal of Happiness Studies*, 2 (3): 237 - 268, 2001.

Heller, K., Thompson, M. G., Vlachos-Weber, I., Steffen, A. M. and Trueba, P. E., "Support Interventions for Older Adults: Confidante Relationships, Perceived Family Support, and Meaningful Role Activity", *American Journal of Community Psychology*, 19 (1): 39 - 146, 1991.

Krause, N., "Received Support, Anticipated Support, Social Class and Mortality",

Research on Aging，19（4）：387－422，1997.

Ng，Y.，"Happiness Surveys：Some Comparability Issues and an Exploratory Survey Based on Just Perceivable Increments"，*Social Indicators Research*，38（1）：1－27，1996.

Oswald，A. J.，"Happiness and Economic Performance"，*Economic Journal*，107（445）：1815－1831，1997.

（本文原载于《中国农村经济》2015 年第 4 期）

健康与农民主观福祉的关系分析

——基于全国5省（区）1000个农户的调查*

李 静 王月金

摘 要： 本文运用中国社会科学院农村发展研究所"中国农民福祉研究"项目组于2013年所做的江苏、辽宁、江西、宁夏、贵州5省份1000个农户的调查数据，利用有序Probit模型，系统分析了农民健康满意度、身体健康、心理健康等对其主观福祉的影响。研究发现：农民健康状况与其主观福祉高度相关，健康满意度越高的农民，其主观福祉水平也越高。相比身体健康状况，心理健康对农民主观福祉影响更大。

关键词： 农民健康 主观福祉 有序Probit模型

目前，福祉研究和福祉测量已成为国际上相关领域的研究热点，且在有些方面人们已达成共识，比如，福祉是一个多维度的综合概念，福祉分为客观福祉和主观福祉。其中，主观福祉是指人们对自身发展和境况的体验和感受，在有的研究中也用幸福感、生活满意度、快乐等来表达。在所有关于福祉的研究中，不论福祉维度如何划分，其中一个重要的维度是必不可少的，即健康。健康对于福祉的重要性已形成共识，但健康与福祉的具体关系怎样？从已有的研究看，二者的关系在不同国家、不同群体有所不同。对于农民这一中国最大群

* 本文是中国社会科学院农村发展研究所创新工程项目"中国农民福祉研究"的成果之一。本文写作过程中得到谭清香、檀学文、杨穗、张斌博士等的建议和帮助，在此表示感谢。作者文责自负。

体来说，其健康与福祉之间关系的研究还少有见到。本文试图在这方面做一探讨，以期得出有意义的结论。

一　文献回顾与研究假说

世界卫生组织对健康的定义是："健康是一种身体上、精神上以及社会关系上的全面良好状态，而不仅仅是没有疾病和不虚弱。"① 该组织在《2013 年世界卫生报告》中指出："实现全民健康覆盖是实现更好的健康和福祉，促进人类发展的一个有力的途径"。如表 1 所示，在国内外有关福祉的研究中，尽管对福祉分解的维度个数不同，但健康都是福祉的一个重要维度。

表 1　健康在福祉研究中的地位

一些重要的福祉研究	维度数量(个)	维度名称
UNDP 的人类发展指数(HDI)	3	健康(以寿命来衡量)、收入(生活水平)、教育(读写能力)
联合国 2013 年世界幸福报告	6	人均 GDP、社会支持、健康(预期寿命)、生活自由度、慷慨度、腐败感知度
盖洛普全球幸福调查	5	职业生活、社交关系、财务状况、健康状况、社会环境
澳大利亚主观福祉测量	7	生活水平、健康、人际关系、成就感、个人安全、社区归属感、未来保障
OECD 福祉测量	11	健康状况、工作与生活平衡、教育与技能、社会关系、公民参与和治理、环境质量、个人安全、主观福祉、收入与财富、工作与收入、住房条件
不丹国民总幸福测算	9	生活水平、教育、健康、文化、生态、有效的政府管理、社区活力、时间利用、心理幸福感
中国农民福祉测量维度	10	健康、教育、个人活动(时间利用)、生活水平、住房及设施、就业、政治参与、社会联系、环境、安全
中国江阴幸福指数	5	好工作、好收入、好环境、好心情、好身体
浙江财经大学幸福指标体系	6	健康福祉、亲情福祉、经济福祉、职业福祉、社会福祉、生态福祉
山东大学输出型福祉指数	7	住房满意度、健康满意度、休闲满意度、人际关系满意度、收入满意度、交通满意度、环境满意度

资料来源：吴国宝、李静、檀学文编《福祉测量：理论、方法与实践》，东方出版社，2014。

① 本定义源于 1946 年 6 月 19 日至 7 月 22 日在纽约召开的国际卫生会议通过的、61 个国家的代表于 1946 年 7 月 22 日签署并于 1948 年 4 月 7 日生效的世界卫生组织《组织法》的序言。自 1948 年以来，该定义未经修订。参见世界卫生组织网站（www. who. int）。

在有关福祉的研究中，多数研究测量福祉时对每个维度都给予同样的权重，但不同的维度与幸福感或福祉的相关程度是不同的。一些研究表明，收入和财富对福祉的影响只是中短期的，长期来看，收入和财富对福祉的影响并没有人们想象的那么重要，二者之间的正相关性不是很明显，这方面最具代表性的是“伊斯特林悖论”，也称“幸福悖论”①。还有一些研究认为，有些因素如结婚、失业或重大伤害等对福祉的影响基本是固定的。如果一个人的生活遇到诸如结婚、失业或重大伤害这样的事，其幸福量值可能会出现偏离，即“高于”或“低于”原先量值，但其会及时积极地去适应现状，随后其幸福量值又恢复到原先的水平。这一研究发现被称为“幸福定值理论”（布鲁尼、波尔塔，2007）。幸福定值理论认为，每个人所感知的幸福感主要受其遗传因素或个性取向的影响，客观生活环境的变化对幸福感没有太大作用。但是，健康这一因素则不同。从已有研究看，健康不仅对短期内的福祉有影响，而且对长期甚至终身的福祉有着深刻的影响。

美国在20世纪90年代对全国范围内675个残疾人和1064个正常人的一项关于生活满意度的调查结果显示：残疾人的生活满意度大大低于正常人；身体遭受更大困境的人，其生活满意度更低；精神、身体或其他方面残疾更严重的人，更不满意自己的生活②。这一结果表明，是健康决定生活满意度，而不是生活满意度决定健康。除了这一调查，美国民意研究中心（National Opinion Research Center）还从整个生命周期来考察人们健康与生活满意度之间的关系③。研究结果显示，随着年龄的增长，健康状况越差的人，其生活满意度越低（布鲁尼、波尔塔，2007）。上述两项研究的结果表明，在整个生命周期中，不论是年轻人还是年长的人，他们健康状况越好，他们越认为自己幸福。健康状况发生不利的变化，将对人们的主观幸福感产生长期负面影响，且人们并不能完全适应不断恶化的健康状况。美国哥伦比亚大学地球研究所发布的

---

① “幸福悖论”由美国经济学家伊斯特林（Richard Easterlin）于1974年提出，意思是高收入与幸福不相关，从长期看，收入增加与幸福提升没有相关关系（Easterlin，1974）。

② 引自Richard Easterlin“构建一个更好的满意度理论”，详见布鲁尼、波尔塔（2007）。

③ 该项调查于1972年开展，调查对象为1911～1966年出生的人。他们根据年龄分组，平均每5年为一个年龄段。调查的主要问题是：“总的来说，你觉得你自己的健康状况如何?”，可选择的答案有“非常好”、“良好”、“一般”和“不好”。

《2013年世界幸福报告》也指出，虽然贫困、失业、家庭破裂等都对人们幸福感有负向影响，但是，健康是影响幸福感的最主要原因。其中，心理疾病是不幸福的第一位原因，身体不健康是第二位原因（Helliwell et al.，2013）。

一些对特定人口的健康与福祉关系的研究也同样发现健康对福祉的重要意义。在影响老年人生活的各项因素中，健康状况与老年人的生活满意度最为密切（Larson，1978）。大多数老年人把身体健康视为最大的幸福，随着年龄的增大，身体机能逐渐衰退，由健康带来的问题对老年人造成重大的不利影响（Bowling and Browne，1991）。

国内对健康与幸福感关系的研究多数也得出了同样的结论。例如，唐丹等（2006）研究发现，对老年人来说，保证身体健康，一方面，可以直接提高他们的主观幸福感，另一方面，还可以通过提高其自我效能感和主观幸福感，进而提高他们的生活质量。李敏等（2002）研究发现，与正常人相比，脑损伤病人的生活满意度较低，且抑郁、悲观、自伤等消极情绪的发生率较高。

在对心理健康的研究方面，卫生部中国健康教育中心通过对“2011中国企业员工健康行”4574份问卷的分析，得到的结果是：78.9%的人有过烦躁情绪，59.4%的人感受过焦虑，38.6%的人觉得抑郁，仅有5.8%的人称自己没有压力，有超过八成的员工遭遇过健康困扰。企业员工的身心健康问题成为阻碍其主观幸福感提升的重要原因（王兴起、丘亮辉，2013）。杨宏飞、吴清萍（2002）对小学老师心理健康与主观幸福感关系的研究发现，小学老师心理越健康，主观幸福感越强。叶玉清等（2010）对煤矿工人心理健康与幸福感关系的研究结果也表明，矿工心理健康水平与其幸福感之间存在非常显著的正相关关系，心理健康的矿工比心理问题严重的矿工有更少的压力反应、更强烈的幸福感。

生理学的一些最新研究进一步揭示了幸福感产生的生理机制。2005年苏黎世大学费尔教授和团队在做信任游戏时对参与者做了大脑活动扫描，发现脑部分泌出的Ocytocin（国内译为“催产素”）能抑制脑部两个区域的活动。第一个是杏仁核区域：处理恐惧和危险的部位。催产素高，会降低防卫心和恐惧感。第二个是纹状体区域：脑部凭着过去回馈而指引未来行为的地带。催产素多，可让人忘掉过去的痛苦，更相信他人。对有抑郁症和孤独症的人，催产素对他们会有很大的帮助，这说明人的幸福感、信任感确实有生物基础。大脑的不同区域对幸福的反应也不一样，人类积极的情感对应大脑前额叶左边的皮层活动，消极情感对应同一个区域但在大脑右半部分的活动（彭凯平、陆铭，2011）。这些生理学发现说明，人的健康与幸福感之间存在生理上的关系，健康受损会影响人们的幸福感。

农民是中国人口最多的群体，研究农民健康与其福祉的关系对于了解中国农民的生活质量、提高中国农民的福祉具有重要意义。根据上述文献和中国社会科学院农村发展研究所项目“中国农民福祉研究”已有的一些研究成果，本文提出以下两个研究假说。

假说 1：健康状况对农民的主观福祉具有显著影响，健康满意度越高的农民，其主观福祉水平也越高。

假说 2：心理健康比身体健康对农民的主观福祉影响更大。

二 相关概念、数据来源与实证分析模型

（一）相关概念解释

福祉是英文 well-being 的译名，中文相近的说法是幸福。福祉分为客观福祉和主观福祉。客观福祉是以个人或家庭的收入和消费为代表的经济福祉。在古典经济学研究中，一般都认为财富、收入和消费的增加是获得更多福利和幸福的前提，由此似乎可以得出这样的推论，即越是富有的人就越幸福。但是，在 20 世纪 70 年代初，心理学家发现，收入和财富对于个人福祉的影响没有人们想象的那样重要，这随即引起了经济学家、心理学家和社会学家对“幸福悖论”的讨论。幸福悖论是指从长期看经济增长、收入增长和个人幸福之间不存在相关关系。现代化的确带来了物质生活条件的不断改善和生活质量的日益提高；但与客观福祉的提高形成对比的是，人们的幸福感并没有呈现相应程度的上升。美国、日本、欧洲的相关研究都证明了这一点（布鲁尼、波尔塔，2007）。因此，近 20 年来，经济学家和社会学家引入了主观福祉的概念。主观福祉是一种主观体验，是个体依据自己设定的标准对其生活质量的整体评价与感受。目前，主观福祉与客观福祉一起成为衡量国民福祉的重要指标。在本文中，主观福祉用生活满意度来表示，量值从 0 到 10。其中，0 代表生活满意度最低，10 代表生活满意度最高，从 0 到 10 表示生活满意度从“不满意”到“非常满意”。

如同福祉分为客观福祉和主观福祉一样，本文研究中也用两个指标表示健康状况。一是客观的健康状况，一般用当日健康状况来表示。当日健康状况又分为身体健康状况和心理健康状况，身体健康状况用身体是否患病及其严重程度、行动是否方便及其严重程度等来表示，心理健康状况用是否抑郁及其严重程度、是否焦虑及其严重程度等来表示。二是主观的健康状况，用自评健康满意度来表示。其中，自认为健康状况“最不好”的，用 0 表示；“最好”的，用 10 表示。从 0 到 10 表示自评健康满意度从“不好”到“好”。

（二）数据来源和样本特征

本文研究所用数据来自 2013 年中国社会科学院农村发展研究所创新工程项目“中国农民福祉研究”的农户问卷调查。该调查按照多阶段抽样法，抽取了 5 个省份 10 个县 50 个村 1000 个农户，其具体过程为：首先，根据各省份农业生产条件和农村居民人均纯收入水平从全国 31 个省份中选取了江苏、辽宁、江西、宁夏和贵州 5 个省份，其中，江苏代表东部地区，辽宁代表东北地区，江西代表中部地区，宁夏代表西北地区，贵州代表西南地区；其次，分别从 5 个样本省份中选取农村居民人均纯收入水平居中的样本县各 2 个，再从各样本县中分别选取 5 个样本村；最后，在各样本村随机选取 20 个农户，每户原则上由 1 位 16 周岁以上成年人接受问卷调查。调查内容包括家庭成员、主观福祉、劳动与就业、生活状况、住房条件、环境污染、健康与医疗、政治参与等。其中，健康方面，所涉及的问题包括自评自身健康状况、当日健康状况、健康习惯、疾病与医疗情况以及对自身健康满意度等。此次调查最后共得到有效问卷 1000 份，其中，符合健康分析要求的问卷 945 份。

通过对有效样本的统计分析，可以发现，样本具有以下 5 个特征。一是男性比例高于女性。样本中男性占 61.2%，女性占 38.8%，男性比例比女性比例高出 22.4 个百分点。二是以老年人居多。样本多数处于 60 岁以上，占样本总数的 62.9%；而 30～39 岁的只有 13 人，占 1.3%；40～49 岁的 225 人，占 22.5%。这一特征符合当前中国农村人口的实际情况，因为年轻人多数已外出务工。三是受教育程度相对较低。样本平均受教育年限为 6.44 年，总体文化程度偏低。四是样本多数为已婚。这与样本年龄偏大有关，并不能真实反映农村中青年人的婚姻状况。五是样本中多数处于务农状态。

（三）实证模型

参考 Knight 等（2009）的幸福经济学研究，本文采用有序 Probit 模型来分析农民健康对其主观福祉的影响。实证分析模型设定如下。

$$Happiness_i^* = \alpha\ Health_i + \beta X_i + \varepsilon_i \tag{1}$$

（1）式中，核心解释变量 *Health* 表示农民的健康福祉状况，这里分别从健康满意度、身体健康、心理健康三个方面进行分析。*X* 表示控制变量，包括收入水平、性别、年龄、受教育程度、婚姻状况、就业状况等。ε 表示该回归模型的随机误差项。

$Happiness^*$ 表示受访者主观福祉的潜变量，为不可观测变量，它与可观测变量主观福祉 *Happiness* 之间存在如下关系。

$$Happiness_i = \begin{cases} 0,\ if\ Happiness_i^* \leqslant r_0 \\ 1,\ if\ r_0 < Happiness_i^* \leqslant r_1 \\ 2,\ if\ r_1 < Happiness_i^* \leqslant r_2 \\ \quad\vdots \\ 10,\ if\ r_9 < Happiness_i^* \end{cases} \tag{2}$$

（2）式中，$r_0 < r_1 < r_2 < \cdots < r_9$ 为待估计参数，主观福祉潜变量 $Happiness^*$ 是关于健康福祉状况和控制变量的线性回归结果。当潜变量低于临界值 r_0 时，受访者的生活满意度非常低，主观福祉打分为0；随着潜变量得分不断提高，受访者的生活满意度逐级提高，当它属于不同区间时，得到相对应的生活满意度得分；当潜变量超过临界值 r_9 时，受访者对生活感到非常满意，主观福祉打分为10。如果随机误差项服从均值为0、方差为1的标准正态分布，即当 $\varepsilon \sim N(0,1)$ 时，有：

$$\begin{aligned} P(Happiness_i = 0 \mid X_i) &= P(Happiness_i^* \leqslant r_0 \mid X_i) = \Phi(r_0 - \alpha Health_i - \beta X_i) \\ P(Happiness_i = 1 \mid X_i) &= P(r_0 < Happiness_i^* \leqslant r_1 \mid X_i) \\ &= \Phi(r_1 - \alpha Health_i - \beta X_i) - \Phi(r_0 - \alpha Health_i - \beta X_i) \\ P(Happiness_i = 2 \mid X_i) &= \Phi(r_2 - \alpha Health_i - \beta X_i) - \Phi(r_1 - \alpha Health_i - \beta X_i) \\ &\cdots \\ P(Happiness_i = 10 \mid X_i) &= 1 - \Phi(r_9 - \alpha Health_i - \beta X_i) \end{aligned} \tag{3}$$

通过构造每一位受访者生活满意度打分结果的似然函数，利用极大似然法可以估计出系数 α 和 β 。与一般的回归模型不同，有序 Probit 模型变量的回归系数本身并不存在精确的定量意义，因此，本文主要通过系数符号和显著性来判断变量的影响方向和影响程度。

（四）变量描述

变量定义及描述性统计如表 2 所示。

表 2　变量的描述性统计

变量名称	变量定义及赋值	均值	标准差	最小值	最大值
被解释变量					
主观福祉	总体生活满意度,0 ~ 10 分,0 分最低,10 分最高	6.73	2.52	0	10
解释变量					
健康满意度	健康满意度,0 ~ 10 分,0 分最低,10 分最高	6.91	2.66	0	10
身体健康状况(对照组:健康)					
较差	体弱多病或长期慢性病 =1,其他 =0	0.32	0.47	0	1
很差	残疾或患有大病 =1,其他 =0	0.04	0.19	0	1
心理健康状况(对照组:无焦虑或抑郁)					
较差	有点焦虑或抑郁 =1,无 =0	0.34	0.48	0	1
很差	有严重焦虑或抑郁 =1,无 =1	0.12	0.32	0	1
收入水平	人均收入的对数	8.87	1.07	5.12	12.9
性别	男性 =1,女性 =0	0.63	0.48	0	1
年龄	实际年龄(岁)	50	13	18	83
受教育程度	实际受教育年限(年)	6.44	4	0	16
婚姻状况	已婚 =1,其他 =0	0.95	0.23	0	1
就业状况	未就业 =1,就业 =0	0.16	0.37	0	1
区域(对照组:贵州)					
宁夏	宁夏 =1,其他 =0	0.19	0.39	0	1
江西	江西 =1,其他 =0	0.2	0.4	0	1
江苏	江苏 =1,其他 =0	0.21	0.41	0	1
辽宁	辽宁 =1,其他 =0	0.19	0.4	0	1

注：各变量的观察值数与本文的有效样本数量一致，均为 945。

从表2看，本文主要变量显示了样本以下特征。第一，农民的生活满意度和健康满意度总体上较好。农民的主观福祉（生活满意度）均值为6.73，健康满意度均值为6.91。尽管本文研究在指标选择和维度设置上与《2013年世界幸福报告》有一定的差别，但由于计算方法的一致性以及对福祉内容解释的相似性，这里还是可以进行对比（见表3）。中国农民的生活满意度为6.73，健康满意度为6.91，接近法国和德国的水平，高于中国居民整体的幸福指数（4.978）。第二，农民的身体健康状况良好。具体而言，受访者中32%的人身体健康较差，4%的人身体健康很差，身体健康的人占64%。由于受访者以中老年人为主，身体健康者占比超过六成，所以，如果样本中增加中青年人的比例，农民中身体健康者的比例会远远高于64%的样本统计结果。第三，农民的心理健康差于身体健康。具体而言，34%的受访者心理健康状况较差，12%的受访者心理健康状况很差，心理健康的只占54%。农民心理健康状况差于身体健康状况，在有效样本中，心理健康的农民比例比身体健康的农民比例低10个百分点。焦虑和抑郁是农民心理健康欠佳的主要问题。这一状况可能与中国目前处于快速城市化进程相关。由于大量农村青壮年劳动力流入城市，农村显现衰败的现象，留守老人、留守妇女、留守儿童构成了农村人口的主体，家庭不完整、生活压力大等使农民心理问题日益严重。

表3　农民生活满意度与《2013年世界幸福报告》中一些主要国家幸福指数比较

主要国家的幸福指数	指标值	主要国家的幸福指数	指标值
丹麦幸福指数	7.693	法国幸福指数	6.764
挪威幸福指数	7.655	德国幸福指数	6.672
美国幸福指数	7.082	中国幸福指数	4.978
英国幸福指数	6.883		

资料来源：Helliwell et al.（2013）。

三　健康与主观福祉关系的模型估计结果

（一）健康状况对主观福祉影响模型的估计结果

有序Probit模型的估计结果如表4所示。其中，方程1只包含了控制变量，从方程2到方程4，分别在方程1的基础上增加了健康满意度、身体健康、心理健康3个健康状况变量，方程5同时增加了身体健康和心理健康变量，以研究不同健康状况指标对农民主观福祉的影响。

表4 健康状况对主观福祉影响模型的估计结果

	方程1	方程2	方程3	方程4	方程5
健康满意度	—	0.129 ***	—	—	—
身体健康(对照组:健康)					
较差	—	—	-0.306 ***	—	-0.102
很差	—	—	-0.361 *	—	-0.124
心理健康(对照组:无焦虑或压抑)					
较差	—	—	—	-0.486 ***	-0.465 ***
很差	—	—	—	-1.105 ***	-1.065 ***
控制变量					
人均收入(对数)	0.290 ***	0.238 ***	0.276 ***	0.240 ***	0.237 ***
性别	0.164 **	0.080	0.131	0.107	0.098
年龄	-0.033 *	-0.018	-0.030	-0.025	-0.025
年龄平方	0.000 **	0.000 **	0.000 ***	0.000 **	0.000 **
受教育程度	0.004	0.004	0.003	0.001	0.001
婚姻状况	0.420 ***	0.410 ***	0.422 ***	0.312 *	0.317 **
未就业	-0.005	0.027	0.014	0.015	0.021
区域(对照组:贵州)					
宁夏	0.359 ***	0.442 ***	0.400 ***	0.346 ***	0.361 ***
江西	0.146	0.150	0.134	0.105	0.103
江苏	0.266 **	0.212 *	0.270 **	0.134	0.141
辽宁	0.386 ***	0.398 ***	0.409 ***	0.345 ***	0.355 ***
样本量	945	945	945	945	945
极大似然值对数	-1916	-1872	-1907	-1863	-1863
卡方值	156.6	224.8	177.7	249.1	251
虚拟 R^2	0.040	0.062	0.044	0.066	0.066

注：* 表示10%的显著性水平，** 表示5%的显著性水平，*** 表示1%的显著性水平；表中报告结果采用稳健标准误估计，以消除异方差性，同时经多重共线性检验，不存在严重的共线性问题；限于篇幅，没有报告系数的标准误差。

（二）估计结果分析

1. 农民个人经济特征和社会特征对主观福祉有显著影响

从综合方程 1 到方程 5 的估计结果可以看出，控制变量中农民收入水平、婚姻状况、年龄对其主观福祉有显著影响。收入水平越高，农民的主观福祉越高；已婚农民的主观福祉也要显著高于未婚者和离异者；年龄与主观福祉之间存在显著的“倒 U 形”关系，即处于中年时期的农民，其主观福祉往往更低；性别、受教育程度、就业状况对主观福祉的影响并不显著。此外，区域变量对主观福祉具有显著影响。其中，宁夏和辽宁农民的主观福祉要显著高于贵州；江苏也略高于贵州，但其显著性水平较低；而江西虽然也略高于贵州，但差异并不显著。

2. 健康对农民主观福祉有显著影响

不同测量方式下的健康变量（健康满意度、身体健康、心理健康）都对农民主观福祉具有显著影响。方程 2、方程 3 和方程 4 分别加入健康满意度、身体健康、心理健康变量。回归结果显示，各健康变量都在 1% 的水平上显著。这说明，在收入、性别、婚姻等个体特征保持不变的条件下，农民越健康，其幸福感越强；农民健康满意度越高，其生活满意度也越高。正如福柯所说，“关注自己的身体和灵魂的人要想通过身体和灵魂建立他的幸福，那么只有当他的灵魂宁静和他的身体毫无痛苦时，他才会达到完美的境界，欲望也会得到满足”①。这一结果验证了假说 1，即“健康状况对农民的主观福祉具有显著影响，健康满意度越高的农民，其主观福祉水平也越高”。

3. 心理健康对主观福祉的影响最为显著

方程 5 中同时加入了身体健康、心理健康。回归结果显示，心理健康对农民主观福祉的影响程度虽然有所降低，但仍然显著，而身体健康变量就不再显著了。这说明，与身体健康相比，农民的心理健康更能影响其主观福祉。不仅与身体健康相比，心理健康的影响更显著，而且与人均收入、婚姻状况、受教育程度、年龄、就业状况这些控制变量相比，心理健康都是影响农民主观福祉

---

① 转引自李银河（2009）。

的最重要因素。这一结果验证了假说2，即“心理健康比身体健康对农民的主观福祉影响更大”。这个结论与《2013 年世界幸福报告》中的结论是一致的。该报告中对导致不幸福的原因分析如表 5 所示。

表 5　心理疾病等因素与不幸福的关系（标准化系数）

变量	英国	德国	澳大利亚
心理健康问题	0.46*	0.26*	0.28*
身体健康问题	0.08*	0.16*	0.08*
人均收入（对数）	-0.05*	-0.12*	-0.04*
失业	0.02*	0.04*	0.05*
年龄	-0.10*	-0.07*	-0.13*
婚姻状况	-0.11*	-0.06*	-0.10*
性别	-0.04*	-0.04*	-0.04*
时间、地区虚拟变量	已控制	已控制	已控制
样本量	71769	76409	73812

注：$*p < 0.01$。

资料来源：Helliwell et al.（2013）。

从表 5 看，不论是在英国、德国，还是在澳大利亚，心理健康问题都是导致人们不幸福的第一位因素，身体健康对幸福感的影响远低于心理健康。从个人特征看，人均收入、婚姻状况和年龄对幸福的影响也与表 4 中的结果非常接近。

四　结论

本文利用 2013 年中国农民抽样调查数据，构建有序 Probit 模型，系统分析了农民个人特征、健康满意度、身体健康、心理健康等因素对其主观福祉的影响。本文研究结果验证了本文所提出的假说：健康状况对农民的主观福祉具有显著影响，健康满意度越高的农民，其主观福祉水平也越高；心理健康比身体健康对农民的主观福祉影响更大。这些结论与国内外相关研究的结论是相符的，与《2013 年世界幸福报告》中的结论也是一致的。同时，本文研究也发现，当前中国农民身体健康方面问题并不严重，心理健康方面问题相当突出，且已超过身体健康方面，并严重影响到农民的主观福祉水平，这应当引起相关政府部门重视。因此，为提高农民的福祉水平，相关部门应高度重视农民的心理健康问题，卫生部门应扩大农村地区心理诊疗规模，像重视农民身体健康一样重视农民心理健康。

参考文献

李敏、丁雨、黄智玉：《60 例老年脑梗塞患者的主观幸福感及影响因素分析》，《重庆医学》2002 年第 31 期。

李银河：《福柯与性》，内蒙古大学出版社，2009。

世界卫生组织：《2013 年世界卫生报告——全民健康覆盖研究》，世界卫生组织网站，http：//www. who. int/zh/。

唐丹、邹君、申继亮、张凌：《老年人主观幸福感的影响因素》，《中国心理卫生杂志》2006 年第 3 期。

吴国宝、李静、檀学文编《福祉测量：理论、方法与实践》，东方出版社，2014。

王兴起、丘亮辉：《基于全人健康视角的幸福感探讨》，《自然辩证法研究》2013 年第 2 期。

杨宏飞、吴清萍：《小学教师主观幸福感与心理健康的相关研究》，《中国行为医学科学》2002 年第 11 期。

叶玉清、陈晓蕾、李静：《煤矿矿工压力状况 + 心理健康与幸福感的关系研究》，国际安全科学与技术学术研讨会论文集，2010。

彭凯平、陆铭：《中国也正面临幸福追求的转型》，《文汇报》2011 年 5 月 23 日。

〔意〕路易吉诺·布鲁尼、皮尔·路易吉·波尔塔编《经济学与幸福》，傅红春、文燕平等译，上海人民出版社，2007。

Bowling, A. and Browne, P. D. , "Social Networks, Health and Emotional Well-being among the Oldest Old in London", *Journal of Gerontology*: *Social Science*, 46 (1): S20¬ S32, 1991.

Easterlin, R. A. , Does Economic Growth Improve the Human Lot? Some Empirical Evidence, in David P. A. and Reder M. W. (eds.): *Nations and Households in Economic Growth*: *Essays in Honor of Moses Abramowitz*, London: Academic Press, 1974.

Helliwell, J. , Layard, R. And Sachs, J. (eds.), *World Happiness Report* 2013, www. unsdsn. org, 2013.

Knight, J. , Sing, L. and Unatilaka, R. , "Subjective Well-being and Its Determinants in

Rural China", *China Economic Review*, 20 (4): 635 – 649, 2009.

Larson, R., "Thirty Years of Research on the Subjective Well-being of Older American", *Journal of Gerontology*, 33 (1): 109 – 125, 1978.

(本文原载于《中国农村经济》2015 年第 10 期)

社会联系对农户生活幸福状况影响的实证分析

——基于山东、河南、陕西3省6县487户农户问卷调研*

苑鹏 白描

摘　要： 社会联系是构成农民个人主观幸福感的重要部分。文章在梳理相关学术概念及文献的基础上，确定社会联系变量及其测量内容，利用课题组对山东、河南、陕西3省6县487户农户样本的问卷，采用受限因变量模型分析社会联系对农民主观福利的影响及其作用机制。模型结果显示，目前农民的社会联系主要依赖地缘、血缘、亲缘等“黏合性”社会资本，而与自愿参与的社团组织的“桥梁性”社会资本无显著性关系。农民社会联系资源的广度越大，其个人幸福感越强；而是否加入社团组织，与个人幸福感无关；婚否对农民福利没有影响，但是夫妻间的相互信任与尊重提升农民的主观幸福感。

关键词： 社会联系　社会资本　生活质量　农户　主观福利

一　引言

20世纪70年代，经济学家Easterlin（1974）率先将心理学关于福利的测定引入经济学研究，发现当国家变得更富裕时，国民的平均主观幸福水平并未

---

* 本研究成果为中国社会科学院农村发展研究所创新工程项目“中国农民福利研究”阶段性研究成果。

随之提高，由此提出著名的“幸福 - 收入悖论”（Easterlin paradox）。在过去的几十年里，尽管经济学界对 Easterlin 悖论有效性的质疑一直没有中断，并有大量的实证研究结果为佐证（Bernard M. S. Van Praag and Ada Ferrer-i-Carbonell，2010；Betsey Stevenson，Justin Wolfers，2008），但是，经济增长不等同于社会福利提高，收入与幸福之间的关系远比那些以收入为研究对象的学者想象的复杂得多（阿玛蒂亚·森，2012）成为共识。有学者（Bartolini，Bilancini and Pugno，2008）对美国 1975 ~ 2004 年有关数据的实证研究发现，美国人的幸福没有随着经济收入的增长而增长，是因为收入增长带来的积极作用被社会资本下降的负面影响所抵消。引入社会性指标衡量人们的主观幸福感、生活质量日益成为国际组织、国家和学界研究的一个热点，并涌现出一大批的研究成果（Francesco Sarracino，2009；Séverine Deneulin，J. Allister McGregor，2010）。

本文将在对国内外相关文献回顾梳理的基础上，以中国社会科学院农村发展研究所农民福利研究创新工程项目课题组 2012 年在山东、河南、陕西 3 省 6 县农户问卷调查数据为基础，对农民社会联系现状对农民生活幸福状况的影响进行计量模型的实证分析与评估。

二　文献回顾

（一）相关概念梳理

在研究个体的社会资源和社会性行为对于其生活质量的影响中，学术文献使用较为频繁的术语有社会凝聚或整合（social cohesion）、社会参与（social participation）、社会包容或融合（social inclusion）、社会排斥（social exclusion）以及社会支持（social support）、社会关系（social relationship）或社会联系（social connection）等，它们之间有联系，有区别，各自的侧重点不同。

从对已有重要文献的梳理看，社会融合或社会凝聚、社会包容以及社会排斥的提出，主要是从全社会发展的社会质量、社会政策视角，而非基于个体福利的视角。如社会影响力较大的《欧洲社会质量阿姆斯特丹宣言》（1999）提出，希望欧洲社会通过提升社会公正和社会参与，不仅经济成功，而且具有较高社会质量。他们使用社会融合指标，着眼点是强调社会公平和平等，缩小社会差距，加强社会不同阶层之间的相互包容。20 世纪 90 年代以来，社会凝聚已经成为发达国家生活质量研究中的一种重要理念，加拿大、欧盟、新西兰等的生活质量指标体系都专门编制了社会凝聚的评价指标。社会凝聚的内容既包括社会资本，也包括社会排斥，从一定意义上体现社会包容程度（邢占军、李莎，2011）。

同样的，社会参与指标也成为衡量一个国家福利状况的重要指标。社会参与不仅包括个体性的社会参与（如与家庭成员、亲戚、朋友、同事的联系），也包括正式或非正式组织的社会参与（如参加各类志愿者组织、参与本社区的各类活动）（A. Kitty Stewart，2002）。社会参与指标不仅测量个人的福利，而且测量社区的福利改进，如加拿大福利指标体系对于社会参与的界定，包括政治活动、社会活动、捐赠活动和志愿者活动四个方面（2013）[①]。另外还有一种社会参与，是指相对社会排斥的反义词，它的范围也涉及经济活动、政治活动、社会活动、文化活动等多个领域。

而社会支持指标，最初在西方出现是与个体健康，特别是与生活压力对身心健康影响联系在一起的（宫宇轩，1994）。我国从 20 世纪 80 年代中期引入“社会支持评定量表”，对社会支持内涵的理解不断完善，如将其分类为情感性支持、物质或具体性支持以及信任支持等（张羽、邢占军，2007）。从国内外的文献看，社会支持的研究对象重点通常指向特殊人群，如老人、下岗职工、农民工、未婚妈妈、大学生、儿童等。

OECD（2011）最新使用的是社会关系指标，包括四项内容，一是社会网络支持，反映人们在需要时可能获得的精神和物质方面的帮助；二是社会交往频次，反映人们与家庭外的亲朋的社会交往情况；三是志愿服务时间；四是对他人的信任情况。

斯蒂格利茨委员会（J. E. Stiglitz，A. SEN，J-P. Fitoussi，2011）在完成法国总统萨科奇的福利测量研究中使用的是社会联系指标。与社会关系内容比较接近，也包括四项：①社会信任，作为主观福利最重要的决定因素，如你最信任谁；②社会孤立，包括与家人、朋友、同事等的联系频次，反映个人与社会

① Social participation indicators Overwiew_ Indicators of Wellbeing in Canada，Human Resources and Skills Development Canada，www. hrsdc. gc. ca.

孤立的程度；③非正式的支持，主要是指在需要的情况下，社会支持的可获性，用可以给予帮助的人的数量衡量；④在工作场所、宗教活动中的参与和桥梁式资本（参与 NGO 组织）的拥有状况。

鉴于本课题仅仅关注农户社会资源状况方面的福利，因此，本文采用“社会联系”概念。借鉴已有的国内外指标体系的相关界定，并从社会转型期中国农村社会的现状特点出发，在此将社会联系界定为农民个体在社会生活中与他人的交往、互动的状况和行为。作为社会动物，与他人的沟通、互动构成了人类生活的一项基本行为，因而，社会联系是衡量个体总福利状况、生活质量、幸福感的一个重要指标。并且，个体的社会联系状况直接影响其经济福利、健康福利、教育福利等状况。因此，社会联系指标具有较强的工具性意义。

农户社会联系的衡量包括两个层面，一是通过个人、非正式纽带的联系，包括与家庭成员、亲戚、本社区成员、朋友、同事等的联系；二是通过组织正式的联系，包括参加利益性团体（如农民合作组织、农产品行业协会）、宗教信仰团体、娱乐团体、公益性团体（红白理事会）等。社会联系是社会资本的一个组成部分，社会联系的实质反映的是农民所拥有的社会资源、社会资本。这种社会资源为农民带来生存安全感、精神满足感以及劳动力市场上更多的机会等。它可以分为四个层面的关系网络：血缘纽带、亲缘纽带、地缘纽带以及业缘纽带。

（二）社会联系与个体生活满意度

国外在总量层面和个体层面的大量研究证据昭示，社会联系是对个人生活满意度主观测量最强的预测者（J. E. Stiglitz，A. SEN，J-P. Fitoussi，2011）。社会联系对个体的主观福利、纯收入有着较强的影响，研究发现，家庭和睦、朋友同事关系好，相比较金钱或名声而言，更是个人幸福感的前提条件。并且社会资本具有正外部性，意味着改善个人的社会联系有助于改善全体国民的生活质量。有学者（Francesco Sarracino，2009）利用“世界价值调查”（World Values Survey）1980～2000 年的数据对 11 个欧洲国家的实证研究还显示，社会资本不同的变化趋势可以解释不同的主观幸福变化趋势。英国新经济学基金会（NEF，2004）提出在决定个人幸福感的关键因素中，个人的社会关系和社区活动占 40%。斯蒂格利茨委员会对已有研究的梳理显示，社会联系改善生活质量有多种途径。①人们改善精神状况，促进身体健康；②提升就业机会，增加经济福利；③为人们提供人身安全、保险服务。尽管社会联系的这些功能可以被市场或政府所替代，但实证研究显示，如果社会联系纽带下降，将对人们的生活产生负面影响。不管怎样，国外分析社会联系对主观福利的影响缺乏国家层面的数据，大多数研究依赖于非官方的数据。近些年来，很多发达国家的统计部门已经开始收集以调查数据为基础的有关社会联系的测量。如英国、澳大利亚、加拿大、冰岛、荷兰以及美国等，但仅仅是初始阶段，需要完善的空间很大（J. E. Stiglitz，A. SEN，J-P. Fitoussi，2010）。

国内对社会联系与生活质量的实证研究早在改革开放之初就启动了。影响力较大的是林南等人（1987）基于1985年天津千户问卷调查资料所做的实证研究。这以后，有关社会联系与生活质量、幸福感的有影响力的研究基本以规范研究或国际机构数据或城市居民为主（田国强，杨立岩，2005；边燕杰，2004；张文宏，2011），鲜有农村领域，直至近两年才有了实质性的突破。侯志阳（2010）根据2005年全国城乡居民生活综合研究项目的农村部分调查数据，应用多元回归模型分析社会资本对农民生活质量的影响结果表明，社会网络互助、社会信任以及社会参与（选举、参与村民委员会日常工作和决策）对农民身心健康和生活满意度的影响都具有统计显著性。裴志军（2010）利用浙北某农业县344份问卷，实证分析了家庭社会资本、相对收入与主观幸福感。家庭社会资本用人际信任、制度信任、社会网络和共同愿景等四个维度测度，结构关系模型分析的结果显示农村家庭社会资本对主观幸福感都有显著影响，尽管不同因素的影响程度有差异。

但是这类的研究刚刚起步，研究停留在局部性、片段性，基于整体性、综合性的农户实证分析还没有看到，本文将对此有所贡献。

三　问卷实证分析

（一）数据来源

本文分析所用数据来自中国社会科学院创新工程项目“中国农民福利研究”课题组2012年在山东省邹平和胶州、河南省西平和伊川、陕西省蒲城和绥德3省6县所进行的入户调查，共获得有效问卷487份。调查内容包括家庭成员基本情况、就业状况、收入与消费、住房条件、生活环境、时间利用、未成年人教育、健康与医疗、政治参与和社会联系、公共安全与生活保障等。在社会联系方面，一方面，通过“家里临时有急事找谁帮忙”、“找工作托谁帮忙”、“急用钱时找谁借”、“家庭生活纠纷找谁化解”和“有红白喜事找谁参加”五个问题，从血缘、亲缘、地缘和业缘四个微观层面考察农户非正式社会纽带联系；另一方面，通过农户参与各类组织，如农民合作经济组织、老人协会、各类文艺队或剧团、各类兴趣组织、宗教组织以及其他组织等，来考察农户正式社会资源纽带状况。

（二）变量说明与模型设定

本文旨在分析社会联系对农民主观福利的影响及其作用机制。根据现有研究，本文假设：个人社会联系网的网络规模和质量对生活满意度、幸福感有积极影响。考虑到农户个人特征、经济状况、居住条件和环境、健康情况、受教育情况、婚姻状况、政治参与情况、就业状况、安全与社会保障状况、心理状况以及闲暇等因素，也都对主观福利产生程度不同的影响，因此，模型中加入这些变量，以保证模型结果的可信性。

本文以个人主观福利（HAPPYSCORE）作为因变量，通过“对你生活幸福状况的打分”来衡量（最低为 1 分，最高为 10 分）。各自变量的符号和具体含义如表 1 所示。

表 1　自变量一览

自变量	具体含义	符号
个人特征	性别(女=1,男=0)	GENDER
	年龄(岁)	AGE
	是否村组干部(否=0,是=1)	STATUSCADRE
	是否村民代表(否=0,是=1)	STATUSPRES
	是否教师或医生(否=0,是=1)	STATUSTOD
经济状况	2011 年人均纯收入(千元)	TINCOME
居住条件和环境	人均居住面积	LIVINGAREA
	生活垃圾是否定点堆放或送垃圾池(否=0,是=1)	WASTESOLIDL
	生活污水是否通过排污管道排放(否=0,是=1)	WASTEWATERG

续表

<table>
<tr><th>自变量</th><th>具体含义</th><th>符号</th></tr>
<tr><td rowspan="6">健康状况</td><td>是否健康(否=0,是=1)</td><td>HEALTHH</td></tr>
<tr><td>是否患有大病(否=0,是=1)</td><td>HEALTHB</td></tr>
<tr><td>是否有长期慢性病(否=0,是=1)</td><td>HEALTHC</td></tr>
<tr><td>是否参加新农村合作医疗(否=0,是=1)</td><td>XNHJOIN</td></tr>
<tr><td>是否购买商业医疗保险(否=0,是=1)</td><td>SBJOIN</td></tr>
<tr><td>家中有无病人(无=0,有=1)</td><td>SICKED</td></tr>
<tr><td>教育情况</td><td>受教育年限(年)</td><td>EDU</td></tr>
<tr><td rowspan="4">婚姻状况</td><td>婚姻状况(未婚或其他=0,已婚=1)</td><td>MARRIAGE</td></tr>
<tr><td>2011年夫妻分开的天数(天)</td><td>DAYDEPARTURE</td></tr>
<tr><td>夫妻间是否信任(不知道或不信任=0,有些事情信任有些事情不信任=1,完全信任=2)</td><td>TRUST</td></tr>
<tr><td>夫妻间是否商量(不商量=0,很少商量=1,有些事情商量有些事情不商量=2,都商量=3)</td><td>DISC</td></tr>
<tr><td rowspan="2">社会联系</td><td>社会联系(当家里遇到急事、需要借钱、办理红白喜事、找工作或者遇到家庭矛盾时,可动用的社会联系圈的广度)</td><td>SOCIALN</td></tr>
<tr><td>社会组织参与情况(是否参加了农民合作经济组织、老人协会、各类文艺队或剧团、各类兴趣组织、宗教组织以及其他组织,否=0,是=1,将各类组织的参与情况综合后得到该变量)</td><td>SHZZ</td></tr>
<tr><td>闲暇时间</td><td>一年中空闲的比例(%)</td><td>BUSY</td></tr>
<tr><td rowspan="3">心理状况</td><td>满足感(没有=0,偶尔=1,有时=2,常有=3,总有=4)</td><td>SATISFIED</td></tr>
<tr><td>对村环境的满意度(满分10分,最低为1分)</td><td>SATINV</td></tr>
<tr><td>对社会地位的满意度(满分10分,最低为1分)</td><td>SATPOS</td></tr>
<tr><td>政治资源</td><td>是否参与村委会选举(家中无人参加=0,家中其他人参加=1,本人参加=2)</td><td>CVXJ</td></tr>
<tr><td rowspan="3">就业情况</td><td>是否就业(否=0,是=1)</td><td>EMPL</td></tr>
<tr><td>是否从事非农业(否=0,是=1)</td><td>EMPLNOR</td></tr>
<tr><td>就业地点(本村或本乡镇内=0,在外=1)</td><td>EMPLACE</td></tr>
<tr><td rowspan="2">安全与福利保障</td><td>2011年是否遇到事故(否=0,是=1)</td><td>ACCIDE</td></tr>
<tr><td>是否低保户(否=0,是=1)</td><td>BCLA</td></tr>
<tr><td>其他因素</td><td>人均耕地面积</td><td>FARMAREA</td></tr>
</table>

在个人基本特征方面，考虑性别、年龄以及社会身份三个因素。借鉴已有的相关研究成果（A. Deaton，2007；M. J. Haring，W. A. Stock，M. A. Okun，

1984)，并结合中国农村文化特点和样本特征，在此预期：在控制健康变量的前提下，个人主观福利水平随着年龄增长而提升；同等条件下，男性福利水平可能低于女性；社会身份增加个人自信心和成就感，从而提升个人主观福利水平。

经济指标方面，如前提及的，尽管近期研究对社会资本等非经济层面影响个人主观福利日益关注，但是没有研究否认，收入是影响个人福利水平的重要因素，收入水平高直接提升个体的幸福感，并且通过影响其社会联系、健康等方面而间接地改善福利总水平。

模型对社会联系的考察分为几个层面，一是家庭关系，考察婚姻状况，分两个维度，婚姻状况本身对农民福利的影响和夫妻关系对个体主观福利的影响。后者用夫妻间的信任情况和遇到事情是否相互商量以及分开时间来衡量。已有研究显示，良好的婚姻状况有利于主观福利水平提升。二是社会联系圈。通过对家庭出现的突发事件、矛盾纠纷和红白大事件的求助和联系方式，从血缘、亲缘、地缘和业缘四个层面来考查农村居民所拥有的社会资本的情况。并认为，农户在处理各类事情中，获得帮助，能够动用的社会关系覆盖面越广（如涵盖血缘、亲缘、地缘和业缘四个层面），则表明其社会联系越强，社会联系对个体主观福利将产生积极影响。预期社会联系变量的符号为正。三是外部正式联系圈，通过农户自愿参与各类社会经济组织状况，考察其“桥梁性”资本状况。参与各类组织为1，否则为0。

此外，根据已有的相关研究文献，在此，预期健康、受教育程度、居住环境和居住条件、安全状况、心理状态以及预期闲暇等，对农民生活质量、个体主观幸福感有正向的积极影响。

但是也有一些变量与农民生活质量的关系存在不确定性。如政治参与，尽管其本身就是福利的一个组成部分，参加政治选举能够增强个体的主人翁感和认同感，但是参加选举需要时间，并且选举结果与个人的满意度肯定存在差异。因此，参加村委会选举与农民个体主观福利之间的关系是不确定的。又如就业，在本村或本乡镇内就业的农民，居住在家里的时间一般比在外打工者要多，从而主观幸福感或许强一些；但是，考虑到在外就业者收入可能相对较高，从而就业地点对个体主观福利的影响也是不确定的。同理，就业类型对农村居民福利的影响也是不确定的。一方面，就业者，特别是从事非农业的农民，收入可能相对较高；但是，另一方面，他们在拥有的闲暇时间和在家陪伴家人的时间较少，相应地，可能削弱个人的幸福感。在社会保障方面，虽然低保户可以得到一定的补贴；但是成为低保户本身就意味着家庭面临收入低、生活困难等棘手问题。所以，很难判断在其他条件不变的情况下，作为低保户的农民，其主观福利水平与非低保户相比，到底高或者低。此外，现有研究对有无耕地以及耕地面积的大小与主观福利之间的关系并未做出明确判断，即该变量的符号其实并不确定。

基于上述分析，本文以农民的主观福利为因变量，设定理论模型如下。

HAPPYSCORE =*f*（C，GENDER，AGE，STATUSCADRE，STATUSPRES，STATUSTOD，TINCOME，LIVINGAREA，WASTESOLIDL，WASTEWATERG，BUSY，HEALTHH，HEALTHB，HEALTHC，XNHJOIN，SBJOIN，SICKED，EDU，SATISFIED，SATINV，SATPOS，EMPL，EMPLNOR，EMPLACE，BCLA，CVXJ，MARRIAGE，DAYDEPARTURE，TRUST，DISC，SHZZ，SOCIALN，ACCIDE，FARMAREA）

（三）模型结果

主观福利是个人的一种感觉，在现实中是无法被实际观察和准确度量的。因此，本文将农民对自身幸福状况的打分作为主观福利的观察值，设定最低分为 0 分，最高分为 10 分。然而，现实的情况是，主观幸福感可能更高或更低；即使都打了 10 分，不同个体所感觉到的幸福在程度上也可能有差异。换言之，以主观幸福为研究对象时，面临因变量受限的问题，从而不能用普通的回归模型，而应该采用受限因变量模型进行分析。对主观幸福模型的回归结果如表 2 所示。

受限因变量模型的回归系数不能像普通模型的回归系数那样理解为相应变量的边际效应，而只能视作被观察到的因变量的均值。本文关注的首要问题是：社会联系状况对农民的主观福利是否有影响？如果有，那么影响是正的还是负的？从回归结果来看，当农民遇到急事、需要借钱、办理红白喜事、需要找工作或者遇到家庭矛盾需要化解时，可动用的社会联系圈越大，相应的，其感受到的幸福感就越强。换言之，拓展社会联系圈，能够帮助提升农民的主观福利水平。这符合前文的理论预期。

表 2　主观福利模型的估计结果

变量	系数	变量	系数
C	-2.1289	SATINV	0.1301*
GENDER	-0.5158*	SATPOS	0.2800*
AGE	0.0195	EMPL	-0.7440**
STATUSCADRE	0.0715	EMPLNOR	0.2667
STATUSPRES	-0.9494	EMPLACE	-0.5093
STATUSTOD	0.1969	BCLA	-0.5447
TINCOME	0.0057	CVXJ	-0.2589**
LIVINGAREA	-0.0071	MARRIAGE	-0.3313
WASTESOLIDL	0.2178	DAYDEPARTURE	0.0028**
WASTEWATERG	0.6714*	TRUST	1.5660*
BUSY	-0.0130*	DISC	0.3117**
HEALTHH	0.5515	SHZZ	-0.0824
HEALTHB	0.3761	SOCIALN	0.0746*
HEALTHC	0.5717	ACCIDE	-0.9649**
XNHJOIN	0.0886	FARMAREA	0.0358
SBJOIN	0.1210	R^2	0.4473
SICKED	-0.4927**	AIC	3.5907
EDU	0.0503	调整后的 R^2	0.3027
SATISFIED	0.3944*	SC	4.2495

注：* 和 ** 分别表示在 5% 和 10% 的显著性水平下，相关系数通过统计显著性检验。

在家庭关系方面，尽管婚姻状况、结婚与否对农户生活质量、主观幸福感的影响在统计上并不显著，但是，表征夫妻关系的三个自变量，均通过了统计显著性检验。根据模型估计结果，夫妻之间信任度越高，夫妻之间遇到事情后越能够商量，那么农民的主观幸福感就越强。夫妻之间分开天数对农民主观幸福的影响为正，与预期不符。鉴于调查样本夫妻间分开的原因是外出打工，此结果表明，因外地打工带来家庭收入增长所增加的个人幸福感可以弥补夫妻分居感情损失造成的个人幸福感下降，因此，个人的主观幸福感变化仍然为正向。它暗示，在农户家庭收入水平偏低的阶段，提高收入水平仍是全家的重中之重，是影响个人幸福感的首要因素。但当家庭遭遇一些变故时，个体的主观幸福感将下降，这与前文的预期一致。

对于农户外部的社会正式联系圈，模型结果显示，农户是否自愿参与各类社会经济组织状况与其幸福感无显著性关系。反映出目前农民各类自组织的发育在农村还处在萌芽阶段，还没有真正卷入农民的日常生活中，对农民的生活质量、幸福感的影响可以忽略。它也从侧面暗示，农民的社会联系可能主要依赖传统社会的地缘、血缘、亲缘等纽带关系。

此外，从其他自变量的回归结果看，性别、心理因素、生活环境等变量与模型预期相一致。即在其他因素不变的条件下，男性主观幸福感平均低于女性；房屋管道排放污水，对主观幸福产生了积极的影响；这与前文的判断是一致的。但是一些自变量的回归结果与预期不符。如休闲变量显示，在其他条件不变的情况下，闲暇时间越多，农民的主观幸福感越少，再次说明前面提及的，收入因素对个人主观福利的特殊重要性。因为闲暇意味着没活可干，无法增加家庭收入，结果对个体的主观幸福感产生消极影响。

还有少数自变量的回归结果没有通过统计显著性，如个体健康的有关指标，如是否健康、有大病或长期的慢性病，以及是否参加新农合或商业保险等变量全部不显著，究其原因，可能是样本人群的差异小，与处于健康状态、都参加新农合、基本没有加入商业保险等有关。从“家中有病人”变量通过显著性检验，对农民的主观幸福感产生负面影响的回归结果，可以说明这一点。

最后，对预期不确定的就业和政治参与变量的回归结果显示，参加村委会选举对农民的主观幸福产生消极影响，暗示目前的选举可能更多的是流于形式或无法体现村民自主意识的被动选举，而非自觉、自愿的主动参与。在就业变量中，除了“是否就业”变量符号为负外，就业地点和是否从事非农就业两个变量并未通过统计显著性检验。一般认为，就业增加潜在收入，从而增加个人福利；但在这里出现了就业降低个人主观福利，反映出就业变量对个人主观福利的影响是复杂的、非线性的。可能的解释是农民对个人的就业现状不满意，对个人在就业中的付出与回报比例不满，暗示现有的工资水平、工作条件等与农民的预期有明显的差距。

四　结论和启示

本文通过对山东、河南、陕西3省6县487个有效农户样本的实证模型分析的结果显示，社会联系作为构成农民生活质量的一个组成部分，对农民的生活幸福感水平有积极影响。其政策含义是，重视农民社会资本的培育，对建设农村和谐社会、提高农民的生活质量具有重要的现实意义。

（一）初步结论

第一，农民以非正式方式建立的社会联系纽带，包括血缘、亲缘、地缘和业缘纽带对农民个人主观福利水平有显著影响。模型结果显示，农民社会联系资源的广度越宽，可利用的“缘圈”越多，其个人幸福感就越强，反映出在社会转型期，亲缘社区的地缘纽带联结以“缘”为纽带的“绑定式”社会资本（bonding social capital）仍然是农民可利用的最重要的社会资本，对农民生活幸福感影响最大。

第二，农户按照自愿原则，通过主动参与自我建立起的社会正式联系圈，包括成为各类社会、经济、文化娱乐以及宗教组织等的会员，对农民生活质量、个人主观幸福感没有产生显著性影响。它表明建立在市民社会基础上的社团组织在农村的覆盖面非常小，还没有构成农民生活的重要组成部分。通过个人作为社会个体（如会员性组织）的延伸而联结的桥梁式社会资本（bridging social capital）对农民的生活质量影响不大。它意味着农民社会联系的范围相对狭窄，还没有跳出家庭身份的限制。

第三，对于已婚农民，夫妻之间的相互信任、相互尊重影响农民的主观幸福感，两者呈现正向关系。而婚姻状况对个人福利感影响不显著，在国外的研究中也有类似的结果，但其解释主要是西方社会同居现象增多，人们重视事实夫妻生活，而不在意形式婚姻。然而这种状况并不适于我国农村，模型得出此结论可能与样本农户婚姻状况的同质性（92%已婚）有关。

（二）讨论与启示

农民的社会联系资源实质上反映的是农民所拥有的社会资本状况，它给农民的生活带来社会支持和社会杠杆功能。尽管对社会资本的内涵和边界仍然存在较大争议，但是大多数学者认同社会资本是社会关系网络，它存在于行为者与行为者的联系中（张文宏，2011），并且强调社会资本的社会组织性。Putnam（2000）指出，与相对封闭、排斥外来者的绑定式社会资本相比，桥梁式社会资本具有包容性和开放性，使社会个体能够突破所在阶层和种族的界限，让异质群体之间联系在一起，因而它对于个人社会联系的建立和拓展意义更大。然而从社会行动者的角度来看，我国农村的基本社会结构是个人而不是社会群体，即由个人之间的相对稳定的社会关系模式构成，而不是由社会群体之间的社会关系模式构成（孙立平，1996）。费孝通（1985）对于中国乡土社会"差序格局"而非西方的"团体格局"的社会关系描述仍旧是中国农民作为社会行动者参与社会生活的基本方式。这意味着"五位一体"对于全面建成小康社会意义重大，经济建设只有与社会建设、文化建设、民主法治建设、生态文明建设同步，才能实现农民福祉提升的目标。因此，政府在推进新农村建设、促进城乡一体化中，应当高度重视农村社区的特殊地位，充分发挥村组织在弘扬传统文化、培育社会主义核心价值观中可能发挥的独特作用。同时，政府应加快完善现行社团组织的相关法规及社团管理模式的改革，为农民自发组成各类社团组织创造良好的制度环境，拓展农民的社会联系圈，培养公民意识，加快向现代化的转型步伐。

参考文献

A. Kitty Stewart, 2002. Measuring Well-Being and Exclusion in Europe's Regions, Contents CASE paper 53 Centre for Analysis of Social Exclusion, London School of Economics.

AngusDeaton, 2007. Income, Aging, Health and wellbeing around the World: Evidence From the Gallup World Poll, Working Paper 13317, http://www.nber.org/papers/w13317.

Bartolini, S., Bilancini, E., Pugno, M. 2008. Did the Decline in Social Capital Decrease American Happiness? -A Relational Explanation of the Happiness Paradox. University of Siena Dept of Economics working paper 513, http://www.socialcapitalgateway.org/content/paper.

Bernard M. S. VanPraag and Ada Ferrer-i-Carbonell, 2010. "Happiness Economics: A New Road to Measuring and Comparing Happiness", *Foundations and Trends R-in Microeconomics*, Vol. 6, No. 1.

Betsey Stevenson, Justin Wolfers, 2008. Economic Growth and Subjective Well-Being: Reassessing the Easterlin Paradox, Brookings Papers on Economic Activity.

Easterlin, R. A., 1974, Does Economic Growth Improve the Human lot? Some Empirical Evidence, In P. A. David and M. W. Reder (eds.): Nations and Households in

Economic Growth. Essays in Honor of Moses Abramowitz. NY: Academic Press.

Francesco Sarracino, 2009. Social Capital and Subjective Well-Being Trends: Evidence from 11 European countries, No. 558. www. sciencedirect. com/science/article.

Marilyn J. Haring, William A. Stock, Morris A. Okun, 1984. "A Research Synthesis of Gender and Social Class as Correlates of Subjective Well-Being", *Human Relations August*, vol. 37 no. 8.

OECD, 2011. "How's Life: Measuring Well-being", www. oecd-library. org.

Putnam, R. 2000. *Bowling alone: Thecollapse and Revival of American Community*. New York: Simon Schuster.

SéverineDeneulin, J. Allister McGregor, 2010. "The Capability Approach and the Politics of a Social Conception of Wellbeing", *European Journal of Social Theory*, 13 (4).

New Economics Foundation (NEF), 2004. A Well-being Manifesto for a Flourishing Society, www. neweconomics. org.

Stiglitz J. E, Sen A, Fitoussi J-P, 2011. Report of the Commission on the Measurement of Economic Performance and Social Progress. www. stiglitz-sen-fitoussi. fr.

Michael Bittman, 1999. Social participation and Family Wellfare-The Money and Time Cost of Leisure, SPRC discussion Paper No. 95. www. sprc. unsw. edu. au/media/File.

阿玛蒂亚·森:《正义的理念》,中国人民大学出版社,2012。

边燕杰:《城市居民社会资本的来源及作用:网络观点与调查发现》,《中国社会科学》2004 年第 3 期。

费孝通:《乡土中国》,生活·读书·新知三联书店,1985。

宫宇轩:《社会支持与健康的关系研究概述》,《心理学动态》1994 年第 2 卷第 2 期。

侯志阳:《社会资本与农民的生活质量研究》,《华侨大学学报》(哲学社会科学版)2010 年第 3 期。

林南、王玲、潘允康、袁国华:《生活质量的结构与指标——1985 年天津千户户卷调查资料分析》,《社会学研究》1987 年第 6 期。

裴志军:《家庭社会资本、相对收入与主观幸福感:一个浙西农村的实证研究》,《农业经济问题》2010 年第 7 期。

孙立平:《关系、社会关系与社会结构》,《社会学研究》1996 年第 5 期。

田国强、杨立岩:《对"幸福-收入之谜"的一个解答》,《经济研究》2006 年第 11 期。

邢占军、李莎:《生活质量视角下的社会凝聚研究》,《社会科学研究》2011 年第 2 期。

张文宏:《中国社会网络和社会资本研究 30 年》(上)(下),《江海学刊》2011 年第 2、3 期。

(本文原载于《学习与实践》2013 年第 7 期)

农村居民住房满意度及其影响因素分析

——基于全国5省1000个农户的调查*

谭清香　张斌

摘　要：本文利用2013年辽宁、宁夏、江苏、江西和贵州五省份农户调查数据，全面分析了农村居民住房条件、住房满意度情况及其影响因素。研究发现，农村居民住房满意度明显受到住房质量的影响，即使在控制了人口学特征、家庭特征、周边环境因素以及区域特征后，住房质量仍然对农村居民住房满意度产生了正向影响，说明不同背景的农村居民对住房满意度具有相似的理解，各地区之间农村居民住房满意度具有可比性。同时，改善农村整体生活环境是提高农村居民住房满意度的重要因素。因此，在推进农村社区环境改善时，政府部门需要特别关注落后地区和经济困难群众的住房及其周围环境状况。

关键词：农村居民　住房　满意度　有序Probit模型

一　引言

住房是人们安身之所，往往也是农村居民最重要的资产形式。随着温饱问题的解决，农村居民将更加关注住房质量和居住环境的改善。2013年，中国

---

* 本文是中国社会科学院农村发展研究所创新工程项目“中国农民福祉研究”的成果之一。初稿曾在中国人民大学农业与农村发展学院举办的第二届北京青年农业经济学者论坛上宣讲，彭超、吕亚荣、仝志辉以及参加论坛的其他同仁和匿名审稿人提出了宝贵意见，对此表示感谢。当然，文责自负。

政府提出要加快推进农村人居环境建设。改善农村人居环境，是全面建成小康社会的基本要求，是建设美丽中国的重要内容，也是统筹城乡发展的有效途径（汪洋，2013）。同时，改善农村人居环境，有助于提高农村居民住房满意度，提升农村居民总体福祉，使农村居民更加安居而乐业。因此，了解和分析当前农村居民居住状况与住房满意度情况，具有十分重要的现实意义。

目前，关于农村居民住房满意度的研究较少，本文作者尚未检索到专门分析中国农村居民住房满意度的文献。这可能主要有两个方面的原因：一是关于农村居民住房状况的调查数据比较缺乏；二是满意度评价具有很强的主观性，能否有效反映客观实际在理论上还存在一定的争议。因此，通过对农村居民住房条件和住房满意度的调查分析，可以进一步明晰二者之间的相关性，具有重要的理论意义。

住房满意度是指居民在一个特定的地方居住所得到的主观满意感①。虽然住房满意度属于一种主观评价，因作为评价主体的不同居民存在性别、年龄、受教育程度、生活背景等个体差异，其人际比较受到广泛质疑，但现有研究表明，采用问卷调查形式获得的人们对于总体生活状况及住房等单方面的满意度得分评价，能够有效反映其真实的主观满意度（Dolan and White，2007），且这些满意度评价在不同群体或阶层之间具有可比性（Easterlin，2001）。此外，基于自我评价的住房满意度对人们的一些经济行为具有较强的解释力。例如，Diaz-Serrano 和 Stoyanova（2010）利用欧盟 12 国的调查数据研究发现，个人的住房满意度能够有效解释居民的迁移行为，住房满意度越低的居民，迁移倾向越高，而迁移后其住房满意度往往也会提高，特别是拥有自主产权住房后，居民住房满意度会有显著提高。大量关于城市居民住房满意度的研究结果显示，居民住房满意度与居民心理感受和生活质量具有显著相关性，改善住房条件能够有效提高居民住房满意度，从而提高居民的生活质量和幸福感（Varady and Carrozza，2000；Van Praag et al.，2003；Cattaneo，2009；韩璨璨，2011）。

按照“满意度”的概念，满意度往往是针对期望或者欲望而言的，故对于住房满意度，个人抱负与实际住房条件是其重要影响因素（Campbell et al.，

① 由于中国农村住房通常自建自住，不是一般消费品，具有特殊性，因此，通用的顾客满意度模型对于农村居民住房满意度分析并不完全适用。从满意度的性质来看，住房满意度是一种主观评价，适用于使用福利经济学中的主观认知评价理论来分析，也就是说，可将住房满意度理解为住房所带来的效用或福利。

1976；Galster，1987）。但是，个人抱负往往与性别、年龄、受教育程度等个体特征有关。对于住房满意度问题，分析个人特质的影响没有什么政策意义。因此，关于住房满意度的研究更加侧重于分析居民实际住房状况对其住房满意度的影响。大量关于城市居民住房满意度的研究发现，城市居民住房满意度主要受到住房质量、周边环境和配套设施的影响（皮金晶，2008；陈昊，2011；Li et al.，2014）。例如，何立华、杨崇琪（2011）利用2010年武汉市378户城镇居民的问卷调查数据，采用有序Probit模型分析发现，教育、医疗、生活服务等与住房配套的公共基础设施是影响城市居民住房满意度的最重要因素，而住房质量、小区环境等因素不是特别重要。陈昊（2011）利用上海市某一小区181位（城镇）居民的问卷调查数据，采用层次分析法研究发现，在影响城镇小区居民住房满意度的19个指标中，住房面积和住房质量是居民最关心的因素，其次是交通、教育和医疗等公共服务配套设施。当然，由于不同群体对住房往往有着不同的需求，居民对于住房满意度的评价，尤其受这些需求因素的影响。对于一般城市居民而言，他们的需求往往是住房产权和住房价值（李涛等，2011）；而对于关心孩子教育问题的居民来说，他们的首要需求是与住房配套的教育条件（冯皓、陆铭，2010）；对于城市老年人而言，他们的需求可能是住房的安全性、周边社会交往的方便性以及各种老年服务的便利性（周俊山、尹银，2013；丁志宏、姜向群，2014）。

本文将尝试利用2013年中国社会科学院农村发展研究所创新工程项目“中国农民福祉研究”的农户调查数据，描述中国农村居民住房现状及住房满意度情况，并探讨农村居民住房满意度的影响因素。本文结构安排如下：第一部分是引言；第二部分说明数据来源；第三部分描述样本农户住房状况；第四部分分析住房满意度的影响因素；第五部分对全文进行总结和讨论。

二　数据说明

本文研究所用数据来自2013年中国社会科学院农村发展研究所创新工程项目“中国农民福祉研究”的农户问卷调查。该调查按照多阶段抽样法，抽取了5个省份10个县50个村1000个农户，其具体过程为：首先，根据各省份农业生产条件和农村居民人均纯收入水平从全国31个省份中选取了江苏、辽宁、江西、宁夏和贵州5个省份，其中，江苏代表东部地区，辽宁代表东北地区，江西代表中部地区，宁夏代表西北地区，贵州代表西南地区；其次，分别从5个样本省份中选取农村居民人均纯收入水平居中的样本县各2个，再从各样本县中分别选取5个样本村；最后，在各样本村随机选取20个农户，每户原则上由1位16周岁以上成年人接受问卷调查。调查内容包括家庭成员、主观福祉、劳动与就业、生活状况、住房条件、环境污染、健康与医疗、政治参与等。其中，在住房条件部分，首先由被调查者对当前住房情况满意度按10分制打分（0分代表“一点也不满意”，10分代表“完全满意”，分数越高代表满意程度越高）；然后再调查住房情况，包括住宅数量、产权、类型、结构、建筑面积、宅基地面积、建筑或购买时间、花费、现在重建成本、主要设施（饮用水源、取暖、沐浴、厕所、互联网连接等）、与最近硬化公路距离等。实地问卷调查工作由项目组成员及部分学生承担，最终实际回收有效问卷1000份[①]。其中，980份问卷来自不同样本户，20份问卷分别来自10个样本户，即每个样本户同时有2位家庭成员都接受了调查。考虑到本文研究需要，从全部有效问卷中，将该10户按每户随机剔除1份问卷处理，然后再剔除未回答住房满意度问题的问卷（共2份），余下988份构成本文研究有效问卷，其中，江苏199份，辽宁198份，宁夏191份，江西202份，贵州198份。被调查者基本情况如表1所示。

表1　被调查者基本情况

变量	类别	比例(%)	变量	类别	比例(%)
性别	女性	38.36	受教育程度	小学及以下	48.99
	男性	61.64		初中	35.32
民族	汉族	69.74		高中及以上	15.69
	其他民族	30.26	就业	自营农业	53.85
年龄	<30岁	5.97		自营非农业	12.14
	30~39岁	14.47		工资性就业	18.02
	40~49岁	26.42		未就业	15.99
	50~59岁	27.43	2012年在家居住时间	<6个月	5.77
	≥60岁	25.71		6~11个月	1.72
				12个月	92.51

① 调查过程中，由于时间安排、被访农户配合程度等方面的因素，各村实际调查农户数量与计划略有出入。

三　各地区农村居民住房及其满意度情况

（一）住房条件

首先，从住宅拥有情况来看，调查地区绝大多数农户都拥有属于自己的住房，无自有住房的农户比例仅为1.4%，且地区间差异不大（见表2）。从自有住房拥有数量来看，大部分农户拥有1处，同时拥有2处住房的农户占9.4%，拥有3处及以上的农户占比不超过1%。根据实地观察，拥有2处住房的农户，房子基本上都是一老一新。另外，绝大多数农户都居住在自有住房里，选择租房和借住的农户比例仅为2.5%，极少部分农户（不到1%）虽然拥有自有住房，却居住在租来或借来的房子里，例如，一些经商户选择便利之地租房经商。因此，农户拥有住房及居住情况表明，农村住房是以农村居民自住为主，作为投资的比例还非常低。分地区看，东部和中部地区拥有多处住房的农户比例相对较高。

表2　各地区农户拥有住房情况

单位：%

省份	江苏	辽宁	江西	宁夏	贵州	合计
无自有住房	1.50	2.54	0.99	1.06	1.01	1.43
1处住房	87.94	82.23	85.64	92.06	93.43	88.22
2处住房	9.05	13.71	11.88	6.88	5.56	9.44
3处及以上住房	1.51	1.52	1.49	0.00	0.00	0.91
合　计	100.00	100.00	100.00	100.00	100.00	100.00

表3和表4是调查地区农户当前住房及设施情况的详细比较。从该结果可以看出，不同地区之间农村居民住房条件差异十分显著。当然，住房条件差异不仅受区域发展程度差异的影响，而且受地理位置的影响，例如，住房类型、人均宅基地面积、有无取暖设备等往往和地理位置相关。从住房类型来看，江苏和江西农户住房以楼房为主，其他省份则以平房为主，尤其是宁夏，农户居住楼房的比例仅为约1%；从人均宅基地面积来看，辽宁和宁夏这两个北方省份较大，超过70%的农户人均宅基地面积超过50平方米，虽然江苏和江西这

两个南方省份农户人均宅基地面积较小，但是，农户通过盖楼房增加了建筑面积，其相应的人均建筑面积反而比北方省份要高①，因此，江苏和江西人均建筑面积超过40平方米的农户比例较高。从取暖设备情况来看，两个北方省份住房有取暖设备的农户比例都超过98%，但所采用的都是传统取暖方式，住房拥有空调或暖气的农户比例都不高，辽宁仅约10%，而宁夏不到2%。

调查地区农户住房的建筑结构差异显著，宁夏约有20%的农户还居住在竹草土坯房内，而江苏和江西约有70%的农户居住在砖混或钢筋混凝土房内。各地区农户住房建造或购买时间差异较小，基本集中在最近30年，其中，最近10年新建房屋的农户比例，在贵州达到56%，相对较高；从住房单位建筑面积的重建成本来看，贵州和宁夏相对较低，每平方米成本不到700元的农户比例均超过1/3，而辽宁和江苏每平方米成本超过1500元的农户比例都在1/3以上。

表3　各地区农户住房主要特征

单位：%

项　目	类别	江苏	辽宁	江西	宁夏	贵州
住房类型	平房	32.16	88.83	16.34	98.95	81.82
	楼房	67.84	11.17	83.66	1.05	18.18
住房结构	竹草土坯结构	2.01	3.05	8.42	19.58	9.09
	砖木	25.13	51.78	18.81	51.85	26.77
	砖混	55.28	28.43	56.44	12.17	50.00
	钢筋混凝土	12.56	9.64	16.33	0.00	4.04
	其他	5.02	7.10	0.00	16.40	10.10
人均建筑面积（平方米）	40以下	38.69	67.68	28.22	75.39	74.24
	40及以上	61.31	32.32	71.78	24.61	25.76
人均宅基地面积（平方米）	50以下	41.94	27.03	53.54	24.04	67.01
	50及以上	58.06	72.97	46.46	75.96	32.99
建造或购买时间（年）	10以下	40.31	26.06	34.52	37.22	56.02
	10~30	55.10	66.49	57.87	55.56	35.60
	30以上	4.59	7.45	7.61	7.22	8.38
现在重建成本估算（元/平方米）	700以下	21.02	12.23	22.22	40.22	35.90
	700~1500	41.03	49.47	56.57	47.28	52.31
	1500以上	37.95	38.30	21.21	12.50	11.79

① 这里采用常住人口而非户籍人口来计算人均建筑面积，以此来表示住房的拥挤程度。

另外，从饮用水源、沐浴、厕所、生活垃圾处理、生活污水处理和互联网等住房相关配套设施情况来看，调查省份农村地区尤其是西部省份农村地区在总体上还比较落后。例如，在饮用水源方面，宁夏和贵州有超过10%的农户饮用户外大口井水，其中，宁夏还有1/4的农户饮用包括窖水等在内的其他水源，水量和水质往往无法得到保证；此外，这两个省份均有约80%农户的住房无任何沐浴设施，仍在使用旱厕的农户比例也均超过80%，少部分农户家中甚至没有厕所；在生活污水处理方面，中西部调查地区大部分农户都没有对污水做进一步处理就直接排放，排入下水管道和排到院内渗井的农户比例在宁夏和贵州不到10%，在江西不到1/3；在生活垃圾处理方面，将垃圾送到垃圾池的农户比例在贵州不到1%，在宁夏和江西不到1/3，而有相当部分农户选择随意丢弃或直接烧掉；最后，在交通和互联网接入设施方面，贵州和宁夏有30%以上农户的住房距离最近的硬化公路超过500米，同时有超过90%农户的住房未能连接互联网。

表4　各地区农户住房主要设施情况

单位：%

项　目	类别	江苏	辽宁	江西	宁夏	贵州
饮用水源	入户集中供自来水	78.39	77.78	22.28	36.13	72.72
	桶装水	11.56	12.12	3.47	2.09	5.56
	自家井水	9.55	10.10	74.25	20.94	9.09
	户外大口井水	0.00	0.00	0.00	15.71	10.10
	其他	0.50	0.00	0.00	25.13	2.53
取暖设备	无	53.26	1.52	32.67	1.05	31.82
	炕、炉子或土暖气	2.01	86.86	19.80	97.90	53.53
	空调或暖气	37.19	10.10	31.19	1.05	0.51
	其他	7.54	1.52	16.34	0.00	14.14
沐浴设施	无	23.12	46.97	49.50	78.54	84.33
	太阳能	62.31	45.45	23.76	15.18	9.60
	热水器	14.07	4.55	26.24	5.76	5.56
	其他	0.50	3.03	0.50	0.52	0.51
厕所	无	0.00	0.51	9.90	13.61	12.12
	旱厕	37.19	75.75	48.52	85.87	80.81
	水冲式厕所	62.81	23.74	41.58	0.52	7.07

续表

项　目	类别	江苏	辽宁	江西	宁夏	贵州
生活污水处理方式	排入下水管道	53.76	25.76	24.26	0.52	3.03
	排到院内渗井	1.01	44.95	6.44	4.71	2.02
	排到院外沟渠	43.72	15.15	38.61	25.13	40.91
	随意排放	1.51	14.14	30.69	69.64	54.04
生活垃圾处理方式	送到垃圾池	65.83	62.12	31.68	25.13	0.51
	定点堆放	31.66	20.20	38.62	20.94	34.34
	随意丢弃	0.50	10.61	27.72	39.27	58.58
	其他	2.01	7.07	1.98	14.66	6.57
互联网	有连接	52.76	51.01	49.01	8.90	4.04
	无连接	47.24	48.99	50.99	91.10	95.96
离最近硬化公路距离（米）	0	64.82	47.98	30.20	9.42	17.68
	1～99	28.64	29.80	49.01	26.70	21.72
	100～500	5.53	17.17	16.83	31.41	17.68
	500以上	1.01	5.05	3.96	32.47	42.92

（二）住房满意度

总体上，农村居民对当前住房情况的满意度并不高，平均得分为6.13分，低于其生活满意度0.60分（见表5）。分区域来看，农村居民住房满意度的省际差异较大，最低和最高相差2.8分。其中，辽宁和江苏农村居民平均住房满意度较高，超过7分；其次是江西和宁夏；贵州最低，仅为4.57分。结合前文所述的各地区农村住房状况，可以发现，住房条件与住房满意度具有很强的相关性。当然，住房条件和区域经济发展程度的关联性较强，经济越发达，居民住房条件往往越好，而其住房满意度也越高。因此，在大规模推进农村人居环境改善的过程中，要特别关注经济落后地区农村居民住房满意度情况。另外，从住房满意度与生活满意度的关系来看，两者具有较强的正相关性（相关系数为0.4526），这符合现有文献的结论（例如，OECD，2013），说明住房满意度是生活满意度的一个重要组成部分，通过改善住房条件，提高住房满意度，是进一步增进农村居民福祉、提高农村居民生活幸福感的重要途径。

表 5　各地区农村居民住房满意度和生活满意度

单位：个，分

省份	样本量	平均住房满意度	平均生活满意度
贵州	198	4. 57	5. 51
宁夏	191	5. 81	6. 83
江西	202	5. 83	6. 66
江苏	199	7. 03	7. 20
辽宁	198	7. 39	7. 44
合计	988	6. 13	6. 73

注：住房满意度和生活满意度均采用被调查者自我报告形式获得，0 分代表“一点也不满意”，10 分代表“完全满意”，分数越高代表满意度越高。

但是，从农村居民住房满意度分布（见图 1）来看，调查地区大部分农村居民住房满意度水平较高，其中，8 分以上的受访者占样本总数的 40% 左右，而低于 5 分的约占 26%。这说明，调查地区农村居民自我报告的住房满意度呈现左偏分布，这和现有文献的结论是一致的，即农村居民具有调整自我预期或者改善现有住房环境以提高住房满意度的适应性行为（Amole，2009）。同时，这也说明，从住户层面看，中国农村居民在住房满意度上的差距较大，尤其是区域差距十分显著。

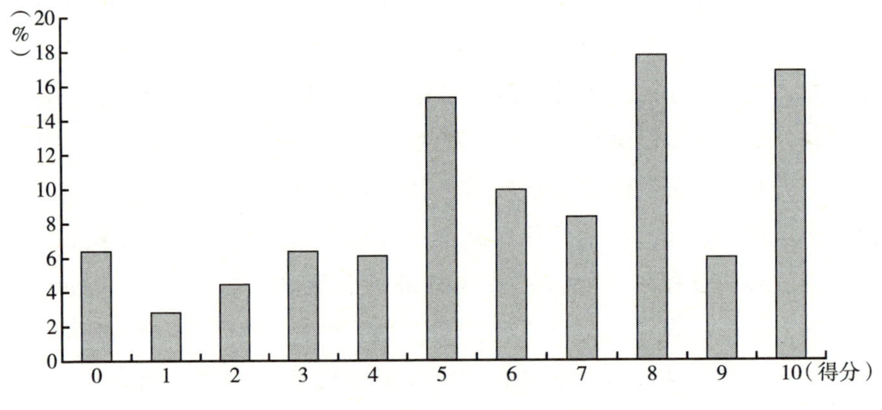

图 1　住房满意度分布

四　农村居民住房满意度影响因素分析

（一）模型与变量

前文分析了五个省份农村居民住房特征和住房满意度情况，发现两者具有很强的相关性。通常认为，随着住房条件的改善，居民住房满意度将逐渐提高，即住房类型、住房结构等硬件条件的改进以及取暖设备、饮用水源、沐浴设施、厕所、生活污水处理、生活垃圾处理、互联网等设施条件的完善都能有效提高居民住房满意度。但是，不同的住房特征之间以及住房特征和居民个体特征、家庭特征之间也可能存在一定的相关性（皮金晶，2008；何立华、杨崇琪，2011；Vera-Toscano and Ateca-Amestoy，2008；Li et al.，2014），因此，为了消除其他因素的影响，需要控制相关变量，以便明晰具体住房特征对居民住房满意度的影响。本文构建的实证分析模型如下。

$$RS_i = \alpha House_i + \beta X_i + u_i \tag{1}$$

（1）式中，*RS* 表示农村居民住房满意度。*House* 表示住房特征变量，包括住房类型等硬件条件和取暖设备等配套设施条件。*X* 表示控制变量向量，主要包含住房周围环境、个体人口学特征、家庭特征以及区域特征。其中，周围环境用住房周边水、空气等污染程度表示，一般来说，周围环境污染越严重，居民住房满意度越低。个体人口学特征主要包括性别、年龄、婚姻状况、健康状况、受教育程度、就业状况等指标。女性、老年人、已婚者、健康的人通常具有较高的住房满意度；而受教育程度越高、就业状况越好的人，对住房的要求也会越高，从而其住房满意度越低（Campbell et al. 1976；Vera-Toscano and Ateca-Amestoy，2008）。对于家庭特征，本文选取常住人口数量、儿童比重、老人比重、经济水平等指标。通常人口较多、儿童和老人比重较高的家庭经济压力大，对住房面积和相关住房配套设施的要求也会比较高，其住房满意度相对较低；而家庭经济水平衡量家庭改善住房条件的经济负担能力，通常负担能力越强，改善住房条件的可能性越高，其住房满意度也越高。至于家庭经济水平的度量，考虑到家庭年收入具有波动性较强的特点，这里选用家庭收入评价这个指标。家庭收入评价是由被调查者自我报告的对家庭收入水平的一个主观评价，分为“非常低”、“比较低”、“一般”、“比较高”和“非常高”五个水平①。区域特征用省份虚拟变量表示，以控制地区经济发展水平、基础设施条件、文化等区域性因素的影响。

鉴于被解释变量住房满意度以 0～10 分的数字度量，0 分最低，10 分最高，具有序数性质②，本文选择通用的有序 Probit 模型估计住房特征对居民住房满意度的影响；同时，本文利用普通最小二乘法的估计结果做对比。表 6 列出了各变量的定义及描述性统计结果。

表 6　变量定义及描述性统计

变量名称	定义	样本量（个）	均值	标准差	最小值	最大值
被解释变量						
住房满意度	0～10 分,0 分最低,10 分最高	988	6.13	2.94	0	10
解释变量						
个人特征						
性别	男性 = 1,女性 = 0	988	0.62	0.49	0	1
年龄	实际年龄(周岁)	988	50.19	12.85	17	83
婚姻状况	已婚 = 1,其他 = 0	988	0.94	0.23	0	1
健康状况	健康 = 1,其他 = 0	988	0.63	0.48	0	1
受教育年限	接受正规教育的年限(年)	988	6.42	4.00	0	16
就业状况						
自营农业	自营农业 = 1,其他 = 0	988	0.54	0.50	0	1
自营非农业	自营非农业 = 1,其他 = 0	988	0.12	0.33	0	1
工资性就业	工资性就业 = 1,其他 = 0	988	0.18	0.38	0	1
未就业	未就业 = 1,其他 = 0	988	0.16	0.37	0	1

① 本文在计量模型中，将家庭收入水平视为连续型变量，而非分类变量。其主要原因是该变量的两种设定方式，对模型估计结果的影响不大，尤其是对住房特征变量估计系数的显著性和方向影响都非常小；而采用连续型变量形式，可以提高模型估计的自由度以及模型的简洁性。若读者想看分类（虚拟）变量设定情形下的模型估计结果，可以向作者索取。

② 根据 Lu（1999）的方法，本文将住房满意度划分为四类：“最不满意”（0～4 分）、“适度满意”（5～6 分）、“较为满意”（7～8 分）、“非常满意”（9～10 分），结果发现，这样处理对各个解释变量的显著性和系数的方向几乎没有什么影响，故住房满意度直接采用主观评价得分值表示。

续表

变量名称	定义	样本量（个）	均值	标准差	最小值	最大值
家庭特征						
常住人口数量	家庭常住人口数量(人)	988	3.72	1.62	1	14
儿童比重	家中15岁以下人口比重(%)	988	14.32	18.41	0	75
老年人比重	家中65岁以上人口比重(%)	988	12.85	26.6	0	100
家庭经济水平	非常低=1,较低=2,一般=3,较高=4,非常高=5	979	2.61	0.90	1	5
住房特征						
住房数量	拥有住房数量(处)	985	1.10	0.40	0	5
住房类型	楼房=1,平房=0	986	0.37	0.48	0	1
住房结构						
竹草土坯结构	竹草土坯结构=1,其他=0	985	0.08	0.28	0	1
砖木结构	砖木结构=1,其他=0	985	0.35	0.48	0	1
砖混结构	砖混结构=1,其他=0	985	0.41	0.49	0	1
钢筋混凝土结构	钢筋混凝土结构=1,其他=0	985	0.08	0.27	0	1
其他结构	其他结构=1,其他=0	985	0.08	0.27	0	1
人均建筑面积(对数)	人均建筑面积的对数(原数值单位:平方米)	983	3.54	0.7	1.61	6.4
人均宅基地面积(对数)	人均宅基地面积的对数(原数值单位:平方米)	946	4.05	0.81	1.79	7.71
住房使用时间	建造或购买时间(年)	952	14.7	10.69	0	67
住房重建成本(对数)	单位面积现在重建成本的对数(原数值单位:元/平方米)	960	6.92	0.70	3	9.42
屋内取暖设备						
没有取暖设备	没有取暖设备=1,其他=0	988	0.24	0.43	0	1
炕、炉子或土暖气	炕、炉子或土暖气=1,其他=0	988	0.52	0.50	0	1
空调或暖气	空调或暖气=1,其他=0	988	0.16	0.37	0	1
其他取暖设备	其他取暖设备=1,其他=0	988	0.08	0.27	0	1
有无沐浴设施	有=1,无=0	988	0.44	0.50	0	1
是否能上网	是=1,否=0	988	0.33	0.47	0	1
交通便利性	离最近硬化公路的距离(千米)	988	0.70	1.94	0	12
饮用水源						
入户集中供自来水	入户集中供自来水=1,其他=0	988	0.58	0.49	0	1
桶装水	桶装水=1,其他=0	988	0.07	0.26	0	1

续表

变量名称	定义	样本量（个）	均值	标准差	最小值	最大值
自家井水	自家井水 =1,其他 =0	988	0. 25	0. 43	0	1
户外大口井水	户外大口井水 =1,其他 =0	988	0. 05	0. 22	0	1
其他水源	其他水源 =1,其他 =0	988	0. 05	0. 23	0	1
厕所类型						
无厕所	无厕所 =0,其他 =1	988	0. 08	0. 26	0	1
旱厕	旱厕 =1,其他 =0	988	0. 65	0. 48	0	1
水冲式厕所	水冲式厕所 =1,其他 =0	988	0. 27	0. 45	0	1
生活垃圾处理方式						
随意丢弃	随意丢弃 =1,其他 =0	988	0. 28	0. 45	0	1
定点堆放	定点堆放 =1,其他 =0	988	0. 29	0. 46	0	1
送到垃圾池	送到垃圾池 =1,其他 =0	988	0. 37	0. 48	0	1
其他处理方式	其他处理方式 =1,其他 =0	988	0. 06	0. 24	0	1
生活污水处理方式						
随意排放	随意排放 =1,其他 =0	988	0. 33	0. 47	0	1
排到院外沟渠	排到院外沟渠 =1,其他 =0	988	0. 33	0. 47	0	1
排到院内渗井	排到院内渗井 =1,其他 =0	988	0. 12	0. 32	0	1
排入下水管道	管道排放 =1,其他 =0	988	0. 22	0. 41	0	1
周边环境因素						
没有污染	没有污染 =1,其他 =0	988	0. 66	0. 48	0	1
存在轻微污染	存在轻微的水、空气等污染 =1,其他 =0	988	0. 17	0. 37	0	1
存在严重污染	存在较严重或非常严重的水、空气等污染 =1,其他 =0	988	0. 17	0. 38	0	1
区域特征						
贵州	贵州 =1,其他 =0	988	0. 20	0. 40	0	1
宁夏	宁夏 =1,其他 =0	988	0. 19	0. 4	0	1
江西	江西 =1,其他 =0	988	0. 21	0. 40	0	1
江苏	江苏 =1,其他 =0	988	0. 20	0. 40	0	1
辽宁	辽宁 =1,其他 =0	988	0. 20	0. 40	0	1

（二）模型估计结果及解释

1. 模型估计结果

表 7 列出了农村居民住房满意度影响因素的经济计量模型估计结果。其

中，回归1至回归3均为有序Probit模型的估计结果。考虑到本文主要关注住房特征对住房满意度的影响，因此，回归1只包括了住房特征变量，而回归2在回归1的基础上加入了周围环境控制变量，回归3则进一步控制了个体特征、家庭特征和区域特征。作为对照，回归4和回归3的解释变量相同，但采用了普通最小二乘法进行估计。

表7 农村居民住房满意度影响因素模型估计结果

项目	有序Probit模型估计			普通最小二乘法估计
	回归1	回归2	回归3	回归4
住房特征				
住房数量	0.293***	0.292***	0.318***	0.616***
住房类型	-0.014	0.000	0.172	0.456
住房结构（对照组：草木土坯结构）				
砖木结构	0.570***	0.574***	0.610***	1.472***
砖混结构	0.587***	0.604***	0.688***	1.639***
钢筋混凝土结构	0.869***	0.942***	0.900***	1.857***
其他结构	0.572***	0.546***	0.535***	1.133***
人均建筑面积	0.103	0.115	0.251***	0.496***
人均宅基地面积	0.327***	0.323***	0.222***	0.508***
住房使用时间	-0.020***	-0.021***	-0.029***	-0.058***
住房重建成本	0.196***	0.180**	0.125*	0.245
屋内取暖设备（对照组：无）				
炕、炉子或土暖气	0.218**	0.203**	-0.075	-0.187
空调或暖气	0.227*	0.245**	0.160	0.292
其他取暖设备	0.008	-0.019	0.021	0.007
是否有沐浴设施	0.272***	0.283***	0.232***	0.467**
是否能上网	0.153*	0.144*	0.116	0.308
交通便利性	-0.028	-0.038*	-0.013	-0.023
饮用水源（对照组：入户集中供自来水）				
桶装水	-0.068	-0.052	-0.037	-0.125
自家井水	-0.182**	-0.181*	-0.048	-0.057
户外大口井水	-0.194	-0.212	-0.263	-0.644
其他水源	-0.015	-0.023	0.029	0.063
厕所类型（对照组：无厕所）				
旱厕	0.136	0.174	0.036	0.102
水冲式厕所	0.344**	0.368**	0.317*	0.638

续表

项　目	有序 Probit 模型估计			普通最小二乘法估计
	回归 1	回归 2	回归 3	回归 4
生活垃圾处理方式(对照组:随意丢弃)				
定点堆放	0.125	0.158	0.159	0.399
送到垃圾池	0.146	0.204*	0.076	0.124
其他方式	0.181	0.217	0.048	0.173
生活污水处理方式(对照组:随意排放)				
排到院外沟渠	0.114	0.112	0.071	0.200
排到院内渗井	0.343**	0.350***	0.051	0.216
排入下水管道	-0.089	-0.060	-0.165	-0.288
周围环境(对照组为:无污染)				
存在轻微污染	—	-0.234**	-0.315***	-0.653***
存在严重的污染	—	-0.377***	-0.433***	-0.869***
区域特征(对照组为:贵州)				
宁夏	—	—	0.740***	1.602***
江西	—	—	-0.067	-0.146
江苏	—	—	0.330*	0.792**
辽宁	—	—	1.119***	2.242***
个人特征				
性别	—	—	0.035	0.084
年龄	—	—	0.010**	0.018**
婚姻状况	—	—	0.070	0.097
健康状况	—	—	-0.021	-0.103
受教育年限	—	—	-0.003	-0.007
就业状况(对照组:自营农业)				
自营非农业	—	—	-0.213	-0.479*
工资性就业	—	—	-0.122	-0.262
不就业	—	—	0.140	0.202
家庭状况				
家庭常住人口数量	—	—	0.078**	0.159**
家中 15 岁以下人口比重	—	—	0.000	-0.001
家中 65 岁以上人口比重	—	—	0.005***	0.011***
家庭经济水平	—	—	0.199***	0.446***
常数项	—	—	—	-4.561***
样本量	935	935	926	926
对数似然值	-1929	-1921	-1830	—
拟 R^2 或 R^2	0.085	0.089	0.123	0.430

注：表中所列数字均为系数估计值，其标准误采用稳健方法估计；***、**和*分别表示在1%、5%和10%的水平上具有统计显著性；为节省表格空间，回归1~3的截断点未列出来。

表 7 表明，普通最小二乘法估计结果与有序 Probit 模型的估计结果非常相近；同时，模型检验结果显示，不存在多重共线性问题，且在进一步调整控制变量后，住房特征的显著性基本不变，说明本文的估计结果具有较强的稳健性。下面以有序 Probit 模型回归 3 的估计结果为例，分析各因素对农村居民住房满意度的影响。

2. 估计结果解释

（1）住房特征

①拥有住房数量的多少显著影响农村居民住房满意度。这不难理解，一方面，在农村地区，住房多寡、质量高低和面积大小等都具有很强的财富显示效应，住房多能够给人带来幸福感和满足感，它不像收入和财富那样是隐性的，不易被别人观察到；另一方面，家庭拥有住房数量增加，意味着除了当前居住住房（其他住房特征都只针对农村居民当前居住的那处住房而言）外，还有其他自有住房可供家庭改善居住条件，扩大居住空间，并增强居住场所的选择性，因而可能使农村居民对住房情况更加满意。

②住房结构改善，能显著提高农村居民住房满意度。与草木土坯结构住房相比，居住在砖木结构、砖混结构、钢筋混凝土结构或其他结构住房里面，都能显著提高农村居民住房满意度。而且，从系数估计值大小来看，钢筋混凝土结构的系数明显比其他类型结构的系数要大。这意味着，随着住房结构明显升级，农村居民住房更加坚固耐用，能够增强人们居住的舒适感和安全感，从而显著促进农村居民住房满意度的提升。

③住房建筑面积和宅基地面积对农村居民住房满意度均有正向影响，其中后者的影响相对更为显著。人均建筑面积增加，意味着每个家庭成员居住空间更大；人均宅基地面积增加，即庭院面积可能更大，一方面扩大了家庭活动场所，另一方面也会增加可供以后扩建住房的空间。因此，二者都可能提升农村居民居住满意感。与人均建筑面积仅在回归 3 中具有统计显著性相比，人均宅基地面积在包括未加入控制变量的所有回归中都极为显著，意味着后者对农村居民住房满意度的差别更有解释力。这可能是因为农村居民基本上都拥有自有住房且人均建筑面积普遍不小，因而宅基地面积大小可能对农村居民更有意义。

④住房建造（购买）时间对农村居民住房满意度有负向影响。即住房建造（购买）时间越长，农村居民居住满意度越低。这可能是因为：一方面，

随着建筑技术的更新换代，建造（购买）时间较早的住房，总体上质量较低；另一方面，随着使用时间增加，住房质量不断下降，而质量越低的住房，人们居住起来的舒适度可能越低，因而其满意度就可能越低。

⑤住房现在重建成本的高低显著影响农村居民住房满意度。住房单位面积现在的重建成本越高，农村居民住房满意度越高。这可能是因为重建成本部分地体现了住房的质量因素，即在其他因素不变的情况下，住房单位面积重建成本越高，住房质量往往可能越好，因而农村居民对其满意度也可能越高。

因此，本文研究所考察的住房硬件条件中，拥有住房数量、住房结构、建筑面积、宅基地面积、建造（购买）时间、现在的重建成本等，都对农村居民住房满意度产生了显著影响。这可能是因为：在中国农村，这些特征在不同层面体现了住房的质量和可使用的空间，从而一方面影响人们居住和生活的拥挤感、舒适度和安全感等，另一方面因具有较强的财富显示效应而影响人们的幸福感和满足感，继而可能都会影响农村居民对住房满意度的评价。而住房类型，无论平房还是楼房，对农村居民住房满意度不具有显著的影响。这可能主要是因为，农村居民住房基本上都是单家独院，可选建造的房屋类型（平房或楼房）与气候、地形、建筑用地面积等因素有很大关系，例如，总体上讲，北方农村平房多，南方农村楼房多。这意味着，同一地域内农户住房类型的差别一般很小，从而对农村居民住房满意度之间的差异缺乏解释力。在住房设施条件方面，住房是否配有沐浴设施或水冲式厕所对农村居民住房满意度均具有显著的正向影响，这可能是因为二者都能显著改善农村居民个人和家庭的卫生条件。而取暖设备、饮用水源、互联网设施、生活垃圾处理方式和生活污水处理方式的完善和改进对农村居民住房满意度有正向影响，但这些影响并不具有统计显著性。这可能是由于地区差异大，当前各地区对农村住房配套设施的要求也存在较大的差异，从而总体上很多配套设施的影响并不显著。另外，住房离最近硬化公路的距离对农村居民住房满意度的影响也不显著，这可能是因为各地农村道路基础设施建设普遍不错，几乎所有行政村，甚至一些自然村，都已实现通硬化路，农村居民出行已经比较便利，因此，该因素对农村居民住房满意度之间的差异不具有很强的解释力。

（2）周围环境

住房周围污染程度对农村居民住房满意度有显著的负向影响。这说明，农村居民对于农村环境污染问题越发重视，减少农村的水、空气、噪声等污染，可以显著提高农村居民住房满意度。

（3）个体特征和家庭特征

在本文考察的个体特征和家庭特征当中，只有个人年龄、家庭常住人口数量、家庭老年人口比重以及家庭经济水平对农村居民住房满意度具有显著的正向效应，而其他因素对农村居民住房满意度的影响并不显著。家庭经济水平对农村居民住房满意度的影响符合预期，即农村居民家庭经济水平越高，改善住房硬件和设施条件所需的负担能力也越强，从而居住舒适程度越高，其住房满意度也可能越高。家庭常住人口数量和家庭老年人口比重的影响比较有意思。这可能是因为，在中国农村，农户普遍拥有自己的住房，且住房基本上都是自建自住，较少存在居住空间拥挤的问题；而且，随着大多数农村青壮年劳动力选择进城务工，在家留守的以老人、小孩、妇女为主。因此，农村常住人口的居住空间更为宽松。然而，与此同时，农村社区也普遍变得比较缺乏生气。如此一来，家庭人口较多，一起居住、生活给人带来的愉悦感和满足感可能更高，这样可能会增强农村居民居住满意感；而老年人比较勤劳，对住房照料比较细心，比如经常打扫卫生等，因此，老年人口比重较大的家庭，住房得到较好维护的可能性更高，居住更为舒适，农村居民住房满意感可能就更高。最后，个人随着年龄的增长，会适度调整对住房的评价，降低期望值，因而对住房更容易产生满意感。

（4）区域特征

在省份虚拟变量中，除江西外，其他都通过了显著性检验，表明区域性因素对农村居民住房满意度产生了显著影响。与贵州农村居民相比，江苏、辽宁和宁夏农村居民对其住房的满意度评价更高。

五　总结及讨论

本文利用 2013 年辽宁、宁夏、江苏、江西和贵州五省份农户调查数据，全面分析了农村居民住房条件、住房满意度状况及其影响因素。研究发现，农村居民住房满意度明显受到住房质量的影响，即使在控制了人口学特征、家庭特征、周边环境因素以及区域特征之后，住房质量仍然对农村居民住房满意度有正向影响，说明不同背景的农村居民对住房满意度具有相似的理解，各地区之间农村居民住房满意度是可比的。总体上讲，农村住房的配套设施（饮用水源、沐浴设施、厕所、互联网设施、生活污水处理设施、生活垃圾处理设施）还比较落后，需要进一步加强农村生活基础设施建设。同时，经济发达地区和不发达地区农村居民的住房条件差异较大，因此，在推进农村社区环境改善时，政府部门需要特别关注落后地区和经济困难群众的住房情况。

从农村居民住房满意度的具体影响因素来看，减少农村水、空气等环境污染，以及修缮房屋和提升房屋质量可以显著提高农村居民住房满意度，尤其是改进住房建筑材料、完善沐浴设施和改造厕所等。与直观感觉不一致的是，完善住房的交通便利性，改进住房的取暖设备、饮用水源、生活垃圾和生活污水处理方式等，对提高农村居民住房满意度的效果并不显著。这一方面说明，由于地区发展差异大，各地农村居民对住房配套设施的要求存在显著的差异；另一方面也意味着，当前农村居民自身改进住房配套设施的意愿可能并不强烈，他们更加关心现有住房的翻新和扩建。因此，改善农村整体人居环境，完善相关住房配套设施，更需要政府的支持。住房满意度是生活满意度的重要组成部分，本文尚未分析住房特征对农村居民总体生活满意度的影响，此外，其影响路径与住房特征对城市居民生活满意度的影响路径之间可能存在非常大的差异，这都需要下一步开展更加细致深入的研究，从而进一步明晰改善住房条件对提高农村居民生活质量的意义和价值。

参考文献

陈昊：《城市居民住房质量满意度评价——以上海市为例》，《北方经贸》2011 年第 4 期。

丁志宏、姜向群：《城市老人住房状况及其满意度研究》，《北京社会科学》2014 年第 1 期。

冯皓、陆铭:《通过买房而择校:教育影响房价的经验证据与政策含义》,《世界经济》2010 年第 12 期。

韩璨璨:《城市中低收入居民的住房环境、住房满意度与主观幸福感的关系研究》,湖南师范大学硕士学位论文,2011。

何立华、杨崇琪:《城市居民住房满意度及其影响因素》,《公共管理学报》2011 年第 2 期。

李涛、史宇鹏、陈斌开:《住房与幸福:幸福经济学视角下的中国城镇居民住房问题》,《经济研究》2011 年第 9 期。

皮金晶:《城市居民居住满意影响因素实证研究——以杭州市区为例》,浙江大学硕士学位论文,2008。

汪洋:《加快推进农村人居环境建设》,《学习与研究》2013 年第 11 期。

周俊山、尹银:《住房对城市老年人生活满意度的影响》,《中国老年学杂志》2013 年第 16 期。

Amole, D., "Residential Satisfaction in Student Housing", *Journal of Environmental Psychology*, 29 (1): 76-85, 2009.

Campell, A.; Converse, P. E. and Rodgers, W. L., *The Quality of American Life: Perceptions, Evaluations, and Satisfaction*, New York: Russell Sage Foundation, 1976.

Cattaneo, M. D., Galiani, S., Gertler, P. J., Martines, S. and Titiunk, R., "Housing, Health and Happiness", *American Economic Journal: Economic Policy*, 1 (1): 75-105, 2009.

Diaz-Serrano, L. and Stoyanova, A. P., "Mobility and Housing Satisfaction: An Empirical Analysis for 12 EU Countries", *Journal of Economic Geography*, 10 (5): 661-683, 2010.

Dolan, P. and White, M. P., "How Can Measures of Subjective Well-being Be Used to Inform Public Policy?" *Perspective on Psychological Science*, 2 (1): 71-85, 2007.

Easterlin, R. A., "Life Cycle Welfare: Evidence and Conjecture", *The Journal of Socio-Economics*, 30 (1): 31-61, 2001.

Galster, G. C., "Identifying the Correlates of Dwelling Satisfaction: An Empirical Critique," *Environment and Behavour*, 19 (5): 539-568, 1987.

Li, T., Wong, F. K. W. and Hui, E. C. M., "Residential Satisfaction of Migrant Workers in China: A Case Study of Shenzhen", *Habitat International*, 42 (4): 193-202, 2014.

Lu, M., "Determinants of Residential Satisfaction: Ordered Logit vs. Regression Models", *Growth and Change*, 30 (2): 264-287, 1999.

OECD: *How's Life?* 2013: *Measuring Well-Being*. OECD Publishing, 2013.

Van Praag, B. M. S., Frijters, P. and Ferrer-i-Carbonell, A., "The Anatomy of Subjective Well-being", *Journal of Economic Behavior and Organization*, 51 (1): 29-49, 2003.

Varady, D. P. and Carrozza, M. A., "Towards a Better Way to Measure Customer Satisfaction Levels in Public Housing: A Report from Cincinnati", *Housing Studies*, 15 (6): 797 - 825, 2000.

Vera-Toscano, E. and Ateca-Amestoy, V., "The Relevance of Social Interactions on Housing Satisfaction", *Social Indicators Research*, 86 (2): 257 - 274, 2008.

（本文原载于《中国农村经济》2015 年第 2 期）

社会比较理论视角下的农村攀比现象考察

——以山东省3市10村为例

卢宪英

摘　要：本文基于山东省3市10村的调研，对当前我国农村的攀比现象进行了分析。研究发现，农村的攀比现象非常严重，而且攀比的内容主要集中在经济和社会地位方面。攀比的对象主要是熟人、本村人以及具有相同特征的人。相对来说，农村大众阶层和弱势阶层更喜欢向上攀比，而精英阶层则更多的是向下攀比。农民在攀比中采取了扩大自我概念、作弊以及进行错误归因等重要策略。而过度攀比、盲目攀比以及虚假攀比等行为的存在，给农村社会带来了很多负面的影响。

关键词：农村　攀比　社会比较理论

一　问题的提出

近年来，笔者身边一些从农村来城市工作的人反映，每次回农村探亲，总遇到攀比的情况，有时让人很不舒服。笔者也多有同感，并意识到这是一个重要的问题。为此，2013年5月，笔者专门组织了一个调研组，分别走访了山东省东营、莱芜和泰安3个地级市的10个村庄①，访谈400余人，对农村的攀

① 这10个村庄分别是莱芜市仪封村、仓上村、朱家庄、城子县，东营市老台一村、孟北村、老台三寸，泰安市郭刘村、前鲁村、后鲁村。

比现象进行了考察。结果发现，农村的攀比现象的确非常严重，它已经成为一种风气，频繁发生在人们的工作和生活中。

那么，为什么农村会形成攀比的风气？攀比之风是如何产生的？有哪些特点？产生了或者可能会产生一些什么样的后果？应该如何对待攀比之风，塑造健康的农村社区文化？

要回答上述问题，首先要清楚什么是攀比。对此，学术界尚没有一个统一的界定。目前，关于攀比现象及行为的研究主要集中于经济学和心理学领域。在经济学中，攀比一般被理解为“别人有的东西我也要有”或者“一方有一种消费行为，会导致另一方产生同样的消费行为”等状态。比如，Abel（1990）、卢洪友（2007）研究了这种攀比消费行为的经济学意义。Easterlin（2001）指出，个体的效用与自身的收入和消费水平正相关，但是与参照群体的平均收入和消费水平（或攀比水平）负相关。在心理学中，对攀比的界定比较混乱。比如，雷玲（2012）将攀比界定为社会比较中的上行比较，并研究了攀比心理与主观幸福感的下级概念——生活满意度以及自尊之间的关系。但也有研究给出了更为宽泛的界定。比如，郑霞（2009）认为，“攀比行为在心理学上是指人本身潜意识里的动物性，受到原始时期繁衍最优原则的影响，本能的显示竞争能力的行为”。学术界鲜有人关注农村的攀比现象，搜索文献仅能查到李晓于2004年发表于《山西农业》、刘殿起2006年发表在《农村实用技术与信息》上的几百字的呼吁性文字，以及数年前几篇散落于报纸上的豆腐块似的评论文章，真正深入分析的学术文章比较少。

本文比较认同攀比的宽泛定义，认为攀比首先是一种社会比较行为，其本意是在社会比较中展示自己的优越性、竞争性。事实上，《现代汉语词典》对攀比的解释为“援引事例比附”，强调的也是“比附”的行为及目的性，而并不强调方向性。本文认为，攀比广泛存在于社会比较中，不单单是上行比较，还包括下行比较和平行比较，但它并不等同于社会比较，而是一个比其狭窄的概念，是一种旨在展示自身优越性和竞争性的特定社会比较形式。

二　社会比较理论

攀比首先是一种社会比较行为，因此，本文希望借用社会比较理论对农村的攀比现象进行解读。社会比较理论最早由 Festinger（1954）提出，他认为人们在现实生活中想要评价自己的观点和能力，而且这种评价往往是通过与他人比较，而不是根据纯粹的客观标准获得的，这种把自己的观点和能力与他人进行比较的过程即为社会比较。随后，Schachter（1959）将社会比较理论扩展到情绪领域，认为当个体处于一种新的或者模糊的情绪状态且又无法用生理的、经验的线索判断自己的情绪状态时，个体就有可能通过社会比较来对自己的情绪进行评判。1986 年，Goethals 又提出了建构性社会比较理论，指出人们是与自己头脑中建构的信息进行比较，而且通过建构性比较获得的信息可能会先于通过现实比较产生的信息。

总的来看，社会比较理论主要关注比较的维度、对象、策略、动机及结果等方面。有关人类自我的各个方面（如观点、能力、情绪、身体健康状况、学业成绩、体像等）都可以成为社会比较的维度。比较的对象则包括比自己更有能力、更幸运、状况更好的人（上行比较）（Suls and Wheeler，2000）、与自己相似的人（平行比较）（Festinger，1954；Goethals and Darley，1977）以及比自己更差的人（下行比较）（Hakmiller，1966；Wills，1981）。比较的动机主要包括自我评价（Festinger，1954；Tesser et al.，1998）、自我完善（Wheeler et al.，2000；Van et al.，1998；Blanton et al.，1999）、自我满足（Wills，1981；Buunk and Oldersma，2001）等。社会比较的策略也是各种各样的，包括回避比较（Brickman and Bulman，1977），选择新的比较维度（Steele et al.，1993），降低社会比较的水平和数量（Gibbons et al.，1994），降低比较维度的重要性（Tesser et al.，1998），夸大比较对象的能力（天才效应）（Alicke et al.，1997）等。Collins（1996）指出，社会比较有两种后果：如果预期自己将会和上行比较目标的状态不同，就会有一种对比效果，个体会萌生一种自卑感，产生更为消极的自我评价；如果个体预期自己将会与上行比较目标的状态相同，就会有一种同化效果，提升其自我价值感。Tesser 等（1998）则将产生这两种结果的过程称为对比过程和反射过程。

三　数据来源

本文所用的数据和资料均通过实地调研获取。调研人员都是社会学和心理学专业的研究人员和学生，共 20 人，分成 10 个组，每组 2 个人，负责 1 个村的调研。每组都有一个人原籍是所调研村的，另一个人是山东省外人员。之所以这样安排，一是为了发起交谈的便利，本村人可能与原籍是本村的调研员有更多交谈或者攀比的话题，而且交流中更容易敞开心扉；二是笔者希望通过这种安排形成一个对比组，来考察农民攀比行为在本村人和陌生人之间有无差异。

调研主要采取参与观察、深入访谈和问卷调查三种方法。参与观察法主要是调研员以回乡探亲、走亲访友的身份，融入农民的日常生活中，并通过发起、参与或者观察农民的各种正式及非正式的聚会、交谈等方式来考察农民的攀比行为。此次调研，调研员发起、参与交谈的各类集会共107次，参与交谈的农民有274人，合351人次。其中，83次交谈涉及攀比行为，占总交谈次数的78%；交谈中进行过攀比的农民有169人，占参与交谈的农民人数的61.7%，合212人次。另外，调研组还对200个人进行了深入访谈和问卷调查。调研过程尽可能照顾到调研对象的各种类型，包括不同年龄、性别、收入状况、家庭结构、职业状况的调查对象等。需要说明的是，参与观察是调研组了解农村攀比行为的主要方法，深入访谈和问卷调查更多的只是了解人们对攀比现象的观察、认识和态度。之所以这样，是由于包括攀比在内的“社会比较是一种内隐的心理过程，人们声称的社会比较与其真正的社会比较习惯经常是不一致的，运用自我报告的方法往往得不到真实、可靠的数据资料”①，而参与观察法是一种更能保持调研对象行为真实性的方法。

四　农村攀比现象的剖析及其理论解释

本文将从攀比的维度、对象、动机、策略、结果5个方面来对当前中国农村的攀比现象进行分析，同时利用社会比较理论的相关研究对其进行解读。

（一）攀比的维度

总的来看，农民在经济收入和社会地位方面的攀比明显比较多。笔者的调查表明，农民在相互交谈时，最常炫耀的是以下几个。①生活性消费。比如，

① 邢淑芬、俞国良：《社会比较研究的现状与发展趋势》，《心理科学进展》2005年第1期。

谁抽什么牌子的香烟，谁经常穿新衣服，谁的衣服质量、款式更好或者价位更高，谁家买的水果、肉类多等。在交谈中，这类攀比共有71次，占交谈中各类攀比行为的86%。②收入。比如，他们某年或者某项生意挣了多少钱，他们的工资有多高，等等。在交谈中，这类攀比共有53次，占交谈中各类攀比行为的63.9%。③职业及社会地位状况。比如，本人及配偶、子女所在单位的规模、名气、福利待遇、办公地址的地理位置，以及他们所从事工作的重要性，尤其是职权大小等；很多人甚至攀比有没有人给送礼及送礼的多少等。在交谈中，这类攀比共有47次，占交谈中各类攀比行为的57%。④家庭固定资产。比如，家里有无汽车、电脑、冰箱等物品，盖房或者买房子花了多少钱，房子的面积有多大，位置有多好，有几套房子等。在交谈中，这类攀比共有38次，占交谈中各类攀比行为的45.8%。⑤社会资本情况。尤其是在城市工作或生活的亲朋好友的状况有多好，工资有多高，社会地位有多高等。在交谈中，这类攀比共有35次，占交谈中各类攀比行为的42.2%。⑥婚丧嫁娶情况。比如，规模有多隆重，陪嫁多少，聘金多少，酒席有多贵，婚车几辆，婚礼所选酒店的档次与规模怎样，婚礼菜品、饮料的价格多高，是否有录像，甚至是否有重要的乡镇领导出席等。在交谈中，这类攀比共有21次，占交谈中各类攀比行为的25.3%。此外，农民对生活中的其他方面也有一些攀比，比如，子女的学习成绩、容貌、能力特长等方面。

社会比较理论认为，越是自己认为重要的维度，人们越容易进行比较；越是自己认为不重要的维度，比较的倾向越低（Tesser et al.，1998）。经济收入和社会地位无疑是当前广大农民最看重的东西，这是因为他们在经济收入和社会地位方面几乎处于社会的最底层，在这两个方面，他们的自尊感长期缺失，他们无比渴望在比较中获得一点点的心理优越感和满足感。依据马斯洛的需求层次理论，在温饱问题基本得到满足以后，农民可能恰好处于情感和自我尊重的需求阶段。

（二）攀比的对象

首先，农民攀比的对象符合Festinger（1954）提出的“相似性假设”（similarity hypothesis），以及Goethals和Darley（1977）总结的“相关属性假设”（related attributes hypothesis），即人们往往首先与自己自然、社会特征最

为接近的群体进行比较，因为他们的行为对自己影响更大。我们的调查表明，农民的攀比更多发生在如下方面。①熟人之间。尤其是亲戚、邻里、宗族、同学朋友之间。②有类似职业、经历或者家庭状况的农民之间。比如，都在农村干小买卖的，或者都在一些乡镇企业工作的人之间，或者都有家庭成员在城市就业的农民之间。③本村农民之间。对于村外的人，除非对方是亲朋好友，否则攀比行为比较少见。在调查中，我们尝试将非本村的陌生调研员介绍给当地农民，其中包括一些家里也有子女在城市工作和学习的农民，并刻意介绍调研员的一些成绩，比如，所攻读大学的名气、所从事工作的优越性等，以观察农民是否会与非本村的陌生人进行攀比，结果发现：无论是否与其具有相似的特征，农民攀比的现象都比较少。很多农民甚至对非本村调研员的成绩表示认同、羡慕和赞赏。而本村的调研员则不用刻意介绍自己在城市的工作学习和生活状况，农民经常会主动询问，并在询问中就一些方面不自觉地与其攀比起来。这也解释了为什么农民自己觉得攀比现象很严重，但是，一些外来的专家学者在农村调研时反倒不易发觉，也一直未重视农村攀比现象。

其次，农村的大众阶层和弱势阶层大多更喜欢向上攀比①。以婚丧嫁娶为例，如果农村原有的聘礼标准是 1 万元，而一些富裕家庭将其提高到 2 万元，那么，很快这 2 万元可能就会成为整个村庄新的聘礼标准。当然，如果富裕家庭的标准太高，远远超过绝大多数农民的承受能力，那么，农民可能就没那么容易攀比。这有点类似社会比较的天才效应，即农民会认为富裕家庭的标准高到缺乏可比性。此外，农民盖房子也很喜欢向上攀比。很多家庭即使借钱也要盖又大又阔气的房子，而且很多时候盖大房子并非基于实际的居住需求，而是纯粹为了虚荣心和面子。问卷调查显示，79% 的农民对攀比有反感情绪，并且不愿意进行攀比；36% 的农民认为攀比对家庭和个人来说是一种负担。尽管如此，大众阶层和弱势阶层却较少通过与比自己更差的人进行攀比而获得满足感。这与 Lockwood（2002）的研究结论一致，即农民向下攀比的行为可能会威胁其自我概念，他们会感觉自己像下行比较目标一样不幸、一样无能或者一

① 鉴于农民的攀比主要集中于经济和社会地位方面，且两者之间通常具有强相关性，因此，为分析的需要，笔者根据这两个指标将农民区分为精英阶层、大众阶层、弱势阶层三个阶层。

样贫穷，这样会增强农民的自我剥夺感和不幸福感。

最后，与大众阶层和弱势阶层相比，农村的精英阶层可能更喜欢与比自己差的人进行攀比。近年来，随着我国城镇化的加速、乡镇企业的发展以及农村市场经济的日趋活跃，农民的就业或者谋生渠道日趋多元化，收入水平和社会地位也在发生急剧的分化，一些经济收入及社会地位都相对较高的农村精英阶层逐渐涌现出来。他们非常希望村里的其他人能够对他们的成就有所了解，并因此树立他们“能人”“富人”的社会形象，确定他们农村精英分子的社会地位。我们的调查表明，在有精英阶层参与的交谈中，攀比多是由他们主动炫耀自身的财富和权力而引起的。

（三）攀比的动机

社会比较理论认为，社会比较的动机主要包括自我评价、自我满足、自我进步、合群需求等。攀比是一个比社会比较更为狭窄的概念区间，它的本意是在社会比较的过程中显示其优越感和竞争性。本文认为，攀比的核心动机主要体现在以下方面。

1. 获取心理上的自我满足

Buunk 等（1990）的试验认为，上行比较和下行比较都可能产生积极的或消极的情感结果，上行比较和下行比较都能带来心理上的自我满足。在中国的语境中，心理上的自我满足主要体现为有面子。农民与比自己强的人进行攀比，只是为了让自己看起来与他们差不多。比如，如果精英阶层拥有的东西自己也能拥有，农民就会觉得在人前有面子，并获得心理满足感。此外，也可能如 Collins（1996）提出的向上比较的同化理论所解释的，是因为他们认为自己与优秀的人一致或相似。而农民与比自己差的人进行攀比，很多时候则是为了炫耀，即通过向别人展示自己的优越性而获得心理满足感。有时在炫耀的过程中，如果能引起对方的嫉妒情绪，甚至更能提高自己的满足感。

2. 获得真实的利益

在调查中，一些家庭如果有儿子到了适婚年龄，他们就更喜欢攀比，其消费水平大都高于实际的支付能力。从访谈中得知，这样的家庭认为通过攀比，尤其是向上攀比，能让自己家的经济条件看上去比实际更好，甚至可以给别人一个信号，即他们是有钱人。这样媒婆在给自己的儿子介绍对象时，就会挑家庭条件比较好的人家，而且媒婆一般也不愿意给贫困家庭保媒，这样儿子打光棍的概率就降低了，而找个条件好的儿媳妇的可能性则提高了。

3. 获得群体归属感

从访谈中得知，对于很多农民，尤其是中低收入的农民来说，他们担心不攀比会让人看不起，会让人觉得自己没有经济和社会能力，会让自己在村里人面前抬不起头，这样村里的一些集体事务很多时候就不会找到自己，慢慢地甚至会被排斥在群体之外。也就是说，很多农民之所以进行攀比，其实是为了获得一种群体的归属感，是出于不被群体排斥的心理。

4. 促进自我进步

比如，对子女学习成绩进行攀比，很多时候是希望子女能认识到差距，从而能够好好学习，提高成绩。年轻人对职业、收入、社会地位等方面的攀比，也可能使其更加努力和上进。笔者认为，通过攀比来促进进步，可能更多的是年轻人或者青少年父母的攀比动机，因为孩子和青少年有更多的改变现状的条件和能力；而年纪较大的农民，他们改变自身现状的能力较差，通过攀比认识到差距，进而促进自身进步的可能性较小。也就是说，年纪较大的农民在能力方面体现出更多的“非社会抑制”（Suls and Miller，1977）。

（四）攀比的策略

笔者的调查表明，农民在攀比过程中也使用了社会比较的很多策略。比如，突出其他领域的优势，降低比较维度的重要程度，强调该领域与自己的相关性较低等。除此之外，他们还使用了如下的重要策略。

1. 扩大自我概念

我们的调查表明，如果在一些比较维度上处于劣势，农民经常会拿自己的亲朋好友在攀比维度方面的成绩进行攀比。比如，调查组观察了两位农村妇女攀比孩子就业状况的一次交谈。在交谈中，了解到其中一位王姓妇女的孩子在上海一家大型证券公司工作，另一位张姓妇女的孩子在东营市自己做生意。她们先后对孩子的工资收入及福利、办公室条件、假期状况、工作是否忙碌、公司规模大小等方面进行了攀比。在攀谈中，张姓妇女逐渐发现自己孩子的情况不如对方，而且王姓妇女也因在攀比中占据优势显得有点沾沾自喜。这时，张姓妇女就提到她妹妹家的孩子也在上海工作，并且罗列了她妹妹家孩子的一系列优势条件，从而压过了王姓妇女的风头。McFarland 等（2001）的研究认为，当亲近的他人对于个体来说已成为其自我概念的重要组成部分时（如恋人、伴侣和父母等），这些重要他人的成功对个体就会产生同化效果。显然，这里张姓妇女通过将亲朋扩大为自我概念，从而增加了自我成就，并在攀比中获得了心理满足感。

2. 采取作弊策略

我们的调查了解到，人们在攀比中提供的信息并非全部真实，很多甚至是蓄意捏造的。比如，有的农民炫耀过年过节时，孩子经常给自己买茅台酒喝，并称一瓶几百元甚至上千元，但他实际喝的只是几十元的茅台迎宾酒，并且他自己也知道这两种酒的差别。还有一些农民，在攀比其子女的工作生活状况时，总是夸大好的方面，隐瞒坏的方面。比如，吹嘘自己的孩子在城市工作有多好，工资有多高，但实际可能一般；孩子明明租的房子却说成买的房子，贷款买的房子说成全款买的，在郊区买的房子说成在城市中心买的，买的小房子说成买的大房子，等等。此外，不顾自身条件，借钱攀比、盲目攀比在某种程度上也可以理解为一种作弊行为。在攀比中，这种作弊行为有些是不容易被证伪的，但有些很容易被揭穿，毕竟很多农民作弊的技巧并不高，而且农村是一个熟人社会，作弊行为总是比较容易被发现。尽管如此，农民在攀比过程中仍存在大量作弊行为。笔者认为，农民这样做在很大程度上并不能仅仅被理解为一种道德问题，农民内心迫切需要这种认同感、满足感的支撑，但是他们在实际中通过努力提高自身的能力和水平，借以改变现状从而获得这一心理感受的难度非常大，因为他们既没有那么多的机会和条件，也没有那么高的素质和能力，撒谎、作弊有时候甚至成为争得面子的唯一可行手段。

3. 进行错误归因

调查发现，很多农民在攀比过程中产生了心理落差，他们通过进行错误归因的方式来减轻这种负面情绪的影响，这种行为被 Kelley（1972）称为“折扣原则”（discounting principle），即如果有其他可能性原因存在的话，那么，将行为归因于原来发现的可能性原因的倾向就减少。例如，农民在攀比时，发现自己的收入和社会地位不如其他人，他们很多时候并不将这种差别归因于个人的能力或者努力，而是更多地归因于机遇、对方的家庭条件等客观因素，甚至认为对方赚钱方式是不合法的，或者对方贪污腐败、投机倒把、说谎作弊等，但实际上，他们这种归因很多时候并没有任何相关证据，只是一种不自觉的心理取向而已。

（五）攀比的结果

应该说，攀比并不是一个负面词语，它有时也能带来正面效果。比如，攀比的确能给部分人带来心理满足感和主观幸福感，能增加群体归属感，有些攀比也能够带来自我进步，甚至带来实际利益。但是，由于虚假攀比、盲目攀比、过度攀比等行为存在，农村的攀比现象也带来很多负面的影响。

1. 不利于形成正确的自我评价

社会比较理论认为，当人们无法恰当地通过客观手段检验个体的观念、信念、看法、情绪、社会地位、能力以及处境等时，他将尝试与别人做比较来减轻自己所经历的不确定感。近年来，伴随着农村社会的急剧分化，以及大量农村人口，尤其是青年人口流入城市学习和工作，农民对自己及其家庭在农村社会的相对状况存在很多不确定性，通过恰当的社会比较的确有助于形成正确的自我评价。但是，由于农民的社会比较大都变成攀比，而在攀比的过程中，他们很多时候又采取了作弊的策略，或者超过自身能力进行盲目攀比，因此，他们在攀比中形成的定位和自身评价并不准确，不利于形成正确的自我评价。

2. 降低了很多人的主观幸福感

相对剥夺理论认为，当人们把自己与一个比自己好的他人进行比较时，他们感觉到了个人相对剥夺。在攀比中，大多数时候都占据优势、拥有优越感，乃至获得心理满足感和主观幸福感的人，毕竟是少数，事实上，无论是精英阶层、大众阶层还是弱势阶层，他们总难免在某些方面的攀比中处于劣势。此外，人们在攀比时多有吹嘘、夸大的行为，这在无形中提高了所在群体的平均标准，致使更多的人可能因为无法达到这一标准而产生心理落差，出现情绪不好、沮丧、失落、恼怒等不良情绪，甚至影响自己的幸福感和对生活的满意度。

3. 不利于农村社会的稳定与和谐

调查发现，如果农民在交谈中进行了攀比，那交谈常常会以不欢而散告终。在攀比中，占优势的一方容易面露得意之色，有时言语中还带有蔑视之词，这往往使本来就在攀比中处于劣势的一方心里很不舒服，除了因攀比心理落差而出现的沮丧、自责、内疚、嫉妒等情绪外，还很容易产生仇恨、敌视等情绪。渐渐的，攀比会疏远人与人之间的距离，会影响农村正常的社会关系、邻里关系和亲戚关系，引起很多社会矛盾，影响农村社会的和谐与稳定。在调查期间，我们就曾多次遇到过因攀比而争吵的事件。此外，调查中还发现，攀比现象还会带来农村社区小群体的出现，并且加剧农村社会阶层的分化。而盲目攀比，为了高消费四处举债，过分追求“面子”，也给农民带来了不少“内伤”，不利于农村的稳定。

4. 不利于良好的农村社区文化的构建

金盛华（2005）指出，社会比较不仅有即时的行为效应，而且会导致稳定的观念改变。经过社会比较获得的规范概念会在人独处时继续产生影响，因为一种心理倾向、心智结构一旦形成，就具有了刚性。问卷调查显示，67%的农民认为农村的攀比已经成为一种风气，54%的农民表示自己有时会进行攀比。可见，农村的攀比已经成风，已然演变成过度攀比，如果任由这种攀比风气继续盛行，那么伴随攀比而来的虚荣、嫉妒、怨恨、猜忌、浮躁、欺骗等劣根性的种子也会逐渐在农村滋生开来。农村社会中的物质攀比风、炫富风、拜金主义、享乐主义价值观和腐败奢侈风将越来越盛行，这与中央希望建设“乡风文明”的社会主义新农村的要求背道而驰。

五　总结与讨论

从社会心理学的角度来说，攀比是人们显示其竞争性的动物本能体现，是一种潜意识的不自觉行为，它频繁地出现在人们的日常交往中，而且攀比本身并没有对错善恶之分。但是，如我们在调查中发现的，农村攀比问题的核心在于，其过于侧重在经济和社会地位方面的攀比，出现了很多不顾自身条件盲目攀比，在攀比中捏造事实虚假攀比，以及过度攀比等现象，笔者认为，这种攀比在某种程度上甚至已经让某些农民丧失了基本的理性。

本文认为，农村攀比之风如此盛行，除了文中提到的，与当前农民经济和社会地位偏低、缺乏社会应有的尊重、基本温饱得到满足后处于追求尊重和心理满足感阶段有关外，还与农村文化建设比较薄弱有关系。农村文化生活单一，精神需求得不到满足，也是农民攀比的主要原因。因此，应该从提高农民经济和社会地位、丰富农村文化生活、改变歧视农民的社会风气等多方面入手，来刹住农村的攀比之风。此外，通过提高农民自身的素质，为农民创造更多的就业和创收途径，也是遏制其盲目攀比、虚假攀比，引导其正向攀比的主要手段。

参考文献

Abel, A. B., "Asset Prices under Habit Formation and Catching up with the Joneses", American Economic Review, Vol. 80, No. 2, pp. 38 – 42, 1990.

Easterlin, R. A., "Income and Happiness: Towards a Unified Theory", *Economic Journal*, Vol. 111, No. 473, pp. 465 – 484, 2001.

Festinger, L., "A Theory of Social Comparison Processes", *Human Relations*, Vol. 7, No. 2, pp. 117 – 140, 1954.

Schachter, S., *The Psychology of Affiliation*, California: Stanford University Press, 1959.

Goethals, G. R., "Social Comparison Theory: Psychology from the Lost and Found", *Personality and Social Psychological Bulletin*, Vol. 12, No. 3, pp. 261 – 278, 1986.

Suls, J. M. and Wheeler, L., *Handbook of Social Comparison: Theory and Research*, New York: Plenum press, 2000.

Goethals, G. R. and Darley, J., Social comparison theory: An Attributional Approach, In Suls, J. M. and Miller, R. L., *Social Comparison Processes: Theoretical and Empirical perspective*, Washington, DC: Hemisphere, pp. 259 – 278, 1977.

Hakmiller, K. L., "Threat as a Determinant of Downward Comparison", *Journal of Experimental Social Psychology*, Vol. 2, Supp. 1, pp. 32 – 39, 1966.

Wills, T. A., "Downward Comparison Principles in Social Psychology", *Psychological Bulletin*, Vol. 90, No. 2, pp. 245 – 271, 1981.

Tesser, A., Millar, M., and Moore, J., "Some Affective Consequences of Social Comparison and Reflection Process: The Pain and Pleasure of Being Close", *Journal of Personality and Social Psychology*, Vol. 54, No. 1, pp. 49 – 61, 1998.

Van der zee, K. I., Oldersma, F. L., Buunk, B. P. and Bos, D. A. J., "Social Comparison Preferences Among Cancer Patients as Related to Neuroticism and Social Comparison Orientation", *Journal of personality and social psychology*, Vol. 75, No. 3, pp. 801 – 810, 1998.

Blanton, H., Buunk, B. P., Gibbons, F. X. and Kuper, H., "When Better-Than-Others Compare Upward: Choice of Comparison and Comparative Evaluation as Independent

Predictors of Academic Performance", *Journal of Personality and Social Psychology*, Vol. 76, No. 3, pp. 420 – 430, 1999.

Buunk, B. P. and Oldersma, F. L., "Enhancing Satisfaction through Downward Comparison: The Role of Relational Discontent and Individual Differences in Social Comparison Orientation", *Journal of Experimental Social Psychology*, Vol. 37, No. 3, pp. 452 – 467, 2001.

Brickman, P. and Bulman, R. J., Pleasure and Pain in Social Comparison, In Suls, J. M. and Miller, R. L., *Social Comparison Processes: Theoretical and Empirical Perspective*, Washington, DC: Hemisphere, pp. 149 – 186, 1977.

Steele, C. M., Spencer, S. J. and Lynch, M., "Self- image Resilience and Dissonance: The Role of Affirmational Resources", *Journal of Personality and Social Psychology*, Vol. 64, No. 6, pp. 885 – 896, 1993.

Gibbons, F. X., Benow, C. P. and Gerrard, M., "From Top Dog to Bottom Half: Social Comparison Strategies in Response to Poor Performance", *Journal of Personality and Social Psychology*, Vol. 67, No. 4, pp. 638 – 652, 1994.

Alicke, M. D., LoSchiavo, F. M. and Zerbst, J., "The Person Who Outperforms Me Is a Genius: Maintaining Perceived Competence in Upward Social Comparison", *Journal of Personality and Social Psychology*, Vol. 73, No. 4, pp. 781 – 789, 1997.

Collins R. L., "For Better or Worse: The Impact of Upward Comparison on Self-Evaluations", *Psychological Bulletin*, Vol. 119, No. 1, pp. 51 – 69, 1996.

Suls, J. M., Miller, R. L., *Social Comparison process: Theoretical and Empirical Perspectives*, Washington, DC: Hemisphere Publication Services, pp. 1 – 19, 1977.

Lockwood, P., "Could It Happen to You? Predicting the Impact of Downward Comparison on the Self", *Journal of Personality and Social Psychology*, Vol. 82, No. 3, pp. 343 – 358, 2002.

Buunk, B., Collins, R., Taylor, S., Van Yperen, N. and Dakof, G., "The Affective Consequences of Social Comparison: Either Direction Has Its Ups and Downs", *Journal of Personality and Social Psychology*, Vol. 59, No. 6, pp. 1239 – 1249, 1990.

McFarland, C., Buehler, R. and MacKay, L., "Affective Responses to Social Comparisons with Extremely Close Others", *Social Cognition*, Vol. 19, No. 5, pp. 547 – 587, 2001.

Kelley, H. H.: Causal Schemata and the Attribution Process, In Jones, E. E., Kanouse, D. E., Kelley, H. H., Nisbett, R. E., Valins, S. and Weiner, B. (Eds), *Attribution: Perceiving the Causes of Behavior*, Morristown, NJ: General Learning Press, pp. 151 – 174, 1972.

卢洪友：《政府竞争、攀比效应与预算支出受益外溢》，《管理世界》2007 年第8 期。

雷玲：《初中生攀比心理：自尊与生活满意度的相关研究》，哈尔滨师范大学硕士学位论文，2012。

郑霞：《大学生攀比现象透视与引导策略研究》，大连理工大学硕士学位论文，2009。

李晓：《农村攀比风该刹一刹》，《山西农业》2004 年第 4 期。

刘殿起：《办婚事攀比要不得》，《农村实用技术与信息》2006 年第 2 期。

邢淑芬、俞国良：《社会比较研究的现状与发展趋势》，《心理科学进展》2005 年第 1 期。

金盛华：《社会心理学》，高等教育出版社，2005。

（本文原载于《中国农村观察》2014 年第 3 期）

生态安全与可持续发展

食品短链、生态农场与农业可持续发展*

檀学文　杜志雄

摘　要：　常规现代农业发展带来的各种弊端一方面在现代农业内部通过发展方式调整进行解决，另一方面通过包括食品短链在内的各种新型农业模式探索新的出路。基于问卷调查结果，本文分析了位于北京郊区的41个中小型生态农场的主要特征，包括经营者、土地、资金、雇工、技术、价格与销售等。结果显示，中小型生态农场在社会和生态维度上具有较强可持续性，但在经营层面存在较大经营风险，尤其是财务风险；总体上存在的信任危机问题在短期内还难以通过参与式认证体系（PGS）加以解决。食品短链对于生态农业发展具有引领性价值，其政策借鉴意义在于培养生态农业经营人才和发展环境。

关键词：　食品短链　生态农场　新型农业　新农人

---

* 本文为国家社科基金重大项目“产业链视角下的加快转变农业发展方式研究”（批准号12&ZD056）、中国社会科学院创新工程项目“农产品安全战略研究”之阶段性成果。国家社科基金重大项目首席科学家、国家发改委宏观经济研究院姜长云研究员对本文写作提供了很多建设性意见。但作者文责自负。

一　食品短链的缘起与特征

农业可持续发展几乎是一个不证自明的重要议题。可持续农业概念最早在1992年出现于联合国环境与发展大会21世纪议程文本中，而对现代农业发展模式的反思、对替代性农业模式的探索比这早了很多（程序，1999）。中国在20世纪80年代初开始发展生态农业，在1994年的《中国21世纪议程》中也采纳了可持续农业战略思想。但是这么多年来，伴随着持续的农业产量增长，中国农业的资源消耗、环境恶化、食品安全形势严峻等局面没有根本缓解①。这表明在需求增长和资源约束双重压力下，以及由于现代农业体制的惯性力量，追求和实现农业可持续发展难度极大。2015年初刚刚通过的《全国农业可持续发展规划》提出采取“一控两减三基本”措施②，代表着中国现代农业追求可持续发展的最新努力。

与此同时，对现代农业弊端的反思和批判也引发了各种后现代农业思潮以及相应的后现代农业实践模式，也可以称为新型农业模式（檀学文、杜志雄，2010）。新型农业模式内涵宽泛，有多个平行的概念，如可持续农业、生态农业等，其典型的类型有循环农业、绿色农业、有机农业、低碳农业、朴门永续农业（permaculture）、自然农法等。随着时间的推移，新型农业模式的应用范围趋于扩大。例如，农夫市集在发达国家已经存在超过30年，但是通过农夫市集带动生态型农产品销售却在最近几年在发展中国家变得流行。朴门永续农业和自然农法作为后现代农业思潮和实践，都存在了多年，但是也在近年来焕发新的生机，在农场层面获得更多应用。

有机农业是一种技术标准最为复杂、严格和明确的新型农业模式，需要独立第三方检测认证。但是近年来，有机农业内部的改良或替代模式——参与式保障体系（PGS）在发达国家和发展中国家都正在快速推进。所有这些不同部门发生的变化合在一起，代表着一种新的替代性农业模式——食品短链——的

① 杜志雄：《“新农人”代表农业产业发展的方向》，《南方农村报》2014年1月14日。

② 即严格控制农业用水总量，减少化肥、农药施用量，地膜、秸秆、畜禽粪便基本资源化利用。

兴起（Giaré and Giuca，2013）。其中，农场采用生态农业技术，农夫市集促进了生态型农产品的直接销售，农夫市集组织的消费者考察以及正在发展中的PGS可以促进消费者对农场的监督和信任。

食品短链作为食品供应链的一种类型，以“短”为其基本特征，体现其所在的食品供应链的可持续性（杜志雄、檀学文，2009）。食品供应链的长短表现在三个方面：①农产品和食品从初级生产者到最终消费者的空间距离；②农产品和食品在离开田间或工厂后达到最终消费者所需要的时间；③食品从初级生产者到最终消费者所经过的储运和加工的环节以及增值程度。如在北京郊区农场收获的蔬菜，当天早上运送到农夫市集，当天即可端上餐桌；与此相反，在寿光农场收获的蔬菜，需要经历地头市场、寿光蔬菜批发市场、新发地批发市场、某个二级批发市场、农贸市场才能到达北京消费者。这个过程里，后者所需的时间和空间距离显然都大大长于前者。类似的，苹果经过加工、包装后成为苹果干、果汁、果冻，其所经历的中间环节和增值程度都远远大于作为鲜果的苹果产品。

从农业产业化经营角度，农业产业链需要延长和增值，但是食品短链从另外一个视角看问题。与常规食品供应链相比，食品短链缩短了运输距离，降低了食品的经济成本和生态环境成本；缩短了食品运销的时间，提高了最终消费者所消费食品的新鲜程度并降低了保存成本；缩短了生产者和消费者的距离，提高了消费者监督和参与的可能性，从而有利于食品安全；减少了加工和包装，降低了消费成本并改善了食品消费的健康方式。食品短链中的高度信息对称性以及对生产过程的监督，有助于生产者和消费者之间建立稳定信任关系，从而发育出更加有效，生产者和消费者同时获益的销售模式。

对于新型农业模式需要回答两方面问题：一方面，就其自身而言，是否能够在不同维度①和不同环节都实现可持续；另一方面，新型农业模式是否能推动常规农业向更加可持续的新型现代农业发展，它们如何体现未来的发展方向？对于食品短链，我们同样应当回答以上两方面的问题。本文将对北京郊区

① 在张晓山等主编（2009）中，我们将食品供应链的可持续性概括为经济、社会、技术和管理四个维度。

小型生态农场调查的结果进行概括和分析，探讨代表食品短链的中小型生态农场在上述两个问题上的发展情况。

二　北京郊区中小型生态农场调查结果分析

2013～2014 年，我们承担的两个研究项目联合开展以“新农人”① 为主体的中小型生态农场调查。由于缺乏统计学意义上的总体清单，无法随机抽样，只能采用“拉网式”方法，在不同场合——最主要的是各种相关会议以及市集——对所遇到的符合条件的新农人进行问卷调查。经过为期半年左右的调查，我们共获得 76 份调查问卷。由于已经很难再获得新的调查对象，我们认为我们的样本对于研究问题而言具有一定的代表性。为使分析对象有所聚焦，本文把分析对象集中在位于北京郊区和河北省且主要针对北京市场的 41 家农场。所调查的 41 家农场中，有 33 家位于北京市，多数位于昌平区、海淀区和顺义区；另外 8 个位于河北省保定、廊坊等地。农场规模分布于各个区间，小的不足 10 亩，大的大于 500 亩，整体而言，多数属于中小型农场。如果以 100 亩为界，则规模较大的农场有 16 家，占 41%。样本农场生产最多的品种是蔬菜，共有 21 家；除此之外生产较多的品种是家畜、家禽、蛋类、水果和粮食，其他“小品类”的品种有蜂蜜、水产品、中药材、鲜花等。

（一）经营者以年轻和高学历者为主，持有农业户籍者不足半数

被调查的农场经营者普遍比较年轻，40 岁以下的占 70.7%，50 岁以下的占 92.7%，以 30～39 岁年龄段为主体。他们的文化程度普遍较高，大专以上的占 78%，其中本科文化水平的占 41.5%，研究生文化水平的占 22%，不乏博士毕业生。他们当中多数人拥有城镇户口，比例为 56.1%。他们的年龄与文化程度呈现显著负相关，年龄越高的文化程度越低。他们的文化程度与户口呈现显著正相关，拥有城镇户口的人的文化程度高于农村户口的人（见表 1）。

① 目前理论上对“新农人”尚无统一概念。杜志雄（2014）认为“生态生产方式是新农人的基因和灵魂。新农人泛指那些农业全产业链上从事农业生产、产品营销或为生产与营销提供支持和服务的自然人和企业。与一般的传统农民和企业不同，他们具有的共同基因是建立在‘生态自觉’基础上的注重生态友好和资源节约性技术的创新和运用”。

表 1　样本农场经营者年龄、学历和户口性质分布

单位：%

年龄段	占比	学历	占比	户口性质	占比
20～29 岁	26.8	大专以下	22.0	城镇户口	56.1
30～39 岁	43.9	大专	14.6	农业户口	43.9
40～49 岁	22.0	大学本科	41.5		
50 岁及以上	7.3	研究生	22.0		

（二）多数土地来源于租赁

在调查的农场中，50% 的农场的土地完全是租赁而来的，另外 24% 的农场的土地完全是自有的，还有 26% 的农场同时拥有自有土地和租赁土地。在部分租赁土地的情况下，也是租赁所占比例达到或超过一半的情况占多数（见图 1）。这就是说，生态农场大部分依靠租赁土地，也有一部分返乡青年依靠自有土地发展生态农业。土地租赁的周期绝大多数都是 10 年以上，占 81.1%；除此以外，只有 2 例是无规定期限随时变更，另有 5 例的租期在 10 年以下。从这一点来看，生态农场的土地使用权是相对较稳定的。土地租金的分布比较分散，从 500 元以下到 5000 元以上的各个区间都有分布。我们可以粗略判断，1000～2000 元以及 5000 元以上分别代表普通土地和大棚的常见租金水平。

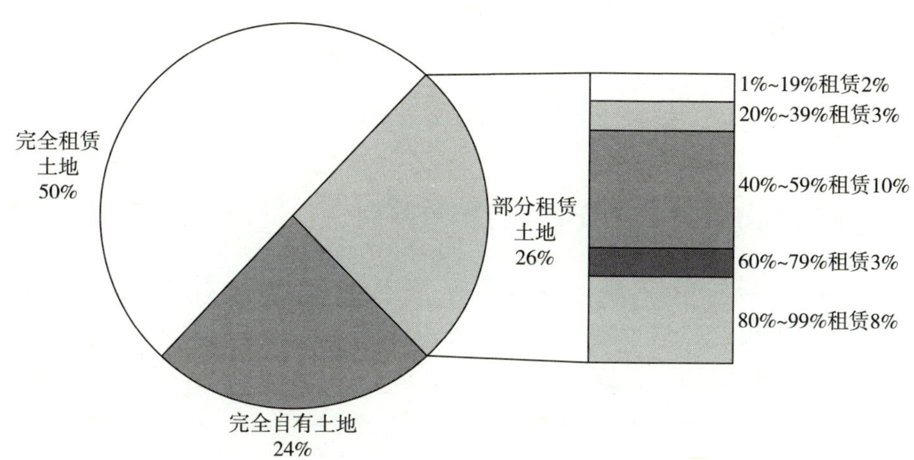

图 1　样本农场的土地租赁情况

（三）资金投入较大，基本源于自有资金

调查农场用于农业生产的总投入较多地分布于10万~500万元，占78%；10万元以下的和500万元以上的都比较少（见图2）。其中，投资额为100万~500万元的有16例，占39%。投资额超过100万元的共有20例，占将近50%，其中超过1000万元的有3例。可以认为，生态农场并不是普通人的生意，是名副其实的投资项目。经营资金绝大多数情况下都是来自自有资金，占87.8%。尽管如此，实际发生过贷款的有12例，占29.3%。贷款的来源包括商业银行、资金合作社以及民间借贷等。

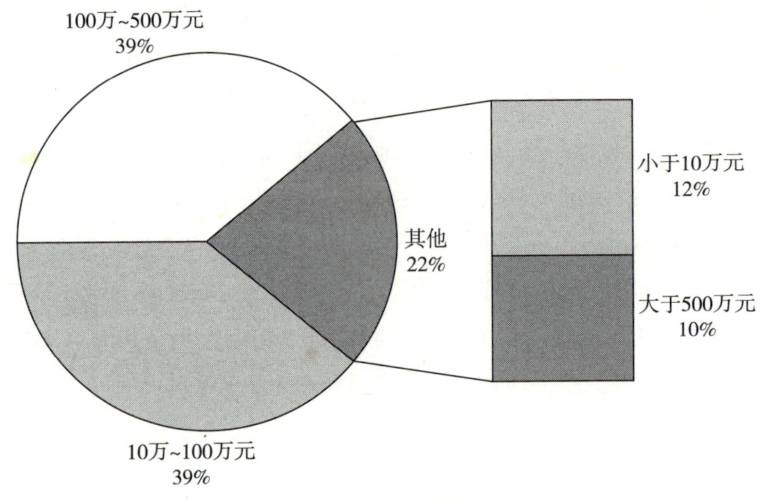

图2 样本农场的资金投入规模分布情况

（四）雇工不多，工资偏低且年龄偏大

大部分农场的职工人数在10人以下，这样的农场共有23家，占56.1%。78%的农场雇用常年工，22%的农场只雇用临时工。在雇用常年工的32家农场中，21家农场的雇工人数在10人以下，占65.6%。农场工人大部分来自本地，即农场所在乡镇。目前，常年工人的平均月工资大部分为2000~3000元，所占比例为48.8%；另外有22%的农场的常年工人成本为3000~4000元。也就是说，70.7%的农场的常年工人平均月工资为2000~4000元。常年工人较

少地享受提成、交通补贴、社会保险等待遇。常年工人和临时工人的平均年龄都以 40 ~ 60 岁为主，其中常年工人中 40 ~ 50 岁的要相对多一些，临时工人中 50 ~ 60 岁的要相对多一些。

（五）主要采用生态型农业生产技术

所调查的农场主要采用生态型农业生产技术。将近一半的农场主要使用有机种子①，略多于一半的农场使用常规种子。农药使用最多的是自己开发的农药/生物农药和有认证的生物农药，对常规农药和无认证的生物农药的使用都很少。同样的，样本农场主要使用生态型肥料。有 30 家农场使用自己的堆肥，有 11 家农场使用有机认证肥料，有 4 家农场使用未经认证的有机肥料，只有 1 家农场使用了常规肥料（见图 3）。对于堆肥技术，绝大部分农场都使用露天堆肥（30 例），有部分农场使用了新型菌物发酵技术（11 例）。被调查农场所使用的饲料绝大部分都是自制或自有的饲料，只有极少数使用有认证的饲料或常规饲料。各农场的种植和养殖技术的主要来源是农场负责人或经营者自己，占 51.2%；少量是当地农民以及聘请的专职技术员，其他来源如政府技术员等都很少。

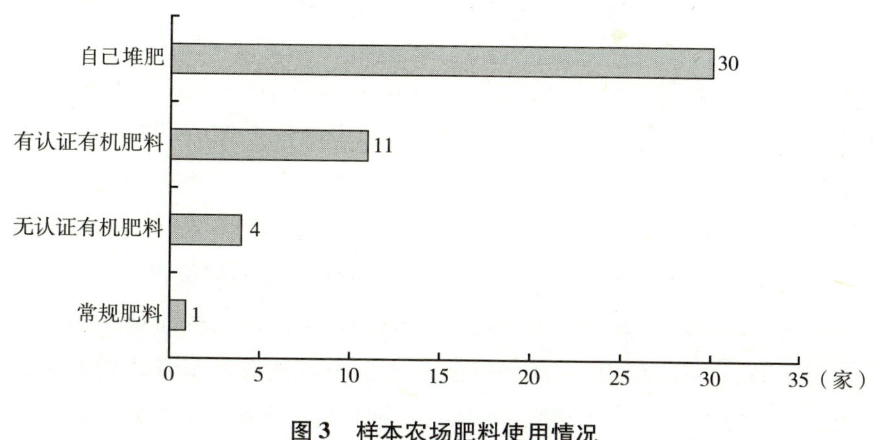

图 3　样本农场肥料使用情况

样本农场产品质量认证比例非常低。只有 5 家农场获得国家有机食品认证，占 12.2%；另外各有 1 家农场分别获得国家无公害农产品认证和 GAP 认证。其

① 指专门为从事有机栽培的农场或客户生产的、完全不采用化学处理（NCT）的农作物种子。

余的 34 家农场无任何认证，占 82.9%；没有企业获得过绿色食品、HACCP、ISO 等认证。与此对应，受访者对正规质量认证的信任程度以“一般”居多，而选择“非常相信”和“相信”的人与选择“不相信”和“完全不相信”的人基本上对等。他们认为目前我国有机认证制度存在很多问题，包括制度设计脱离实际、认监委监管不到位、认证机构监管不到位等。从而，他们对“安全食品”定义认可最多的是“按照有机方式种植，但是未必获得认证”（见图 4）。

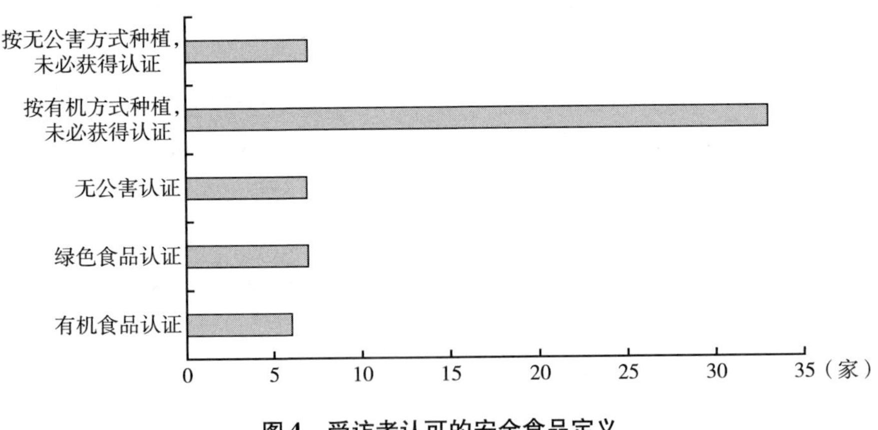

图 4　受访者认可的安全食品定义

大部分受访者都知道有机食品认证的替代认证——参与式认证体系（Participatory Guarantee Systems，PGS）①。他们中的绝大部分（81.5%）认为 PGS 主要作用是增进生产者与消费者之间的信任。可见，尽管从初衷来说，PGS 的功能是替代正规第三方认证，但当前新农人基本上还是将其当作取得消费者信任的工具，而并未将其放在与第三方认证同等重要的位置。这与他们对 PGS 的作用的认知相一致，受访者对 PGS 能否解决信任危机问题并不非常乐观。在了解 PGS 的受访者中，60.6% 的人认为 PGS 能够甚至肯定能够解决信任危机，30% 的人认为一般或者不可以，分别只有 1 人和 3 人表示不能够以及不清楚。在销售上，尽管只有 5 人认为促进销售是 PGS 的主要作用，但是有

① PGS 是由国际有机农业运动联盟（IFOAM）发起，其官方定义是：一种为所在地提供质量保证的体系，该体系在所有相关方都积极参与的前提下对生产者实施认证，并以此建立起一种彼此信任、互相沟通和认知交流的基础关系（http：//www. ifoam. bio/en/value-chain/participatory-guarantee-systems-pgs）。

21 人认为 PGS 能够促进销售。也正因为如此，绝大部分受访者都表示愿意参与 PGS 活动。

（六）销售与盈利总体上不容乐观

所调查的生态农场的产品价格主要是由生产成本决定，同时参考竞争对手的同类产品价格，有的也考虑市场供应数量和同类产品品质。34 位受访者认为是由成本决定价格，占全部受访者的 82.9%。这些受访者中同时有 7 人认为价格也受竞争对手同类产品价格的影响。只有 6 人认为价格主要受竞争对手的同类产品价格影响。据我们观察和了解，生态农场的产品价格相当于农贸市场同类产品价格的 2～8 倍，因季节和具体产品而有所差别。但是，很可能由于生产成本较高，大部分受访者都认为自己农场产品的价格水平“一般”。虽然也有人认为价格便宜或者比较贵，但是他们都不认为产品价格非常贵或者非常便宜。

所调查的生态农场的销售渠道都是非常规的。他们最主要的销售渠道是直接销售，包括市集和宅配。市集销售和宅配各有 25 例和 23 例，分别占 61.0% 和 56.1%。部分农场还拥有一定比例网店销售、消费者团购、公司或股东内部供应等销售渠道。传统销售渠道，包括批发市场、农贸市场、超市、零售店等，对生态农场来说则属于极少数或例外。宅配和市集同样也是生态农场的销售利润最高的渠道。

样本农场的盈利情况总体上不容乐观。较多的农场基本持平，盈利和亏损的农场均存在，但是亏损的农场要多于盈利的农场。具体地说，32.5% 的农场的盈利状况基本持平，只有 27.5% 的农场存在不同程度的盈利，而 40% 的农场存在不同程度的亏损（见图 5）。农场盈亏与经营时间存在一定相关性，亏损农场多数经营时间都比较短，前期投入可能是亏损原因之一。尽管如此，只有不到 30% 的农场盈利表明该行业具有较高的经营风险，如何培育可持续发展能力是大问题。

（七）很少得到政府扶持

政府对中小型生态农场的扶持力度有待加大。在 41 家生态农场中，有 26 家从来没有获得过政府扶持，占 63.4%。在 15 家获得政府支持的农场中，有

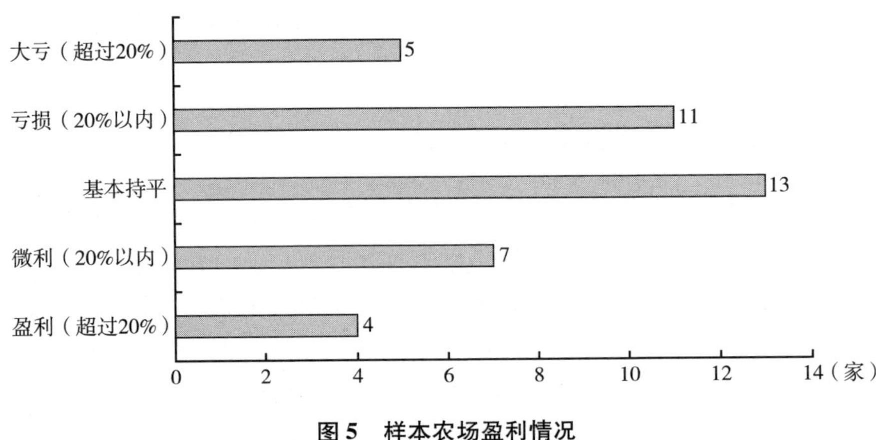

图5　样本农场盈利情况

10家分别获得过1项次政府扶持，有3家都获得过2项次政府扶持，另外各有1家分别获得过5项次和7项次政府扶持。由此可见，一方面，政府对生态农场的政策扶持总体偏少；另一方面，生态农场获得的政策扶持的分布高度不均，少数农场享用了多数政府资源，政府扶持方面存在明显的“精英俘获”现象。政府扶持项目中较多的是农资补贴和农机具补贴，其他补贴都比较少。

三　市集与生态农场发展

大部分被调查农场在市集的销售比例（按销售额）在60%以内。其中，有15家农场（占41.5%）的市集销售比例在20%以下，市集销售比例为20%～40%和40%～60%的农场都有8家（都占19.5%）。有少量农场在市集没有销售，同时也有少量农场的市集销售比例在80%以上。数据显示，41家农场中，除了2家未在市集销售以及2家数据缺失，已有37家在市集进行过销售。受访者对于进入市集的意愿很高，表示非常愿意和愿意的受访者的比例分别达到53.7%和39.0%，仅有7.7%的受访者的意愿一般，没有受访者表示不愿意。

这个结果显示了市集在生态农场发展中的重要性。目前，北京市内已陆续产生多个组织主体不同、行为和交易内容有别的农夫市集，比较活跃的包括北京有机农夫市集、舌尖上的市集、京西生态农夫市集、北京社区农夫市集、从农场到邻居农夫市集等。其中，从农场到邻居市集位于北二环内，京西市集位于西四环内，其他三个市集都位于市区东部，都是高端消费人群密集场所。

北京有机农夫市集是目前北京同类市集中规模最大的。它成立于2010年9月，由一位国际艺术家发起，后转由国内志愿者接手，希望鼓励城乡、产销沟通，探讨食品体系存在的问题和出路①。2012年以来，有机农夫市集发展速度加快。到2014年，市集拥有9名固定员工，建立了4个固定市集场地、若干流动市集场地和1个社区中心"集室"，开办了240余场市集活动，拥有近40个经营商户，每场市集平均销售金额为10万~15万元。商户中有20多个是所谓的"农友"，即本研究界定的中小型生态农场，另外10余个是加工作坊、NGO、企业等。除此以外，该市集还有近百个处于"等候"状态的商户申请者。从近期情况看，由于场地限制，现有商户不退出，等候的申请者很难进入市集。从2012年起，市集向经营商户收取"赶集金"，对不同的类型按照不同标准收取，总体上不高于销售收入的5%。从很少有商户主动退出来看，赶集金是商户们所能够接受的。

所调查的41家农场中有14家是北京有机农夫市集的商户，占样本的1/3。其中，有10家农场位于北京郊区，4家农场位于河北省；1家农场以合作社形式经营，12家农场以独立农场形式经营，另外1家为真正的家庭农户。这14家农场中有9家主要生产蔬菜，有的兼营少量养殖业、食品加工等。这14家农场中，有11家未进行任何形式的产品质量认证，另外3家则持有有机食品认证。这些农场通过市集渠道销售的比例都低于80%，在各区间内相对均匀地分布。总体上看，市集的销售份额低于宅配，但是这些农场仍然十分看重市集对销售的贡献。对他们来说，市集的宣传功能是最重要的，其次是发掘潜在顾客，产品销售只是排列在第三位。不过，与此同时，其中65%的受访者也认为市集对销售的作用是明显或者非常明显的。可见，对于绝大部分生态农场来说，假定其技术条件和产品质量有保障，销售是至关重要的。以更高成本生产出来的生态农产品，尤其是鲜活产品，一旦不能马上售出，就只能以同类常规产品的价格处理掉②。从这一点来看，对多数生态农场来说，通过市集进行宣传和促销比销售的作用更加重要。

---

① 本节内容根据对北京有机农夫市集负责人常天乐的访谈记录整理而成。

② 这可以部分地解释上文中提到的生态农场亏损面较大的原因。

四 总结与思考

（一）总结

1. 短链型生态农场的可持续性问题

食品供应链的可持续性体现在经济、社会、生态等维度，可以具体化为环境保护、营养和健康、食品质量安全、营利性和利益公平分配等方面。从调查情况看，北京郊区中小型生态农场在上述多数维度基本上能够实现可持续性，尤其是与常规食品供应链相比，在环境保护、营养和健康、食品质量安全、利益公平分配等方面具有明显优势。生态农场基本上都采用环境友好技术，很少或者不使用化肥和农药，这既有利于环境保护，也有利于营养、健康以及食品安全。生态农场的产品销售主要采取宅配和市集销售模式，从田间到餐桌的时间较短，空间距离缩小，降低了“食物里程”（food miles），提高了食物的新鲜程度。该销售模式还减少了中间环节，剩余均归农场，所以在社会意义上是可接受的。在文化层面，作为短链象征的市集直销和消费者互动机制使社会重新认识饮食问题的重要性、当前食品体系问题的严重性以及对替代性食品生产和消费的信心，所以代表着进步的社会潮流和文化方向。

不过，生态农场的经济可持续性仍然存疑。代表短链的生态农场在营利性上并非那么稳定和可观，尽管价格不低，但是由于规模不经济以及营销能力不足，亏损多于赢利，较多的农场只是维持盈亏平衡。这种状况可能对吸引更多新农人和资本进入中小型生态农业难以形成足够的正向激励。受访者对于选择从事生态农业的理由，选择最多的前三项分别是为自己或朋友提供安全食品、实现个人理想抱负以及看好生态农业市场。通过访谈可以得知，有不少人向往与都市白领完全不同的生活方式，当前能够承受亏损。在这种情况下，中小型生态农场有多大发展空间，很难给予乐观的估计。

生态农场另一个不可回避的问题是，作为一个群体，其可信赖性仍然存在问题。就像新农人以及普通居民对正规食品质量认证不够信任一样，社会对生态农场的产品也不够信任，这来自调查过程中从新农人那里得到的反馈。尽管很多中小型生态农场富有责任意识，值得信赖，但是也有不少农场的做法名不副实。更重要的是，由于普遍缺乏认证，普通消费者真假难辨，干脆不进入该市场，从而形成“旧货市场”效应，限制短链型生态农场的发展。

2. 中小型生态农场对农业转型的推动意义

到目前为止，采取直销形式的中小型生态农场的市场角色注定是曲高和寡和小众的，其成本、价格以及销售方式都是重要的限制因素。从而，对第二个问题的回答就显得特别重要，即自身“小而美”的中小型生态农场的发展能在多大程度上对常规农业以及食品体系的转型产生推进和促进作用。

首先，对地方性食品体系而言，作为食品短链以及地方性食品体系一部分的中小型生态农场打破了传统食品体系的一个缺口，为消费者提供新的选择机会，为繁杂的食品体系增添了一种可行的、替代性的新型食品模式。食品短链契合了一部分高端消费人群的需求，也令一部分人看到了商机或实现梦想的机会，并在新媒体、城镇化、个性化、多样化消费趋势等宏观背景下发展起来。从为现有食品体系提供更加丰富的替代性食品模式的意义看，食品短链的出现和发展本身意味着食品体系的改进。与此同时，我们也要客观看待这种价值，不能将其过度夸大。直销的农产品走入寻常百姓家仍然看不到可行的实现路径，农贸市场、菜市场、超市仍然是绝对的主流。生产成本和配送成本决定的相对高昂的价格以及定量预定和定期配送方式都限制了对中小型生态农场的有效需求。所以就食品体系而言，食品短链的引领性价值更甚于扩张性价值。

其次，生态农场技术模式的借鉴意义在于农业经营者。中小型生态农场的技术路径和经营模式基本上与常规现代农业的发展模式背道而驰，主要体现在以下方面。不重视正规认证，主要通过“口碑”取得信任；主要用自制的生物肥料替代化学肥料；利用天敌、轮作套种、沼气等传统农耕智慧；重视农产品直销而不是大规模批发流通等。虽然生态农场的自身规模不算很小，但是与常规农业相比就显得微不足道，无法与大市场抗衡。不过，从中小型生态农场实践中提炼出的基本经验可以供常规农业学习借鉴，尤其是改良土壤和培肥地力、套种轮种和正确使用沼气技术等。但是这些技术手段的知识都存在，常规农业所缺的是正确采用这些知识的人。所以，小型生态农业拥有更加胜任的经营者，常规农业则面临谁来经营的根本性困境。常规农业的根本性出路恐怕还在于解决经营者问题。

（二）思考

1. 生态农场：利益还是价值或梦想的逐鹿场？

理想很丰满，现实很骨感。本文分析显示，中小型生态农场虽然是一部分城乡有识之士回归田园的一种途径，但是总体上来说，它们都是有风险的投资项目。经营需要赚钱，亏本太多或太久就会退出，生态农场给家庭、朋友圈或社会带来的正外部效应最终可能仍然要服从于投资规律。所以，生态农场虽然是未来农业发展的方向，但从经营和财务可持续性看，不能将其神圣化；特别是在现有市场格局和消费者对高端产品的支付意愿和能力约束下，市场风险同样很大，特定阶段还要接受无利润或亏损的现实。

2. 食品短链如何解决食品安全问题？

食品短链致力于解决营养、口味和安全问题，其主要采用传统生态农业方法，减少化肥和农药的使用。从调查结果看，很多生态农场都能够做得很好，具有强烈的社会责任感和科学意识，有的比经过正规认证的有机农业企业（农场）做得还要好。但是小型生态农场作为一个群体，其核心问题在于缺乏统一、透明、有公信力的品质认证，基本上依靠自我宣传和与消费者互动，发展水平参差不齐，消费者真假难辨。生态农场的经营者基本上不看好正规认证，其规模通常也不适宜于正规认证，所以看起来 PGS 是目前较为可行的一条解决路径。但是，PGS 的成功要以农场真正采取生态或有机耕作方式、符合有机农业标准为前提。如果农场采取投机行为，那么 PGS 是无法成功的。另外，中国的社会文化体制也使 PGS 当中最为关键的多方参与机制困难重重。

3. 谁来养活中国人？——农业劳动力问题

著名的“布朗问题”——“谁来养活中国人?”——讲的是世界资源和世界市场问题（Brown，1995）。在国内范围看，未来农业发展面临农业经营者和劳动者的更新和持续问题，这是另一种“谁来养活中国人”的问题。因此当前中国社会特别重视新型农业经营主体的培育和构建。在农村人口和劳动力流失严重、务农劳动力和人才缺乏的情况下，如何培育新型农业经营主体和新型职业农民成为热点话题。新农人群体的出现似乎给这个问题提供了一个答案（杜志雄，2014）。但是我们的分析表明，中小型生态农场不同于家庭农场，其经营者以年轻人为主，但是劳动者仍以中老年人为主。他们工资待遇不高，不少人并不理解或不接受生态农业技术，工人短缺现象也经常发生。所以即使在生态农场，劳动者意义上的“谁来养活中国人”的问题也未完全解决。

4. 如何促进大范围生态农业发展?

中小型生态农场在技术和经营上的成功似乎为大范围的生态农业的发展以及现代农业在总体上朝向高效和生态的方向发展提供了榜样，特别是其生态生产方式的示范效应。一些新农人对生态农业优质不高产、成本过高等说法并不认同，一些好的生态农场的确能够做到优质、高产、高效。我们实地考察过的一些农场都采用了精细的生态农业技术并在经济上取得成功。可以说，作为储备的知识，可行的技术、经验都存在，只是有没有足够的人才去发现这些知识并将其正确地在农场的层面上应用和落实。所以，在农场或经营单位层面来说，关键在于人力资本，即从事农业生产的经营者和劳动者是否具备发展生态农业的意识、信念、技术、经验等。对生态农业的投资可以将已有人才聚集起来，但是要将广大的农民培养成具备生态农业素质的人才，将是漫长和缓慢的过程。政府对生态农场或生态农业的支持必不可少，财政扶持固然重要，但对这种有利于保持农业可持续性的生产方式的精神鼓励和社会环境氛围的营造同样很重要（杜志雄，2014a)。

参考文献

程序：《可持续农业的几个理论问题》，《生态农业研究》1999 年第 7 卷第 1 期。

杜志雄（a)：《呼吁设立生态农业国家奖》，《南方农村报》2014 年 1 月 15 日。

杜志雄（b)：《新农人在促进中国农业转型中的价值不可估量》，《食品界月刊》2014 年第 1 期。

杜志雄、檀学文：《食品短链的理念与实践》，《农村经济》2009 年第 6 期。

檀学文、杜志雄：《从可持续食品供应链分析视角看“后现代农业”》，《中国农业大学学报》（社会科学版）2010 年第 27 卷第 1 期。

张晓山、杜志雄、檀学文主编《可持续食品供应链：来自中国的实践》，黑龙江人民出版社，2009。

Brown, Lester R., *Who Will Feed China?, Wake-Up Call for a Small Planet* (*The Worldwatch Environmental Alert Series*), 1995.

Giaré, F. and Giuca S. (ed.), *Farmers and Short Chain: Legal Profiles and Socio-economic Dynamics*, National Institute of Agricultural Economics (Italy), 2013.

（本文原载于《改革》2015 年第 5 期）

耕地可持续利用的影响因素研究

——基于村级面板数据的实证检验*

孙若梅　杨东升

摘　要：本文利用228个样本村2000年、2005年和2010年三个年度的面板数据，在分析样本村的耕地面积、农作物播种面积、粮食作物播种面积和粮食产量的变动特征基础上，构建出衡量耕地数量可持续、耕地利用可持续和粮食生产可持续的指标；进而将可持续性指标作为因变量，采用计量经济方法进行影响因素分析。本文的主要结论是：近年来，我国耕地数量减少给人以深刻影响，但来自样本村的数据显示，2000～2010年，耕地面积、农作物播种面积和粮食播种面积，若以村庄个数为计量单元均呈现"耕地减少"比例的下降趋势；若以面积和产量为计量单元，则呈现明显增加的趋势，即在村庄层面具有粮食增产的耕地基础；影响耕地数量、农作物播种面积和粮食作物播种面积变化的因素存在差异：耕地面积和农作物播种面积的影响因素主要来自村庄外部的宏观因素，粮食作物播种面积的影响因素则在很大程度上可以由村庄的特征变量得到解释。

关键词：耕地可持续利用　村级数据　耕地面积

* 本研究为中国社会科学院农村发展研究所创新工程项目"农业资源与农村环境保护"的成果。

一　问题的提出

（一）背景

随着经济快速增长和城镇化进程的加快，稳定耕地数量和实现耕地资源可持续利用成为我国经济社会发展的重要目标，大量文献从不同视角关注到这一问题，已有的研究可以概括为两个方向。第一，耕地支撑经济增长，主要是利用国别数据、省级数据讨论了 GDP 变化与耕地数量变化的规律、两者的关系以及影响因素和驱动力，一般结论是：在 GDP 水平、产业结构构成、城市化水平的一定阶段内，耕地面积经历从减少到稳定的过程，即随着经济增长到一定阶段，耕地数量减少的压力会呈现为先增加、后减少（曲福田，2004；李永乐、吴群，2008；吴永娇、董锁成，2010）。第二，耕地支撑粮食生产，主要是利用农户数据和农田地块数据讨论了中国农地的生产能力和粮食安全，一般的结论是：中国现阶段的粮食生产受土地非农化的影响不大，而受生产技术、设施的投入和自然灾害的控制等因素的影响更大（姚洋，1998；俞海、黄季锟，2003）。

（二）研究的问题

经济增长中出现的耕地数量减少，已经引发对威胁国家粮食安全的担忧，为此，我国政府提出了“坚守 18 亿亩耕地红线”的战略，实施了耕地占补平衡政策，旨在确保我国耕地总量不减少。那么，在村庄单元中耕地数量变化和粮食生产呈现怎样的特征和关系呢？本研究试图利用 2000 年、2005 年和 2010 年三个年度的村级样本数据，考察耕地数量变化、耕地利用变化与粮食生产变化的特征，进行影响因素分析。

选择以村庄为耕地研究微观单元的考虑是，我国实行农村土地集体所有制，即耕地的所有权为村集体（村民小组）所有，承包土地的分配和利用在每个村内（村民小组）具有相对的一致性；尽管最近随着耕地流转和现代农业的发展，耕地的利用正在出现分化，但在过去的十几年中，村庄内部耕地利用的一致性仍较高；同时，十多年，我国耕地数量的变动给人以深刻印象，利用省级层面耕地数据的研究已较丰富，而从村庄层面的研究确因数据限制而不多见。在城镇郊区、矿区周边、平原地区、山区、贫困地区的村庄，耕地可持续性受到哪些因素的影响。仍是值得探讨和需要回答的问题，研究耕地数量和粮食生产可持续的影响因素，可为国家的粮食安全战略献计献策。

二　数据和方法

（一）数据

本研究所用的数据是由农业部农村固定观察点办公室提供的村庄级数据，系由包括30个省（区、市）的228个行政村在2000年、2005年和2010年三个年度的跟踪调查数据所组成的面板数据集。数据集中包括的指标分为十个方面：分组标志（12个变量），经济概况（16个变量），人口、农户、企业和基层组织情况（43个变量），劳动力情况（39个变量），土地情况（44个变量），集体固定资产情况（13个变量），农林牧渔业生产情况（48个变量），村集体经营情况（32个变量），村集体财务收支及年末资金往来余额（40个变量），社会发展情况（52个变量）。这些统计指标是很全面的，涵盖了农村的政治、经济、人口、资源、社会、生产、生活等的几乎所有方面。

（二）方法

本文采用趋势分析、相关分析和计量分析的方法。趋势分析是选择出有代表性的变量，考察同一指标的年度变化，目的是刻画出各变量在2000～2010年的十年间及2000～2005年和2005～2010年两个时间段的变化特征。相关分析是利用村庄数据，进行变量之间的相关性检验，目的是找到耕地数量、农作物播种面积和粮食生产的相关性。计量分析是将耕地的可持续利用，分解为耕地数量可持续、耕地利用可持续和粮食生产可持续，用耕地面积变化率、农作物播种面积变化率和粮食作物播种面积变化率作为反映耕地数量可持续、耕地利用可持续和粮食生产可持续的因变量，进行影响因素分析。

三 耕地数量和粮食生产趋势分析

为了揭示出耕地数量和粮食生产的变化趋势，本文选取耕地面积、农作物播种面积、粮食作物播种面积和粮食产量这 4 个变量，利用 228 个村庄的数据，分析 2000～2010 年的变化和对比 2000～2005 年（时段 1）与2005～2010 年（时段 2）两个时间段的变化，主要发现如下特征（见表 1、表 2 和图 1）。

表 1 2000～2010 年村庄耕地利用相关指标的变化趋势（村庄个数变化）

单位：个，%

时间段	指标	减少		不变		增加	
		个数	比例	个数	比例	个数	比例
2000～2010 年	耕地面积	138	60.5	13	5.7	77	33.8
	农作物播种面积	136	59.6	1	0.4	91	39.9
	粮食作物播种面积	124	54.4	2	0.9	102	44.7
	粮食产量	94	41.2	3	1.3	131	57.5
2000～2005 年（时段 1）	耕地面积	143	62.7	26	11.4	59	25.9
	农作物播种面积	135	59.2	3	1.3	90	39.5
	粮食作物播种面积	135	59.2	3	1.3	90	39.5
	粮食产量	106	46.5	2	0.9	120	52.6
2005～2010 年（时段 2）	耕地面积	101	44.3	63	27.6	64	28.1
	农作物播种面积	120	52.6	22	9.6	86	37.7
	粮食作物播种面积	112	49.1	13	5.7	103	45.2
	粮食产量	95	41.7	9	3.9	124	54.4

表 2 2000～2010 年村庄耕地利用相关指标的变化趋势（面积和产量变化）

单位：亩，吨，%

项 目	2000～2010 年			2000～2005 年			2005～2010 年		
	减少量	增加量	变化率	减少量	增加量	变化率	减少量	增加量	变化率
耕地面积	61106	133097	118	45272	92102	103	25095	50257	100
农作物播种面积	124717	212486	70	92303	179690	95	76214	76596	1
粮食作物播种面积	122074	172900	42	90703	120615	33	63341	84255	33
粮食产量	29061	111222	283	22102	53449	142	24150	74964	210

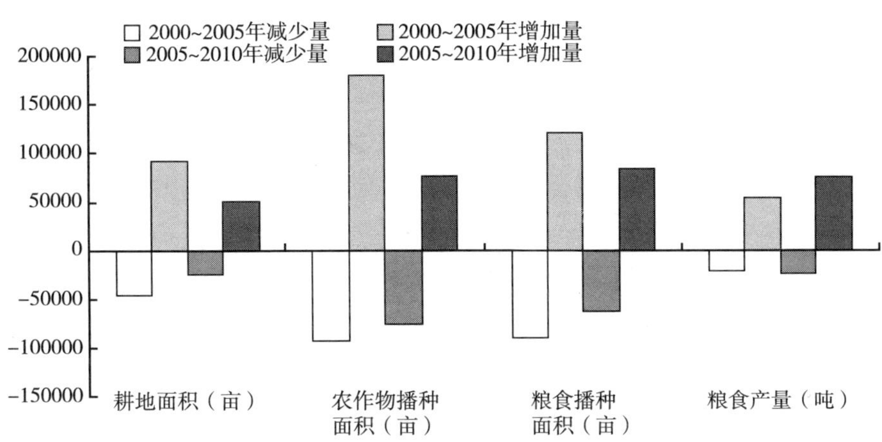

图1　面积和粮食产量变化的特征

1. 耕地面积变化

在2000～2010年的十年中，大多数样本村庄的耕地面积发生了变化，从村庄个数观察，耕地面积减少和增加的村庄个数比例分别为60.5%和33.8%；比较2000～2005年和2005～2010年两个时间段，耕地面积减少的村庄个数比例是“时段1”大于“时段2”，而不变和增加的村庄比例是“时段1”小于“时段2”。再看耕地面积的变化，2000～2010年耕地面积数量增加118%，“时段1”和“时段2”分别增加103%和100%。

2. 农作物播种面积变化

从村庄个数观察：2000～2010年的十年间农作物播种面积减少和增加的村庄个数的比例分别为59.6%和39.9%；农作物播种面积减少和增加的村庄个数比例均是“时段1”大于“时段2”；从面积数量观察：十年间农作物播种面积增加了70%，而“时段1”增加了95%，“时段2”只增加1%。

3. 粮食作物播种面积变化

从村庄个数观察：2000～2010年的十年间粮食作物播种面积减少和增加的村庄个数比例分别为54.4%和44.7%；粮食作物播种面积减少的村庄个数比例是“时段1”大于“时段2”，增加的个数比是“时段1”小于“时段2”；从面积数量看，十年间增加了42%。

4. 粮食产量变化

从村庄个数观察：2000～2010年的十年间粮食产量减少和增加的村庄个

数比例分别为 41.2% 和 57.5%；粮食产量减少的村庄个数比例是“时段 1”和“时段 2”均小于“增加”的比例，且“时段 2”中增加的比例大于“时段 1”；从粮食产量看，十年间粮食产量增加了 283%，“时段 1”和“时段 2”分别增加 142% 和 210%。

四 耕地可持续利用变量的相关性分析

（一）构建衡量耕地可持续利用的变量

本研究中，用耕地面积的变化率、农作物总播种面积变化率和粮食播种面积变化率来反映耕地数量的可持续、耕地利用的可持续和粮食生产的可持续。具体来说，耕地面积的变化率在 2005 年的值是耕地面积变量在 2005 ~ 2010 年的变化率。之所以要将这一变化率放在面板数据集中 2005 年的位置而不是放在 2010 年的位置，是从计量分析的角度来考虑的①。按照相同的方法，生成农作物总播种面积的变化率和粮食播种面积的变化率两个变量。由此，得到了一个由两个年度（2000 年和 2005 年）、若干个村庄的有关统计数据所组成的非平衡面板数据集（unbalanced panel data）。该非平衡面板数据集由 30 个省（区、市）的 228 个村庄在 2000 年和 2005 年的总共 407 个观测构成。

（二）变量的统计描述

变量选择的原则是：①代表村庄特征的变量，包括平原村、山区村、农区村、城市郊村量、工矿郊区村、乡镇政府所在地村、小康村和贫困村。②可以直接观测的村庄变量（即：村庄是合理的统计基本单元而非以按其他单元计算出来的变量）。表 3 为分析中用到的主要统计量的描述性统计。

---

① 用耕地面积的变化率做因变量，用部分其他的统计指标做解释变量进行回归分析，当我们将前面所说的耕地面积的变化率放在 2005 年的位置上时，解释变量相对于因变量而言是前定的（pre-determined），这符合回归分析中一个最基本的要求。同理，耕地面积的变化率在 2000 年的值是耕地面积变量在 2000 ~ 2005 年的变化率。

表3 有关变量的描述性统计量

项　目	均值	标准差	最小值	最大值
耕地面积变化率	-0.0433	0.3543	-0.9638	5.015
农作物播种面积变化率	-0.0378	0.4042	-0.9726	4.0526
粮食播种面积变化率	0.1029	3.787	-0.9873	75.9375
高中及以上村干部比例	0.3836	0.2646	0	1
高中及以上劳动力比例	0.1171	0.0833	0	0.5079
纯务农户比例	0.479	0.3194	0	1
宗教信仰人数比例	0.0708	0.1961	0	1
民事纠纷比例	0.0024	0.004	0	0.0248
种植业劳动力比例	0.2678	0.1359	0.0011	0.6756
混凝土房户比例	0.3127	0.3245	0	2.308
滩涂面积/耕地面积	0.254	1.0021	0	12.4056
人均企业个数	0.0044	0.0116	0	0.0894
经济发达程度居所在县(市)水平	2.1892	0.9211	0	4
亩均种植业为主的劳动力	0.2757	0.3666	0.0103	6
人均纯收入(对数)	7.7263	0.5988	5.7038	10.4201

（三）相关性分析

表4反映耕地可持续利用情况的变量与本分析中用到的主要统计量之间的相关性，从中可以有如下发现。

耕地面积变化率与农作物播种面积变化率之间显著正相关，而与粮食播种面积变化率之间则基本不相关。①与耕地面积变化率显著正相关的统计指标是平原哑变量、贫困村哑变量；与耕地面积变化率显著负相关的统计指标有城市郊区哑变量。②与农作物播种面积变化率显著正相关的统计指标是工矿郊区哑变量、贫困村哑变量、纯务农户比例、种植业劳动力比例、滩涂面积占耕地面积比例、亩均种植业为主的劳动力；与农作物播种面积变化率显著负相关的统计指标有混凝土房户比例、人均企业个数、人均纯收入。③与粮食播种面积变化率显著正相关的统计指标有城市郊区哑变量、乡镇政府所在地哑变量、人均纯收入；与粮食播种面积变化率显著负相关的统计指标有种植业劳动力比例。

表4　耕地可持续利用变量与主要统计量之间的相关性分析

项　目	耕地面积变化率	农作物播种面积变化率	粮食播种面积变化率
耕地面积变化率	1		
农作物播种面积变化率	0.2946(<0.0001)	1	
粮食播种面积变化率	0.0127(0.7978)	0.0464(0.3506)	1
平原哑变量	0.0923(0.0627)	0.0649(0.191)	0.0699(0.1596)
山区哑变量	-0.0381(0.4438)	-0.0189(0.7045)	-0.0359(0.4706)
农区哑变量	0.0606(0.2227)	0.0614(0.2166)	0.0253(0.6103)
城市郊区哑变量	-0.0971(0.0503)	-0.0685(0.168)	0.1047(0.0347)
工矿郊区哑变量	-0.0018(0.9711)	0.0792(0.1104)	-0.0032(0.9486)
乡镇政府所在地哑变量	0.0713(0.1512)	-0.0533(0.2835)	0.0992(0.0456)
小康村哑变量	0.0003(0.995)	0.0019(0.9698)	-0.0459(0.356)
贫困村哑变量	0.1259(0.011)	0.072(0.1473)	-0.0074(0.8819)
高中及以上村干部比例	-0.0376(0.4495)	-0.0538(0.2792)	-0.0116(0.8156)
高中及以上劳动力比例	-0.0656(0.1865)	-0.063(0.205)	0.0413(0.4061)
纯务农户比例	0.0134(0.7879)	0.2161(<0.0001)	-0.0621(0.2115)
宗教信仰人数比例	-0.0334(0.5014)	0.0185(0.7104)	-0.0057(0.9091)
民事纠纷比例	-0.0175(0.7254)	-0.0208(0.6756)	-0.0001(0.9986)
种植业劳动力比例	0.0092(0.8526)	0.2015(<0.0001)	-0.0848(0.0876)
混凝土房户比例	0.0356(0.4733)	-0.1467(0.003)	-0.0039(0.9381)
滩涂面积/耕地面积	0.0681(0.1705)	0.1233(0.0128)	0.011(0.8249)
人均企业个数	-0.0511(0.3034)	-0.1086(0.0285)	0.0072(0.8853)
经济发达程度居所在县(市)水平	-0.059(0.235)	0.0104(0.8339)	-0.0094(0.8508)
亩均种植业为主的劳动力	-0.0416(0.4032)	0.0755(0.1286)	-0.0442(0.3743)
人均纯收入(对数)	0.0229(0.6452)	-0.124(0.0123)	0.1056(0.0331)

注：①样本量为407；②单元格中左边的数字为皮尔逊相关系数，右边括号中的数字为在零假设 $H_0: \rho=0$ 下，prob > | r | 的概率。

五　影响因素分析

通过以“面积变化率”为因变量进行耕地可持续利用有关变量的影响因

素分析，结果如下①，所用的估计方法是最小二乘法（OLS）。从模型结果可以有以下几点发现（见表5）。

第一，对耕地面积变化率具有显著性的正向影响的因素是平原哑变量、农区哑变量、贫困村哑变量、滩涂面积占耕地面积比例；具有显著性的负向影响的因素是城市郊区哑变量、高中及以上劳动力比例。这些变量对耕地面积变化率的解释程度是很低的（R^2 仅为0.0832）。

由于模型中的村庄数据涵盖了村庄的政治、经济、人口、资源、社会、生产、生活等的几乎所有方面，而且添加其他变量也不能显著增加 R^2，因此，可以做出这样的判断，影响一个村庄耕地数量变化的主要因素不在村庄的内部，而是外部更大环境的因素。进而，决定一个村庄耕地数量可否持续的因素也不在村庄内部，而是外部更大环境的、村庄自己也无法左右的因素，如更大范围的政策、更大范围的经济社会环境等因素。

第二，对农作物总播种面积变化率具有显著性的正向影响的因素是农区哑变量、工矿郊区哑变量、贫困村哑变量、纯务农户比例、滩涂面积占耕地面积比例；具有显著性的负向影响因素是乡镇政府所在地哑变量、混凝土房户比例、天津哑变量。

农作物总播种面积的变化被这些解释变量解释的比例为 $R^2=0.1448$，但调整后的 R^2（即 adj-R^2）仅为0.0887，不到10%，因此，影响一个村庄耕地利用变化的主要因素也不在村庄的内部，而是外部更大环境的因素。进而，决定一个村庄耕地利用可否持续的因素也不在村庄的内部，而是外部更大环境的、村庄自己也无法左右的因素，诸如更大范围的政策和经济社会环境等因素。

第三，对粮食作物播种面积变化率具有显著性的正向影响的因素，全部没有通过显著性检验；具有显著性的负向影响因素是山区哑变量、混凝土房户比例、天津哑变量。

粮食作物播种面积的变化被这些解释变量解释的比例为 $R^2=0.3451$，调整后的 R^2 为0.3021，因此，一个村庄粮食播种面积的变化可以在较大的程度上由村庄自身的因素决定。

---

① 事实上，在做这些回归分析时还考察过将其他一些变量，比如年末常住人口（对数）和集体经营收入/人均纯收入等也作为解释变量一起做回归，发现这些变量均不显著，对于 R^2 的值也没有什么影响。为了不使解释变量数量过多，没有使用这些变量做解释变量。

表 5　对耕地可持续利用有关变量的影响因素分析

项　目	被解释变量：耕地面积变化率	被解释变量：农作物播种面积变化率	被解释变量：粮食播种面积变化率
平原哑变量	0. 0858(0. 0504) 1. 7014(0. 0897)	0. 0566(0. 0485) 1. 1669(0. 244)	-0. 0749(0. 1392) -0. 5382(0. 5908)
山区哑变量	0. 0126(0. 0491) 0. 256(0. 7981)	-0. 0409(0. 0546) -0. 7495(0. 454)	-0. 2343(0. 1597) -1. 4666(0. 1433)
农区哑变量	0. 0803(0. 0447) 1. 7944(0. 0735)	0. 0872(0. 057) 1. 5293(0. 127)	-0. 0722(0. 1477) -0. 4886(0. 6254)
城市郊区哑变量	-0. 089(0. 0527) -1. 69(0. 0918)	-0. 0149(0. 0501) -0. 2971(0. 7665)	0. 3335(0. 5371) 0. 6209(0. 535)
工矿郊区哑变量	-0. 0097(0. 0628) -0. 1541(0. 8776)	0. 2574(0. 0877) 2. 9358(0. 0035)	-0. 0181(0. 2812) -0. 0643(0. 9488)
乡镇政府所在地哑变量	0. 0694(0. 0802) 0. 8653(0. 3874)	-0. 0608(0. 0395) -1. 5392(0. 1246)	0. 7757(0. 5605) 1. 3839(0. 1672)
小康村哑变量	0. 011(0. 0272) 0. 4031(0. 6871)	0. 045(0. 052) 0. 8654(0. 3873)	-0. 0784(0. 1039) -0. 7546(0. 451)
贫困村哑变量	0. 1603(0. 0702) 2. 2843(0. 0229)	0. 0913(0. 0795) 1. 1481(0. 2516)	0. 0204(0. 1251) 0. 163(0. 8706)
高中及以上村干部比例	-0. 0233(0. 0546) -0. 4271(0. 6695)	-0. 0114(0. 0684) -0. 1674(0. 8672)	-0. 2829(0. 3277) -0. 8633(0. 3885)
高中及以上劳动力比例	-0. 3255(0. 1998) -1. 6288(0. 1042)	-0. 1359(0. 223) -0. 6095(0. 5426)	1. 8853(1. 8619) 1. 0126(0. 3119)
纯务农户比例	0. 0142(0. 061) 0. 2326(0. 8162)	0. 1915(0. 0752) 2. 5458(0. 0113)	0. 2413(0. 2657) 0. 9082(0. 3644)
宗教信仰人数比例	-0. 119(0. 073) -1. 6307(0. 1038)	-0. 0805(0. 1198) -0. 6721(0. 5019)	-0. 1861(0. 2825) -0. 6586(0. 5105)
民事纠纷比例	0. 8782(2. 5114) 0. 3497(0. 7268)	0. 8418(3. 5846) 0. 2348(0. 8145)	1. 9103(11. 8353) 0. 1614(0. 8719)
种植业劳动力比例	-0. 0479(0. 1579) -0. 3035(0. 7617)	0. 1585(0. 1987) 0. 7974(0. 4257)	-1. 1434(1. 0395) -1. 1(0. 272)
混凝土房户比例	0. 0786(0. 0916) 0. 8587(0. 3911)	-0. 1474(0. 0603) -2. 4458(0. 0149)	-1. 3127(0. 8637) -1. 5199(0. 1294)
滩涂面积/耕地面积	0. 0354(0. 0225) 1. 5687(0. 1175)	0. 0919(0. 0571) 1. 609(0. 1084)	0. 0992(0. 0966) 1. 0268(0. 3052)
人均企业个数	-1. 8646(1. 4054) -1. 3268(0. 1854)	-1. 4286(1. 0644) -1. 3422(0. 1803)	1. 4241(3. 6618) 0. 3889(0. 6976)

续表

项　目	被解释变量：耕地面积变化率	被解释变量：农作物播种面积变化率	被解释变量：粮食播种面积变化率
经济发达程度居所在县（市）水平	-0.0154（0.0207） -0.7426（0.4582）	0.0283（0.0269） 1.0501（0.2943）	-0.0304（0.0555） -0.5472（0.5846）
亩均种植业为主的劳动力	0.0319（0.0382） 0.8369（0.4031）	0.1482（0.1297） 1.1426（0.2539）	0.193（0.1806） 1.0683（0.2861）
人均纯收入（对数）	0.0622（0.0444） 1.4005（0.1622）	-0.0354（0.047） -0.7526（0.4522）	0.288（0.2886） 0.9978（0.319）
北京哑变量	-0.2228（0.3036） -0.7339（0.4635）	-0.6275（0.5919） -1.0602（0.2897）	-1.2419（1.1603） -1.0704（0.2851）
天津哑变量	-0.4323（0.2126） -2.0338（0.0427）	-0.4432（0.2269） -1.9535（0.0515）	-1.2928（0.6812） -1.8976（0.0585）
上海哑变量	-0.0671（0.1002） -0.6692（0.5038）	0.0519（0.1493） 0.3475（0.7284）	25.1177（20.0805） 1.2509（0.2118）
样本量	407	407	407
自由度	381	381	381
R^2（adj-R^2）	0.0832（0.023）	0.1448（0.0887）	0.3451（0.3021）

注：①回归方程中均包括常数项和一个2000年的时间哑变量；②单元格中左上角的数字为系数估计量，右上角括号中的数字为White-异方差一致标准差，左下角的数字为根据White-异方差一致标准差计算出的t-值，右下角括号中的数字为自由度为381的学生分布随机变量大于t-值的绝对值的概率，即prob［t（381）＞｜t-值｜］；③由于解释变量均为前定的（pre-determined），不存在内生解释变量问题，因此，没有必要讨论联立方程组是否可识别的问题。

六　结论与政策建议

通过利用2000年、2005年、2010年的村级样本数据进行的趋势分析、相关分析和因果分析，对耕地可持续利用的情况可以概括出以下三点结论。

第一，一些样本村庄的耕地数量、农作物播种面积和粮食作物播种面积呈现下降趋势，当以村庄个数为计量单元时这一现象表现得更为突出，这是引发对耕地面积减少而威胁粮食安全担忧的重要原因之一；但从总面积和总产量考察，2000～2010年，耕地面积、农作物播种面积、粮食作物播种面积和粮食产量分别增加了118%、70%、42%和283%。即以村庄个数为单元和以面积与产量为单元的观察结果存在差异，尽管存在一些耕地面积减少的村庄，但总体上仍呈现显著增加特征；耕地面积减少现象在2000～2005年较2005～2010年更为突出，2005～2010年减少趋势已经有所减弱。

第二，耕地面积变化率与农作物播种面积变化率之间呈现强正相关，而与粮食播种面积变化率之间则基本不相关；即农作物播种面积的变化受耕地面积变化的影响，而粮食播种面积的变化则基本不受耕地面积变化的影响。粮食产量的增加幅度远远大于耕地面积和粮食播种面积的增加幅度，说明粮食生产除了受到播种面积的影响外，还受到更重要的因素的影响。

第三，平原哑变量、农区哑变量、贫困村哑变量、滩涂面积占耕地面积比例是耕地面积增加的促进变量，而城市郊区哑变量是耕地面积减少的推动变量。即样本中一定数量耕地减少的村庄是与城镇化存在因果联系，换句话说，耕地面积减少主要发生在城区周边的村庄；而具有平原、农区、贫困和滩涂面积大等特征的村庄则对粮食生产有正向促进作用；这是样本村庄在2000～2010年耕地面积增加和粮食增产的动因。

基于本研究结论的政策含义是，及时和准确地掌握耕地数量变化趋势，清晰地识别耕地变化和粮食生产的影响因素，是耕地保护和粮食安全政策决策的重要基础，需要区别制定出耕地可持续管理政策和粮食生产保障政策。耕地可持续管理不可能是单一部门和单个行业的事情，而涉及宏观经济增长和微观经营主体利益，具体地讲：①城市周边的村庄，在一定时期内耕地面积减少是必然现象，应该在城乡一体化发展政策中实现土地可持续利用；②平原农区的村庄，耕地数量和粮食生产都呈增加趋势，需要在现代农业发展中不断完善耕地保护和粮食稳产增产的政策；③贫困村庄，对耕地数量和农作物播种面积增加有促进作用，政策的导向应该是有助于耕地保护和贫困地区发展，通过生态经济政策实现保护和发展的统一；④滩涂面积占耕地面积比例大的村庄，对耕地面积增加有促进作用，政策的导向中需要关注耕地增加与湿地保护的关系，不能为了实现耕地的“占补平衡”而不合理地占用湿地。总之，不可能是单一措施就能实现耕地的可持续利用；政策目标应该是，在宏观经济社会政策框架中维护耕地数量稳定，在现代农业发展政策中保障粮食生产的耕地资源潜力。

参考文献

姚洋:《农地制度与农业绩效的实证研究》,《中国农村观察》1998年第6期。

俞海、黄季焜等:《地权稳定性、土地流转与农地资源持续利用》,《经济研究》2003年第9期。

陈江龙、曲福田:《农地非农化效率的空间差异及其对土地利用政策调整的启示》,《管理世界》2004年第10期。

曲福田、吴丽梅:《经济增长与耕地非农化的库兹涅茨曲线假说及验证》,《资源科学》2004年第5期。

李永乐、吴群:《经济增长与耕地非农化的Kuznets曲线验证——来自中国省际面板数据的证据》,《资源科学》2008年第5期。

吴永娇、董锁成:《中国耕地变化模式的资源经济学分析》,《中国人口·资源与环境》2010年第20卷第5期。

(本文原载于《贵州社会科学》2013年第12期)

自然资源资产负债表的编制框架研究*

操建华　孙若梅

摘　要：自然资源资产负债表是十八届三中全会提出的新的资源管理手段，目前还处于探索阶段。成熟的资产负债表管理、遥感科学和信息技术的深入发展、绿色国民经济账户与生态系统服务理论的不断创新，为设计自然资源资产负债表提供了坚实的理论和方法基础。在详述自然资源资产负债表的概念、理论和方法的基础后，本文从资产、负债和所有者权益三个角度提出了自然资源资产负债表的构架、具体的构成科目以及每个科目的核算方法，并从会计核算、监测制度、数据管理、统计制度和评价考核五个方面对相关的制度创新问题进行了探讨。

关键词：自然资本　生态资本　绿色国民经济账户　生态系统服务　资产负债表

一　引言

党的十八大把生态文明建设纳入中国特色社会主义事业"五位一体"总布局，十八届三中全会则对加快生态文明制度建设做出了进一步部署。十八届三中全会通过的《中共中央关于全面深化改革若干重大问题的决定》提出，健全国家自然资源资产管理体制，统一行使全民所有自然资源资产所有者职责。完善自然资源监管体制……探索编制自然资源资产负债表，对领导干部实行自然资源资产离任审计。建立生态环境损害责任终身追究制。

---

* 本项目获得中国社会科学院农村发展研究所创新工程项目支持。

从管理科学看，资产负债表管理是一项成熟的企业财务资产管理方式，是评判一个单位资产运行现状的基础。将自然资源资产价值核算与资产负债表结合，是对自然资源资产管理工具的创新。通过编制生态资产负债表，可以反映核算单位在特定日期拥有的自然资源资产总量、价值构成与变化情况，反映自然资产负债的总额和结构，以及自然资源资本产权结构和实力，为保护和利用自然资源提供基础，并追溯负债的来源和责任主体，帮助报表使用者分析和预测自然资源的安全程度和抗风险能力。资产负债率还是评价自然资源资产利用安全程度的重要预警指标。这种探索将为政府部门的资源管理考核提供参考，有利于形成生态文明建设的定量考核机制，是实现自然资源可持续利用的重要方面。

作为一种创新的管理工具，如何设计自然资源资产负债表的整体框架是一些团队正在研究的前沿课题。技术上，遥感和信息科技的快速发展深刻地改变了获取自然资源基础数据的途径和处理方式，越来越多的资源数据变得可测，精度也不断提高，为系统地监测和评判资源变化提供了技术可行性。理论上，生态系统服务价值和绿色国民经济核算理论经过多年发展也日益成熟，为自然资源资产化和价值化提供了理论可行性。将这些理论和技术与成熟的资产负债表管理方法相结合，就使编制自然资源资产负债表成为可能。

本研究将首先介绍生态资源资产负债表编制的理论基础，提出相应的框架结构，并就其资产、负债和所有者权益等具体项目的核算方法进行研究，期望推进相关研究和实践进展，使之尽快成为管理自然资源的新手段。

二　自然资源资产负债表编制的理论基础

（一）“生态资本”或“自然资本”概念的提出

自然资源或生态资源的资本化，是编制自然资源负债表的概念基础。

资本是价值的一种特定发展形式。人类对自然资源和生态环境价值的认识，随着生态资产由丰富转向稀缺，经历了从无到有的过程。人类逐渐认识到自然资源和生态环境不仅是经济活动的生产要素，具有经济价值，还具有多功能性和作为整体存在的生态环境价值，后者关系到人类生存的空间和生存的质量。

生态资本有很多种相似的提法，如自然资本、环境资本等，1987 年布伦特兰委员会在《我们共同的未来》报告中最早提出了“生态资本”的概念，认为生物圈是一种最基本的资本，应该把环境当成资本来看待。Daly（1996）认为，自然资本就是指能够在现在或未来提供有用的产品流或服务流的自然资源及环境资产的存量。

对生态资本的认识，国内主要有整体论、二分法、三分法和四分法四种概括。最早由中国科学院生态环境中心的胡聃提出的整体论认为，“生态资本是指人类（以劳务为特征）或生物资源在与物理环境资源以及经济中介物品的相互作用过程中所形成的一个协调、适应的表现形态，并服务于一定的整体目标的生态实体”。刘思华则将生态资本分为“生态资源和生态环境”两个部分。沈大军认为生态资本包括自然资源、生态环境的自净能力和生态环境为人类提供的自然服务三类。然而被广泛接受的还是由 Pearce 和 Turner 在 1990 年出版的《自然资源与环境经济学》一书中所提出的“自然资本”的概念构成。他们将自然资本分解为四个方面，①能直接进入当前社会生产与再生产过程的自然资源，即自然资源总量和环境的自净能力。②自然资源的质量变化和再生量变化，即生态潜力。③生态环境质量，是指生态系统的水环境和大气环境质量等各种生态因子为人类生命和社会生产消费所必需的环境资源。④生态系统作为一个整体的使用价值，这里是指呈现出来的各种环境要素的总体状态对人类社会生存和发展的有用性。这种认识被国内广泛引用，可见于范金、严立东等人引文。

（二）自然资源资产核算的理论基础

1. 绿色国民经济账户核算

为了将自然或生态资本纳入国民账户及其收入、产出和资本等指标，联合国于 1993 年建立起了绿色国民经济核算账户 SEEA 体系。SEEA 核算法把资源和环境账户作为国民经济核算账户体系的卫星账户，通过与核心账户对接，形成一体化核算。在 SNA 的资产账户中，资产耗竭或退化引起的自然资产的变化仅仅记录在“数量的其他变化”资产账户中，并不影响收入和产品的主要存量经济指标。但在SEEA体系中，这类资产耗竭和退化的价值作为自然资本消耗的成本被纳入生产账户，改变了主要的经济指标。SEEA注意到自然资产还提供吸纳废物的环境服务，提供生境、缓解洪涝和气候调节等生态功能，提供休闲场所，还具备公共健康和美学等方面的价值。因此，SEEA对环境资产损失进行了定价，对传统的经济指标进行了进一步调整。

绿色国民经济账户核算体系和方法的提出，是生态资本价值评估的重要进展，为自然资源负债表体系的框架设计、研究思路、内容和方法，都将提供有益的借鉴。

2. 生态系统服务价值理论

生态资本的价值就是生态资本每年所产生的生态系统服务的价值的折现值的总和。生态系统服务理论主要包括生态系统服务的概念、分类和评估方法。

始自19世纪后期，国外的生态学及其分支学科就已经有关于生态系统服务的报道。其中Daily、Costanza和MA等人和机构对“生态系统服务”的定义和价值测算做出了杰出贡献。Daily（1997）认为，生态系统服务是指生态系统与生态过程所形成的、维持人类生存的自然环境条件及其效用。Costanza等人（1997）提出的生态系统服务是指人类直接或者间接地从生态系统中获得的各种收益。MA（2005）将生态系统服务更广泛地定义为，人类从生态系统获取的利益。

生态系统服务价值最常用的分类是从生态资产功能角度的划分。Pearce（1994）将生物多样性的价值分为使用价值和非使用价值两部分，使用价值又可分为直接使用价值、间接使用价值和选择价值，非使用价值则包括保留价值和存在价值。OECD（1995）出版的《环境项目和政策的评价指南》将选择价值、保留价值和存在价值进行了合并。欧阳志云将这个分类体系具体化到了各种生态系统服务上。从价值计量的角度，MA将生态系统服务划分成供给服务、调节服务、支持服务和文化服务四类。这些价值范畴可以相互对应。

生态系统服务价值的评估方法根据生态系统所提供的服务或产品有无市场的存在，可以分为三类：对于已经市场化的产品和服务采用市场价值法进行评估；对于准市场化的服务和产品，采用替代市场法进行评估；对于没有市场的服务和产品，采用假想市场法进行评估。市场价值法的基本原理是将生态系统作为生产中的一个要素，生态系统的变化将导致生产率和生产成本的变化，进而影响价格和产出水平的变化，或者将导致产量或预期收益的损失。当研究对象本身没有市场价值，不能直接衡量货币价值时，可以寻找替代物的生产价格来衡量，这种方法叫替代市场法，包括机会成本法、影子价格法、替代成本法、预防性支出（防护）、恢复费用法（重置）、人力资本法、享乐价值法、旅行费用法。在连替代市场都没有办法找到的情况下，认为创造假想的市场方法来衡量生态资本价值及其变动的方法，就是假想市场法。假想市场法主要有三种方法：条件价值法、选择试验法和群体价值法，生态资本的价值与核算方法之间的关系可以用图1表示。

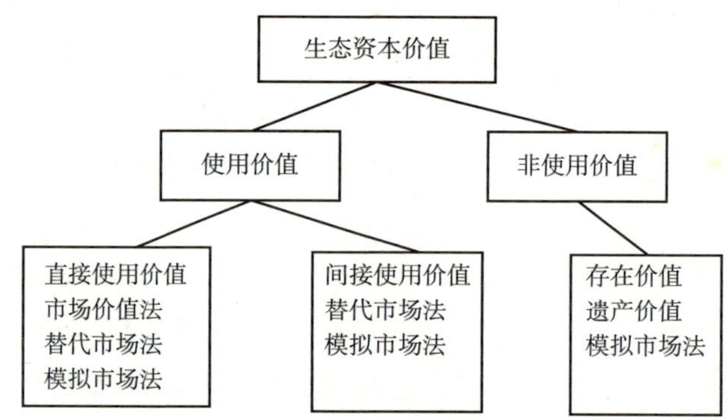

图1　生态资本价值与生态系统服务评价方法之间的对应关系

生态系统服务价值理论为自然资源资产负债表表内项目的选择和定价方法提供了直接依据，使自然资源资产负债表的框架设计和计量具有了现实的可能性。

三　自然资源资产负债表核算体系的构建

（一）自然资源资产负债表的基本框架设计

资产负债表是以“资产 = 负债 + 所有者权益”这一恒等式为依据编制的，这也是自然资源资产负债表的编制基础，也就是说，首先要建立“自然资源资产 = 自然资源负债 + 自然资源所有者权益”这一恒等式。在此基础上，构建资源资产负债表框架体系的核心任务就是分别确定自然资源资产、负债和所

有者权益的具体核算账户。

本文根据生态系统服务的分类确定了自然资源的资产账户，根据来自不同产业的资源环境损害确定了自然资源的负债账户，根据自然资源的资产权属确定了所有者权益账户，具体如表 1 所示。

表 1　自然资源资产负债表框架

<table>
<tr><td>自然资源的资产</td><td>自然资源的负债</td></tr>
<tr><td rowspan="3">产品供给服务价值
生态调节服务价值
社会文化服务价值</td><td>来自农业的资源和环境损害(农林牧渔)
来自矿业开发的资源和环境损害
来自工业的资源和环境损害
来自第三产业如旅游、房地产开发等的资源和环境损害
其他如自然灾害带来的资源和环境损害</td></tr>
<tr><td>所有者权益</td></tr>
<tr><td>属于各级政府(国家、省或自治区、市、县和乡镇)的权益
属于村集体的权益
属于农牧民的权益
属于企业的权益</td></tr>
<tr><td>资产合计</td><td>负债和所有者权益合计</td></tr>
</table>

1. 自然资源的资产账户

自然资源的资产可以定义为自然资源生态服务价值总和，因此资产账户可以分别确定为生态系统的产品供给服务价值、生态调节服务价值和社会文化服务价值。生态系统的支持服务价值由于是中间服务，其价值最后都可以通过其他三类服务的最终价值体现出来，因此，为了不重复计量，不再对该价值单独核算。

第一，产品供给服务价值主要包括生态系统提供的原材料、燃料、农产品等的价值。如草地提供的主要产品就是各种畜产品、皮毛、各种矿产资源等；湿地提供的是经济鱼类、水生经济植物、芦苇等草编或造纸原料等的价值；森林提供的是各种林产品的经济价值；农地提供的是各种农作物价值。

第二，生态调节服务价值主要包括环境容量、气候调节、气温调节、水源涵养、防洪抗旱等。气候调节主要就是“释氧固碳”服务。

第三，社会文化价值主要是指生态系统由于生物多样性和独特的自然和历史人文特征形成的存在价值。

2. 自然资源的负债账户

自然资源的负债可以定义为自然或人为因素造成的生态资源和环境的价值损失。人为因素主要来自产业开发，因此，人为因素引起的灾害损失可以根据产业类型进行债务划分，按照三次产业类型可以分别划分为来自农业（种植业、畜牧业、林业和渔业）、来自工矿业和来自第三产业的资源和环境损害。以草地为例，种植业侵占草地引起的草场面积减少、畜牧业超载导致的草场退化都是来自农业的负债；矿业开发、工业排污对草场的污染是来自工矿业的负债；而房地产开发、旅游业的发展对草地的破坏则被视作来自第三产业的负债。

来自自然的灾害损失归入其他负债类。

3. 自然资源的所有者权益账户

自然资源的所有者权益可以定义为自然资源所具有的资本价值归谁所有。从业绩考核和管理追责的角度，按照产权和责任主体可以分别划分为各级政府所有的权益、村集体所有者权益、农牧民个人所有者权益和企业所有者权益四大类。其中，各级政府的权益根据我国现有的行政体制可以划分为国家、省、市、县和乡镇五个级别。所有者的权益根据初期投资和之后的追加投资或收益变化，还可以继续细分为初始权益、追加权益和盈余权益。

（二）自然资源资产负债表表内账户的核算方法

资产负债表通常有两栏，一栏是期初余额，另一栏是期末余额。两栏的核算方法有所不同。下面将分自然资源资本期初价值、变动价值和期末价值三个阶段分别论述核算方法。

1. 自然资源资产负债表期初（第一年）各科目余额的核算方法

第一，自然资源资产负债表中资产类科目的期初核算方法。通常，自然资源价值核算的方法有三大类：直接市场法、替代市场法和模拟市场法。自然资源的经济价值可以利用直接市场法进行计算；生态调节服务价值可以运用替代市场法或模拟市场法进行计算；社会文化价值可以主要利用模拟市场法计算。

第二，自然资源资产负债表负债类科目的核算方法。自然资源资产负债表负债类科目的核算，可以考虑用来自不同行业资源或环境污染的治理成本进行估算。比如，来自草地畜牧业的环境负债可以考虑用牲畜超载量的价值来核算。矿山开采对环境的破坏可以用修复成本估算值核定，等等。

第三，自然资源资产负债表内权益类科目的核算方法。根据资产和负债的差额填列，分解到资源各自的产权单位。

2. 自然资源资产变动的核算方法

运用企业资产负债表的核算方法，采用权责发生制进行总分类账核算。因为企业财务核算方法已经很成熟，这里不再赘述。

3. 自然资源资产负债表期末各科目余额的填列

期末资产负债表各项目均需填列“年初余额”和“期末余额”两栏数字。其中，“年初余额”栏内各项目的数字，可根据上年末资产负债表“期末余额”栏相应项目的数字填列。如果本年度资产负债表规定的各个项目的名称和内容与上年度不相一致，应当对上年年末资产负债表各个项目的名称和数字按照本年度的规定进行调整。“期末余额”栏目的各项目则根据日常会计核算记录的总账账户或明细账户期末余额计算填列。

由于自然资源资产负债表的建立正处于探索阶段，若短期内资产变动核算跟不上，考核期末资产、负债和所有者权益存量时，也可以用盘点的方式，核算内容和方法与期初保持一致。其问题在于，只能说明自然资源资产负债表的变动价值，不能说明变动的来源。

（三）自然资源资产负债表的核算单位和周期

由于自然资源的特殊性，自然资源资产负债表的核算周期可以按年核算，与统计数据按年发布保持一致；或者与资源普查间隔保持一致；或者根据需要，与地方官员的任职期限保持一致。

在核算单位的选择上，建议以资源产权（所有权）主体为核算单位，即按债权人单位核算，包括地方政府（地级市、县、乡镇）、村集体和企业等。

（四）自然资源资产负债表核算的数据来源

自然资源资产负债表的数据主要有六个方面的来源：经济统计数据、资源普查数据、大型数据发布平台、遥感解读数据、评估数据、研究和推算数据。

表内资产项目包含经济数据和自然资源数据。其中经济类数据，如生态提供的经济产品的数量、价格和经济价值，主要来自经济统计数据。部分数据来自研究数据或大型数据发布平台。自然资产方面的数据，主要来自资源普查数据和遥感数据，如资源基础数据、气象数据、水文数据和土壤数据等。此外，在评估生态系统服务价值方面，可能会用到一些公开发表的研究结果和参数。

负债类项目主要是经济数据，主要来自评估数据和政府发布的数据。例如，恢复资源或环境治理可能需要的投入费用，来自国内外相关实际案例研究结果，或者是对项目的评估结果。

权益类项目的数据主要依赖于资产和负债项目的核算结果。

四　自然资源资产管理制度创新的方向

自然资源资产负债表的编制和自然资源资产负债管理，是我国生态文明部署下的一项新战略，使其具有操作性需要多部门的共同努力，其中管理制度创新是一项具有基础性和紧迫性的工作。

（一）会计核算制度的创新

自然资源资产核算体系的顺利执行，需要参照当前的会计核算制度，建立起相应的自然资源的会计核算体系。从会计的角度看，会计核算要素包括资产类、负债类、权益类、收入类、支出类和损益类六大项。每一大项都包含非常具体的会计科目。但是，传统的会计核算制度是为企业和事业单位服务的，其会计科目设计、核算原则和方法都是围绕经济领域运行规律和考核要求来设定的，不能直接用于自然资源资产核算。如何将二者对接是自然资源负债表研究的重点和难点之一，迫切需要会计专业人才和生态经济领域的研究专家合作，共同制定出适合自然资源资产负债核算的会计科目和具体的核算方法，包括对重大生态工程和生态补偿项目的投资效益核算和溢出的生态效益核算，也包括如何对生态破坏项目的损失核算。

（二）自然资源资产的监测制度创新

以自然资源存量和流量变化为基础的资产负债表，多数指标的核算跨越目前产权单元边界，即呈现以生态系统为单元变动的特征，这需要逐步建立起相应的监测体系。这样的监测体系需要依靠政府支持下的制度创新来实现，主要包括三点，①建立以社区组织为基础的生态资产变化监测制度；②建立以社会组织为基础的第三方独立监测制度；③建立社区、科研机构与社会监测组织合作的制度等。

（三）自然资源资产的数据管理制度创新

自然资源资产数据管理制度包括数据可获得性和上报制度两个方面。①资产负债表编制的关键之一是数据的可获得性、准确性和及时性，自然资源资产负债表的编制同样如此。由于自然资源数据，如耕地、林地、草地等面积的变化等依赖于遥感数据系统，地理信息数据的定期发布和管理制度创新成为自然资源资产负债管理的重要内容。②自然资源资产负债表的数据来源较多，从事生态资产核算和管理的部门需要定期获得准确的数据，由此需要建立相应的数据收集和上报制度。

（四）自然资源资产的统计制度创新

统计体系服务于各国的国民经济和社会发展。当提出以生态资本概念为核心的自然资源资产负债管理时，意味着国民财富核算指标体系的拓宽。例如福利指标、环境容量指标、碳汇指标等的增加。由此，需要基于生态资产变化和产权特征，逐步增加可度量的指标，并将其逐步补充到统计体系中，服务于国家生态文明战略布局。

（五）自然资源资产的评价和考核制度创新

生态资产的评价和考核制度化是自然资源资产负债管理的目标和核心内容。评价和考核的基本准则是，自然资源利用的可持续性、生态资本的保值与增值性、生态系统风险的可控性等，通过自然资源资产负债表的编制和创新性的制度安排披露出相关信息，量化出自然资源资产、负债和权益的增减变动情况，揭示出变动的原因和责任主体。

参考文献

朱洪革、蒋敏元：《国外自然资本研究综述》，《外国经济与管理》2006 年第 28 卷第 2 期。

胡聃：《生态资本的理论发展》，载邓楠《可持续发展：人类关怀未来》，黑龙江教育出版社，1998。

刘思华：《对可持发展经济的理论思考》，《经济研究》1997 年第 3 期。

沈大军、梁瑞驹等：《水资源价值》，《水利学报》1998 年第 5 期。

范金、周忠民、包振强：《生态资本研究综述》，《预测》2000 年第 5 期。

严立东、陈光炬、刘加林、邓远建：《生态资本构成要素解析——基于生态经济学文献的综述》，《中南财经政法大学学报》2010 年第 5 期。

DeGroot, R. S. , 1992, *Functions of Nature: Evaluation of Nature in Environmental Planmng*, Management and Decision Making, Wolters-Noordhoff, Groningen, Netherlands.

黄铭：《生态资本理论研究——以可持续发展为视角》，合肥工业大学硕士学位论文，2005。

〔英〕彼得·巴特姆斯、〔英〕埃贝哈德·K. 塞弗特等著《绿色核算》，张磊、王俊、倪代荣、王叶丰译，经济管理出版社，2011。

（本文原载于《生态经济》2015 年第 31 卷第 10 期）

西部地区农业用水与节水效率研究

包晓斌

摘　要：本文通过对西部地区农业用水量变化和农业节水状况进行辨识，揭示提高节水效率将成为节水农业的发展趋势。应用生产函数方法，建立可以反映农业节水与主要投入要素之间关系的计量模型。通过实证分析表明：节水灌溉面积、农田灌溉水费、渠系衬砌等是西部地区农业节水的重要影响因素。在此基础上，运用数据包络分析方法，对西部地区 170 个地市的农业节水效率进行评价，结果表明西部地区农业节水技术效率递增的地市数量在 150 个以上且呈上升的态势，其农业节水全要素生产效率递增的地市数量所占比例保持在 85% 以上，实施农业节水措施体系获得显著功效。在节水灌溉工程建设中，应进一步提高节水效率，持续减少节水效率损失，以促进区域农业的可持续发展。

关键词：节水效率　农业用水　西部地区　节水灌溉

我国西部地区特定的自然地理条件决定了水资源在西部经济和社会发展进程中的重要性。西北地区有三分之二的地区属于干旱和半干旱地区，资源性的水资源短缺十分严重，可利用量不足 1200 亿立方米，水资源短缺成为区域社会经济发展的瓶颈。西南地区水资源总量丰富，但来水与用水在时间和空间上的错位和不协调，大部分调节和供水工程数量不足引起工程性缺水。20 世纪 90 年代初期以来，西部地区不断发展节水农业，普及输水节水技术，加强地面灌水技术的推广，取得了显著的节水成效。随着西部大开发的推进，经济与社会的发展，对水资源的需求越来越大，农业水资源的供需矛盾也更加突出，这就需要适时制定和完善节水灌溉制度，全面实施农业节水灌溉工程，因地制宜发展各项节水技术的综合集成，提高农业节水效率，最大限度地减少农业灌溉各个环节用水的损失，推动区域农业用水的可持续管理。

一 西部地区农业用水状况

（一）西部地区农业用水量变化

20 世纪 80 年代，我国西部地区农业用水量随着农村经济的迅速发展而逐步增加。90 年代中期以来，西部地区的农业用水量稳中渐降，2010 年农业用水量达到 1375.80 亿立方米，比 1980 年下降 3.66%。西部地区农业用水量占总用水量的比例达到 71.38%，比 1980 年下降了 15.13 个百分点，如表 1 所示。

表 1 西部地区农业用水量及其所占比例

单位：亿立方米，%

年份	农业用水量	用水总量	农业用水比例
1980	1428.00	1650.76	86.51
1995	1433.65	1700.21	84.32
2000	1425.79	1784.53	79.90
2010	1375.80	1927.50	71.38

资料来源：水利部，《中国水资源公报》（1997～2011 年）。

1980 年以后，西部地区农田灌溉转入以巩固、改造、注重效益为主的发展阶段。进入 20 世纪 90 年代，随着社会经济发展，农业缺水问题日益突出，以节水为重点的灌区续建配套和挖潜改造成为农业灌溉的显著特点，各种先进灌溉技术得以迅速推广。

以亩均用水量为划分指标，根据 2010 年西部地区 170 个地市亩均用水量的数值大小，确定 5 个类组和相应量级，可统计不同亩均农业用水量的地市分布情况。亩均用水量小于 200 立方米的地市有 12 个，占整个西部地市总数的 7.1%；亩均用水量为 200～400 立方米的地市数量为 45 个，所占比例为 26.5%；亩均用水量为 400～600 立方米的地市数量最多达到 51 个，占总数量的 30.0%；亩均用水量为 600～800 立方米的地市有 39 个，所占比重为 22.9%；亩均用水量大于 800 立方米的地市有 23 个，占整体数量的 13.5%。

在西部地区 170 个地市中，2010 年亩均用水量小于 200 立方米的地市数量比 1995 年的地市数量略有下降；亩均用水量为 200～400 立方米的地市数量比 1995 年增长 21.6%；亩均用水量为 400～600 立方米的地市数量比 1995 年增长 34.2%；亩均用水量为 600～800 立方米的地市数量比 1995 年下降 15.2%；亩均用水量大于 800 立方米的地市数量比 1995 年下降 30.3%。从省份分布上看，亩均用水量小于 400 立方米的地市主要分布在新疆、甘肃、内蒙古等省份；亩均用水量为 400～600 立方米的地市主要分布在内蒙古、宁夏、青海、陕西等省份；亩均用水量为 600～800 立方米的地市主要分布在重庆、四川、贵州等省份；亩均用水量大于 800 立方米的地市主要分布在重庆、云南、广西等省份。随着农业节水技术的不断推广和管理制度的改进，西部地区亩均用水量量级高的地市数量显著减少，亩均用水量整体上呈下降的趋势，农业用水效率得以提高，如图 1 所示。

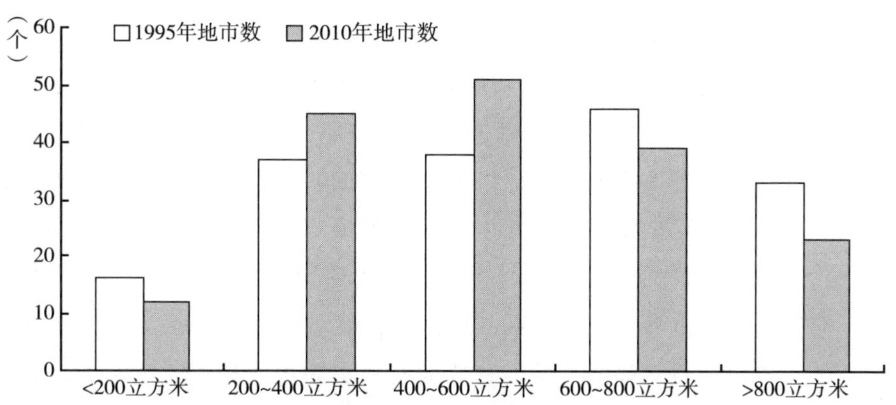

图 1　西部地市农田灌溉亩均用水量量级分布变化

（二）西部地区农业节水状况

20 世纪 90 年代以来，西部地区农业节水灌溉工程进展迅速，2010 年西部地区节水灌溉面积达到 1051.15 万公顷，是 2000 年的 1.9 倍；相应的节水量达到 36.8 亿立方米，为 2000 年的 2.4 倍，主要分布在新疆、内蒙古、四川等地区。西部12个省份的节水灌溉面积持续增加，其中西藏、宁夏、内蒙古、重庆的增长幅度较大，如图2所示。

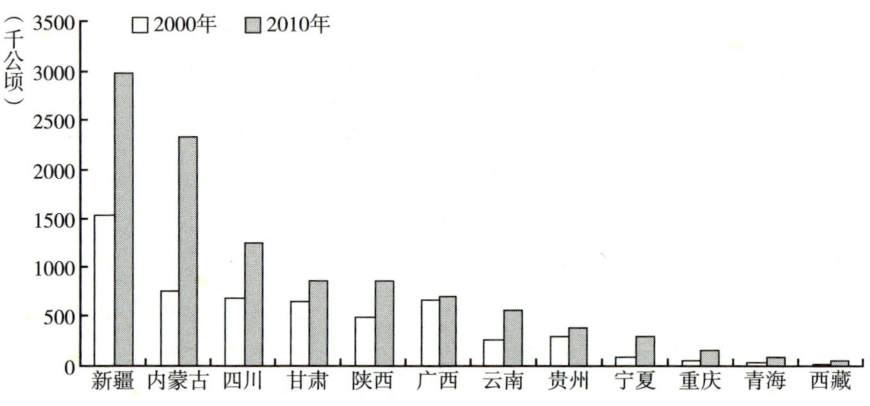

图2　西部省份节水灌溉面积变化情况

西部各省份推广农业节水灌溉技术，有效地控制了实际用水量。西藏开展大型灌区及万亩以上灌区节水续建配套工程，大力发展渠道防渗等节水灌溉农业。将浆砌块石和混凝土预制块衬砌、混凝土浇筑等防渗措施在主要农区蓄、引水工程中广泛应用，取得了节水、节地、省工、增产的良好效益。通过实施渠道防渗等节水措施后，扩大了灌溉面积，全区灌溉水利用系数提高到0.5。新疆博乐市达勒特镇棉花膜下滴灌项目，平均灌溉定额为260立方米/亩，比地面灌节水40%以上，省地率达到5%以上，肥料利用率提高40%。高新节水示范项目改变了西部地区传统的农业种植业方式，达到了水资源节约与农民增收双赢的目的，有效地调动了周边农民进行高新节水建设的积极性。

二　西部地区农业节水影响因素的定量分析

为反映西部地区农业节水与重点要素投入之间的关系，分析各因素对农业灌溉节水的影响程度，这里采用柯布－道格拉斯（C－D）生产函数进行定量分析。

（一）统计指标选择

以灌溉节水量为被解释变量，选择节水灌溉面积、渠系衬砌长度（替代农民投劳）、农田灌溉水费、节水灌溉投资指标为解释变量。

（二）计量模型的构建

将西部地区农田灌溉的节水量及其影响因素建立如下模型。

$$\ln Y = \beta_0 + \beta_1 \ln X_1 + \beta_2 \ln X_2 + \beta_3 \ln X_3$$

其中：Y 为灌溉节水量；X_1为节水灌溉面积；X_2为渠系衬砌长度；X_3为农田灌溉水费；β_0、β_1、β_2、β_3为估计参数。

（三）数据来源

选取 12 个西部省份 1990/1995/2000/2005/2010 年 170 个地市的上述指标作为研究样本。其中，节水灌溉面积、渠系衬砌长度、节水灌溉投资来自各省份水利部门的水利统计年鉴及节水灌溉统计报表。灌溉节水量来自节水灌溉统计报表和水资源管理年报。农田灌溉水费来自各省份的财务报表。

（四）数据处理结果

运用 Eviews 软件包，选择广义最小二乘法（GLS）对西部各地市的时间序列数据进行 C－D 生产函数模型的计量分析，其结果如表 2 所示。

表 2　1990～2010 年西部地区灌溉节水计量模型估计结果

年份	常数项	节水灌溉面积系数	渠系衬砌长度系数	水费系数	调整 R^2	F 检验
1990	3.2400 (14.3481)	0.8251 (13.6969)	0.0548 (2.3085)	0.1312 (2.5638)	0.9647	1511.154
1995	3.0599 (14.9526)	0.7759 (14.4425)	0.0682 (2.7197)	0.1690 (3.8173)	0.9684	1697.073
2000	3.1191 (13.9867)	0.7916 (13.7711)	0.0901 (2.9617)	0.1279 (2.7461)	0.9689	1725.195

续表

年份	常数项	节水灌溉面积系数	渠系衬砌长度系数	水费系数	调整 R^2	F 检验
2005	3.3580 (10.3705)	0.7801 (10.1924)	0.1064 (2.4183)	0.1137 (1.6187)	0.9146	1145.263
2010	3.5674 (8.6926)	0.7728 (8.2675)	0.1152 (2.1540)	0.1126 (1.6082)	0.8729	1036.587

注：括号内为 T 检验值。

在模型运算中，X_1、X_2、X_3 三个变量均满足显著性水平 $\alpha=0.05$ 的 T 值检验，说明节水灌溉面积、农田灌溉水费和渠系衬砌的效果显著。模型通过显著性水平 $\alpha=0.05$ 的 F 值检验，说明回归方程总体显著。调整后的复相关系数 R^2 达到 0.85 以上，说明模型拟合程度较好。

通过计量模型的估算结果，可以得知，在西部地区农业节水的影响因素中，节水灌溉面积是主要的因素，其贡献率达到 75% 以上，并且在 1990～2010 年总体保持稳中有降的态势；农田灌溉水费所占份额达到 10% 以上，2000 年以后，其变化幅度较小；渠系衬砌的贡献率一直处于上升的态势，2010 年渠系衬砌所占比重为 11.52%，比 1990 年上升 6.04 个百分点，如图 3 所示。

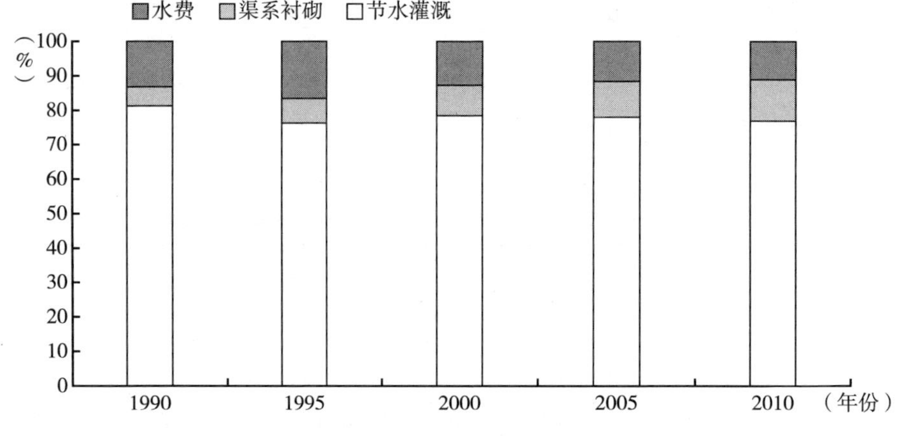

图 3　西部地区农业节水因素贡献率变化

在西部地区灌溉节水计量模型中，灌溉投入因素没有通过模型检验，主要因为灌溉投入指标与节水灌溉面积等指标之间存在相关性。为此，我们剔除了灌溉投入指标，得到了上述模型估计结果。单独对灌溉投入与灌溉节水量的关系进行回归分析，其结果如表 3 所示。从中可以看出，灌溉投入和该模型不仅通过 T 值和 F 值检验，而且调整 R^2 也达到 0. 84 以上，可以得知灌溉投入与灌溉节水量存在显著的关系，灌溉投入是灌溉节水的主要影响因素之一。

表 3　1990～2010 年西部地区灌溉节水量与灌溉投入回归结果

年份	常数项	灌溉投入	调整 R^2	F 检验
1990	-0. 5062 (-3. 3125)	0. 9028 (34. 3572)	0. 8754	1180. 421
1995	-0. 3088 (1. 8652)	0. 8815 (34. 2616)	0. 8748	1173. 859
2000	-0. 3314 (-1. 8947)	0. 8994 (35. 7988)	0. 8841	1281. 554
2005	-0. 3506 (-2. 0236)	0. 9024 (36. 7514)	0. 8903	1230. 254
2010	-0. 3657 (-1. 9147)	0. 9084 (34. 2089)	0. 8847	1254. 638

注：括号内为 T 检验值。

三　西部地区农业节水效率分析

（一）提高农业节水效率的意义

水资源短缺是西部地区农业发展过程中的瓶颈因素，随着社会经济的发展和人口的增加，人们对农产品的质量和数量提出了更高的要求，从而对西部地区短缺的水资源需求也有更高的要求。但是，在今后相当长的时间内，西部地区农业用水量将维持现状水平，并且还会有一定程度的下降。如何以有限的水资源保证西部地区农业稳产增产和农民增收，建设农村小康社会，是西部地区农业现代化进程中的重要任务。这就需要西部地区将节水放在更加突出的位置，使高效节水成为保证西部地区农业水资源可持续利用的根本出路。节水分为两个层次，用户节水是微观层次的节水，产业结构调整是中观层次的节水。

西部地区的生活用水和工业用水所占比重较小，其节水潜力不大。而农业用水所占份额高达70%，并且存在浪费和损失的现象，因此，实施农业节水措施，提高农业节水效率具有重要的现实意义。

节水效率是指一个区域或部门采取节水措施过程中，如何组织和运用供给有限的水资源，避免浪费和污染，使其发挥出最大的功效。不同行业、不同产品的节水效率是不同的，通常情况下农业的节水效率低于其他行业。西北地区现有灌溉面积不到总耕地面积的一半，而旱地农作物的产量仅为灌溉地产量的1/3，连续的干旱和恶化的生态环境使农业生产受到严重的负面影响，农民陷入贫困状态。通过提高西北地区节水灌溉效率，可以增加灌溉面积，从而实现农业生长率提升、增产增收显著的目标。农业节水效率的提高必须通过农业节水的产业化来实现。节水产业化包括两个方面，一方面是节水设备的产业化，另一方面是节水服务产业化。

（二）节水效率的评价方法

数据包络分析（Data Envelopment Analysis，简称 DEA）是在“相对效率评价”概念的基础上发展起来的一种新的评价方法。DEA 方法的适用对象是一组同类型的决策单元（Decision Making Units，简称 DMU）。所谓 DMU，是指代表或表现出一定的经济意义，将一定“输入”转化为一定“输出”的实体。DEA 方法的最主要应用就是根据输入、输出数据对同类型的 DMU 进行相对有效性的评价。它使用数学规划评价具有多个输入、输出的决策单元间的相对有效性（DEA 有效），即判断 DMU 是否位于生产可能集的“前沿面”上。

选择 DMU 就是确定参考集。由于 DEA 方法是在同类型的 DMU 之间进行相对有效性的评价，因此，选择 DMU 的一个基本要求就是 DMU 的同类型。所谓同类型的 DMU，一般指符合以下三个条件的 DMU 集合：①具有相同的目标或任务；②具有相同的外部环境；③具有相同的输入、输出指标。

建立 DEA 输入、输出指标体系，第一，要考虑到能够实现评价目的，也就是说输入向量与输出向量的选择要服从于评价目的。第二，要考虑到输入向量、输出向量之间的联系。由于 DMU 各输入与各输出之间往往不是孤立的，因此，某些指标被确认为输入、输出后，会对其他指标的认定产生影响。例如，某指标与几个已确定作为输入、输出向量的指标之间呈现较强的相互关系，我们可以认为该指标的信息已在很大程度上被这几个指标所包含。因此，就不一定再把它作为一个输入、输出指标了。另外，输入、输出集内部的指标要尽可能避免有较强的线性关系。

假设有 n 个部门或单位 DMU_j，$j=1$，2，…，n。DMU_j的输入为 $x_j=(x_{1j}, x_{2j}, \cdots, x_{mj})^T>0$，输出为 $y_j=(y_{1j}, y_{2j}, \cdots, y_{sj})^T>0$，$m$ 为输入指标数量，s 为输出指标数量，$x_{ij}\geqslant 0$，$y_{kj}\geqslant 0$，$i=1$，2，…，m，$k=1$，2，…，s。

（1）基于输入的评价 DMU 总体效率的具有非阿基米德无穷小的 C^2R 模型为

$$\begin{cases}\min\theta-\varepsilon(\hat{e}^T s^- + e^T s^+)\\ \text{s. t. } \sum_{j=1}^{n}\lambda_j x_j + s^- = \theta x_0\\ \sum_{j=1}^{n}\lambda_j y_j - s^+ = y_0, \lambda_j \geqslant 0,\ j=1,2,\cdots,n\\ s^- \geqslant 0, s^+ \geqslant 0\\ \hat{e}=(1,1,\cdots,1)^T \in R^m, e=(1,1,\cdots,1)^T \in R^*\\ \varepsilon \text{ 为非阿基米德无穷小}\end{cases} \tag{1}$$

用该模型可以评价 DMU 的技术和规模的综合效率，称为总体效率。设问题（1）的最优解为 λ^*，s^{*+}，s^{*-}，θ^*：

②若 $\theta^*=1$，则 DMU_{j0}为弱 DEA 有效（总体）。

②若 $\theta^*=1$，且 $s^{*+}=0$，$s^{*-}=0$，则 DMU_{j0}为 DEA 有效（总体）。

③令 $\hat{x}_0=\theta^* x_0 - s^{*-}$，$\hat{y}_0=y_0-s^{*+}$，则（$\hat{x}_0$，$\hat{y}_0$）为（$x_0$，$y_0$）在有效前沿面上的投影，相对于原来的 n 个 DMU 是有效（总体）的。

④ 若存在 λ_j^*（$j=1$，2，…，m），使 $\sum_{j=1}^{n}\lambda_j^m=1$ 成立，则 DMU_{j0}为规模效益不变。

若不存在 λ_j^*（$j=1$，2，...，m），使 $\sum_{j=1}^{n}\lambda_j^m=1$ 成立，则 $\sum_{j=1}^{n}\lambda_j^m<1$，$DMU_{j0}$规模效益递增。

若不存在 λ_j^*（$j=1$，2，...，m）使 $\sum_{j=1}^{n}\lambda_j^m=1$ 成立，则 $\sum_{j=1}^{n}\lambda_j^m>1$，$DMU_{j0}$为规模效益递减。

（2）基于输入的评价 DMU 纯技术效率的具有非阿基米德无穷小的 $C^2G^2S^2$

模型为

$$
\begin{cases}
\min\theta - \varepsilon(\hat{e}^T s^- + e^T s^-) \\
\text{s. t. } \sum_{j=1}^{n} \lambda_j x_j + s^- = \sigma x_0 \\
\sum_{j=1}^{n} \lambda_j y_j - s^+ = y_0, \sum_{j=1}^{n} \lambda_j = 1, \lambda_j \geqslant 0,\ j = 1,2,\cdots,n \\
s^- \geqslant 0, s^+ \geqslant 0 \\
\hat{e} = (1,1,\cdots,1)^T \in R^m, e = (1,1,\cdots,1)^T \in R^* \\
\varepsilon \text{ 为非阿基米德无穷小}
\end{cases}
\quad (2)
$$

该模型计算出的 DMU 效率是纯技术效率，反映 DMU 的纯技术效率状况，称为纯技术效率。设问题（2）的最优解为 λ^*，s^{*-}，s^{*+}，θ^*：

①若 $\sigma^*=1$，则 DMU_{j0}为弱 DEA 有效（纯技术）。

②若 $\sigma^*=1$ 且，s^{*-}，$=0$，$s^{*+}=0$，则 DMU_{j0}为 DEA 有效（纯技术）。

（3）DMU 纯规模效率的计算公式为

$$
s^* = \theta^* / \sigma^* \quad (3)
$$

根据 DEA 的理论，总体效率 θ^*、纯技术效率 σ^*、纯规模效率 s^* 三个参数之间存在式（3）所述的关系，由式（3）可直接计算 DMU 的纯规模效率。

（三）评价区域与指标选择

西部地区的各省份内部生态环境、水资源禀赋、农业生产等自然条件和社会经济状况不同，相应的农业节水效率也存在较大的区域差异。本研究以西部地区 12 个省份的各地市为农业节水效率评价区域，选取灌溉节水量为产出指标，以节水灌溉面积、渠系衬砌长度、农田灌溉水费为投入指标。根据 1990 ~2010年西部地区 170 个地市的样本数据，运用 DEA 方法，对西部地区进行农业节水效率评价。

（四）农业节水效率的评价结果

通过区域农业节水的规模效益和生产效率，反映农业节水效率的评价结果。在西部 170 个地市中，有 109 个地市的农业节水规模报酬递增，占整个西部地市的 64. 1%；12 个地市的规模报酬不变，占西部地市总数的 7. 1%；

49 个地市的规模报酬递减，占整个西部地市的28.8%，表明西部地区的农业节水规模报酬存在区域差异，西部地区大部分地市处在农业节水规模效益递增或不变的状态，整体农业节水规模效益显著，局部农业节水规模效益尚未突出。

西部地区具有较强的农业节水潜力，尚处于节水市场发育阶段，大部分地市可以进行适当的扩张。按照经济学的生产理论，最佳的生产状态应处于生产前沿面上的规模效益递减阶段中的某个点，此时边际产量小于平均产量但边际产量大于0，反映了西部地区达到合理农业节水规模水平的地市数量较少。实证分析表明，提高西部地区各地市的农业节水效率是实施节水措施体系的关键环节。各地市应找到限制农业节水效率的投入产出因素，分析所处的规模状态，提高农业水资源的利用水平。主管部门可以根据实际情况促进改变效益较差的地市对水资源浪费较严重的局面，同时使效益较高的地市通过调整产业结构实现区域经济增长，进而达到更好的规模经济状态，使生产前沿面向外扩张，提高整个西部地区的农业节水效率水平。

运用 DEA 模型中 MALMQUIST 指数法，根据 1990 ~ 2010 年西部地区的面板数据估算农业节水效率。结果表明：与 1990 年相比，1991 ~ 2010 年西部地区农业节水技术效率递增的地市数量在 150 个以上且总体呈上升的态势，到 2010 年，节水技术效率递增的地市数量达到 168 个，主要分布在陕西、甘肃、青海、四川、重庆、西藏等省份。农业节水技术效率递减的地市数量保持减少的态势，从 1991 年的 16 个下降到 2010 年的 2 个，如表4 所示，表明节水技术水平的提升推动节水效率的改进。

表 4　西部地区农业节水技术效率变化的地市数量情况

单位：个

年份＼地市数量	递增	递减	年份＼地市数量	递增	递减
1991	154	16	2005	168	2
1995	161	9	2010	168	2
2000	167	3			

按西部地区地市统计的估算结果表明，与 1990 年比较，1991 ~ 2010 年 170 个西部地市的农业节水效率有所改进，农业节水全要素生产效率递增的地

市数量所占比例保持在 85% 以上，2000 年后，节水效率递增的地市数量达到 160 个以上，主要分布在陕西、内蒙古、云南等省份。农业节水全要素生产效率递减的地市数量一直少于 30 个，保持较低的比例，主要分布在贵州、广西等省份，表明区域节水灌溉措施体系实施功效显著，如表 5 所示。

表 5　西部地区农业节水全要素生产效率变化的地市数量情况

单位：个

年份＼地市数量	递增	递减	年份＼地市数量	递增	递减
1991	144	26	2005	164	6
1995	152	18	2010	167	3
2000	162	8			

四　讨论与建议

（一）研究结论

20 世纪 80 年代初以来，西部地区农业用水量及其所占份额均保持下降的态势。随着农业节水技术的推广和节水灌溉的管理制度的不断改进，西部地区亩均用水量有所降低，农业用水效率得以提高。为反映西部地区农业节水与投入要素之间的关系及其各因素的贡献，本文应用 C – D 生产函数法进行了农业节水影响因素分析。通过实证分析表明，节水灌溉面积、农田灌溉水费、渠系衬砌等是西部地区农业节水的重要影响因素，其中，节水灌溉面积的贡献率达到 75% 以上，农田灌溉水费贡献率达到 10% 以上；渠系衬砌的贡献率呈现上升的态势，到 2010 年达到 11.52%。在此基础上，本文运用数据包络分析方法，对西部地区 170 个地市的农业节水效率进行了评价，结果表明，西部地区农业节水技术效率递增的地市数量在 150 个以上且呈上升的态势，其农业节水全要素生产效率递增的地市数量所占比例保持在 85% 以上，实施农业节水措施体系获得显著功效。尽管农业节水灌溉工程进一步得以实施推广，但西部地区农业节水依然存在一定程度的效率损失。因此，进一步提高节水效率，持续减少节水效率损失，应成为近期节水灌溉工程建设的主要目标。

（二）提高农业节水效率的建议

1. 保障用水技术体系的推广和升级

西部地区应推广节水灌溉技术和农艺节水技术相结合的综合节水措施，注重提高灌溉生产效率和农业水资源利用效率。推广先进节水工艺、技术、设备和产品，建设渠道防渗、管道输水和田间节水工程，进一步研究开发更先进、经济、适用的节水栽培技术。在农业用水量不增加并逐步减少、灌溉面积总体上不增加的条件下，稳定提高农业综合生产能力。

2. 改善区域作物种植结构

在区域层次上进行节水型种植结构调整，限制耗水量大的农作物种植面积。在对经济效益不产生重大影响的情况下，选择耗水量较低的作物来替代高耗水作物，从而减少农作物需水量。通过发展杂粮、甘薯、马铃薯、苜蓿、花生、油葵等耐旱作物生产，减少区域农业用水量，在产业部门层次上提高用水效率。

3. 为农民购买节灌设备提供补助

制定适宜的政策，鼓励农民购买低耗水灌溉设备，提高用户更新改造灌溉系统的积极性。这些政策包括：①可通过水费体制进行鼓励，例如，向安装使用低耗水设备的农民采用加速折旧或水费赊欠的办法；②通过对购买改进的用水系统实行优惠的办法来鼓励，例如，政府向农民以优惠价提供设备；③还可以对购买改进灌溉设备的农户实行低息贷款，鼓励其采用低耗水灌溉系统。

4. 明晰农业水权，规范水权转让

在国家对农业水资源拥有所有权的前提下，可以逐步放开使用经营权，将农业水权中的所有权和使用权剥离，把水资源使用权纳入市场，按照市场规则进行运作，通过认购水权、转让水权等方式，水资源将会配置到效益较高的地方。效益较低的地方可以转让部分或全部用水权，进行节水改造或兴修水利工程，实现水资源从低价值使用向高价值使用的转让，提高农业水资源的使用价值。

5. 实行用水户参与农业用水管理

用水户参与灌溉管理的基本组织形式为“灌区专业管理机构 + 农民用水协会 + 用水农户”的模式，即骨干工程归灌区专管机构管理，支渠或斗渠以

下归用水协会管理。农民用水协会以用水户为基本单元，提供有效的农业用水服务，促进农业稳产高产和高效用水。用水户在协会的框架内，民主协商灌水事务，确定清淤维护出工、水费收支等合理分摊，自主管理。

参考文献

中国水利部农村水利司中国灌溉技术开发培训中心：《水土资源评价与节水灌溉规划》，中国水利水电出版社，1998。

薛亮：《中国节水农业理论与实践》，中国农业出版社，2002。

石玉林等：《中国农业需水与节水高效农业建设》，中国水利水电出版社，2001。

姜逢清等：《新疆典型地区主要农业资源利用效率分析》，《资源科学》2001 年第 2 期。

李道亮等：《农业资源综合利用效率的评价方法及案例分析》，《中国农业大学学报》1994 年第 4 期。

罗其友等：《农业水土资源高效持续配置战略》，《资源科学》2001 年第 2 期。

章光新等：《中国 21 世纪水资源与农业可持续发展》，《农业现代化研究》2000 年第 11 期。

（本文原载于《重庆社会科学》2014 年第 12 期）

美丽乡村建设中存在的问题及政策建议

于法稳　李 萍

摘　要：　美丽乡村建设是生产、生活、生态“三位一体”的系统工程。本文基于美丽乡村建设情况的调研，剖析了生产、生活、生态三方面存在的不同问题，并据此提出了美丽乡村建设的政策建议。

关键词：　美丽乡村　农村生态建设　村庄绿化

一　引言

2013 年中央一号文件提出，要“推进农村生态文明建设。加强农村生态建设、环境保护和综合整治，努力建设美丽乡村”。2 月 22 日，农业部发布了《关于开展“美丽乡村”创建活动的意见》（农办科〔2013〕10 号）。意见指出了开展“美丽乡村”创建活动的重要意义，提出了开展“美丽乡村”创建工作的总体思路以及开展“美丽乡村”创建的重点工作。5 月开始美丽乡村创建试点申报工作。7 月 22 日，习近平总书记视察鄂州市长港镇峒山村时指出：“实现城乡一体化，建设美丽乡村，是要给乡亲们造福，不要把钱花在不必要的事情上，比如说‘涂脂抹粉’，房子外面刷层白灰，一白遮百丑。不能大拆大建，特别是古村落要保护好。”同年 11 月，农业部确定了全国 1100 个“美丽乡村”创建试点乡村。2014 年中央一号文件再次强调指出，“通过美丽乡村建设，建设农民美好生活的家园”。由此可见，党和国家十分重视美丽乡村建设工作。

美丽乡村建设不仅是政府关注的重点，也是学术界研究的热点问题之一，对美丽乡村建设的研究侧重于美丽乡村的概念及内涵、美丽乡村建设的目标以及美丽乡村建设的重点及难点。在美丽乡村概念及内涵界定方面，有的研究是从自然与社会等层面展开的（黄克亮、罗丽云，2013；柳兰芳，2013）；有的研究则是从生产、生活与生态之间关系的视角进行剖析（唐柯，2013；魏玉栋，2013；和沁，2013）；有的研究从消除城乡差别视角对“美丽乡村”进行界定（张孝德，2013；黄杉、武前波、潘聪林，2013）。在美丽乡村建设目标确定方面，目前学界还基本上没有展开学理性研究，一些学者基于美丽乡村建设的实践进行了一定的归纳（翁鸣，2011；汪彩琼，2012）。在美丽乡村建设的重点方面，农业部将开展“美丽乡村”创建活动的重点工作确定为：制定目标体系，组织创建试点，推介创建典型，强化科技支撑，加大农业生态环境保护力度，推动农村可再生能源发展，大力发展健康向上的农村文化。除此之外，一些学者也从不同角度分析了美丽乡村建设的重点（唐柯，2013；胡静林；2013；王永林，2013；马以，2011）。对美丽乡村建设的难点，一些学者进行了探讨，有的学者认为需要重点破解农民的自主意识，精神和物质同时发展、同步前进以及科学规划三个方面的问题（魏玉栋，2013）；有的学者从城乡一体化、乡村生态环境、地域文化、建设与管护、建设主体等方面进行了阐述（骆敏、李伟娟、沈琴，2012）；还有的学者从经济与生态之间的关系、市场与竞争的关系以及污染转移等方面进行了探讨（和沁，2013）；有的学者则认为，美丽乡村建设的根本在于立足于乡村自身内在的因素（齐镭，2013）。

本文基于对不同区域 30 个县（市、区）的实地调研，分析美丽乡村建设中政策层面、操作层面存在的问题，剖析生产层面、生活层面和生态层面存在的问题，在此基础上，提出推动美丽乡村建设的政策建议。

二　美丽乡村建设中存在的问题诊断

（一）总体方面

从理论上来讲，美丽乡村建设是生产、生活、生态“三位一体”的系统工程，仅仅强调某一个方面是不全面的。但通过基层调研发现，美丽乡村建设普遍存在一个现象，就是重视基础设施建设、泥草房及危房改造等生活设施方面以及村庄美化、环境治理等生态方面，而对于如何加强农业生产，提高农业可持续能力，增加农民收入方面没有给予足够的重视。

美丽乡村建设需要多个相关部门相互协调、共同推动。党中央、国务院提出美丽乡村建设之后，各个部门都给予了积极响应。但调查发现，围绕美丽乡村建设，不同部门都在推行本部门的行动计划，造成了美丽乡村建设过程中的名称混乱，如政府部门的“文明村”、环保部门的“生态村”、宣传部门的“生态文明村”、建设部门的“美丽村庄”、林业部门的“美丽林场”等。而且，这些部门都在建设自己的示范村，有的与美丽乡村示范村是一致的，更多的是不一致的。当然，这些部门推行的行动计划均是美丽乡村建设的重要组成部分，或者与美丽乡村是相通的。

为了推动美丽乡村建设，基层部门都确定了牵头或者管理部门，但调研发现，美丽乡村建设的牵头或者管理部门也不统一，有的地方是由新农村建设办公室负责，有的地方是由农业工作办公室或者农委负责，有的地方是由宣传部负责，有的地方是由城乡建设委员会负责。这样就带来了一系列问题，例如国家部门文件的下发渠道不顺畅，监督检查的执行力度也可能会出现一些问题。这也可能是不同部门推行各种行动计划，建立各自部门示范村的一个原因。

（二）生产方面存在的问题

2014 年中央一号文件从完善国家粮食安全保障体系、强化农业支持保护制度、建立农业可持续发展长效机制、深化农村土地制度改革、构建新型农业经营体系、加快农村金融制度创新、健全城乡发展一体化体制机制、改善乡村治理机制 8 个方面提出了推动农村改革的重点及方向，为进一步推动农村工作提供了良好的政策支撑。但调研发现，在美丽乡村建设中，生产方面没有得到应有的重视，出现了一些亟须解决的问题，重点表现在如下几个方面。

1. 农村基础设施不能适应农业现代化的要求

随着农业机械化程度的日益提高，一方面，农业机械越来越多，马力越来越大，对田间道路、桥涵质量的要求越来越高；另一方面，由于缺乏日常管护，田间道路、桥涵损毁日益严重。2006 年，在推动新农村建设过程中，按照村村通的要求，3. 5 米宽的通村路都完成了。当时要求基层资金配套，很多地方因经济实力不足，都没有配套，同时又要按照项目要求对通村路里程进行验收，结果导致了通村路质量下降；农民收入提高之后，农村机动车数量激增，同时，随着土地流转规模的不断扩大，大型农机具越来越多，农村道路已经远不能适应农业机械发展的需要。

农田水利设施欠账是众所周知的事实，同时，很多地方在农田水利设施建设中重视灌溉设施的配套，而对排灌设施重视不够，一旦遇到强降雨，势必导致洪涝灾害，给农业生产带来致命的危害。特别是在黑龙江省，农田水利设施远远不足，种粮农民因灾致贫的现象非常普遍。此外，在一些粮食主产省，缺乏大型粮食晾晒场地或者烘干设备，粮食收获之后，一旦遇到连续阴雨天气，粮食将会发生一定的霉变，影响了粮食的品质，从而导致农民收入的下降。

2. 农业生产组织建设不规范，作用没有发挥

2014 年中央一号文件明确提出："扶持发展新型农业经营主体。鼓励发展专业合作、股份合作等多种形式的农民合作社，引导规范运行，着力加强能力建设。允许财政项目资金直接投向符合条件的合作社，允许财政补助形成的资产转交合作社持有和管护，有关部门要建立规范透明的管理制度。"但在调研中发现如下两种现象，一是部分合作社的成立是为了套取国家政策资金，在农业生产中并没有发挥相应的作用。一些企业或者个人，为了套取国家政策资金，想方设法去创造财政项目资金对合作社所要求的条件，得到财政资金，而不从事相应的工作。这种现象不是个别存在，而是普遍存在的。二是国家鼓励成立的千万元农机合作社，没有达到预期效果。其中有两个原因，一是农户认为大型机械会带来种植成本的增加，一旦遇到灾害还是不能保证经济收入；二是个别地方规定，大型机械不能跨区到农场作业，一些种粮大户购置了大型农业机械，没有作业农田，不但造成了大型机械的闲置，也给自己带来巨大的经济负担。

3. 粮食种植风险的共担机制缺失

众所周知，自然灾害是农业生产面临的最大灾害，特别是旱涝、冰雹灾害。在粮食主产区调研发现，农民种植粮食的风险越来越大。随着土地流转工作的推进，农民种植的规模越来越大，必须依靠越来越多的贷款购置农业生产所需物资，支付土地租用资金，为此需要付出大量的利息。一旦遇到严重的自然灾害，粮食颗粒无收，农民将受到致命的打击。每公顷的阳关保险补偿还不足以支付土地租金，农民就没有能力偿还银行贷款，从而无法再贷款用于农业生产。可以说，农民可能在一夜之间从温饱变成贫困，几年都难以脱贫。由于缺乏粮食种植风险的共担机制，农民种植粮食的积极性受到一定的挫伤，越来越多的农民不再愿意种粮，这在一定程度上将会影响国家的粮食安全。

4. 土地经营权抵押贷款步履维艰

2014 年中央一号文件明确指出："在落实农村土地集体所有权的基础上，稳定农户承包权、放活土地经营权，允许承包土地的经营权向金融机构抵押融资。"实际上，土地经营权抵押贷款难以推行，原因有两个方面，一是农民不愿意。在一些省份，土地第二轮承包之时，水田、旱地的划分不是按照面积进行的，而是根据土地生产率的高低，按照一定的折算系数进行的。但土地经营权抵押之时，金融部门按照土地承包证上土地面积计算，农民实际耕作的土地面积与承包土地面积之间差距很大。二是农户家庭成员不愿意。由于国家政策明文规定，土地承包采取"增人不增地，减人不减地"。一些农户的部分家庭成员没有土地，在实行土地经营权抵押贷款时，没有土地的家庭成员不同意，从而导致了家庭矛盾的产生，在一定程度上影响了农村社区的和谐。

（二）生活方面存在的问题

1. 美丽乡村建设的工程体系不完善

在美丽乡村建设中，投资的主要对象是地面工程，如村内道路、文化广场、村里路灯等硬件设施，以及农民的泥草房、危房的改造工程，而对地下工程，如污水设施建设关注不够。美丽乡村建设工程体系不完善，可能带来一系列问题。

2. 政策制定中没有充分考虑"立地"问题

在美丽乡村建设的相关政策制定中，没有考虑落实政策时可能出现的问题，导致基层实施过程中矛盾频出。调研发现：一些省份在推行美丽乡村建设中，只提出一些建设项目，而这些项目既没有资金，也没有政策，但对下级部门则按照一定的进度进行考核、验收，由此给地方政府造成了巨大债务，特别是经济实力相对比较弱的县市。此外，有的地方采取"以奖代补"的方式来推动美丽乡村建设，其结果是许多基础条件比较好的村顾虑重重，担心工作完成之后不能得到奖补资金，而不愿意大力推进美丽乡村建设；而基础较差的村则渴望加快美丽乡村建设，通过贷款等方式，投入大量的人力、物力、财力，结果未能得到奖补资金，一方面增加了村级债务负担；另一方面又导致了村干部与农民之间的矛盾。

3. 政策执行时引发的基层矛盾比较突出

改善农民居住条件是美丽乡村建设的一个重要内容，特别是泥草房、危房改造工程。但在基层执行政策时，一些矛盾出现了，特别是泥草房、危房改造申报数量与下拨资金数量不匹配，给相关部门、乡镇的工作造成极大的被动。如一个村上报了10户，结果只拨付8户的补贴资金。如果当地政府为了平息矛盾，采取将8户补贴进行均分的处理方式，一方面会导致8户农户不满意，另一方面则会面临上级部门的纪检、监察部门的审查。如果不采取这种方式，则面临没有得到补贴的2户农户的上访。

4. 基础设施的管护机制缺失

改革开放以来，家庭分散经营替代了原有的集体统一经营，农村的管理体制和经营机制发生了深刻的变化。面对新的体制和机制，对过去已建成的基础设施如何管理和使用，对国家、集体和受益农户三者之间责任和权利的划分等，都没有新的明确的具体规定，导致出现基础设施的建、管、用相脱节，管理维护主体缺位等诸多问题。同样，美丽乡村的建设过程也普遍存在重建轻管现象。环保部门推行的集中连片环境综合整治工程，如污水处理厂、垃圾中转站、运输车、农村安全饮水工程等基础设施都比较完备，但由于乡镇、村集体经济基础薄弱，农村基础设施和公用事业的经营管理呈现有人建、有人用、无人管的情况，损毁情况比较严重，导致了国家投资的浪费。

5. 农村“一事一议”制度已形同虚设

“一事一议”是指在农村税费改革这项系统工程中，取消了乡统筹和改革村提留后，原由乡统筹和村提留中开支的农田水利基本建设、道路修建、植树造林、农业综合开发有关的土地治理项目和村民认为需要兴办的集体生产生活等其他公益事业项目所需资金，不再固定向农民收取，采取“一事一议”的筹集办法。开始时，“一事一议”制度执行较好，也解决了一些问题。但调研发现，目前，农村“一事一议”制度形同虚设。许多村民存在“自扫门前雪”的心态，对自己有利的事情要求“村两委”给予解决，而对自己没有利的事情坚决反对，从而造成事难议、钱难筹、工难派，这一现象在农村普遍存在，即使议成了，筹措资金的难度也较大，很难完成较大项目工程建设，制约美丽乡村建设的步伐。

6. 各部门协调工作机制缺失

美丽乡村建设涉及多个部门，但部门彼此之间缺乏协调，每个部门都选择自己的示范村，从各自的业务出发实施相关的项目，也许这些项目不是这些村最需要的。这种方式导致国家投资的分散，难以达到预期的成效。

（三）生态方面存在的问题

与过去相比，农村人居生态环境发生了很大变化，问题不再源于单一的不当行为，而是逐渐演化为生活、生产、生态三种不当行为的叠加。在生产方面，不当行为表现为农业生产过程中大量化肥、农药、杀虫剂、除草剂的使用；规模化养殖粪便、污水的任意排放；农作物秸秆的任意堆放及焚烧等。在生活方面，不当行为表现为农村居民生活垃圾、生活污水的任意堆放及排放。在生态方面，不当行为则表现为污染企业及城市污染向农村加速转移，造成广大农村地区饮用水源地的污染，以及废气对大气质量的影响。

1. 化学投入品带来的污染日益严重

在农业生产过程中，以化学肥料替代有机肥料造成的环境问题日益严重，我国农用化肥施用总量呈现明显的增加态势，而且施肥强度有增无减。化肥施用量从 2000 年的 4146.41 万吨，增加到 2012 年的 5838.85 万吨，增加 1692.44 万吨，增长 40.82%；其中农用氮肥施用量从 2000 年的 2161.56 万吨，增加到 2012 年的 2399.89 万吨，增加 238.33 万吨，增长 11.03%；农用磷肥施用量的增加量为 138.10 万吨，增长 20.00%；农业钾肥施用量的增加量为 241.12 万吨，增长 64.07%；农用复合肥量增加 1072.10 万吨，增长 116.80%。同期，农作物播种面积增长了 4.55%。计算结果表明，施肥强度从 2000 年的 265 公斤/公顷，增加到 2012 年的 357 公斤/公顷，增长 92 公斤/公顷，增加 34.69%。我国化肥的利用率较低，一般在 35% 左右，更多的部分则进入土壤及水体，对其造成一定的污染。

同时，农药、除草剂、杀虫剂的投入强度很大。统计数据表明，我国农药使用量到 2011 年已经达到 178.7 万吨，比 2000 年的 127.95 万吨增加了 50.75 万吨，增长 39.66%。农村年轻劳动力进城务工，夏季作物生长季节无法除草，为此在夏收之后大剂量喷洒除草剂，一直到秋收都不再需要除草。此外，农业生产中由于病虫害的抗药性在增强，投入的杀虫剂、农药剂量也日益增加，最终导致了土壤、水体的污染，以及农产品品质的下降，最终影响消费者的健康。

农用塑料薄膜在农业生产中的应用越来越广，特别是在水资源十分短缺的西北地区，农用塑料薄膜对于保水保墒发挥了十分重要的作用，但随之而来的白色污染也越来越严重。统计数据表明，农用塑料薄膜施用量从 2000 年的 134 万吨，增加到 2011 年的 229 万吨，增加了 95 万吨，增长 70.90%。

2. 农药包装物污染危害越来越严重

农药包装物（特别是农药瓶）等污染日益成为农村生态环境污染的重要部分。目前，由于缺乏包装物回收制度，农民在使用农药之后往往将包装物丢弃在田间地头，或者水体中，造成二次污染。一个农药使用量为 2000 吨的县，如果农药包装标准为 1 斤/瓶，则每年丢弃的农药瓶将达到 400 万个！如果包装标准降低为 0.5 斤/瓶，农药瓶个数将翻番为 800 万个！！2011 年，全国农药使用量为 178.70 万吨，按照 1 斤/瓶的标准，全国将会产生 35.7 亿个！

3. 农村规模化养殖场的污染防治措施严重缺失

近年来，农民发展起来的规模化养殖造成的污染呈现明显增加态势。调查发现，农村规模化养殖场主大都关注如何提高畜禽产量和质量以及如何增加效益，而忽视畜禽养殖产生的污染物对生态环境的影响，从而导致污染防治措施的严重滞后。污水、粪便随意排放和堆放，一方面，养殖场周边的水生态环境、土壤生态环境受到严重污染；另一方面，周边空气环境也会受到很大的影响。

在农村规模化养殖污染治理方面，有关政策难以“立地”。以沼气池建设项目为例，要求养殖场运行两年才能申报（其间造成的污染如何处理!)，同时要为周边 80 户农民供应沼气。这在广大北方平原地区还可以实施，但在如重庆、四川、贵州、云南等山区，农民居住较为分散，根本就不具有可操作性。

4. 农作物秸秆成为影响美丽乡村景观的重要因素

农作物秸秆由过去仅用作农村生活能源和牲畜饲料，逐渐拓展到肥料、饲料、食用菌基料、工业原料和燃料等用途。

根据联合国粮农组织的资料，各种农作物秸秆系数（K 值）为：玉米

2.5、小麦和水稻1.3、大豆2.5、薯类0.25。利用每一个作物品种的秸秆系数产量计算得到，2012年我国农作物产生的秸秆量达到98837万吨。目前,我国农作物秸秆利用率为69%，只有68197万吨秸秆得到利用，但仍有30639万吨秸秆没有得到利用。由于耕作方式、农业机械等方面的不匹配，农民对农作物秸秆还田的认可度不足。作为生活燃料的部分秸秆大多都堆放在地头、（村内）路边，其余的则在田间焚烧，影响了农村生态环境。

5. 农村生态垃圾、生活污水成为美丽乡村建设中的一大难点

随着农民生活水平的提高，农村生活垃圾问题日益严重，给农村生态环境带来了巨大的压力。与过去相比，农村生活垃圾成分越来越复杂，包括厨房垃圾、妇女儿童用品、塑料制品等，垃圾产生量也越来越大。农村居民在丢弃垃圾时往往有一个传统习惯，就是丢弃在房前屋后的河沟里，久而久之这些河沟就成了垃圾堆放点。在一些经济欠发达地区农村调研发现，很多农村已经陷入生活垃圾的包围中，特别是遇到雨季，这些垃圾随水漂浮；同时，由于很多农民家庭都没有下水道，生活污水则是任意倾倒在院外的路上，或者与固体垃圾倾倒在一起。生活垃圾、生活污水对生态环境造成的污染呈现明显加重态势，日益成为农村生态环境问题的重要组成部分。

有些政策要求的建设模式缺乏科学性，如在黑龙江省推广沼气池建设就不符合该区域气候特点。此外，在村内污水边沟建设，仅仅用水泥板进行衬砌，也解决不了任何问题，污水照样渗入地下，造成国家投资的浪费！

6. 村庄绿化推行困难重重

村庄绿化是美丽乡村建设的一个重要部分，但在推行过程中出现了一些问题，主要包括以下两个。一是国家只提供绿化苗木，但没有土地征用的补偿费用；二是绿化占用耕地与耕地保护政策之间的冲突。

三　加强美丽乡村建设的政策建议

针对美丽乡村建设中存在的突出问题，本文特提出如下政策建议。

1. 做好政策的顶层设计，促进美丽乡村建设

在政策的顶层设计上，应从项目导向转向基层需求导向！看基层究竟需要什么，而不是各个部门想搞什么就搞什么，否则基层的矛盾会持续不断。同时，应该根据不同的区域经济发展状况，设计不同的发展模式，不要全国一个模式。

2. 统一管理机构，规范名称

围绕美丽乡村建设，自上而下统一管理机构，便于推动工作的开展；自上而下的各个部门所推行的项目都围绕美丽乡村建设，不要再设立一些其他名称。每个部门这样做，究其实质，也是一种政绩工程！此外，各个部门之间应建立一种协调机制，共同推动美丽乡村建设。

3. 围绕农业生产，加强基础设施建设

随着土地流转的推进，特别是在东北粮食主产省份，种植规模将日益扩大，大型机械的推广势在必行。因此，从国家层面，加大对田间道路、通村道路、桥涵以及晾晒场地、烘干设施建设的投资力度，为确保国家粮食安全提供有力支撑。

4. 建立粮食种植的风险共担机制

尽快建立国家、集体和农民共同承担的粮食安全风险机制，最大限度地保护农民种粮积极性。首先，国家应尽快加大对种粮大省财政补贴力度，提高粮食生产的积极性；其次，需要建立粮食安全风险共担机制，确保在灾害之年农民收入不减少，规避农民因种粮而致贫的风险；最后，建立预期收益贷款模式，设立阳关大厅，减少农民贷款的中间环节，节约贷款的额外费用支出。

5. 对不适合基层实际的政策进行及时调整

推行美丽乡村建设已经一年多了，也暴露出了一些问题，应该根据出现的问题对政策进行及时调整，确保不给基层政府、村集体带来经济负担。应将泥草房、危房改造资金整合，对房子集中改造，不再把资金分配到户；同时，迁村并点应在泥草房改造之前，否则会造成国家投资的浪费。这需要民政部门、建设部门、新农村建设部门等相互协调。

6. 建立农村基础设施与环境管理的创新机制

逐步建立农村基础设施与环境管理模式的创新机制，克服重建轻管，确保工程建一处、服务一方群众的目标，明确管理主体和管理责任，加强对管理人员的技术培训，提高管理人员知识水平和管理技能。考虑到管护资金缺失，建议根据不同区域经济发展水平，加大对行政村的转移支付力度，专门划分部分

资金用于基础设施的日常管护。

7. 建立种植业、养殖业协调发展的产业体系

通过建立种植业、养殖业相互协调的产业体系，发展循环型农业，一方面，减少规模化养殖对农村生态环境的污染，另一方面，在一定程度上减少化肥的施用量。根据循环型生态农业原理，在具有规模化养殖区域，构建以农作物生产为基础的生态农业产业循环体系，实现种植业与养殖业的协调发展，使养殖业为种植业提供有机肥；逐步建设高标准农田，农作物秸秆为养殖业提供饲料，实现区域内种植、养殖、农产品加工产业之间的农业大循环，实现经济、社会和生态效益的统一。同时，也逐步减少化肥的投入，进而改善土壤，提高农产品品质。

8. 建立农药包装物、塑料薄膜等回收机制

制定农药包装物、塑料薄膜回收奖励办法，提高农民参与的积极性，发挥销售企业在农药瓶、肥料袋等包装物回收中的作用。以部分补贴的形式，鼓励农药经营单位负责回收，由有资质的企业集中处理，减少对环境和水源的污染。

9. 加强农村污水处理模式及技术的研究

针对不同区域，组织不同领域的专家、实际工作者研究适应不同区域的农村污水处理模式与技术，以供不同区域进行选择。

10. 加强对农民的义务教育

近10年来，国家推行了一系列的惠农政策，对农村发展起到了巨大作用。在此过程中，农民权利意识得到强化，但农民的义务意识却丧失殆尽。国家对农民几乎没有任何的约束机制，因此，有必要采取刚性政策，强化农民的义务教育。

参考文献

和沁：《西部地区美丽乡村建设的实践模式与创新研究》，《经济问题探索》2013年第9期。

胡静林：《加快一事一议财政奖补政策转型升级，推动美丽乡村建设》，《中国财政》2013年第13期。

黄克亮、罗丽云：《以生态文明理念推进美丽乡村建设》，《探求》2013年第3期。

黄杉、武前波、潘聪林：《国外乡村发展经验与浙江省“美丽乡村”建设探析》，

《华中建筑》2013 年第 5 期。

柳兰芳：《从“美丽乡村”到“美丽中国”——解析“美丽乡村”的生态意蕴》，《理论月刊》2013 年第 9 期。

骆敏、李伟娟、沈琴：《论城乡一体化背景下的美丽乡村建设》，《太原城市职业技术学院学报》2012 年第 3 期。

马以：《美丽乡村建设的实践》，《农村工作通讯》2011 年第 1 期。

齐镭：《国外现代乡村的建设理念与模式》，《中国旅游报》2013 年 5 月 1 日。

唐柯：《推进升级版的新农村建设》，载唐柯主编《美丽乡村》，中国环境出版社，2013。

汪彩琼：《新时期浙江美丽乡村建设的探讨》，《浙江农业科学》2012 年第 8 期。

王永林：《提升农村生态环境加快美丽乡村建设》，《江苏农村经济》2013 年第 8 期。

魏玉栋：《与天相调让地生美——农业部“美丽乡村”创建活动述评》，《农村工作通讯》2013 年第 17 期。

翁鸣：《社会主义新农村建设实践和创新的典范——“湖州·中国美丽乡村建设（湖州模式）研讨会”综述》，《中国农村经济》2011 年第 2 期。

张孝德：《中国乡村文明研究报告——生态文明时代中国乡村文明的复兴与使命》，《经济研究参考》2013 年第 22 期。

（本文原载于《江西社会科学》2014 年第 9 期）

农户生态保护态度：新发现与政策启示*

王昌海

摘　要：近年来，如何协调保护与发展的矛盾，成为学术界和政府部门关注的热点问题。基于2013年最新调研的556份保护区周边农户数据，运用Logit多元回归法，本研究分析了陕西朱鹮自然保护区内外社区农户特征及国家政策对生态保护态度的影响。研究发现：首先，把农户生产行为与保护态度结合起来，设置10个保护态度等级，3个评价级别，结果显示，总体样本中评价为“非常积极”、“积极”以及“不积极”的保护态度的比例分别是21%、62%以及17%。其次，农户的受教育年限、家庭人口数、外出务工人数、人均水田面积以及是否有经济补偿在不同水平上对保护态度有着显著影响。与保护区内农户相比，是否有经济补偿对保护区外农户保护态度影响更为显著。最后，本研究的新发现：家庭户主的受教育年限与保护态度不呈正相关关系（呈现N字形变化），非户主的受教育年限与保护态度等级呈正相关变化。本研究也根据实证分析结果得出了一些政策启示，特别是要建立健全野生动物肇事补偿机制，这对缓解保护与发展的矛盾至关重要。

关键词：农户　保护态度　生态保护

* 作者感谢国家自然科学基金面上项目“保护与发展：社区视角下协调机制研究”（项目批准号71373024）对本研究的资助；本文为中国社会科学院创新工程项目“农业资源与农村生态保护”阶段性研究成果；感谢文章在修改过程中给予帮助的学者：中国社会科学院农村发展研究所李周、孙若梅及苑鹏三位研究员。当然，文责自负。

一 引言

中国是生物多样性富集的国家，也是面临威胁最大的国家之一。建立自然保护区被普遍认为是就地保护生物多样性最为有效的方式之一，截至 2012 年底，中国共建立各种类型自然保护区 2669 个，占国土面积的 14.94%，超过 12% 的世界平均水平。自然保护区与周边社区空间接壤和重叠，资源相互交错，利益共存，形成相互影响的自然生态与社会经济复合系统，二者的协调和统一不仅关系到生物多样性保护，也关系到社区和当地经济社会的可持续发展。社区农户是生物多样性保护的最重要相关利益者，在我国抢救式保护过程中，他们更多地被认为是威胁者，他们在保护中所承担的成本与应获得的利益被忽视了，对他们行为背后成因的研究和分析很少（王岐海，2010a，2010b）。保护政策制定中缺乏明确对社区权利及利益保障的内容，这也是当前保护区发展政策中需要完善的重要方面。生态系统服务所带来的惠益并没有在公众中得到公正的分配，是导致保护与发展矛盾和冲突的最主要原因（温亚利、谢屹，2009）。保护区和社区是共生的关系，资源、环境保护与周边社区发展的关系属于跷跷板的状态，一方失衡，就会对另一方产生影响（王昌海等，2011）。由此可见，社区居民对保护区的资源利用，有着传统和现实两方面的原因。封闭式的保护模式只考虑资源保护的目标实现，而忽略了保护区和周边社区相互嵌套、相互牵制、相互影响的关系，造成资源保护社区发展之间的矛盾冲突。如何能平衡保护与发展的矛盾，这是提高社区农户积极保护态度的关键点（Karamidehkordi，2010；Kideghesho，et al.，2007；国家林业局保护司，2003；薛达元，2011）。因此，研究农户保护态度的影响因素是近年来国际社会学者和政府关注的热点。

为了激发社区农户的保护态度，学者们对农户生态保护态度的影响因素进行了大量分析。在众多的研究中发现：通过运用多元回归以及方差分析等定量模型，资源的权属、农户的教育年限、野生动物肇事的经济补偿、家庭的人均纯收入以及政府政策是最为显著的影响因素（Kathleen et al.，2006；Karanth and Nepal，2012；Khadka and Nepal，2010；Kideghesho et al.，2007；Lundstrom，2007；Weaver and Lawton，2008；Wesuls and Lang，2010；

MacMillan and Phillip，2010）。Nepal 和 Spiteri（2011）研究了国家公园缓冲区激励性项目产生的保护效果，结果发现，保护区域冲突的产生与社区农户的积极态度是很密切的，农户对保护的态度越积极，保护中产生的冲突越少。Kideghesho（2007）运用条件价值法研究了保护区周边社区保护生物多样性的意愿以及补偿，从研究结果看，补偿值远远大于支付值，这也说明了在保护区地区经济发展被限制的情况下政府给予一定的经济补偿是必要的（Muller-Boker and Kollmair，2000；Wittmayer and Büscher，2010；Lai and Nepal，2006；Fleskens and Jorritsma，2010）。Pipinos 和 Fokiali（2009）比较系统地分析了欧洲生态保护区域农户的保护意识、政府政策以及旅游群体的行为，他们认为，政府政策在保护生态环境中起着更为重要的作用。从全球尺度来看，保护区与保护区内及周边社区之间的矛盾从根本上来说是内部效益外部化的问题，即保护收益与所承担的保护成本之间的不平衡（Nepal and Spiteri，2011；温亚利，2009）。当地居民为保护当地的生物多样性和维护生态安全承担了大部分成本，但是效益却分配在整个区域甚至整个国家，居民们很少得到相应的补偿（Schley et al.，2008），因此必须有明确的渠道和力度才能解决补偿问题。目前已被有关学者普遍接受的观点是：保护区的生态及经济补偿是社区与保护区协调发展的基础（Reyes et al.，2005；韦惠兰、谢文斌，2010；王昌海等，2011）。具体说，生态补偿机制是以保护生态环境、促进人与自然和谐发展为目的的，根据生态系统服务价值、生态保护成本、发展机会成本，运用政府和市场手段，调节生态保护利益相关利益者之间利益关系的公共制度。不仅自然保护区为社会提供了具有正向外部性的生态产品与服务，保护区社区也参与提供了这种产品并付出了机会成本（Lundstrom et al.，2007）。没有各种方式的经济补偿，就没有保护区社区改进资源利用方式、降低干扰强度必需的资金（Price，2007；Wesuls and Lang，2010；杨建美等，2011）。

大量学者的研究成果是本研究的重要学术基础。虽然学者们在理论与实践方面对保护区周边农户保护态度做出了大量有益的研究，然而还存在一些需要继续研究的方面。一是保护区内外的农户的生态保护态度是否有差别。众多研究并没有把保护区内和保护区外的社区区别开来，国外的大部分自然保护区内没有社区农户，所进行的研究大部分集中在对保护区外围生存的农村社区进行的调查，那么我们想知道的是在中国众多的保护区周边社区，与国外大量的保护区外围社区的研究成果是否也具有一致性，需要检验。二是对“保护态度”缺乏系统性定量的分析，现有研究大多数情况下是直接把保护态度分为“积极”、“不积极”以及“中立”或者“愿意保护”与“不愿意”等，这些设定需要进一步更为严谨的研究。因此，从保护区内外社区定性与定量研究农户的保护态度，选取大尺度有典型意义的区域研究农户在生态保护中的生产生活行为以及对比保护态度的影响因素，为生物多样性保护研究开辟了新视角，为进一步完善自然保护政策、强化保护效果提供了新思路，对中国生物多样性保护事业具有时代意义。

二　研究设计及样本选择

（一）研究区域及研究目标

本课题以陕西朱鹮国家级自然保护区及周边社区为研究区域，朱鹮是珍稀濒危动植物保护的旗舰物种，代表了中华文化与自然和谐的文化取向，受到全世界的瞩目。朱鹮保护的意义，已上升为一个生态和文化符号。目前，朱鹮主要以食河流以及水稻田中的泥鳅、田螺等为生，自从 1981 年在陕西洋县再次发现后，在中国目前的数量比大熊猫还少，张智、丁长青（2008）的研究表明：目前野生及人工繁殖朱鹮不超过 2000 只，稻田施用的化肥和农药对朱鹮的生态环境影响极大，化肥和农药过量的施用会使朱鹮不孕，同时洋县又是水稻种植之乡，这样经济发展与生态保护处在协调发展中。因此，本研究选择朱鹮保护区周边社区为案例点，研究农户生态保护态度及其影响因素极具代表意义。探讨朱鹮自然保护区周边社区发展路径选择、社区与保护利益关系、农户行为动因，进而探析政策与制度完善的方向，不仅对朱鹮保护区建设及物种保护具有重要的现实意义，对中国生物多样性保护的模式选择及政策调整也具有重要价值。课题以保护区周边社区及农户为主要研究对象，采用社会经济调查问卷的方法，对社区及农户进行大尺度综合研究，研究不同类型的社区农户的保护态度以及其影响因素，同时检验已有研究中的成果是否也适合中国秦岭保护区周边社区的现实情况。

本文所指的社区就是保护区周边农村。自然保护区，一般可划分为三个区域，即核心区、缓冲区和实验区。为了研究对比方便，本研究把“保护区内社区”定义为保护区的实验区外围边缘内即为保护区内的社区；“保护区外社区”定义为保护区的实验区外围边缘外 10 公里以上的社区。

本文主要有以下几个方面的研究目标及假设。

目标一：通过陕西朱鹮国家级自然保护区周边社区（主要集中在洋县和宁陕县境内 15 个农村社区）2013 年 7 月实地调查，分析比较保护区内和保护区外农户生态保护态度。基于农户是经济理性人的假设，个人利益最大化是经济学对于理性人的一个基本判断。本研究开辟一个新的研究视角，由于农户保护态度是农户的主观感受，为了了解这种主观感受的细微变化，本文尝试设置了等级保护态度，即它是根据实地农户问卷调查，把农户保护态度设置了 10 个等级，每个等级标准由农户根据自身感受选择（见表 1），本表中虚线框内内容没有体现在农户调查问卷中，这样是为了避免农户受心理感知影响。

表 1　农户等级保护态度对应表

保护态度评语	保护态度等级及表述内容
非常积极	10 级:不使用普通化肥,只用绿色肥料,不使用农药
非常积极	9 级:基本不使用普通化肥,绝大部分用绿色肥料,不使用农药
非常积极	8 级:基本不使用普通化肥,绝大部分用绿色肥料,使用少量农药
积极	7 级:少部分使用普通化肥,大部分使用绿色肥料,不使用农药
积极	6 级:少部分使用普通化肥,大部分使用绿色肥料,使用少量农药
积极	5 级:一半使用普通化肥,一半使用绿色肥料,使用少量农药
不积极	4 级:大部分使用普通化肥,少部分使用绿色肥料,使用少量农药
不积极	3 级:继续使用普通化肥,但会逐步减少使用量,使用少量农药
不积极	2 级:继续使用普通化肥,可能会减少使用量,会使用农药
不积极	1 级:不管什么情况,我不会改变化肥使用量,会使用农药

注：有足够多的研究表明（周民良，2000）：农业面源污染已经成为生态环境污染的主要原因之一。本文引入化肥和农药实施量作为衡量生态保护态度的主要行为标准。调查问卷中概述了普通化肥持续使用对朱鹮以及其生态环境的影响（为了节省版面，本文省略），让农户认识到使用化肥的负面影响，进一步让他们做出生态保护态度的选择。本文保护态度等级表中相应选项界定了等级选项内容，由农户根据自己实际情况把握，这样是为了更细致地描述农户心理感受。本研究把 1 ~ 4 级评述为不积极的保护态度；把 5 ~ 7 级评述为“积极”的保护态度；把 8 ~ 10 级评述为“非常积极”的保护态度。

目标二：研究保护区周边社区农户的保护态度影响因素：在目标一的基础上本文继续通过计量模型分析农户保护态度的影响因素，根据已有大量参考文献，本研究筛选出了影响农户保护态度的主要因素，农户特征设定为以下四个方面：①保护区内与保护区外；②户主与非户主；③农户个体特征；④农户家庭特征。具体影响因子在后文叙述。

目标三：我们要验证两个假设，①早已有研究成果证实教育年限或者是教育程度是影响保护态度的显著因素，有的研究表明教育年限和保护态度呈正比关系；也有研究表明教育年限和保护态度不呈正比关系，也就是说并不是受教育程度越高，其保护态度越积极（Karanth and Nepal，2012）。本研究假设农户受教育年限与保护态度呈正比（假设1），继续深入研究二者之间的关系。②目前在本研究查到的文献中，还没有发现户主和非户主对生态保护态度的比较成果，那么本研究假设中国独特的体制下，一家之主会更为谨慎地对待自家生产行为，即户主会从家庭生计角度更多地考虑保护行为，户主的受教育程度不与保护态度呈正相关（假设2）。

（二）样本选择

本研究以结构化的入户问卷调查和社区问卷调查为主，同时辅以半结构化的访谈。首先，从农户生态保护态度研究目的出发，依据调查所需要的特定的自然生态条件，确定了洋县和宁陕县15个行政村作为样本村（其中保护区内8个村，保护区外7个村）；其次，考虑调查村农户的生计类型与人口数量等因素，对选定的调查村采用随机入户调查的方法。需要说明的是，调查过程中，我们谢绝了村领导参与调查，这样是为了更有效地了解农户的真实情况，全部调查问卷均是由调查员一对一完成的，极个别情况课题组聘请了当地的方言翻译人员。此外，我们为了避免家庭成员之间保护态度的互相影响，我们规定每户家庭只访谈一名成员，年龄在18岁以上，但非户主或者年龄较小的成员，如果家庭基本信息不清楚的地方，由户主帮助回答。2013年7月15～23日，我们的调查员共访谈农户612户，得到问卷601份，其中，有效问卷556份（保护区内324份，保护区外232份）。

调查问卷首先以村和户主名字联合命名编号，比如，草坝村－张晶伟－01，板桥村－贺礼明－02等。调查问卷共有三部分的内容。第一，农户个人基本特征，包括年龄、性别、是否是户主、受教育年限等；第二，农户家庭特征，包括人均年纯收入（主要是年家庭支出以及家庭收入，二者之差即为家庭纯收入）、是否有经济补偿、人均水田面积、外出务工占劳动力比例等；第三，等级保护态度调查表。

（三）研究方法与变量赋值

对于自变量是连续型变量或者计数型变量，且因变量每个取值的概率范围均为0~1的情况，都可以用Logit回归方法对因变量的概率取值建立回归模型。设因变量有J个取值水平，可以对其中的$J-1$个水平，各做一个回归方程。因变量取第i个水平的Logit回归模型如下。

$$\ln\left(\frac{P_j}{1-P_j}\right)=\alpha_{i0}+\sum_{p=1}^{m}\beta_{ip}x_p$$

那么，对于建立的每个Logit模型都将获得一组回归系数，如果因变量具有三种分类，就将获得两组非零的回归参数。此外，拟合检验，Pearson卡方统计量，常用在多维表中检验观测频数与预测频数之间的差异。如果卡方值越大，显著水平越低，模型拟合效果越不好。另外一个检验模型拟合优度的指标为卡方偏差统计量，大样本数据的这两个统计量的取值很相近。根据本文研究的核心内容，将农户生态保护态度设为核心因变量Y，影响农户生态保护态度的因素设为自变量X。因变量$Y=0$、1、2，即表1中相应的3个状态“0＝不积极；1＝积极；2＝非常积极”。本研究对自变量X设置如表2所示。

表2 模型因变量及自变量定义

因变量名称	符号	模型选择	取值说明	其他
农户生态保护态度	Y	Logit多元回归	不积极＝0，积极＝1，非常积极＝2	
自变量类别及名称	符号 X	单位	取值说明	与因变量预期方向
(1)农户个人特征				
性别	X_1		男＝1；女＝0	+/-
年龄	X_2	岁	“18~30”＝0；“31~40”＝1“；41~50”＝2；“>50”＝3	+

续表

因变量名称	符号	模型选择	取值说明	其他
受教育年限	X_3	年	"1～3"=0;"4～6"=1;"7～9"=2 ">9"=3	+/-
是否是户主	X_4		是=1;否=0	-
(2)农户家庭特征				
家庭人口总数	X_5	个	"1～3"=1;"4～6"=2; ">6"=3	+
人均年纯收入	X_6	元	"≤2500"=0; ">2500"=1	+
家庭外出务工人数占劳动力比例	X_7		"≤1/3"=1; ">1/3"=2	+
人均水田面积	X_8	亩	"≤1"=1; ">1"=2	-
(3)政策特征				
朱鹮或者其他保护动物破坏庄稼政府是否有经济补偿	X_9		1=是;0=否	+/-

三　实证结果与分析

（一）数据描述性分析

根据课题研究区域以及调查方式安排，我们采用调查员及农户一对一的访谈及问卷填写，根据统计结果，整体上看，尽管我们尽可能地平衡户主与非户主的调查数量（每户仅限一名成员被调查），但由于家庭成员外出打工等因素，本次被调查者中男性比例偏大，但本文研究的结果看，性别并不是造成朱鹮保护态度的显著影响因素。整体上，受教育年限53%的受访者集中在1～6年，也就是说一半比例的人是小学文化，这很符合贫困地区农村现实。由于调研地区几乎所有家庭，三代以内没有分家（只有极个别家庭因某种原因独立生活而不再与父母生活），所以家庭人口数量在6人以上的比例为63%。从调查地区的经济情况看，65%的家庭人均收入低于2500元，这也符合调查地区特征，宁陕县和洋县均属于国家级贫困县。从外出务工人口统计结果来看，虽然每个家庭都有一定比例的人口外出打工，但他们大多数家庭仍没有完全脱离农业生活，每个家庭仍有一定比例的务农人口，从统计结果看，外出务工人口数比家庭务农人口数要少。保护区内和保护区外的具体详细统计情况如表 3 所示。

表 3 调查农户的个人及家庭基本特征

农户特征	保护区内人数（$N_1=324$）	保护区外人数（$N_2=232$）	总体（N＝556）
户主	222（69%）	137（59%）	359（65%）
非户主	102（31%）	95（41%）	197（35%）
男性	218（67%）	182（77%）	412（74%）
女性	106（33%）	50（23%）	144（26%）
年龄（岁）			
18～30	55（17%）	53（23%）	36（7%）
31～40	100（31%）	58（25%）	105（19%）
41～50	143（44%）	114（49%）	212（38%）
>50	26（8%）	7（3%）	203（36%）
受教育年限（年）			
1～3	71（22%）	60（26%）	52（9%）
3～6	168（52%）	107（46%）	244（44%）
7～9	55（17%）	35（15%）	205（37%）
>9	29（9%）	30（13%）	55（10%）
家庭人口数（人）			
3	52（16%）	46（20%）	51（9%）
4～7	136（42%）	72（31%）	348（63%）
>7	136（42%）	114（49%）	157（28%）
家庭人均年纯收入（元）			
≤2500	224（69%）	128（55%）	360（65%）
>2500	100（31%）	104（45%）	196（35%）
家庭外出务工人数占劳动力比例			
≤1/3	185（57%）	93（40%）	393（71%）
>1/3	139（43%）	139（60%）	163（29%）
人均水田面积（亩）			
≤1	185（57%）	93（40%）	257（46%）
>1	139（43%）	139（60%）	299（54%）
是否有经济补偿			
否	185（57%）	93（40%）	227（41%）
是	139（43%）	139（60%）	329（59%）

注：N_1 和 N_2 分别表示保护区内和保护区外的有效样本总数。括号内表示为占样本总数的比例。

（二）模型检验与结果解释

根据样本描述性统计，总体样本农户的保护态度比例分布如图1所示。大部分农户的保护态度集中在“积极”的评价等级，占样本总数的62%。“非常积极”与“不积极”的农户差不多，分别占样本总数的21%和17%。

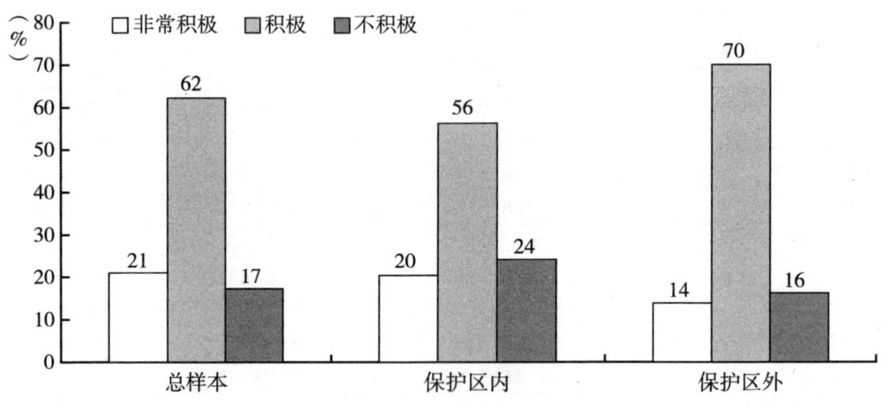

图1 保护区周边农户保护态度比例

根据本研究选择的模型，选择SPSS19.0软件进行Logit多元回归分析，总体模型检验结果如表4所示。由表4可知，卡方检验结果在0.01的显著水平上显著，说明最终模型显著成立。在拟合优度检验中，Pearson统计量和偏差统计量的显著水平都大于0.01，不能否定零假设，但Cox与Nagelkerke值分别为0.447和0.529，即模型的拟合效果还是不太理想。

表4 总体模型回归检验

模型拟合信息				
模型	模型拟合标准	似然比检验		
	-2倍对数似然值	卡方	df	显著水平
仅截距	890.360			
最终	561.164	329.196	28	0.000
拟合优度				
		卡方	df	显著水平
Pearson		570.864	650	0.988
偏差		463.246	650	1.000

续表

伪 R^2	
Cox 和 Snell	0. 447
Nagelkerke	0. 529
McFadden	0. 318

多元回归模型似然比检验结果如表 5 所示。从模型检验结果看，年龄、受教育年限、家庭人口数、务工人数比例、人均水田面积以及是否有经济补偿六个自变量卡方检验的 Sig. 值都小于 0. 1，故不能否定零假设，即它们产生的效应对系数的影响是显著的，不能剔除。

表 5　模型对整体样本似然比检验结果

效应	模型拟合标准	似然比检验		
	简化后的模型的 -2 倍对数似然值	卡方	df	Sig.
截距	5. 612E2	0. 000	0	
是否户主	564. 807	3. 643	2	0. 162
性别	565. 101	3. 937	2	0. 140
年龄	574. 471	13. 307	6	0. 038
受教育年限	765. 012	203. 848	6	0. 000
家庭人口数	576. 862	15. 698	4	0. 003
人均纯收入	564. 485	3. 321	2	0. 190
务工人数比例	580. 494	19. 330	2	0. 000
人均水田面积	566. 257	5. 093	2	0. 078
是否有经济补偿	571. 697	10. 533	2	0. 005

注：卡方统计量是最终模型与简化后模型之间在 -2 倍对数似然值中的差值。通过从最终模型中省略效应而形成简化后的模型。零假设就是该效应的所有参数均为 0。因为省略效应不会增加自由度，所以此简化后的模型等同于最终模型。

表 6 反映了模型参数估计的结果。为了进一步说明模型回归的结果，本研究省略了部分不显著的变量，只列出了显著水平 Sig. ≤0. 10 的统计结果。

表6 模型参数估计结果

保护态度[a]	影响因素	B	标准误	Wald	df	Sig.	Exp(B)
0 = 不积极	[年龄 = 0.00]	-2.597	1.072	5.868	1	0.015	0.074
	[受教育年限 = 1.00]	21.095	0.470	2013.306	1	0.000	1.451E9
	[家庭人口数 = 1.00]	2.719	0.933	8.494	1	0.004	15.168
	[务工人数比例 = 1.00]	-1.316	0.420	9.847	1	0.002	0.268
	[是否有经济补偿 = 0.00]	0.735	0.377	3.810	1	0.051	2.086
1 = 积极	[是否户主 = 0.00]	-.888	0.480	3.419	1	0.064	0.412
	[年龄 = 0.00]	-1.969	0.596	10.907	1	0.001	0.140
	[受教育年限 = 1.00]	3.176	0.434	53.507	1	0.000	23.951
	[受教育年限 = 2.00]	2.414	0.399	36.566	1	0.000	11.181

注：a. 参考类别是：2.00 = 非常积极。

从模型的整体回归参数检验结果（见表6）来看，首先，以“非常积极”保护态度的农户为参考类别而言，分析“不积极”的保护态度农户。当受教育年限为1～3年时，在0.01的显著水平上（Sig. =0.000）对因变量保护态度（不积极、积极与非常积极）显著，同时他们选择的“非常积极”保护态度的概率要远小于选择“不积极”（B =21.095），也就是说，在同样条件不变的情况下，低受教育年限的农户非常倾向于选择“不积极”的保护态度。同理，当家庭人口数小于3时以及外出务工人数比例不大于1/3时，同样分别在0.01的显著水平上对因变量显著影响（Sig. =0.004和Sig. =0.002），当家庭人口数小于3人时，他们更倾向于选择“不积极”的保护态度（B =2.719），这也说明，在一定情况下，家庭人口数较少时，他们的农业生产还是他们的第一生存需要，在能保证生产的基础上，他们才能更积极地考虑保护行为（刘俊昌，2008；王昌海等，2010）。而当外出务工人数比例不大于1/3时他们更倾向于选择“非常积极”的保护态度（B = -1.316）。如果没有经济补偿的情况下，它对因变量在0.10的显著水平上有影响（Sig. =0.051），也就是说，农户更倾向于选择“不积极”的保护态度（B =0.735）。其次，以“非常积极”保护态度的农户为参考类别而言，分析“积极”保护态度的农户。在0.01的显著水平上，农户的年龄不大于30岁以及受教育年限为1～6年，均对因变量产生显著影响（Sig. =0.001和Sig. =0.000），但年龄较小的农户更倾向于选择“非常积极”的保护态度（B = -1.969）。受教育年限为1～6年的农户更倾向于选择“积极”

的保护态度。最后，除上述显著的因素外，以“非常积极”为参考类别时，其他因素对保护态度没有显著的影响（Sig. >0.010），也就是说，本文根据文献所选择的众多影响因素并不是全部都影响农户的保护态度。表7反映了本研究模型中涉及的自变量之间的相关性检验，从分析结果看，是不是户主与性别呈现较强的相关性（相关系数为0.788），这不难解释，中国现在特殊家庭体制下，家庭的户主几乎全部是男性，调查中没有发现女性是户主的样本。其余自变量均不呈现较强的相关性，可以单独进一步进行回归模型的解释。

表7　保护态度影响因素相关性矩阵

	常量	X_1	X_2	X_3	X_4	X_5	X_6	X_7	X_8	X_9
常量	1.000	-0.027	-0.085	-0.538	-0.540	-0.254	-0.068	-0.280	-0.240	-0.116
X_1	-0.027	1.000	-0.788	-0.011	-0.054	0.113	-0.060	-0.007	-0.002	0.079
X_2	-0.085	-0.788	1.000	-0.073	0.100	-0.048	0.005	0.058	-0.096	-0.108
X_3	-0.538	-0.011	-0.073	1.000	0.001	-0.114	-0.007	0.046	-0.034	0.026
X_4	-0.540	-0.054	0.100	0.001	1.000	0.074	0.042	0.034	0.006	0.068
X_5	-0.254	0.113	-0.048	-0.114	0.074	1.000	-0.028	0.064	0.100	-0.046
X_6	-0.068	-0.060	0.005	-0.007	0.042	-0.028	1.000	-0.182	-0.047	-0.011
X_7	-0.280	-0.007	0.058	0.046	0.034	0.064	-0.182	1.000	-0.039	-0.087
X_8	-0.240	-0.002	-0.096	-0.034	0.006	0.100	-0.047	-0.039	1.000	-0.064
X_9	-0.116	0.079	-0.108	0.026	0.068	-0.046	-0.011	-0.087	-0.064	1.000

根据本研究的整体模型检验结果表4可知，模型成立但拟合优度不太理想，这是因为，本研究把保护区内和保护区外所有的样本放在一起进行的检验，这样就可能产生假性回归和相关关系。为了验证相同情况下，保护区内农户和保护区外农户是否会做出相同的选择，我们对保护区内和保护区外农户样本数据进行了回归似然比检验分析（见表8），对比分析发现：是否户主、性别、年龄、受教育年限以及人均纯收入对因变量均没有显著比差别；家庭人口数以及外出务工人数比例对因变量的影响略有不同；但是，保护区内的样本中，人均水田面积和是否有经济补偿对因变量没有影响（Sig. =0.822和Sig. =0.432），然而，在保护区外的样本中，人均水田面积和是否有经济补偿对因变量有显著影响（Sig. =0.066和Sig. =0.004），因此，由以上判断，有必要对保护区内和保护区外样本数据进行进一步处理。

表 8　模型对保护区内和保护区外样本似然比检验结果

效　应	似然比检验	
	Sig.（保护区内）	Sig.（保护区外）
截　距	—	—
是否户主	.393	.141
性　别	.266	.117
年　龄	.049	.095
受教育年限	.000	.000
家庭人口数	.002	.032
人均纯收入	.637	.569
务工人数比例	.004	.044
人均水田面积	.822	.066
是否有经济补偿	.432	.004

中国的自然保护区虽然也分为核心区、缓冲区和实验区，但很多自然保护区除核心区外，缓冲区和实验区也存在人居住的情况，这和国外的情况非常不同（国外保护区内几乎没有人居住）。因此，本研究的一个亮点就是对保护区内和保护区外居住的农户进行对比研究。这是因为：保护区内的农户和保护区外的农户生活的环境不同，比如收入水平以及交通设施等，都会给农户的保护态度带来不同显著程度的选择。以保护态度（2 = 非常积极、1 = 积极与 0 = 不积极）为因变量，通过保护区内和保护区外样本农户数据，分别对本文所选择的自变量进行 Logit 多元回归（见表 9），同样都以“非常积极”为参考类别分析“不积极”和“积极”两类回归结果。

就“不积极”类而言：保护区内和保护区外，受教育年限为 1 ~ 3 年的农户，他们非常倾向于选择“不积极”的保护态度（Sig. = 0.000），而且具有正向的显著影响（B = 20.858 和 B = 23.437），这也验证了整体回归的结果，有足够多的文献（杨建美等，2007；Fleskens and Jorritsma，2010；Stone and Stone，2011）可以证明农户的保护态度与受教育年限呈正相关变化，本研究的结果也是如此，不管是保护区内还是保护区外的农户，受教育年限较低时，确实限制了保护态度的提升。保护区内家庭人口数 4 ~ 7 人以及保护区外家庭人口数1 ~ 3 人，分别在 0.05 和 0.10 的显著水平上对保护态度有显著的正向影响（B = 3.236 和 B = 1.236），这可以解释为：保护区内的家庭经济情况较低，当人口较多时，他们首先还是会选择水稻保收。然而，保护区外距离保护区较远，现实生活中，特别是1～3人的家庭，我们调查发现，大部分失去独生子女的家庭和另一部分是孤寡老人的家庭（子女户口迁出，搬到城市或者其他地方居住）。这样的家庭对生活不太积极，因此保护态度相对“不积极”。保护区内和保护区外的家庭外出务工人口比例（>1/3）均对保护态度有显著的影响（Sig. =0.009和Sig. =0.029），且保护区内和保护区外的农户倾向选择“非常积极”的保护态度（B = -1.391和B = -1.749）。这可以解释为：家庭人口外出打工比例越高的家庭，他们由于务农的人口比例较低，那么他们更倾向于使用化肥或者除草剂等保证水稻正常生产，这也是部分区域朱鹮栖息地生存环境污染的一个重要原因。此外，保护区内，年龄在40岁以下农户，均对保护态度产生显著的负影响，也就是说，保护区内年龄在40岁以下的农户更倾向于选择“非常积极”的态度。

就“积极”类而言：保护区内外年龄在30岁以下的农户，对保护态度有显著的正向影响（Sig. =0.019和Sig. =0.009），也就是说与“非常积极”的保护态度相比，他们更愿意采用较为保守的生产模式，但已经意识到保护朱鹮及其生存环境的重要性，会加大绿色化肥的使用比例。然而，受教育年限在1～6年的农户，他们更倾向于选择“积极”的保护态度（Sig. =0.000）。然而，在保护区外生存的农户中，“有补偿”也对保护态度产生显著的负向影响（B = -0.917，Sig. = 0.074），可以解释为：保护区外由于各种因素，动物肇事引起的损失每年频繁发生，但农户没有得到及时的经济补偿（当地政策规定，只有国家一级保护动物引起的损失才有政府给予的补贴），可以说，有经济补偿的农户，他们会采用更积极的生产行为方式从事农业生产，这一点在保护区外特别明显。保护区内朱鹮引起的损失政府都及时给予了经济补偿。这一点也直接说明：保护区周边实施经济补偿政策的重要性。

就“非常积极”而言，本研究分析了选择此类选项的农户类型，研究发现：首先，学生（9名在读高中生，5名大学生以及1名硕士研究生）全部选择了此类，这也说明学生从目前学习到的知识，意识到环境保护的重要性；其次，家庭居住地离朱鹮栖息地非常近的农户也全部选择了此类选项，他们世代居住于此，与朱鹮有着深厚的感情，他们潜意识里保护意识要强于生产意识；最后，大部分收入较高的家庭也会选择绿色环保的生产方式。

表9　保护区内和保护区外样本数据分类回归

保护态度[a]（保护区内）	影响因素	B	标准误	Wald	df	Sig.	Exp(B)
0＝不积极	[年龄＝0.00]	－3.494	1.557	5.034	1	0.025	0.030
	[年龄＝1.00]	－1.967	0.844	5.435	1	0.020	0.140
	[受教育年限＝1.00]	20.858	0.596	1225.417	1	0.000	1.144E9
	[家庭人口数＝1.00]	3.236	1.156	7.843	1	0.005	25.435
	[务工人数比例＝1.00]	－1.391	0.535	6.776	1	0.009	0.249
1＝积极	[性别＝0.00]	1.111	0.676	2.704	1	0.100	3.037
	[年龄＝0.00]	－1.769	0.757	5.463	1	0.019	0.171
	[年龄＝1.00]	－1.199	0.549	4.772	1	0.029	0.302
	[受教育年限＝1.00]	2.866	0.541	28.021	1	0.000	17.561
	[受教育年限＝2.00]	2.745	0.522	27.669	1	0.000	15.563
保护态度[a]（保护区外）	**影响因素**	**B**	**标准误**	**Wald**	**df**	**Sig.**	**Exp(B)**
0＝不积极	[受教育年限＝1.00]	23.437	0.970	583.883	1	0.000	1.508E10
	[家庭人口数＝0.00]	1.236	0.698	3.136	1	0.077	3.441
	[务工人数比例＝1.00]	－1.749	0.799	4.795	1	0.029	0.174
1＝积极	[年龄＝0.00]	－3.032	1.164	6.784	1	0.009	0.048
	[受教育年限＝1.00]	3.985	0.942	17.909	1	0.000	53.784
	[受教育年限＝2.00]	1.877	0.750	6.258	1	0.012	6.535
	[是否有经济补偿＝1.00]	－0.917	0.513	3.195	1	0.074	0.400

注：a. 参考类别是：2.00＝非常积极。

从以上分类检验结果可以直接看出，保护区内外的农户受教育年限为1～6年时均对保护态度产生积极的显著影响，但受教育年限较高时并没有显著的差别，即本研究假设1是不成立的。那么本研究重点从理性行为人的角度去分析户主与非户主的教育年限如何影响其保护态度。根据行为人理性假设分析，每一个从事经济活动的人所采取的经济行为都是力图以自己的最小经济代价去获得自己的最大经济利益。那么本研究重点研究户主与非户主的受教育年限与保护态度是否有差别。如图1所示，根据户主受教育年限与保护态度反映出的拟合趋势（见图2），户主受教育年限为0～3.86年，保护态度在3～5.57等级变化，此时顶点达到A区域。也就是说，保护态度与受教育年限呈正相关。随后，当户主受教育年限在3.86～6.92年之间变化，但农户保护态度在

4.22～5.57 随之呈现负相关变化，并达到顶点 B 区域。随后，当户主受教育年限在 5.57～11 年之间，保护态度在 4.22～8.20 之间呈现正相关变化。以上三个阶段变化可以解释为，在 A 区域左边，户主受过较少的教育，他们具备了保护生态环境以及濒危朱鹮的意识，保护态度随着受教育水平的提升而变得强烈。但在 A 和 B 之间，根据理性经济人的假设，作为一家之主，虽然户主的受教育程度越来越高，但人学到的知识越来越多与生存意识越强烈，他们更关注家庭的生计以及生产行为，并不是受教育程度越高，户主就越愿意采用绿色化肥和无害农药来生产水稻，这样会降低水稻产量，此时家庭的生计更能过多地影响户主的保护态度选择。B 区域右边，此时又呈现保护年限与保护态度呈正相关变化，也就是说，当户主受教育年限达到一定程度后，他们的保护意识可能会比生产行为意识强烈，更能意识到保护的重要性。图 2 反映了本研究得出的一个结论：户主的受教育年限不与保护态度呈正向相关。本研究的假设 2 得到验证。

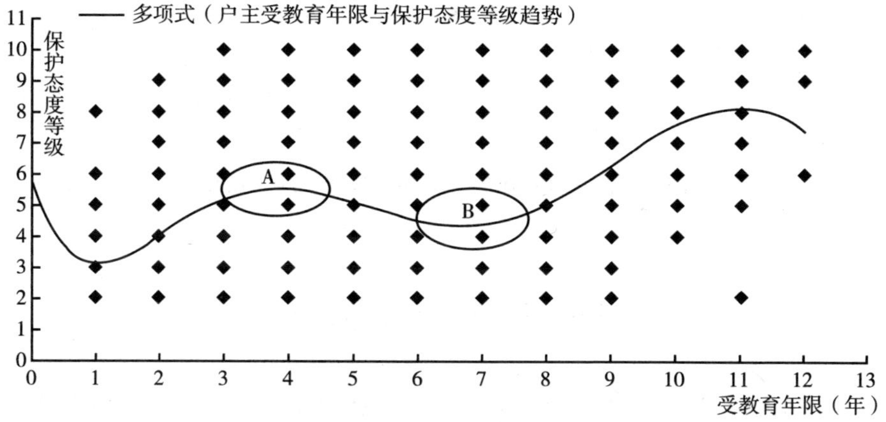

图 2　户主保护态度等级随受教育年限变化趋势

图 3 反映了非户主保护态度随受教育年限变化趋势。可以看出，非户主的受教育年限与保护态度呈现正向相关的变化趋势，也就是说非户主受教育年限越高越愿意采用更加积极的保护态度来保护朱鹮或者环境。非户主所选择的保护态度等级大部分集中在 5～9 等级，说明他们更能积极参与保护朱鹮或者环境，在我们的调查样本中，选择 10 等级的农户，85% 是非户主做出的选择，

其中大部分是高中生、大学生或者硕士研究生。这说明学生接受了较高的教育，从根本上讲是愿意参与保护朱鹮或者环境的个体。此外，我们还分析了受教育程度较高（受教育年限 >8）的情况下所选择了较低的保护态度等级（保护等级≤4）的原因，其中大部分是因为没有经济补偿，这也说明：保护区周边因野生动物肇事引起的作物损失，而没有得到合理的经济补偿的农户，他们最为关注的是生计情况，同时也说明经济补偿机制在中国有待进一步健全，这样有利于缓解保护区与社区之间的矛盾，更有利于环境保护事业的健康发展。

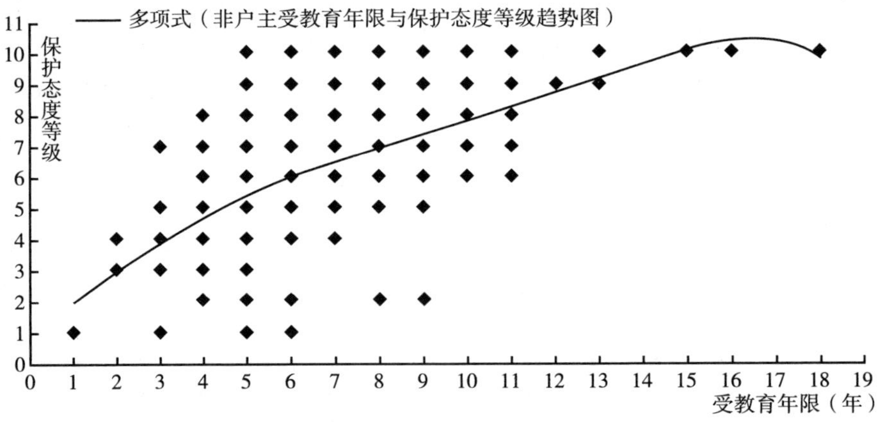

图 3　非户主保护态度等级随受教育年限变化趋势

四　结论与政策启示

生态敏感区农户作为生产生活的主体，他们的行为方式直接影响着环境的保护效果。本研究以陕西省朱鹮保护区周边社区为案例区，对保护区周边社区农户的保护态度的影响因素做了分析。与大多学者研究不同的是，本研究定量化设置了 10 个保护态度等级（见表 1），农户根据自身实际对其进行选择，为了更加细致地分析农户保护态度，本研究把 1 ~4 级归为“不积极”，5 ~7 级归为“积极”，8 ~10 级归为“非常积极”。通过 Logit 多元回归分析、多元线性检验等模型对样本数据进行了分析，研究中得出了与一些国内外学者相同的结论，但也有了一些新发现。

（一）对于整体样本农户而言，具有“非常积极”保护态度的农户占21%，“积极”保护态度的农户占62%，“不积极”保护态度的农户占17%

本研究所选取的影响因素中，“受教育年限”“家庭人口数”“务工人数比例”在0.01的水平上对保护态度有着显著影响。“人均水田面积”和“是否有经济补偿”分别在0.05和0.10的水平上对保护态度有着显著影响。

（二）保护区内和保护区外农户特征对保护态度有差别

对保护区内324个样本数据和保护区外232个样本数据分别进行Logit多元回归分析，结果显示，农户年龄、受教育年限、家庭人口数以及外出务工人数比例均对保护态度具有显著的影响。然而，保护区外样本中，人均水田面积以及是否有经济补偿对保护态度具有显著的影响。

（三）户主的受教育年限不与保护态度呈正向相关

简单地认为农户的受教育程度越高，其保护意识越强烈是不妥的。因为其生存的环境，包括个人特征以及家庭特征都会影响其对行为方式的选择。本研究重点分析了户主与非户主受教育年限与保护态度的关系。研究新发现：户主受教育年限与保护态度呈N字形关系，一般情况下，受教育年限较低的户主其保护等级会与受教育年限呈正相关，但达到一定年限后，二者会呈现负相关趋势，然而当户主到达较高受教育年限，会呈现较为显著的正相关趋势。非户主会随受教育年限的提高而选择更为积极的保护等级，也就是说，对非户主而言，保护等级与受教育年限呈正相关。

（四）国家政策的具体落实会影响农户保护态度

从保护区外农户样本中发现，“是否有经济补偿”对保护态度产生显著影响，本研究有经济补偿的农户更倾向于选择“非常积极”的保护态度，这是因为：在保护区内经济补偿落实情况要快于保护区外。因此，也可以说，国家政策的具体落实会影响农户保护态度。

通过本研究的结论，也得出了一些政策启示。

（五）《中华人民共和国野生动物保护法》需要进一步健全

虽然该法已经正式实施很多年，但经过实践检验，有些条款已经需要修改了，比如，庄稼作物损失由动物引起的，只有国家一级保护动物引起的损失才会得到经济补偿，随着保护的发展，保护动物越来越多，目前更多的损失是由非一级保护动物引起的，所以需要健全该法。

（六）保护区管理部门需要有针对性地开展工作

中国自然保护区事业起步较晚，在保护区保护效果不断显著的同时，保护与发展的矛盾越来越严重，国家级自然保护区管理局都已经成立了宣教中心，但目前要针对具体情况加大力度宣传保护生物多样性的意义，特别是针对受教育程度较低的人群，采取一定的措施开展工作，但目的不仅仅是保护，也是更好地发展。

（七）建立健全动物肇事补偿机制

农户对保护收益的认知是不敏感的，而对保护成本的认知非常敏感，大部分农户认为保护生物多样性，增加了他们生活的经济成本，但并没有增加他们的经济收益。国家政策落实的情况会落后于国家的政策目标，这是普遍的认知。那么协调保护与发展，保护区周边建立健全动物肇事补偿机制是目前保护事业可持续发展的关键，可以说任重而道远。

参考文献

Fleskens L. and F. Jorritsma, 2010, "A Behavioral Change Perspective of Maroon Soil Fertility Management in Traditional Shifting Cultivation in Suriname", *Human Ecology*, Vol. 38, pp. 217 – 236.

Hosseininia G., Azadi H., Zarafshani K, et al., 2013, "Sustainable rangeland management: Pastoralists' attitudes toward integrated programs in Iran", *Journal of Arid Environments*, Vol. 92, pp. 26 – 33.

Karamidehkordi E., 2010, "A Country Report: Challenges Facing Iranian Agriculture and Natural Resource Management in the Twenty-First Century", *Human Ecology*, Vol. 38, pp. 295 – 303.

Kathleen A, Galvin, P. K. , Thornton, De Pinho J R, et al. , 2006, "Integrated Modeling and its Potential for Resolving Conflicts between Conservation and People in the Rangelands of East Africa", *Human Ecology*, Vol. 34, pp. 155 – 183.

Karanth K. K. and S. K. Nepal, 2012, "Local Residents Perception of Benefits and Losses From Protected: Areas in India and Nepal", *Environmental Management*, Vol. 49, pp. 372 – 386.

Khadka D. and S. K. Nepal, 2010, "Local Responses to Participatory Conservation in Annapurna Conservation Area, Nepal", *Environmental Management*, Vol. 45, pp. 351 – 362.

Kideghesho J. R. , Røskaft E. , and Kaltenborn B P, 2007, "Factors influencing conservation attitudes of local people in Western Serengeti, Tanzania", *Biodiversity and Conservation*, Vol. 16, pp. 2213 – 2230.

Lai P. , and Nepal S. , 2006, "Local perspectives of ecotourism development in Tawushan Nature Reserve, Taiwan", *Tourism Management*, Vol. 27, pp. 1117 – 1129.

Lundstrom C. , Kytzia S. , Walz A. , et al. , (2007), "Linking Models of Land Use, Resources, and Economy to Simulate the Development of Mountain Regions (ALPSCAPE)," *Environmental Management*, Vol. 40, pp. 379 – 393.

MacMillan D. C. and Phillip S. , 2010, "Can Economic Incentives Resolve Conservation Conflict: The Case of Wild Deer Management and Habitat Conservation in the Scottish Highlands", *Human Ecology*, Vol. 38, pp. 485 – 493.

Muller-Boker U. , and Kollmair M. , 2000, "Livelihood strategies and local perceptions of a new nature conservation project in Nepal: the Kanchenjunga conservation area project", *Mountain Research and Development*, Vol. 20, pp. 324 – 331.

Nepal S. K. and Spiteri A. , 2011, "Linking Livelihoods and Conservation: An Examination of Local Residents' Perceived Linkages Between Conservation and Livelihood Benefits Around Nepal's Chitwan National Park", *Environmental Management*, Vol. 47, pp. 727 – 738.

Pipinos G. and Fokiali P. , 2009, "An assessment of the attitudes of the inhabitants of Northern Karpathos, Greece: towards a framework for ecotourism development in environmentally sensitive areas. An ecotourism framework in environmentally sensitive areas", *Environ Dev Sustain*, Vol. 11, pp. 655 – 675.

Price C. , 2007, "Sustainable forest management, pecuniary externalities and invisible stakeholders", *Forest Policy and Economics*, Vol. 9, pp. 751 – 762

Reyes T. , Quiroz R. , Msikula S. , 2005, "Socio-economic comparison between traditional and improved cultivation methods in agroforestry systems, East Usambara Mountains,

Tanzania", *Environmental Management*, Vol. 36, pp. 682～690.

Schley L., Dufrene M., Krier A., et al., 2008, "Patterns of crop damage by wild boar (Sus scrofa) in luxembourg over a 10－year perid", *Eur J wildl Res*, Vol. 54, pp. 589～599.

Weaver D. B. and Lawton L. J., 2008, "Perceptions of a Nearby Exurban Protected Area in South Carolina, United States", *Environmental Management*, Vol. 41, pp. 389～397.

Wesuls D. and Lang H., 2010, "Perceptions and Measurements: The Assessment of Pasture States in a Semi-Arid Area of Namibia", *Human Ecology*, Vol. 38, pp. 305～312.

Wittmayer J. M. and Büscher B., 2010, "Conserving Conflict? Transfrontier Conservation, Development Discourses and Local Conflict Between South Africa and Lesotho", *Human Ecology*, Vol. 38, pp. 763～773.

崔国发：《自然保护区当前应该解决的几个科学问题》，《北京林业大学学报》2004年第6期。

国家林业局保护司：《中国自然保护区政策研究》，中国林业出版社，2003。

韩念勇：《中国自然保护区可持续管理政策研究》，《自然资源学报》2000年第3期。

刘俊昌、温亚利、陈晓倩：《秦岭大熊猫栖息地景观尺度社会经济调查研究》，中国林业出版社，2008。

王昌海、温亚利、时鉴：《基于共生视角理论的秦岭自然保护区与周边社区关系的反思》，《西北林学院学报》2011年第4期。

王昌海、温亚利、杨莉菲：《秦岭大熊猫自然保护区周边社区对自然资源经济依赖度研究》，《资源科学》2010年第7期。

王岐海：《自然保护区管理转型：核心问题探析》，《林业经济》2012年第3期。

王岐海：《自然保护区管理体制创新：两个维度的思考》，《林业经济》2012年第5期。

韦惠兰、谢文斌：《自然保护区林缘社区产业发展研究》，《林业经济》2010年第6期。

温亚利、谢屹：《中国生物多样性资源权属特点及对保护影响分析》，《北京林业大学学报》（社会科学版）2009年第4期。

薛达元：《生物多样性保护：为了发展而保护》，《绿叶》2011年第9期。

杨建美、Allendorf T.、查国志：《保护区周边社区对保护区的认知研究——以高黎贡山国家级自然保护区为例》，《经济问题探索》2011年第4期。

张智、丁长青：《中国朱鹮就地保护与研究进展》，《科技导报》2008年第7期。

周民良：《中国的区域发展与区域污染》，《管理世界》2000年第2期。

（本文原载于《管理世界》2014年第11期）

中国、美国、欧盟农业温室气体排放研究

马翠萍　史 丹　王金凤

摘　要：通过对中国、美国、欧盟农业温室气体排放研究发现，欧盟、美国农业温室气体排放以 N_2O 为主，中国农业温室气体排放则主要来自动物肠道及粪便管理、水稻种植的 CH_4 排放。从三大经济体农业温室气体排放源来看，未来欧盟氮肥使用的减少以及大宗畜产品数量的下降，都将促进欧盟农业温室气体进一步减排。相比之下，未来美国氮肥施用量和养殖牲畜数量的增加趋势，意味着美国农业温室气体排放将会继续增加，而中国伴随人口增加、饮食结构的改善，农业温室气体排放也将会持续增加。

关键词：农业　温室气体　排放源

一　引言

农业作为重要的温室气体排放源，一般占人类活动温室气体排放量的10%～12%，其中，农业甲烷、氧化亚氮排放分别占到人类活动甲烷、氧化亚氮总排放量的 60%、50%。根据国际政府间气候变化专门委员会（Intergovernmental Panel on Climate Change，IPCC）（2007）对 2004 年全球温室气体排放的研究，2004 年全球农业温室气体排放占人类活动温室气体总排放量的 14%，1990～2005 年，农业甲烷、氧化亚氮排放增长了 17%，相当于平均每年增长 6000 万吨二氧化碳排放，其中非附件 1 国家在此期间农业温室气体排放增长了 32 个百分点，占世界农业温室气体排放量的 3/4，相比之下，附件 1 国家农业温室气体在此期间却下降了 12 个百分点。中国、美国、

欧盟①作为世界三大经济体和农业生产主要地区，是典型的非附件1国家和附件1国家的代表国，研究三大经济体农业温室气体排放结构、比较排放源的不同，对剖析未来各国（地区）农业温室气体排放趋势以及减排途径有着重要的理论意义。

二 中美欧农业温室气体排放概况

IPCC温室气体清单将引致环境变化的温室气体界定为二氧化碳（CO_2）、甲烷（CH_4）、一氧化二氮（N_2O）、全氟碳化物（PFCs）、氢氟碳化物（HFCs）和六氟化硫（SF_6），而农业作为重要的温室气体排放源，参考美国、欧盟、中国向联合国气候变化框架公约（UNFCC）秘书处提交的温室气体排放清单，将农业温室气体排放界定为CH_4和N_2O。2011年美国环境保护署（EPA，2011）提交的温室气体排放清单显示，2009年美国农业温室气体排放419.3Tg②碳当量（见图1），占当年温室气体总排放的6.3%，其中，农业CH_4、N_2O排放占农业温室气体排放比重分别为47%、53%。事实上，自1990年以来，美国农业温室气体排放量整体呈现增加趋势，2009年农业CH_4、N_2O排放在1990年基础上分别增加了14.9%、4.8%。

相比之下，欧盟作为温室气体减排的倡导者和先驱者，欧洲环境署（European Environment Agency，EEA）2011年向联合国提交的气候变化温室气体排放清单显示：2009年欧盟农业温室气体排放476Tg碳当量，占当年温室气体总排放的10.3%，其中农业CH_4、N_2O排放占农业温室气体排放比重分别为41%、59%。自1990年以来，欧盟一直致力于农业减排工作，使2009年欧盟农业碳排放由1990年610Tg稳健下降到2009年476Tg，减排幅度高达22.0%（见图2）。

相比美国、欧盟每年发布的温室气体排放清单。中国仅在2004年向UNFCC提交了1994年的温室气体排放清单。清单显示，1994年中国农业温室

① 本文欧盟如没有特殊说明，均指欧盟27国。

② $Tg = 10^{12}g$ = 百万吨。

气体排放 605Tg 碳当量，占当年温室气体排放总量的 16.57%①，其中，CH_4、N_2O 排放占农业温室气体排放比重分别为：60%、40%。

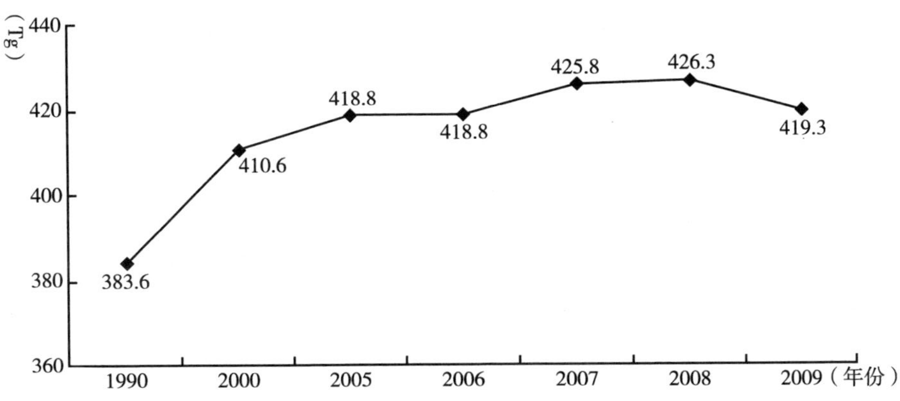

图 1　1990～2009 年美国农业温室气体排放

资料来源：EPA，2011。

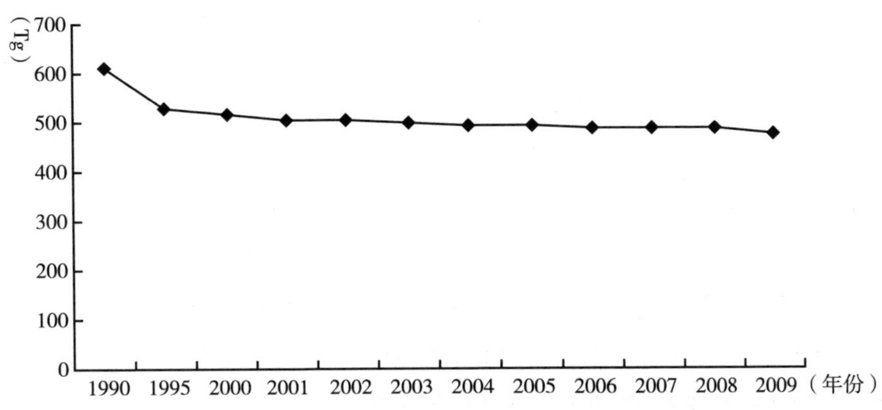

图 2　1990～2009 年欧盟 27 国农业温室气体排放

中、美、欧三大经济体，美国和欧盟农业温室气体排放形成了以 N_2O 为主的结构，中国则以 CH_4 排放为农业温室气体排放的主体。农业温室排放结构

① 根据 IPCC 标准，1 单位甲烷、1 单位的氧化亚氮分别相当于 21 单位、310 单位的二氧化碳当量。

的差异一方面源于甲烷、氧化亚氮的全球增温潜能的不同，另一方面是温室气体排放源不同的结果。

三　中美欧温室气体排放源研究

对农业温室气体及其排放源，学者有着不同的界定，例如，McCarl 和 Schneider（2000）认为农业温室气体包括 N_2O、CH_4、CO_2，N_2O 的排放源于化肥施用，CH_4 排放则来自反刍动物和稻田种植，CO_2 来自土壤的排放；虽然 Pete Smith 等（2008）、Smith（2004）等均认同他们对农业温室气体的界定，但前者认为农业的 CO_2 排放来自生物质燃烧和土壤有机质，CH_4 排放来自有机质在厌氧条件下的分解以及动物肠道发酵、粪肥、水稻种植，N_2O 来自微生物对土壤和动物粪肥的 N 元素的转化；而后者认为 CO_2 主要来源于微生物的腐败、植物燃烧、土壤有机质，CH_4 来自氧化条件下的有机质的分解，特别是反刍动物的肠胃发酵以及水稻种植，N_2O 主要是由土壤中的微生物和粪肥产生，特别是在潮湿环境下，N 元素的供给超过植物本身所需（Oenema et al.，2005；Smith and Conen 2005）；而 Mosier 等（1998）则更倾向将农业温室气体归结为 CH_4 和 N_2O，生物质燃烧能够释放 CH_4 和 N_2O、反刍动物肠道发酵 CH_4 排放、农田土壤①和动物粪肥排放 N_2O 排放，这三大排放源合计占到农业温室气体排放的 88%；附件 1 及非附件 1 国家向联合国递交的温室气体排放清单中，均采用 UNFCC（2006）② 对农业温室气体七大排放源的界定，即动物肠道发酵（CH_4）、粪便管理系统（CH_4）、水稻种植（CH_4）、农田土壤（N_2O）、烧荒（N_2O）（Prescribed Burning of Savannas）、田间焚烧秸秆（N_2O、CH_4）（Field Burning of Agricultural Residues）及其他。

为了使三大经济体农业温室气体排放源具有可比性，本文采用 UNFCC（2006）的农业温室气体排放源界定。其实进一步剖析上述学者的排放源定

① 土壤的温室气体排放实际有两个来源：一是由使用化肥引致的 N_2O 排放；二是土壤固碳的 CO_2 排放。

② UNITED NATIONS，Updated UNFCCC Reporting Guidelines on Annual Inventories Following Incorporation of the Provisions of Decision 14/CP. 11，FCCC/SBSTA/2006/9 18 August 2006.

义，可以发现对农业温室气体排放源的探讨在本质上并不存在差异，而是由于研究的目的、领域、层次的不同得出看似不同的结论，例如，McCarl 和 Schneider（2000）认为甲烷来自反刍动物，再进一步追溯甲烷则是动物肠道发酵、生物质（例如粪肥）厌氧分解的产物，而这正是 Pete Smith 等（2008）、Mosier 等（1998）结论，同理农业 N_2O 的排放直接来源农田土壤，但原因是化肥施用（主要是氮肥）引致的，因此，农业温室气体排放源基本遵循 UNFCC（2006）的界定。

（一）甲烷排放源

农业是人类活动甲烷的主要排放源。2009 年美国农业甲烷排放 9372Gg，相当于 196. 8Tg 碳当量，占美国全年甲烷排放总量的 28. 7%（EPA，2011）；同年欧盟农业甲烷排放 186. 94Tg，占甲烷排放总量的 44. 7%（EPA，2011）；1994 年中国农业甲烷排放 17196Gg①，相当于 361. 1Tg 碳当量，占当年人类活动甲烷总排放的 50. 15%；但各国农业甲烷排放源结构是不尽相同的（见图 3、图 4、图 5）。

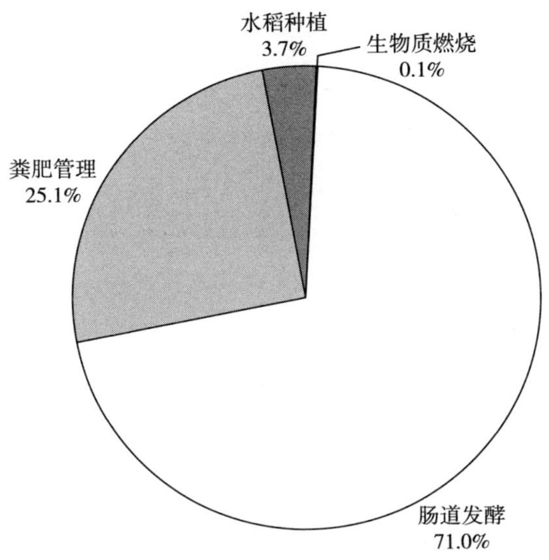

图 3　2009 年美国农业甲烷排放源

资料来源：EPA，2011。

① Gg = 10^6 g = 千吨。

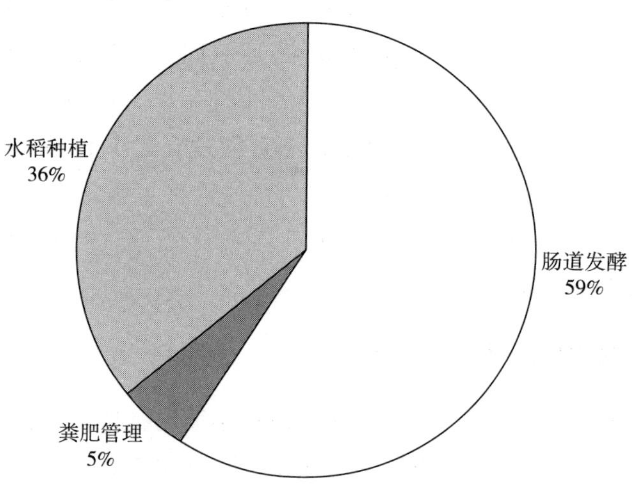

图 4 1994 年中国农业甲烷排放源

资料来源：中华人民共和国气候变化信息初始化通告。

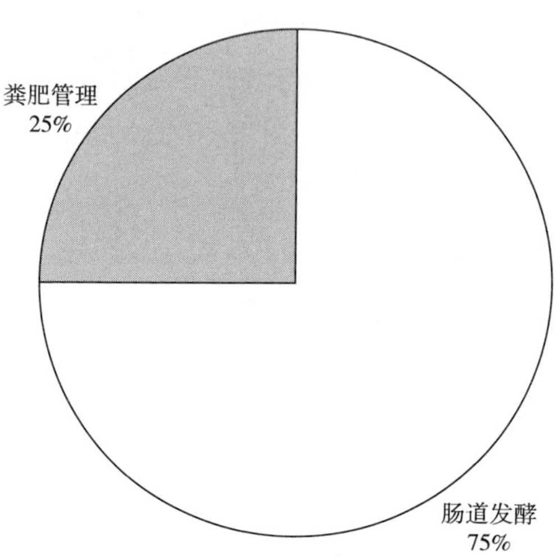

图 5 2009 年欧盟农业甲烷排放源

注：由于欧盟 27 国水稻种植国家较少，因此没有统计数据。

资料来源：根据 EEA，2011 整理。

1. 动物肠道发酵的甲烷排放

反刍动物是动物肠道发酵的最主要来源，据相关资料，反刍动物每年产生的甲烷占人类甲烷排放的28%，其中，牛是最大的反刍动物甲烷排放源。

2009 年美国反刍动物肠道发酵排放甲烷 6655Gt，其中，牛（包括肉牛和奶牛）的甲烷排放占反刍动物甲烷排放的 95. 1%，肉牛甲烷排放占 71. 3%（US-EPA，2011）①。

表 1　美国反刍动物肠道发酵的甲烷排放源

单位：%

排放源	1990 年	2000 年	2005 年	2006 年	2007 年	2008 年	2009 年
肉牛	71. 6	73. 7	72. 8	72. 7	72. 0	71. 6	71. 3
奶牛	24. 1	22. 5	22. 3	22. 4	23. 0	23. 4	23. 8
马	1. 4	1. 4	2. 6	2. 6	2. 5	2. 6	2. 6
绵羊	1. 4	0. 9	0. 8	0. 8	0. 7	0. 7	0. 7
猪	1. 3	1. 4	1. 4	1. 4	1. 5	1. 5	1. 5
山羊	0. 2	0. 2	0. 2	0. 2	0. 2	0. 2	0. 2
合计	100. 0	100. 0	100. 0	100. 0	100. 0	100. 0	100. 0

注：猪虽然不是反刍动物，但其甲烷排放较多，因此，UNFCC 中将其作为农业甲烷排放源列入清单中。

资料来源：根据 EPA，2011 相关数据计算而得。

在欧盟，牛同样是甲烷的主要排放源，2009 年牛肠道发酵 CH_4 排放相当于 124. 6Tg 碳当量，占农业甲烷排放总量的 66. 7%，羊肠道发酵排放 CH_4 占农业甲烷排放总量的 8. 4%（EEA，2011）；1994 年中国动物肠道发酵甲烷排放总量为 1018 万吨，其中黄牛排放量占 59. 2%，水牛排放量占 14. 5%，猪的甲烷排放量占 4%。

通过比较分析来看，牛肠道发酵的甲烷排放在三大经济体中均居动物肠道发酵导致甲烷排放的首位。

2. 粪肥管理系统的甲烷排放

粪肥作为农业甲烷排放源。2009 年，欧盟因牛、猪粪便管理排放 CH_4 合

① 实际美国计算动物肠道发酵引致的甲烷排放中，主要动物为牛、羊、马、猪。

计占农业温室气体排放量的10%，占农业甲烷排放量25%，同年美国粪肥管理甲烷排放也占25%的农业甲烷排放量，而在1990年此项指标仅为18.5%。1994年中国动物粪肥甲烷排放量约为87万吨，仅占农业甲烷排放量的5%，其中以猪粪肥管理甲烷排放为主，占动物粪便管理甲烷排放量的61%。

3. 水稻种植的甲烷排放

水稻种植也是重要的甲烷释放源（Yan et al. 2003）。相关数据显示，由生物学过程产生的甲烷占整个地球大气中甲烷的30%左右，其中33%～49%是由水稻田释放的（Cieerone，R. J. and Shetter J. D，1981），这是由于多水的稻田种植有利于厌氧甲烷菌的生长，甲烷菌以有机物为营养，从而产生甲烷（邵可声，李震，1996），通过水稻的通气组织排放到大气中。从中、美、欧盟农业甲烷排放源来看，最大的差异来自水稻种植的甲烷排放。

2009年美国水稻种植面积125.6万公顷，仅占当年耕地面积的0.7%，同年欧盟水稻种植面积46.4万公顷，占当年欧盟耕地面积的0.43%。而1994年中国水稻种植面积3053.7万公顷，分别是美国、欧盟水稻种植面积的24倍、66倍，占当年农作物耕地面积的20.4%，因此，导致欧盟水稻种植排放的甲烷在农业甲烷排放中可以忽略不计，美国仅占4%左右，而中国水稻的甲烷排放成为重要的农业甲烷排放源。

（二）氧化亚氮排放源

N_2O作为温室气体，虽然其排放量没有甲烷多，但其全球增温潜能分别是CO_2的310倍、CH_4的15倍。中、美、欧三大经济体中，农业N_2O排放分别占各国（地区）人为活动N_2O排放的92.4%、75.3%、75.2%。根据各国UNFCC提交清单，农业的N_2O排放来自农业土壤（包括农田土壤和牧草地）和动物粪肥的排放①（见图6、图7、图8）。

1. 农田的氧化亚氮排放

农田土壤是大气N_2O的最主要来源，其对大气N_2O的贡献为70%～90%（Bouwman，1990）。农田土壤的N_2O主要来自氮肥的施用、粪肥施用、生物固氮、

① 农业土壤N_2O排放分为直接排放和间接排放，直接排放包括农田土壤排放和牧草地排放，由于直接排放占农业温室气体比重在70%以上，因此本文只研究农田直接N_2O的排放。

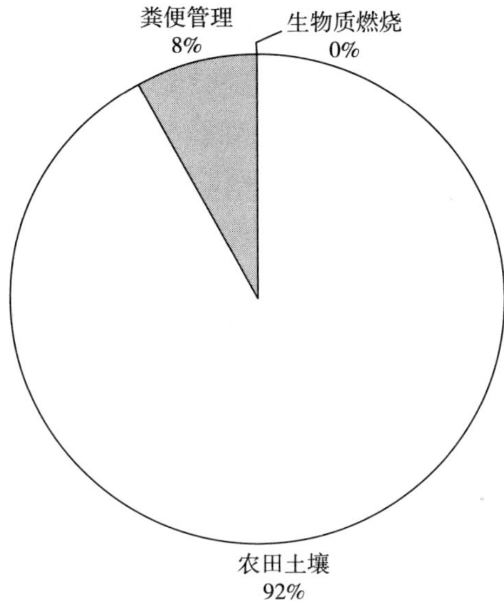

图 6　2009 年美国农业 N_2O 排放源

资料来源：EPA，2011，经作者计算整理。

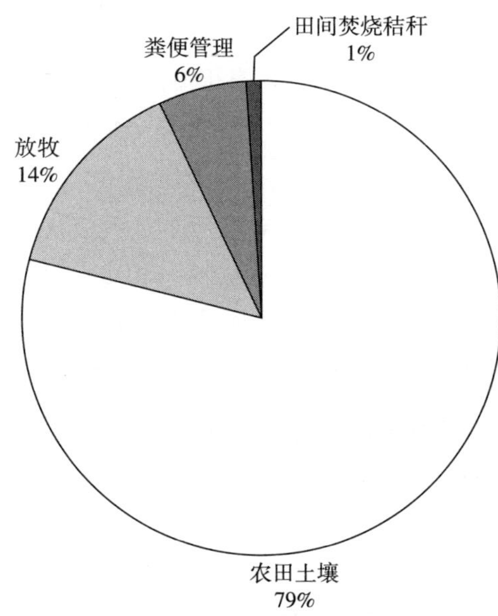

图 7　1994 年中国农业 N_2O 排放源

资料来源：《初始化通告》，经作者计算整理。

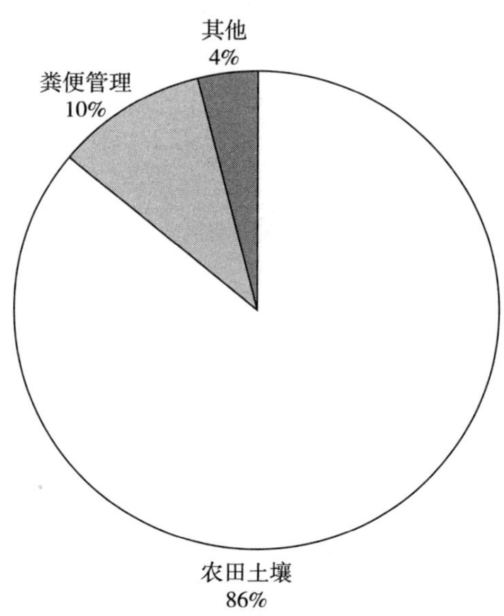

图 8　2009 年欧盟农业 N_2O 排放源

资料来源：EEA，2011，经作者计算整理。

农作物秸秆还田等，而氮肥施用是导致农田 N_2O 排放的直接原因（Mosier A, Kroeze C, Nevison C，等 1998）。1994 年中国农业活动 N_2O 的排放量中农田N_2O排放量的 57.8% 来自化学氮肥施用，22.9% 来自粪肥施用，7.9% 来自农业生物固氮，5.1% 和 5.8% 分别来自农作物秸秆还田和施肥引起的大气氮沉降；2009 年欧盟农田土壤 N_2O 排放中，直接排放（主要为氮肥施用）约占 54.6%，间接排放占 33.4%，粪肥排放约占 12.1%；同年美国农田土壤 78.3% 来源于直接排放。

2. 粪肥管理系统的氧化亚氮排放

牲畜粪肥在施入土壤或用作肥料、燃料或建筑目的之前，粪肥储存和管理过程中会产生 N_2O 排放，粪便的 N_2O 在中、美、欧三大经济体所占比重差异并不明显。

四　未来中美欧农业温室气体排放研究

减排是各国未来农业发展的必然趋势和方向，从农业温室气体排放来看，在不考虑农业碳汇作用时，农业温室气体减排途径可以通过家畜甲烷排放的减少和农田氧化亚氮排放量的下降来实现（EEA，2011）[①]。

（一）未来中美欧甲烷减排的趋势比较

动物是甲烷的重要排放源，因此，三大经济体未来畜牧业发展在成大程度上决定着农业温室气体排放，本文以动物甲烷三大排放源牛、羊、猪的未来养殖趋势为切入点分析。

欧盟农业温室气体自 1990 年以来一直稳健下降，一个重要原因就是牲畜数量的下降。以甲烷排放为例，2009 年欧盟牛、羊肠道发酵引致的甲烷排放在 1990 年基础上分别减排 21%、25%，牛、猪粪便管理引致的甲烷排放在此期间分别减少 16%、9%，与之相对应的是欧盟牛、羊、猪等数量在 1990 ~ 2009 年均呈现不同程度的下降趋势，特别是动物甲烷最大排放源的牛的数量，在 1990 年基础上下降了 19.9%；从图 9、图 10、图 11 来看，欧盟牛、羊、猪等牲畜在未来呈现减少的趋势，因此，以甲烷排放为主导的欧盟农业温室气体在未来进一步减排的可能性会更大。特别是欧盟农业共同农业政策（Common Agricultural Policy，CAP）拟在 2025 年对牛奶生产配额的取消，进一步促进了

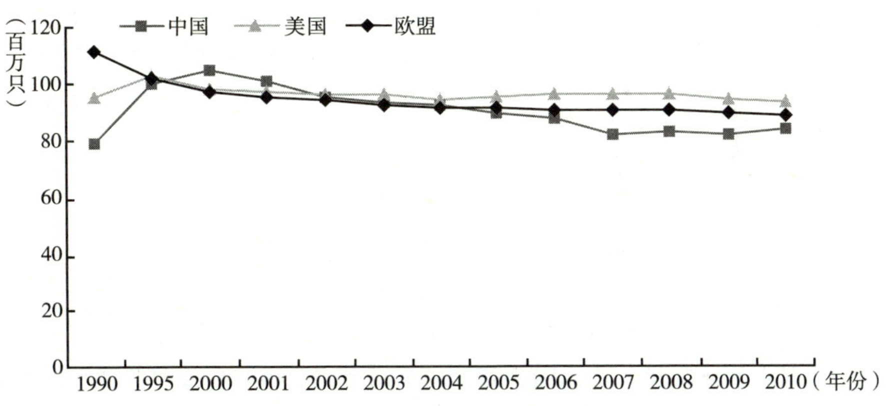

图 9 1990 ~ 2010 年中美欧牛存栏数

资料来源：FAOSTAT。

① EEA，Why did Greenhouse Gas Emissions Fall in the EU in 2009? EEA Analysis in Brief.

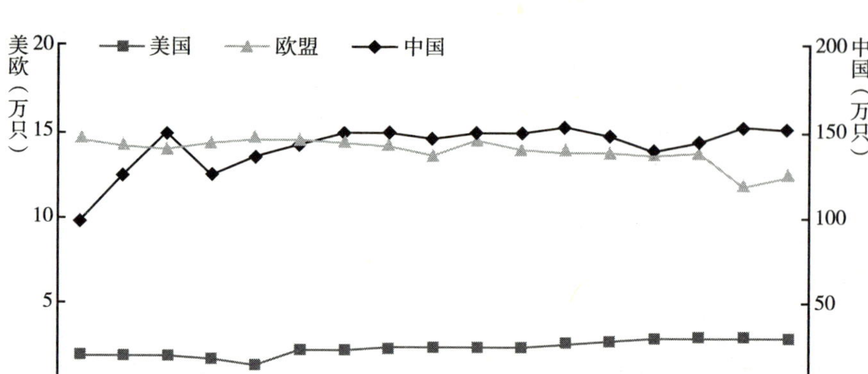

图10　1990～2010年中美欧羊存栏数

资料来源：FAOSTAT。

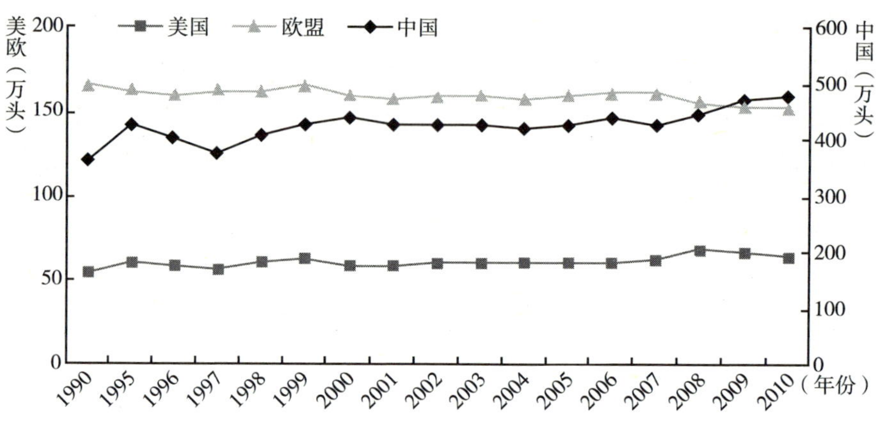

图11　1990～2010年中美欧生猪存栏数

资料来源：FAOSTAT。

欧盟农业温室气体减排，这是因为新西兰等国牛奶的生产完全是牛奶生产配额的驱动。

而美国环保局（EPA，2011）的最新农业温室气体排放清单显示：1990年以来美国农业温室气体排放量整体呈现增加趋势，2009年美国农业温室气体排放在1990年的基础上增加了9.3%，其中甲烷排放在1990年基础上增加了14.9%，在牛数量变化不大的背景下，2009年美国的羊只数量在1990年的基础上增加 63.2%，生猪数量增加 24.7%。从短期来看，美国大宗牲畜有在波动中稳步增加的趋势，因此甲烷排放会进一步增加。

对于中国，在短期而言，人口将会持续增加，同时饮食结构的改善将会提高对畜产品的需求，造成农业温室气体排放的增加。而另外人口增加、工业化、城镇化将会导致对水稻等粮食作物需求的增加，最终引致水稻种植的甲烷排放。

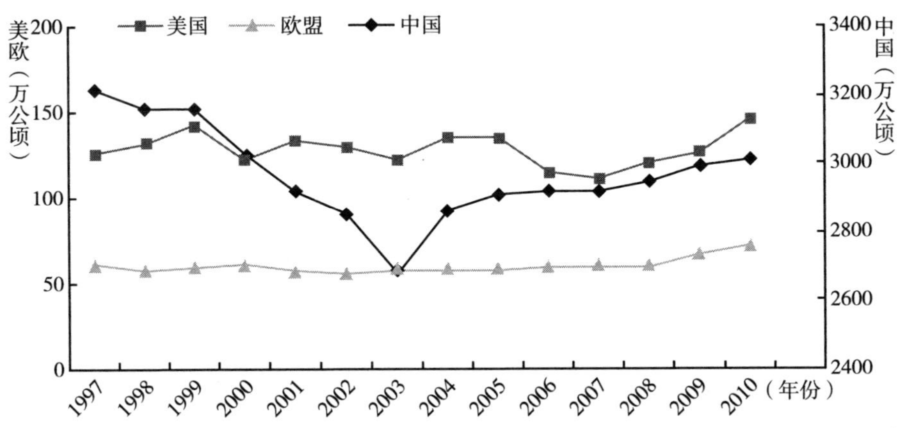

图 12　1997～2010 年中国、美国、欧盟水稻种植面积

资料来源：FAOSTAT 数据库。

从图 12 中反映的 1997～2010 年三大经济体水稻种植趋势来看，欧盟水稻种植面积占世界水稻种植面积比重自 1997 年以来稳定在 0.3%，绝对种植面积为 40 万～50 万公顷；在此期间，美国水稻种植绝对面积为 126 万～146 万公顷，相对种植面积占 0.7%～1.0%，2009 年美国水稻种植面积 125.6 万公顷，仅占当年耕地面积的 0.7%；中国绝对种植面积为 2700 万～3213 万公顷，相对种植面积高达 18%～21%，1994 年中国水稻种植面积（3053.7 万公顷）是 2009 年美国水稻种植面积的 24 倍，占中国当年农作物耕地面积的 20.4%。到 2009 年中国水稻种植面积已扩大到 2988.2 万公顷，占当年农作物种植面积的 18.7%，2010 年水稻种植面积扩大到 3011.8 万公顷。联合国最新统计数据显示，2010 年世界水稻种植面积为 15365.1 万公顷，亚洲种植比重为 88.9%，东亚和南亚水稻种植分别占世界种植总面积的 21.6% 和 35.4%，而中国 2010

年水稻种植面积占东亚水稻种植面积的 90.7%。人口增加导致的对大米需求的增加，将会促进中国农业温室气体排放。

（二）未来中美欧氧化亚氮排放趋势研究

欧盟温室气体减少的另一个积极因素是有机肥料的使用。有机肥料的使用大大减少了对化肥的依赖，20 世纪 60～80 年代是欧盟各国化肥消费增长最快的时期，1990 年前后化肥消费量达到高峰[①]，随后十年连续下滑，2010 年达到最低点。EFMA（欧盟肥料工业协会）统计数据显示：1990～2009 年，氮肥使用从 1550 万吨下降到 1011.7 万吨，降幅达 34.7%。与之相伴的是欧盟农田直接 N_2O 减排 23%，间接 N_2O 减排 27%。据 EFMA 预测 2011～2021 年未来十年，欧盟农业氮肥使用可能在 2010 年基础上仅增加 1.6% 左右（EFMA，2010）。因此，以 N_2O 排放为主的欧盟农业温室气体在未来增加排放的程度很小，伴随有机肥的使用及化肥效率的提高，欧盟农业 N_2O 排放存在减排的空间。

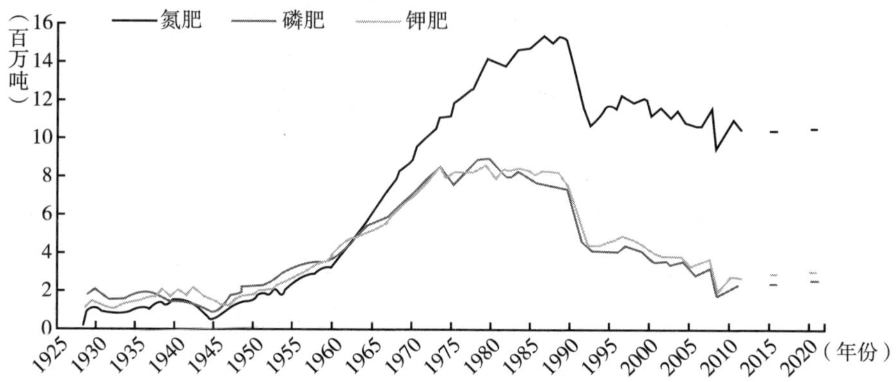

图 13　1925～2010 年欧盟 27 国化肥投入

资料来源：EFMA（欧盟肥料工业协会）。

相比之下，N_2O 作为美国农业温室气体最主要组成部分，2009 年美国农业 N_2O 排放在 1990 年基础上增加了 4.8%。1960～2009 年氮肥使用时间序列

---

① 高峰时达到 3100 多万吨，其中氮肥 1500 万吨，磷肥 810 万吨，钾肥 790 万吨。

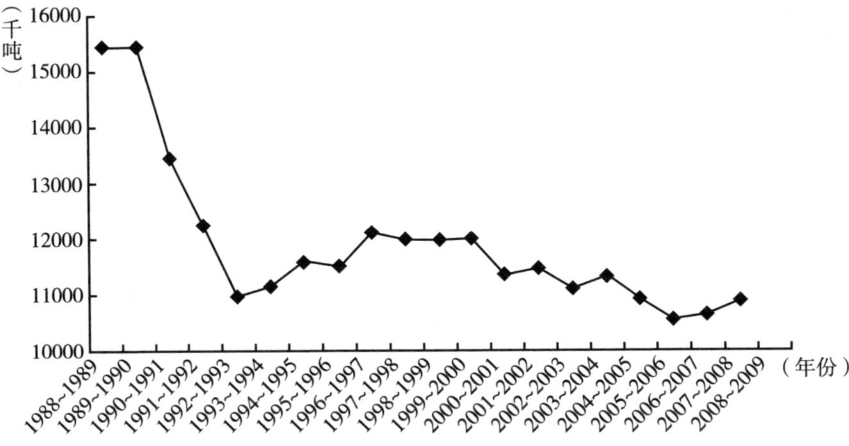

图 14　1988～2009 年欧盟 27 国氮肥投入

资料来源：EFMA（欧盟肥料工业协会）。

显示，在 20 世纪 80 年代以前，氮肥使用量持续增加，如果不施用化肥，农业的产出在不同地区将会减少 30%～85%（EFMA，2009）。但进入 90 年代以来，氮肥使用在较高位维持平稳，在耕地面积变化不大、氮肥利用率较高的情况下，氮肥使用量维持在目前水平可能性较大，因此农业氧化亚氮排放不会在短期内大幅减排。

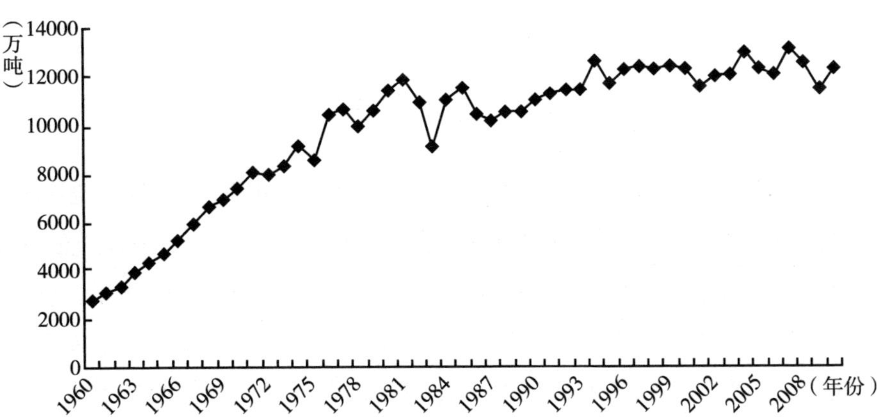

图 15　1960～2010 年美国农业氮肥（折纯量）投入量

资料来源：USDAERS。

中国是世界最大的化肥消费国而氮肥一直占化肥的主导。据 FAO 相关数据库，2008 年世界化肥使用在 1980 年的基础上提升了 39 个百分点，而中国对世界化肥使用增加贡献了 78.7% （FAOSTA）。大量氮肥的使用导致 N_2O 排放速率增加。伴随中国人口的不断增加，耕地面积持续减少，农业经营方式仍以粗放式为主，农产品供给的增加意味着更多地依赖化肥投入的增加。因此，中国未来农业氧化亚氮的排放仍旧会持续增加。

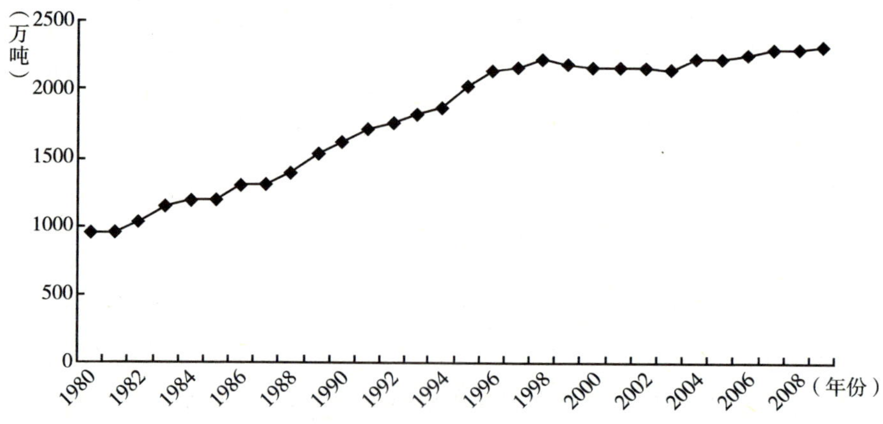

图 16　1980～2009 年中国农业氮肥投入量

资料来源：《中国统计年鉴（2010）》。

五　主要结论

中国、美国、欧盟三大经济体农业碳排放显示，欧盟、美国农业温室气体排放特点是以 N_2O 为主，中国温室气体排放主要来源于动物肠道及粪便管理、水稻种植的 CH_4 排放。根据 US-EPA（2006a）预测：2005～2020 年，反刍动物肠道发酵以及粪肥管理的甲烷排放将会增加 21%。同期水稻种植面积的增加，将进一步引致甲烷排放增加 16%，因此，农业温室气体减排是未来各国农业发展的必然趋势。从温室气体排放源来看，欧盟氮肥施用的减少趋势以及未来大宗畜产品存栏的下降，将促进欧盟农业温室气体减排，相比之下，美国氮肥施用量和养殖牲畜数量的增加，都显示美国农业作为碳源，其温室气体排放将会继续增加，中国在面临人口增加、饮食结构不断改善的背景下，农业温室气体排放将会更快地增加。

参考文献

Bouwman AF., Exchange of Greenhouse Gases between Terrestrial Ecosystems and the Atmosphere. In A. F. Bouwman (ed.) Soils and the Greenhouse Effect, John Wiley & Sons Ltd., Chichester, 61 - 128, 1990.

Cieerone, R. J. and Shetter J. D., "Sources of Atmospheric Methane: Measurements in Rice", *Journal of Geophysical Research*, 86 (8): 7203 - 7209. 1981

EFMA: Forecast of Food, Farming and Fertilizer Use in the European Union 2011 - 2021. 2010

European Environment Agency, Annual European Union Greenhouse Gas Inventory 1990 - 2009 and Inventory Report 2011, Technical report No. 2/2011, 27 May 2011.

http://www.fertilizerseurope.com/index.asp.

Mosier, A. R., Duxbury, J. M., Freney, J. R., Heinemeyer, O. Minami, K. & Johnson, D. E., "Mitigating Agricultural Emissions of Methane", *Climatic Change*, 40 (1): 39 - 80. 1998.

Oene Oenema, O., N. Wrage, G. L. Velthof, J. W. van Groenigen, J. Dolfing, and P. J. Kuikman, "Trends in Global Nitrous Oxide Emissions from Animal Production Systems", *Nutrient Cycling in Agro Ecosystems*, 72 (1) 51 - 65. 2005

Pete Smith, Daniel Martino, Zucong Cai, et al, "Greenhouse Gas Mitigation in Agriculture", *Philosophical Transactions B of The Royal Society*, 363 (1492): 789 - 813. 2008.

Smith, P., Engineered Biological Sinks on Land, *The Global Carbon Cycle. In Integrating Humans, Climate and the Natural World*: 479 - 491, Island Press Washington D. C. 2004.

U. S. Environmental Protection Agency, Inventory of US Greenhouse Gas Emissions and Sinks 1990 - 2009, EPA 430 - R - 11 - 005, 1200, Pennsylvania Ave., N. W. Washington, DC 20460 U. S. A, APRIL 15, 2011.

United Nations, Updated UNFCCC Reporting Guidelines on Annual Inventories Following Incorporation of the Provisions of Decision 14/CP. 11, FCCC/SBSTA/2006/9 18 August 2006.

US-EPA, Global Anthropogenic Non-CO_2 Greenhouse Gas Emissions: 1990 - 2020, United States Environmental Protection Agency, EPA 430 - R - 06 - 003, June 2006, Washington, D. C., < http://www.epa.gov/nonco2/econ-inv/downloads/GlobalAnthroEmissionsReport.pdf

>accessed 26 March 2007.

Xiaoyuan Yan, Toshimasa Ohara, Hajime Akimoto, "Development of Region-Specific Emission Factors and Estimation of Methane Emission from Rice Field in East, Southeast and South Asian countries", *Global Change Biology*, 9 (2): 237 - 254. 2003.

邵可声、李震:《水稻品种以及施肥措施对稻田甲烷排放的影响》,《北京大学学报》(自然科学版) 1996 年第 4 期。

(本文原载于《中国社会科学院研究生院学报》2013 年第 3 期)

图书在版编目（CIP）数据

中国农村发展研究报告. No. 10 / 魏后凯主编. --
北京：社会科学文献出版社，2017. 9
ISBN 978 -7 -5201 -1080 -8

Ⅰ. ①中… Ⅱ. ①魏… Ⅲ. ①农村经济发展 - 研究报告 - 中国 Ⅳ. ①F32

中国版本图书馆 CIP 数据核字（2017）第 163871 号

中国农村发展研究报告 No. 10

主　　编 / 魏后凯
副 主 编 / 闫　坤　苑　鹏

出 版 人 / 谢寿光
项目统筹 / 邓泳红
责任编辑 / 宋　静

出　　版 / 社会科学文献出版社 · 皮书出版分社（010）59367127
地址：北京市北三环中路甲 29 号院华龙大厦　邮编：100029
网址：www. ssap. com. cn
发　　行 / 市场营销中心（010）59367081　59367018
印　　装 / 北京季蜂印刷有限公司

规　　格 / 开 本：787mm × 1092mm 1/16
印 张：32. 75　字 数：549 千字
版　　次 / 2017 年 9 月第 1 版　2017 年 9 月第 1 次印刷
书　　号 / ISBN 978 -7 -5201 -1080 -8
定　　价 / 98. 00 元